21世纪普通高等教育"十四五"规划教材·会计系列

U0890716

金融企业会计

主　编　郑承利
副主编　陈　燕

上海财经大学出版社

图书在版编目(CIP)数据

金融企业会计/郑承利主编. —上海:上海财经大学出版社,2022.10
(21世纪普通高等教育"十四五"规划教材·会计系列)
ISBN 978-7-5642-3838-4/F·3838

Ⅰ.①金… Ⅱ.①郑… Ⅲ.①金融企业-会计-高等学校-教材
Ⅳ.①F830.42

中国版本图书馆CIP数据核字(2021)第150526号

□ 责任编辑　袁　敏
□ 封面设计　张克瑶

金融企业会计

主　编　郑承利
副主编　陈　燕

上海财经大学出版社出版发行
(上海市中山北一路369号　邮编200083)
网　址:http://www.sufep.com
电子邮箱:webmaster@sufep.com
全国新华书店经销
上海新文印刷厂有限公司印刷装订
2022年10月第1版　2022年10月第1次印刷

787mm×1092mm　1/16　29.25印张　749千字
印数:0 001—3 000　定价:69.00元

21世纪普通高等教育“十四五”规划教材

21 SHIJI PUTONG GAODENG JIAOYU "SHISIWU" GUIHUA JIAOCAI

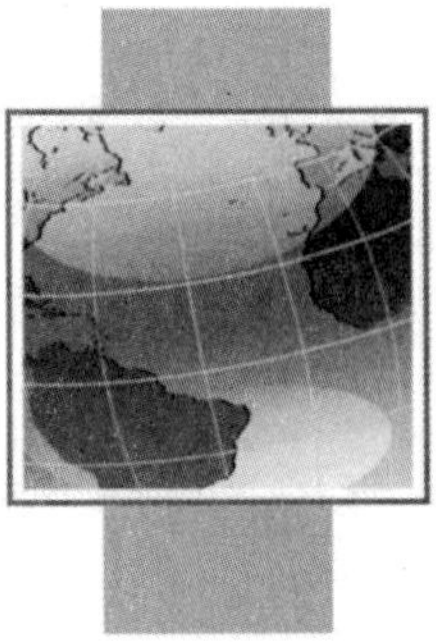

编委会

BIAN WEI HUI

目　录

前 言

随着金融自由化、国际化趋势的日益加强，金融企业的业务不断创新，金融企业的会计处理方法也发生了许多新的变化。

自 2006 年 2 月财政部会计准则委员会颁布《企业会计准则——基本准则》和 38 项具体会计准则之后，我国建立了相对完善的企业会计体系。之后，财政部为了适应不断变化的经济社会形势，于 2014 年和 2016—2019 年对《企业会计准则》做了两次大规模的修订和增补，尤其是第二次，持续时间长，修订和增补内容多，对我国企业会计体系的完善与国际接轨起到了巨大的推动作用，对金融企业会计的影响非同小可。相应地，中国人民银行(以下简称“央行”)、银保监会(银监会、保监会)、证监会等部门也颁布了相关准则和通知，规范了金融企业会计制度和具体业务，对金融企业会计核算产生了很大的影响。

2018 年是金融业的强监管年，央行、银保监会、证监会、外管局四部委于 2018 年 4 月联合发布了《关于规范金融机构资产管理业务的指导意见》(银发〔2018〕106 号，以下简称“资管新规”)，“资管新规”发布以来，资管行业监督制度体系在党中央、国务院以及相关金融监管部门的不断完善下，持续推动资管业务平稳转型、规范整改。其主要内容为确立资管产品的分类标准、去刚兑、减少影子银行的风险、去杠杆、防范操作风险以及流动性风险。2020 年 7 月 31 日，经国务院同意，人民银行决定延长“资管新规”过渡期至 2021 年底，同时建立健全激励约束机制，完善配套政策安排，平稳有序地推进资管行业规范发展。随着“资管新规”过渡期的延长，“资管新规”又重新进入了大众视野，在“新资管”时代下，商业银行理财业务由其下设的专门从事理财业务的非银行金融机构——理财子公司进行经营，其财务状况、经营成果及现金流量通过财务报表合并反映在母公司银行的合并报表之中，而作为代理业务性质的理财业务，其规模、期限、结构、风险和收益都无法进表披露。因此，银行理财产品的会计核算方式发生了较大变化。

近年来，金融科技发展迅速，大数据、区块链、物联网、数字货币等词逐渐进入人们视野，各个行业都搭载着这些技术的红利而大力发展。2020 年是金融科技监管措施密集出台的一年，金融科技发展指标、金融科技监管沙盒、国家金融科技认证中心、国家金融科技风险监测中心、数字人民币的推广应用都在这一年内确定下来。新冠疫情的爆发让金融机构充分意识到金融科技的价值，未来金融机构将更加积极地拥抱金融科技，金融科技应用也将加快落实。同时，随着经济恢复潜力的不断释放，金融业转型升级及高质量发展的势头将更强劲，金融科技在此过程中将发挥更加重要的作用，金融科技公司的会计核算问题也需要进一步加强探索。基于此，本书在第十九章着重阐述了金融科技企业的各项业务及其会计核算。随着数字人民币的推广应用加速，应用场景也快速增加，相信不久的将来会全面铺开。数字人民币的会计处理与核算实践的初步探索内容反映在第七章等部分相关章节。

为了适应新形势，促进新发展，使读者全面掌握金融企业会计的基本理论和核算方法，并充分理解和把握涉及金融企业的新准则和新规范的精神实质，我们编写了这本《金融企业会计》教材。本书共20章，前6章简单介绍了会计的基本理论，余下章节分别就商业银行业务、证券公司业务、信托投资公司业务、保险公司业务、租赁公司业务和往来业务、理财子公司业务及金融科技公司相关业务等的基本核算、基本业务进行详细讲解，如本书第十九章着重阐述金融科技企业的各项业务及会计核算方法，第二十章则详细解释"资管新规"下理财子公司的会计核算方法。

本教材在编写过程中体现了以下特色：

第一，紧扣形势，内容新颖全面。本书根据历次颁布的《企业会计准则》及其最新修订内容，结合最新的金融法规、规范编写而成，全面系统地阐述了金融企业会计的基本理论、基本核算方法以及各项业务的具体核算方法，且考虑到"资管新规"的形势变化及金融科技、数字人民币的迅猛发展，详细地介绍了数字人民币和金融科技公司的基本情况和会计核算方法，内容全面而新颖。

第二，结构安排合理、重点突出。本书首先详细介绍了会计的基本内容，随后运用该内容对各金融企业进行核算，由于商业银行是我国金融机构体系的主体，因此，本书重点讲述了商业银行各项业务的具体核算方法。在内容安排上，由浅入深、循序渐进，便于读者理解掌握。

第三，理论与实践相结合。本书在编写过程中，突出重点、难点，并插入了较多的实例和图表，同时根据内容需要编写了章节关键词及思考题，帮助读者检验知识掌握程度以及提高实务技能。

本书由郑承利担任主编，陈燕担任副主编，负责统筹全书，确定编写体例、大纲，完成总撰和审定工作。

具体编写分工如下：

导论、第一章、第五章、第六章、第七章、第八章：李倩如、陈燕、王帅

第二章、第九章：陈棋娴、陈燕

第三、四章、第十六章：张梦凡、陈燕、陈逸飞、王帅

第十章、第十五章：王珏、王帅

第十一章、第十四章：王帅

第十二章：陈逸飞

第十三章、第十七章、第十八章：章毅、陈燕、王帅

第十九章：陈棋娴、张梦凡、李倩如

第二十章：陈棋娴、张梦凡、陈燕

由于本教材编写时间仓促，加之编者水平有限，疏漏和错误之处在所难免，恳请读者赐教和指正。

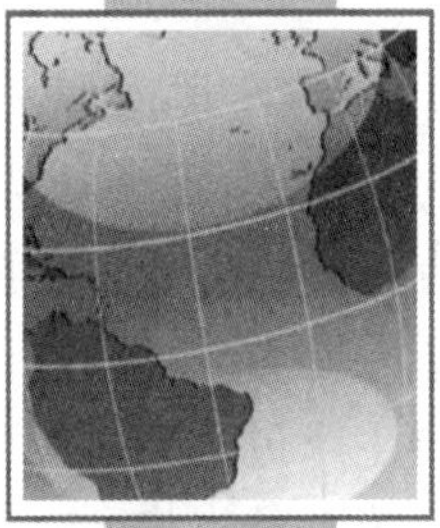

导　论

学习目标

1. 掌握会计的含义、会计的基本职能、会计的作用
2. 理解会计方法、会计目标、会计循环、会计信息使用者
3. 了解会计假设、会计信息质量特征、会计核算原则

本章预习

会计经过几千年的发展，由最初的简单刻画到有章法的记录，由兼职会计发展到专职会计，由官厅会计走向民间会计，由单式簿记发展到复式簿记，形成了一套完整的逻辑、程序和方法体系。本章介绍了会计的基本含义，即会计是以货币为主要计量单位，反映和监督一个单位经济活动的一种经济管理工作。会计目标一方面要反映企业的受托责任，另一方面又要满足财务报告信息使用者的决策需要。会计有四大假设：会计主体、持续经营、会计分期、货币计量。会计核算原则有权责发生制原则、配比原则、划分收益性支出与资本性支出原则。掌握会计循环，了解会计的作用，有助于提高企业的经济效益。

第一节　会计的含义

确切地回答会计是什么，是一件难度很大的事情。因为每个时代不同的人或组织所掌握的信息来源和对问题的认知不同，就会产生不同的观点。在会计历史上曾出现过许多有关会计的不同表述，如会计是一门语言（商业语言）、会计是一门艺术、会计是一种控制系统、会计是一种管理活动、会计是一个经济信息系统等。

管理活动论认为会计是一种经济管理活动。1980年，我国著名会计学家杨纪琬教授和阎达五教授提出，会计本身就具有管理的职能，是人们从事管理的一种活动。作为人们管理生产过程的一种社会活动，会计的基本职能一是核算（即反映），二是监督（即控制）。这种观点被称作"会计管理活动论"。

信息系统论认为会计是一个经济信息系统。该观点主要是从会计是一个为信息使用者提供决策支持的信息系统来认识会计的。信息系统论认为，会计是一个收集、加工、整理、输出信息的过程，是提供会计信息的纯技术性工作。这种观点主要是由一些西方会计学者受系统论和信息论的影响而形成的。美国会计学会（AAA）将会计定义为：会计是确认、计量和传递经济信息的过程，借以使信息使用者能够做出可靠的判断和决策。国内持该观点的学者主要有著名会计学家余绪缨、葛家澍等教授。

综上所述，我们认为会计是以提高企业经济效益为目标，采用一系列的程序和方法，以货币为主要计量单位来核算和监督一个单位经济活动的一项经济管理工作。会计在对企业的经济活动进行核算和监督的同时，也为会计信息使用者提供决策所需的会计信息。

第二节　会计的基本职能与作用

一、会计的基本职能

会计的职能是指会计在企业经营管理过程中所具有的功能,会计的功能就是会计本身所具有的能力。马克思将簿记归纳为“过程的控制和观念总结”,会计学术界一般将“控制”解读为监督或者管理;将“观念总结”解读为反映或核算,即用观念上的货币对再生产过程中所发生的经济活动进行综合反映。《中华人民共和国会计法》(以下简称《会计法》)第五条也将会计定位于“进行会计核算,实行会计监督”。因而,我国学术界一般认为核算和监督是会计的两个基本职能,这两个职能体现了会计的本质特征。

(一)会计的核算职能

会计的核算职能,又称会计反映职能,是通过会计特有的逻辑和程序,以货币为计量单位,运用一系列专门方法,对特定主体经济活动的过程和结果进行连续、系统、全面、准确、及时的记录、计算和报告。记录、计算和报告就是会计的核算职能。

(二)会计的监督职能

会计的监督职能,又称会计控制职能,是指会计人员在进行会计核算的同时,对特定主体的经济活动和相关会计核算的真实性、合法性和合理性进行监督检查,以确保特定主体的资产安全、合规经营和信息可靠。

实务中对企业经济活动的监督是全方位的,不仅有会计内部监督,更有财政、审计、税务、央行、证券监管、保险监管等外部监督。

总之,核算和监督是会计的两大基本职能,离开了核算就无所谓会计,监督也无从谈起,它是整个会计工作的基础;而离开了监督,会计也就失去了生命,它是整个会计工作的灵魂。

会计除了核算和监督两个基本职能,还有预测、决策、控制、分析和考核等拓展职能。

二、会计的作用

会计的作用是指会计职能发挥的效果,主要通过会计提供的信息来发挥。会计信息的作用可以从宏观和微观两个层面来加以认识。

(一)会计的宏观作用

1. 有助于国家制定宏观经济政策

国家有关部门如国资委、财政、税务、工商、审计等部门,通过汇总和分析企业上报的会计报表,了解各地区、各行业经济发展状况,验证各项宏观经济政策对企业的影响,以便及时调整政策、优化资源配置、促进企业发展,保证国家经济处于健康运行的状态。

2. 有助于国家税收征管

虽然会计提供的利润数据与税务部门的计税基础不同,但可以及时了解企业税负高低、税收的执行情况等。

3. 有助于资本市场的发展和完善

证券市场是资源配置的市场,资金的逐利性会使其流向高回报的行业,会计信息一定程度上可以促进资源的优化配置。

4. 有助于银行等金融机构判断企业的偿债能力

银行要不要向一家企业发放贷款、发放多少贷款、贷款时间长短、贷款利率多少，都需要依据企业提供的财务数据来协助判断。

5. 有助于会计信息的传播

会计是一门通用的商业语言，是连接东西方资本、商贸的桥梁，可以促进资本在全球范围内流动。

(二)会计的微观作用

1. 积极参与企业的经营管理，提高企业经济效益

企业的每一分钱从哪里来，又用到了哪里，以及企业成本的高低和资金使用的效果，全部登记在会计账簿中，会计可以利用这些数据，提出有针对性和建设性的意见和建议，帮助企业完善每一个细节和流程，节约资金，提高经济效益。

2. 为企业或个人投资决策提供参考

上市公司的会计信息是公共信息，任何人都可以很方便地获取企业的财务报告、分析企业的盈利水平、预测企业的发展前景等，帮助投资者和潜在的投资者做出是否投资、投资多少、是否追加或减少投资的决策。

3. 会计提高了人们对财经世界的认知水平，现在大家习以为常的资产、负债、资本、收入、成本、费用、利润等词汇都是会计的贡献。

4. 会计还是人与人之间建立信任的纽带和自证清白的工具

如果合伙创业的双方都对最终的结果感兴趣，但一方对另一方加以隐瞒，合作便无法进行下去。因此，必须对合伙企业的经济活动进行会计记录，并且对一段时间内的经济活动结果进行总结。此外，要取得别人在经济上对你的信任，账簿是最好的证据。

第三节 会计方法与会计循环

一、会计方法

会计方法是核算和监督会计对象、实现财务会计目标的方法。会计方法分会计核算方法和会计分析方法。本章主要介绍会计核算方法。

会计核算方法，是指对会计对象(企业经济活动)进行连续、系统、全面、综合的确认、计量、记录和报告时所采用的各种方法。主要包括设置账户、复式记账、填制和审核凭证、登记账簿、成本计算、财产清查、账项调整和编制财务会计报告。

(一)设置账户

账户是对企业经济活动分门别类加以反映的工具。设置账户就是将会计科目作为账户的名称并赋予一定的格式和结构，用于分类反映各种账户增减变动情况及其结果的一种方法。它是分类管理思想在会计上的体现，可以有效地表达有关单位的财务信息。比如货物已经销售，但钱还没有收到，会计需要设置“应收账款”账户来反映客户付款情况，同时设置“库存商品”账户来反映库存的情况。又如现金和银行存款都是企业的货币资金，但会计要分别设置“库存现金”账户和“银行存款”账户加以核算，因为它们在使用上有不同的限制。

(二)复式记账

复式记账法是指对企业发生的每项经济业务，都必须用相等的金额在两个或两个以上相互联系的账户中进行登记，全面系统地反映经济业务增减变化的一种记账方法。例如，有限责

任公司在接受股东投入的资本时，一方面要记录企业银行存款的增加，另一方面要记录实收资本的增加。这种记录方法既记录了资产的变动，又记录了资产变动的原因，反映资产与实收资本之间的相互联系，便于对经济业务进行监督和控制。

(三)填制和审核凭证

填制和审核凭证是为了保证会计记录的真实可靠，审查经济业务是否合理合法而采用的一种专门方法。会计凭证是记录经济业务事项发生或完成情况的书面文件，会计凭证分原始凭证和记账凭证。原始凭证是企业经济业务发生时取得的原始依据，如发票等。填制凭证是指根据审核过的原始凭证，按照会计的记账规则，将经济业务进行分类，运用恰当的会计科目，填写在记账凭证中的过程。

(四)登记账簿

会计账簿是指由相同格式的账页组成的簿记，会计账簿包括日记账簿、总分类账簿、明细分类账簿和备查账簿。登记账簿就是将审核无误的记账凭证，按照时间的先后顺序，逐一抄入相应的总分类账簿和明细分类账簿的过程。账簿能够全面、连续、系统地反映企业经济业务的全貌，是编制会计报表的基础。账簿是记账凭证和会计报表之间的中间环节，上接记账凭证，下连会计报表。

(五)成本计算

成本一般是指取得资产所付出的代价。成本计算是指按照成本计算对象进行归集汇总，从而计算出总成本和单位成本的一种方法。成本计算对象是成本计算的客体，可以是一批原材料、一件产品，也可以是一栋房子、一台机器、一个项目等。资产成本取决于资产取得的方式，采购、加工、生产、制造的成本构成是不同的。正确计算成本是会计核算的一项基础工作，直接关系到对企业资产的管理和盈亏的计算，并通过不同时期的成本对比，寻求降低成本、提高经济效益的方法。

(六)财产清查

财产清查是指通过盘点实物、核对往来款项等手段来检查和确定各种财产物资和债权债务账实是否相符的一种方法。财产清查分为定期清查和不定期清查，定期清查一般是企业编制年度会计报表之前必须要进行的一项工作，否则就无法保证会计报表数据的真实和完整。不定期清查主要是针对财税部门的检查、资产收购、重组或遭受自然灾害等进行的清查。在清查中如果发现账实不符，需要查明原因、分清责任，及时进行处理。财产清查除了保证账实相符，还对改进财产管理、降低库存、加速资金周转都具有十分重要的作用。

(七)账项调整

账项调整是指按照权责发生制的要求，对已入账的资产项目和负债项目以及尚未入账的事项进行调整，以确定应该属于本期的收入和费用的一种专门方法。调整原因是持续经营下的会计分期假设，调整目的是使企业报告的盈亏更加接近实际情况，其理论基础是权责发生制。在会计分期假设下，企业存在大量现金收付受益期超过一个会计期间的业务。

(八)编制财务会计报告

编制财务会计报告是指在日常核算的基础上，按照相关要求和一定格式将企业的经济活动定期编制成财务会计报告，以考核企业经营战略和预算执行结果的一种专门方法。财务会计报告是指企业对外提供的反映企业某一特定日期的财务状况和某一会计期间的经营成果、现金流量等会计信息的文件，主要包括会计报表及其附注和其他应当在财务会计报告中披露的相关信息和资料。会计报表至少应当包括资产负债表、利润表、现金流量表等报表。附注是指对在会计报表中的列示项目所做的进一步说明,以及对未在这些报表中的列示项目的说明等。

二、会计循环

会计循环是指将企业经济信息转化为会计信息的会计程序。填制和审核凭证、登记会计账簿和编制财务会计报告是会计循环中的三大核心环节,简称为证账表。具体步骤为:

1. 审核原始凭证。审核原始凭证,保证基础数据真实、准确。
2. 填制记账凭证。根据审核无误的原始凭证填制记账凭证。
3. 登记会计账簿。包括日记账、总分类账和明细分类账。
4. 编制调整分录。按权责发生制编制调整分录。
5. 对账。做到证账、账表、账实相符。
6. 结账。计算出有关账户的本期发生额和期末余额,结平虚账户。
7. 试算平衡。通过试算平衡检查记录是否有错。
8. 编制财务会计报告。定期编制财务会计报告,并定期对外报告。企业每编制一次会计报表,都是以上步骤的一次循环。

第四节　会计目标与会计信息使用者

一、会计目标

我国《企业会计准则——基本准则》将财务报告目标定义为向财务会计报告使用者提供与企业财务状况、经营成果和现金流量等有关的会计信息,反映企业管理层的受托责任履行情况,有助于财务会计报告使用者做出经济决策。该定义是双重目标,一方面要反映企业的受托责任,另一方面又要满足财务报告信息使用者的决策需要。学术上将这两种观点概括为受托责任观和决策有用观。

(一)受托责任观

受托责任观是以企业的所有权和经营权的分离为前提,认为财务报告的目标是向股东反映企业管理层履行受托责任的情况。由于两权分离,所有者和管理层之间容易出现信息不对称、利益不一致的情况。所有者为了维护自身权益,要对管理层建立有效的激励和约束机制。会计信息反映企业实际的经营业绩,是评价管理层努力程度和效果的客观指标。因此,向股东提供财务报告、满足股东对企业会计信息的需要是公司治理的要求。

如果以受托责任作为会计目标,企业就要客观地向委托人反映公司的经营业绩,反映受托人可以控制的经济活动。因此,会计信息应当是面向历史的,即公司已经发生的实际业务;会计信息应当建立在切实可靠的基础之上;会计信息应当偏向于稳健。通过这些要求,可以约束管理层的随意行为,降低信息不对称的程度,发挥会计在公司治理中的作用。

(二)决策有用观

美国会计学会和美国注册会计师协会在 20 世纪六七十年代提出,会计的目标是为证券投资者和贷款人提供对他们的投资决策和信贷决策有用的信息,会计信息要有助于他们预测未来的现金流量。这种观点的提出,主要是基于资本市场的发展和股权越来越分散(尤其是美国资本市场)的现实。股东之间的流动速度越来越快,导致委托人与受托者之间的委托—代理关系越来越模糊，委托人转而更加关注整个资本市场的整体风险和报酬，这就要求会计要为现在的和潜在的投资者以及信贷者提供对决策有用的信息，以便他们做出合理的投资和信贷决策。

如果以决策有用观作为会计的目标，企业就要提供投资者更为关心的公允价值信息而不能仅列报历史成本信息。因为公允价值信息能够更加及时地反映企业的资产价值和负债水平，所以能更加接近现实地评价公司的价值。会计信息应更加偏重于相关性而非可靠性。

二、会计信息使用者

会计信息使用者一般都是企业的利益相关者。利益相关者是指与企业存在利益关系的单位或者个人，比如投资者、债权人、管理层、供应商、客户、政府、员工等。

(一)投资者

投资者也称企业的股东或所有者，通过参与分红的方式与企业发生经济关系。投资者可直接参与或不参与企业的经营和管理，但如果是大股东，则会在企业董事会中占有一定席位，参与企业的重大经营决策，享有投票表决的权利。投资者最关心的是投资回报和投资风险，他们需要根据企业经营成果和利润分配等信息进行是否追加投资、减少投资或者维持目前投资的决策。

(二)债权人

债权人通过签订合约，向企业提供资金，以收取利息和收回本金的方式与企业发生经济关系，不参与企业经营管理，其权益优先于投资者。这种优先权主要体现在企业破产清算时，要先清偿债权人的债权。债权人最关心的是本金和利息是否能安全收回，他们需要企业的财务状况、盈利水平、现金流量信息来判断企业的偿债能力，以便做出是否继续贷款或者收回贷款的决策。

(三)管理层

管理层是企业战略的执行者，本身是企业的股东或者是职业经理人。职业经理人通过受聘的方式接受管理工作，主持企业经营活动，与企业形成委托和被委托关系，从企业领取薪酬，对股东负有受托责任，负有向股东报告的义务。管理层是企业直接的利益相关者，他们最关心的是企业战略制定的依据、战略执行的效果，他们需要企业的经营成果来加以验证，如成本的高低、收入的实现等，并结合其他业务统计信息决定生产规模及发展途径，进而进行融资方式和融资规模的决策等。

(四)供应商

供应商是企业原材料、商品的提供者，也是企业资金的提供者，主要通过以先发货或先提供服务后收钱的方式向企业提供信用，是企业的主要合作伙伴。供应商最关心的是货款的收回及持续合作的能力，他们需要企业相关的经营能力、获利能力和支付能力的信息，决定是否提供商业信用、扩大规模或者调整经营方向。

(五)客户

客户也称顾客，是企业的渠道商或企业产品的终端消费者，是企业收入和利润的主要提供者。客户最关心的是产品质量和价格以及持续供应的能力，他们需要企业提供能否持续经营及获利能力的信息以进行价格趋势等的判断，进而决定是否继续购买商品或服务、是否需要更换供应商。

(六)政府

政府为企业提供基础设施及各种行政事业服务，政府通过征税和收取各种行政事业费的方式与企业发生经济关系，成为企业的利益相关者。政府最关心的是资源的有效配置、环境保护与经济发展的平衡问题、政策制定的有效性及税收的征收等。政府需要企业的营运能力、发展能力、盈利水平等信息，辅助各项政策的制定和调整。

（七）员工

员工是与企业签订劳动合同、领取一定报酬的劳动者，是企业价值的创造者，需要企业提供的信息判断公司发展前景及就业保障。

第五节 会计假设与会计信息质量特征

一、会计假设

公认的会计假设有 4 个，分别是会计主体假设、持续经营假设、会计分期假设和货币计量假设。

（一）会计主体假设

会计主体是编制财务会计报告的任何单位或组织。单位是国家机关、社会团体、公司、企业、事业单位和其他组织的统称。每个单位都需要向有关利益方报告其经营活动的数据。会计主体假设是指为会计核算和报告限定一个空间范围，主要解决为谁记账、为谁报告的问题。对空间范围的限定包含两层意思：一是要划清单位与单位之间的界限，也就是说，甲企业记录和报告的经济活动只限于甲企业发生的，不能把其他企业的经济活动算在甲企业的账上；二是公私要分明，也就是要划清企业所有者的活动和企业的活动，换句话说，不能将企业所有者个人的开支列入企业的账上。

任何组织甚至个人都可以是一个会计主体，换句话说，会计主体可以小到个人，也可以大到国家。会计主体既可以是法律主体，也可以不是法律主体。例如，分公司一般不是独立的法人，但分公司可以是独立的会计主体，可以单独建账、独立核算。

（二）持续经营假设

持续经营假设是一种时间上的假定，是指在可预见的将来，如果没有明显的证据证明企业不能经营下去，就认为企业将会按照当前的规模和状态继续经营下去，不会停业或破产，也不会大规模地削减业务。“可预见的将来”通常是指企业足以收回资产成本的经营期间。在持续经营假设下，企业拥有的各项资产会在正常的经营过程中耗用、出售或转换，承担的债务也会在正常的经营过程中得到清偿，经营成果则会不断形成。只有在持续经营的状态下，企业的经济活动、企业的资本才能完成一次又一次的循环和周转，会计才能按照其特有的程序和方法，连续、系统、全面地反映企业的经济活动。

在实务中，要不断地对企业是否可以持续经营进行判断和评估，如果不能持续经营，企业应披露终止经营的信息。

（三）会计分期假设

会计分期假设是建立在持续经营假设基础上的，会计分期是指将企业持续经营活动的期间划分为若干长短相同的期间。会计分期假设是为了分期确定损益和分期编制会计报表，定期为会计信息使用者提供信息。会计期间是一种人为的划分，实际的经济活动周期可能与此期间不一致，有的经济活动可以横跨多个会计期间。但是，与企业有利益关系的单位或个人都需要在一个期间结束之后随时掌握企业的财务状况、经营成果和现金流量信息，而不可能等待全部经营过程结束之后再考察企业的经营成果。

会计期间分为年度和中期。中期是指短于一个完整的会计年度的报告期间，我国上市公司除提供年度会计报告以外，还要提供第一季度报告、半年度报告和第三季度报告。

(四)货币计量假设

货币计量是指会计主体在确认、计量和报告时以货币作为计量尺度，反映会计主体的经济活动。选择货币作为共同的计量尺度来反映企业的经济活动是商品经济发展的产物。企业经济活动中凡是能够用货币计量的，都可以进行会计反映；凡是不能用货币计量的，则不必进行会计反映。即凡是进入会计核算系统的，必须具有货币的可计量性。

货币除充当价值尺度外，其本身就是一种商品，可以自由交换和流通。会计在记账时应确定货币的唯一性，即建立记账本位币制度。记账本位币，也称功能货币，是指企业经营所处的主要经济环境中的货币。主要经济环境通常是指企业主要赚取现金和支出现金的环境，使用该环境中的货币最能反映企业主要交易的经济结果。我国以人民币作为记账本位币，企业可以采用多种货币进行结算，但对外报告时要将有关外币折算为记账本位币。

二、会计信息质量特征

会计信息质量特征或要求是保证企业财务会计报告信息有助于管理和决策所应具备的基本特征，主要包括可靠性、相关性、清晰性、可比性、实质重于形式、重要性、谨慎性和及时性等。

(一)可靠性

可靠性是指会计信息必须是客观存在的，且具有可验证性。可靠性要求企业应当以实际发生的交易或者事项为依据进行确认、计量和报告，如实反映符合确认和计量要求的各项会计要素及其他相关信息，保证会计信息真实可靠、内容完整。

(二)相关性

相关性又称有用性，是指会计信息具有影响会计信息使用者决策的能力。相关性要求企业提供的会计信息应当与财务会计报告使用者的经济决策相关，有助于财务会计报告使用者对企业过去和现在的情况做出评价，对未来的情况做出预测。

(三)清晰性

清晰性要求企业提供的会计信息应当清晰明了，便于财务会计报告使用者理解和使用。

(四)可比性

可比性是指对企业交易和事项的处理要做到会计政策一致、核算方法统一、计量属性统一，不得随意变更。可比性要求企业提供的会计信息应当相互可比，对同样一笔经济业务，要保证同一企业不同时期可比、不同企业相同会计期间可比。

(五)实质重于形式

实质是指经济实质，形式是指法律形式。实质重于形式要求企业应当按照交易或者事项的经济实质进行会计确认、计量和报告，不应仅以交易或者事项的法律形式为依据。

(六)重要性

重要性是指在合理预期下，财务报表某项目的省略或错报会影响使用者据此做出经济决策的，则该项目具有重要性。重要性原则要求企业提供的会计信息应当反映与企业财务状况、经营成果和现金流量有关的所有重要交易或者事项。对于不重要的经济业务，可以简化处理，也不必在会计报表上详细列示。

(七)谨慎性

谨慎性又称稳健性,是指一项经济业务在有多种会计方法可供选择的情况下,尽量选择不高估资产和收益、不低估负债和费用的方法。谨慎性要求企业在对交易或者事项进行会计确认、计量和报告时,要保持应有的谨慎,不应高估资产或者收益、低估负债或者费用。

(八)及时性

及时性是指会计信息的时效性。如果会计信息不能满足经营管理和投资决策的需要,即使再准确可靠也是无用的信息。因此,及时性要求企业对已经发生的交易或者事项,应当及时进行确认、计量和报告,不得提前或者延后。

第六节　会计核算原则

会计核算原则是企业在确认和计量资产、负债、收入、费用和利润过程中所要遵循的原则。主要包括权责发生制原则、配比原则、划分收益性支出与资本性支出原则。

一、权责发生制原则

权责发生制又称应收应付制或应计制,是指收入、费用的确认应当以经济业务发生的权利和义务的归属期为标准,而不是以现金的实际收付作为确认标准。也就是说,凡是当期已经取得的财产权利,均计入当期收入,无论是否收到款项;凡是当期已经发生的代价,均计入当期费用,无论是否已经支付款项。

二、配比原则

配比原则主要是指费用的配比原则,一般是在收入确定的情况下,将与该收入有关的费用寻找出来进行配比,以计算当期损益。配比包含两个层次:一是因果关系配比。能够与收入进行配比的费用,一般与相关的收入存在直接的因果关系,或者虽没有直接因果关系,但存在期间关系,即发生在同一期间的收入和费用。二是期间配比。有些费用的发生与某一具体收入不存在明显的因果关系,但与收入所在的期间存在关系,如发生的广告费用、办公费用等,需要与发生在同一会计期间的收入进行配比。

三、划分收益性支出与资本性支出原则

企业支出要么形成资产,要么形成费用。形成资产的称为资本性支出,形成费用的称为收益性支出。从经济学观点看,凡是能够形成未来利润的支出,都应被看成是资本性支出(投资),在会计上则被称为资产。因而一项支出究竟是收益性支出还是资本性支出,取决于支出带来的收益期限的长短和目的,如果受益期只是支出的当期,则是收益性支出,会计将其计入费用,一次性从当期收入中进行弥补。如果受益期超过一个会计期间,叫资本性支出,会计将其计入成本,形成一项资产,该资产的成本在其受益期间进行分配。

本章小结

本章是全书的导论,阐述了会计的产生和发展的历史,说明了会计的基本职能,介绍了会计核算的基本方法。在学习本章内容的时候,应当关注:

1. 会计的含义、基本职能和作用。
2. 会计方法、会计目标、会计循环、会计信息使用者。

本章关键术语

反映和监督;复式记账法;会计循环;会计假设;权责发生制

本章思考题

1. 会计产生和发展的驱动因素有哪些? 你对会计的哪段历史比较感兴趣?
2. 请描述一下你对会计的认识。
3. 会计的基本职能是什么?
4. 请从身边寻找一些例子来理解会计的作用。
5. 会计的目标是什么? 为什么说企业的利益相关者就是企业财务信息的需求者?
6. 会计核算的方法有哪些?
7. 企业在进行会计核算之前为什么要做出若干假设? 会计公认的假设有哪些?
8. 在会计信息质量要求中,你对哪一个印象最深? 为什么?

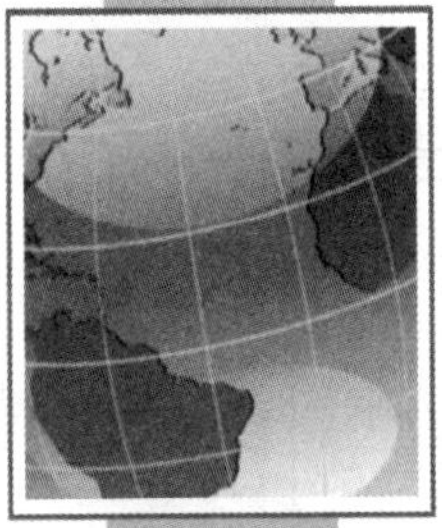

第一章 金融企业会计概论

学习目标

1. 掌握金融企业的概念、种类及业务特点
2. 掌握金融企业会计的特点及核算基础
3. 掌握金融企业会计的核算方法

本章预习

金融企业是金融运行的主体，是政府的金融政策在经济社会中发挥核心作用的执行者，是配置社会资金、调剂资金余缺、充分发挥资金使用价值的重要枢纽，对经济发展具有推动和先导作用，是经济发展的关键部门。这种特殊性决定了金融企业会计核算的内容、范围和方法均不同于其他部门会计。金融企业会计既是社会会计的重要组成部分，又履行着金融企业内部管理的重要职责。金融企业会计通过核算与监督等基本职能的发挥，为金融企业组织管理、经营各项业务以及提高经营管理水平和经济效益服务。

第一节　金融企业与金融企业会计

一、金融企业种类

金融企业作为经营货币、信用业务的特殊企业，是一个特定的企业范畴，有其自身的经营特点和业务范围。总体来说，我国的金融企业由在中华人民共和国境内依法成立的银行类金融机构和非银行金融机构组成。目前，我国已基本形成了以中央银行为领导、商业银行为主体、政策性银行为补充、其他多种金融机构并存的金融机构组织体系。我国金融体系的机构关系如图1—1所示。

银行类金融机构在我国金融机构体系中居于支配地位，包括中国人民银行、商业银行、政策性银行。其中，商业银行是典型的金融企业。非银行金融机构主要包括信用社、保险公司、证券公司、信托公司、租赁公司、期货公司、基金管理公司、财务公司等。

（一）商业银行

商业银行是现代金融体系的主体，它是依照《中华人民共和国公司法》设立的以吸收存款、发放贷款、办理结算为主要业务，以营利为主要经营目标的企业法人。能够吸收活期存款，创造信用货币是其最显著的特征。

商业银行的主要业务有：吸收公众存款，发放短、中、长期贷款；办理国内外结算；办理票据贴现；发行金融债券；买卖政府债券；从事同业拆借；买卖外汇；提供信用证服务及担保；代理保险业务；提供保险箱服务以及经中国人民银行批准的其他业务。

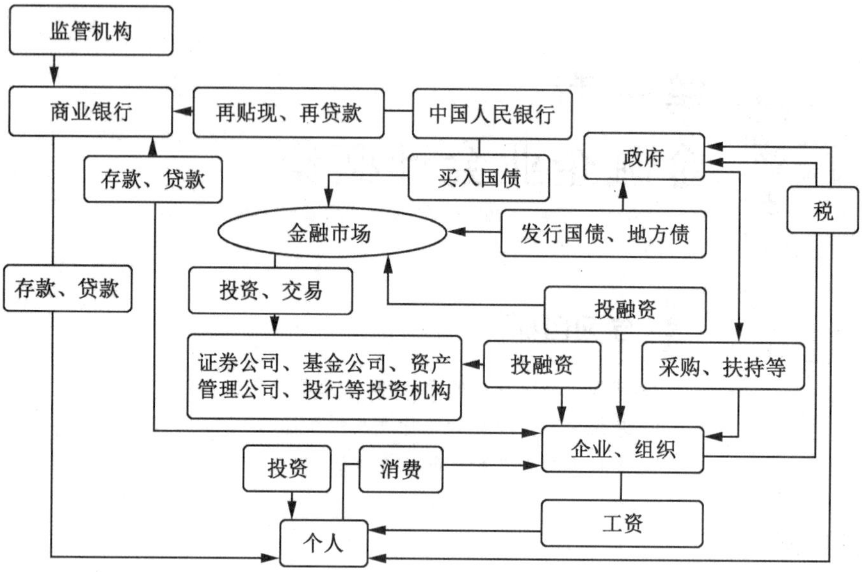

图 1—1 金融体系的机构关系图

（二）非银行金融机构

非银行金融机构是指除银行以外的其他金融企业，非银行金融机构与商业银行的主要区别表现在：第一，资金来源不同。商业银行以吸收存款为其主要资金来源，非银行金融机构主要以发行股票和债券、接受信用委托、提供保险等形式筹集资金。第二，资金运用方向不同。商业银行的资金以发放贷款为主，非银行金融机构主要将所筹集的资金用于长期投资。目前，我国的非银行金融机构主要包括保险公司、证券公司、信用社、租赁公司、信托公司、基金管理公司、财务公司、期货公司、典当行等。

1. 保险公司

保险公司是经营保险业务和投资业务的经济组织，它所经营的实质是对投保人未来可能的损失予以赔偿给付的承诺，在国民经济中发挥着“互助共济，分担风险”的保障作用。其主营业务具体包括人身保险业务、财产保险业务和再保险业务。

2. 证券公司

证券公司是指依法成立的经营证券业务的非银行金融机构。我国证券公司分为两类，即综合类证券公司和经纪类证券公司。综合类证券公司的业务包括证券经济业务、证券自营业务、证券承销业务和经国务院证券监督管理机构核定的其他证券业务。经纪类证券公司专门从事证券经纪业务，即只能专门从事代理客户买卖股票、债券、基金、可转换债券、认股权证等业务。

3. 信用社

信用社是资本由社员入股，经营由社员民主管理，主要为入股社员服务的具有合作性质的集体金融组织。其主要业务有：城乡个人储蓄存款；农户、个体工商户和集体企业的存贷款及结算；代办保险、代收与代付；经中国人民银行批准的其他业务。随着经济的发展，目前绝大部分的城市信用社已逐渐改组为以城市命名的商业银行，少数经济比较发达地区的农村信用社也组建了农村合作银行，主要为本地区经济发展融通资金，重点为中小企业发展提供金融服务。

4. 租赁公司

租赁公司是指经银保监会批准，以经营融资租金业务为主的非银行金融机构。其主要业务有：动产和不动产的租赁、转租赁和回租赁；各种租赁业务所涉及标的物的购买；出租物和抵偿租金产品的处理；向金融机构借款及其他融资业务；吸收特定项目下的信托存款；租赁项目下的流动资金贷款；外汇业务等。

5. 信托公司

信托公司是依法成立的、主要经营信托业务的非银行金融机构。它以信用接受委托，按照委托人的意愿，以自己的名义为受益人的利益或者特定目的，对委托人的资产进行管理和处分，发挥其“受人之托，代人理财”的功能。目前，信托公司主要业务有信托业务、委托业务、代理业务、咨询业务、兼营业务和外汇业务等。

6. 基金管理公司

基金管理公司是指依法成立的从事证券投资基金管理业务的非银行金融机构。其主要业务有证券投资基金的发行与赎回，管理和运用证券投资基金从事股票、债券等金融工具的投资等。

7. 财务公司

财务公司是指依法成立的，主要为集团内部成员筹集和融通资金，并提供金融服务的公司。财务公司的主要业务包括存款、贷款、结算、担保和代理等一般银行业务，还可以经中国人民银行批准，开展证券、信托投资等业务。由于财务公司是企业集团的内部金融机构，且从事的是金融活动，所以受企业集团和中国人民银行的双重监督。

8. 期货公司

期货公司是按照国家相关规定设立的经营期货业务的非银行金融机构。

9. 典当行

典当行也称典当公司，是主要以财务作为质押进行有偿、有期限接待的非银行金融机构。典当行通常可以通过当户赎当，收取当金利息和其他费用盈利，也可以通过当户绝当，处分当物，弥补损失并盈利。另外，典当行以融资服务为主要功能，同时还提供对当物的鉴定、评估、作价等服务功能。

二、金融企业会计

(一)金融企业会计的概念

金融企业会计是以货币为主要计量单位，按照会计学的基本原理和基本方法，采用专门的会计方法，对金融企业的经营活动进行连续、系统、完整的核算和监督，从而为会计报告使用者提供金融企业财务状况和经营成果及现金流量等会计信息的一种管理活动。具体来讲，它是以商业银行和非银行金融机构的经济活动为中心，对其资产、负债、所有者权益、收入、费用、利润进行核算和监督的会计。

(二)金融企业会计分类

金融会计是我国会计体系的主要组成部分，是按照会计的基本原理、基本原则和基本方法，以货币为计量单位，对金融机构的经营治理活动进行准确、完整、连续、综合的核算和监督，并对金融机构财务信息进行衡量、加工和传送的专业会计。

由上文对金融机构体系的介绍可知金融企业会计的分类，如图 1-2 所示。

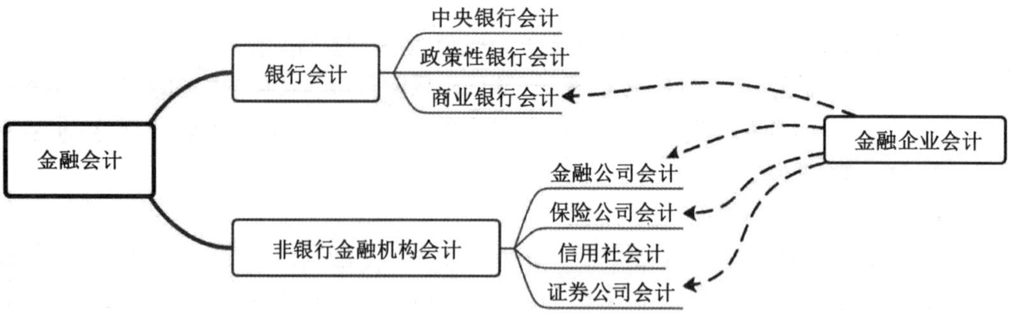

图 1—2 金融会计企业的分类

(三)金融企业会计的对象和任务

1. 金融企业会计的对象

以银行为例来说明,银行的资金运动形式为:社会货币资金→银行信贷资金→社会货币资金。按照《企业会计准则》的规定,银行会计的具体对象也分为资产、负债、所有者权益、收入、费用、利润六大会计要素。

2. 金融企业会计的任务

金融企业会计是金融企业管理工作的重要组成部分。

其主要任务有:

(1)按照国家的法令、政策和有关规定,对金融业务活动和财务收支活动进行及时、真实、准确、完整的记录、核算,提供真实、准确的会计数据和信息;

(2)进行会计分析,预测发展趋势;

(3)加强金融企业内部会计监督。

(四)金融企业会计的特点

金融企业会计是财务会计体系中的一种专业会计,其会计核算的内容、范围和方法不同于其他部门会计,有其独有的特点,主要表现在:

1. 金融企业会计具有显著的社会性

金融企业的服务对象是是由国民经济各部门、各企业、各单位甚至居民个人的经济活动所引起的资金运动,金融企业会计的对象则是由金融企业经营活动所引起的资金运动。

2. 金融企业会计联系面广、政策性强

金融企业与社会各方面联系密切,其各项业务活动范围涉及国民经济各部门、各企业、各单位以及个人的经济活动。因此金融企业会计必须认真贯彻执行国家的各项经济政策,协调处理好各方面的经济关系。金融企业会计人员也必须依照国家法律法规、规章制度、财经纪律对经济业务的合法性进行监督。

3. 会计核算方法的独特性

金融企业经济业务具有特殊性,这决定了金融企业的会计核算方法在凭证填制、账户的设置与登记、表单的设置与编制、财务处理的程序与核对程序等方面与其他企业会计有明显不同,尤其是银行,它是经营货币资金的特殊企业。

4. 内部控制的严密性

金融企业会计对象的特殊性决定了其核算管理必须有严密的内部监督机制。比如双线核算、双线核对、账折见面、复核制度、内外对账、当日轧平账务等都是为了减少差错和防止舞弊而建立的内部监督机制。

5. 信息披露的严格性

金融企业的服务特点有内容特殊、负债比率高、运作的金融资产风险大、经营区域分散、大量涉及普通居民的切身利益等，且信息披露的标准更高，要求也更加严格。

第二节　金融企业会计核算的基本理论

金融企业会计作为企业会计的一种，其会计基本理论和一般企业会计理论基本相似。金融企业会计核算是以货币为计量单位，运用专门方法对银行的业务、财务活动进行连续、系统、全面的记录、计算、反映和监督，为国家宏观管理及银行内部经营管理提供有价值的会计信息的管理活动。

一、金融企业会计核算的基本前提

会计假设是企业会计确认、计量和报告的前提，是为了实现会计目标对会计核算对象空间范围和时间范围的限定。金融企业会计核算的四个基本前提分别是会计主体、持续经营、会计分期、货币计量。

(一)会计主体假设

会计主体是指需要会计工作的特定单位或组织，是会计工作的特定空间范围。确定了会计主体，才能划定企业所需要处理的各项交易的范围。在实际工作中，会计主体又称为会计主体、会计单位、记账主体等。

会计主体的确定通常视管理需要而定，它可以是一个企业，也可以是若干家企业通过控股关系组织起来的集团公司。一个会计主体可能包括几个会计主体，如总公司和分公司；几个会计主体也可合并为一个会计主体，如联营公司。组织形式多样的特定单位成为会计主体，需要满足以下条件：①它应该是独立的实体；②它应该是统一的整体。

作用：明确会计主体，可以使某一个会计主体的财产与所有者财产和其他主体的财产分开。

(二)持续经营假设

持续经营是指会计主体的经营活动能够按照既定目标持续不断地经营下去，而不考虑企业是否破产清算等。金融企业的会计确认、计量和报告应当以持续经营为前提。金融企业应定期对金融企业持续经营能力及假定前提进行分析和判断。一旦认定金融企业不符合持续经营的假定，就应当改变会计原则、会计处理程序和方法，并在会计报表附注中进行披露。

作用：使会计处理方法保持稳定，从而在持续经营的情况下，企业将按照原定的用途和目标使用现有的经营资源，并按照原定的承诺条件清偿各种债务。

(三)会计分期假设

会计分期又称为会计期间，是指将会计主体持续不断的经营活动划分为连续的、相等的期间。金融企业会计核算应以会计分期为前提，按期结算盈亏、编制会计报表，以便向会计信息使用者及时提供反映会计主体的财务状况、经营成果、现金流量的信息。会计分期按公历年起讫日期分为年度、半年度、季度和月度。

作用：在实际工作中，无法等到企业所有的生产经营活动最终结束后再进行准确的计算，所以人为地将企业持续不断的经营活动划分为若干个相等的时间段来计算利润，以反映企业的财务状况和经营成果。

(四)货币计量假设

货币计量是指在会计核算过程中采用货币为计量单位,用以计量、记录和报告会计主体的经营活动。企业的生产形式多样,所以在会计核算上就需要有一种统一的计量单位作为会计核算的计价尺度。我国金融企业的会计核算以人民币为记账本位币。业务收支以外币为主的企业,可以选定某种外币作为记账本位币,但编制的会计报表应折算为人民币来反映。

作用:以货币为会计核算的计量单位,使会计核算的对象——企业的生产经营活动——统一表现为货币运动,从而能够全面反映企业的财务状况和经营成果。

上述四项会计计量核算的基本假设构成了金融企业组织会计核算的前提条件和理论基础。

二、金融企业会计核算基础

会计核算基础主要有收付实现制和权责发生制两种。

(一)收付实现制

收付实现制是以款项收付为标志确定当期收入和费用的一种会计核算基础。凡是在本期收到的收入和支付的费用,不论其是否属于本期,都应作为本期的收入和费用;相反,凡是本期未收到的收入和未支付的费用,即使应归属于本期,也不应作为本期的收入和费用。该核算基础核算简单,通过现金流量表能真实地反映动态财务状况,预警财务风险,特别是现金流风险。但收付实现制不能全面、准确地反映企业的经营成果。

(二)权责发生制

权责发生制也称应计制或应收应付制,是以收入、费用是否实现或发生,而不是以款项是否收到或付出为标准来确认收入和费用的一种会计核算基础。在权责发生制核算基础下,凡是当期已经实现的收入或应当负担的费用,无论款项是否收付,都应当作为当期的收入和费用;凡是不属于当期的收入和费用,即使款项已在当期收付,也不应作为当期的收入和费用。

三、金融企业会计核算对象与会计要素

(一)金融企业会计核算对象

会计核算对象是会计要核算、反映和监督的内容。会计核算对象的性质和管理要求是制定会计方法的依据,只有符合会计核算对象要求的核算方法才能正确反映经济活动情况。如果会计核算对象不明确,就难以确定会计核算、反映和监督的控制职能处于什么范围,以及通过什么形式和手段来实现。所以,研究会计核算对象对于掌握会计的核算方法有重要意义。

社会扩大再生产过程中能用货币表现的经济活动都可称为资金运动。由于国民经济各个部门的职能不同,所以会产生各种不同的具体经济活动,因而在资金运动形式上也各不相同。以工业企业为例,其资金运动形式是货币资金→生产资金→产品资金→货币资金。观察一个商品流通企业,其资金运动形式是货币资金→商品资金→货币资金。

从总体上看,金融企业会计核算对象依然是资金运动,但金融企业在国民经济中的地位和业务活动的特点,决定了金融企业的资金运动形式有别于其他企业的资金运动形式。我们以银行为例来说明其会计核算对象的特殊性,银行的资金运动形式可以表示为社会货币资金(投入阶段)→银行信贷资金(经营阶段)→社会货币资金(退出阶段)。

投入阶段的社会货币资金主要表现为商业银行通过吸收存款、收回贷款本金、借入资金等

手段获得营运资金；经营阶段主要通过办理贷款、办理支付结算业务以及提供金融产品等手段获取收益；退出阶段主要通过客户提取存款、兑现债券等行为结束金融活动。

金融企业的资金运动是社会再生产过程中资金运动的综合反映，银行的基本职能是聚集资金和经营货币资金。银行采取有偿方式吸收社会上暂时闲置的货币资金，并通过有偿方式运用这些货币资金，即吸收存款与发放贷款，为社会扩大再生产和商品流通服务，满足它们的资金需要，实现社会发展和提高人民生活水平。银行在经营业务的活动中，同时还会产生经营业务收入与支出等，因此银行的资金运动不仅表现为聚集和运用货币资金的增减变化，同时也表现为银行的收支及财务成果的形成，这些都是银行会计的核算对象。

（二）金融企业会计要素

会计要素是根据交易或者事项的经济特征对会计核算对象进行的基本分类，是会计核算对象的具体化。按照我国《企业会计准则》的规定，会计要素分为资产、负债、所有者权益、收入、费用、利润6项。其中，资产、负债、所有者权益是企业财务状况的静态反映，也称资产负债表要素；收入、费用、利润是企业经营成果的动态反映，也称利润表要素。

资产是指由企业过去的交易或事项形成的、由企业控制的、预期会给企业带来经济利益的资源。金融企业的资产按照变现速度的不同，分为流动资产和固定资产两大类。

负债是指由企业过去的交易或事项形成的、预期会导致经济利益流出企业的现实义务。金融企业的负债按照偿付速度的不同，分为流动负债和长期负债两类。

所有者权益是指企业资产扣除负债后由所有者享有的剩余权益，又称股东权益。金融企业的所有者权益主要由实收资本、资本公积、盈余公积、未分配利润等组成。

收入是指企业在日常活动中形成的、会导致所有者权益增加的、与所有者投入资本无关的经济利益的总流入。金融企业的收入通常是由主营业务收入和其他业务收入构成。

费用是指企业在日常活动中发生的、会导致所有者权益减少的、与向所有者分配的利润无关的经济利益的总流出。金融企业的费用通常包括销售费用、管理费用、财务费用等。

利润是指企业在一定会计期间的经营成果。

四、金融企业会计核算的信息质量要求

会计信息质量要求是对金融企业财务报告中所提供的会计信息质量的基本规范，是使财务报告中所提供的会计信息有助于投资者等使用者决策应具备的基本特征，它主要包括可靠性、相关性、可理解性、可比性、实质重于形式、重要性、谨慎性和及时性等。

（一）可靠性

可靠性要求金融企业应当以实际发生的交易或者事项为依据进行确认、计量和报告，如实反映符合确认和计量要求的各项会计要素及其他相关信息，保证会计信息真实可靠、内容完整。

会计信息要有用，必须以可靠为基础，如果财务报告所提供的会计信息是不可靠的，就会给投资者等使用者的决策产生误导甚至损失。为了贯彻可靠性要求，金融企业应当做到以下几个方面：

1. 以实际发生的交易或者事项为依据进行确认、计量，将符合会计要素定义及其确认条件的资产、负债、所有者权益、收入、费用和利润等如实反映在会计报表中，不得根据虚构的、没有发生的或者尚未发生的交易或者事项进行确认、计量和报告。

2. 在符合重要性和成本效益原则的前提下，保证会计信息的完整性。其中包括应当编报

的报表及其附注内容等应当保持完整，不能随意遗漏或者减少应予披露的信息，与使用者决策相关的有用信息都应当充分披露。

3. 财务报告中的会计信息应当是中性的、无偏的。如果金融企业为了达到事先设定的结果或效果，而在财务报告中通过选择仅列示相关会计信息以影响决策和判断，那么这样的财务报告信息就不是中立的。

（二）相关性

相关性要求金融企业提供的会计信息应当与投资者等财务报告使用者的经济决策需要相关，有助于投资者等财务报告使用者对金融企业的过去、现在或未来的情况做出评价或者预测。

会计信息是否有用、是否有价值，关键是看其与使用者的决策需要是否相关、是否有助于使用者决策或提高决策水平。相关的会计信息应当具有反馈价值，有助于使用者评价金融企业过去的决策，能够证实或修正过去的有关预测；相关的会计信息还应当具有预测价值，有助于使用者预测金融企业未来的财务状况、经营成果和现金流量。例如，区分收入和利得、费用和损失，区分流动资产和非流动资产、流动负债和非流动负债，以及适度引入公允价值等，都可以提高会计信息的预测价值，进而提升会计信息的相关性。

会计信息质量的相关性要求，需要金融企业在确认、计量和报告会计信息的过程中，充分考虑使用者的决策模式和信息需要。但是，相关性是以可靠性为基础的，两者之间并不矛盾，不应将两者对立起来。也就是说，会计信息在可靠性的前提下，应尽可能地达到相关性要求，以满足投资者等财务报告使用者的决策需要。

（三）可理解性

可理解性要求金融企业提供的会计信息清晰明了，便于投资者等财务报告使用者理解和使用。金融企业编制财务报告、提供会计信息的目的在于使用，而要使使用者有效使用会计信息，应当使其了解会计信息的内涵，弄懂会计信息的内容。这就要求财务报告所提供的会计信息应当清晰明了、易于理解。只有这样，才能提高会计信息的有用性，实现财务报告的目标，满足向投资者等财务报告使用者提供决策有用信息的要求。

会计信息毕竟是一种专业性较强的信息产品，在强调会计信息的可理解性要求时，还应假定使用者具有一定的有关金融企业经营活动和会计方面的知识，并且愿意付出努力去研究这些信息。对于某些复杂的信息，如交易本身较为复杂或者会计处理较为复杂，但其对使用者的经济决策是相关的，金融企业就应当在财务报告中予以充分披露。

（四）可比性

可比性要求金融企业提供的会计信息应当相互可比。这主要包括下列两层含义：

1. 同一金融企业不同时期可比

为了便于投资者等财务报告使用者了解金融企业的财务状况、经营成果和现金流量的变化趋势，比较金融企业在不同时期的财务报告信息，全面、客观地评价过去、预测未来，从而做出决策。会计信息质量的可比性要求同一金融企业不同时期发生的相同或者相似的交易或者事项，应当采用一致的会计政策，不得随意变更。但是，满足会计信息可比性要求，并非表明金融企业不得变更会计政策，按照规定或者在会计政策变更后继续提供更可靠、更相关的会计信息的金融企业，是可以变更会计政策的。有关会计政策变更的情况，应当在附注中予以说明。

2. 不同金融企业相同会计期间可比

为了便于投资者等财务报告使用者评价不同金融企业的财务状况、经营成果和现金流量及其变动情况，会计信息质量的可比性要求不同金融企业在同一会计期间发生的相同或者相似的交易或事项，应当采用相同或相似的会计政策，确保会计信息口径一致、相互可比，以使不同金融企业按照一致的确认、计量和报告要求提供有关会计信息。

(五)实质重于形式

实质重于形式要求金融企业应当按照交易或者事项的经济实质进行会计确认、计量和报告，而不仅仅以交易或者事项的法律形式为依据。

金融企业发生的交易或事项在多数情况下，其经济实质和法律形式是一致的，但在某些特定情况下会出现不一致。例如，以融资租赁方式租入的资产，虽然从法律形式来讲金融企业并不拥有其所有权，但是由于租赁合同中规定的租赁期较长，接近于该资产的使用寿命，承租金融企业在租赁期结束时有优先购买该资产的选择权、在租赁期内有权支配资产并从中受益等，因此，从其经济实质来看，如果金融企业能够控制融资租入资产所创造的未来经济利益，在会计确认、计量和报告中就应当将以融资租赁方式租入的资产视为金融企业的资产，列入金融企业的资产负债表。

(六)重要性

重要性要求金融企业提供的会计信息应当反映与金融企业财务状况、经营成果和现金流量有关的所有重要交易或者事项。在实务中，如果会计信息的省略或者错报会影响投资者等财务报告使用者的决策判断，则该信息就具有重要性。重要性的应用需要依赖职业判断，金融企业应当根据其所处环境和实际情况，从项目的性质和金额大小两方面加以判断。

(七)谨慎性

谨慎性要求金融企业对交易或者事项进行会计确认、计量和报告时应当保持应有的谨慎，不应高估资产或者收益、低估负债或者费用。

在市场经济环境下，金融企业的生产经营活动面临着许多风险和不确定性，如应收款项的可收回性、固定资产的使用寿命、无形资产的使用寿命等。会计信息质量的谨慎性要求，需要金融企业在面临不确定性因素的情况下做出职业判断时，应当保持应有的谨慎，充分估计到各种风险和损失，既不高估资产或者收益，也不低估负债或者费用。例如，要求金融企业对可能发生的资产减值损失计提资产减值准备，就体现了会计信息质量的谨慎性要求。

谨慎性的应用不允许金融企业设置秘密准备。如果金融企业故意低估资产或收益，或者故意高估负债或费用，则不符合会计信息的可靠性和相关性要求，会损害会计信息质量，扭曲金融企业实际的财务状况和经营成果，从而对使用者的决策产生误导，这是会计准则所不允许的。

(八)及时性

及时性要求金融企业对已经发生的交易或者事项，应当及时进行确认、计量和报告，不得提前或者延后。会计信息的价值在于帮助所有者或者其他财务报告使用者做出经济决策，具有时效性。即使是可靠、相关的会计信息，如果不及时提供，就失去了时效性，对使用者的效用就大大降低甚至不再具有实际意义。在会计确认、计量和报告过程中贯彻及时性，一是要求及时收集会计信息，即在经济交易或者事项发生后，及时收集整理各种原始单据或者凭证；二是要求及时处理会计信息，即按照《企业会计准则》的规定，及时对经济交易或者事项进行确认或者计量，并编制财务报告；三是要求及时传递会计信息，即按照国家规定的有关时限，及时将编制的财务报告传递给财务报告使用者，便于其及时使用和决策。

在实务中，为了及时提供会计信息，可能需要金融企业在有关交易或者事项的信息全部获得之前就进行会计处理，这样虽然满足了会计信息的及时性要求，但可能会影响会计信息的可靠性；反之，如果金融企业等到与交易或者事项有关的全部信息获得之后再进行会计处理，这样的信息披露虽然提高了可靠性，但可能会由于时效性问题，对投资者等财务报告使用者决策的有用性将大大降低。这就需要金融企业在及时性和可靠性之间做相应权衡，以满足投资者等财务报告使用者的经济决策需要。

第三节　金融企业会计核算的基本方法

会计核算的基本方法是指对会计对象进行完整、连续、系统、综合反映与控制的基本业务技术手段或方式，主要包括设置会计科目和账户、复式记账、调制和审核会计凭证、登记账簿、成本核算、财产清查和编制会计报表等方法。这些方法构成了一个完整、科学的会计核算方法体系。

一、会计科目

（一）会计科目的定义

会计科目是对会计对象的具体内容进行分类核算的类目，它是设置账户、分类记载会计事项的工具，也是确定报表项目的基础。设置会计科目应遵循统一的会计核算规范，满足统一经营管理的需要。适当简化会计科目的设置，可以提高会计核算的工作效率、降低核算成本。

（二）会计科目的分类

按照资金性质，金融会计科目可以分为五类：资产类、负债类、所有者权益类、成本类和损益类。就银行系统而言，因核算上的需要，可以增设一些银行系统内使用的科目。在实际应用中，各银行体系都增设了资产负债共同类科目，主要是反映商业银行各项资产和负债双重性的科目，如清算资金往来、货币兑换、衍生工具、套期工具、被套期项目等。

按照金融企业会计科目与资产负债表的关系，可以分为表内科目和表外科目。表内科目是指反映金融企业资金实际增减变化而纳入资产负债表内的科目。表外科目是指反映金融企业确已发生但尚未涉及资金的实际增减变化，或不涉及资金增减变化而不列入资金负债表的科目，如有价单据、空白重要凭证等。

按反映经济业务的详略程度不同，金融企业会计科目可以分为一级科目和二级科目。一级科目的名称、代号及核算内容具有较强的统一性，科目的设置及修改应高度集中。二级科目可由各金融企业根据自身业务的实际需要和权限增添。一级会计科目的名称代号及核算内容统一。例如，商业银行会计科目参照《企业会计准则——应用指南》中“会计科目和主要账务处理”来设置。二级会计科目是商业银行根据自身业务的实际需要和权限增添的科目，是各商业银行总行结合本行的特点和经营管理要求而设置的会计科目。下级明细科目，可由下级银行根据业务实际需要设置。

根据 2019 年 4 月修订的《企业会计准则——应用指南》，金融企业的主要会计科目如表 1—1 所示。

表 1—1　　**金融企业主要会计科目(表内科目)一览表**

顺序号	编号	会计科目名称	是否常用	顺序号	编号	会计科目名称	是否常用
一、资产类							
1	1001	库存现金	P	35	1421	消耗性生物资产	
2	1002	银行贷款	P	36	1431	贵金属	P
3	1003	存放中央银行贷款	P	37	1441	抵债资产	P
4	1011	存放同业	P	38	1451	损余物资	
5	1012	其他货币资金	P	39	1461	融资租赁资产	P
6	1021	结算备付金	P	40	1471	存货跌价准备	
7	1031	存出保证金	P	41	1501	持有至到期投资	
8	1101	交易性金融资产	P	42	1502	持有至到期投资减值准备	
9	1111	买入返售金融资产	P	43	1503	可供出售金融资产	
10	1121	应收票据		44	1511	长期股权投资	
11	1122	应收账款		45	1512	长期股权投资减值准备	
12	1123	预付账款		46	1521	投资性房地产	
13	1131	应收股利	P	47	1531	长期应收款	
14	1132	应收利息	P	48	1532	未实现融资收益	
15	1201	应收代位追偿款	P	49	1541	存出资本保证金	
16	1211	应收分保账款	P	50	1601	固定资产	
17	1212	应收分保合同准备金	P	51	1602	累计折旧	
18	1221	其他应收款	P	52	1603	固定资产减值准备	
19	1231	坏账准备	P	53	1604	在建工程	
20	1301	贴现资产	P	54	1605	工程物资	
21	1302	拆出资金	P	55	1606	固定资产清理	
22	1303	贷款	P	56	1611	未担保余值	
23	1304	贷款损失准备	P	57	1621	生产性生物资产	
24	1311	代理兑付证券	P	58	1622	生产性生物资产累计折旧	
25	1321	代理业务资产	P	59	1623	公益性生物资产	
26	1401	材料采购		60	1632	累计折耗	
27	1402	在途物资		61	1701	无形资产	
28	1403	原材料		62	1702	累计摊销	P
29	1404	材料成本差异		63	1703	无形资产减值准备	P
30	1405	库存商品		64	1711	商誉	P
31	1406	发出商品		65	1801	长期待摊费用	P
32	1407	商品进销差价		66	1811	递延所得税资产	P
33	1408	委托加工物资		67	1821	独立账户资产	
34	1411	周转材料		68	1901	待处理资产损溢	P

续表

顺序号	编号	会计科目名称	是否常用	顺序号	编号	会计科目名称	是否常用
二、负债类							
69	2001	短期借款	P	87	2261	应付分保账款	P
70	2002	存入保证金	P	88	2311	代理买卖证券款	P
71	2003	拆入资金	P	89	2312	代理承销证券款	P
72	2004	向中央银行借款	P	90	2313	代理兑付证券款	P
73	2011	吸收存款	P	91	2314	代理业务负债	P
74	2012	同业存放	P	92	2401	递延收益	
75	2021	贴现负债	P	93	2501	长期借款	
76	2101	交易性金融负债	P	94	2502	应付债券	P
77	2111	卖出回购金融资产款	P	95	2601	未到期责任准备金	P
78	2201	应付票据		96	2602	保险责任准备金	P
79	2202	应付账款		97	2611	保户储金	P
80	2203	预收账款		98	2621	独立账户负债	P
81	2211	应付职工薪酬	P	99	2701	长期应付款	
82	2221	应交税费	P	100	2702	未确认融资费用	P
83	2231	应付股利	P	101	2711	专项应付款	
84	2232	应付利息	P	102	2801	预计负债	P
85	2241	其他应付款	P	103	2901	递延所得税负债	P
86	2251	应付保单红利	P				
三、共同类							
104	3001	清算资金往来	P	107	3201	套期工具	P
105	3002	货币兑换	P	108	3202	被套期项目	P
106	3101	衍生工具	P				
四、所有者权益类							
109	4001	实收资本	P	114	4102	一般风险准备	P
110	4002	资本公积	P	115	4103	本年利润	P
111	4003	其他权益工具		116	4104	利润分配	P
112	4004	其他综合收益		117	4201	库存股	P
113	4101	盈余公积	P				
五、成本类							
118	5001	生产成本		122	5401	工程施工	
119	5101	制造费用		123	5402	工程结算	
120	5201	劳务成本		124	5403	机械作业	
121	5301	研发支出					

续表

顺序号	编号	会计科目名称	是否常用	顺序号	编号	会计科目名称	是否常用
六、损益类							
125	6001	主营业务收入	P	142	6421	手续费及佣金支出	P
126	6011	利息收入	P	143	6501	提取未到期责任准备金	P
127	6021	手续费及佣金收入	P	144	6502	提取保险责任准备金	P
128	6031	保费收入	P	145	6511	赔付支出	P
129	6041	租赁收入	P	146	6521	保险红利支出	P
130	6051	其他业务收入	P	147	6531	退保金	P
131	6061	汇兑损益	P	148	6541	分出保费	P
132	6101	公允价值变动损益	P	149	6542	分保费用	P
133	6111	投资收益	P	150	6601	销售费用	
134	6201	摊回保险责任准备金	P	151	6602	管理费用	P
135	6202	摊回赔付支出	P	152	6603	财务费用	
136	6203	摊回分保险费用	P	153	6604	勘探费用	
137	6301	营业外收入	P	154	6701	资产减值损失	P
138	6401	主营业务成本	P	155	6711	营业外支出	P
139	6402	其他业务成本	P	156	6801	所得税费用	P
140	6403	税金及附加	P	157	6901	以前年度损益调整	P
141	6411	利息支出	P				

注:P代表金融企业常用会计科目。

二、记账方法

记账方法是指根据一定的记账原理、记账符号和记账规则,采用一定的计量单位,利用文字和数字在账簿中登记经济业务的方法。金融企业会计的记账方法包括单式记账法和复式记账法。单式记账法是对发生的每项经济业务只在一个账户中进行登记的方法。单式记账设置“收入”“付出”“余额”3栏,业务发生或增加时记“收入”,销账或减少时记“付出”,“余额”表示结存。若某项经济业务未引起金融企业表内科目的增减变化,只涉及表外科目的增减变化,则金融企业通常采用单式记账法记录该项经济业务所涉及的金额。

复式记账法是指对发生的每项经济业务都按相等的金额,在两个或两个以上相关账户中同时登记的方法。复式记账法可以全面反映经济业务的来龙去脉,便于进行试算平衡。目前,我国的企业、行政事业单位的会计核算基本都采用复式记账法。

复式记账方法主要有借贷记账法、增减记账法和收付记账法。金融企业会计通常采用的复式记账法为借贷记账法,即以“借”“贷”为记账符号,建立在会计等式基础上,以“有借必有贷,借贷必相等”为记账规则,反映会计要素增减变动情况的一种记账方法。

三、会计凭证

(一)会计凭证的种类

会计凭证是记载经济业务,办理资金收付,明确业务经济责任,并具有法律效力的书面证明。会计凭证是金融企业办理业务和财务收支的主要依据。按填制程序和用途的不同，会计凭证可分为原始凭证和记账凭证。原始凭证是指在经济业务发生时直接取得或填制的会计凭证，是用来确定业务的执行和完成情况并作为记账依据的最原始资料。原始凭证按来源不同，又可分为外来原始凭证和自制原始凭证。外来原始凭证是指在经济业务完成时从企业外部直接取得的凭证，金融企业的原始凭证大多为外来原始凭证。自制原始凭证是指金融企业在办理经济业务的过程中，根据业务的需要而填制的各种专用凭证。

金融企业的记账凭证根据用途不同，可分为明细账记账凭证和总账记账凭证。明细账记账凭证要在企业内部各核算环节进行传递，故又称为“传票”。总账记账凭证为汇总记账凭证，故又称为“科目日结单”。

按分录形式的不同，可将记账凭证分为单式记账凭证和复式记账凭证。单式记账凭证是在每张凭证上只填一个会计科目或账户，即一笔经济业务按其对应关系编制两张或两张以上会计凭证。复式记账凭证是一笔经济业务所涉及的几个科目或账户都反映在一张凭证上。金融企业尤其是商业银行主要使用单式记账凭证。

按性质或适用范围的不同，可将记账凭证分为基本凭证和特定凭证。基本凭证又称通用凭证或一般凭证，是会计部门根据合法的原始凭证及业务事项自行编制的具有统一格式的凭证。记账凭证主要包括以下四种类型：第一，现金收入凭证和现金付出凭证，即专门用于收入或付出现金业务的凭证；第二，转账借方凭证和转账贷方凭证，即专门用于办理转账业务的凭证；第三，特种转账借方凭证和特种转账贷方凭证，即当发生涉及外单位资金收付的转账业务时，由金融企业主动代为收款进账或扣款出账而编制使用的凭证，特种转账凭证在金融企业内外均可传递；第四，表外科目收入凭证和表外科目付出凭证，即金融企业对不涉及资金增减变化但又必须记录的重要会计事项，用表外科目进行核算所使用的凭证。特定凭证又称专用凭证，是金融企业根据各种业务的特殊需要而制定的凭证。这类凭证一般由金融企业根据各种特殊需要制定，具有专门用途，并由金融企业统一印制发行。在实际应用时，由客户在需要时一次套写数联并提交给金融企业，金融企业以其中一联或几联代替记账凭证记账。

金融企业在进行会计核算时，除某些业务需要自制记账凭证外，大多采用客户提交的或联行及代理行寄来的各种原始凭证，直接代替记账凭证进行账务处理。

图 1—3 至图 1—10 为商业银行的各种凭证的样例。

X银行 现金收入传票

(贷) ＿＿＿＿＿＿

(借)现金＿＿＿＿＿

总字第　　号
字第　　号

年　月　日

户名或账号	摘要	金额										
		亿	千	百	十	万	千	百	十	元	角	分
合计												

附件　张

会计　　出纳　　复核　　记账

图 1—3　商业银行现金收入传票

X银行 现金付出传票

(借) ____________

(贷)现金________

总字第　　号
字第　　号

年　月　日

户名或账号	摘要	金额										
		亿	千	百	十	万	千	百	十	元	角	分
合计												

附件　张

会计　出纳　复核　记账

图 1—4　商业银行现金付出传票

X银行 转账借方传票

科目(借)

对方科(贷)

总字第　　号
字第　　号

年　月　日

户名或账号	摘要	金额										
		亿	千	百	十	万	千	百	十	元	角	分
合计												

附件　张

会计　出纳　复核　记账

图 1—5　商业银行转账借方传票

X银行 转账贷款传票

科目(贷)

对方科目(借)

总字第　　号
字第　　号

年　月　日

户名或账号	摘要	金额										
		亿	千	百	十	万	千	百	十	元	角	分
合计												

附件　张

会计　出纳　复核　记账

图 1—6　商业银行转账贷方传票

X银行 特种转账借方传票

总字第	号
字第	号

年　月　日

<table>
<tr><td rowspan="3">付款单位</td><td>全称</td><td colspan="3"></td><td rowspan="3">收款单位</td><td>全称</td><td colspan="10"></td></tr>
<tr><td>账号或地址</td><td colspan="3"></td><td>账号或地址</td><td colspan="10"></td></tr>
<tr><td>开户银行</td><td></td><td>行号</td><td></td><td>开户银行</td><td colspan="6"></td><td colspan="2">行号</td><td colspan="2"></td></tr>
<tr><td rowspan="2">金额</td><td colspan="6" rowspan="2">人民币(大写)</td><td>千</td><td>百</td><td>十</td><td>万</td><td>千</td><td>百</td><td>十</td><td>元</td><td>角</td><td>分</td></tr>
<tr><td></td><td></td><td></td><td></td><td></td><td></td><td></td><td></td><td></td><td></td></tr>
<tr><td colspan="2">原凭证金额</td><td></td><td>赔偿金</td><td colspan="3"></td><td colspan="10"></td></tr>
<tr><td colspan="2">原凭证名称</td><td></td><td>号码</td><td colspan="3"></td><td colspan="10"></td></tr>
<tr><td>转账原因</td><td colspan="6">银行盖章</td><td colspan="10">科目(贷)________
对方科目(借)________
公计　复核　记账　制票</td></tr>
</table>

图 1—7　商业银行特种转账借方传票

X银行 特种转账贷方传票

总字第	号
字第	号

年　月　日

<table>
<tr><td rowspan="3">付款单位</td><td>全称</td><td colspan="3"></td><td rowspan="3">收款单位</td><td>全称</td><td colspan="10"></td></tr>
<tr><td>账号或地址</td><td colspan="3"></td><td>账号号地址</td><td colspan="10"></td></tr>
<tr><td>开户银行</td><td></td><td>行号</td><td></td><td>开户银行</td><td colspan="6"></td><td colspan="2">行号</td><td colspan="2"></td></tr>
<tr><td rowspan="2">金额</td><td colspan="6" rowspan="2">人民币
(大写)</td><td>千</td><td>百</td><td>十</td><td>万</td><td>千</td><td>百</td><td>十</td><td>元</td><td>角</td><td>分</td></tr>
<tr><td></td><td></td><td></td><td></td><td></td><td></td><td></td><td></td><td></td><td></td></tr>
<tr><td colspan="2">原凭证金额</td><td colspan="2">赔偿金</td><td colspan="3"></td><td colspan="10"></td></tr>
<tr><td colspan="2">原凭证名称</td><td colspan="2">号码</td><td colspan="3"></td><td colspan="10"></td></tr>
<tr><td>转账原因</td><td colspan="6">银行盖章</td><td colspan="10">科目(贷)________
对方科目(借)________
会计　复核　记账　投票</td></tr>
</table>

图 1—8　商业银行特种转账贷方传票

X银行　表外科目收入传票

总字第　　号
字第　　号

年　　月　　日

户名或账号	摘要	报表外科目代号	金额									
			千	百	十	万	千	百	十	元	角	分

出纳　　复核　　记账　　投票

图 1—9　商业银行表外科目收入传票

X银行　表外科目付出传票

总字第　　号
字第　　号

年　　月　　日

户名或账号	摘要	报表外科目代号	金额									
			千	百	十	万	千	百	十	元	角	分

出纳　　复核　　记账　　制票

图 1—10　商业银行表外科目付出传票

(二)会计凭证的编制与审核

编制会计凭证是会计核算工作的起点和基础。编制会计凭证应做到要素齐全、内容完整、反映真实、数字正确、字迹清楚、书写规范、手续完备,并且不得任意涂改。对外签发的会计凭证以及受理客户提交的会计凭证,其金额除填写阿拉伯数字的小写金额外,还应同时填写中文大写数字,以防涂改,并且大小写数字必须相符。

为保证会计凭证的真实性与完整性,应对会计凭证进行审核,只有审核合格的会计凭证才能作为记账依据。会计凭证的审核要点主要有:第一,是否为本金融企业受理的会计凭证;第二,会计凭证的内容、联数、附件是否齐全完整,是否超过有效期限;第三,账号与户名是否相符;第四,大小写金额是否一致,字迹有无涂改;第五,取款是否超过存款余额、拨款限额或贷款额度;第六,印鉴是否真实、齐全;第七,款项来源、用途是否符合政策和有关资金管理的规定;第八,计息、收费、赔偿金的计算是否正确;第九,内部科目的账户名称使用是否正确等。

经审查无误的凭证应及时处理,如果凭证内容不够齐全,应退回补办;如果凭证不符合要求,应拒绝受理;如果发现伪造凭证等犯罪行为,应认真追究,严肃处理。

由于金融企业的业务量大,会计凭证应按日期整理装订。每日营业终了,应集中整理已办完核算手续的会计凭证,按“先表内科目,后表外科目”的顺序排列。表内科目按科目编号“先小号,后大号”的顺序进行整理。在同一科目下再按“现金传票在前、转账传票在后,借方传票在前、贷方传票在后”的顺序依次排列。表外科目按收入、付出顺序排列。原始凭证及有关单据附于记账凭证后面,并加盖“附件”戳记。在科目日,结单装订在该科目各明细账记账凭证的前面，传票销号单则附在最后一并装订。装订前应检查科目日结单的张数、各科目日结单下明细账记账凭证张数、各明细账记账凭证所带附件张数是否完整齐全，如发现不符，应及时更正补齐。装订时要将凭证整理清晰，另加封面和封底，将装订日期、号码、册数、传票总张数和附件张数等填于封面上。装订成册的会计凭证应由指定的会计人员负责妥善保管，年度终了，应移送财会档案室登记归档。

四、账簿和账务组织

（一）账簿的种类

账簿是由具有一定格式的账页组成的，以审核无误的会计凭证为依据，用以全面、连续、系统地记载各种经济业务的簿册。金融企业会计账簿按其用途，可分为序时账簿、分类账簿和备查账簿。序时账簿通常称为日记账，是按照各经济业务完成时间的先后顺序进行登记的账簿。在实际工作中，按照会计部门收到会计凭证的先后顺序（即按照会计凭证的编号顺序）进行登记。分类账簿是全面、系统地对资金循环和收支活动所做的分类记录。按照分类的概括程度不同，分类账簿又可分为明细分类账和总分类账。明细分类账是按账户设置和登记的账簿。金融企业的明细分类账按每一会计科目下的开户单位或具体核算对象分户立账，并根据记账凭证的业务顺序逐笔连续记载。明细分类账的格式有 3 种：一是三栏式账簿，设“借方”“贷方”“余额”3 栏，适用于各种不计息存贷款、应收账款、应付账款、待摊费用、所有者权益账户的明细分类核算；二是多栏式账簿，这种格式是为了对某些业务活动进行专门管理而设计的，它在一张账页内按有关明细科目或管理要求设若干专栏；三是销账式账簿，这种格式是为逐笔登记、逐笔销账的业务而设计的。总分类账是按会计科目设置的，是汇总明细分类账的主要工具。总分类账是在每日营业终了后根据各科目日结单借、贷方发生额和当日余额进行登记的。总分类账的格式一般为三栏式。任何科目总账的当日借方或贷方的发生额或余额，与其所属各分户账借方或贷方的发生额或余额的合计数应相等。这种数量相等关系能使总分类核算与明细分类核算互相制约，是对总分类账和明细分类账进行核对、保证账账相符的重要依据。备查账簿是对某些在日记账和分类账等主要账簿中未能记载的事项进行补充登记的账簿。备查账簿属于辅助性登记，没有固定格式，可根据需要加以设计。

（二）账务组织

账务组织是指总的账务结构体系，包括明细核算和综合核算两个系统。明细核算对综合核算起到补充作用，综合核算对明细核算起到统驭作用，两者构成了一套完整、科学、严密的账务组织体系。

1. 明细核算是按账户核算，反映账户各项资金的增减变化及其结果的详细情况的核算系统。明细核算的具体形式和所使用的账表包括分户账、登记簿、余额表等。明细核算的核算程序为：根据会计凭证登记分户账或登记簿，再根据分户账或登记簿编制余额表，最后与总账进行核对。

分户账是企业会计账簿中具体反映经济业务的明细分类账簿，是明细核算的主要形式。分户账的格式分为甲、乙、丙、丁 4 种，其账页的具体格式参见章后附录。

登记簿又称登记卡，是为了适应某些业务需要而设置的专用账簿。登记簿的格式可根据业务需要自行设计，一般都采用“收入”“付出”“余额”3 栏的通用格式，根据表外科目传票采用单式记账方法进行登记处理。

余额表是核对总账与分户账余额和计算利息的重要工具。余额表分为计息余额表和一般余额表。计息余额表适用于计息科目，它根据分户账的每日最后余额填列，当日未发生借贷业务的账户应按上日余额填列，使之能与总账核对余额，并计算计息积数。一般余额表适用于各种科目及账户登记余额使用。

2. 综合核算是按会计科目进行核算，综合、概括地反映各科目的资金增减变化情况，由各种总分类账组成的核算系统。综合核算所采用的主要形式包括科目日结单、总账、日计表等，其记账程序为通过对业务传票的审核来编制科目日结单，然后根据科目日结单登记各科目总账，最后编制日计表。

科目日结单又称总账记账凭证，是每天的会计科目的当日借贷方发生额和凭证、附件张数的汇总记录。它不仅是监督明细账发生额、轧平当日账务的重要工具，也是记载总账的依据。每日营业终了，应按同一科目的凭证区分现金和转账凭证、借方或贷方发生额，各自加计总数后填入科目日结单的有关栏目，并注明凭证张数。对于办理存贷款业务的商业银行来说，由于现金业务量大，现金科目日结单填写数据分成两步：首先，将各科目日结单的借方现金数相加，填入现金科目日结单的贷方；然后，将各科目日结单的贷方现金数相加，填入现金科目日结单的借方。全部科目日结单相加的借、贷方合计数必须平衡。

总账是综合核算与明细核算相互核对、统驭明细分户账的主要工具。它不仅是各科目的总括记录，也是编制日计表、月计表、业务状况报告表、资产负债表的依据。总账按科目设置，设有借方发生额、贷方发生额和借方余额、贷方余额 4 栏，账页每月更换一次。总账的发生额应于每日营业终了，根据各科目日结单的借、贷方发生额合计数分别填记；余额根据各科目的上日余额加减本日发生额后求出。检验科目总账余额是否正确应视不同情况而定。

如果上日借方余额大于贷方余额，则可使用以下公式进行检验：

上日借方余额－上日贷方余额＋本日借方发生额－本日贷方发生额
＝本日借方余额－本日贷方余额

如果上日贷方余额大于借方余额，则可使用以下公式进行检验：

上日贷方余额－上日借方余额＋本日贷方发生额－本日借方发生额
＝本日贷方余额－本日借方余额

日计表是反映当日业务活动和轧平全部账务的主要工具。日计表应每日编制，日计表上的当日发生额和余额应根据总账各科目当日发生额和余额填记。日计表上借、贷方发生额和借、贷方余额合计数必须各自平衡。

五、会计报表

根据《企业会计准则》的规定，金融企业应当编制和对外提供真实、完整的财务会计报告。金融企业的财务会计报告一般由会计报表、会计报表附注和财务情况说明书组成。

不同的金融企业对外提供的财务会计报告不尽相同。

首先，金融企业会计报表应包括资产负债表、利润表、现金流量表、利润分配表、所有者权益变动表、信托资产管理会计报表以及其他有关附表。

资产负债表是总括反映金融企业会计期末（一般是月末、季末或年末）全部资产、负债和所有者权益的会计报表。利润表是反映金融企业在一定会计期间内经营成果的会计报表。现金流量表是综合反映金融企业在一定会计期间内现金流入和现金流出情况的报表。利润分配表反映金融企业在一定会计期间内利润分配的动态过程。

其次，金融企业会计报表附注是为了便于会计报表使用者理解会计报表的内容而对会计报表的编制基础、编制依据、编制原则和方法及主要项目所做的进一步解释和说明，主要包括：会计报表编制基准不符合会计核算基本前提的说明；重要会计政策和会计估计及其变更的说明；或有事项和资产负债表日后事项的说明；关联方关系及其交易的披露；重要资产转让及其出售的说明；金融企业合并、分立的说明；会计报表中重要项目的明细资料以及有助于理解和分析会计报表需要说明的其他事项。

最后，金融企业财务情况说明书应包括金融企业经营的基本情况、利润实现和分配情况、资金增减和周转情况以及对金融企业的财务状况、经营成果和现金流量有重大影响的其他事项。

此外，根据《金融企业会计制度》的规定，会计报表还可以按所反映期间、时点多少的不同，分为单期会计报表和比较会计报表。单期会计报表一般只提供某一会计期间或某一时点的会计信息，而比较会计报表可以提供不同期间或不同时点的会计信息，如两年期比较财务会计报告、三年期比较财务会计报告等。我国通常要求金融企业提供两年期比较财务会计报告。会计报表还可以按所反映的内容不同分为动态会计报表和静态会计报表。动态会计报表是指反映金融企业一定会计期间内经营成果和现金流量的会计报表，比如利润表、现金流量表；静态会计报表是指反映金融企业某一特定会计期间的资产、负债、权益状况的会计报表，比如资产负债表。

本章小结

本章是本书的总纲，阐述了有关金融机构体系、金融企业会计核算的理论、金融企业会计核算的基本方法等内容。它是理解以后各章有关会计处理原则的基础，也是实务中据以判断各项交易事项的实质以及确定会计处理方法的基础。在学习本章内容时，应当关注：

1. 金融企业会计核算的内容及特点。
2. 金融企业会计核算的基本前提。
3. 金融企业会计核算的信息质量要求以及各项会计信息质量要求之间的内在联系。
4. 金融企业会计核算的方法体系。

本章关键术语

金融企业会计；会计核算对象；会计核算要求；会计核算方法

本章思考题

1. 目前，我国金融体系包括哪些机构？
2. 比较金融企业会计与其他会计的区别。
3. 金融企业会计对象包括哪些？
4. 金融企业会计核算方法有哪些？

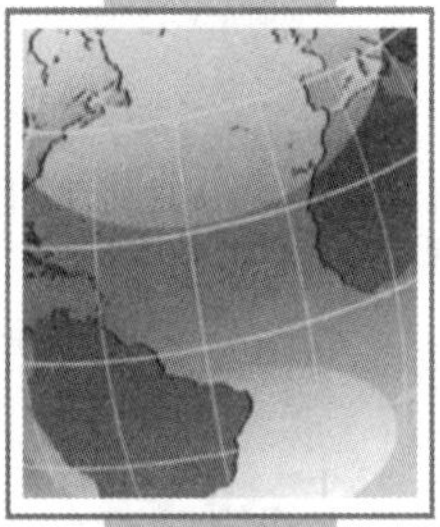

第二章 金融企业的资产

学习目标

1. 理解金融资产的含义、分类及其分类的规定
2. 掌握以摊余成本计量的金融资产的核算
3. 理解长期股权投资的含义和计量的有关规定
4. 掌握各投资核算方法之间的区别和转换的会计处理
5. 掌握金融企业固定资产、投资性房地产、无形资产的定义

本章预习

金融企业的资产包括金融资产、长期股权投资、固定资产、投资性房地产和无形资产及其他资产。本章详细介绍了金融企业各项资产的定义、内容、初始计量与后续计量、处置与减值准备计提的会计处理。

第一节　金融资产

一、金融资产的概念和分类

(一)金融资产的概念

金融资产，是指企业持有的现金、其他方的权益工具以及符合下列条件之一的资产：

1. 从其他方收取现金或其他金融资产的合同权利。

2. 在潜在有利条件下，与其他方交换金融资产或金融负债的合同权利。

3. 将来须用或可用企业自身权益工具进行结算的非衍生工具合同，且企业根据该合同将收到可变数量的自身权益工具。

4. 将来须用或可用企业自身权益工具进行结算的衍生工具合同，但以固定数量的自身权益工具交换固定金额的现金或其他金融资产的衍生工具合同除外。其中，企业自身权益工具不包括应当按照《企业会计准则第 37 号——金融工具列报》分类为权益工具的可回售工具或发行方仅在清算时才有义务向另一方按比例交付其净资产的金融工具，也不包括本身就要求在未来收取或交付企业自身权益工具的合同。

(二)金融资产的分类

根据《企业会计准则第 22 号——金融工具确认和计量》(本章简称为本准则)，企业根据其管理金融资产的业务模式和金融资产的合同现金流量特征，可以将金融资产划分为以下三类：以摊余成本计量的金融资产；以公允价值计量且其变动计入其他综合收益的金融资产；以公允价值计量且其变动计入当期损益的金融资产。

1. 以摊余成本计量的金融资产

金融资产同时符合下列条件的，应当被分类为以摊余成本计量的金融资产：

(1)企业管理该金融资产的业务模式是以收取合同现金流量为目标的;

(2)该金融资产的合同条款规定,在特定日期内产生的现金流量,仅为对本金和以未偿付的本金金额为基础计算的利息的支付。

2. 以公允价值计量且其变动计入其他综合收益的金融资产

金融资产同时符合下列条件的,应当被分类为以公允价值计量且其变动计入其他综合收益的金融资产:

(1)企业管理该金融资产的业务模式既以收取合同现金流量为目标,又以出售该金融资产为目标;

(2)该金融资产的合同条款规定,在特定日期产生的现金流量,仅为对本金和以未偿付本金金额为基础计算的利息的支付。

3. 以公允价值计量且其变动计入当期损益的金融资产

以摊余成本计量的金融资产和以公允价值计量且其变动计入其他综合收益的金融资产之外的金融资产,企业应当将其归类为以公允价值计量且其变动计入当期损益的金融资产。在初始确认时,企业可以将非交易性权益工具投资指定为以公允价值计量且其变动计入其他综合收益的金融资产,并按照本准则第六十五条规定确认股利收入。该指定一经做出,不得撤销。企业在非同一控制下的企业合并中确认的或有对价构成金融资产的,该金融资产应当归类为以公允价值计量且其变动计入当期损益的金融资产,不得指定为以公允价值计量且其变动计入其他综合收益的金融资产。

金融资产或金融负债满足下列条件之一的,表明企业持有该金融资产或承担该金融负债的目的是交易性的:

(1)取得相关金融资产或承担相关金融负债的目的主要是为了近期出售或回购;

(2)相关金融资产或金融负债属于集中管理的可辨认金融工具组合的一部分,且有客观证据表明其近期实际存在短期获利模式;

(3)相关金融资产或金融负债属于衍生工具,但符合财务担保合同定义的衍生工具以及被指定为有效套期工具的衍生工具除外。

二、以摊余成本计量的金融资产的核算

(一)以摊余成本计量的金融资产的含义

金融资产同时符合下列条件的,应当分类为以摊余成本计量的金融资产:

1. 企业管理该资产的业务模式是以收取合同现金流量为目标的。

2. 该金融资产的合同条款规定,在特定日期产生的现金流量,仅是对以本金和未偿付本金金额为基础的利息的支付。

企业一般应设置"应收账款""银行贷款""债券投资"等科目,分类核算以摊余成本计量的金融资产。我们以债权投资为例介绍以摊余成本计量的金融资产的会计处理。

(二)债权投资会计处理规则

企业应当设置"债权投资"科目核算其债券投资的摊余成本。并设置"成本""利息调整""应计利息"等二级科目进行明细核算。"债权投资——成本"一般核算债券的面值;"债权投资——利息调整"一般核算初始投资时入账价值与债券面值的差额,以及按照实际利率法摊销后该差额的摊余金额;"债权投资——应计利息"核算到期一次还本付息债券每期计提的利息。

1. 初始入账的会计处理

金融企业初始确认债权投资，应当按照公允价值计量，相关交易费用计入初始确认金额。其中交易费用是指可直接归属于购买、发行或处置金融工具的增量费用，包括支付给代理机构、咨询公司、券商等的手续费、佣金、相关税费以及其他必要支出。企业取得金融资产所支付的价款中包含的已宣告但尚未发放的债券利息，应当单独确认为应收项目进行处理。企业取得的债权投资，应按该债权的面值，借记“债权投资——成本”科目；按支付的价款中包含的已到付息期但尚未领取的利息，借记“应收利息”科目；按投资时实际支付交易价格和交易费的金额，贷记“银行存款”等科目。

2. 持有期间利息收入的会计处理

债权投资应采用实际利率法，按摊余成本计量利息收入。

实际利率法，是指计算金融资产或金融负债的摊余成本以及将利息收入或利息费用分摊计入各会计期间的方法。而实际利率，是指将金融资产或金融负债在预计存续期的估计未来现金流量，折现为该金融资产账面余额或该金融负债摊余成本所使用的利率。在确定实际利率时，应当在考虑金融资产或金融负债所有合同条款（如提前还款、展期、看涨期权或其他类似期权等）的基础上估计预期现金流量，但不应当考虑预期信用损失。

摊余成本，是指该金融资产或金融负债的初始确认金额经下列调整后的结果：

①扣除已偿还的本金；

②加上或减去采用实际利率法将该初始确认金额与到期日金额之间的差额进行摊销形成的累计摊销额；

③扣除累计计提的损失准备（仅适用金融资产）；

摊余成本＝初始入账价值±利息调整累计摊销额＋应计利息（一次还本付息）－减值准备

＝面值±利息调整摊余金额＋应计利息（一次还本付息）－减值准备

＝“成本”科目±“利息调整”科目＋“应计利息”－科目减值准备

对于分期付息、到期一次还本的债券投资，应于资产负债表日按照票面利率计算确定的应收未收利息，借记“应收利息”科目；按债权投资摊余成本和实际利率计算确定的利息收入，贷记“投资收益”；按其差额，借记或贷记“债权投资——利息调整”科目。

对于一次还本付息的债券投资，应于资产负债表日按照票面利率计算确定的应收未收利息，借记“债权投资——应计利息”科目；按债权投资摊余成本和实际利率计算确定的利息收入，贷记“投资收益”科目；按其差额，借记或贷记“债权投资——利息调整”科目。

3. 减值的会计处理

企业应当在资产负债表日计算债权投资预期信用损失。如果该预期信用损失大于该债权投资当前减值准备的账面金额，则应当将其差额确认为减值损失。借记“信用减值损失”科目，贷记“债券投资减值准备”科目。如果资产负债表日计算的预期信用损失小于该债权投资当前减值准备的账面金额，则应当将其差额确认为减值利得，并作相反会计分录。

4. 处置的会计处理

处置债权投资，应将处置所取得的款项与该投资的账面价值之间的差额确认为投资收益。应按实际收到的金额，借记“银行存款”等科目；按其账面余额，以相反方向登记“债权投资——成本”“债权投资——利息调整”“债权投资——应计利息”科目，按其差额，贷记“投资收益”科目。已计提减值准备的，还应同时结转减值准备。

5. 债权投资重分类的会计处理

企业改变其管理金融资产的业务模式时，应当按照企业会计准则的规定对所有受影响的相关金融资产进行重分类。企业对金融资产进行重分类，应当自重分类日起采用未来适用法进行相关会计处理，不得对以前已经确认的利得、损失(包括减值损失或利得)或利息进行追溯调整。

企业将一项以摊余成本计量的金融资产重分类为以公允价值计量且其变动计入当期损益的金融资产的，应当按照该资产在重分类日的公允价进行计量。原账面价值与公允价值之间的差额计入当期损益。

企业将一项以摊余成本计量的金融资产重分类为以公允价值计量且其变动计入其他综合收益的金融资产的，应当按照该金融资产在重分类日的公允价值进行计量。原账面价值与公允价值之间的差额计入其他综合收益。该金融资产重分类不影响其实际利率和预期信用损失的计量。

【例 2—1】 2022 年 1 月 1 日，甲银行购入乙公司 5 年期分期付息、到期还本的债券 1 万份，支付价款 95 万元(含交易费用)。该债券系乙公司于 2022 年 1 月 1 日发行，每张债券面值为 100 元，期限为 5 年，票面年利率为 4%，实际利率为 5.16%，每年年末支付上年度利息，到期归还本金。甲银行根据其管理该债券的业务模式和该债券的合同现金流量特征，将该债券分类为以摊余成本计量的金融资产。甲银行与该债权有关的会计分录如下：

(1)2022 年 1 月 1 日取得该项金融资产时：

借：债权投资——成本　　1 000 000
　贷：存放中央银行款项　　950 000
　　债权投资——利息调整　　50 000

(2)2022 年 12 月 31 日，计算利息收入：

甲银行投资收益计算如表 2—1：

表 2—1　　甲银行投资收益计算　　单位：元

时　间	各年期初摊余成本(1)	实际利息收入(2)＝(1)×实际利率	应收利息(3)＝面值×票面利率	各期期末摊余成本(4)＝(1)＋(2)－(3)
2022 年	950 000	49 020	40 000	959 020
2023 年	959 020	49 485	40 000	968 505
2024 年	968 505	49 975	40 000	978 480
2025 年	978 480	50 489	40 000	988 969
2026 年	988 969	51 031*	40 000	1 000 000**

说明：* 处的实际利息收入是上期末利息调整贷方余额，目的是使得期末利息调整期末贷方余额为 0。
** 为便于理解，此处计算结果表明乙公司在期末还本付息之后的余额即为 0。

2022 年末会计分录如下：

借：应收利息　　40 000
　债权投资——利息调整　　9 020
　贷：投资收益　　49 020
借：存放中央银行款项　　40 000
　贷：应收利息　　40 000

2023 年末会计分录如下：

借：应收利息 40 000
　　债权投资——利息调整 9 485
　　贷：投资收益 49 485

借：存放中央银行款项 40 000
　　贷：应收利息 40 000

2024 年末会计分录如下：

借：应收利息 40 000
　　债权投资——利息调整 9 975
　　贷：投资收益 49 975

借：存放中央银行款项 40 000
　　贷：应收利息 40 000

2025 年末会计分录如下：

借：应收利息 40 000
　　债权投资——利息调整 10 489
　　贷：投资收益 50 489

借：存放中央银行款项 40 000
　　贷：应收利息 40 000

2026 年末会计分录如下：

借：应收利息 40 000
　　债权投资——利息调整 11 031
　　贷：投资收益 51 031

借：存放中央银行款项 140 000
　　贷：应收利息 40 000
　　　　债权投资——成本 1 000 000

三、以公允价值计量且其变动计入其他综合收益的金融资产的核算

（一）以公允价值计量且其变动计入其他综合收益的金融资产含义

1. 企业管理该金融资产的业务模式既以收取合同现金流量为目标又以出售该金融资产为目标。

2. 该金融资产的合同条款规定，在特定日期产生的现金流量，仅为对本金和以未偿付本金金额为基础的利息的支付。

企业应当设置“其他债权投资”科目核算分类为以公允价值计量且其变动计入其他综合收益的金融资产。同时设置“成本”“公允价值变动”等二级科目进行明细核算。

在初始确认时，企业可以将非交易性权益工具投资指定为以公允价值计量且其变动计入其他综合收益的金融资产，并确认股利收入。该指定一经做出，不得撤销。也就是说，初始确认时，企业可基于单项非交易性权益工具投资，将其指定为以公允价值计量且其变动计入其他综合收益的金融资产，其公允价值的后续变动计入其他综合收益，不需计提减值准备。除了获得的股利（明确代表投资成本部分收回的股利除外）计入当期损益，其他相关的利得和损失（包括汇兑损益）均应当计入其他综合收益，且后续不得转入当期损益。当金融资产终止确认时，

之前计入其他综合收益的累计利得或损失应当从其他综合收益中转出，计入留存收益。需要注意的是，企业在非同一控制下的企业合并中确认的或有对价构成金融资产的，该金融资产应当分类为以公允价值计量且其变动计入当期损益的金融资产，不得指定为以公允价值计量且其变动计入其他综合收益的金融资产。

(二)其他债权投资会计处理规则

企业应当设置“其他债权投资”科目核算以公允价值计量且其变动计入其他综合收益的金融资产中债权投资的公允价值。该科目根据持债券投资的类别，分别设置“成本”“利息调整”“应计利息”“公允价值变动”等二级科目进行明细核算。

1. 初始入账的会计处理

企业初始确认其他债权投资，应当按照公允价值计量，相关交易费用应当计入初始确认金额。取得时，应按该债券的面值，借记“其他债权投资——成本”科目，按支付的价款中包含的已到付息期但尚未领取的利息，借记“应收利息”科目，按投资时实际支付全部代价的金额，贷记“银行存款”科目，上述账户借贷之间的差额，则借记或贷记“其他债券投资——利息调整”科目。

2. 持有期间利息收入的会计处理

在持有期间应当按照摊余成本和实际利率法进行后续会计处理。企业应当按照实际利率法确认利息收入。

对于分期付息、到期一次还本的债权投资，应于资产负债表日按照票面利率计算确定的应收未收利息，借记“应收利息”科目，按其他债权投资摊余成本和实际利率计算确定的利息收入，贷记“投资收益”，按其差额，借记或贷记“其他债权投资——利息调整”科目。

对于一次还本付息的债券投资，应于资产负债表日按照票面利率计算确定的应收未收利息借记“其他债权投资——应计利息”科目，按其他债权投资摊余成本和实际利率计算确定的利息收入，贷记“投资收益”，按其差额，借记或贷记“其他债权投资——利息调整”科目。

3. 减值的会计处理

企业应当在资产负债表日计算其他债权投资预期信用损失。如果该预期信用损失大于其他债权投资当前减值准备的账面金额，则应当将其差额确认为减值损失。借记“信用减值损失”科目，贷记“其他综合收益——信用减值准备”科目。如果资产负债表日计算的预期信用损失小于其他债权投资当前减值准备的账面金额，则应当将其差额确认为减值利得，并作相反会计分录。

4. 期末公允价值变动的会计处理

资产负债表日，其他债权投资的公允价值高于其账面余额，应按两者之间的差额，调增其他债权投资的账面余额，借记“其他债权投资——公允价值变动”科目，贷记“其他综合收益”科目；其他债权投资的公允价值低于其账面余额时，应按两者之间的差额，调减其他债权投资的账面余额，借记“其他综合收益”科目，贷记“其他权益工具投资——公允价值变动”科目。

5. 处置的会计处理

处置其他债权投资时，应将取得的价款与该金融资产账面价值之间的差额，计入投资收益，应按实际收到的金额，借记“银行存款”等科目；按该金融资产的账面余额，注销(即相反的方向记录)“其他债权投资成本”“其他债权投资公允价值变动”科目；按其差额，贷记或借记“投资收益”科目。同时，将原记载于该金融资产持有期间的公允价值变动转出，借记或贷记“其他综合收益”科目，贷记或借记“投资收益”科目。

6. 重分类的会计处理

企业将一项以公允价值计量且其变动计入其他综合收益的其他债权投资重分类为以摊余

成本计量的金融资产,应当将之前计入其他综合收益的累计利得或损失转出,调整其他债券投资在重分类日的公允价值,并以调整后的金额作为新的账面价值,即视同该项其他债权投资一直以摊余成本计量。

企业将一项以公允价值计量且其变动计入其他综合收益的其他债权投资重分类为以公允价值计量且其变动计入当期损益的金融资产,应当继续以公允价值计量该金融资产。同时,企业应当将之前计入其他综合收益的累计利得或损失从其他综合收益转入当期损益。

(三)其他债权投资实务处理

【例 2—2】 甲公司于 2021 年 12 月 15 日购入一项公允价值为 1 000 万元的债务工具,分类为以公允价值计量且其变动计入其他综合收益的金融资产。该工具合同期限为 10 年,年利率为 5%,本例假定实际利率也为 5%。初始确认时,甲公司已经确定其不属于购入或源生的已发生信用减值的金融资产。

2021 年 12 月 31 日由于市场利率变动,该债务工具的公允价值跌至 950 万元。甲公司认为,该工具的信用风险自初始确认后并无显著增加,应按 12 个月内预期信用损失计量减值准备,减值准备金额为 30 万元。为简化起见,本例不考虑利息。

2022 年 1 月 1 日,甲公司决定以当日的公允价值 950 万元,出售该债务工具。

(1)购入该工具时:

借:其他债权投资——成本	10 000 000	
贷:银行存款		10 000 000

(2)2021 年 12 月 31 日:

借:其他综合收益——其他债权投资公允价值变动	500 000	
贷:其他债权投资——公允价值变动		500 000
借:信用减值损失	300 000	
贷:其他综合收益——信用减值准备		300 000

甲公司在其 2021 年年度财务报表中披露了该工具的累计减值 30 万元。

(3)2022 年 1 月 1 日:

借:银行存款	9 500 000	
其他债权投资——公允价值变动	500 000	
贷:其他债权投资——成本		10 000 000
借:其他综合收益——信用减值准备	300 000	
贷:投资收益		300 000
借:投资收益	500 000	
贷:其他综合收益——其他债权投资公允价值变动		500 000

四、以公允价值计量且其变动计入当期损益的金融资产的核算

(一)以公允价值计量且其变动计入当期损益的金融资产的含义

按照金融资产分类原则,既不属于以摊余成本计量的金融资产也不属于以公允价值计量且其变动计入其他综合收益的金融资产,企业应将其分类为以公允价值计量且其变动计入当期损益的金融资产。

企业在非同一控制下的企业合并中确认的或有对价构成的金融资产,该金融资产应当分为以公允价值计量且其变动计入当期损益的金融资产,不得指定为以公允价值计量且其变动

计入其他综合收益的金融资产。

在初始确认时，如果能够消除或显著减少会计错配，企业可以将金融资产指定为以公允价值计量且其变动计入当期损益的金融资产。该指定一经做出，不得撤销。

企业应当设置“交易性金融资产”科目核算以公允价值计量且其变动计入当期损益的金融资产。企业持有的直接指定为以公允价值计量且其变动计入当期损益的金融资产，也在本科目核算。

(二)交易性金融资产的会计处理规则

企业应设置“交易性金融资产”科目，核算除以摊余成本计量和以公允价值计量且其变动计入其他综合收益以外的债券投资、股票投资、基金投资等交易性金融资产的公允价值。分别设置“成本”“公允价值变动”等二级科目进行明细核算。其中，“交易性金融资产——成本”科目反映交易性金融资产的初始入账金额；“交易性金融资产公允价值变动”反映交易性金融资产持有期间的公允价值发生变动的金额。该科目期末借方余额，反映企业持有此项交易性金融资产的公允价值。

1. 初始入账的会计处理

交易性金融资产应当按照取得时的公允价值，借记“交易性金融资产——成本”科目，按发生的相关交易费用，借记“投资收益”科目，按照价款中包含的已宣告但尚未发放的现金股利或已到付息期但尚未领取的债券利息，借记“应收股利”或“应收利息”科目，按实际支付的金额，贷记“银行存款”等科目。其中，相关交易费用，是指可直接归属于购买、发行或处置金融工具的增量费用。增量费用是指企业没有发生购买、发行或处置相关金融工具的情形就不会发生的费用，包括支付给代理机构、咨询公司、券商、证券交易所、政府有关部门等的手续费、佣金、相关税费以及其他必要支出，不包括债券溢价、折价、融资费用、内部管理成本和持有成本等与交易不直接相关的费用。例如，企业为发行金融工具所发生的差旅费等，不属于交易费用。

2. 持有期间股利和利息的会计处理

交易性金融资产持有期间被投资企业宣告发放的现金股利，或者在资产负债表日按分期付息、到期一次还本的债券以票面利率计算的利息，借记“应收股利”或“应收利息”科目贷记“投资收益”科目。实际收到初始入账和持有期间确认的股利和利息时，借记“银行存款”科目，贷记“应收股利”或“应收利息”科目。

3. 期末公允价值变动的会计处理

资产负债表日，交易性金融资产的公允价值高于其账面余额时，应按两者之间的差额，调增交易性金融资产的账面余额，借记“交易性金融资产——公允价值变动”科目，贷记“公允价值变动损益”科目；交易性金融资产的公允价值低于其账面余额时，应按两者之间的差调减交易性金融资产的账面余额，借记“公允价值变动损益”科目，贷记“交易性金融公允价值变动”科目。

4. 重分类的会计处理

企业将一项以公允价值计量且其变动计入当期损益的金融资产重分类为以摊余成本计量的金融资产，应当以其在重分类日的公允价值作为新的账面价值。

企业将一项以公允价值计量且其变动计入当期损益的金融资产重分类为以公允价值计量且其变动计入其他综合收益的金融资产，应当继续以公允价值计量该金融资产。

以公允价值计量且其变动计入当期损益的金融资产进行重分类，企业应当根据该金融资产在重分类日的公允价值确定其实际利率。同时，企业应当自重分类日起对该金融资产适用金融资产减值的相关规定，并将重分类日视为初始确认日。

第二节　长期股权投资

一、长期股权投资的含义

长期股权投资，是指投资方对被投资单位实施控制、重大影响的权益性投资，以及对其合营企业的权益性投资。

长期股权投资包括以下内容：

1. 投资方能够对被投资单位实施控制的权益性投资，即对子公司投资；

2. 投资方对被投资单位具有重大影响的权益性投资，即对联营企业投资；

3. 投资企业与其他合营方一同对被投资单位实施共同控制的权益性投资，即对合营企业投资。

除上述情况以外，企业持有的其他权益性投资，应当按照《企业会计准则第 22 号——金融工具确认和计量》的规定处理。

二、长期股权投资的初始计量

长期股权投资在取得时，应按初始投资成本入账。长期股权投资的初始投资成本应由形成控股合并和不形成控股合并两种情况确定。

(一)形成控股合并的长期股权投资

对于企业控股合并形成的长期股权投资，应分别就形成同一控制下控股合并与非同一控制下控股合并两种情况，来确定长期股权投资的初始投资成本。

1. 同一控制下的企业合并

对于同一控制下的企业合并，从能够对参与合并各方在合并前及合并后均实施最终控制的一方来看，最终控制方在企业合并前及合并后能够控制的资产并没有发生变化。合并方对被合并方的长期股权投资，其成本代表的是在被合并方账面所有者权益中享有的份额。

(1)合并方以支付现金、转让非现金资产或承担债务方式作为合并对价的，应当在合并日按照取得被合并方所有者权益账面价值的份额作为长期股权投资的初始投资成本。长期股权投资的初始投资成本与支付的现金、转让的非现金资产及所承担的债务账面价值之间的差额，应当调整资本公积(资本溢价或股本溢价)；资本公积不足冲减的，调整留存收益。

具体进行会计处理时，合并方在合并日按取得的被合并方所有者权益账面价值的份额，借记“长期股权投资”科目；按应享有被投资单位已宣告但尚未发放的现金股利或利润，借记“应收股利”科目；按支付的合并对价的账面价值，贷记有关资产或借记有关负债科目；如为贷方差额，贷记“资本公积——资本溢价或股本溢价”科目；如为借方差额，借记“资本公积——资本溢价或股本溢价”科目；资本公积不足冲减的，借记“盈余公积”“利润分配——未分配利润”科目。

【例 2—3】 2022 年 6 月 30 日，A 公司向同一金融集团内 B 公司的原股东以银行存款 1 200 万作为对价取得 B 公司 100%的股权，并于当日对 B 公司实施控制。在合并后，B 公司仍保留其独立法人资格继续经营，两公司在企业合并前采用的会计政策相同。

合并当日，B 公司的所有者权益在最终控制方合并财务报表中的账面价值为 850 万元，A 公司“资本公积——股本溢价”科目贷方余额为 150 万元，“盈余公积”贷方余额为 80 万元。因此，在合并后，A 公司在其账簿及个别会计报表中应确认对 B 公司的长期股权投资，账务处理为：

借:长期股权投资　　8 500 000
　资本公积——股本溢价　　1 500 000
　盈余公积　　800 000
　利润分配——未分配利润　　1 200 000
　贷:银行存款　　12 000 000

(2)合并方以发行权益性证券作为合并对价的,应按发行权益性证券的面值总额作为股本,长期股权投资初始投资成本与所发行权益性证券面值总额之间的差额,应当调整资本公积(资本溢价或股本溢价);资本公积不足冲减的,调整留存收益。

在进行会计处理时,企业在合并日应按取得被合并方所有者权益账面价值的份额,借记"长期股权投资"科目;按应享有被投资单位已宣告但尚未发放的现金股利或利润,借记"应收股利"科目;按发行权益性证券的面值,贷记"股本"科目;如为贷方差额,贷记"资本公积——资本溢价或股本溢价"科目;如为借方差额,借记"资本公积——资本溢价或股本溢价"科目;资本公积(资本溢价或股本溢价)不足冲减的,借记"盈余公积""利润分配——未分配利润"科目。

【例 2—4】 A、B 两家公司同为金融集团丙的子公司。A 公司于 2023 年 6 月 1 日以发行普通股的方式从 B 公司的股东手中取得乙公司 60%的股份。A 公司发行 750 万股普通股票,每股面值为 1 元。B 公司 2023 年 6 月 1 日所有者权益为 1 000 万元,A 公司在 2023 年 3 月 1 日资本公积为 90 万元,盈余公积为 50 万元,未分配利润为 10 万元。

分析如下:该投资的初始投资成本为 600(1 000×60%)万元。该成本与所发行股票的面值 750 万元的差额 150 万元应首先调整资本公积 90 万元,然后调减盈余公积 50 万元,最后调整木分配利润 10 万元,其会计处理如下:

借:长期股权投资　　6 000 000
　资本公积　　900 000
　盈余公积　　500 000
　未分配利润　　100 000
　贷:股本　　7 500 000

(3)通过多次交换交易,分步取得股权最终形成控股合并的,在个别会计报表中,应当以持股比例计算的合并日应享有被合并方账面所有者权益份额作为该项投资的初始投资成本。按照初始投资成本与其长期股权投资账面价值加上合并日为取得新的股份所支付对价的公允价值之和的差额,调整资本公积,资本公积不足冲减的,冲减留存收益。

2. 非同一控制下的控股合并

在非同一控制下的控股合并中,购买方应当按照确定的企业合并成本作为长期股权投资的初始投资成本。企业合并成本包括购买方付出的资产、发生或承担的负债、发行的权益性证券的公允价值之和。

合并方或购买方为企业合并而发生的审计、法律服务、评估咨询等中介费用以及其他相关管理费用,应当于发生时计入当期损益。

在进行会计处理时,对于形成非同一控制下控股合并的长期股权投资,企业应在购买日按企业合并成本(不含应自被投资单位收取的现金股利或利润),借记"长期股权投资"科目;按享有被投资单位已宣告但尚未发放的现金股利或利润,借记"应收股利"科目;按支付合并对价的账面价值,贷记有关资产或借记有关负债科目;按其差额,贷记"资产处置损益"或"投资收益"等科目,或借记"资产处置损益""投资收益"等科目;按发生的直接相关费用,借记"管理费用"

科目，贷记“银行存款”等科目。

【例 2—5】 A、B 两家金融企业属于非同一控制下的独立公司。A 公司于 2020 年 9 月 1 日以本企业的固定资产对 B 公司进行投资，取得 B 公司 60％的股份。该固定资产原值 1 500 万元，已计提减值折旧 400 万元，已提取减值 50 万元，在授资当日该设备的公允价值为 1 250 万元。B 公司 2019 年 9 月 1 日所有者权益为 2 000 万元。该投资的初始投资成本 1 250 万元与该固定资产的账面价值 1 050(1 500—400—50)万元的差额 200 万元应作为资产处置损益计入当期损益。其会计处理如下：

借：长期股权投资	12 500 000	
累计折旧	4 000 000	
固定资产减值准备	500 000	
贷：固定资产		15 000 000
资产处置损益		2 000 000

(二)除合并方式之外所形成的长期股权投资

1. 以支付现金方式取得的长期股权投资，应当按照实际支付的购买价款作为初始投资成本。初始投资成本包括与取得长期股权投资直接相关的费用、税金及其他必要支出。但所支付价款中包含的被投资单位已宣告但尚未发放的现金股利或利润应作为应收项目核算，不构成取得长期股权投资的成本。

【例 2—6】 A 金融公司于 2020 年 2 月 10 日，自公开市场中买入 B 公司 20％的股份，实际支付价款 90 000 万元。另外，在购买过程中支付手续费等相关费用 3 000 万元。A 金融公司取得该部分股权后，能够对 B 公司的生产经营决策施加重大影响。A 金融公司应当按照实际支付的购买价款和相关费用作为取得长期股权投资的成本，其账务处理为：

借：长期股权投资——投资成本	930 000 000	
贷：银行存款		930 000 000

2. 以发行权益性证券方式取得的长期股权投资，应当按照发行权益性证券的公允价值作为初始投资成本。为发行权益性证券而支付给有关证券承销机构的手续费、佣金等与权益性证券发行直接相关的费用，不构成取得长期股权投资的成本。按照《企业会计准则第 37 号——金融工具列报》中的有关规定，该部分费用应自权益性证券的溢价发行收入中扣除，权益性证券的溢价收入不足冲减的，应冲减盈余公积和未分配利润。

【例 2—7】 2020 年 5 月 6 日，A 公司通过增发 1 000 万股本公司普通股(每股面值 1 元)，取得 B 公司 20％的股权。该 1 000 万股股份的公允价值为 2 000 万元。为增发该部分股份，A 公司向证券承销机构等支付了 80 万元的佣金和手续费。假定 A 公司在取得该部分股权后，能够对 B 公司的财务和生产经营决策施加重大影响。A 公司应当以所发行股份的公允价值作为取得长期股权投资的成本，其账务处理为：

借：长期股权投资——投资成本	20 000 000	
贷：股本		10 000 000
资本公积——股本溢价		10 000 000

A 公司在发行权益性证券过程中支付的佣金和手续费，应冲减权益性证券的溢价发行收入，其账务处理为：

借：资本公积——股本溢价	800 000	
贷：银行存款		800 000

3. 通过非货币性资产交换方式取得的长期股权投资，其初始投资成本应当按照《企业会计准则第 7 号——非货币性资产交换》中的原则确定。

4. 通过债务重组方式取得的长期股权投资，其初始投资成本应当按照《企业会计准则第 12 号——债务重组》中的原则确定。

三、长期股权投资的后续计量

长期股权投资在持有期间，根据投资企业对被投资单位的影响程度进行划分，应当分别采用成本法或权益法进行核算。

(一)成本法的核算

1. 成本法的定义及适用范围

成本法是指投资按成本计价的方法。长期股权投资的成本法适用于企业持有的、能够对被投资单位实施控制的长期股权投资。

控制是指投资方拥有对被投资方的权力，通过参与被投资方的相关活动而享有可变回报，并且有能力运用对被投资方的权力影响其回报金额。如：投资企业直接拥有被投资单位半数以上的表决权资本；投资企业直接拥有被投资单位半数或以下的表决权资本，但具有实质控制权。投资企业对被投资单位是否具有实质控制权，可以通过以下情形进行判定：

(1)通过与被投资单位其他投资者之间的协议，拥有被投资单位半数以上的表决权；

(2)根据章程或协议，投资企业有权控制被投资单位的财务和经营政策；

(3)有权任免被投资单位董事会等类似权力机构的多数成员；

(4)在被投资单位董事会或类似权力机构会议上拥有多数表决权。

投资企业能够对被投资单位实施控制的，被投资单位为其子公司，投资企业应当将子公司纳入合并会计报表的合并范围。

2. 成本法的核算方法

(1)在初始投资或追加投资时，投资企业按照初始投资或追加投资时的成本增加长期股权投资的账面价值。

(2)除取得投资时实际支付的价款或对价中包含的已宣告但尚未发放的现金股利或利润外，投资企业还应当按照享有被投资单位宣告发放的现金股利或利润确认投资收益，不管有关利润分配是属于对取得投资前还是取得投资后被投资单位实现净利润的分配。

投资企业在确认自被投资单位应分得的现金股利或利润后，还应当考虑有关长期股权投资是否发生减值的情况。在判断该类长期股权投资是否存在减值迹象时，应当关注长期股权投资的账面价值是否大于享有被投资单位净资产(包括相关商誉)账面价值的份额等情况。在出现类似情况时，企业应当按照《企业会计准则第 8 号——资产减值》的规定对长期股权投资进行减值测试，可收回金额低于长期股权投资账面价值时，应当计提减值准备。

(3)子公司将未分配利润或盈余公积转增为股本(实收资本)，且未向投资方提供等值现金股利或利润的选择权时，投资方并没有获得收取现金或者利润的权力。该项交易通常属于子公司自身权益结构的重分类，投资方不应确认相关的投资收益。

【例 2—8】 2020 年 6 月 20 日，A 信托公司以 20 000 万元购入 B 公司 60%的股权。A 信托公司取得该部分股权后，能对 B 公司施加控制。同时，该股权不存在活跃市场，其公允价值不能可靠计量。

2020 年 9 月 30 日，B 公司宣告分派现金股利，A 信托公司按照其持有比例确定可分得

300 万元，并确认应交增值税金额 15 万元。

A 信托公司对 B 公司的长期股权投资应进行的账务处理如下：

借：长期股权投资　　200 000 000

　　贷：银行存款　　200 000 000

借：应收股利　　3 000 000

　　贷：投资收益　　3 000 000

借：其他应收款　　150 000

　　贷：应交税费——应交增值税（销项税额）　　150 000

（二）权益法的核算

1. 权益法的定义及适用范围

权益法是指投资以初始投资成本计量后，在投资持有期间根据被投资单位所有者权益的变动，投资企业按应享有（或应分担）被投资企业所有者权益的份额调整其投资账面价值的方法。

《企业会计准则第 2 号——长期股权投资》规定，投资企业对被投资单位具有共同控制或重大影响的长期股权投资，应当采用权益法核算。

共同控制是指按照相关约定对某项安排所共有的控制，并且该安排的相关活动必须经过分享控制权的参与方一致同意后才能决策。

重大影响是指对一个企业的财务和经营政策有参与决策的权力，但并不能够控制或者与其他方一起共同控制这些政策的制定。具体判断原则为：若投资企业直接或通过子公司拥有被投资单位 20%以上、50%以下的表决权股份，则认为投资企业对被投资单位具有重大影响；投资企业拥有被投资单位表决权股份的比例低于 20%的，一般认为其对被投资单位不具有重大影响。但符合下列情况之一的，应认为其对被投资单位具有重大影响：

（1）在被投资单位的董事会或类似权力机构中派有代表；

（2）参与被投资单位的政策制定过程，包括股利分配等政策的制定；

（3）与被投资单位之间发生重要交易；

（4）向被投资单位派出管理人员；

（5）向被投资单位提供关键技术资料。

2. 权益法的核算方法

（1）初始投资成本的调整

投资企业在对联营企业或合营企业投资以后，对于取得投资时投资成本与应享有被投资单位可辨认净资产公允价值份额之间的差额，应区别情况分别处理：

①长期股权投资的初始投资成本大于投资时应享有被投资单位可辨认净资产公允价值份额的，该部分差额实质上是投资企业在取得投资过程中通过购买作价体现出的与所取得股权份额相对应的商誉及被投资单位不符合确认条件的资产价值，不调整长期股权投资的初始投资成本。

②长期股权投资的初始投资成本小于投资时应享有被投资单位可辨认净资产公允价值份额的，两者之间的差额体现为双方在交易作价过程中的让步，该部分经济利益流入应当计入当期损益，同时调整长期股权投资的成本。

【例 2—9】　A 保险公司于 2020 年 1 月取得 B 公司 30%的股权，支付价款 8 500 万元。在 A 保险公司取得投资时，被投资单位净资产账面价值为 21 500 万元（假定被投资单位各项可辨认资产、负债的公允价值与其账面价值相同）。在 B 公司的生产经营决策过程中，所有股东均按持股比例行使表决权。A 保险公司在取得 B 公司的股权后，派人参与了 B 公司的生产

经营决策。因能够对B公司施加重大影响,A保险公司对该投资应当采用权益法核算。取得投资时,A保险公司应进行以下账务处理:

借:长期股权投资——投资成本　85 000 000
　贷:银行存款　85 000 000

长期股权投资的初始投资成本8 500万元大于取得投资时应享有被投资单位可辨认净资产公允价值的份额6 450(21 500×30%)万元,两者之间的差额不调整长期股权投资的账面价值。

如果本例中取得投资时被投资单位可辨认净资产的公允价值为36 000万元,A保险公司按持股比例30%计算确定应享有10 800万元,则初始投资成本与应享有被投资单位可辨认净资产公允价值份额之间的差额2 300万元应计入取得投资当期的营业外收入,账务处理如下:

借:长期股权投资——投资成本　108 000 000
　贷:银行存款　85 000 000
　　营业外收入　23 000 000

(2)投资收益的确认

投资企业取得长期股权投资后,应当按照应享有或应分担被投资单位实现净利润或发生净亏损的份额,调整长期股权投资的账面价值,并确认为当期投资损益。

①在确认投资收益时被投资单位净损益的调整

在确认应享有或应分担被投资单位的净利润或净亏损时,在被投资单位账面净利润的基础上,应考虑以下因素的影响进行适当调整:

一是被投资单位采用的会计政策及会计期间与投资企业不一致的,应按投资企业的会计政策及会计期间对被投资单位的会计报表进行调整。

二是以取得投资时被投资单位固定资产、无形资产的公允价值为基础计提的折旧额或摊销额,以及以投资企业取得投资时的公允价值为基础计算确定的资产减值准备金额等对被投资单位净利润的影响。

三是在评估投资方对被投资单位是否具有重大影响时,应当考虑潜在表决权的影响,但在确定应享有的被投资单位实现的净损益、其他综合收益和其他所有者权益变动的份额时,潜在表决权所对应的权益份额不应予以考虑。

四是在确认应享有或应分担的被投资单位净利润(或亏损)额时,法规或章程规定不属于投资企业的净损益应当予以剔除后计算。例如,被投资单位发行了分类为权益的可累积优先股等类似的权益工具,无论被投资单位是否宣告分配优先股股利,投资方计算应享有被投资单位的净利润时,均应将归属于其他投资方的累积优先股股利予以扣除。

【例2—10】 A证券公司于2020年2月10日购入B公司30%的股份,购买价款为3 300万元,并自取得股份之日起派人参与B公司的财务和生产经营决策。取得投资当日,B公司的可辨认净资产公允价值为9 000万元,除表2—2所列项目外,B公司其他资产、负债的公允价值与账面价值相同。

表2—2　被投资企业净利润调整基础数据表

项　目	账面原价(万元)	已提折旧或摊销(万元)	公允价值(万元)	乙公司预计使用年限(年)	甲公司取得投资后剩余使用年限(年)
存货	750		1 050		
固定资产	1 800	360	2 400	20	16

续表

项　目	账面原价（万元）	已提折旧或摊销（万元）	公允价值（万元）	乙公司预计使用年限（年）	甲公司取得投资后剩余使用年限（年）
无形资产	1 050	210	1 200	10	8
合计	3 600	570	4 650		

假定B公司于2020年实现净利润900万元，其中在A证券公司取得投资时的账面存货有80%对外出售。A证券公司与B公司的会计年度及采用的会计政策相同，固定资产、无形资产均按直线法提取折旧或摊销，预计净残值均为0，假定A、B公司间未发生任何内部交易。

则A证券公司在确定其应享有的投资收益时，应在B公司实现净利润的基础上，根据取得投资时B公司有关资产的账面价值与其公允价值差额的影响进行调整（假定不考虑所得税影响）。

存货账面价值与公允价值的差额应调减的利润＝（1 050－750）× 80%＝240（万元）

固定资产公允价值与账面价值的差额应调整增加的折旧额＝2 400÷16－1 800÷20＝60（万元）

无形资产公允价值与账面价值的差额应调整增加的折旧额＝1 200÷8－1 050÷10＝45（万元）

调整后的净利润＝900－240－60－45＝555（万元）

A证券公司应享有份额＝555×30%＝166.50（万元）

应确认的增值税金额＝166.50×6%＝9.99（万元）

A证券公司确认投资收益的账务处理如下：

借：长期股权投资——损益调整　　1 665 000

　　贷：投资收益　　1 665 000

借：其他应收款　　99 900

　　贷：应交税费——应交增值税（销项税额）　　99 900

②在取得现金股利或利润时的账务处理

按照权益法核算的长期股权投资，投资企业自被投资单位取得的现金股利或利润应抵减长期股权投资的账面价值。在被投资单位宣告分派现金股利或利润时，借记“应收股利”科目，贷记“长期股权投资（损益调整）”科目；自被投资单位取得的现金股利或利润超过已确认损益调整的部分，应视同投资成本的收回，冲减长期股权投资的账面价值。按照确认的应收股利的金额，借记“其他应收款”科目，贷记“应交税费——应交增值税（销项税额）”科目。

③对超额亏损的确认

在发生投资损失时，应借记“投资收益”科目，贷记“长期股权投资——损益调整”科目。在长期股权投资的账面价值减计至零以后，考虑其他实质上构成对被投资单位净投资的长期权益继续确认的投资损失，应借记“投资收益”科目，贷记“长期应收款”等科目。因投资合同或协议约定导致投资企业需要承担额外义务的，按照或有事项准则的规定，对于符合确认条件的义务应确认为当期损失，同时确认预计负债，借记“投资收益”科目，贷记“预计负债”科目。除上述情况外，仍未确认的应分担被投资单位的损失，应在账外备查登记。

在确认了有关投资损失后，被投资单位于以后期间实现盈利的，应按以上相反顺序分别减计账外备查登记的金额、已确认的预计负债，恢复其他长期权益及长期股权投资的账面价值，同时确认投资收益，即应当按顺序分别借记“预计负债”“长期应收款”“长期股权投资”等科目，贷记"投资收益"科目。

【例 2—11】 A 信托公司持有 B 公司 40%的股权,能够对 B 公司施加重大影响。2020 年 12 月 31 日,该项长期股权投资的账面价值为 5 000 万元。后 B 公司于 2021 年因一项主管业务市场条件发生变化,当年亏损 1 000 万元。假定 A 信托公司在取得该投资时,B 公司各项可辨认资产、负债的公允价值与其账面价值相等,双方所采用的会计政策及会计期间也相同,则 A 信托公司当年应确认的投资损失为 400 万元。在确认上述投资损失后,A 信托公司的长期股权投资的账面价值变为 3 600 万元。

如果 B 公司当年的亏损额为 20 000 万元,则 A 信托公司按其持股比例确认应分担的损失为 8 000 万元,但长期股权投资的账面价值仅为 5 000 万元,如果没有其他实质上构成对被投资单位净投资的长期权益项目,则 A 信托公司应确认的投资损失仅为 5 000 万元,超额损失在账外进行备查登记。在确认了 5 000 万元的投资损失及长期股权投资的账面价值减计至 0 以后,如果 A 信托公司账上仍有 B 企业的长期应收款 3 000 万元,从目前情况看,该款项没有明确的清偿计划(并非产生于商品购销等日常活动),则在长期应收款的账面价值大于 3 000 万元的情况下,A 信托公司应以长期应收款的账面价值为限进一步确认投资损失 3 000 万元,并确认相应的增值税进项税额 360 万元。A 信托公司应进行的账务处理为:

借:投资收益	50 000 000	
贷:长期应权投资——损益调整		50 000 000
借:投资收益	30 000 000	
贷:长期应收款		30 000 000
借:应交税费——应交增值税(进项税额)	9 000 000	
贷:其他应付款		9 000 000

④对其他综合收益的处理

在权益法核算下,被投资单位确认的其他综合收益及其变动,也会影响被投资单位所有者权益总额,进而影响投资企业应享有被投资单位所有者权益的份额。因此,当被投资单位的其他综合收益发生变动时,投资企业应当按照归属于本企业的部分,相应调整长期股权投资的账面价值,同时增加或减少其他综合收益。

【例 2—12】 A 基金企业持有 B 企业 30%的股份,能够对 B 企业施加重大影响。当期 B 企业因持有的股权投资的变动计入其他综合收益的金额为 1 200 万元,除该事项外,B 企业当期实现的净损益为 6 400 万元。确认相应的增值税进项税额为 115 200 元。假定 A 基金企业与 B 企业适用的会计政策、会计期间相同,且在投资时,B 企业有关资产、负债的公允价值与其账面价值亦相同,双方当期及以前期间未发生任何内部交易。

A 基金企业在确认应享有的被投资单位所有有权益的变动时,应进行的账务处理为:

借:长期股权投资——损益调整	19 200 000	
——其他综合收益	3 600 000	
贷:投资收益		19 200 000
资本公积——其他综合收益		3 600 000
借:其他应收款	115 200	
贷:应交税费——应交增值税(销项税额)		115 200

四、长期股权投资的核算方法的转换

(一)权益法转公允价值计量

根据《企业会计准则第 2 号——长期股权投资》的规定，投资企业因减少投资等原因对被投资单位不再具有共同控制或重大影响的，处置后的剩余股权应当按《企业会计准则第 22 号——金融工具确认和计量》中的规定核算。其在丧失共同控制或重大影响之日的公允价值与账面价值之间的差额计入当期损益。原股权投资因采用权益法核算而确认的其他综合收益，应当在终止采用权益法核算时，采用与被投资单位直接处置相关资产或负债相同的基础进行会计处理；因被投资单位除净损益、其他综合收益和利润分配以外的其他所有者权益变动而确认的所有者权益，应当在终止采用权益法时，全部转入当期损益。

【例 2—13】 A 公司持有 B 公司 40%的有表决权股份，能够对 B 公司施加重大影响。A 公司对该股权投资采用权益法进行核算。

2022 年 5 月 13 日，A 公司将该项投资的 60%出售给非关联方，取得价款 2 400 万元。相关股权划转手续于当日完成。A 公司持有 B 公司剩余 16%的股权，无法再对 B 公司施加重大影响，转为以公允价值计量且其变动计入当期损益的金融资产。出售日，剩余股权的公允价值为 1 600 万元。出售该股权时，长期股权投资的账面价值为 3 500 万元，其中投资成本 2 800 万元，损益调整 350 万元，其他综合收益 230 万元，除净损益、其他综合收益和利润分配外的其他所有者权益变动为 120 万元。假定不考虑相关税费等其他因素影响。

A 公司的会计处理如下：

(1)确认有关股权投资的处置损益：

借：银行存款　　24 000 000
　　贷：长期股权投资——投资成本　　(28 000 000×60%＝)16 800 000
　　　　　　　　　　——损益调整　　(3 500 000×60%＝)2 100 000
　　　　　　　　　　——其他综合收益　　(2 300 000×60%＝)1 380 000
　　　　　　　　　　——其他权益变动　　(1 200 000×60%＝)720 000
　　　　投资收益　　3 000 000

(2)剩余股权投资部分，转化为以公允价值计量且其动计入当期损益的金融资产：

借：交易性金融资产　　16 000 000
　　贷：长期股权投资——投资成本　　(28 000 000×40%＝)11 200 000
　　　　　　　　　　——损益调整　　(3 500 000×40%＝)1 400 000
　　　　　　　　　　——其他综合收益　　(2 300 000×40%＝)920 000
　　　　　　　　　　——其他权益变动　　(1 200 000×40%＝)480 000
　　　　投资收益　　2 000 000

(3)将原确认的相关其他综合收益、原计入资本公积的其他所有者权益变动转入当期损益：

借：其他综合收益　　2 300 000
　　资本公积——其他资本公积　　1 200 000
　　贷：投资收益　　3 500 000

(二)成本法转权益法

在因处置投资导致对被投资单位的影响能力下降，由控制转为具有重大影响，或是与其他投资方一起实施共同控制的情况下，在投资企业的个别会计报表中，首先应按处置或收回投资的比例结转应终止确认的长期股权投资成本。在此基础上，应当比较剩余的长期股权投资成本与按照剩余持股比例计算原投资时应享有被投资单位可辨认净资产公允价值的份额，属于投资作价中体现的商誉部分，不调整长期股权投资的账面价值；属于投资成本小于应享有被投资单位可辨认净资产公允价值份额的，在调整长期股权投资成本的同时，应调整留存收益。对于原取得投资后至转变为权益法核算之间被投资单位实现的净损益中应享有的份额，应调整长期股权投资的账面价值，同时对原取得投资时至处置投资当期期初被投资单位实现的净损益（扣除已发放及已宣告发放的现金股利及利润）中应享有的份额，调整留存收益；对于处置投资当期期初至处置投资之日被投资单位实现的净损益中享有的份额，调整当期损益；对于其他原因导致被投资单位所有者权益变动中应享有的份额，在调整长期股权投资账面价值的同时，应当计入“资本公积——其他资本公积”科目。

在合并会计报表中，对于剩余股权，应当按照其在丧失控制权日的公允价值进行重新计量。处置股权取得的对价与剩余股权公允价值之和，减去按原持股比例计算应享有原有子公司自购买日开始持续计算的净资产的份额之间的差额，计入丧失控制权当期的投资收益。与原有子公司股权投资相关的其他综合收益，应当在丧失控制权时转为当期投资收益。企业应当在附注中披露处置后的剩余股权在丧失控制权日的公允价值，按照公允价值重新计量产生的相关利得或损失的金额。

【例 2－14】 2020 年 1 月 1 日，A 公司支付 600 万元取得 B 公司 100％的股权，投资当时 B 公司可辨认净资产的公允价值为 500 万元，商誉 100 万元。2021 年 1 月 1 日至 2021 年 12 月 31 日，B 公司的净资产增加了 75 万元，其中按购买日公允价值计算实现的净利润为 50 万元，持有的以公允价值计量且其变动计入其他综合收益的金融资产（债务工具）的公允价值升值 25 万元。2022 年 1 月 14 日，A 公司转让 B 公司 60％的股权，收取现金 480 万元存入银行。转让后，A 公司对 B 公司的持股比例为 40％，能对其施加重大影响。2022 年 1 月 14 日，A 公司丧失对 B 公司的控制权，A 公司剩余 40％股权的公允价值为 320 万元。假定 A、B 公司提取资本公积的比例为 10％。B 公司未分配现金股利，且不考虑其他因素。

A 公司在其个别和合并会计报表中的处理分别如下：

1. 甲公司个别会计报表的处理

（1）确认部分股权处置收益及增值税金额：

借：银行存款	4 800 000	
贷：长期股权投资		（6 000 000×60％）3 600 000
投资收益		1 200 000

（2）对剩余股权在处置当日改按权益法核算：

借：长期股权投资——损益调整	200 000	
——其他综合收益	100 000	
贷：盈余公积		（500 000×40％×10％）20 000
利润分配		（500 000×40％×90％）180 000
其他综合收益		（250 000×40％）100 000

经上述调整后，在个别会计报表中，剩余股权的账面价值为 270（600×40％＋30）万元。

2. A 公司合并会计报表的处理

在合并会计报表中，A 公司应确认的投资收益为 150［（480＋320）－675＋25］万元。由于在个别会计报表中，A 公司已经确认了 120 万元的投资收益，所以应在合并会计报表中做如下调整。

(1)对剩余股权按丧失控制权日的公允价值重新计量的调整：

借：长期股权投资　　3 200 000

　　贷：长期股权投资　　(6 750 000×40%)2 700 000

　　　　投资收益　　500 000

(2)对个别会计报表中的部分处置收益的归属期间进行调整：

借：投资收益　　(500 000×60%)300 000

　　贷：盈余公积　　30 000

　　　　未分配利润　　270 000

(3)从资本公积转出与剩余股权相对应的原计入权益的其他综合收益10万元，重分类转入投资收益，并确认相关增值税：

借：其他综合收益　　100 000

　　贷：投资收益　　(250 000×40%)100 000

(三)公允价值计量转权益法核算

对原持有的对被投资单位的股权投资(不具有控制、共同控制或重大影响的)，企业应按照《企业会计准则第22号——金融工具确认和计量》进行会计处理，因追加投资等原因导致持股比例上升，能够对被投资单位施加共同控制或重大影响的，在转按权益法核算时，投资方应当将《企业会计准则第22号——金融工具确认和计量》确定的原股权投资的公允价值加上为取得新增投资而应支付对价的公允价值，作为改按权益法核算的初始投资成本。原持有的股权投资分类为可供出售金融资产的，其公允价值与账面价值之间的差额，以及原计入其他综合收益的累积公允价值变动应当转入改按权益法核算的当期收益。

然后，比较上述计算所得的初始投资成本，与按照追加投资后全新的持股比例计算确定的应享有被投资单位在追加投资日可辨认净资产公允价值份额之间的差额，前者大于后者的，不调整长期股权投资的账面价值；前者小于后者的，应调整长期股权投资的账面价值，并将差额计入当期营业外收入。

【例2—15】 2020年2月，A保险公司以600万元现金自非关联方处取得B公司10%的股权。A保险公司根据《企业会计准则第22号——金融工具确认和计量》中的相关规定将其作为股权投资。2021年1月4日，A保险公司又以1 200万元的现金自另一非关联方处取得B公司12%的股权，相关手续于当日完成。当日，B公司可辨认净资产公允价值总额为8 000万元，A保险公司对B公司的可供出售金融资产的账面价值为1 000万元，计入其他综合收益的累积公允价值变动为400万元。在取得该部分股权后，按照B公司章程规定，A保险公司能够对B公司施加重大影响，因此，A保险公司将该项投资转为采用权益法核算(不考虑相关税费等其他因素影响)。

A保险公司账务处理如下：

2021年1月4日，A保险公司原持有10%股权的公允价值为1 000万元，为取得新增投资而支付对价的公允价值为1 200万元，A保险公司对B公司22%股权的初始投资成本为2 200万元。A保险公司的最终持股比例为22%，应享有B公司可辨认净资产公允价值的份额为1 760万元(8 000万元×22%)，由于初始投资成本(2 200万元)大于应享有的B公司可辨认净资产公允价值的份额(1 760万元)，因此，A保险公司无须调整长期股权投资的成本。2020年1月4日，A保险公司确认对B公司的长期股权投资，进行如下会计处理：

借:长期股权投资——投资成本　　22 000 000
　　贷:交易性金融资产　　10 000 000
　　　　银行存款　　12 000 000

(四)公允价值计量或权益法核算转为成本法核算

投资方原持有的对被投资单位不具有控制、共同控制或重大影响的按照《企业会计准则第22号——金融工具确认和计量》进行会计处理的权益性投资,或者原持有对联营企业、合营企业的长期股权投资,后因追加投资等原因,能够对被投资单位实施控制的,应按有关企业合并形成的长期股权投资的指引进行会计处理。

五、长期股权投资减值准备

长期股权投资的减值是指长期股权投资可收回金额低于其账面价值所发生的损失,可收回金额应当根据该长期股权投资的公允价值减去处置费用后的净额与资产预计未来现金流量的现值两者之间的较高者确定。按照《企业会计准则第8号——资产减值》的规定,企业应当在资产负债表日判断长期股权投资是否存在可能发生减值的迹象。如果由于市价持续下跌或被投资单位经营状况等原因导致长期投资的可收回金额低于账面价值的,应将可收回金额低于账面价值的差额确认为当期投资损失,并计提减值准备,以抵减长期投资的账面价值。该资产减值损失一经确认,在以后会计期间不得转回。

企业持有的长期投资是否发生了减值,是否应计提减值准备,在实际工作中,可根据以下迹象判断:第一,市价持续两年低于账面价值;第二,该项投资暂停交易一年或一年以上;第三,被投资单位当年发生严重亏损;第四,被投资单位持续两年发生亏损;第五,被投资单位进行清理整顿、清算或出现其他不能持续经营的迹象。

当出现上述迹象之一时,即可视为该项投资已发生减值损失,可以计提减值准备。对采用权益法核算的企业,如涉及商誉,在计提减值准备时首先要调整商誉的价值,商誉价值减为零后再计提减值准备。

【例2—16】 2020年12月31日,A保险公司采取吸收合并方式对B公司进行收购。在取得该项投资时,A保险公司确认了400万元的商誉。根据相关资料得知,该项长期股权投资目前已减值720万元。

对此,除冲销初始投资时确认的商誉400万元外,A保险公司还需计提减值准备320万元。A保险公司账务处理如下:

借:资产减值损失　　7 200 000
　　贷:商誉　　4 000 000
　　　　长期股权投资准备　　3 200 000

六、长期股权投资的处置

企业在处置长期股权投资时,应相应结转与所售股权相对应的长期股权投资的账面价值,出售所得价款与处置长期股权投资账面价值之间的差额,应确认为处置损益。

在投资方处置全部采用权益法核算的长期股权投资时,原权益法核算的相关其他综合收益应当在终止采用权益法核算时,在与被投资单位直接处置相关资产或负债相同的基础上进行会计处理;因被投资方除净损益、其他综合收益和利润分配以外的其他所有者权益变动而确认的所有者权益,应当在终止采用权益法核算时全部转入当期投资收益。投资方处置部分采用权益法核算的长期股权投资，且剩余股权仍采用权益法核算的，原权益法核算的相关其他综合收益应当在与被投资单位直接处置相关资产或负债相同的基础上处理并按比例结转；因被投资方除净损益、其他综合收益和利润分配以外的其他所有者权益变动而确认的所有者权益，应当按比例结转入当期投资收益。

【例 2—17】 A 证券公司原持有 B 企业 40%的股权，2020 年 12 月 20 日，A 证券公司决定出售 10%的 B 企业股权。出售时，A 证券公司对 B 企业长期股权投资的构成为：投资成本 1 800 万元，损益调整 480 万元，其他权益变动 300 万元。出售时，A 证券公司取得价款 705 万元。

(1)A 证券公司确认处置损益的账务处理为：

长期股权账面价值＝(1 800＋480＋300)×(10%÷40%)＝645(万元)

借：银行存款	7 050 000	
贷：长期股权投资		6 450 000
投资收益		600 000

(2)除应将实际取得价款与出售长期股权投资的账面价值进行结转，确认出售损益以外，还应将原计入资本公积的部分按比例转入当期损益：

其他资本公积调整额＝300×0.25＝75(万元)

借：资本公积——其他资本公积	750 000	
贷：投资收益		750 000

七、长期股权投资的披露

《企业会计准则第 41 号——在其他主体中权益的披露》规定，投资企业应当在附注中披露与长期股权投资有关的下列信息：

1. 子公司、合营企业和联营企业清单，包括企业名称、注册地、业务性质、投资企业的持股比例和表决权比例。
2. 合营企业和联营企业当期的主要财务信息，包括资产、负债、收入、费用等合计金额。
3. 被投资单位向投资企业转移资金的能力受到严格限制的情况。
4. 当期及累计未确认的投资损失金额。
5. 与对子公司、合营企业及联营企业投资相关的或有负债。

同时，应当在“资产减值准备明细表”中披露当年提取的短期投资损失准备、长期投资损失准备等变动情况。

第三节　固定资产

一、固定资产概述

固定资产代表了企业的生产能力。因此，对固定资产的正确确认、计量、记录和披露，对于反映企业生产经营能力信息具有重要的作用。

(一)固定资产的定义和确认条件

1. 固定资产的定义

固定资产是指同时具有下列特征的有形资产：一是为生产商品、提供劳务、出租或经营管理而持有的；二是使用寿命超过一个会计年度。

从固定资产的定义看，固定资产具有以下 3 个特征：

(1)为生产商品、提供劳务、出租或经营管理而持有的，即企业持有的固定资产是企业的劳动工具或手段，而不是用于出售的产品。其中，“出租”的固定资产是指企业以经营租赁方式出租的机器设备类固定资产，不包括以经营租赁方式出租的建筑物，后者属于企业的投资性房地产，不属于固定资产。

(2)使用寿命超过一个会计年度

固定资产的使用寿命，是指企业使用固定资产的预计期间，或者该固定资产所能生产的产品或提供劳务的数量。在通常情况下，固定资产的使用寿命是指使用固定资产的预计期间，比如自用房屋、建筑物的使用寿命表现为企业对该建筑物的预计使用年限。对于某些机器设备或运输设备等固定资产，其使用寿命表现为以该固定资产所能生产的产品或提供劳务的数量。例如，汽车或飞机等按其预计行驶或飞行里程估计使用寿命。

(3)固定资产是有形资产

固定资产具有实物特征，这一特征将其与无形资产区别开来。有些无形资产可能同时符合固定资产的其他特征，如无形资产为生产商品、提供劳务而持有，使用寿命超过一个会计年度，但是由于其没有实物形态，所以不属于固定资产。

2. 固定资产的确认条件

固定资产在符合定义的前提下，只有同时满足以下两个条件才能加以确认：

(1)与该固定资产有关的经济利益很可能流入企业

资产最重要的特征是预期会给企业带来经济利益。企业在确认固定资产时，需要判断与该项固定资产有关的经济利益是否很可能流入企业。如果与该项固定资产有关的经济利益很可能流入企业，并同时满足固定资产确认的其他条件，企业才可将其确认为固定资产。

(2)该固定资产的成本能够可靠地计量

成本能够可靠地计量是资产确认的一项基本条件。企业在确定固定资产成本时必须取得确凿证据，但是，有时需要根据所获得的最新资料对固定资产的成本进行合理的估计。比如，企业对已达到预定可使用状态但尚未办理竣工决算的固定资产，需要根据工程预算、工程造价或者工程实际发生的成本等资料，按估计价值确定其成本，并在办理竣工决算后，再按照实际成本调整原来的暂估价值。

(二)固定资产的分类

企业的固定资产种类繁多、规格不一，为加强管理，便于组织会计核算，有必要对其进行科学、合理的分类。根据不同的管理需要和核算要求以及不同的分类标准，可以对固定资产进行不同的分类，主要有以下几种分类方法：

1. 按经济用途分类

按经济用途的不同，可分为生产经营用固定资产和非生产经营用固定资产。

生产经营用固定资产，是指直接服务于企业生产、经营过程的各种固定资产，如生产经营所使用的房屋、建筑物、机器、设备、器具、工具等。

非生产经营用固定资产，是指不直接服务于生产、经营过程的各种固定资产，如供职工居住所使用的房屋、设备和其他固定资产等。

按照固定资产的经济用途分类，可以归类反映和监督企业生产经营用固定资产和非生产经营用固定资产之间，以及生产经营用各类固定资产之间的组成和变化情况，借以考核和分析企业固定资产的利用情况，促使企业合理地配备固定资产，充分发挥其效用。

2. 综合分类

按固定资产的经济用途和使用情况等综合分类，可以把企业的固定资产划分为7大类：

(1)生产经营用固定资产。

(2)非生产经营用固定资产。

(3)租出固定资产(指在经营租赁方式下出租给外单位使用的固定资产)。

(4)不需用固定资产。

(5)未使用固定资产。

(6)土地(指过去已经估价、单独入账的土地。因征地而支付的补偿费应计入与土地有关的房屋、建筑物的价值内，不单独作为土地价值入账。企业取得的土地使用权应作为无形资产管理，不作为固定资产管理)。

(7)融资租入固定资产(指企业以融资租赁方式租入的固定资产，在租赁期内，应视同自有固定资产进行管理)。

由于企业的经营性质、经营规模各异，对固定资产的分类也不可能完全一致。但在实际工作中，企业大多采用综合分类的方法作为编制固定资产目录，进行固定资产核算的依据。

(三)固定资产核算的基本内容

首先，应按照固定资产的定义和确认条件对固定资产进行初始计量、后续计量；其次，要合理判断固定资产的后续支出是否资本化，并对固定资产处置进行会计处理；最后，再对固定资产增加、减少、折旧、担保、处置及相关的会计政策进行充分披露。

企业应当根据会计准则的要求，结合本单位的实际情况，制定固定资产目录，包括每类或每项固定资产的使用寿命、预计净残值、折旧方法等内容，经股东大会或董事会、经理(行长)会议或类似机构批准，按照法律、行政法规等规定报送有关各方备案。固定资产目录一经确定，不得随意变更。如需变更，仍应履行上述程序，并按《企业会计准则第28号——会计政策、会计估计变更和差错更正》处理。

二、固定资产的初始计量

固定资产的初始计量是指确定固定资产的取得成本。取得成本是指企业为购建某项固定资产达到预定可使用状态前所发生的一切合理的、必要的支出。这些支出包括外购、自行建造、投资者投入以及非货币性资产交换、债务重组、企业合并和融资租赁等。取得固定资产的方式不同，其成本的具体构成内容及确定方法也不尽相同。

(一)外购固定资产的成本

企业外购固定资产的成本，包括购买价款、相关税费、使固定资产达到预定可使用状态前所发生的可归属于该项资产的运输费、装卸费、安装费和专业人员服务费等。

【例2—18】 2020年2月，某金融企业购入一台需要安装的金融系统设备，取得的增值税专用发票上注明的设备价款为600 000元，增值税进项税额为80 000元，支付的运输费为3 000元，款项已通过企业支付。在安装该设备时，领用本公司原材料一批，价值40 000元，购进该批原材料时支付的增值税进项税额为5 000元，支付安装工人的工资为4 900元(假定不考虑其他相关税费)。企业的账务处理如下(除特殊说明外，本章例题中的公司均为增值税一般纳税人)。

(1)支付设备价款、增值税、运输费合计为683 000元：

借:在建工程——××设备　602 752

　应交税费——应交增值税(进项税额)

　　[80 000+3 000÷(1+9%)×9%=]80 248

　贷:银行存款　683 000

(2)领用本公司原材料、支付安装工人工资等费用合计为 44 900 元:

借:在建工程——××设备　44 900

　贷:原材料　40 000

　　应付职工薪制　4 900

(3)设备安装完毕达到预定可使用状态:

借:固定资产——××设备　647 652

　贷:在建工程——××设备　647 652

固定资产的成本=602 752+44 900=647 652(元)。

(二)以一笔款项购入多项没有单独标价的固定资产

以一笔款项购入多项没有单独标价的固定资产时,应当按照各项固定资产公允价值比例对总成本进行分配,分别确定各项固定资产的成本。

(三)购买固定资产的价款超过正常信用条件延期支付

企业购买固定资产通常是在正常信用条件期内付款,但也会发生超过正常信用条件购买固定资产的经济业务,如采用分期付款方式购买资产,且合同规定的付款期限比较长,超过了正常信用条件。在这种情况下,该项购货合同实质上具有融资性质,购入固定资产的成本不能以各期付款额之和确定,而应以各期付款额的现值之和确定。固定资产购买价款的现值,应当按照各期支付的价款选择恰当的折现率折现后的金额加以确定。折现率是反映当前市场货币时间价值和延期付款债务特定风险的利率。该折现率实质上是供货企业的必要报酬率。各期实际支付的价款之和与其现值之间的差额,在达到预定可使用状态之前符合《企业会计准则第17 号——借款费用》中规定的资本化条件的,应当通过在建工程计入固定资产成本;其余部分应当在信用期间内确认为财务费用,计入当期损益。相应的账务处理为:在购入固定资产时,按购买价款的现值,借记“固定资产”或“在建工程”等科目;按应支付的金额,贷记“长期应付款”科目;按其差额,借记“未确认融资费用”科目。

【例 2—19】 2020 年 1 月 1 日,某金融企业 A 公司与 B 公司签订一项购货合同,A 公司从 B 公司购入一台需要安装的大型设备。合同约定,A 公司采用分期付款的方式支付价款。该设备价款共计 900 万元(不考虑增值税),在 2020 年至 2024 年的 5 年内,每半年支付 90 万元,每年的付款日期分别为当年的 6 月 30 日和 12 月 31 日。

2020 年 1 月 1 日,设备如期运抵 A 公司并开始安装。2020 年 12 月 31 日,设备达到预定可使用状态,发生安装费 398 530.60 元,已用银行存款付讫。

假定 A 公司适用的 6 个月折现率为 10%。

(1)购买价款的现值如下:

900 000×(P/A,10%,10)=900 000×6.144 6=5 530 140(元)

2020 年 1 月 1 日,A 公司的账务处理如下:

借:在建工程——××设备　5 530 140

　未确认融资费用　3 469 860

　贷:长期应付款——B 公司　9 000 000

(2)确定信用期间未确认融资费用的分摊额,如表2—3所示。

表2—3　　**未确认融资费用分摊表**

2020年1月1日　　单位:元

日期	分期付款额	确认的融资费用	应付本金减少额	应付本金余额
①	②	③=期初⑤×10%	④=②-③	期末⑤ =期初⑤-④
2020.1.1	900 000			5 530 140
2020.6.30	900 000	553 014	346 986	5 183 154
2020.12.31	900 000	518 315.40	381 684.60	4 801 469.40
2021.6.30	900 000	480 146.94	419 853.06	4 381 616.34
2021.12.31	900 000	438 161.63	461 838.37	3 919 777.97
2022.6.30	900 000	391 977.80	508 022.20	3 411 755.77
2022.12.31	900 000	341 175.58	558 824.42	2 852 931.35
2023.6.30	900 000	285 293.14	614 706.86	2 238 224.47
2023.12.31	900 000	223 822.45	676 177.55	1 562 046.92
2024.6.30	900 000	156 204.69	743 795.31	818 251.61
2024.12.31	900 000	81 748.39*	818 251.61	0
合计	9 000 000	3 469 860	5 530 140	0

*尾数调整:81 748.39=900 000-818 251.61,为最后一期应付本金余额。

(3)2020年1月1日至2020年12月31日为设备的安装期间,未确认融资费用的分摊额符合资本化条件,计入固定资产成本。

2020年6月30日,甲公司的账务处理如下:

借:在建工程——××设备　　553 014

　贷:未确认融资费用　　553 014

借:长期应付款——乙公司　　900 000

　贷:银行存款　　900 000

2020年12月31日,甲公司的账务处理如下:

借:在建工程——××设备　　518 315.40

　贷:未确认融资费用　　518 315.40

借:长期应付款——乙公司　　900 000

　贷:银行存款　　900 000

借:在建工程——××设备　　398 530.60

　贷:银行存款等　　398 530.60

借:固定资产——××设备　　7 000 000

　贷:在建工程——××设备　　7 000 000

固定资产的成本=5 530 140+553 014+518 315.40+398 530.60=7 000 000(元)

(4)2021年1月1日至2021年12月31日,该设备已经达到预定可使用状态。未确认融资费用的分摊额不再符合资本化条件,应计入当期损益。

2021 年 6 月 30 日 A 公司的账务处理如下：

借：财务费用	480 146.94	
贷：未确认融资费用		480 146.94
借：长期应付款——B 公司	900 000	
贷：银行存款		900 000

以后期间的账务处理与 2016 年 6 月 30 日相同，此处略。

(四)自行建造固定资产成本

自行建造固定资产成本是指由建造该项资产达到预定可使用状态前所发生的必要支出构成。

(五)投资者投入固定资产的成本

投资者投入固定资产的成本，应当按照投资合同或协议约定的价值确定，但合同或协议约定价值不公允的除外。在投资合同或协议约定价值不公允的情况下，按照该项固定资产的公允价值作为入账价值。

【例 2—20】 A 信托公司与 B 公司通过协议合资创办 C 公司，根据合作协议，A 信托公司以一处房产作价投资，该房产的原值为 8 500 万元，已计提折旧为 1 600 万元，经双方协商该固定资产的定价价值为 6 000 万元作为投资入股。相关的账务处理如下：

(1)A 公司的账务处理

(1)借：固定资产清理	69 000 000	
累计折旧	1 600 000	
贷：固定资产		85 000 000
(2)借：长期股权投资——C 公司	60 000 000	
贷：固定资产清理		60 000 000
(3)借：资产处置损益	9 000 000	
贷：固定资产清理		9 000 000

2. C 公司的账务处理

借：固定资产	60 000 000	
贷：实收资本		60 000 000

三、固定资产的后续计量

固定资产的后续计量是指企业在取得固定资产之后，合理运用计量属性对固定资产发生变化的价值予以计量，具体包括固定资产的折旧、会计期末对固定资产折旧的复核、固定资产减值测试等。

(一)固定资产的折旧

1. 固定资产折旧的定义

固定资产折旧是指在固定资产的使用寿命内，按照确定的方法对应计折旧额进行的系统分摊。应计折旧额是指应当计提折旧的固定资产的原价扣除其预计净残值后的金额。如果已对固定资产计提减值准备，还应当扣除已计提的固定资产减值准备累计金额。

2. 影响固定资产折旧的因素

影响固定资产折旧的因素主要有以下几个方面：

(1)固定资产原价，即固定资产的成本。

(2)固定资产的使用寿命,即企业使用固定资产的预计期间,或者该固定资产所能生产的产品或提供劳务的数量。企业确定固定资产使用寿命时,应当考虑下列因素:

①该项资产的预计生产能力或实物产量。

②该项资产的预计有形损耗,是指固定资产在使用过程中,由于正常使用和自然力的作用而引起的使用价值和价值的损失,如设备使用中发生磨损、房屋建筑物受到自然侵蚀等。

③资产价值上的损失,如因新技术的出现而使现有的资产技术水平相对陈旧,市场需求变化使其所生产的产品过时等。

④法律或者类似规定对该项资产使用的限制。某些固定资产的使用寿命可能受法律或类似规定的约束。如对于融资租赁的固定资产,根据《企业会计准则第 21 号——租赁》的规定,能够合理确定租赁期届满时将会取得租赁资产所有权的,应当在租赁资产使用寿命内计提折旧;如果无法合理确定租赁期届满时能够取得租赁资产所有权的,应当在租赁期与租赁资产使用寿命两者中较短的期间内计提折旧。

(3)预计净残值,是指假定固定资产预计使用寿命已满并处于使用寿命终了时的预期状态,企业目前从该项资产处置中获得的扣除预计处置费用后的金额。

(4)固定资产减值准备,是指已计提的固定资产减值准备累计金额。在为固定资产计提减值准备后,企业应当在该固定资产的剩余使用寿命内根据调整后的固定资产账面价值(固定资产账面余额扣减累计折旧和累计减值准备后的金额)和预计净残值重新计算确定折旧率和折旧额。

3. 固定资产折旧的范围

企业应当对所有的固定资产计提折旧,但是,已提足折旧仍继续使用的固定资产和单独计价入账的土地除外,在确定计提折旧的范围时还应注意以下几点:

(1)固定资产应当按月计提折旧,并根据用途计入相关资产的成本或者当期损益。固定资产应自达到预定可使用状态时开始计提折旧,终止确认时或划分为持有待售非流动资产时停止计提折旧。为了简化核算,当月增加的固定资产从下月起计提折旧;当月减少的固定资产,当月仍计提折旧,从下月起不计提折旧。

$$年折旧率=(1-预计净残值率)\div预计使用寿命(年)\times100\%$$

(2)固定资产在提足折旧后,不论能否继续使用,均不再计提折旧,提前报废的固定资产也不再补提折旧。

(3)已达到预定可使用状态但尚未办理竣工决算的固定资产,应当按照估计价值确定其成本,并计提折旧;待办理竣工决算后再按实际成本调整原来的暂估价值,但不需要调整原已计提的折旧额。

4. 固定资产折旧的方法

企业应当根据与固定资产有关的经济利益的预期实现方式,选择合理的折旧方法。可选用的折旧方法包括年限平均法、工作量法、双倍余额递减法和年数总和法等。企业选用不同的固定资产折旧方法,将影响固定资产不同使用时期的折旧费用。因此,固定资产的折旧方法一经确定,不得随意变更。如需变更,应当符合《企业会计准则第 4 号——固定资产》第十九条的规定。

(1)年限平均法

年限平均法又称直线法,是指将固定资产的应计折旧额均衡地分摊到固定资产预计使用寿命内的一种方法。采用这种方法计算的每期折旧额均相等,计算公式如下:

月折旧率＝年折旧率÷12

月折旧额＝固定资产原价×月折旧率

采用年限平均法计算固定资产折旧存在明显的局限性。首先，固定资产在不同使用年限产生的经济效益是不同的。一般来讲，固定资产在其使用前期工作效率相对较高，所带来的经济利益也较多；而在其使用后期，工作效率一般呈下降趋势，因而所带来的经济利益也就逐渐减少。对这一点，年限平均法不予考虑明显是不合理的。其次，固定资产在不同使用年限发生的维修费用也不一样，而年限平均法也没有考虑这一因素。

当固定资产各期负荷程度相同时，各期应分摊相同的折旧费，这时采用年限平均法计算折旧是合理的。但是，如果固定资产各期负荷程度不同，则采用年限平均法计算折旧就不能反映固定资产的实际使用情况，计提的折旧额与固定资产的损耗程度也不相符。

(2)工作量法

工作量法是根据实际工作量计算每期应提折旧额的一种方法，计算公式如下：

某项固定资产月折旧额＝该项固定资产当月工作量×单位工作量折旧额

(3)双倍余额递减法

双倍余额递减法是指在不考虑固定资产预计净残值的情况下，根据每期期初固定资产原价减去累计折旧后的金额(即固定资产净值)和双倍的直线法折旧率计算固定资产折旧的一种方法。计算公式如下：

年折旧率＝2÷预计使用寿命(年)×100％

月折旧率＝年折旧率÷12

月折旧额＝固定资产净值×月折旧率

由于每年年初固定资产净值没有扣除预计净残值，因此，在使用这种方法计算折旧额时要注意不能使固定资产的净值降低到其预计净残值以下，即采用双倍额递减法计提折旧的固定资产，通常在其折旧年限到期前两年内，将固定资产净值扣除预计净残值后的余额平均摊销。

【例2－21】 A公司的某项设备原价为120万元，预计使用寿命为5年，预计净残值率为4％。假设A公司没有对该机器设备计提减值准备。A公司按双倍余额递减法计提折旧，每年折旧额计算加下：

年折旧率＝2÷5×100％＝40％

单位工作量折旧额＝[固定资产原价×(1－预计净残值率)]÷预计总工作量

第一年应提的折旧额＝120×40％＝48(万元)

第二年应提的折旧额＝(120－48)×40％＝28.8(万元)

第三年应提的折旧额＝(120－48－28.8)×40％＝17.28(万元)

从第四年起改按年限平均法(直线法)计提折旧。

第四年、第五年应提的折旧额＝(120－48－28.8－17.28－120×4％)÷2＝10.56(万元)

(4)年数总和法

年数总和法又称年限合计法，是将固定资产的原价减去预计净残值的余额乘以一个以固定资产尚可使用的寿命为分子，以预计使用寿命逐年数字之和为分母的逐年递减的分数，来计算每年的折旧额。计算公式如下：

年折旧率＝尚可使用寿命÷预计使用寿命的年数总和×100％

月折旧率＝年折旧率÷12

月折旧率＝(固定资产原价－预计净残值)×月折旧率

【例 2—22】 沿用【例 2—21】的资料，采用年数总和法计算的各年折旧额如表 2—4 所示。

表 2—4　　折旧的计算

年份	尚可使用寿命（年）	原价－预计净残值（元）	年折旧率	应付本金余额（元）	累计折旧（元）
第 1 年	5	1 152 000	0.33	384 000	384 000
第 2 年	4	1 152 000	0.27	307 200	691 200
第 3 年	3	1 152 000	0.20	230 400	921 600
第 4 年	2	1 152 000	0.13	153 600	1 075 200
第 5 年	1	1 152 000	0.07	76 800	1 152 000

双倍余额递减法和年数总和法都属于加速折旧法，其特点是在固定资产使用的早期多提折旧，后期少提折旧，其递减的速度逐年加快，从而相对加快折旧的速度，目的是使固定资产成本在估计使用寿命内尽快得到补偿。

5. 固定资产折旧的会计处理

固定资产应当按月计提折旧，计提的折旧应通过“累计折旧”科目进行核算，并根据用途计入相关资产的成本或者当期损益。

(1)企业基本生产车间所使用的固定资产，其计提的折旧应计入制造费用。

(2)管理部门所使用的固定资产，其计提的折旧应计入管理费用。

(3)销售部门所使用的固定资产，其计提的折旧应计入销售费用。

(4)自行建造固定资产过程中使用的固定资产，其计提的折旧应计入在建工程成本。

(5)经营出租的固定资产，其计提的折旧应计入其他业务成本。

(6)未使用的固定资产，其计提的折旧应计入管理费用。

6. 对已确定的固定资产使用寿命、预计净残值和折旧方法的复核

由于固定资产的使用寿命长于 1 年，属于企业的非流动资产，企业至少应当于每年年度终了时，对固定资产的使用寿命、预计净残值和折旧方法进行复核。

在固定资产使用过程中，其所处的经济环境、技术环境及其他环境都有可能对固定资产使用寿命和预计净残值产生较大影响。例如，固定资产使用强度比正常情况大大加强，致使固定资产的实际使用寿命大大缩短；替代该项固定资产的新产品出现致使其实际使用寿命缩短、预计净残值减少等。为真实反映固定资产为企业提供经济利益的期间及每期实际的资产消耗，企业至少应当于每年年度终了，对固定资产的使用寿命和预计净残值进行复核。如有确凿证据表明，固定资产的使用寿命预计数与原先估计数有差异的，应当调整固定资产的使用寿命；如果固定资产预计净残值预计数与原先估计数有差异的，应当调整预计净残值。

固定资产使用过程中所处的经济环境、技术环境及其他环境的变化也可能致使与固定资产有关的经济利益的预期实现方式发生重大改变。如果固定资产给企业带来经济利益的方式发生重大变化，企业也要相应改变固定资产折旧方法。例如，某企业以前采用年限平均法计提固定资产折旧，但此次在年度复核中发现，与该固定资产相关的技术发生了很大变化，年限平均法已很难反映该项固定资产给企业带来经济利益的方式，因此，该企业决定变年限平均法为加速折旧法。企业应当根据《企业会计准则第 4 号——固定资产》的规定，结合企业的实际情况，制定固定资产目录、分类方法、每类或每项固定资产的使用寿命、预计净残值、折旧方法等，

固定资产使用寿命、预计净残值和折旧方法的改变应作为会计估计变更，按照《企业会计准则第28号——会计政策、会计估计变更和差错更正》进行处理。

(二)固定资产的后续支出

固定资产的后续支出是指在使用固定资产的过程中发生的更新改造支出、修理费用等。后续支出的处理原则为：符合固定资产确认条件的，应当计入固定资产成本，同时将被替换部分的账面价值扣除；不符合固定资产确认条件的，应当计入当期损益。

1. 资本化的后续支出

在固定资产发生可资本化的后续支出时，企业一般应将该固定资产的原价，已计提的累计折旧和减值准备转销，将固定资产的账面价值转入在建工程，并在此基础上重新确定固定资产原价。当固定资产转入在建工程时，应停止计提折旧。在固定资产发生的后续支出完工并达到预定可使用状态时，再从在建工程转为固定资产，并按重新确定的固定资产原价、使用寿命、预计净残值和折旧方法计提折旧，固定资产发生的可资本化的后续支出，通过“在建工程”科目核算。

【例2—23】 甲公司有关固定资产更新改造的资料如下：

(1)2019年12月30日，甲公司自行建成了一套信用卡制造设备，建造成本为1 136 000元，采用年限平均法计提折旧，预计净残值率为3%，预计使用寿命为6年。

(2)2022年1月1日，由于信用卡技术升级，现有生产设备的生产能力难以满足公司生产发展的需要。又因为新建生产系统的周期过长，所以甲公司决定对现有制造设备进行改造扩建，以提高其生产能力。假定该制造设备未发生减值。

(3)2022年3月31日，经过3个月的改造扩建，甲公司完成了对这套制造系统的改扩建工程且达到预定可使用状态，其间共发生支出537 800元，全部以银行存款支付。

(4)该制造系统改造扩建后大大提高了生产能力：甲公司将系统的使用寿命延长了4年，即如今系统的预计使用寿命为10年。假定改造扩建后生产线的预计净残值率为改造扩建后固定资产账面价值的3%，折旧方法仍为年限平均法。

(5)为简化计算过程，不考虑其他相关税费，公司按年度计提固定资产折旧。

在本例中，制造系统改造扩建后，能够为企业带未更多的经济利益，改造扩建的支出金额也能可靠计量，因此该后读支出符合固定资产的确认条件，应计入固定资产的成本，有关的账务处理如下：

①固定资产后续支出发生前：

该条生产线的应计折旧额＝1 136 000×(1－3%)＝1 101 920(元)

年折旧额＝1 101 920÷6＝183 653.33

2020年和2021年两年计提固定资产折旧的账务处理为：

借：制造费用	183 653.33	
贷：累计折旧		183 653.33

②2022年1月1日，固定资产的账面价值＝1 136 000－183 653.33×2＝768 693.34(元)。固定资产转入改扩建：

借：在建工程——××生产线	768 693.34	
累计折旧	367 306.66	
贷：固定资产——××生产线		1 136 000

③2022年1月1日至3月31日，发生改扩建工程支出：

借:在建工程——××生产线　　537 800

　贷:银行存款　　537 800

④2022 年 3 月 31 日,生产线改造扩建工程达到预定可使用状态,固定资产的入账价值=768 693.34+537 800=1 306 493.34(元)。会计分录为:

借:固定资产——××生产线　　1 306 493.34

　贷:在建工程——××生产线　　1 306 493.34

⑤2022 年 3 月 31 日,按重新确定的使用寿命。预计净残值和折旧方法计提折旧:

应计折旧额=1 306 493.34×(1-3%)=1 267 298.54(元)

月折旧额=1 267 298.54÷(7×12+9)=13 626.87(元)

年折旧额=13 626.87×12=163 522.39(元)

2018 年应计提的折旧额=13 626.87×9=122 641.83(元)。会计分录为:

借:制造费用　　122 641.83

　贷:累计折旧　　122 641.83

企业发生的某些固定资产后续支出可能涉及替换原固定资产的某组成部分,当发生的后续支出符合固定资产的确认条件时,应将其计入固定资产成本,同时将被替换部分的账面价值扣除。这样可以避免因将替换部分的成本和被替换部分的成本同时计入固定资产成本而导致固定资产成本被高估的问题。企业对固定资产进行定期检查时发生的大修理费用,符合资本化条件的,可以计入固定资产成本;不符合资本化条件的,应当计入当期损益。固定资产在定期大修理间隔期间,照提折旧。

【例 2-24】　某商业银行于 2012 年 12 月购入一套发电系统,总计花费 7 000 万元(含发动机),发动机当时的购价为 500 万元。公司未将发动机作为一项单独的固定资产进行核算。2021 年年初,该银行开辟新支行,用电量增加。为延长发电系统的发电运营时间,该银行决定更换一部性能更为先进的发动机,新发动机购价 700 万元,另需支付安装费用 51 000 元。假定发动机的年折旧率为 3%,不考虑相关税费的影响,公司的账务处理如下:

(1)2021 年年初发动机的累计折旧金额=70 000 000×3%×8=16 800 000(元):

固定资产转入在建工程:

借:在建工程——××发电系统　　53 200 000

　　累计折旧　　16 800 000

　贷:固定资产——××发电系统　　70 000 000

(2)安装新发动机:

借:在建工程——××发电系统　　7 051 000

　贷:工程物流——××发动机　　7 000 000

　　　银行存款　　51 000

(3)2021 年年初老发动机的账面价值=5 000 000-5 000 000×3%×8=3 800 000(元)。终止确认老发动机的账面价值。假定对老发动机做报废处理,无净残值:

借:营业外支出　　3 800 000

　贷:在建工程——××发电系统　　3 800 000

(4)发动机安装完毕,投入使用,固定资产的入账价值=53 200 000+7 051 000-3 800 000=56 451 000(元)。会计分录如下:

借:固定资产——××发电系统　　56 451 000

贷:在建工程——××发电系统　　56 451 000

2. 费用化的后续支出

与固定资产有关的修理费用等后续支出,不符合固定资产确认条件的,应当根据不同情况分别计入当期管理费用或销售费用。

在一般情况下,固定资产投入使用之后,由于固定资产磨损、各组成部分耐用程度不同,可能导致固定资产的局部损坏,为了维护固定资产的正常运转和使用,充分发挥其使用效能,企业将对固定资产进行必要的维护。固定资产的日常修理费用在发生时应直接计入当期损益,企业生产车间(部门)和行政管理部门等发生的固定资产修理费用等后续支出计入管理费用;企业专设销售机构的,与专设销售机构相关的固定资产修理费用等后续支出计入销售费用。企业固定资产更新改造支出不满足固定资产确认条件的,在发生时应直接计入当期损益。

(三)固定资产的处置

1. 固定资产终止确认的条件

固定资产满足下列条件之一的,应当终止确认:

(1)该固定资产处于处置状态。固定资产处置包括固定资产的出售、转让、报废或毁损、对外投资、非货币性资产交换、债务重组等,处于处置状态的固定资产不再用于生产商品、提供劳务、出租或经营管理,因此不再符合固定资产的定义,应予终止确认。

(2)该固定资产预期通过使用或处置不能产生经济利益。固定资产的确认条件之一是"与该固定资产有关的经济利益很可能流入企业",如果一项固定资产预期通过使用或处置不能产生经济利益,那么它就不再符合固定资产的定义和确认条件,应予终止确认。

2. 固定资产处置的账务处理

企业出售、转让、报废固定资产或发生固定资产毁损,应当将处置收入扣除账面价值和相关税费后的金额计入当期损益。固定资产处置一般通过"固定资产清理"科目进行核算。

企业以出售、转让、报废或毁损、对外投资、非货币性资产交换、债务重组等方式处置固定资产的,其会计处理一般有以下几个步骤:

(1)固定资产转入清理。固定资产转入清理时,按固定资产账面价值,借记"固定资产清理"科目;按已计提的累计折旧,借记"累计折旧"科目;按已计提的减值准备,借记"固定资产减值准备"科目;按固定资产账面余额,贷记"固定资产"科目。

(2)发生的清理费用。在固定资产清理过程中发生的有关费用以及应支付的相关税费,借记"固定资产清理"科目,贷记"银行存款""应交税费"等科目。

(3)出售收入和残料等的处理。企业应在收回出售固定资产的价款、残料价值和变价收入等时冲减清理支出,按实际收到的出售价款以及残料变价收入等,借记"银行存款""原材料""其他应收款"等科目,贷记"固定资产清理""应交税费——应交增值税"等科目。

(4)保险赔偿的处理。企业计算或收到的应由保险公司或过失人赔偿的损失,应冲减清理支出,借记"其他应收款""银行存款"等科目,贷记"固定资产清理"科目。

(5)清理净损益的处理。固定资产清理完成后的净损失,属于生产经营期间正常处理损失的,借记"营业外支出——处置非流动资产损失"科目,贷记"固定资产清理"科目;属于生产经营期间由于自然灾害等非正常原因造成的,借记"营业外支出——非常损失"科目,贷记"固定资产清理"科目。固定资产清理完成后的净收益,借记"固定资产清理"科目,贷记"营业外收入"科目或"资产处置损益"科目。

【例 2—25】 某商业银行拥有一套预计使用寿命 10 年的专用电子数据系统,至 2020 年

12 月已达到报废程度，需将其做报废处理。假设该电子数据系统原值为 8 000 000 元，已计提折旧 7 760 000 元。假定报废处理取得收入 300 000 元，发生清理费用 80 000 元，应交增值税 30 000 元，正常报废清理的处置净损失为 50 000。有关账务处理如下。

(1)结转固定资产价值：

借：固定资产清理	240 000	
累计折旧	7 760 000	
贷：固定资产		8 000 000

(2)取得清理收入：

借：银行存款	300 000	
贷：固定资产清理		300 000

(3)发生清理费用：

借：固定资产清理	80 000	
贷：银行存款		80 000

(4)应交增值税：

借：固定资产清理	30 000	
贷：应交税费——应交增值税(销项税额)		30 000

(5)结转清理支出：

借：营业外支出——处理非流动资产损失	50 000	
贷：固定资产清理		50 000

3. 持有待售的固定资产

同时满足下列条件的非流动资产(包括固定资产)应当认定为持有待售的资产：一是企业已经就处置该非流动资产做出决议；二是企业已经与受让方签订了不可撤销的转让协议；三是该项转让将在一年内完成。持有待售的非流动资产包括单项资产和处置组，处置组是指作为整体出售或以其他方式一并处置的一组资产。处置组通常是一组资产组、一个资产组或某个资产组中的一部分。如果处置组是一个资产组，并且按照《企业会计准则第 8 号——资产减值》的规定将企业合并中取得的商誉分摊至该资产组，或者该处置组是某项资产组组合的一部分，则该处置组应当包括企业合并中取得的商誉。

企业对于持有待售的固定资产，应当调整该项固定资产的预计净残值，使该项固定资产的预计净残值能够反映其公允价值减去处置费用后的金额，但不得超过符合持有待售条件时该项固定资产的原账面价值。原账面价值高于预计净残值的差额，应作为资产减值损失计入当期损益，企业应当在报表附注中披露持有待售的固定资产名称、账面价值、公允价值、预计处置费用和预计处置时间等。持有待售的固定资产不计提折旧，按照账面价值与公允价值减去处置费用后的净额较低者进行计量。

某项持有待售的资产或处置组后来不再满足该类资产的确认条件，企业应当停止将其划归为持有待售，并按照下列两项金额中较低者计量：

(1)该资产或处置组被划归为持有待售之前的账面价值，按照其假定在没有被划归为持有待售的情况下原应确认的折旧，摊销或减值进行调整后的金额。

(2)决定不再出售之日的可收回金额。符合持有待售条件的无形资产等其他非流动资产，比照上述原则处理。这里所指的其他非流动资产不包括递延所得税资产，《企业会计准则第 22 号——金融工具确认和计量》规定的金融资产，以公允价值计量的投资性房地产和生物资产、保险合同中产生的合同权利等。

4. 固定资产盘亏的会计处理

固定资产是一种价值较高、使用期限较长的有形资产，因此，对于管理规范的企业而言，盘盈、盘亏的固定资产较为少见。企业应当建立健全制度，加强管理，定期或者至少于每年年末对固定资产进行清查盘点，以保证固定资产核算的真实性和完整性。如果在清查中发现固定资产损益，企业应及时查明原因，并在期末结账前处理完毕。

固定资产盘亏造成的损失应当计入当期损益。企业在财产清查中盘亏的固定资产，按其账面价值借记“待处理财产损溢——待处理固定资产损溢”科目；按已计提的累计折旧，借记“累计折旧”科目；按已计提的减值准备，借记“固定资产减值准备”科目；按固定资产原价，贷记“固定资产”科目。管理权限报经批准后，在处理时，按可收回的保险赔偿或过失人赔偿，借记“其他应收款”科目；按应计入营业外支出的金额，借记“营业外支出——盘亏损失”科目，贷记“待处理财产损溢”科目。

(四)固定资产的披露

在会计报表附注中披露有关固定资产的信息有助于报表使用者对固定资产的信息质量予以判断，利于投资者评估企业面临的经营风险。《企业会计准则第 4 号——固定资产》要求企业披露的有关固定资产的信息包括以下几种：

1. 固定资产的确认条件、分类、计量基础；
2. 各类固定资产的使用寿命、预计净残值、折旧率和折旧方法；
3. 各类固定资产的期初和期末原价、累计折旧额及固定资产减值准备累计金额；
4. 当期确认的折旧费用；
5. 对固定资产所有权的限制及其金额和用于债务担保的固定资产账面价值；
6. 准备处置的固定资产名称、账面价值、公允价值、预计处置费用和预计处置时间等。

第四节 投资性房地产

一、投资性房地产的特征与范围

(一)投资性房地产的定义及特征

投资性房地产是指为赚取租金或资本增值，或者两者兼有而持有的房地产。投资性房地产主要有以下特征。

1. 房地产投资是一种经营性活动

投资性房地产的主要形式是出租建筑物和土地使用权，这实质上属于一种让渡资产使用权的行为。房地产租金就是让渡资产使用权而取得的收入，是企业为完成其经营目标所从事的经营性活动以及与之相关的其他活动形成的经济利益的总流入。投资性房地产的另一种形式是持有并准备增值后转让的土地使用权，尽管其增值收益通常与市场供求、经济发展等因素相关，但目的是为了增值后转让以赚取增值收益，也是企业为完成其经营目标所从事的经营性活动以及与之相关的其他活动形成的经济利益的总流入。根据我国税法的规定，企业房地产出租、国有土地使用权增值后转让均属于一种经营活动，其取得的房地产租金收入或国有土地使用权转让收益应当缴纳增值税等。在我国实务中，持有并准备增值后转让的土地使用权这种情况较少出现。

2. 投资性房地产在用途、状态、目的等方面区别于用于生产经营和销售的房地产

企业持有的房地产除了用作生产经营活动场所和对外销售，还有将房地产用于赚取租金或增值收益的活动。这就需要将投资性房地产单独作为一项资产核算，与自用的厂房、办公楼等房地产和作为存货(已建完工商品房)的房地产加以区别，从而更加清晰地反映企业所持有房地产的构成情况和盈利能力。企业在首次执行《企业会计准则第3号——投资性房地产》时，应当根据投资性房地产的定义对企业资产重新分类，凡是符合投资性房地产定义和确认条件的建筑物和土地使用权，都应当归为投资性房地产。

3. 投资性房地产有两种后续计量模式

企业通常采用成本模式对投资性房地产进行后续计量，只有在满足特定条件，即有确凿证据表明其所有投资性房地产的公允价值能够持续可靠取得时，才会采用公允价值模式进行后续计量。但是，同一企业只能采用一种模式对所有投资性房地产进行后续计量，不得同时采用两种计量模式。

(二)投资性房地产的范围

投资性房地产的范围包括：已出租的土地使用权、持有并准备增值后转让的土地使用权、已出租的建筑物。

1. 已出租的土地使用权

已出租的土地使用权是指企业通过出让或转让方式取得的、以经营租赁方式出租的土地使用权。企业取得的土地使用权既包括在一级市场上以缴纳土地出让金的方式取得土地使用权，也包括在二级市场上接受其他单位转让的土地使用权。但是，以经营租赁方式租入土地使用权后再转租给其他单位的，不能确认为投资性房地产。

2. 持有并准备增值后转让的土地使用权

持有并准备增值后转让的土地使用权很可能给企业带来资本增值收益，符合投资性房地产的定义。例如，企业发生转产或厂址搬迁，部分土地使用权停止自用，企业管理当局(董事会或类似机构)做出书面决议明确继续持有这部分土地使用权，待其增值后转让以赚取增值收益。按照国家有关规定认定的闲置土地，不属于持有并准备增值后转让的土地使用权，也不属于投资性房地产。

3. 已出租的建筑物

已出租的建筑物是指企业拥有产权的，以经营租赁方式出租的建筑物，包括自行建造或开发活动完成后用于出租的建筑物，以及正在建造或开发过程中将来用于出租的建筑物。

此外，下列项目不属于投资性房地产：

一是自用房地产。自用房地产是指为生产商品、提供劳务或者经营管理而持有的房地产，例如，企业出租给本企业职工居住的宿舍，虽然收取租金，但也间接为企业自身的生产经营服务，因此具有自用房地产的性质。

二是作为存货的房地产。作为存货的房地产通常是指房地产开发企业在正常经营过程中销售的或为销售而开发的商品房和土地。这部分房地产属于房地产开发企业的存货，其生产、销售构成企业的主营业务活动，产生的现金流量也与企业的其他资产密切相关。因此，具有存货性质的房地产不属于投资性房地产。

二、投资性房地产的核算

投资性房地产在符合定义的前提下，还要同时满足下列条件，才能予以确认：

第一,与该投资性房地产有关的经济利益很可能流入企业;

第二,该投资性房地产的成本能够可靠计量。

对已出租的土地使用权和已出租的建筑物,其作为投资性房地产的确认时点一般为租赁期开始日,即土地使用权、建筑物进入出租状态、开始赚取租金的日期。但对企业持有以备经营出租的空置建筑物或在建建筑物,董事会或类似机构做出书面决议,明确表明将其用于经营出租且持有意图短期内不会发生变化的,即使尚未签订租赁协议,也应视为投资性房地产。

(一)投资性房地产的确认和初始计量

1. 外购投资性房地产的确认和初始计量

在采用成本模式计量时,外购的土地使用权和建筑物应按照取得时的实际成本进行初始计量,借记"投资性房地产"科目,贷记"银行存款"等科目,取得时的实际成本包括购买价款、相关税费及可直接归属于该资产的其他支出。如果企业购入的房地产,部分用于出租(或资本增值)、部分自用,则用于出租(或资本增值)的部分应当予以单独确认的,应按照不同部分的公允价值占公允价值总额的比例将成本在不同部分之间进行分配。

在采用公允价值模式计量时,外购的投资性房地产应当按照取得时的实际成本进行初始计量,其实际成本的确定与采用成本模式计量的投资性房地产一致。

企业应当在"投资性房地产"科目下设置"成本"和"公允价值变动"两个明细科目,按照外购的土地使用权和建筑物发生的实际成本,记入"投资性房地产——成本"科目。

2. 自行建造投资性房地产的确认和初始计量

在采用成本模式计量时,自行建造的投资性房地产,其成本由建造该项资产达到预定可使用状态前发生的必要支出构成,包括土地开发费、建筑成本、安装成本、应予以资本化的借款费用,以及支付的其他费用和分摊的间接费用等,在建造过程中发生的非正常性损失直接计入当期损益,不计入建造成本,按照在建造过程中发生的成本,借记"投资性房地产"科目,贷记"银行存款"等科目。在采用公允价值模式计量时,自行建造投资性房地产的计量,将在"投资性房地产的后续计量"中进行介绍。

(二)投资性房地产的后续计量

投资性房地产的后续计量通常采用成本模式,只有满足特定条件时才会采用公允价值模式。

1. 采用成本模式进行后续计量的投资性房地产

采用成本模式进行后续计量的投资性房地产,应当按照《企业会计准则第 4 号——固定资产》或《企业会计准则第 6 号——无形资产》中的有关规定,按期(月)计提折旧或摊销,借记"其他业务成本"等科目,贷记"投资性房地产累计折旧(摊销)"科目,取得的租金收入,借记"银行存款"等科目,贷记"其他业务收入"等科目。

投资性房地产存在减值迹象的,还应当适用资产减值的有关规定。经减值测试后确定发生减值的,应当计提减值准备,借记"资产减值损失"科目,贷记"投资性房地产减值准备"科目。即使已经计提减值准备的投资性房地产的价值又得以恢复,也不得转回。

2. 采用公允价值模式进行后续计量的投资性房地产

企业存在确凿证据表明其投资性房地产的公允价值能够持续可靠取得的,可以对投资性房地产采用公允价值模式进行后续计量,企业选择公允价值模式的,就应当对其所有的投资性房地产采用公允价值模式进行后续计量。

采用公允价值模式计量的投资性房地产,应当同时满足下列条件:

(1)投资性房地产所在地有活跃的房地产交易市场；

(2)企业能够从活跃的房地产交易市场上取得同类或类似房地产的市场价格及其他相关信息，从而对投资性房地产的公允价值做出合理的估计。

投资性房地产采用公允价值模式进行后续计量的，不计提折旧或摊销，应当以资产负债表日的公允价值计量。在资产负债表日，投资性房地产的公允价值高于其账面余额的差额，借记"投资性房地产——公允价值变动"科目，贷记"公允价值变动损益"科目；公允价值低于其账面余额的差额，则编制相反的会计分录。

企业对投资性房地产的计量模式一经确定，不得随意变动。如果企业的计量模式由成本模式转为公允价值模式，则这一改变应作为企业的会计政策变更依据，并按照《企业会计准则第 28 号——会计政策、会计估计变更和差错更正》加以处理，其调整方式应采用追溯调整法。但对于已采用公允价值模式计量的投资性房地产，不得更改计量模式。

【例 2—26】 2020 年 1 月 1 日，A 保险公司自行建造了一幢办公用房，准备对外出租，采用公允价值模式进行核算。该办公用房建造成本为 20 000 万元，办公用房建好后又花费 5 000 万元装修，款项全部以存款支付。2020 年 9 月，A 公司对该办公用房进行维修，共发生 50 万元的支出，该支出全部以银行存款支付。该维修只是维持该办公用房原有的生产性能，不会带来额外收益。2020 年 12 月 31 日，该办公用房期末公允价值为 26 000 万元。2020 年 12 月 31 日，该办公用房期末公允价值为 25 800 万元。2021 年 6 月 3 日，A 保险公司将办公用房出售，收到价款 28 000 万元。在出售过程中，A 保险公司以现金支付清理费 5 万元，暂不考虑相关税费。

A 保险公司的账务处理如下：

(1)2020 年 1 月 1 日：

借：投资性房地产——成本	250 000 000	
贷：银行存款		250 000 000

(2)2020 年 9 月，该修理支出不会带来新的经济利益，因此将该支出直接计入当期损益：

借：管理费用	500 000	
贷：银行存款		500 000

(3)2020 年 12 月 31 日，调整投资性房地产账面价值：

借：投资性房地产——公允价值变动	10 000 000	
贷：公允价值变动损益		10 000 000

(4)2020 年 12 月 31 日，调整期末账面价值：

借：公允价值变动损益	2 000 000	
贷：投资性房地产——公允价值变动		2 000 000

(5)2021 年 6 月 3 日，出售该投资性房地产：

借：银行存款	280 000 000	
贷：其他业务收入		280 000 000
借：其他业务成本	258 000 000	
贷：投资性房地产——成本		250 000 000
投资性房地产——公允价值变动		8 000 000
借：其他业务成本	50 000	
贷：库存现金		50 000

借：公允价值变动损益　　8 000 000
　　贷：其他业务成本　　8 000 000

【例 2—27】 某信托公司于 2020 年 1 月 1 日以存款 1 000 万元取得一项土地使用权并准备对外出租，并于 2020 年 1 月 3 日将其对外出租，每年获得租金 200 万元，并确认相应的增值税进项税额 12 万元。该信托公司对该投资性房地产采用成本模式进行计量，对该土地使用权按 20 年进行分摊。2024 年 12 月 31 日，该土地使用权的账面余额为 750 万元，投资性房地产的减值准备为 80 万元。2025 年 1 月 1 日，该信托公司将其计量模式由成本模式改为公允价值计量模式，经测算，其公允价值为 680 万元。

该信托公司的账务处理如下：

(1)2020 年 1 月 1 日：

借：投资性房地产——土地使用权　　10 000 000
　　贷：银行存款　　10 000 000

(2)每年确认租赁收入：

借：银行存款——应收账款　　2 000 000
　　贷：其他业务收入　　2 000 000
借：其他应收款　　120 000
　　贷：应交税费——应交增值税(销项税额)　　120 000

(3)每年摊销投资性房地产账面价值：

借：其他业务支出　　500 000
　　贷：投资性房地产累计摊销　　500 000

(4)计提减值准备：

借：资产减值损失　　800 000
　　贷：投资性房地产减值准备　　800 000

(5)改为公允价值记录：投资性房地产后续计重以成本模式转为公允价值模式的，应当作为会计政策变更的依据，并进行相关账务处理，按照计量模式变更时公允价值与账面价值的差额，调整期初留存收益。

借：投资性房地产——成本　　6 800 000
　　投资性房地产累计摊销　　2 500 000
　　投资性房地产减值准备　　800 000
　　贷：投资性房地产——土地使用权　　10 000 000
　　　　利润分配——未分配利润　　90 000
　　　　盈余公积　　10 000

如果其公允价值为 630 万元，其账务处理如下：

借：投资性房地产——成本　　6 300 000
　　投资性房地产累计摊销　　2 500 000
　　投资性房地产减值准备　　800 000
　　利润分配——未分配利润　　360 000
　　盈余公积　　40 000
　　贷：投资性房地产——土地使用权　　10 000 000

(三)投资性房地产的转换

1. 房地产转换的形式

房地产的转换是指因房地产的用途发生改变而对房地产进行重新分类。这里所说的房地产转换主要是针对房地产用途发生的改变而不是后续计量模式的转变。企业必须有确凿证据表明房地产用途发生改变,才能将投资性房地产与非投资性房地产互相转换,例如自用的办公楼改为出租房产等。这里的确凿证据包括两种:一是企业董事会或类似机构就改变房地产用途形成正式的书面决议;二是房地产因用途改变而发生实际状态上的改变,如从自用状态改为出租状态。房地产转换形式主要包括以下几种:

(1)投资性房地产开始自用,是指企业将原来用于赚取租金或资本增值的房地产改为用于生产商品、提供劳务或者经营管理。例如,企业将出租的厂房收回,并用于生产本企业的产品;又如,从事房地产开发的企业将出租的开发产品收回,作为企业的固定资产使用,相应地,该投资性房地产随之转换为固定资产或无形资产。

(2)作为存货的房地产改为出租,通常是指房地产开发企业将其持有的开发产品以经营租赁的方式出租,相应地,该房地产由存货转换为投资性房地产。

(3)自用土地使用权开始用于赚取租金或资本增值,相应地由无形资产转换为投资性房地产。

(4)自用建筑物改为出租,相应地由固定资产转换为投资性房地产。

2. 投资性房地产转换为非投资性房地产

(1)采用成本模式进行后续计量的投资性房地产转换为自用房地产,企业将原本用于赚取租金或资本增值的房地产改用于生产商品、提供劳务或者经营管理,投资性房地产相应地转换为固定资产或无形资产。如企业将出租的厂房收回,并用于生产本企业的产品。在此种情况下,转换日即为房地产达到自用状态,企业开始将房地产用于生产商品、提供劳务或者经营管理的日期。

企业将投资性房地产转换为自用房地产,应当按该项投资性房地产在转换日的账面余额、累计折旧或摊销、减值准备等分别转入"固定资产""累计折旧""固定资产减值准备"等科目;按投资性房地产的账面余额,借记"固定资产"或"无形资产"科目,贷记"投资性房地产"科目;按已计提的折旧或摊销,借记"投资性房地产累计折旧(摊销)"科目,贷记"累计折旧"或"累计摊销"科目;原已计提减值准备的,借记"投资性房地产减值准备"科目,贷记"固定资产减值准备"或"无形资产减值准备"科目。

【例 2—28】 2020 年 8 月 1 日,A 信托公司将出租在外的厂房收回并转为本公司自用。该项房地产账面价值为 3 765 万元,其中,原价 6 000 万元的厂房累计已提折旧 2 235 万元,A 信托公司采用成本计量模式。

A 企业的账务处理如下:

借:固定资产	60 000 000	
投资性房地产累计折旧	22 350 000	
贷:投资性房地产		60 000 000
累计折旧		22 350 000

(2)采用公允价值模式进行后续计量的投资性房地产转为自用房地产

企业将采用公允价值模式计量的投资性房地产转换为自用房地产时,应当以其转换当日的公允价值作为自用房地产的账面价值,公允价值与原账面价值的差额计入当期损益。转换日,按该项投资性房地产的公允价值借记"固定资产"或"无形资产"科目;按该项投资性房地产的成本，贷记“投资性房地产——成本”科目；按该项投资性房地产的累计公允价值变动，贷记或借记“投资性房地产——公允价值变动”科目；按其差额，贷记或借记“公允价值变动损益”科目。

【例 2—29】 2020 年 10 月 15 日，A 保险公司因租赁期满，将出租的写字楼收回作为办公楼，用于本企业的行政管理办公地点。2020 年 10 月 15 日，该写字楼的公允价值为 4 800 万元，该项房地产在转换前采用公允价值模式计量，原账面价值为 4 750 万元，其中，成本为 4 500 万元，公允价值变动增值为 250 万元。

A 保险公司的账务处理如下：

借：固定资产	48 000 000	
贷：投资性房地产——成本		45 000 000
——公允价值变动		2 500 000
公允价值变动损益		500 000

3. 非投资性房地产转换为投资性房地产

(1)非投资性房地产转换为采用成本模式进行后续计量的投资性房地产

企业将原本用于日常生产商品、提供劳务或者经营管理的房地产改为用于出租的房地产时，通常应于租赁期开始日，按照固定资产或无形资产的账面价值将固定资产或无形资产转换为投资性房地产。对不再用于日常生产经营活动且经整理后达到可经营出租状况的房地产，如果企业董事会或类似机构正式做出书面决议，明确表明其自用房地产用于经营出租且持有意图短期内不再发生变化的，应视为自用房地产转换为投资性房地产，转换日为企业董事会或类似机构正式做出书面决议的日期。

企业将自用土地使用权或建筑物转换为以成本模式计量的投资性房地产时，应当按该项建筑物或土地使用权在转换日的原价、累计折旧、减值准备等分别转入“投资性房地产”“投资性房地产累计折旧(摊销)”“投资性房地产减值准备”科目；按其账面余额借记“投资性房地产”科目，贷记“固定资产”或“无形资产”科目；按已计提的折旧或摊销借记“累计摊销”或“累计折旧”科目，贷记“投资性房地产累计折旧(摊销)”科目；原已计提减值准备的，借记“固定资产减值准备”或“无形资产减值准备”科目，贷记“投资性房地产减值准备”科目。

(2)非投资性房地产转换为采用公允价值进行后续计量的投资性房地产

企业将自用房地产转换为采用公允价值模式计量的投资性房地产时，应当按该项土地使用权或建筑物在转换日的公允价值，借记“投资性房地产——成本”科目；按已计提的累计摊销或累计折旧，借记“累计摊销”或“累计折旧”科目；原已计提减值准备的，借记“无形资产减值准备”“固定资产减值准备”科目；按其账面余额贷记“固定资产”或“无形资产”科目。同时，转换日的公允价值小于账面价值的，按其差额借记“公允价值变动损益”科目；转换日的公允价值大于账面价值的，按其差额贷记“其他综合收益”科目。当对该项投资性房地产进行处置时，因转换计入其他综合收益的部分应转入当期损益。

【例 2—30】 2020 年 6 月，A 银行搬迁至新建办公楼，原办公楼准备出租，以赚取租金收入。2020 年 10 月 30 日，A 银行与 B 企业签订了租赁协议，将其原办公楼租赁给 B 企业使用，租赁开始日为 2020 年 10 月 30 日，租赁期限为 3 年。2020 年 10 月 30 日，该办公楼原价为 7 亿元，已提折旧 28 250 万元，公允价值为 40 000 万元。

假设 A 银行对投资性房地产采用公允价值模式计量。

A 银行的账务处理如下：

借：投资性房地产——成本　　400 000 000
　　公允价值变动损益　　17 500 000
　　累计折旧　　282 500 000
　　贷：固定资产　　700 000 000

(四)投资性房地产的处置

当投资性房地产被处置或者永久退出使用且预计不能从其处置中取得经济利益时，企业应当终止确认该项投资性房地产。

企业可以通过对外出售或转让的方式处置投资性房地产，以取得收益。对于那些由于使用而不断磨损直至最终报废，或者由于遭受自然灾害等非正常原因发生毁损的投资性房地产，企业应当及时进行清理。此外，企业因其他原因，如非货币性交易等而减少投资性房地产的行为，也属于投资性房地产的处置。企业在出售、转让、报废投资性房地产或者发生投资性房地产毁损时，应当将处置收入扣除其账面价值和相关税费后的金额计入当期损益。

1. 在处置采用成本模式进行后续计量的投资性房地产时，企业应当按实际收到的金额，借记“银行存款”等科目，贷记“其他业务收入”科目；按该项投资性房地产的账面价值，借记“其他业务成本”科目；按其账面余额，贷记“投资性房地产”科目；按照已计提的折旧或摊销，借记“投资性房地产累计折旧(摊销)”科目；原已计提减值准备的，借记“投资性房地产减值准备”科目。

2. 在处置采用公允价值模式计量的投资性房地产时，企业应当按实际收到的金额，借记“银行存款”等科目，贷记“其他业务收入”科目；按该项投资性房地产的账面余额，借记“其他业务成本”科目，按其成本贷记“投资性房地产——成本”科目；按其累计公允价值变动，贷记或借记“投资性房地产——公允价值变动”科目，同时结转投资性房地产累计公允价值变动。若存在原转换日计入其他综合收益的金额，也一并结转。按照应收到的增值税金额，借记“其他应收款”等科目，贷记“应交税费”科目。

【例2—31】 A保险公司将一幢一直用于出租的办公用房出售，取得收入400万元，款项已经存入银行。该办公用房的账面价值为420万元，其中成本为450万元，公允价值变动为贷方余额30万元。保险公司对该办公用房采用公允价值模式计量。在出售过程中，该公司以现金支付清理费用5 000元，暂不考虑相关税费。

A保险公司的账务处理如下：

借：银行存款　　4 000 000
　　贷：其他业务收入　　400 0000
借：其他业务成本　　4 200 000
　　投资性房地产——公允价值变动　　300 000
　　贷：投资性房地产——成本　　4 500 000
借：其他业务成本　　5 000
　　贷：库存现金　　5 000
借：其他业务成本　　300 000
　　贷：公允价值变动损益　　300 000

(五)投资性房地产的披露

金融企业应当在财务报告附注中披露与投资性房地产有关的下列信息：投资性房地产的种类、金额和计量模式；采用成本模式的，投资性房地产的折旧或摊销以及减值准备的计提情况；采用公允价值模式的，公允价值的确认依据和方法，以及公允价值变动对损益的影响；房地产转换的情况、理由以及对损益或所有者权益的影响；当期处置的投资性房地产对其损益的影响。

第五节　无形资产与其他资产

一、无形资产的特征及确认

(一)无形资产的定义

无形资产是指企业拥有或者控制的没有实物形态的可辨认非货币性资产。无形资产通常包括专利权、非专利技术、商标权、著作权、特许权、土地使用权等。

1. 专利权

专利权是指国家专利主管机关依法授予发明创造专利申请人，对其发明创造在法定期限内所享有的专有权利，包括发明专利权、实用新型专利权和外观设计专利权。

2. 非专利技术

非专利技术也称专有技术。它是指不为外界所知，在生产经营活动中已采用了的、不享有法律保护的、可以带来经济效益的各种技术和诀窍。

3. 商标权

商标是用来辨认特定的商品或劳务的标记。商标权是指专门在某类指定的商品或产品上使用特定的名称或图案的权利。经商标局核准注册的商标为注册商标。包括商品商标、服务商标和集体商标、证明商标。商标注册人享有商标专用权，受法律保护。

4. 著作权

著作权又称版权，是指作者对其创作的文学、科学和艺术作品依法享有的某些特殊权利。著作权包括作品署名权、发表权、修改权和保护作品完整权，还包括复制权、发行权、出租权、展览权、表演权、放映权、广播权、信息网络传播权、摄制权、改编权、翻译权、汇编权以及应当由著作权人享有的其他权利。著作权人包括作者和其他依法享有著作权的公民、法人或者其他组织。著作权属于作者，创作作品的公民是作者，由法人或者其他组织主持，代表法人或者其他组织意志创作，并由法人或者其他组织承担责任的作品，法人或者其他组织同样视为作者。

5. 特许权

特许权又称经营特许权、专营权，是指企业在某一地区经营或销售某种特定商品的权利或一家企业接受另一家企业使用其商标、商号、技术秘密等的权利。特许权通常有两种形式：一种是由政府机构授权，准许企业使用或在一定地区享有经营某种业务的特权；另一种是企业间依照签订的合同，有限期或无限期使用另一家企业的某些权利。

6. 土地使用权

土地使用权是指国家准许某企业在一定期间内对国有土地享有开发、利用、经营的权利。根据《中华人民共和国土地管理法》的规定，我国土地实行公有制，任何单位和个人不得侵占、买卖或者以其他形式非法转让。企业取得土地使用权的方式大致有行政划拨取得、外购取得(例如以缴纳土地出让金方式取得)及投资者投资取得这几种。在通常情况下，作为投资性房地产或固定资产核算的土地，按照投资性房地产或者固定资产核算；以缴纳土地出让金等方式外购的土地使用权及以投资者投入等方式取得的土地使用权，均作为无形资产核算。

(二)无形资产的特征

1. 由企业拥有或者控制并能为其带来未来经济利益的资源

企业拥有或者控制的无形资产，是指企业拥有该项无形资产的所有权，且该项无形资产能够为企业带来未来经济利益。但在某些情况下，企业并不需要拥有无形资产的所有权；如果企业有权获得某项无形资产产生的经济利益，同时又能约束其他人获得这些经济利益，则说明企业控制了该无形资产，或者说控制了该无形资产产生的经济利益，并受法律的保护。

2. 无形资产不具有实物形态

无形资产通常表现为某种权利、某项技术或某种获取超额利润的综合能力，它们不具有实物形态。无形资产在很大程度上可以通过自身所具有的技术等优势为企业带来未来经济利益，不具有实物形态是无形资产区别于其他资产的特征之一。需要指出的是，某些无形资产的存在有赖于实物载体，在确定一项包含无形和有形要素的资产属于固定资产还是无形资产时，通常以哪个要素更重要作为判断依据。例如，由商业银行计算机控制的统计工具没有特定计算机软件就不能运行，则说明该软件是构成相关硬件不可缺少的组成部分，该软件应作为固定资产处理；否则，应作为无形资产核算。

3. 无形资产具有可辨认性

要作为无形资产进行核算，该资产必须是能够区别于其他资产、可单独辨认的，如企业持有的专利权、非专利技术、商标权、土地使用权、特许权等。无形资产是可辨认的，这一点可以与商誉清楚地区分开来，企业合并中取得的商誉代表了购买方从无法单独辨认并独立确认的资产中获得预期未来经济利益而付出的代价。这些未来经济利益可能产生于取得的可辨认资产之间的协同作用，也可能产生于购买者在企业合并中准备支付的但不符合在会计报表中确认条件的资产。

从计量上来讲，商誉是企业合并成本大于合并中取得的各项可辨认资产、负债公允价值份额的差额，代表的是企业未来现金流量大于每一单项资产产生未来现金流量的合计金额，其存在无法与企业自身区分开来。由于不具有可辨认性，因此虽然商誉也是没有实物形态的非货币性资产，但其不构成无形资产。只有符合以下条件之一的，方可认为其具有可辨认性。

(1)能够从企业中分离或者划分出来，并能单独用于出售或转让，而不需要同时处置在同一获利活动中的其他资产。在某些情况下，无形资产可能需要与有关的合同一起用于出售、转让等，这类无形资产也视为可辨认无形资产。

(2)产生于合同性权利或其他法定权利，无论这些权利是否可以从企业或其他权利和义务中转移或分离，如一方通过与另一方签订特许合同而获得的特许使用权，通过法律程序申请获得的商标权、专利权等。

4. 无形资产属于非货币性资产

非货币性资产是指企业持有的货币资金和将以固定或可确定的金额收取的资产以外的其他资产，由于没有发达的交易市场，无形资产一般不容易转化成现金，在持有过程中为企业带来未来经济利益的情况不确定，不属于以固定或可确定的金额收取的资产，属于非货币性资产。

(三)无形资产的确认条件

无形资产应当在符合定义的前提下，同时满足以下两个条件，才能予以确认：

1. 与该资产有关的经济利益很可能流入企业；

2. 该无形资产的成本能够可靠计量。

二、无形资产的初始计量

无形资产通常是按实际成本计量，即以取得无形资产并使之达到预定用途而发生的全部支出作为无形资产的成本。不同来源取得的无形资产，其初始成本构成也不尽相同。

(一)外购的无形资产的成本

外购的无形资产的成本包括购买价款、相关税费以及直接归属于使该项资产达到预定用途所发生的其他支出。其中，直接归属于使该项资产达到预定用途所发生的其他支出包括专业服务费用、测试无形资产能否正常发挥作用的费用等。但下列各项不包括在无形资产的初始成本中：

1. 为引入新产品进行宣传发生的广告费、管理费及其他间接费用；

2. 无形资产已经达到预定用途以后发生的费用。

企业应按取得的外购的无形资产的成本进行初始计量；如果购入的无形资产超过正常信用条件延期支付价款，实质上具有融资性质的，应按所取得无形资产购买价款的现值计量其成本，现值与应付价款之间的差额作为未确认的融资费用，在付款期间内按照实际利率法确认为利息费用。

【例2—32】 2020年1月8日，IC银行从B公司购买一项商标权，并与B公司协议采用分期付款的方式支付款项。协议规定，该项商标权总计价款为1 000万元，每年年末付款200万元，5年付清。假定银行同期贷款利率为5%。为了简化核算，假定不考虑其他有关税费(已知5年期为利率5%，其年金现值系数为4.329 5)。

IC银行未确认的融资费用如表2—5所示。

表2—5　　未确认的融资费用

年份	融资余额 ①	利率 ②	本年利息	付款 ④	还本付款额 ⑤=④−③	未确认融资费用
			融资余额×利率 ③=①×②			上年余额—本年利息
期初	865.90	0.05				134.10
2023	709.19	0.05	43.30	200.00	156.71	90.81
2024	544.65	0.05	35.46	200.00	164.54	55.35
2025	371.88	0.05	27.23	200.00	172.77	28.12
2026	190.48	0.05	18.59	200.00	181.41	9.52
2027	0.00	0.05	9.52	200.00	190.48	0.00
合计			134.10	1 000.00	865.90	

IC银行的账务处理如下：

(1)2020年1月8日：

无形资产现值=1 000×20%×4.329 5=865.9(万元)

未确认的融资费用=1 000−865.9=134.1(万元)

借：无形资产——商标权　　8 659 000

　　未确认融资费用　　1 341 000

　　贷：长期应付款　　10 000 000

(2)2020 年年底付款时：

借：长期应付款 2 000 000

　　贷：银行存款 2 000 000

借：财务费用 433 000

　　贷：未确认融资费用 43 300

(3)2021 年年底付款时：

借：长期应付款 2 000 000

　　贷：银行存款 2 000 000

借：财务费用 354 600

　　贷：未确认融资费用 354 600

(4)2022 年年底付款时：

借：长期应付款 2 000 000

　　贷：银行存款 2 000 000

借：财务费用 272 300

　　贷：未确认融资费用 272 300

(5)2023 年年底付款时：

借：长期应付款 2 000 000

　　贷：银行存款 2 000 000

借：财务费用 185 900

　　贷：未确认融资费用 185 900

(6)2024 年年底付款时：

借：长期应付款 2 000 000

　　贷：银行存款 2 000 000

借：财务费用 95 200

　　贷：未确认融资费用 95 200

(二)投资者投入的无形资产的成本

投资者投入的无形资产的成本，应当按照投资合同或协议约定的价值确定无形资产的取得成本。如果投资合同或协议约定价值不公允的，应按无形资产的公允价值作为无形资产的初始成本入账。

(三)通过非货币性资产交换取得的无形资产的成本

企业通过非货币性资产交换取得的无形资产包括以投资、存货、固定资产或无形资产换入的无形资产等，非货币性资产交换具有商业实质且公允价值能够可靠计量的，在发生补价的情况下，支付补价方应当以换出资产的公允价值加上支付的补价(即换入无形资产的公允价值)和应支付的相关税费作为换入无形资产的成本；收到补价方应当以换入无形资产的公允价值(或换出资产的公允价值减去补价)和应支付的相关税费作为换入无形资产的成本。

(四)通过债务重组取得的无形资产的成本

通过债务重组取得的无形资产是指企业作为债权人取得的债务人用于偿还债务的非现金资产，且企业作为无形资产管理的资产。通过债务重组取得的无形资产成本应当以其公允价值入账。

(五)通过政府补助取得的无形资产的成本

通过政府补助取得的无形资产成本应当按照公允价值计量;公允价值不能可靠取得的,按照名义金额计量。

(六)土地使用权的处理

企业取得的土地使用权通常应当按照取得时所支付的价款及相关税费确认为无形资产,企业改变土地使用权的用途将其用于出租或增值目的时,应将其转为投资性房地产。

(七)企业合并中取得的无形资产的成本

企业合并中取得的无形资产,按照企业合并的分类,分别进行处理。

1. 在同一控制下的企业合并中,购买方须按照被合并企业无形资产的账面价值确认为取得时的初始成本;同一控制下的控股合并,合并方在合并日编制合并报表时,应当按照被合并方无形资产的账面价值作为合并基础。

2. 在非同一控制下的企业合并中,购买方对取得的无形资产应以其在购买日的公允价值计量,这时的无形资产的分类如下:

(1)被购买企业原已确认的无形资产。

(2)被购买企业原未确认的无形资产,但其公允价值能够可靠计量,购买方就应在购买日将其独立于商誉,确认为一项无形资产。例如,被购买方正在进行中的一个研发项目,符合无形资产的定义且其公允价值能够可靠计量,则购买方应将其确认为一项独立于商誉的无形资产。

在企业合并中,如果取得的无形资产本身可以单独辨认,但其计量或处置必须与有形的或其他无形的资产一并作价,如天然矿泉水的商标可能与特定的泉眼有关,不能独立于该泉眼出售。在这种情况下,如果该无形资产及与其相关的资产各自的公允价值不能可靠计量,则应将该资产组(即将无形资产与其相关的有形资产一并)独立于商誉,确认为单项资产。

【例 2—33】 A 证券公司于 2020 年用银行存款支付交易席位费 400 000 元,并约定在 10 年的期限内平均摊销。A 证券公司的账务处理如下:

(1)支付款项时应按照实际支付的金额入账,会计分录为:

借:无形资产——交易席位费	400 000	
贷:银行存款		400 000

(2)摊销交易席位费用时,会计分录为:

借:业务及管理费用	40 000	
贷:累计摊销——交易席位费摊销		40 000

三、内部研究开发支出的确认和计量

在通常情况下,企业自创商誉以及企业内部产生的无形资产不确认为无形资产,如企业内部产生的品牌、报刊名等。但是,由于确定研究与开发费用是否符合无形资产的定义和相关特征(如可辨认性),能否或者何时能够为企业产生预期未来经济利益以及成本能否可靠计量尚存在不确定因素,因此,研究与开发活动发生的费用,除要遵循无形资产确认和初始计量的一般要求外,还需要满足其他特定的条件,才能够确定为一项无形资产。首先,为评价内部产生的无形资产是否满足确认标准,企业应当将资产的形成过程分为研究阶段与开发阶段两部分;其次,对于在开发过程中发生的费用,在符合一定条件的情况下,才能资本化为无形资产。在实务工作中,某阶段是划分为研究阶段,还是划分为开发阶段,以及是否符合资本化的条件,应当根据企业的实际情况和相关信息予以判断。

(一)研究阶段和开发阶段的划分

研究阶段是指为获取新的技术和知识等进行的有计划的调研。从研究活动的特点看，其研究是否能在未来形成成果，即通过开发后是否会形成无形资产，均具有很大的不确定性，企业也无法证明其能够带来未来经济利益。因此，研究阶段发生的有关支出，应当予以费用化，计入当期损益。

开发阶段是指在进行商业性生产或使用前，将研究成果或其他知识应用于某项计划或设计，以生产出新的或具有实质性改进的材料、装置、产品等。开发阶段相对于研究阶段更进一步，该阶段意味着在很大程度上形成一项新产品或新技术的基本条件已经具备，此时如果企业能够证明满足无形资产的定义及相关确认条件，则所发生的开发支出即可资本化，可确认为无形资产的成本。

(二)开发阶段有关支出资本化的条件

在开发阶段，判断可以将有关支出资本化计入无形资产成本的条件包括：

1. 完成该无形资产以使其能够使用或出售，在技术上具有可行性。

2. 具有完成该无形资产并使用或出售的意图。

3. 无形资产产生经济利益的方式包括能够证明运用该无形资产生产的产品存在市场或无形资产自身存在市场，无形资产将在内部使用的，应当证明其有用性。

4. 有足够的技术、财务资源和其他资源支持，以完成该无形资产的开发，并有能力使用或出售该无形资产。

5. 归属于该无形资产开发阶段的支出能够可靠计量，企业对于开发活动发生的支出应单独核算，如开发人员的工资、材料费等。在企业同时从事多项开发活动的情况下，所发生的支出同时用于支持多项开发活动的，应按照一定的标准在各项开发活动之间进行分配；无法明确分配的，应予以费用化并计入当期损益，而不能计入开发活动的成本。

(三)内部开发的无形资产的计量

内部研发活动形成的无形资产成本，由可直接归属于该资产的创造、生产并使该资产能够以管理层预定的方式运作的所有必要支出组成。可直接归属成本的支出包括开发该无形资产时耗费的材料、劳务成本、注册费，在开发该无形资产过程中使用的其他专利权和特许权的摊销，以及按照借款费用的处理原则可资本化的利息支出。在开发无形资产过程中发生的除上述可直接归属于无形资产开发活动的其他销售费用、管理费用等间接费用，无形资产达到预定用途前发生的可辨认的无效和初始运作损失，为运行该无形资产发生的培训支出等，不构成无形资产的开发成本。

值得说明的是，内部开发无形资产的成本仅包括从满足资本化条件的时点至无形资产达到预定用途前发生的支出总和。对于同一项无形资产在开发过程中达到资本化条件之前已经费用化计入当期损益的支出不再进行调整。

(四)内部研究开发支出的会计处理

企业内部研究和开发无形资产时，其在研究阶段的支出全部费用化，计入当期损益(管理费用)；开发阶段的支出符合条件的资本化，不符合条件的计入当期损益(管理费用)。如果确实无法区分研究阶段的支出和开发阶段的支出，则应将其所发生的研发支出全部费用化，计入当期损益。

【例 2－34】　2021 年 1 月 1 日，某商业银行经董事会批准研发某项电子银行业务新产品。该公司董事会认为，研发该项目具有可靠的技术和财务资源等的支持，并且一旦研发成功将获得丰厚的回报。该公司在研究开发过程中发生材料费 6 000 万元、人工工资 2 000 万元、其他费用 5 000 万元，总计 13 000 万元，其中，符合资本化条件的支出为 7 000 万元。2027 年 12 月 31 日，该专利技术已经达到预定用途。

该商业银行的账务处理如下：

(1)发生研发支出：

借：研发支出——费用化支出　　60 000 000
　　　　　　——资本化支出　　70 000 000
　贷：原材料　　60 000 000
　　　应付职工薪酬　　20 000 000
　　　银行存款　　50 000 000

(2)2027 年 12 月 31 日，该专利技术已经达到预定用途：

借：管理费用　　60 000 000
　　无形资产　　70 000 000
　贷：研发支出——费用化支出　　60 000 000
　　　　　　　——资本化支出　　70 000 000

四、无形资产的后续计量

在无形资产初始确认和计量后，企业在使用该项无形资产期间内应以成本减去累计摊销额和累计减值损失后的余额计量。确定无形资产在使用过程中的累计摊销额的基础是估计其使用寿命，只有使用寿命有限的无形资产才需要在估计使用寿命内采用系统合理的方法进行摊销，对于使用寿命不确定的无形资产则不需要摊销。

(一)使用寿命的确定

1. 估计无形资产的使用寿命

企业应当在取得无形资产时分析判断其使用寿命，无形资产的使用寿命如为有限的，应当估计该使用寿命的年限或者构成使用寿命的产量等类似的计量单位数量；无法预见无形资产为企业带来未来经济利益期限的，应当视为使用寿命不确定的无形资产。

2. 无形资产使用寿命的确定

某些无形资产的取得源自合同性权利或其他法定权利，其使用寿命不应超过合同性权利或其他法定权利的期限。但如果企业使用资产的预期期限短于合同性权利或其他法定权利规定的期限的，则应当按照企业预期使用的期限确定其使用寿命。

如果合同性权利或其他法定权利能够在到期时因续约等原因延续，则仅当有证据表明企业续约不需付出重大成本时，续约期才能够包括在使用寿命的估计中。如果企业为延续无形资产持有期间而付出的成本与预期从重新延续中流入企业的未来经济利益相比更加重要，则其从本质上可看作企业获得的一项新的无形资产。

没有明确的合同或法律规定无形资产的使用寿命的，企业应当综合各方面情况，例如聘请相关专家进行论证、与同行业进行比较以及参考企业的历史经验等，来确定无形资产为企业带来未来经济利益的期限。如果经过这些努力，仍无法合理确定无形资产为企业带来经济利益的期限的，才能将该无形资产作为使用寿命不确定的无形资产。

3. 无形资产使用寿命的复核

企业至少应当于每年年终，对无形资产的使用寿命及摊销方法进行复核，如果有证据表明无形资产的使用寿命及摊销方法不同于以前的估计，如由于合同的续约或无形资产应用条件的改善，延长了无形资产的使用寿命，则对于使用寿命有限的无形资产应改变其摊销年限及摊销方法，并按照《企业会计准则第 28 号——会计政策、会计估计变更和差错更正》进行处理。对于使用寿命不确定的无形资产，如果有证据表明其使用寿命是有限的，则应视为会计估计变更，应当估计其使用寿命并按照使用寿命有限的无形资产的处理原则进行处理。

(二)使用寿命有限的无形资产

使用寿命有限的无形资产，应在其预计的使用寿命内采用系统合理的方法对应摊销金额进行摊销。应摊销金额是指无形资产的成本扣除残值后的金额。已计提减值准备的无形资产，还应扣除已计提的无形资产减值准备累计金额。使用寿命有限的无形资产，其残值一般应当视为零。

1. 摊销期和摊销方法

无形资产的摊销期自其可供使用(即其达到预定用途)时起至终止确认时止，即无形资产摊销的起始和停止日期为当月增加的无形资产，当月开始摊销；当月减少的无形资产，当月不再摊销。

在无形资产的使用寿命内分摊其应摊销金额有多种方法。这些方法包括直线法、产量法等，企业选择的无形资产摊销方法应当能够反映与该项无形资产有关的经济利益的预期实现方式，并一致地运用于不同会计期间。例如，受技术陈旧因素影响较大的专利权和专有技术等无形资产，可采用类似固定资产加速折旧的方法进行摊销；有特定产量限制的特许经营权或专利权，应采用产量法进行摊销；无法可靠确定其预期实现方式的，应当采用直线法进行摊销。

无形资产的摊销一般应计入当期损益，但如果某项无形资产是专门用于生产某种产品或者其他资产，其所包含的经济利益是通过转入到所生产的产品或其他资产中实现的，则无形资产的摊销费用应当计入相关资产的成本。持有待售的无形资产不进行摊销，而是按照账面价值与公允价值减去处置费用后的净额孰低进行计量。

2. 残值的确定

除下列情况外，无形资产的残值一般为零：

(1)有第三方承诺在无形资产使用寿命结束时购买该项无形资产；

(2)可以根据活跃市场得到无形资产预计的残值信息，并且该市场在该项无形资产使用寿命结束时可能存在。

无形资产的残值，意味着在其经济寿命结束之前企业预计将会处置该无形资产，并且从该处置中取得利益。估计无形资产的残值应以资产处置时的可收回金额为基础，此时的可收回金额是指在预计出售日出售一项使用寿命已满且处于类似使用状况下，同类无形资产预计的处置价格(扣除相关税费)。残值确定后，在持有无形资产期间，企业至少应于每年年末进行复核，预计相关无形资产的残值与原估计金额不同的，应按照会计估计变更进行处理。如果无形资产的残值在进行重新估计以后高于其账面价值，则无形资产不再摊销，直至残值降至低于账面价值时再恢复摊销。

【例 2—35】 2021 年 1 月 1 日，A 证券公司从外单位购得一项非专利技术，支付价款 5 000 万元，估计该项非专利技术的使用寿命为 10 年。该项非专利技术用于产品生产这项无形资产的净残值均为零，并按直线法摊销。

A 公司的账务处理如下：

(1)取得无形资产时：

借:无形资产——非专利技术　　50 000 000
　　贷:银行存款　　50 000 000

(2)按年摊销时:

借:制造费用——非专利技术　　5 000 000
　　贷:累计摊销　　5 000 000

如果A公司于2022年12月31日根据科学技术发展的趋势判断在2017年购入的该项非专利技术将在4年后淘汰,不能再为企业带来经济利益,决定对其再使用4年后不再使用。为此,A公司应当在2022年12月31日据此变更该项非专利技术的估计使用寿命,并按会计估计变更进行处理。

2022年12月31日,该项无形资产累计摊销金额为1 000(500×2)万元;2023年,该项无形资产的摊销金额为1 000[(5 000－1 000)÷4]万元。

A公司在2023年对该项非专利技术按年摊销的账务处理如下:

借:制造费用——非专利技术　　10 000 000
　　贷:累计摊销　　10 000 000

(三)使用寿命不确定的无形资产

对于使用寿命不确定的无形资产,在持有期间内不需要摊销,但应当在每个会计期间进行减值测试,其减值测试按照资产减值的原则进行处理,如经减值测试表明已发生减值的,则需要计提相应的减值准备,借记"资产减值损失"科目,贷记"无形资产减值准备"科目。

【例2—36】 2020年1月1日,A公司购入一项市场畅销产品的商标,成本为8 000万元,该商标按照法律规定还有5年的使用寿命,但是在保护期届满时,A公司每10年以较低的手续费申请延期。同时,A公司有充分的证据表明其有能力申请延期。此外,有关的调查表明,根据产品生命周期、市场竞争等方面的情况综合判断,该商标将在不确定的期间内为企业带来未来现金流量。

根据上述情况,该商标可视为使用寿命不确定的无形资产,在持有期间内不需要进行摊销。

2020年年底,A公司对该商标按照资产减值的原则进行减值测试,经测试表明,该商标已发生减值。2020年年底,该商标的公允价值为6 000万元。

A公司的账务处理如下:

(1)2020年购入商标时:

借:无形资产——商标权　　80 000 000
　　贷:银行存款　　80 000 000

(2)2020年发生减值时:

借:资产减值损失　　20 000 000
　　贷:无形资产减值准备——商标权　　20 000 000

五、无形资产的处置

无形资产的处置主要是指无形资产出售、对外出租、对外捐赠,或者是无法为企业带来未来经济利益时,终止确认并转销。

(一)无形资产的出售

企业出售某项无形资产时,应将所取得的价款与该无形资产账面价值的差额作为资产处置利得或损失(营业外收入或营业外支出),与固定资产处置性质相同,计入当期损益。值得注意的是，企业出售无形资产确认其利得的时点，应按照收入确认中的有关原则进行确定。

在出售无形资产时，企业应按实际收到的金额，借记“银行存款”等科目；按已计提的累计摊销，借记“累计摊销”科目；原已计提减值准备的，借记“无形资产减值准备”科目；按应支付的相关税费，借记“其他应收款”科目，贷记“应交税费”等科目；按其账面余额，贷记“无形资产”科目；按其差额，借记或贷记“资产处置损益”科目。

【例 2—37】 某金融企业将一项无形资产出售，取得收入 700 000 元，应交增值税 70 000 元。该项无形资产的账面盈余价值为 300 000 元，其中已计提减值准备为 50 000 元。

企业的账务处理为：

借：银行存款	700 000	
无形资产减值准备	50 000	
贷：无形资产		300 000
应交税费——应交增值税		70 000
资产处置损益		380 000

(二)无形资产的出租

企业将无形资产的使用权让渡给他人，并收取租金，属于与企业日常活动相关的其他经营活动取得的收入，在满足收入确认条件的情况下，应确认相关的收入及成本，并通过“其他业务收支”科目进行核算。让渡无形资产使用权而取得的租金收入，借记“银行存款”等科目，贷记“其他业务收入”等科目；在摊销出租无形资产的成本并发生与转让有关的各种费用支出时，借记“其他业务成本”科目，贷记“累计摊销”科目；按应收到的相关税费，借记“其他应收款”科目，贷记“应交税费”等科目。

(三)无形资产的报废

如果无形资产预期不能为企业带来未来经济利益，如该无形资产已被其他新技术替代或超过法律保护期，不能再为企业带来经济利益，不再符合无形资产的定义，应将其报废并予以转销，其账面价值转作当期损益。在转销时，企业应按已计提的累计摊销额，借记“累计摊销”科目；按其账面余额，贷记“无形资产”科目；按其差额，借记“营业外支出”科目。已计提减值准备的，还应同时结转减值准备。

六、其他资产

金融企业的资产主要包括存出保证金、应收股利、其他应收款、长期待摊费用、抵债资产等。

(一)存出保证金

存出保证金主要是指金融企业因办理业务需要存出或缴纳的各种保证金款项。金融企业在存出保证金时，借记“存出保证金”科目，贷记“银行存款”或者“存放中央银行存款”“结算备付金”等科目。

(二)应收股利

金融企业可设置“应收股利”科目，用于核算企业应该收取的现金股利及其他单位分配的利润。企业取得交易性金融资产、长期股权投资、可供出售金融资产时，按应收取的股利，借记“应收股利”科目，贷记“投资收益”等科目。

(三)抵债资产

金融企业应设置“抵债资产”项目，用于核算金融企业取得并准备按有关规定进行处置的实物抵债资产的成本。在取得抵债资产时，将抵债资产的公允价值作为抵债资产的入账价值，会计分录如下：

借：抵债资产

贷款损失准备（或者坏账准备）

营业外支出（差额部分）

贷：贷款

应交税费

企业因保管抵债资产而取得的收入计入其他业务收入，发生的费用计入其他业务支出。在处置抵债资产时，如果取得的处置收入大于抵债资产的账面价值，其差额计入营业外收入；如果取得的处置收入小于抵债资产的账面价值，其差额计入营业外支出。

（四）长期待摊费用

长期待摊费用是指企业已经发生但应由本期和以后各期负担的分摊期限在1年以上的各项费用，包括固定资产大修理费用、租入固定资产的改良支出等。应当由本期负担的借款利息、租金等，不得作为长期待摊费用处理。

企业应设置"长期待摊费用"科目，该科目应按费用项目进行明细核算。企业在发生长期待摊费用时，借记"长期待摊费用"科目，贷记"银行存款""原材料"等科目。企业在待摊长期待摊费用时，借记"业务管理费用"科目，贷记"长期待摊费用"科目。该科目期末借方余额反映企业尚未摊销完毕的长期待摊费用的摊余价值。

本章小结

本章全面论述了金融企业各项资产的定义、特征与核算，在学习和理解本章内容时，应当关注：

1. 金融企业资产包含的具体项目内容，各项目的初始计算及后续会计处理；

2. 金融资产的分类，每一类资产的定义、初始确认、后续计量、处置等具体会计处理：

3. 长期股权投资初始投资成本、成本法与权益法的具体内容、减值处置等的会计处理；

4. 金融企业固定资产、投资性房地产、无形资产与其他资产的定义、内容、初始计量与后续计量、处置与减值准备计提的会计处理。

本章关键术语

金融资产；交易性金融资产；持有至到期投资；贷款及应收账款；可供出售金融资产；长期股权投资；权益法；成本法；固定资产；折旧；投资性房地产；无形资产；抵债资产；长期待摊费用

本章思考题

1. 金融企业的资产主要包括哪些内容？

2. 金融企业的金融资产如何分类？分别包括什么内容？各类金融资产的初始计量和后续计量有什么不同？

3. 交易性金融资产如何计量？在初始确认时，交易费用与可供出售金融资产有何不同？

4. 交易性金融资产为何不需要计提减值准备？持有至到期投资、贷款及应收款项以及可供出售金融资产的减值准备的计提和转回有何相同和不同之处？这样做的理由是什么？

5. 在长期股权投资中如何区分控制、共同控制和重大影响？

6. 如何确定长期股权投资的初始投资成本?
7. 长期股权投资后续计量采用成本法或权益法各自的适用范围是什么?具体的核算内容是什么?
8. 长期股权投资的减值准备应如何确定?处置长期股权投资时应注意什么问题?
9. 如何理解固定资产的确认条件?
10. 固定资产初始计量采用的基本原则是什么?以不同方式取得的固定资产应如何进行初始计量?
11. 什么是固定资产的后续支出?固定资产后续支出的资本化条件是什么?
12. 如何对固定资产的处置进行核算?
13. 固定资产的披露有什么相关内容?
14. 无形资产有什么特征?金融企业的无形资产包含哪些内容?
15. 无形资产初始计量与后续计量各自的基本要求是什么?
16. 投资性房地产主要包括哪些内容?
17. 投资性房地产后续计量模式中采用成本模式与公允价值模式有什么区别?
18. 投资性房地产如何提取减值准备?
19. 投资性房地产应披露什么内容?
20. 什么是存出保证金与长期待摊费用?抵债资产如何进行相关账务处理?

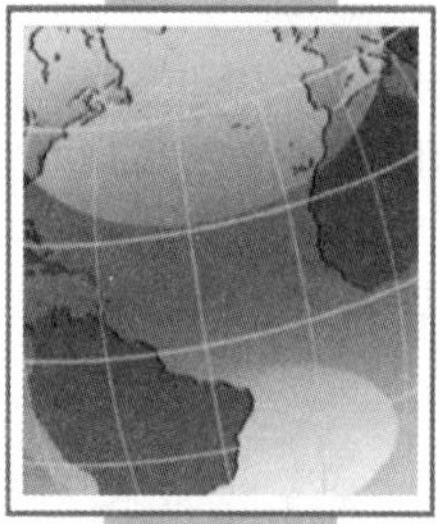

第三章 金融企业负债

学习目标

1. 了解金融企业流动负债包含的主要项目及内容
2. 了解金融企业非流动负债包含的具体项目及内容

本章预习

流动负债又称短期负债，是指将在1年(含1年)或者超过1年的一个营业周期内偿还的债务。金融企业的流动负债包括短期借款、拆入资金、交易性金融负债、衍生金融负债、卖出回购金融资产款、商业银行专用的流动负债项目、保险公司专用的流动负债项目、证券公司专用的流动负债项目、应付佣金及手续费、应付职工薪酬、应交税费、应付利息等。

非流动负债又称长期负债，是指偿还期在1年或者超过1年的一个营业周期以上的债务。金融企业的非流动负债包括预计负债、长期借款、应付债券、长期准备金、递延所得税负债、其他负债(如存入保证金等)。

第一节　流动负债

一、流动负债的概念和内容

负债是指由过去的交易、事项形成的现时义务，履行该义务预期会导致经济利益流出企业。

流动负债又称短期负债，是指将在1年(含1年)或者超过1年的一个营业周期内偿还的债务。金融企业的流动负债包括短期借款、拆入资金、交易性金融负债、衍生金融负债、卖出回购金融资产款、商业银行专用的流动负债项目、保险公司专用的流动负债项目、证券公司专用的负债项目、应付佣金及手续费、应付职工薪酬、应交税费、应付利息等。

商业银行专用的流动负债项目包括向中央银行借款、同业及其他金融机构存放款项、吸收存款、贴现负债等；保险公司专用的流动负债项目包括预收保费、应付分保账款、应付赔付款、应付保单红利、保户储金及投资款、未到期责任准备金、保险责任准备金等；证券公司专用的流动负债项目包括代理买卖证券款、代理承销证券款、代理兑付证券款等。

表3—1列示了金融企业流动负债的主要项目及内容。

表3—1　　流动负债的项目及内容

流动负债项目	主要内容
短期借款	除银行以外的金融企业向银行或其他金融机构等借入的期限在1年(含1年)内的各种借款

续表

流动负债项目		主要内容
拆入资金		金融企业从境内、境外金融机构拆入的款项
交易性金融负债		满足以下条件之一的金融负债，应当划分为交易性金融负债： (1)承担该金融负债的目的主要是为了近期出售或回购。比如，企业以赚取差价为目的从二级市场购入股票、债券、基金而形成的金融负债等。 (2)属于进行集中管理的可辨认金融工具组合的一部分，且有客观证据表明企业近期采用短期获利方式对该组合进行管理。在这种情况下，即使组合中有某个组成项目持有的交易性金融负债期限稍长也不受影响。 (3)属于衍生工具，但被指定为有效套期工具的衍生工具、属于财务担保合同的衍生工具、与在活跃市场中没有报价且其公允价值不能可靠计量的权益工具投资挂钩并须通过交付该权益工具结算的衍生工具除外。其中，财务担保合同是指保证人和债权人约定，当债务人不履行债务时，保证人按照约定履行债务或者承担责任的合同
衍生金融负债		金融企业运用衍生工具(包括远期合同、期货合同、互换和期权以及具有远期合同、期货合同、互换和期权中一种或几种特征的工具)，因衍生工具的公允价值及其变动所形成的金融负债
卖出回购金融资产款		金融企业按照回购协议先卖出再按固定价格买入的票据、证券、贷款等金融资产所融入的资金
应付佣金及手续费		金融企业应向机构及个人代理人支付的报酬
应付职工薪酬		金融企业根据国家有关规定计算确定的应付给职工的各种薪酬
应交税费		金融企业按照税法等规定计算应缴纳的各种税费，包括增值税、消费税、所得税、资源税、土地增值税、城市维护建设税、房产税、土地使用税、车船使用税、教育费附加税等
应付利息		金融企业按照合同约定应支付的利息，包括吸收存款、分期付息到期还本的长期借款、企业债券等应支付的利息
商业银行专用	向中央银行借款	银行向中央银行借入的款项
	同业存放	银行吸收的境内、境外金融机构的存款
	吸收存款	银行吸收的除同业存放款项以外的其他各种存款，包括单位存款(企业、事业单位、机关、社会团体等)、个人存款、信用卡存款、特种存款、转贷款资金和财政性存款等
	贴现负债	银行办理商业票据的转贴现融入资金等业务的款项
保险公司专用	预收保费	保险企业收到的未满足保费收入确认条件的保险费
	应付赔付款	保险企业已经结案但尚未支付的各种赔款和给付款项，包括已发生保险事故并已结案、已到支付期、保单已经满期或者已经办理退保手续尚未支付给保单持有人的赔款、保险金或退保金等
	应付分保账款	保险企业从事再保险业务应付未付的款项
	应付保户红利	保险企业按原保险合同约定应付未付投保人的红利
	保户储金及投资款	保护储金是指保险企业收到投保人以储金本金增值作为保费收入的储金；保护投资款是指保险企业收到投保人投资型保险业务的投资款
	未到期责任准备金	保险企业提取的非寿险原保险合同未到期责任准备金
	保险责任准备金	保险企业提取的原保险合同保险责任准备金，包括未决赔款准备金、寿险责任准备金、长期健康险责任准备金

续表

流动负债项目		主要内容
证券公司专用	代理买卖证券款	证券公司接受客户委托，代理客户买卖有价证券而收到的客户缴存的款项
	代理承销证券款	金融企业接受委托，采用承购包销方式或代销方式承销证券所形成的、应付证券发行人的承销资金
	代理兑付证券款	金融企业(证券公司、银行等)接受委托代理兑付证券收到的兑付资金

二、短期借款

(一)短期借款的定义

短期借款是指除银行以外的金融企业向银行或其他金融机构等借入的期限在1年(含1年)以内的各种借款。短期借款一般是金融企业为维持正常的生产经营所需的资金或为抵偿某项债务而借入的资金。短期借款主要有经营周转借款、临时借款、结算借款、票据贴现借款、卖方信贷、预购定金借款和专项储备借款等。

(二)短期借款的核算

除银行以外的金融企业应设置“短期借款”科目，用于核算企业向银行或其他金融机构等借入的各种短期借款，并按借款种类、贷款人和币种进行明细核算。短期借款的核算主要包括3个方面的内容：第一，取得借款的核算；第二，借款利息的核算；第三，归还借款的核算。具体账务处理如下：

1. 取得借款

企业取得的短期借款一般期限不长，通常在取得借款日按取得的金额入账。借记“银行存款”科目，贷记“短期借款”科目。

2. 利息的核算

短期借款利息支出是企业为筹集资金而发生的耗费，应作为一项财务费用计入当期损益。利息支付的方式不同，相应的会计核算也不一样。若短期借款的利息按月计收，或还本付息一次进行，但利息数额不大，则利息费用可直接计入当期损益，借记“财务费用”科目，贷记“银行存款”科目；若短期借款的利息按季(或半年)计收，或还本付息一次进行，但利息数额较大，则可采用预提的方式按月预提和确认费用，借记“财务费用”科目，贷记“应付利息”科目。在归还利息时，再借记“应付利息”科目，贷记“银行存款”科目。对按照财务费用的金额计算得出相应增值税的金额，企业应借记“应交税费——应交增值税(进项税额)”科目，贷记“其他应付款”科目。

3. 归还借款

金融企业在归还借款时，会计分录应与取得借款时相反，借记“短期借款”科目，贷记“银行存款”科目。“短期借款”科目期末贷方余额反映企业尚未偿还的短期借款。

【例3—1】 A信托公司于2021年1月1日向银行借入资金120 000元，借款期限为9个月，年利率为4%。根据A信托公司与银行签署的借款协议，该项借款的本金到期后一次归还，利息分月预提，按季支付，暂不考虑相关税费。A信托公司的有关账务处理如下：

(1)1月1日，借入短期借款：

借：银行存款　　120 000
　　贷：短期借款　　120 000

(2)1 月末，计提 1 月应计利息及增值税款：

借：财务费用　　400

　　贷：应付利息　　400

借：应交税费——应交增值税(进项税额)　　24

　　贷：其他应付款　　24

本月应计提的利息＝120 000×4％÷12＝400(元)

2 月末计提 2 月利息费用的处理与 1 月相同。

(3)3 月末，支付第一季度银行借款利息并计算增值税金额：

借：财务费用　　400

　　应付利息　　800

　　贷：银行存款　　1 200

借：应交税费——应交增值税(进项税额)　　24

　　贷：其他应付款　　24

第二季度和第三季度的会计处理同上。

(4)10 月 1 日，偿还银行借款本金：

借：短期借款　　120 000

　　贷：银行存款　　120 000

三、拆入资金

(一)拆入资金的定义

拆入资金是指金融企业从境内、境外金融机构拆入的款项。拆入资金是贷款，尤其是短期贷款的来源之一。

(二)拆入资金的核算

金融企业应设置“拆入资金”科目，核算从其他金融机构拆入的款项。该科目可按拆入资金的金融机构进行明细核算。

企业在收到拆入资金时，应按实际收到的金额做如下会计分录：

借：存放中央银行款项(商业银行)

　　银行存款等科目(保险或证券等)

　　贷：拆入资金

归还拆入资金时应编制相反的会计分录。

在资产负债表日，企业应按计算确定的拆入资金的利息费用，做如下会计分录：

借：利息支出

　　贷：应付利息

借：应交税费——应交增值税(进项税额)

　　贷：其他应付款

“拆入资金”科目期末贷方余额，反映企业尚未归还的拆入资金余额。

【例 3—2】 A 保险公司 4 月 15 日从 B 保险公司拆入资金 6 000 万元，交易期限为 30 天，年利率为 6％。由于利息费用较大，因此按期确认。到期后，B 保险公司收到 A 保险公司以转账支票方式支付的本金和利息。

A 保险公司的账务处理如下：

(1)4 月 15 日,取得拆入资金:

借:银行存款	60 000 000	
贷:拆入资金		60 000 000

(2)4 月 30 日,确认利息费用及增值税金额:

借:利息支出	150 000	
贷:应付利息		150 000
借:应交税费——应交增值税(进项税额)	9 000	
贷:其他应付款		90 000

本月应确认的利息费用=6 000×6%×15÷360=15(万元)

(3)5 月 15 日,支付本金和利息:

借:利息支出	150 000	
贷:应付利息		150 000
借:拆入资金	60 000 000	
应付利息	300 000	
贷:银行存款		60 300 000

四、交易性金融负债

(一)交易性金融负债的定义

满足以下条件之一的金融负债,应当划分为交易性金融负债:

1. 承担该金融负债的目的主要是为了近期出售或回购。比如,企业以赚取差价为目的从二级市场购入股票、债券、基金而形成的金融负债等。

2. 属于进行集中管理的可辨认金融工具组合的一部分,且有客观证据表明企业近期采用短期获利方式对该组合进行管理。在这种情况下,即使组合中有某个组成项目持有的期限稍长也不受影响。

3. 属于衍生工具,但被指定为有效套期工具的衍生工具、属于财务担保合同的衍生工具、与在活跃市场中没有报价且其公允价值不能可靠计量的权益工具投资挂钩并须通过交付该权益工具结算的衍生工具除外。其中,财务担保合同是指保证人和债权人约定,当债务人不履行债务时,保证人按照约定履行债务或者承担责任的合同。

(二)交易性金融负债的核算

金融企业应设置"交易性金融负债"科目核算企业承担的交易性金融负债。企业持有的直接指定为以公允价值计量且其变动计入当期损益的金融负债也在此科目核算。而衍生金融负债则在"衍生工具"科目核算。"交易性金融负债"科目可按交易性金融负债类别,分别以"本金""公允价值变动" 等类别进行明细核算。

交易性金融负债的主要账务处理如下:

1. 承担交易性金融负债

企业承担的交易性金融负债应按实际收到的金额借记"银行存款""存放中央银行款项""结算备付金"等科目;按发生的交易费用借记"投资收益"科目;按交易性金融负债的公允价值贷记"交易性金融负债——本金"科目。

2. 承担期间

企业应于资产负债表日按交易性金融负债的票面利率计算利息,借记"投资收益"科目,贷记“应付利息”科目。若交易性金融负债的公允价值在资产负债表日高于其账面余额，则按照二者的差额借记“公允价值变动损益”科目，贷记“交易性金融负债——公允价值变动”科目。若公允价值低于其账面余额，则按照差额编制相反的会计分录。按照投资收益的实际金额计算得出的增值税进项税额，借记“应交税费——应交增值税(进项税额)”科目，贷记“其他应付款”科目。

3. 处置交易性金融负债

企业在处置交易性金融负债时，应按该金融负债的账面余额，借记“交易性金融负债”科目；按实际支付的金额，贷记“银行存款”“存放中央银行款项”“结算备付金”等科目；按其差额，贷记或借记“投资收益”科目。同时，按该金融负债的公允价值变动，借记或贷记“公允价值变动损益”科目，贷记或借记“投资收益”科目。“交易性金融负债”科目的期末贷方余额反映企业承担的交易性金融负债的公允价值。按照投资收益的实际金额计算得出的增值税进项税额，借记“应交税费——应交增值税(进项税额)”，贷记“其他应付款”。

【例 3—3】 2020 年 10 月 2 日，A 公司经批准在全国银行间债券市场公开发行 5 亿元人民币短期融资券，期限为 1 年，票面利率为 6%，每张面值为 100 元，到期一次还本付息。A 公司将该短期融资券直接指定为以公允价值计量且其变动计入当期损益的金融负债。不考虑该短期融资券的交易费用。2020 年年末，该短期融资券的市场价格每张 120 元(不含利息)；2021 年 3 月末，该短期融资券的市场价格每张 115 元(不含利息)；2021 年 6 月末，该短期融资券的市场价格为每张 110 元(不含利息)；2021 年 9 月末，该短期融资券到期兑付完成。

A 公司的账务处理如下：

(1)2020 年 10 月 2 日：

借：银行存款	500 000 000	
贷：交易性金融负债——本金		500 000 000

(2)2020 年 12 月 31 日：

借：公允价值变动损益	100 000 000	
贷：交易性金融负债——公允价值变动		100 000 000
借：投资收益	7 500 000	
贷：应付利息		7 500 000
借：应交税费——应交增值税(进项税额)	450 000	
贷：其他应付款		450 000

本季度公允价值变动损益=50 000÷100×20=10 000(万元)

本季度应付利息=50 000×6%×3÷12=750(万元)

(3)2021 年 3 月 31 日：

借：交易性金融负债——公允价值变动	25 000 000	
贷：公允价值变动损益		25 000 000
借：投资收益	7 500 000	
贷：应付利息		7 500 000
借：应交税费——应交增值税(进项税额)	450 000	
贷：其他应付款		450 000

本季度公允价值变动损益=50 000÷100×5=2 500(万元)

(4)2021 年 6 月 30 日：

借:交易性金融负债——公允价值变动	25 000 000	
贷:公允价值变动损益		25 000 000
借:投资收益	7 500 000	
贷:应付利息		7 500 000
借:应交税费——应交增值税(进项税额)	450 000	
贷:其他应付款		450 000

本季度公允价值变动损益=50 000÷100×5=2 500(万元)

(5)2021 年 9 月 30 日:

借:投资收益	7 500 000	
贷:应付利息		7 500 000
借:应交税费——应交增值税(进项税额)	450 000	
贷:其他应付款		450 000
借:交易性金融负债——本金	50 000	
——公允价值变动	5 000	
应付利息	3 000	
贷:银行存款		53 000
投资收益		4 717
应交税费——应交增值税(销项税额)		283
借:投资收益	5 000	
贷:公允价值变动损益		5 000
借:应交税费——应交增值税(进项税额)	300	
贷:其他应付款		300

五、卖出回购金融资产款

(一)卖出回购金融资产款的定义

卖出回购金融资产款是指金融企业按照回购协议先卖出,再按固定价格买入票据、证券、贷款等金融资产时所融入的资金。

金融企业应设置“卖出回购金融资产款”科目进行该项目的核算,并按卖出回购金融资产的类别和融资方进行明细核算。

(二)卖出回购金融资产款的核算

1. 卖出日

企业根据回购协议卖出票据、证券、贷款等金融资产,应按实际收到的金额,借记“存放中央银行款项”“结算备付金”“银行存款”等科目,贷记“卖出回购金融资产款”科目。

2. 资产负债表日

企业应按照计算确定卖出回购金融资产的利息费用,借记“利息支出”科目,贷记“应付利息”科目。按照利息支出的实际金额计算得出的增值税进项税额,借记“应交税费——应交增值税(进项税额)”科目,贷记“其他应付款”科目。

3. 回购日

金融企业应按卖出回购金融资产款的账面余额,借记“卖出回购金融资产款”“应付利息”科目;按实际支付的金额,贷记“存放中央银行款项”“结算备付金”“银行存款”等科目;按其差额，借记“利息支出”科目；按照利息支出的实际金额计算得出的增值税进项税额，借记“应交税费——应交增值税（进项税额）”科目，贷记“其他应付款”科目。“卖出回购金融资产款”科目期末贷方余额反映企业尚未到期的卖出回购金融资产款。

六、应付职工薪酬

（一）应付职工薪酬的内容

根据《企业会计准则第 9 号——职工薪酬》规定，职工薪酬是指企业为获得职工提供的服务或解除劳动关系而给予的各种形式的报酬或补偿，包括短期薪酬、离职后福利、辞退补偿和其他长期职工福利。企业提供给职工配偶、子女、受赡养人、已故员工遗属及其他受益人等的福利，也属于职工薪酬。

企业因职工提供服务而产生的义务全部纳入职工薪酬的范围。对职工的股份支付本质上也属于职工薪酬，但因其具有期权性质，所以股份支付的确认和计量由相关准则进行规范。这里所称的“职工”比较宽泛，包括 3 类人员：一是与企业订立劳动合同的所有人员，含全职、兼职和临时职工；二是未与企业订立劳动合同，但由企业正式任命的企业治理层和管理层人员，如董事会成员、监事会成员等；三是在企业的计划和控制下，虽未与企业订立劳动合同或未由其正式任命，但为其提供与职工类似服务的人员，也属于职工范畴。

职工薪酬主要包括短期薪酬、离职后福利、辞退补偿和其他长期职工福利。

1. 短期薪酬

短期薪酬是指企业在职工提供相关服务的年度报告期间结束后 12 个月内需要全部给予支付的职工薪酬，因解除与职工的劳动关系而给予的补偿除外。短期薪酬主要包括：职工工资、奖金、津贴和补贴，职工福利费，医疗保险费、工伤保险费和生育保险费等社会保险费，住房公积金，工会经费和职工教育经费，短期带薪缺勤，短期利润分享计划，非货币性福利以及其他短期薪酬。具体内容介绍如下：

（1）职工工资、奖金、津贴和补贴。是指按照构成工资总额的计时工资、计件工资支付给职工的超额劳动报酬，为补偿职工特殊或额外的劳动消耗和因其他特殊原因支付给职工的津贴，以及为了保证职工工资水平不受物价影响而支付给职工的物价补贴等。企业的短期奖金计划属于短期薪酬，长期奖金计划属于其他长期职工福利。

（2）职工福利费。是指企业为职工提供的除职工工资、奖金、津贴和补贴、职工教育经费、社会保险费及住房公积金等以外的福利待遇支出，包括以下各项现金补贴和非货币性集体福利：一是为职工卫生保健、生活等发放或支付的各项现金补贴和非货币性福利，包括职工因公外地就医费用、疗养费用、防暑降温费等；二是企业尚未分离的内设集体福利部门所发生的设备、设施折旧、维护费和人员的人工费用；三是发放给在职职工的生活困难补助以及按规定发生的其他职工福利支出，如丧葬补助费、抚恤费、职工异地安家费、独生子女费等。

（3）医疗保险费、工伤保险费和生育保险费等社会保险费。是指企业按照国家规定的基准和比例计算，为职工向社会保险经办机构缴纳的医疗保险费、工伤保险费和生育保险费。

（4）住房公积金。是指企业按照国家规定的基准和比例计算，为职工向住房公积金管理机构缴存的住房公积金。

（5）工会经费和职工教育经费。是指企业为了改善职工文化生活、方便职工学习先进技术及提高文化水平和业务素质而发生的，用于开展工会活动和职工教育及职工技能培养等相关的支出。

(6)短期带薪缺勤。是指企业支付工资或提供补偿的职工缺勤,包括年休假、病假、短期伤残、婚假、产假、丧假、探亲假等。

(7)短期利润分享计划。是指因职工提供服务而与职工达成的基于利润或其他经营成果提供薪酬的协议。长期利润分享计划属于其他长期职工福利。

(8)非货币性福利。包括企业以自己的产品或外购商品发放给职工作为福利、企业将拥有的资产或租赁资产供职工无偿使用等。

(9)其他短期薪酬。是指除上述薪酬以外的其他为获得职工提供的服务而给予的短期薪酬。

2. 离职后福利

离职后福利是指企业为获得职工提供的服务而在职工退休或与企业解除劳动关系后,提供的各种形式的报酬和福利,短期薪酬和辞退补偿除外。

离职后福利计划是指企业与职工就离职后福利达成的协议,或者企业为向职工提供离职后福利制定的规章和办法等。离职后福利计划按其特征可以分为设定提存计划和设定受益计划。设定提存计划是指向独立的基金缴存固定费用后,企业不再承担进一步支付义务的离职后福利计划。设定受益计划是指除设定提存计划外的离职后福利计划。

3. 辞退补偿

辞退补偿是指企业在职工劳动合同到期之前解除与职工的劳动关系,或者为鼓励职工自愿接受裁减而给予职工的补偿。辞退补偿主要包括以下内容:

(1)在职工劳动合同尚未到期前,不论职工本人是否愿意,企业决定解除与职工的劳动关系而给予的补偿。

(2)在职工劳动合同尚未到期前,为鼓励职工自愿接受裁减而给予的补偿,职工有权选择继续在职或接受补偿离职。

辞退补偿通常采取在解除劳动关系时一次性支付的方式,也有通过提高退休后养老金或其他离职后福利的标准,或者在职工不再为企业带来经济利益后,将职工工资支付到辞退后未来某一期间的方式。

根据辞退补偿的定义和内容,企业应当区分辞退补偿与正常退休养老金。辞退补偿是在职工与企业签订的劳动合同到期前,企业根据法律与职工本人或职工代表(工会)签订的协议,或者基于商业惯例,承诺当其提前终止对职工的雇佣关系时支付的补偿,引发补偿的事项是辞退,因此,企业应当在辞退时进行确认和计量。职工在正常退休时获得的养老金,是其与企业签订的劳动合同到期时,或者职工达到了国家规定的退休年龄时获得的退休后生活补偿金额,此种情况下给予补偿的事项是职工在职时提供的服务而不是退休本身,因此,企业应当在职工提供服务的会计期间进行确认和计量。

另外,职工虽然没有与企业解除劳动合同,但未来不再为企业提供服务,不能为企业带来经济效益,企业承诺提供实质上具有辞退福利性质的经济补偿的,即发生"内退"的情况,在其正式退休日期之前应当比照辞退补偿处理,在其正式退休日期之后应当按照离职后福利处理。

4. 其他长期职工福利

其他长期职工福利,是指除短期薪酬、离职后福利、辞退福利之外的所有的职工薪酬,包括长期带薪缺勤、长期残疾福利、长期利润分享计划等。

(二)应付职工薪酬的核算

1. 应付职工薪酬确认的基本原则

(1)对象配比——受益对象。除因解除与职工的劳动关系而给予的补偿外,金融企业还应根据职工提供服务的受益对象计入相关的资产成本或费用,并将应付的职工薪酬确认为负债。应由营业成本负担的职工薪酬,计入业务及管理费;应由在建工程、无形资产负担的职工薪酬,计入建造固定资产或无形资产成本。

(2)时间配比——受益期间。金融企业应在职工为其提供服务的会计期间,根据历史经验数据和自身实际情况,计算确定应付职工薪酬金额,确认为企业的职工薪酬负债。每个资产负债表日,应当根据实际发生金额与预计金额的差异,综合考虑物价变动、预计实施的薪酬计划等因素,对下一会计期间预计金额进行调整。

2. 应付职工薪酬的账务处理

金融企业应设立"应付职工薪酬"科目进行职工薪酬的核算。同时本科目可按"工资""职工利""社会保险费""住房公积金""工会经费""职工教育经费""非货币性福利""辞退补偿""股份支付"等类别进行明细核算。

金融企业发生职工薪酬时,应根据职工提供服务的受益对象,分别按以下情况进行处理:

(1)金融企业对应由业务及管理部门负责的职工薪酬,借记"业务及管理费"科目,贷记"应付职工薪酬"科目。

(2)金融企业对应由在建工程、研发支出负担的职工薪酬,借记"在建工程""无形资产"科目,贷记"应付职工薪酬"科目。

(3)金融企业对因解除与职工的劳动关系而给予的补偿,借记"业务及管理费"科目,贷记"应付职工薪酬"科目。

(4)金融企业无偿向职工提供住房等固定资产使用的,按应计提的折旧额,借记"业务及管理费"科目,贷记"应付职工薪酬"科目;同时,借记"应付职工薪酬"科目,贷记"累计折旧"科目。租赁住房等资产供职工无偿使用的,按每期应支付的租金,借记"业务及管理费"科目,贷记"应付职工薪酬"科目。

(5)外商投资企业对按规定从净利润中提取的职工奖励及福利基金,借记"利润分配——提取的职工奖励及福利基金"科目,贷记"应付职工薪酬"科目。

(6)国家规定了职工福利费、社会保险费、住房公积金、工会经费、职工教育经费等计提基础和计提比例的,按国家规定计提,借记"相关成本费用"科目,贷记"应付职工薪酬——职工福利费、社会保险费、住房公积金、工会经费、职工教育经费"等明细科目。

金融企业发放职工薪酬时,应分别按以下情况进行处理:

(1)金融企业按规定向职工支付的工资、奖金、津贴、福利费等,从应付职工薪酬中扣还的各种款项(代垫的家属药费、个人所得税等)等,借记"应付职工薪酬"科目,贷记"银行存款""现金""其他应收款""应交税费——应交个人所得税"等科目。

(2)金融企业在支付工会经费和职工教育经费时,借记"应付职工薪酬"科目,贷记"银行存款"等科目。

(3)金融企业在按照国家有关规定缴纳社会保险费和住房公积金时,借记"应付职工薪酬"科目,贷记"银行存款"科目。

(4)金融企业在支付租赁住房等资产供职工无偿使用时所发生的租金,借记"应付职工薪酬"科目,贷记"银行存款"等科目。

(5)金融企业对因解除与职工的劳动关系而给予职工的补偿,借记"应付职工薪酬"科目,贷记"银行存款""现金"等科目。

"应付职工薪酬"科目期末贷方余额,反映企业应付未付的职工薪酬。

【例 3—4】 A 保险公司 2020 年 6 月的工资总额为 300 000 元,其中业务及管理部门人员工资 230 000 元,在建工程人员工资 70 000 元。该公司职工住房公积金由企业和职工各承担 50%,企业按照职工工资总额的 10%为职工缴纳住房公积金,职工个人负担部分由企业代扣代缴。本期该企业缴纳上月职工住房公积金 70 000 元。

A 保险公司的账务处理如下:

(1)计提工资的会计处理:

借:业务及管理费　　230 000

　　在建工程　　70 000

　　贷:应付职工薪酬　　300 000

(2)住房公积金的会计处理:

本期 A 保险公司应计提住房公积金=300 000×10%=30 000(元),职工个人应支付的 30 000 元由企业代扣代缴。A 保险公司应根据收益原则,对本期业务及管理费、相关资产成本进行分配。

①本期企业计提并代扣职工个人负担的住房公积金:

借:应付职工薪酬　　30 000

　　业务及管理费　　23 000

　　固定资产——在建工程　　7 000

　　贷:其他应付款——应交住房公积金　　60 000

②本期缴纳住房公积金:

借:其他应付款——应交住房公积金　　70 000

　　贷:银行存款　　70 000

【例 3—5】 B 银行因与一些管理人员解除劳动关系而给予补偿费用 2 000 000 元,则相关账务处理如下:

借:业务及管理费　　2 000 000

　　贷:应付职工薪酬——解除职工劳动关系补偿　　2 000 000

七、应交税费

(一)应交税费概述

金融企业在一定时期内取得的营业收入和实现的利润或发生的特定经营行为,要按照规定向国家缴纳各种税金。这些应交的税金应按照权责发生制的原则确认。这些应交的税金在尚未缴纳之前,形成企业的一项负债。

金融企业应设置"应交税费"科目核算应缴纳的各种税费,包括城市维护建设税、教育费附加、所得税、土地增值税、房产税、土地使用税、车船使用税、印花税等。金融企业代扣代交的个人所得税,也通过本科目核算。"应交税费"科目应当按照应交的税费项目进行明细核算。

(二)应交城市维护建设税和教育费附加

城市维护建设税是国家为了加强城市的维护建设,扩大和稳定城市维护建设资金的来源,而向企业征收的附加税。教育费附加是为了发展教育事业而向企业征收的附加费用。金融企业的城市维护建设税和教育费附加均以增值税、消费税之和为计税依据,按应交增值税、消费税之和的一定比例计算缴纳。

在会计核算时，企业按规定计算出的城市维护建设税和教育费附加，借记“税金及附加”科目，贷记“应交税费——应交城市维护建设税”“应交税费——应交教育费附加”科目。实际上缴时，借记“应交税费——应交城市维护建设税”科目，贷记“银行存款”科目。

（三）应交所得税

金融企业的经营所得和其他所得，依照《中华人民共和国企业所得税暂行条例》及其细则的规定缴纳企业所得税。企业应缴纳的企业所得税，在“应交税费”科目下设置“应交所得税”明细科目进行核算。当期应计入损益的所得税，作为一项费用，在净收益前扣除。企业按照一定方法计算计入损益的所得税，借记“所得税费用”等科目，贷记“应交税费——应交所得税”科目。

（四）土地增值税

我国从1994年起开征土地增值税，转让国有土地使用权、地上建筑物及其附着物并取得收入的单位和个人，在符合条件的情况下，均应缴纳土地增值税。土地增值税按照转让房地产所取得的增值额和规定的税率计算征收。这里的增值额是指转让房地产所取得的收入减除规定扣除的项目金额后的余额。企业转让房地产所取得的收入包括货币收入、实物收入和其他收入。计算土地增值额的主要扣除项目有：取得土地使用权所支付的金额；开发土地的成本、费用；新建房屋及配套设施的成本、费用或者旧房及建筑物的评估价格；与转让房地产有关的税金等。

在进行会计处理时，金融企业缴纳的土地增值税通过“应交税费——应交土地增值税”科目进行核算。兼营房地产业务的企业，应由当期收入负担的土地增值税，借记“税金及附加”科目，贷记“应交税费——应交土地增值税”科目。转让的国有土地使用权与其地上建筑物及其附着物一并在“固定资产”或“在建工程”科目核算的，企业应在转让时对应缴纳的土地增值税，借记“固定资产清理”“在建工程”科目，贷记“应交税费——应交土地增值税”科目。企业在项目全部竣工结算前转让房地产取得的收入，应按税法的规定预交的土地增值税，借记“应交税费——应交土地增值税”科目，贷记“银行存款”等科目；待该项房地产销售收入实现时，再按上述销售业务的会计处理方法进行处理。在项目全部竣工、办理结算后进行清算时，企业收到的退回多交的土地增值税，借记“银行存款”等科目，贷记“应交税费——应交土地增值税”科目，补交的土地增值税，编制相反的会计分录。

（五）房产税、土地使用税、车船使用税

房产税是国家对在城市、县城、建制镇和工矿区征收的由产权所有人缴纳的一种税。房产税依照房产原值一次减除10%至30%后的余额计算缴纳。没有房产原值作为依据的，由房产所在地的税务机关参考同类房产核定；房产出租的，以房产租金收入为房产税的计税依据。土地使用税是我国为了合理利用城镇土地、调节土地级差收入、提高土地使用效益、加强土地管理而开征的一种税，以纳税人实际占用的土地面积为计税依据，依照规定税额计算征收。车船使用税由拥有并且使用车船的单位和个人缴纳，车船使用税按照适用税额计算缴纳。金融企业按规定计算应交的房产税、土地使用税、车船使用税时，借记“业务及管理费”科目，贷记“应交税费——应交房产税”“应交税费——应交土地使用税”“应交税费——应交车船使用税”科目；上缴时，借记“应交税费——应交房产税”“应交税费——应交土地使税”“应交税费——应交车船使用税”科目，贷记“银行存款”科目。

【例3－6】　2021年1月1日，A银行将房产出租给其他单位使用，每年收取租金300 000元，按照税法规定，房产税按年计算，分季缴纳，A银行每年应缴纳房产税36 000元。

A银行每月计算应交房产税时，应进行如下账务处理：

借：业务及管理费　　3 000

　　贷：应交税费——应交房产税　　3 000

每季度初，缴纳上一季度应交房产税时，应进行如下账务处理：

借：应交税费——应交房产税　　9 000

　　贷：银行存款　　9 000

【例3—7】 B信托公司2021年拥有载客汽车8辆。该地区每辆载客汽车的年税额为150元。B公司本年应纳车船使用税的计算如下：

应交车船使用税＝8×150＝1 200(元)

假定B公司车船使用税按年计算，一次性缴纳，并计入当期损益，则B公司在年初预缴时，应进行如下账务处理：

借：业务及管理费　　1 200

　　贷：应交税费——应交车船使用税　　1 200

同时记录：

借：应交税费——应交车船使用税　　1 200

　　贷：银行存款　　1 200

【例3—8】 C银行实际占用土地面积为20 000平方米。该地段土地使用税的单位税额为15元，则C银行每年应纳土地使用税的计算如下：

年应纳土地使用税＝20 000×15＝300 000(元)

月应纳土地使用税＝300 000÷12＝25 000(元)

按月计算应交土地使用税时，应进行如下账务处理：

借：业务及管理费　　25 000

　　贷：应交税费——应交土地使用税　　25 000

缴纳第一季度应交土地使用税时，应进行如下账务处理：

借：应交税费——应交土地使用税　　75 000

　　贷：银行存款　　75 000

(六)印花税

印花税是对书立、领受购销合同等凭证行为征收的税款，实行由纳税人根据规定自行计算应纳税额，购买并一次贴足印花税票的缴纳方法。应纳税凭证包括购销、加工承揽、建设工程承包、财产租赁、货物运输、仓储保管、借款、财产保险、技术合同或者具有合同性质的凭证；产权转移书据；营业账簿；权利许可证照等。金融企业纳税人根据应纳税凭证的性质，分别按比例税率或者按件定额计算应纳税额。

一般情况下，企业需要预先购买印花税票，待发生应税行为时，再根据凭证的性质和规定的比例税率或者按件计算应纳税额，将已购买的印花税票粘贴在应纳税凭证上，并在每枚税票的骑缝处盖戳注销或者划销，办理完税手续。企业缴纳的印花税，不会发生应付未付税款的情况，不需要预计应纳税金额，同时也不存在与税务机关结算或清算的问题。因此，企业缴纳的印花税不需要通过“应交税费”科目核算，而应于购买印花税票时，直接借记“业务及管理费”科目，贷记“银行存款”科目。

八、应付利息

(一)应付利息的定义

应付利息是指企业按照合同约定应支付的利息,包括吸收存款、分期付息到期还本的长期借款、企业债券等应支付的利息。

(二)应付利息的核算

金融企业应设置“应付利息”科目,用于核算企业按合同约定应支付的利息,并按存款人或债权人进行明细核算。

资产负债表日,金融企业应按摊余成本和实际利率计算确定的利息费用,借记“利息支出”“在建工程”“财务费用”“研发支出”等科目;按合同利率计算确定的应付未付利息,贷记“应付利息”科目;按借贷双方之间的差额,借记或贷记“长期借款——利息调整”“吸收存款——利息调整”等科目。

合同利率与实际利率差异较小的,也可以采用合同利率计算确定的利息费用。在实际支付利息时,借记“应付利息”科目,贷记“银行存款”等科目。

“应付利息”科目期末贷方余额,反映企业应付未付的利息。

第二节　非流动负债

一、非流动负债的概念和内容

非流动负债又称长期负债,是指偿还期在 1 年或者超过 1 年的一个营业周期以上的债务。金融企业的非流动负债包括预计负债、长期借款、应付债券、长期准备金、递延所得税负债、其他负债(如存入保证金等)。

二、预计负债

(一)预计负债的概念

预计负债主要由对外提供担保、未决诉讼、重组义务、亏损性合同以及固定资产弃置义务等产生,或根据《企业会计准则第 13 号——或有事项》中有关规定而确认的负债。

(二)预计负债的核算

金融企业应设置“预计负债”科目,并按形成预计负债的交易或事项进行明细核算。

1. 确认预计负债。金融企业由于对外提供担保、未决诉讼、重组义务产生的预计负债,应按确定的金额,借记“营业外支出”等科目,贷记“预计负债”科目;由资产弃置事项产生的预计负债,应按确定的金额,借记“固定资产”科目,贷记“预计负债”科目。在固定资产的使用寿命内,按计算确定各期应负担的利息费用,借记“财务费用”科目,贷记“预计负债”科目。

2. 在实际清偿或冲减预计负债时,借记“预计负债”科目,贷记“银行存款”等科目。

3. 调整预计负债。根据确凿证据,需要对已确认的预计负债进行调整的,调整增加的预计负债,借记有关科目,贷记“预计负债”科目;调整减少的预计负债,则编制相反的会计分录。

“预计负债”科目期末贷方余额,反映企业已确认但尚未支付的预计负债。

三、长期借款

(一)长期借款的概念

长期借款是指金融企业向中央银行或其他金融机构借入的期限在1年(不含1年)以上的借款,一般用于固定资产的购建、改扩建工程、大修理工程、对外投资以及为了保持长期经营能力等方面。它是企业长期负债的重要组成部分,必须加强管理与核算。

与短期借款相比,长期借款除借款期限较长外,其不同点还体现在对借款利息费用的处理上。《企业会计准则》规定,长期借款的利息费用等应按照权责发生制原则的要求,按期预提计入所构建资产的成本(即予以资本化)或直接计入当期财务费用。长期借款核算与短期借款相比,最主要的区别在于:"长期借款"科目不仅核算借款的本金,还包括利息等费用;而"短期借款"科目只核算借款的本金,不包括利息费用。

(二)长期借款的计量

金融企业在向中央银行或其他金融机构举借现金时,通常将借款人签发的远期票据作为借款凭证。因借款而签发的票据不论期间长短,均应按现值入账,其现值就是所收到的现金额。

在票据附息且票面利率等于市场利率时,票据的现值即为面值。若票据不付息,或所附利率不等于实际(市场)利率时,则应按实际(市场)利率折算现值。这里的实际(市场)利率是使长期借款的本金及所附利息按票据存续期间折算的现值,刚好等于借入现金时所应采用的折现率,通常按插值法求得。现值与面值的差额即为长期借款的折(溢)价,应在票据的有效期内推销转为利息费用。

(三)长期借款的核算

金融企业应设置"长期借款"科目用于核算金融企业向中央银行或其他金融机构借入的期限在1年以上(不含1年)的各项借款,并按照贷款单位和贷款种类,分别按"本金""利息调整"等类别进行明细核算。

1. 借入长期借款。金融企业在借入长期借款时,应按实际收到的金额,借记"银行存款"科目,贷记"长期借款——本金"科目;按其差额,贷记或借记"长期借款——利息调整"科目。

2. 支付利息费用或计息。在付息日或资产负债表日,金融企业等应按摊余成本和实际利率计算确定的长期借款的利息费用,借记"在建工程""业务及管理费"科目;按合同利率计算确定的应付未付利息,贷记"应付利息"科目;按其差额,贷记"长期借款——利息调整"科目;按照摊余成本和实际利率计算确定的长期借款的利息费用计算得出的增值税进项税额,借记"应交税费——应交增值税(进项税额)"科目,贷记"其他应付款"科目。

实际利率与合同利率差异较小的,也可以采用合同利率计算确定利息费用。

3. 归还长期借款本金。在借记"长期借款——本金"科目,贷记"银行存款"科目的同时,存在利息调整余额,借记或贷记"在建工程""业务及管理费"等科目,贷记或借记"长期借款——利息调整"科目。

"长期借款"科目期末贷方余额,反映金融企业尚未偿还的长期借款。

【例3—9】 A保险公司为了建造一幢办公楼,于2021年1月1日签发3年期不带息长期应付票据一张,面值2 000 000元,向长江商业银行借款1 462 380元,采用试算法,得出实际利率为11%,应付票据折价为537 620(2 000 000—1 462 380)元,在面值中直接扣除。

借入款项时,A保险公司应进行如下账务处理:

借：银行存款　　　　1 462 380

　长期借款——利息调整　　　　537 620

　　贷：长期借款——本金　　　　2 000 000

在3年内，A公司应将应付票据折价摊销为利息费用，摊销时采用实际利率法。借款3年的实际利息费用计算如下：

第1年：1 462 380×11%＝160 861.8(元)

第2年：(1 462 380＋160 861.8)×11%＝178 556.6(元)

第3年：(1 462 380＋160 861.8＋178 556.6)×11%＝198 201.8(元)

办公用房于2021年1月1日完工，建造期间的利息费用计入"在建工程"科目，其余的计入当期损益，假设在此不考虑借款费用资本化问题，则A保险公司应于工程完工前每年年末确认利息费用，并进行如下账务处理：

(1)2021年12月31日：

借：在建工程　　　　160 861.8

　　贷：长期借款——利息调整　　　　160 861.8

借：应交税费——应交增值税(进项税额)　　　　9 651.71

　　贷：其他应付款　　　　9 651.71

(2)2022年12月31日：

借：在建工程　　　　178 556.6

　　贷：长期借款——利息调整　　　　178 556.6

借：应交税费——应交增值税(进项税额)　　　　10 713.40

　　贷：其他应付款　　　　10 713.40

工程完工后，利息费用不再计入在建工程的成本。A公司应于2021年12月31日进行如下账务处理：

借：业务及管理费　　　　198 201.6

　　贷：长期借款——利息调整　　　　198 201.6

"长期借款"科目期末贷方余额，反映企业尚未偿还的长期借款的摊余成本。比如，2022年12月31日，长期借款的余额为1 623 241.8(1 462 380＋160 861.8)元，而到2023年12月31日，长期借款的折价已经全部摊销完。2024年1月1日，借款到期，按面值还款，A公司应进行如下账务处理：

借：长期借款——本金　　　　2 000 000

　　贷：银行存款　　　　2 000 000

四、应付债券

(一)应付债券概述

应付债券就是企业在记账时的一个会计科目。通过发行债券取得的资金，构成了企业的一项非流动负债，企业会在未来某一特定日期按债券所记载的利率、期限等约定还本付息。

(二)债券发行价格的确定

金融企业债券发行价格的高低一般取决于债券票面金额、债券票面利率、发行当时的市场利率以及债券期限的长短等因素。债券发行有面值发行、溢价发行和折价发行3种情况。当市场利率等于名义利率时，企业债券按其面值出售，称为面值发行；当市场利率大于名义利率时，企业债券以低于债券面值价格发行，称为折价发行；当市场利率小于名义利率时，企业债券以高于债券面值价格发行，称为溢价发行。债券溢价或折价不是债券发行企业的收益或损失，而是发行债券企业在债券存续期内对利息费用的一种调整。

债券是按市场价值出售的，其市场价值等于面值按市场利率折算的现值与每期按票面利率计算的利息按市场利率折算的现值之和。

（三）应付债券的核算

金融企业应设置“应付债券”科目，核算应付债券发行、计提利息、还本付息等情况。该科目贷方登记为应付债券的本金和利息，借方登记为归还的债券本金和利息，期末贷方余额表示企业尚未偿还的长期债券。该科目可按“面值”“利息调整”“应计利息”等明细科目进行明细核算。

企业应当设置“企业债券备查簿”，详细登记每一企业债券的票面金额、债券票面利率、还本付息期限与方式、发行总额、发行日期和编号、委托代售单位、转换股份等资料。在企业债券到期结清时，企业应当在备查簿内逐笔注销。

1. 发行债券

无论债券是按面值发行，还是溢价发行或折价发行，均按债券面值计入“应付债券”科目的“面值”明细科目；按实际收到的款项与面值的差额，计入“利息调整”明细科目。企业在发行债券时，按实际收到的款项，借记“银行存款”“库存现金”等科目；按债券票面价值，贷记“应付债券——面值”科目；按实际收到的款项与票面价值之间的差额，贷记或借记“应付债券——利息调整”科目。

2. 利息调整的摊销

利息调整应在债券存续期间采用实际利率法进行摊销。实际利率法是指按照应付债券的实际利率计算其摊余成本及各期利息费用的方法；实际利率是指将应付债券在债券存续期间的未来现金流量，折现为该债券当前账面价值所使用的利率。

资产负债表日，对于分期付息、一次还本的债券，企业应按应付债券的摊余成本和实际利率计算确定的债券利息费用，借记“在建工程”“业务及管理费”等科目；按票面利率计算确定的应付未付利息，贷记“应付利息”科目；按其差额，借记或贷记“应付债券——利息调整”科目；按照摊余成本和实际利率计算确定的长期借款的债券利息费用计算得出的增值税进项税额，借记“应交税费——应交增值税（进项税额）”科目，贷记“其他应付款”科目。

对于一次还本付息的债券，应于资产负债表日按摊余成本和实际利率计算确定的债券利息费用，借记“在建工程”“业务及管理费”等科目；按票面利率计算确定的应付未付利息，贷记“应付债券——应计利息”科目；按其差额，借记或贷记“应付债券——利息调整”科目；按照摊余成本和实际利率计算确定的长期借款的债券利息费用计算得出的增值税进项税额，借记“应交税费——应交增值税（进项税额）”科目，贷记“其他应付款”科目。

3. 债券的偿还

企业发行的债券通常分为到期一次还本付息或一次还本、分期付息两种。采用一次还本付息方式的，企业应于债券到期支付债券本息时，借记“应付债券——面值”“应付债券——应计利息”科目，贷记“银行存款”科目。采用一次还本、分期付息方式的，企业应在每期支付利息时，借记“应付利息”科目，贷记“银行存款”科目；在债券到期偿还本金并支付最后一期利息时，借记“应付债券——面值”“在建工程”“业务及管理费”等科目，贷记“银行存款”科目；按借贷双方之间的差额，借记或贷记“应付债券——利息调整”科目。

【例3—10】 2020年12月31日，A证券公司经批准发行5年期一次还本、分期付息的公司债券10 000 000元，债券利息在每年12月31日支付，票面利率为年利率6%。假定债券发行时的市场利率为5%。

A公司该批债券的实际发行价格＝10 000 000×0.783 5＋10 000 000×6%×4.329 5＝10 432 700(元)

A公司根据上述资料，采用实际利率法和摊余成本计算确定的利息费用，如表3—2所示。

表3—2　　**利息费用一览表**　　单位：元

付息日期	支付利息	利息费用	摊销的利息调整	应付债券摊余成本
2020年12月31日				10 432 700
2021年12月31日	600 000	521 635	78 365	10 354 335
2022年12月31日	600 000	517 716.75	82 283.25	10 272 051.75
2023年12月31日	600 000	513 602.59	86 397.41	10 185 654.34
2024年12月31日	600 000	509 282.72	90 717.28	10 094 937.06
2025年12月31日	600 000	505 062.94*	94 937.06	10 000 000

注：*为尾数调整。

根据表3—2的资料，A公司的账务处理如下：

(1)2020年12月31日，发行债券时：

借：银行存款　　10 432 700
　　贷：应付债券——面值　　10 000 000
　　　　应付债券——利息调整　　432 700

(2)2021年12月31日，计算利息费用时：

借：业务及管理费　　521 635
　　应付债券——利息调整　　78 365
　　贷：应付利息　　600 000

2022年、2023年、2024年确认利息费用的会计处理同2021年。

(3)2025年12月31日，归还债券本金及最后一期利息费用时：

借：业务及管理费　　505 062.94
　　应付债券——面值　　10 000 000
　　　　　　——利息调整　　94 937.06
　　贷：银行存款　　10 600 000
借：应交税费——应交增值税(进项税额)　　30 303.78
　　贷：应付债券——利息调整　　30 303.78

(四)可转换公司债券

我国发行可转换公司债券采取记名式无纸化的发行方式。金融企业发行的可转换公司债券应在“应付债券”科目下设置“可转换公司债券”明细科目进行核算。

金融企业发行的可转换公司债券，应当在初始确认时将其包含的负债成分和权益成分进行分拆，将负债成分确认为应付债券，将权益成分确认为资本公积。在进行分拆时，应当先对负债成分的未来现金流量进行折现，确定负债成分的初始确认金额，再按发行价格总额扣除负债成分初始确认金额后的金额,确定权益成分的初始确认金额。发行可转换公司债券发生的交易费用,应当在负债成分和权益成分之间按照各自的相对公允价值进行分摊。金融企业应按实际收到的款项,借记“银行存款”“库存现金”等科目;按可转换公司债券包含的负债成分面值,贷记“应付债券——可转换公司债券(面值)”科目;按权益成分的公允价值,贷记“其他权益工具”科目;按借贷双方之间的差额,借记或贷记“应付债券——可转换公司债券(利息调整)”科目;按照确认的财务费用计算得出的增值税进项税额,借记“应交税费——应交增值税(进项税额)”科目,贷记“其他应付款”科目。

金融企业若发行附有赎回选择权的可转换公司债券,则其对在赎回日可能支付的利息补偿金,即债券约定赎回期届满日应当支付的利息减去应付债券票面利息的差额,在债券发行日至债券约定赎回届满日期间计提应付利息,计提的应付利息分别计入相关资产成本或财务费用。

【例3—11】 A保险公司批准于2021年1月1日,按面值发行5年期一次还本、按年付息的可转换公司债券200 000 000元,款项已收存银行,债券票面年利率为6%。债券在发行1年后可转换为普通股股票,初始转股价为每股10元,股票面值为每股1元。债券持有人若在当期付息前转换股票的,应按债券面值和应计利息之和除以转股价,计算转换的股份数。假定2028年1月1日,债券持有人将持有的可转换公司债券全部转换为普通股股票,甲公司发行可转换公司债券时二级市场上与之类似的没有附带转换权的债券市场利率为9%。甲公司的账务处理如下:

(1)2021年1月1日,发行可转换公司债券时:

借:银行存款　　200 000 000
　应付债券——可转换公司债券(利息调整)　　23 343 600
　贷:应付债券——可转换公司债券(面值)　　200 000 000
　　其他权益工具　　23 343 600

可转换公司债券负债成分的公允价值=200 000 000×0.649 9+200 000 000×6%×3.889 7
=176 656 400(元)

注:年利率为9%的5年期现值系数为0.649 9,年金系数为3.889 7。

可转换公司债券权益成分的公允价值=200 000 000−176 656 400=23 343 600(元)

(2)2021年12月31日,确认利息费用时:

借:财务费用等　　15 899 076
　贷:应付利息——可转换公司债券利息　　12 000 000
　　应付债券——可转换公司债券(利息调整)　　3 899 076
借:应交税费——应交增值税(进项税额)　　953 944.56
　贷:其他应付款　　953 944.56

财务费用=176 656 400×9%=15 899 076(元)

增值税=15 899 076×6%=953 944.56(元)

(3)2022年1月1日,债券持有人行使转换权时(假定利息尚未支付):

转换的股份数=(200 000 000+12 000 000)÷10=21 200 000(股)

借:应付债券——可转换公司债券(面值)　　200 000 000
　应付利息——可转换公司债券利息　　12 000 000
　其他权益工具　　23 343 600

贷：股本　　21 200 000

　　应付债券——可转换公司债券(利息调整)　　19 444 524

　　资本公积——股本溢价　　194 699 076

五、长期准备金

从事保险业务的金融企业，其长期准备金主要包括长期责任准备金、寿险责任准备金、长期健康险责任准备金和保险保障基金等。

长期责任准备金，是指金融企业对1年(不含1年)以上的长期财产险业务和再保险业务，为承担未来保险责任而按规定提取的准备金。长期责任准备金应于期末按系统合理的方法计算的结果入账。

寿险责任准备金，是指金融企业对人寿保险业务为承担未来保险责任而按规定提存的准备金。寿险责任准备金应于期末按保险精算结果入账。

长期健康险责任准备金，是指金融企业对长期性健康保险业务为承担未来保险责任而按规定提存的准备金。长期健康险责任准备金应于期末按保险精算结果入账。

保险保障基金，是指金融企业按规定提取的保险保障基金，应于年末按当年自留保费收入的规定比例提取。

六、其他长期负债

其他长期负债，主要包括长期应付款、保户储金和递延所得税负债等。

(一)长期应付款

金融企业应设置“长期应付款”科目，核算企业除长期借款和应付债券以外的其他各种长期应付款项，包括应付融资租入固定资产的租赁费、以分期付款方式购入固定资产等发生的应付款项等。

“长期应付款”科目可按长期应付款的种类和债权人进行明细核算。

企业购入有关资产超过正常信用条件延期支付价款，且实质上具有融资性质的，应按购买价款的现值，借记“固定资产”“在建工程”等科目；按其应支付的金额，贷记“长期应付款”科目；按其差额，借记“未确认融资费用”科目；按其支付的价款，借记“长期应付款”科目，贷记“银行存款”科目。

“长期应付款”科目期末贷方余额，反映企业应付未付的长期应付款项。

(二)保户储金

保险企业应设置“保护储金”科目，核算企业收到投保人以储金本金增值作为保费收入的储金。保险企业收到投保人投资型保险业务的投资款，可将本科目改为“保户投资款”科目。保险企业应向投保人支付的储金或投资款增值也在本科目核算。本科目可按投保人进行明细核算。

企业收到投保人缴纳的储金，借记“银行存款”“库存现金”等科目，贷记本科目。向投保人支付储金，则编制相反的会计分录。

“保护储金”科目期末贷方余额，反映企业应付未付的投保人储金。

(三)递延所得税负债

金融企业应该将当期和以前期间应交未交的所得税确认为负债。当企业资产或负债的账面价值大于其计税基础，从而产生应纳税暂时性差异时，企业应将其确认为负债，作为递延所得税负债加以处理。

金融企业应设置"递延所得税负债"科目，核算企业确认的应纳税暂时性差异产生的所得税负债。该科目应按应纳税暂时性差异的项目进行明细核算。

本章小结

本章全面论述了金融企业各项负债的核算。在学习和理解本章内容时，读者应当关注：

1. 金融企业流动负债包含的具体项目内容、各项目的初始计算及后续会计处理；
2. 金融企业非流动负债包含的具体项目内容、各项目的初始计算及后续会计处理。

除了学习本章节的内容，读者还应当认真阅读《企业会计准则第 22 号——金融工具确认和计量》《企业会计准则第 13 号——或有事项》等相关指南和解释。

本章关键术语

非流动负债；流动负债

本章思考题

1. 金融企业的流动负债主要包括哪些内容？
2. 金融企业的非流动负债主要包括哪些内容？
3. 如何进行职工薪酬的核算？
4. 什么是应付债券？发行价格如何计算？
5. 金融企业的其他负债主要包括哪些内容？
6. 金融企业的应交税费包括哪些项目？

第四章
所有者权益

学习目标

1. 了解金融企业所有者权益的内容、性质、基本特征
2. 掌握实收资本、资本公积的确认和计量
3. 掌握其他综合收益、留存收益和一般风险准备的确认与计量

本章预习

本章介绍了所有者权益的内容、性质、基本特征。我国金融企业的所有者权益包括5种项目,即实收资本(股本)、资本公积、盈余公积、一般风险准备和未分配利润。从事商业银行业务、保险业务、证券业务、信托业务等金融会计计提的一般风险准备也是所有者权益的组成部分。一般风险准备是指金融企业按一定比例从净利润中提取的风险准备金。

第一节　所有者权益概述

一、所有者权益的性质

会计意义上的所有者权益是指企业资产扣除负债后由所有者享有的剩余权益。例如,商业银行的所有者权益是指商业银行的资产扣除负债后由商业银行所有者享有的剩余权益,是商业银行所有者对商业银行净资产的所有权,也是商业银行筹集资金的主要来源之一。

对于金融企业来说,其形成资产的资金来源不外乎两个:一是债权人,二是所有者。债权人对金融企业资产的要求权形成金融企业的负债,所有者对金融企业资产的要求权形成企业的所有者权益。因此,金融企业的所有者权益实质上是指其所有者在企业资产中享有的经济利益,其金额为资产减去负债后的余额。

所有者权益具有如下性质:

1. 所有者权益是与投资者的投资行为相伴而生的。所有者权益将随企业的经营盈亏而增减,从这个意义上讲,金融企业的所有者对金融企业的经营活动承担着最终的风险,当然他们也享有最终的权益。

2. 所有者权益是一种“剩余权益”,也就是对企业资产中满足了债权人要求之后的剩余部分的要求权。

3. 同样是对企业资产的要求权,但所有者权益的要求不仅在顺序上滞后于债权人的要求权,而且这种要求权的实现也与债权人不同。所有者权益在企业整个存续期内一般不存在抽回问题,即所有者权益的“剩余权益”并没有约定的偿付期。

4. 从要素构成来看,所有者权益包括所有者的投入资本、企业的资产增值及经营利润。

二、所有者权益的基本特征

一般来说，所有者权益具有以下基本特征：

1. 除非发生减资、清算或分派现金股利，否则企业不需要偿还所有者权益。
2. 企业清算时，只有在清偿所有的负债后，所有者权益才返还给所有者。
3. 所有者凭借所有者权益，能够参与企业利润的分配。

三、所有者权益的来源

金融企业的所有者权益可按来源和法定要求进行分类，这些分类构成了所有者权益会计核算的基础。一般可以将金融企业的所有者权益分为两大方面，即投入资本和留存收益。投入资本是指所有者投资形成的权益，留存收益是指金融企业通过经营活动增加的所有者权益。我国《企业会计准则》针对公司制企业，规定所有者权益的来源，包括以下 3 个方面：

1. 所有者投入的资本又称实收资本或股本，是投资者投入资产而形成的法定资本。
2. 直接计入所有者权益的利得和损失，是指由企业非日常活动，如资本(或股本)溢价、某些资产公允价值变动等形成的经济利益的流入或流出。它们是不应计入当期损益、会导致所有者权益发生增减变动的、与所有者投入资本或者向所有者分配利润无关的流入或流出。
3. 留存收益，是指企业扣除应缴纳的所得税、分发利润(或股利)和提取公积金后的余额，留存于以后年度分配的利润或者尚未分配的利润。

四、金融企业所有者权益的内容

我国金融企业的所有者权益包括 5 种项目，即实收资本(股本)、资本公积、盈余公积、一般风险准备和未分配利润。从事商业银行业务、保险业务、证券业务、信托业务等金融会计计提的一般风险准备也是所有者权益的组成部分。

一般风险准备是指金融企业按一定比例从净利润中提取的风险准备金。

第二节　实收资本的核算

一、实收资本的性质和相关规定

按照我国有关法律的规定，投资者设立企业首先必须投入资本。金融企业的实收资本是指投资者按照企业章程、合同或协议的约定，实际投入金融企业的资本。这些资本在一般情况下无须偿还，可以长期周转使用。实收资本的构成比例，即投资者的出资比例或股东的股份比例，通常是确定所有者在企业所有者权益中所占的份额和参与企业财务经营决策的基础，也是企业进行利润分配或股利分配的依据，同时还是企业清算时确定所有者对净资产要求权的依据。

对于投资者投入金融企业的资本数额，有如下具体规定：

(一)商业银行的规定

《中华人民共和国商业银行法》对商业银行的设立提出了最低资本限额的要求。设立商业银行的注册资本最低限额如下：全国性商业银行的注册资本最低限额为 10 亿元人民币；城市商业银行的注册资本最低限额为 1 亿元人民币；农村商业银行的注册资本最低限额为 5 000

万元人民币。注册资本应当是实缴资本。国务院银行业监督管理机构根据审慎监管的要求可以调整注册资本最低限额，但不得低于上述限额。

(二)保险公司的规定

《中华人民共和国保险法》规定，保险公司必须具备国家规定的与其经营和服务规模相适应的资本额，并规定各类保险公司的注册资本最低限额如下：人寿保险公司的注册资本最低限额为3亿元人民币，财产保险公司的注册资本最低限额为1亿元人民币，再保险公司的注册资本最低限额为10亿元人民币。

(三)证券公司的规定

《中华人民共和国证券法》规定，证券公司必须具备国家规定的与其经营和服务规模相适应的资本额，并规定各类证券公司的注册资本的最低限额如下：综合类证券公司的注册资本最低限额为5亿元人民币，经纪类证券公司的注册资本最低限额为5 000万元人民币。

(四)信托投资公司的规定

《信托投资公司管理办法》第十四条规定，信托投资公司的注册资本不得低于3亿元人民币；经营外汇业务的信托投资公司的注册资本中应包括不少于等值1 500万美元的外汇。中国人民银行根据信托投资公司行业发展的需要，可以调整设立信托投资公司注册资本的最低限额。

二、实收资本确认和计量的基本要求

企业应当设置“实收资本”科目，核算企业接受投资者投入的实收资本，股份制金融企业应将该科目改为“股本”。投资者可以用现金投资，也可以用其他有形资产投资，符合国家规定比例的，还可以用无形资产投资。企业在收到投资时，一般应做如下会计处理：收到投资人投入的现金，应在实际收到或者存入企业开户银行时，按实际收到的金额，借记“银行存款”科目；以实物资产投资的，应在办理实物产权转移手续时，借记“有关资产”科目；以无形资产投资的，应按照合同、协议或公司章程的规定在移交有关凭证时，借记“无形资产”科目；按投入资本在注册资本或股本中所占份额，贷记“实收资本”或“股本”科目；按其差额，贷记“资本公积——资本溢价”或“资本公积——股本溢价”科目。

有限责任公司在初建时，各投资者按照合同、协议或公司章程投入该公司的资本，应全部计入“实收资本”科目，注册资本为在公司登记机关登记的全体股东认缴的出资额。在企业增资时，如有新投资者介入，新介入的投资者缴纳的出资额大于其按约定比例计算的，其在注册资本中所占的份额部分，不计入“实收资本”科目，而作为资本公积，计入“资本公积”科目。

股份有限公司是指全部资本由等额股份构成并通过发行股票筹集资本，股东以其认购的股份为限对公司承担责任，公司以其全部财产对公司债务承担责任的企业法人。股份有限公司的设立有两种方式，即发起式和募集式。发起式股份有限公司设立的特点是公司的股份全部由发起人认购，不向发起人之外的任何人募集股份；募集式股份有限公司设立的特点是公司股份除发起人认购外，还可以向其他法人或自然人发行股票进行募集。公司设立的方式不同，筹集资本的风险也不同。发起式股份有限公司的所需资本由发起人一次认足，一般不会发生设立公司失败的情况，因此，其筹资风险小。募集式股份有限公司的筹资对象广泛，在资本市场不景气或股票发行价格不恰当的情况下，有发行失败(即股票未被全部认购)的可能，因此，其筹资风险大。按照有关规定，发行失败损失由发起人负担，包括承担筹建费用、公司筹建过程中的债务和对认股人已缴纳的股款、支付银行同期存款利息等责任。

与其他企业相比，股份有限公司最显著的特点就是将企业的全部资本划分为等额股份，并通过发行股票的方式来筹集资本。股东以其所认购的股份对公司承担有限责任。股票的面值与股份总数的乘积为股本，股本应等于企业的注册资本。股本是很重要的指标。为了直观地反映这一指标，在会计处理上，股份有限公司应设置"股本"科目。

"股本"科目用于核算股东投入股份有限公司的股本。企业应将核定的股本总额、股份总数、每股面值在股本账户中做备查记录。为提供企业股份的构成情况，企业可在"股本"科目下按股东单位或姓名设置明细账。企业的股本应在核定的股本总额范围内发行股票取得。值得注意的是，企业发行股票取得的收入与股本总额往往不一致，公司发行股票取得的收入大于股本总额的，称为溢价发行；小于股本总额的，称为折价发行；等于股本总额的，称为面值发行。我国不允许企业折价发行股票。在采用溢价发行股票的情况下，企业应将相当于股票面值的部分计入"股本"科目，其余部分在扣除发行手续费、佣金等发行费用后计入"资本公积——股本溢价"科目。

三、实收资本发生增减变动时的会计处理

（一）企业增加资本的一般途径

企业增加资本的途径一般有3条：一是将资本公积转为实收资本或者股本；二是将盈余公积转为实收资本；三是所有者（包括原企业所有者和新投资者）投入。

将资本公积转为实收资本或者股本的，会计上应借记"资本公积——资本溢价"或"资本公积——股本溢价"科目，贷记"实收资本"或"股本"科目。

【例4—1】 某非股份制金融企业按法定程序办妥增资手续，以资本公积300 000元转增资本。假定不考虑其他因素，该企业应该进行的账务处理如下：

借：资本公积——资本溢价	300 000	
贷：实收资本		300 000

将盈余公积转为实收资本的，会计上应借记"盈余公积"科目，贷记"实收资本"或"股本"科目。值得注意的是，资本公积和盈余公积均属于所有者权益，转为实收资本或者股本时应按原投资者所持股份，同比例增加各股东的股权。

【例4—2】 某非股份制金融企业按法定程序办妥增资手续，以盈余公积200 000元转增资本。假定不考虑其他因素，该企业应该编制的会计分录如下：

借：盈余公积	200 000	
贷：实收资本		200 000

对于所有者（包括原企业所有者和新投资者）投入，当企业接受投资者投入的资本时，借记"银行存款""固定资产""无形资产""长期股权投资"等科目，贷记"实收资本"或"股本"等科目。

投资者可以用现金进行投资，也可以用现金以外的其他有形资产和无形资产进行投资。

1. 以现金、银行存款投入的核算

国家、企业、外商、个人以人民币现钞或银行存款进行投资时，以实际收到或者存入企业开户银行的金额作为实收资本入账。实际收到或者存入企业开户银行的金额超过其在该企业注册资本中所占份额的部分，计入资本公积。会计分录为：

借：现金、银行存款或存放中央银行款项等

　　贷：实收资本

2. 以实物投入的核算

金融企业收到投资人实物形态的投资时，需按照评估确认的价值或合同、协议约定的价值记账。当收到投资人投入的房屋、机器设备等固定资产时，应按该固定资产的账面原价借记“固定资产”科目，按评估确认的价值贷记“实收资本”科目。若账面原值大于评估确认价值，其差额贷记“累计折旧”科目；若评估确认价值高于该固定资产的账面原价，则应按评估确认的价值借记“固定资产”科目，贷记“实收资本”科目。或以合同、协议约定价值，借记“材料”科目，贷记“实收资本”科目。

【例 4—3】 某企业收到投资人投入的电脑 4 台，原价 60 000 元，评估确认价为 55 000 元。会计分录如下：

借：固定资产	60 000	
贷：实收资本		55 000
累计折旧		5 000

3. 以无形资产投入的核算

当投资人投入无形资产时，被投资企业应按评估确认价值或协议约定的价值记账。对首次发行股票而接受投资者投入的无形资产，被投资企业应按该项无形资产在投资人的账面上的价值入账。

【例 4—4】 B 公司以专利权对 A 保险公司进行投资，评估作价 400 000 元。A 保险公司的会计分录如下：

借：无形资产	400 000	
贷：实收资本		400 000

4. 以外币投入的核算

当收到外币投资时，资产账户按照收到外币投资额当日的市场汇率折算成人民币，实收资本按合同约定的汇率折算。如果实际收到外币时的市场汇率高于合同约定的汇率，则将汇率折算的差额计入“资本公积”科目的贷方。会计分录为：

借：银行存款等（外币实收数×当日市场汇率）
　　贷：实收资本（外币实收数×合同约定汇率）
　　　　资本公积

如果实际收到外币时的市场汇率低于合同约定的汇率，则将汇率折算的差额计入“资本公积”科目的借方。会计分录为：

借：银行存款等（外币实收数×当日市场汇率）
　　资本公积
　　贷：实收资本（外币实收数×合同约定汇率）

5. 以有价证券投入的核算

投资人投入金融企业的有价证券包括投资人原持有的各种债券、股票等，市场流通证券的价值可按市价确定，非流通证券的价值可按收益率折现方法确定。入账时，被投资企业应按确定的价值，借记“持有至到期投资”“可供出售金融资产”等科目，贷记“实收资本”科目。

【例 4—5】 A 证券公司收到 B 公司持有的 C 公司的到期一次性还本付息 3 年期债券，确定该笔债券价值 100 000 元，应计利息为 4 000 元。会计分录为：

借：其他债权投资——成本	100 000	
——应计利息	4 000	
贷：实收资本		104 000

"实收资本"应按投资人设置明细账,并设置相应备查簿,登记企业的法定资本金、各投资人的出资比例以及认缴资本的金额等情况。

(二)企业增加资本的特殊途径

1. 股份有限公司发放股票股利

股份有限公司采用发放股票股利实现增资的,在发放股票股利时,按照股东原来持有的股数分配。如股东所持股份按比例分配的股利不足1股时,应采用恰当的方法处理。例如,股东会决议按股票面额的10%发放股票股利时(假定新股发行价格及面额与原股相同),将会发生所持股票不足10股的股东不能领取一股的情况。在这种情况下,有两种方法可供选择:一是将不足股的股票股利改为现金股利,用现金支付;二是由股东相互转让,凑为整股。股东大会批准的利润分配方案中分配的股票股利,应在办理增资手续后,借记"利润分配"科目,贷记"股本"科目。

2. 可转换公司债券持有人行使转换权利

可转换公司债券持有人行使转换权利,将其持有的债券转换为股票时,按可转换公司债券的余额,借记"应付债券——可转换公司债券(面值、利息调整)"科目;按其权益成分的金额,借记"其他权益工具"科目;按股票面值和转换股数计算所得的股票面值总额,贷记"股本"科目;按其差额,贷记"资本公积——股本溢价"科目。

3. 企业将重组债务转为资本

企业将重组债务转为资本的,应按重组债务的账面余额,借记"应付账款"等科目;按债权人因放弃债权而享有本企业股份的面值总额,贷记"实收资本"或"股本"科目;按股份的公允价值总额与相应的实收资本或股本之间的差额,贷记或借记"资本公积——资本溢价"或"资本公积——股本溢价"科目;按其差额,贷记"营业外收入——债务重组利得"科目。

4. 以权益结算的股份支付的行权

以权益结算的股份支付换取职工或其他方提供服务的,应在行权日,按根据实际行权情况确定的金额,借记"资本公积——其他资本公积"科目;按应计入实收资本或股本的金额,贷记"实收资本"或"股本"科目。

(三)实收资本减少的会计处理

金融企业的实收资本不得随意减少,股东在存续期间不得抽回投资。资本减少应符合以下条件:企业减资应事先通知所有债权人,债权人无异议方可减资;经股东大会决议同意,并经有关部门批准;减资后的注册资本不得低于法定注册资本的最低限额。

金融企业减资的原因主要有两种:一是资本过剩;二是企业发生重大亏损,需要减少实收资本。

企业因资本过剩而减资,一般要发还股款。有限责任公司和一般金融企业发还投资的会计处理比较简单,按法定程序报经批准减少注册资本的,借记"实收资本"或"股本"科目,贷记"库存现金""银行存款"等科目。

股份有限公司筹集股本的方式是发行股票,发还股款时,公司要回购发行的股票,发行股票的价格与股票面值可能不同,回购股票的价格与发行价格也可能不同,会计处理较为复杂。

股份有限公司因减少注册资本而回购本公司股份的,应按实际支付的金额,借记"库存股"科目,贷记"银行存款"等科目。股份有限公司在注销库存股时,应按股票面值和注销股数计算的股票面值总额,借记"股本"科目;按注销库存股的账面余额,贷记"库存股"科目;按其差额,冲减股票发行时原计入资本公积的溢价部分,借记"资本公积——股本溢价"科目;按回购价格超过上述冲减“股本”及“资本公积——股本溢价”科目的部分，应依次借记“盈余公积”“利润分配——未分配利润”等科目。如回购价格低于回购股份所对应的股本，则应将所注销库存股的账面余额与所冲减股本的差额作为增加股本溢价处理，按回购股份所对应的股本面值，借记“股本”科目；按注销库存股的账面余额，贷记“库存股”科目；按其差额，贷记“资本公积——股本溢价”科目。

【例 4—6】 B证券公司截至 2020 年 12 月 31 日共发行股票 20 000 000 股，股票面值为 1 元，资本公积（股本溢价）6 000 000 元，盈余公积 4 000 000 元。经股东大会批准，B公司以现金回购本公司股票 2 000 000 股并注销。假定B公司按照每股 5 元回购股票，不考虑其他因素，B公司的账务处理如下：

库存股的成本＝2 000 000×5＝10 000 000（元）

借：库存股	10 000 000	
贷：银行存款		10 000 000
借：股本	2 000 000	
资本公积——股本溢价	6 000 000	
盈余公积	2 000 000	
贷：库存股		10 000 000

第三节　资本公积和其他综合收益的核算

一、资本公积的性质

资本公积是由投资人或其他人投入，所有权归投资者，但不构成实收资本或股本的那部分资本。

资本公积本质上属于投入资本，与留存收益有根本区别，因为后者是由企业实现的利润转化而来的。与此同时，尽管资本公积也属于投入资本，但它与实收资本和股本又有所不同。实收资本或股本一般是投资者投入的、谋求价值增值的原始投资，且属于法定资本，与企业的注册资本相一致。因此，实收资本或股本无论是在来源上还是金额上，都有比较严格的限制；资本公积在金额上则没有严格的限制，而且来源上也相对多样化，它可以来源于投资者的额外投入，也可以来源于企业中某项资产的公允价值变动等。

二、资本公积的种类

金融企业资本公积包括企业收到的投资者出资超过其在注册资本或者股本中所占份额的部分，以及直接计入所有者权益的利得或损失等。具体来说，形成资本公积的项目主要包括以下几种：

（一）资本溢价（或股本溢价）

有限责任制的金融企业在创立时，出资者认缴的出资额全部计入“实收资本”科目。但当公司重组并有新的投资者加入时，为了维护原投资者的权益，新加入的投资者必须要付出大于原始投资者的出资额，才能取得与原投资者相同的持股比例。企业在经营过程中实现的利润一部分会留在企业，形成留存收益，新加入的投资者会与原始投资者共享这部分留存收益。这也就要求新加入的投资者如果想取得与原投资者相同的持股比例，必须付出大于原始投资者的出资额。投资者投入的资本等于按其比例计算的出资额的部分，应计入"实收资本"科目，余下的部分，应计入"资本公积——资本溢价"科目。

股份有限公司筹集股本的方式是发行股票。为了反映和便于计算各股东所持股份占企业全部股本的比例，企业的股本总额应按股票的面值与股份总数的乘积计算。国家规定，实收资本总额应与注册资本相等。因此，为提供企业股本总额及其构成和注册资本等信息，在采用与股票面值相同的价格发行股票的情况下，企业发行股票取得的收入应全部计入"股本"科目；在采用溢价发行股票的情况下，企业发行股票取得的收入，等于股票面值的部分应计入"股本"科目，超出股票面值的溢价收入，应计入"资本公积——股本溢价"科目。

（二）其他资本公积

其他资本公积是指资本溢价（或股本溢价）以外的直接计入所有者权益的利得和损失，主要包括以下内容：

1. 企业根据以权益结算的股份支付计划授予职工或其他方的权益工具的公允价值。

2. 企业长期股权投资采用权益法核算的，被投资方除净损益外的其他所有者权益变动引起的长期股权投资账面价值的变动。

三、资本公积的会计处理

（一）科目设置

金融企业应设置"资本公积"科目，用于核算企业收到投资者出资超出其在注册资本或者股本中所占的份额以及直接计入所有者权益的利得和损失等。

资本公积一般应当设置"资本（股本）溢价"和"其他资本公积"两个明细科目，其中，"其他资本公积"应包含公允价值变动差额、长期股权投资的变动差额等内容。

（二）资本（股本）溢价的会计处理

1. 接受投资的资产价值超过企业按其在注册资本或股本中所占份额

金融企业收到投资者投入的资本时，借记"银行存款""库存现金""其他应收款""固定资产""无形资产"等科目；按其在注册资本或股本中所占的份额，贷记"实收资本"或"股本"科目；按借贷双方之间的差额，贷记"资本公积——资本（股本）溢价"科目。金融企业应按与发行权益性证券直接相关的手续费、佣金等交易费用，借记"资本公积——资本（股本）溢价"科目，贷记"银行存款"等科目。

【例4—7】 某证券公司A已创立5年，现拥有的所有者权益合计金额为1 000万元，其中，实收资本为800万元，资本公积与留存收益为200万元。现有一新投资者B有意向该企业投资，准备占有A公司注册资本的20%，A公司也准备增资200万元，使其注册资本扩充到1 000万元。A公司已同意B向公司投资并占有20%的投资比例。经协商，B以现金180万元和一套生产线设备向A公司投资，经双方评估，确认该生产线设备的价值为270万元。A公司已将现金收存银行，生产线设备已交付车间使用。有关增资手续已办妥。应做如下会计分录：

借：银行存款	1 800 000	
固定资产	2 700 000	
贷：实收资本——B		2 000 000
资本公积——资本溢价		2 500 000

2. 金融企业将重组债务转为资本的，股份的公允价值总额超过相应实收资本或股本，债

务转为股本时，应按债务重组的账面价值，借记“应付账款”等科目；按债权人放弃债权而享有的本企业股份的面值总额，贷记“股本”科目，贷记或借记“资本公积——资本(股本)溢价”科目；按债务重组的账面价值与股份的公允价值总额之间的差额，贷记“营业外收入——债务重组利得”科目。

【例4—8】 2020年2月10日，B公司销售一批材料给A证券公司，价款200 000元(包括应收取的增值税税额)，合同约定6个月后结清款项。6个月后，A公司发生财务困难，与B公司协商进行债务重组。经双方协商，B公司同意将A公司的债务转为持有A公司的股份。B公司对该项应收账款计提了坏账准备10 000元。转股后，A公司注册资本为5 000 000元，抵偿股权占A公司注册资本的2%。债务重组日，抵债股权的公允价值为152 000元。2020年11月1日，相关手续办理完毕。假定不考虑其他相关税费，A公司应做如下会计分录：

应计入资本公积的金额＝152 000－5 000 000×2%＝52 000(元)

债务重组利得＝200 000－152 000＝48 000(元)

借：应付账款——B公司	200 000	
贷：实收资本——B公司		100 000
资本公积——资本溢价		52 000
营业外收入——债务重组利得		48 000

(三)其他资本公积的会计处理

1. 以权益结算的股份支付

以权益结算的股份支付换取职工或其他方服务的，应按照确定的金额，计入“管理费用”等科目，同时增加资本公积(其他资本公积)。在行权日，应按实际行权的权益工具数量计算确定的金额，借记“资本公积——其他资本公积”科目；按计入实收资本或股本的金额，贷记“实收资本”或“股本”科目，并将其差额，计入“资本公积——资本溢价”或“资本公积——股本溢价”科目。

2. 采用权益法核算的长期股权投资

长期股权投资采用权益法核算的，被投资单位除净损益、其他综合收益和利润分配以外的所有者权益的其他变动，投资企业应按持股比例计算应享有的份额，相应调整长期股权投资的账面价值，同时增加或减少资本公积(其他资本公积)。当处置采用权益法核算的长期股权投资时，应当将原计入资本公积(其他资本公积)的相关金额转入投资收益(不能转入损益的项目除外)。

【例4—9】 A保险公司于2020年1月1日向B公司投资8 000 000元，拥有该公司20%的股份，并对该公司有重大影响，因而对B公司长期股权投资采用权益法核算。2020年12月31日，B公司除净损益之外的所有者权益增加了1 500 000元。假定除此之外，B公司的所有者权益没有变化，A公司的持股比例没有变化，B公司资产的账面价值与公允价值一致，不考虑其他因素。A公司应做如下会计分录：

借：长期股权投资——B公司	300 000	
贷：资本公积——其他资本公积		300 000

A保险公司增加的资本公积＝1 500 000×20%＝300 000(元)

(四)资本公积转增资本的会计处理

按照《中华人民共和国公司法》(以下简称《公司法》)的规定，法定公积金(资本公积和盈余公积)转为资本时，所留存的该项公积金不得少于转增前公司注册资本的25%。经股东大会或类似机构决议，用资本公积转增资本时，应冲减资本公积，同时按照转增前的实收资本（或股本）的结构或比例，将转增的金额计入“实收资本”（或“股本”）科目下的各所有者的明细分类账之中。

（五）其他综合收益的会计处理

其他综合收益，是指企业未在当期损益中确认的各项利得和损失，包括以后会计期间不能重分类进损益的，以及满足规定条件时可以重新分类进损益的其他综合收益两类。

1. 不能重分类进损益的其他综合收益项目主要包括重新计量设定受益计划净负债或净资产导致的变动，以及按照权益法核算因被投资单位重新计量设定受益计划净负债或净资产变动导致的权益变动，投资企业按持股比例计算确认的该部分其他综合收益项目。

2. 满足规定条件时可以重分类进损益的其他综合收益项目主要包括：

（1）符合《企业会计准则第 37 号——金融工具列报》规定，同时符合两个条件的金融资产应当分类为以公允价值计量且其变动计入其他金融资产：一是企业管理该金融资产的业务模式既以收取合同现金流量为目标，又以出售该金融资产为目标；二是该金融资产的合同条款规定，在特定日期产生的现金流量，仅为对本金和以未偿付本金金额为基础的利息的支付。当该类金融资产终止确认时，之前计入其他综合收益的累计利得或损失应当从其他综合收益中转出，并入当期损益。

（2）按照《企业会计准则第 37 号——金融工具列报》规定，对金融资产重分类可以将原计入其他综合收益的利得或损失转入当期损益的部分。

（3）采用权益法核算的长期股权投资，按照被投资单位实现其他综合收益以及持股比例计算应享有或分担的金额，调整长期股权投资的账面价值，同时增加或减少其他综合收益，其会计处理为借记（或贷记）“长期股权投资——其他综合收益”科目，贷记（或借记）“其他综合收益”，待该项股权投资处置时，将原计入其他综合收益的金额转入当期损益。

（4）企业将作为存货的房地产转换为采用公允价值模式计量的投资性房地产时，应当按该项建筑物在转换日的公允价值，借记“投资性房地产——成本”科目；原已计提跌价准备的，借记“存货跌价准备”科目；按其账面余额，贷记“开发产品”等科目；转换日的公允价值小于账面价值的，按其差额，借记“公允价值变动损益”科目；转换日的公允价值大于账面价值的，按其差额，贷记“其他综合收益”科目。

企业将自用的建筑物等转换为采用公允价值模式计量的投资性房地产时，应当按该项房地产在转换日的公允价值，借记“投资性房地产——成本”科目；原已计提减值准备的，借记“固定资产减值准备”科目；按已计提的累计折旧等，借记“累计折旧”等科目；按其账面余额，贷记“固定资产”等科目；转换日的公允价值小于账面价值的，按其差额，借记“公允价值变动损益”科目；转换日的公允价值大于账面价值的，按其差额，贷记“其他综合收益”科目。

待该项投资性房地产处置时，因转换而计入其他综合收益的部分应转入当期损益。

（5）按照外币折算的要求，企业在处置境外经营的当期，将已列入合并会计报表所有者权益的外币报表折算差额中与该境外经营相关的部分，自其他综合收益项目转入处置当期损益。

如果是部分处置境外经营，应当按处置的比例计算处置部分的外币报表折算差额，转入处置当期损益。

（6）现金流量套期工具产生的利得或损失中属于有效套期的部分。

第四节　留存收益与一般风险准备的核算

一、留存收益

(一)留存收益的性质

金融企业的留存收益是指企业从历年实现的利润中提取或形成的留存企业内部的积累，来源于企业在经营活动中所实现的净利润。企业在一定时期内实现的收益总额扣除所得税之后，再扣除已宣布分配的利润就是留存利润。从理论上来说，留存收益属于股东，是股东权益的组成部分，它与投入资本共同构成股东权益。两者的区别在于：留存收益来源于企业的资本增值，而投入资本是投资者投入资产而形成的法定资本。

金融企业留存收益的目的是保证企业实现的净利润有一部分留在企业，这样一方面可以满足企业维持或扩大经营活动的资金需要，保持或提高企业的获利能力；另一方面可以保证企业有足够的资金弥补以后可能出现的亏损，也保证企业有足够的资金用于偿还债务，保护债权人的权益。

(二)留存收益的组成

留存收益主要包括以下两个部分：

1. 盈余公积

(1)法定盈余公积。它是指企业按照规定比例从净利润中提取的盈余公积。

(2)任意盈余公积。它是指企业经股东大会或类似机构批准，按照规定比例从净利润中提取的盈余公积。它与法定盈余公积的区别在于，其提取比例由企业自行决定，而法定盈余公积的提取比例则由国家有关法规规定。

需要说明的是，由于我国有关外商投资企业法律的特别规定，因此，外商投资金融企业的盈余公积与一般金融企业有所不同，具体包括以下几个方面的内容：

(1)储备基金。储备基金是指由法律法规规定，从净利润中提取的、经批准用于弥补亏损和转增资本的储备基金。

(2)企业发展基金。企业发展基金是指按照法律和行政法规规定，从净利润中提取的、用于企业生产发展和经批准用于增加企业资本的企业发展基金。

(3)利润归还投资。利润归还投资是指中外合作经营企业按照规定在合作期内以利润归还投资者的投资。

2. 未分配利润

金融企业的未分配利润是企业实现的净利润经过弥补亏损、提取盈余公积并向投资者分配利润后留存在企业的历年结存的利润，其在数量上等于期初未分配利润加上本期税后利润，减去提取的各种盈余公积和分配利润后的余额。相对于所有者权益的其他部分来讲，企业对于未分配利润的使用和分配有较大的自主权。

二、盈余公积

(一)盈余公积的有关规定

根据《公司法》规定，企业当年实现的净利润，应按照如下顺序进行分配：

1. 提取法定公积金

公司制金融企业的法定公积金按照税后利润10%的比例提取(非公司制金融企业可按照超过10%的比例提取),在计算提取法定盈余公积的基数时,不包括企业年初未分配利润。公司法定公积金累计额为公司注册资本的50%以上时,可以不再提取法定公积金。

公司的法定公积金不足以弥补以前年度亏损的,应在提取法定公积金之前,先用当年利润弥补亏损。

2. 提取任意公积金

公司从税后利润中提取法定公积金后,经股东会或者股东大会决议,还可以从税后利润中提取任意公积金。非公司制金融企业经类似权力机构的批准,也可提取任意盈余公积。

3. 向投资者分配利润或股利

公司弥补亏损和提取公积金后所余的税后利润,有限责任公司的股东可以按照实缴的出资比例分取红利,全体股东约定不按出资比例分取红利的除外;股份有限公司的股东按持有股份比例分配,但股份有限公司章程规定不按持股比例分配的除外。

股东会、股东大会或者董事会违反规定在公司弥补亏损和提取法定公积金之前向股东分配利润的,股东必须将违反规定分配的利润退还公司。公司持有的本公司股份不得分配利润。

(二)盈余公积的用途

1. 弥补亏损

企业在发生亏损时,应自行弥补。弥补亏损的渠道主要有3种:一是用以后年度的税前利润弥补。按照现行制度的规定,企业在发生亏损时,可以用以后5年内实现的税前利润弥补,即税前利润弥补亏损的期间为5年。二是用以后年度的税后利润弥补。企业发生的亏损经过5年期间未弥补足额的,尚未弥补的亏损应用所得税后的利润弥补。三是以盈余公积弥补亏损。企业在以提取的盈余公积弥补亏损时,应当由公司董事会提议,并经股东大会批准。

2. 转增资本

企业将盈余公积转增资本时,必须经股东大会决议批准,还要按股东原有持股比例结转。企业提取的盈余公积,无论是用于弥补亏损,还是用于转增资本,只不过是在企业所有者权益内部做结构上的调整,比如企业以盈余公积弥补亏损时,实际是减少盈余公积留存的数额,以此抵补未弥补亏损的数额,并不引起所有者权益总额的变动;企业以盈余公积转增资本时,也只是减少盈余公积结存的数额,同时增加企业实收资本或股本的数额,并不引起所有者权益总额的变动。在盈余公积转增资本后,留存的盈余公积不得少于转增前注册资本的25%。

3. 扩大企业生产经营

企业盈余公积的结存数只表现为企业所有者权益的组成部分,表明企业生产经营资金的一个来源,其形成资金可能表现为一定的货币资金,也可能表现为一定的实物资产,如存货和固定资产等。这些资金随同企业的其他来源所形成的资金进行循环周转,用于企业的生产经营。

(三)盈余公积的核算

为了核算反映金融企业盈余公积的形成及使用情况,金融企业应设置“盈余公积”科目。企业应当分别对“法定盈余公积”“任意盈余公积”进行明细核算。外商投资金融企业还应分别对“储备基金”“企业发展基金”进行明细核算。

1. 提取盈余公积

一般金融企业在提取盈余公积时,应借记“利润分配——提取法定盈余公积”“利润分配——提取任意盈余公积”科目,贷记“盈余公积——法定盈余公积”“盈余公积——任意盈余公积”科目。

【例 4－10】 A 财务公司 2020 年实现的净利润为 8 000 000 元。根据《公司法》规定，按税后利润的 10％提取法定盈余公积，同时经股东大会决议，按 25％提取任意盈余公积。其余利润用于派发现金股利。A 财务公司的账务处理如下：

借：利润分配——提取法定盈余公积	800 000	
——提取任意盈余公积	2 000 000	
——应付股利	5 200 000	
贷：盈余公积——法定盈余公积		800 000
任意盈余公积		2 000 000
应付股利		5 200 000

外商投资金融企业按规定提取的储备基金、企业发展基金、职工奖励及福利基金，借记“利润分配——提取储备基金”“利润分配——提取企业发展基金”“利润分配——提取职工奖励及福利基金”科目，贷记“盈余公积——储备基金”“盈余公积——企业发展基金”“应付职工薪酬”等科目。

2. 弥补亏损

金融企业在用盈余公积弥补亏损时，借记“盈余公积”科目，贷记“利润分配——盈余公积补亏”科目。

【例 4－11】 A 证券公司以前年度累计未弥补亏损 300 000 元，按规定已超过用税前利润弥补亏损的期间。经股东大会决定，以盈余公积全额弥补以前年度未弥补亏损。A 证券公司的会计分录如下：

借：盈余公积	300 000	
贷：利润分配——盈余公积补亏		300 000

3. 转增资本

金融企业在用盈余公积转增资本时，借记“盈余公积”科目，贷记“实收资本”或“股本”科目。

【例 4－12】 A 信托公司于 2020 年 5 月，经公司股东大会决议，以任意盈余公积 300 000 元转增资本，并已办妥转增手续。A 信托公司的会计分录如下：

借：盈余公积——任意盈余公积	300 000	
贷：股本		300 000

三、未分配利润

（一）会计科目的设置

在会计处理上，未分配利润是通过“利润分配”科目进行核算的。“利润分配”科目应当分别对“提取法定盈余公积”“提取任意盈余公积”“应付现金股利或利润”“转作股本的股利”“盈余公积补亏”和“未分配利润”等科目进行明细核算。

（二）未分配利润的核算

1. 期末结转

企业在期末结转利润时，应将各损益类科目的余额转入“本年利润”科目，结平各损益类科目，结转后，“本年利润”的贷方余额为当期实现的净利润，借方余额为当期发生的净亏损。年度终了，应将本年收入和支出相抵后的本年实现的净利润或净亏损，转入“利润分配——未分配利润”科目。同时，将“利润分配”科目所属的其他明细科目的余额转入“未分配利润”明细科目。结转后，“未分配利润”明细科目的贷方余额就是未分配利润的金额，如出现借方余额，则表示未弥补亏损的金额。“利润分配”科目所属的其他明细科目应无余额。

【例 4—13】 A 保险公司 2020 年实现税后利润为 1 800 000 元，公司股东大会决定按利润的 10%提取法定盈余公积，按利润的 20%提取任意盈余公积，分派现金股利 500 000 元。

2021 年度，A 保险公司发生亏损 350 000 元。

(1)A 保险公司 2020 年有关利润分配的账务处理如下：

借：本年利润	1 800 000	
贷：利润分配——未分配利润		1 800 000
借：利润分配——提取法定盈余公积	180 000	
——提取任意盈余公积	360 000	
——应付现金股利	500 000	
贷：盈余公积——法定盈余公积		180 000
——任意盈余公积		360 000
应付股利		500 000
借：利润分配——未分配利润	1 040 000	
贷：利润分配——提取法定盈余公积		180 000
——提取任意盈余公积		360 000
——应付现金股利		500 000

(2)A 保险公司 2021 年年末结转亏损的会计分录如下：

借：利润分配——未分配利润	350 000	
贷：本年利润		350 000

2. 弥补亏损

企业在生产经营过程中既有可能盈利，也有可能亏损。企业在当年发生亏损时，应将本年发生的亏损自“本年利润”科目转入“利润分配——未分配利润”科目，借记“利润分配——未分配利润”科目，贷记“本年利润”科目。结转后，“利润分配”科目的借方余额即为未弥补亏损的数额，然后通过“利润分配”科目核算有关亏损的弥补情况。

四、一般风险准备

一般风险准备，是指从事证券业务的金融企业按规定从净利润中提取，用于弥补亏损的风险准备。一般风险准备通常按净利润的 10%计提，并且只能用于弥补亏损。

企业提取一般风险准备时，借记“利润分配——提取一般风险准备”科目，贷记“一般风险准备”科目。用一般风险准备弥补亏损时，借记“一般风险准备”科目，贷记“利润分配——一般风险准备补亏”科目。“一般风险准备”科目的期末贷方余额，反映企业按规定提取的一般风险准备余额。

本章小结

本章全面论述了所有者权益核算的基本要求及各组成项目的会计处理。在学习和理解本章内容时，应当关注：

1. 所有者权益的概述。所有者权益是指企业资产扣除负债后由所有者享有的剩余权益。

2. 实收资本的确认和计量。实收资本是投资者投入资本形成法定资本的价值。

3. 资本公积和其他综合收益的确认与计量。资本公积包括资本溢价和直接计入所有者权益的利得与损失等。

4. 留存收益和一般风险准备的确认和计量。留存收益包括盈余公积和未分配利润。

除学习本章内容外，还应当认真阅读《企业会计准则第 37 号——金融工具列报》及相关指南和解释。

本章关键术语

所有者权益；实收资本；资本公积；其他综合收益；留存收益；一般风险准备

本章思考题

1. 金融企业的所有者权益包括哪些内容？
2. 金融企业接受现金投资和非现金投资的会计处理有什么区别？
3. 资本公积的性质是什么？它与实收资本有何联系和区别？
4. 金融企业的留存收益主要包括哪些内容？

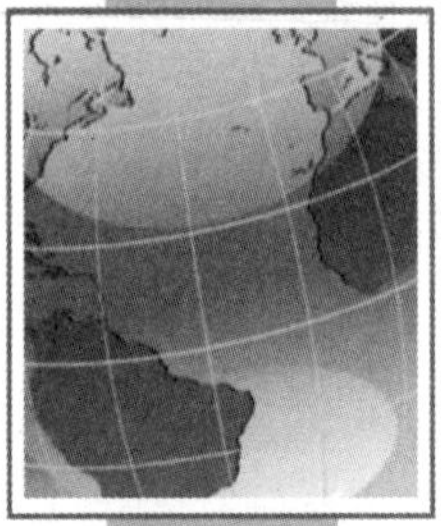

第五章 收入、费用和利润

学习目标

1. 掌握金融企业收入、费用和利润的定义
2. 掌握金融企业营业收入的确认和计量
3. 理解金融企业收入、费用和利润的会计处理

本章预习

金融企业的收入是指企业在日常活动中形成的、会导致所有者权益增加的、与所有者投入资本无关的经济利益的总流入；费用是指企业在日常活动中发生的、会导致所有者权益减少的、与向所有者分配利润无关的经济利益的总流出；利润是指企业在一定会计期间的经营成果，包括收入减去费用后的净额、直接计入当期利润的利得和损失等。

第一节 收 入

一、收入的定义

收入是指企业在日常活动中形成的、会导致所有者权益增加的、与所有者投入资本无关的经济利益的总流入。其中，日常活动是指企业为完成其经营目标所从事的经常性活动以及与之相关的其他活动。

按照企业从事日常活动的重要性，可将收入分为主营业务收入、其他业务收入等。其中，主营业务收入是指企业为完成其经营目标所从事的经常性活动实现的收入；其他业务收入是指企业为完成其经营目标所从事的与经常性活动相关的活动实现的收入。

一项经济利益的流入确认为收入须具备以下几个方面的特征：

第一，收入最终能够引起企业所有者权益的增加。金融企业确认收入的前提是经济利益的流入。因此，金融企业实现的收入，既可以表现为资产的增加，也可以表现为负债的减少，无论是前者还是后者，其本质都是金融企业获得一定的经济利益，最终都会使所有者权益增加。

第二，收入形成于企业的日常经营过程中，这是营业收入与营业外收入的最大区别。金融企业的收入只能从日常经营过程中产生，例如金融企业发放贷款、提供咨询等。其中一些偶然发生的事件，虽然也可以为金融企业带来经济利益的流入，但只要不是金融企业日常活动带来的，就不属于金融企业的营业收入，例如，出售固定资产所获得的收益等。

第三，收入是一个与费用相对的概念。金融企业的收入是与一定的费用紧密联系的，是金融企业先期垫付费用的回报。可以说，金融企业在经营过程中的各项耗费是为了获得收入而支付的，任何一项收入都是以一定的费用支出为前提的。

第四,收入不包括为第三方或客户代收的款项。收入是金融企业在日常经营活动中所形成的经济利益的总流入。这种经济利益归根结底是属于金融企业的,最终将增加金融企业的所有者权益,而代收款项不符合这种特征。

企业处置固定资产、无形资产等活动,不是为完成经营目标所从事的经常性活动,也不属于与经营性活动相关的其他活动,由此产生的经济利益的流入不构成营业收入,应当确认为营业外收入。

二、金融企业营业收入的构成

金融企业的营业收入是指金融企业在一定时期(一个会计期间)内对外提供服务或对外提供特殊金融商品(如资金等)而取得的收入,一般包括利息收入、金融企业往来收入、手续费及佣金收入、贴现利息收入、保费收入、证券发行差价收入、证券自营差价收入、买入返售证券收入、汇兑收益、投资收益、公允价值变动损益、租赁收入和其他业务收入,但不包括为第三方或者客户代收的款项,如金融企业代垫的工本费等。

表 5—1 列示了金融企业的收入项目。

表 5—1　　　　**金融企业的收入项目**

收入项目	主要内容
利息收入	金融企业依法发放的各类贷款(银行贷款、贸易融资、贴现和转贴现融出资金、协议透支、信用卡透支、转贷款、垫款等)、与其他金融机构(中央银行、同业等)之间发生资金往来业务、买入返售金融资产等实现的利息收入
手续费及佣金收入	金融企业确认的手续费及佣金收入,包括办理结算业务、咨询业务、担保业务、代保管等代理业务以及办理受托贷款及投资业务等取得的手续费及佣金,如结算手续费收入、佣金收入、业务代办手续费收入、基金托管收入、咨询服务收入、担保收入、受托贷款手续费收入、代保管收入,代理买卖证券、代理承销证券、代理兑付证券、代理保管证券、代理保险业务等代理业务以及其他相关服务实现的手续费及佣金收入等
汇兑收益	金融企业在从事外汇交易的过程中,由于不同货币间以及不同国家之间的汇率存在差异而获得的收益
投资收益	指金融企业在一定会计期间通过购买有价证券或以现金、无形资产、实物等对外投资所取得的收益
公允价值变动损益	金融企业持有的金融资产或金融负债,因公允价值变动形成的损益,以及采用公允价值模式计量的衍生工具、套期保值业务等公允价值变动形成的应计入当期损益的利得或损失
保费收入	保险企业为履行保险合同规定的义务而向投保人收取的对价收入,包括原保险合同保费收入与再保险合同分保费收入等
租赁收入	租赁企业确认的租赁收入
其他业务收入	金融企业确认的除主营业务活动以外的其他经营活动实现的收入,包括非专门从事租赁的金融企业出租固定资产的收入;保险企业经营受托管理业务取得的管理费收入,也通过"其他业务收入"核算

此外,对金融企业而言,广义的收入还包括与经营业务无直接关系的营业外收入,如固定资产盘盈利得、捐赠利得等内容。

同时,不同性质的金融企业,其主营业务收入也不相同。表 5—2 描述了不同金融企业的收入来源。

表 5—2 金融企业的收入来源

金融企业	收入来源
商业银行	利息收入、金融企业往来收入、手续费收入、投资收益、汇兑收益、其他营业收入等
保险公司	保费收入、分保费收入、摊回分保赔款、转回长期责任准备金、转回寿险责任准备金、转回长期健康险责任准备金、利息收入、投资收益、汇兑损益等
证券公司	手续费收入、自营证券差价收入、证券发行差价收入、受托投资管理收益、利息收入、金融企业往来收入、买入返售证券收入、汇兑收益、其他业务收入等
基金公司	股票差价收入、债券差价收入、债券利息收入、存款利息收入、股利收入、买入返售证券收入、其他收入等
信托公司	利息收入、投资收益、租赁收入、其他收入等
担保公司	担保费收入、手续费收入、利息收入、评审费收入、追偿收入、其他业务收入等
期货公司	手续费收入、年会费收入等

三、金融企业营业收入的确认和计量

(一)收入确认的步骤

收入的确认和计量大致分为 5 步:第一步,识别与客户订立的合同;第二步,识别合同中的单项履约义务;第三步,确定交易价格;第四步,将交易价格分摊至各单项履约义务;第五步,履行各单项履约义务时确认收入。其中,第一步、第二步和第五步主要与收入的确认有关,第三步和第四步主要与收入的计量有关。

(二)收入确认的具体规定

1. 利息收入

金融企业的主要收入来源于利息收入。金融企业发放的贷款应按期计提利息并确认收入。企业应在资产负债表日,按照他人使用本企业货币资金的时间和实际利率计算确定利息收入金额。按计算确定的利息收入金额,借记“应收利息”“银行存款”等科目,贷记“利息收入”“其他业务收入”等科目。按照计算得出的利息收入的金额,借记“其他应收款”科目,贷记“应交税费——应交增值税(销项税额)”科目。

【例 5—1】 甲商业银行于 2020 年 10 月 1 日向乙公司发放一笔贷款 300 万元,期限为 1 年,年利率为 4%。甲商业银行在发放贷款时没有发生交易费用。该贷款的合同利率与实际利率相同。假定甲商业银行按季度编制会计报表,不考虑其他因素。甲商业银行的账务处理如下:

(1)2020 年 10 月 1 日,对外贷款时:

借:贷款 3 000 000

　　贷:吸收存款 3 000 000

(2)2020 年 12 月 31 日,确认利息收入及增值税金额时:

借:应收利息 30 000

　　贷:利息收入 30 000

借:其他应收款 1 800

　　贷:应交税费——应交增值税(销项税额) 1 800

2. 手续费收入及佣金收入

手续费收入及佣金收入应当在向客户提供相关服务时确认。

3. 证券发行差价收入

证券发行差价收入应于发行期结束后与发行人结算发行价款时确认。

4. 证券自营差价收入

证券自营差价收入应在与证券交易所清算时按成交价扣除买入成本、相关税费后的净额确认。

5. 汇兑收益

汇兑收益应于收到报关单、发票等单证后予以确认。

6. 公允价值变动损益

在资产负债表日，企业应当按照公允价值对交易性金融资产、交易性金融负债、指定为以公允价值计量且其变动计入当期损益的金融资产或金融负债进行后续计量，确认此类金融资产或金融负债公允价值变动形成的利得或损失。

7. 投资收益

有关金融企业持有交易性金融资产、交易性金融负债、持有至到期投资、贷款和应收账款、可供出售金融资产等项目的投资收益的确认和计量，参见第二章"金融企业的资产"中的"金融资产"一节。有关长期股权投资中投资收益的确认，参见本书第二章"金融企业的资产"中的"长期股权投资"一节。

8. 保费、分保费收入

保费、分保费收入应在下列条件均能满足时予以确认：

(1)保险合同成立并承担相应保险责任；

(2)与保险合同相关的经济利益能够流入；

(3)与保险合同相关的收入和成本能够可靠地计量。

四、金融企业收入的核算

本部分介绍的是具有普适性的收入科目的核算，其他各金融企业的特有活动将在后面章节中单独介绍。

(一)"利息收入"科目

本科目用于核算金融企业确认的利息收入，应按下列业务类别进行明细核算：存放同业、存放中央银行、拆出资金、个人贷款和垫款、公司贷款和垫款、票据贴现、买入返售金融资产、债券投资、已减值的金融资产等。主要会计业务处理如下：

1. 确认利息收入时的会计分录为：

借：应收利息等科目（企业按合同利率计算确定的应收未收利息）

　　借或贷：贷款——利息调整（差额）

　　贷：利息收入（按摊余成本和实际利率计算确定的利息收入）

借：其他应收款

　　贷：应交税费——应交增值税（销项税额）

实际利率和合同利率差异小的，也可以采用合同利率计算确定利息收入。

2. 实际收到利息收入时的会计分录为：

借：银行存款等科目

　　贷：应收利息等科目

期末应将本科目余额转入"本年利润"科目。结转后，本科目应无余额。

【例 5—2】 2019 年 1 月 1 日，EFG 银行向某客户发放一笔贷款 100 000 000 元，期限 2 年，合同利率 10%，按季结息。假定该贷款发放无交易费用，实际利率与合同利率相同，每半年对贷款进行减值测试一次。其他资料如下：

(1)2019 年 3 月 31 日、6 月 30 日、9 月 30 日和 12 月 31 日，分别确认贷款利息为 2 500 000 元。

(2)2019 年 12 月 31 日，经综合分析与该贷款有关的因素，发现该贷款存在减值迹象，采用单项计提减值准备的方式确认减值损失为 10 000 000 元。

(3)2020 年 3 月 31 日，从客户处收到利息 1 000 000 元，且预期 2020 年度第二季度末和第三季度末很可能收不到利息。

假定不考虑其他因素，EFG 银行的账务处理如下：

(1)发放贷款：

借：贷款——本金　　100 000 000
　贷：吸收存款　　100 000 000

(2)2019 年 3 月 31 日、6 月 30 日、9 月 30 日和 12 月 31 日，分别确认贷款利息及增值税金额为 2 500 000 元和 150 000 元：

借：应收利息　　2 500 000
　贷：利息收入　　2 500 000
借：存放中央银行款项(或吸收存款)　　2 500 000
　贷：应收利息　　2 500 000
借：其他应收款　　150 000
　贷：应交税费——应交增值税(销项税额)　　150 000

(3)2019 年 12 月 31 日，确认减值损失为 10 000 000 元：

借：资产减值损失　　10 000 000
　贷：贷款损失准备　　10 000 000
借：贷款——已减值　　10 000 000
　贷：贷款——本金　　10 000 000

此时，贷款的摊余成本＝100 000 000－10 000 000＝90 000 000(元)

(4)2020 年 3 月 31 日，确认从客户处收到利息 1 000 000 元，并确认相应的增值税税额为 135 000 元：

借：存放中央银行款项(或吸收存款)　　1 000 000
　贷：利息收入　　1 000 000

按实际利率法以摊余成本为基础确认的利息收入＝90 000 000×10%÷4＝2 250 000(元)

借：应收利息　　2 250 000
　贷：利息收入　　2 250 000
借：其他应收款　　135 000
　贷：应交税费——应交增值税(销项税额)　　135 000

此时，贷款的摊余成本＝90 000 000－1 000 000＋2 250 000＝91 250 000(元)

(二)“手续费及佣金收入”科目

本科目用于核算金融企业确认的手续费及佣金收入，包括办理结算业务、咨询业务、担保业务、代保管等代理业务以及办理受托贷款和投资业务等取得的手续费及佣金，如结算手续费收入、佣金收入、业务代办手续费收入、基金托管收入、咨询服务收入、担保收入、受托贷款手续费收入、代保管收入，代理买卖证券、代理承销证券、代理兑付证券、代理保管证券、代理保险业务等代理业务以及其他相关服务实现的手续费及佣金收入等。本科目应按下列业务类别进行明细核算：结算与清算手续费、代理业务手续费、信用承诺手续费及佣金、银行卡手续费、顾问和咨询费、托管及其他业务佣金。相关会计处理列示如下：

1. 企业在确认手续费及佣金收入时的会计分录如下：

借：应收手续费及佣金或代理承销证券款等科目

　　贷：手续费及佣金收入

借：其他应收款

　　贷：应交税费——应交增值税（销项税额）

2. 企业在实际收到手续费及佣金时的会计分录如下：

借：银行存款

　　贷：应收手续费及佣金等科目

期末，应将本科目余额转入"本年利润"科目。结转后，本科目应无余额。

（三）"汇兑损益"科目

本科目用于核算金融企业确认的汇兑损失和汇兑收益。外币业务的会计记账方法一般有两种，即外币统账制和外币分账制。外币业务发生并不频繁的金融企业可选用外币统账制；外币业务量较大、发生频繁且涉及币种较多的金融企业则可选用外币分账制。

1. 采用统账制核算的金融企业，期（月）末各外币性项目的外币余额，采用资产负债表日即期汇率折算，因资产负债表日及其汇率与初始确认时或前一资产负债日即期汇率不同而产生的汇兑差额，如为收益，做如下会计分录：

借：有关科目

　　贷：汇兑损益

如为损失，则编制相反的会计分录。

2. 采用分账制核算的金融企业，期（月）末将所有以外币表示的"货币兑换"科目余额按期（月）末汇率折算为记账本位币金额，折算后的记账本位币金额与"货币兑换——记账本位币"科目余额进行比较，如为贷方差额，则确认为收益，做如下会计分录：

借：货币兑换——记账本位币

　　贷：汇兑损益

如为借方差额，确认为损失，则编制相反的会计分录。

期末，应将本科目余额转入"本年利润"科目。结转后，本科目应无余额。

（四）"公允价值变动损益"科目

本科目用于核算企业交易性金融资产、交易性金融负债以及采用公允价值模式计量的投资性房地产、衍生工具、套期保值业务等公允价值变动形成的应计入当期损益的利得或损失。

指定为以公允价值计量且其变动计入当期损益的金融资产或金融负债公允价值变动形成的应计入当期损益的利得或损失，也在本科目核算。

企业开展套期保值业务的，有效套期关系中的套期工具或被套期项目的公允价值变动，也可以单独设置"套期损益"科目核算。

本科目可按交易性金融资产、交易性金融负债、投资性房地产等业务类别进行明细核算。涉及"公允价值变动损益"科目的主要业务的会计处理列示如下：

1. 在资产负债表日，企业应按交易性金融资产的公允价值高于其账面余额的差额，确认为收益，做如下会计分录：

借：交易性金融资产——公允价值变动

贷：公允价值变动损益

针对公允价值低于其账面余额的差额，编制相反的会计分录。

2. 在出售交易性金融资产时，做如下会计分录：

借：银行存款等科目

借或贷：投资收益(差额)

贷：交易性金融资产

借：其他应收款

贷：应交税费——应交增值税(销项税额)

同时，将原计入该金融资产的公允价值变动转出，借记或贷记本科目，贷记或借记“投资收益”科目。

3. 在资产负债表日，交易性金融负债的公允价值高于其账面余额的差额，则确认为损失，做如下会计分录：

借：公允价值变动损益

贷：交易性金融负债——公允价值变动

针对公允价值低于账面价值的差额，编制相反的会计分录。

4. 处置交易性金融负债，应按该金融负债的账面余额，确认为损失，做如下会计分录：

借：公允价值变动损益

借或贷：投资收益(差额)

贷：银行存款等科目(按实际支付的金额)

借：应交税费——应交增值税(进项税额)

贷：其他应付款

同时，按该金融负债的公允价值变动，贷记或借记本科目，借记或贷记“投资收益”科目。

期末，应将本科目余额转入“本年利润”科目。结转后，本科目应无余额。

【例5—3】 某金融机构的一项交易性金融资产的取得成本为4 000万元，资产负债表日的公允价值为3 500万元；一项交易性金融负债的取得成本为2 700万元，资产负债表日的公允价值变为3 100万元，做如下会计分录：

借：公允价值变动损益	9 000 000	
贷：交易性金融资产——公允价值变动		5 000 000
交易性金融负债——公允价值变动		4 000 000

(五)“投资收益”科目

本科目用于核算企业确认的投资收益或投资损失。本科目可按投资项目进行明细核算。

涉及“投资收益”科目的主要业务的会计处理如下：

1. 对长期股权投资采用成本法核算的，除在取得投资时实际支付的价款或对价中包含的已宣告但尚未发放的现金股利或利润外，投资企业应当按照享有被投资单位宣告发放的现金股利或利润确认投资收益，不管有关利润分配是属于取得投资前还是取得投资后对被投资单位实现净利润的分配，做如下会计处理：

借：应收股利

贷：投资收益

借：其他应收款

贷：应交税费——应交增值税（销项税额）

【例 5—4】 2020 年 6 月 20 日，A 公司以 2 000 万元购入 B 公司 80%的股权。A 公司在取得该部分股权后，能够主导 B 公司的相关活动并获得可变回报。2020 年 9 月 30 日，B 公司宣告分派现金股利，A 公司按照其持有比例确定可分到 30 万元，并确认相应的增值税税额 1.8 万元。A 公司对 B 公司长期股权投资应进行的账务处理如下：

借：长期股权投资	20 000 000	
贷：银行存款		20 000 000
借：应收股利	300 000	
贷：投资收益		300 000
借：其他应收款	18 000	
贷：应交税费——应交增值税（销项税额）		18 000

2. 对长期股权投资采用权益法核算的，应当按照应享有或应分担被投资单位实现净利润或发生净亏损的份额，调整长期股权投资的账面价值，并确认为当期投资损益。相关会计分录如下：

借：长期股权投资——损益调整

贷：投资收益

借：其他应收款

贷：应交税费——应交增值税（销项税额）

被投资单位发生净亏损的，编制相反的会计分录，原则上应以长期股权投资及其他实质上构成对被投资单位净投资的长期权益减计至零为限，投资企业负有承担额外损失义务的除外。投资企业在确认应分担被投资单位发生的亏损时，具体应按照以下顺序处理：

第一步，减计长期股权投资的账面价值。

第二步，在长期股权投资的账面价值减计至零的情况下，对于未确认的投资损失，考虑除长期股权投资以外，账面上是否有其他实质上构成对被投资单位净投资的长期权益项目。如果有，则应以其他长期权益的账面价值为限，继续确认投资损失，冲减长期应收项目等的账面价值。

最后，经过上述处理，按照投资合同或协议的约定，投资企业仍须承担额外损失弥补等义务的，应按预计将承担的义务金额确认为预计负债，计入当期投资损失。

发生亏损的被投资单位以后实现净利润的，应按与上述相反的顺序进行处理。

【例 5—5】 A 金融企业于 2023 年 1 月取得 B 公司 20%的有表决权股份，能够对 B 公司施加重大影响。假定 A 金融企业在取得该项投资时，B 公司各项可辨认资产、负债的公允价值与其账面价值相同。2023 年 8 月，B 公司将其成本为 600 万元的某商品以 1 000 万元的价格出售给 A 金融企业，A 金融企业将取得的商品作为存货。至 2023 年资产负债表日，A 企业仍未对外出售该存货。B 公司 2023 年实现净利润 3 200 万元。假定不考虑所得税因素。

注：A 金融企业持有 B 公司 20%的表决权，B 公司将存货出售给 A 公司形成逆流交易，由于期末 A 金融企业将商品作为存货处置，且全部未对外出售，因此在 A 金融企业的个表财务报表中，应将 B 公司实现的净利润中未实现的内部交易损益（1 000－600）×100%＝400 万元予以抵消后的净利润 3 200－400＝2 800 万元，再按照 A 金融企业的持股比例计算损益调整部分。

A金融企业在按照权益法确认应享有的B公司2023年的净损益及增值税(增值税税率6%)时,应进行以下账务处理:

借:长期股权投资——损益调整 (28 000 000×20%)=5 600 000

贷:投资收益 5 600 000

借:其他应收款 336 000

贷:应交税费——应交增值税(销项税额) 336 000

3. 企业在处置长期股权投资时,应相应结转与所售股权相对应的长期股权投资的账面价值,出售所得价款与处置长期股权投资账面价值之间的差额,应确认为处置损益。

采用权益法核算的长期股权投资,原计入其他综合收益(不能结转损益的除外)或资本公积(其他资本公积)中的金额,在处置时亦应进行结转,将与所出售股权相对应的部分在处置时自其他综合收益或资本公积转入当期损益。

【例5—6】 A金融企业原持有B企业40%的股权,2020年12月20日,A金融企业决定出售10%的B企业的股权。在出售时,A金融企业账面上对B企业长期股权投资的构成为:投资成本1 800万元,损益调整480万元,可转入损益的其他综合收益100万元,其他权益变动200万元,出售取得价款705万元。

(1)A企业确认处置损益的账务处理如下:

借:银行存款 7 050 000

贷:长期股权投资

[(18 000 000+4 800 000+1 000 000+2 000 000)÷40%×10%]=6 450 000

投资收益 600 000

借:其他应收款 36 000

贷:应交税费——应交增值税(销项税额) 36 000

(2)除应将实际取得价款与出售长期股权投资的账面价值进行结转,确认出售损益外,还应将原计入其他综合收益或资本公积的部分按比例转入当期损益。

借:资本公积——其他资本公积 (2 000 000÷40%×10%)=500 000

其他综合收益 (1 000 000÷40%×10%)=250 000

贷:投资收益 750 000

借:其他应收款 45 000

贷:应交税费——应交增值税(销项税额) 45 000

4. 企业持有交易性金融资产、持有至到期投资、可供出售金融资产期间取得的投资收益以及处置交易性金融资产、交易性金融负债、指定为以公允价值计量且其变动计入当期损益的金融资产或金融负债、持有至到期投资、可供出售金融资产实现的损益,比照"交易性金融资产""持有至到期投资""可供出售金融资产""交易性金融负债"等科目的相关规定进行处理。期末,应将本科目余额转入"本年利润"科目。本科目在结转后应无余额。

(六)"其他业务收入"科目

本科目用于核算企业确认的除主营业务活动外的其他经营活动实现的收入,包括出租固定资产、出租无形资产、出租包装物和商品、销售材料、用材料进行非货币性交换(非货币性资产交换具有商业实质且公允价值能够可靠计量)或债务重组等实现的收入。

企业(保险)经营受托管理业务收取的管理费收入,也通过本科目核算。

本科目可按其他业务收入种类进行明细核算。

企业针对确认的其他业务收入，做如下会计分录：

借：银行存款等科目

　　贷：其他业务收入

期末，应将本科目余额转入"本年利润"科目。结转后，本科目应无余额。

【例 5—7】 2020 年 1 月 1 日，A 证券公司将一项专利技术出租给 B 金融企业使用。该专利技术账面余额为 400 万元，摊销期限为 10 年。出租合同规定，承租方每年须付给出租方 7 万元专利技术使用费。

A 证券公司的账务处理如下：

(1)取得该项专利技术使用费时：

借：银行存款　　70 000

　　贷：其他业务收入　　70 000

(2)按年对该项专利技术进行摊销：

借：其他业务成本　　400 000

　　贷：累计摊销　　400 000

(七)"营业外收入"科目

本科目用于核算企业发生的各项营业外收入，主要包括非流动资产处置利得、非货币性资产交换利得、债务重组利得、政府补助、盘盈利得、捐赠利得等。本科目可按营业外收入项目进行明细核算。

1. 企业确认非流动资产处置利得、非货币性资产交换利得、债务重组利得，比照"固定资产清理""无形资产""原材料""库存商品""应付账款"等科目的相关规定进行处理。

2. 确认的政府补助利得，借记"银行存款""递延收益"等科目，贷记本科目。

期末，应将本科目余额转入"本年利润"科目。结转后，本科目应无余额。

第二节 费 用

一、金融企业费用

(一)金融企业费用的含义

《企业会计准则——基本准则》明确规定，费用是指企业在日常活动中发生的、会导致所有者权益减少的、与向所有者分配利润无关的经济利益的总流出。费用不包括为第三方或客户垫付的款项。金融企业费用具有以下两个基本特征：

1. 金融企业的费用最终将会减少企业的资源。这种减少具体表现为企业资金支出。从这个意义上说，费用本质上是企业经济利益的流出，它与资产流入企业所形成的收入相反。

2. 金融企业的费用会减少企业的所有者权益。但是，企业在生产经营过程中，有的支出是不应归入费用的。例如，企业以银行存款偿付一项债务，只是一项资产和一项债务的等额减少，对所有者权益没有影响，因此不构成费用；又如，企业向投资者分配股利或利润，这一资金流出虽然减少了企业的所有者权益，但其属性是对最终利润的分配，不是经营活动的结果，也不应作为费用处理。

(二)金融企业费用的分类

1. 营业成本(直接费用)

金融企业的营业成本，是指金融企业与业务经营有关的支出，包括利息支出、金融企业往来支出、手续费支出、卖出回购证券支出、汇兑损失、赔款支出、死伤医疗给付、满期给付、年金支出、分保赔款支出、分保费用支出、未决赔款准备金提转差、未到期责任准备金提转差、长期责任准备金提转差等。在确认营业收入的当期，就可以直接确认这些营业费用。

2. 营业支出(期间费用)

营业支出是指金融企业本期发生的、不能直接或间接归入某种产品成本而直接计入损益的各项费用。一般包括营业税金及附加、业务及管理费、资产减值损失、其他业务成本。对于保险公司来说，除了上述4项，还包括退保金、赔付支出、提取保险责任准备金、保险红利支出、分保费用等。期间费用在发生时即可被确认为费用，与当期的营业收入相配比。

此外，对金融企业而言，广义的费用还包括与其经营业务无直接关系的营业外支出和支付的所得税费用。

二、金融企业费用的确认

费用应按照权责发生制和配比原则确认，凡应属于本期发生的费用，不论其款项是否已支付，均确认为本期费用；反之，不属于本期发生的费用，即使其款项已在本期支付，也不应确认为本期费用。

(一)权责发生制原则

划分收益性支出与资本性支出原则，只是在时间上对费用的大致区分，而权责发生制原则则规定了在什么时点上确认费用。

(二)配比原则

按照配比原则，为产生当期收入所发生的费用，应当确认为该期的费用。对于一切预支款项，要递延到有关的收入取得时才能计列费用；对于与本期收入有关的一切未来支出，则应在本期预提，以达到配比的目的。在会计核算中坚持配比原则有两层含义：一是因果配比，将收入与其相应的成本、费用配比；二是时间配比，将一定时间的收入与同期的成本、费用相配比。配比原则用于金融企业的基本含义在于，当金融企业出让资金使用权获得贷款利息收入时，占用的是储户的资金，支付给同期储户相应的利息应当在确认该期间利息收入的同时确认为利息费用。

三、金融企业费用的核算

(一)“利息支出”科目

本科目用于核算金融企业发生的利息支出，包括吸收的各种存款(单位存款、个人存款、信用卡存款、特种存款、转贷款资金等)、与其他金融机构(中央银行、同业等)之间发生的资金往来业务、卖出回购金融资产等产生的利息支出。

本科目可按下列利息支出项目进行明细核算：向中央银行借款、拆入资金、吸收存款、卖出回购金融资产、发行债券及其他。主要业务的会计处理列示如下：

1. 确认利息支出的会计分录：

借：利息支出(按摊余成本和实际利率计算确定的利息费用金额)

　　借或贷：吸收存款——利息调整等科目(差额)

　　贷：应付利息(按合同利率计算确定的应付未付利息)

借：应交税费——应交增值税(进项税额)

贷：其他应付款

实际利率与合同利率差异较小的，也可以采用合同利率计算确定利息费用。

2. 实际付出利息时的会计分录：

借：应付利息

　　贷：银行存款

期末，应将本科目余额转入“本年利润”科目。结转后，本科目应无余额。

【例 5—8】 某商业行在 2020 年第三季度计算出应付某厂定期存款利息 4 000 元。

确认利息支出时，会计分录如下：

借：利息支出——定期存款利息支出　　4 000

　　贷：应付利息——应付某厂利息　　4 000

借：应交税费——应交增值税(进项税额)　　240

　　贷：其他应付款　　240

在定期存款到期日，将应付某厂定期存款利息总额 4 000 元转入其存款账户，会计分录如下：

借：应付利息——应付某厂利息　　4 000

　　贷：定期存款——某厂定期存款　　4 000

(二)“手续费及佣金支出”科目

本科目用于核算金融企业发生的与其经营活动相关的各项手续费、佣金等支出。本科目可按支出类别进行明细核算。主要会计处理列示如下：

1. 企业发生的与其经营活动相关的手续费、佣金等支出的会计分录为：

借：手续费及佣金收入

　　贷：应付手续费及佣金等科目

借：应交税费——应交增值税(进项税额)

　　贷：其他应付款

2. 实际支付手续费及佣金时的会计分录为：

借：应付手续费及佣金等科目

　　贷：银行存款等

期末，应将本科目余额转入“本年利润”科目。结转后，本科目应无余额。

(三)“税金及附加”科目

税金及附加是指企业经营活动应负担的相关税费，包括消费税、城市维护建设税、教育费附加、资源税、房产税、城镇土地使用税、车船税、印花税等。

1. 按规定计算确定的与经营活动相关的消费税、城市维护建设税、资源税、教育费附加、房产税、城镇土地使用税、车船税等税费，其会计分录如下：

借：税金及附加

　　贷：应交税费

实际支付税费时，其会计分录如下：

借：应交税费

　　贷：银行存款

期末，应将“税金及附加”科目余额转入“本年利润”科目。结转后，“税金及附加”科目应无余额。

2. 企业缴纳的印花税，在购买印花税票时，会计分录如下：

借：税金及附加

　　贷：银行存款

企业缴纳的印花税，不会发生应付未付税款的情况，不需要预计应纳税金额，同时也不存在与税务机关结算或者清算的问题。因此，企业缴纳的印花税不通过“应交税费”科目核算。

（四）“业务管理费”科目

本科目用于核算金融企业在业务经营及管理工作中发生的各项费用，包括固定资产折旧、业务宣传费、业务招待费、电子设备运转费、安全防卫费、金融企业财产保险费、邮电费、劳动保护费、外事费、印刷费、公杂费、低值易耗品摊销、理赔勘察费、职工工资、差旅费、水电费、租赁费（不包括融资租赁费）、修理费、职工福利费、职工教育经费、工会经费、房产税、车船使用税、土地使用税、印花税、会议费、诉讼费、公证费、咨询费、无形资产摊销、长期待摊费用摊销、待业保险费、劳动保险费、取暖费、中介机构费、技术转让费、研究开发费、绿化费、董事会费、上交管理费、广告费等。本科目可按上述费用支出项目进行明细核算。确认当期费用时，做如下会计分录：

借：业务管理费

　　贷：银行存款等科目

【例5－9】 某金融企业对某类金融产品进行宣传，共花费30 000元，做如下会计处理：

借：业务管理费　　30 000

　　贷：银行存款　　30 000

（五）“资产减值损失”科目

本科目用于核算企业计提各项资产减值准备所形成的损失。企业的应收款项、存货、长期股权投资、持有至到期投资、固定资产、无形资产、贷款等资产发生减值的，按应减计的金额，做如下会计处理：

借：资产减值损失

　　贷：坏账准备

　　　　存货跌价准备

　　　　长期股权投资减值准备

　　　　持有至到期投资减值准备

　　　　固定资产减值准备

　　　　无形资产减值准备

　　　　贷款损失准备

在建工程、工程物资、生产性生物资产、商誉、抵债资产、损余物资、采用成本模式计量的投资性房地产等资产发生减值的，应当设置相应的减值准备科目，比照上述规定处理。

企业计提坏账准备、存货跌价准备、持有至到期投资减值准备、贷款损失准备等后，相关资产的价值又得以恢复的，应在原已计提的减值准备金额内，按恢复增加的金额，借记“坏账准备”“存货跌价准备”“持有至到期投资减值准备”“贷款损失准备”等科目，贷记本科目。

期末，应将本科目余额转入“本年利润”科目。结转后，本科目应无余额。

【例5－10】 某金融公司于2018年12月购买了20台计算机，实际成本为15万元，预计使用年限为5年，预计净残值为零，按照直线折旧法折旧。2021年，该公司在编制年度会计报表时，对该批计算机进行了减值测试，表明其可回收金额为5万。

固定资产减值准备＝(15－15÷5×3)－5＝1(万元)

2021 年在提取减值准备时，相关会计分录如下：

借：资产减值损失——计提的固定资产减值准备　　10 000

　　贷：固定资产减值准备　　10 000

(六)“其他业务成本”科目

本科目用于核算企业确认的除主营业务活动外的其他经营活动所发生的支出，包括销售材料的成本、出租固定资产的折旧额、出租无形资产的摊销额、出租包装物的成本或摊销额等。除主营业务活动外的其他经营活动发生的相关税费，也在“税金及附加”科目核算。

采用成本模式计量投资性房地产的，其投资性房地产计提的折旧额或摊销额，也通过本科目核算。

本科目可按其他业务成本的种类进行明细核算。

企业发生的其他业务成本，会计分录如下：

借：其他业务成本

　　贷：原材料

　　　　累计折旧

　　　　累计摊销

　　　　应付职工薪酬

　　　　银行存款等

期末，应将本科目余额转入“本年利润”科目。结转后，本科目应无余额。

(七)“营业外支出”科目

本科目用于核算企业发生的各项营业外支出，包括非流动资产处置损失、非货币性资产交换损失、债务重组损失、公益性捐赠支出、非常损失、盘亏损失等。本科目可按支出项目进行明细核算。主要业务会计处理如下：

1. 企业确认处置非流动资产损失、非货币性资产交换损失、债务重组损失，比照“固定资产清理”“无形资产”“原材料”“库存商品”“应付账款”等科目的相关规定进行处理，做如下会计分录：

借：待处理财产损溢

　　贷：相关科目

2. 对盘亏、毁损的资产发生的净损失按管理权限报经批准后，做如下会计分录：

借：营业外支出

　　贷：待处理财产损溢

借：其他应收款

　　贷：应交税费——应交增值税(销项税额)

借：应交税费——应交增值税(进项税额)

　　贷：其他应付款

期末，应将本科目余额转入“本年利润”科目。结转后，本科目应无余额。

【例 5—11】　某保险公司 2020 年 1 月 1 日以银行存款 30 万元购入一项专利的所有权。该项专利权的有效年限为 20 年。该保险公司预计该专利的使用年限为 20 年。2021 年 1 月 1 日，该保险公司将上述专利权的所有权转让，取得转让收入 22 万元。

要求：编制该企业购入专利权，每年专利权摊销和转让专利权的会计分录。

(1)2020 年 1 月 1 日购入专利权：

借:无形资产　　300 000
　　贷:银行存款　　300 000

(2)2020年专利权摊销:

借:管理费用　　15 000
　　贷:累计摊销　　15 000

(3)2021年1月1日转让专利权:

借:银行存款　　220 000
　　累计摊销　　15 000
　　营业外支出　　65 000
　　贷:无形资产　　300 000

借:其他应收款　　3 900
　　贷:应交税费——应交增值税(销项税额)　　3 900

(八)"所得税费用"科目

本科目用于核算企业确认的应从当期利润总额中扣除的所得税费用。本科目可按"当期所得税费用""递延所得税费用"进行明细核算。所得税费用的主要账务处理如下。

1. 在资产负债表日,企业按照税法规定计算确定的当期应交所得税,编制如下会计分录:

借:所得税费用(当期所得税费用)
　　贷:应交税费——应交所得税。

2. 在资产负债表日,根据递延所得税资产的应有余额大于"递延所得税资产"科目余额的差额,会计分录编制如下:

借:递延所得税资产
　　贷:所得税费用(递延所得税费用)
　　　　资本公积——其他资本公积

按递延所得税资产的应有余额小于"递延所得税资产"科目余额的差额,编制相反的会计分录。

企业应予确认的递延所得税负债,应当比照上述原则调整本科目、"递延所得税负债"科目及有关科目。

期末,应将本科目的余额转入"本年利润"科目。结转后,本科目应无余额。

第三节　利　润

一、利润的构成

企业作为独立的经济实体,应当以自己的经营收入抵补其成本费用,并且实现盈利。企业盈利的多少反映企业生产经营的经济效益,表明企业在每一会计期间的最终经营成果。

利润是指企业在一定会计期间的经营成果,包括收入减去费用后的净额、直接计入当期利润的利得和损失等。

直接计入当期的利得和损失是指应当计入当期损益、会导致所有者权益发生增减变动的、与所有者投入资本或者向所有者分配利润无关的利得或者损失。

利润相关计算公式如下。

(一)营业利润

营业利润＝营业收入－营业成本－税金及附加－销售费用－管理费用－财务费用－资产减值损失＋公允价值变动收益(－公允价值变动损失)＋投资收益(－投资损失)

其中,营业收入是指企业经营业务所实现的收入总额,包括主营业务收入和其他业务收入。营业成本是指企业经营业务所发生的实际成本总额,包括主营业务成本和其他业务成本。资产减值损失是指企业计提各项资产减值准备所形成的损失。公允价值变动收益(或损失)是指企业交易性金融资产等公允价值变动形成的应计入当期损益的利得(或损失)。投资收益(或损失)是指企业以各种方式对外投资所取得的收益(或发生的损失)。

(二)利润总额

利润总额＝营业利润＋营业外收入－营业外支出

其中,营业外收入(或支出)是指企业发生的与日常活动无直接关系的各项利得(或损失)。

(三)净利润

净利润＝利润总额－所得税费用

其中,所得税费用是指企业确认的应从当期利润总额中扣除的所得税费用。

二、本年利润的会计处理

企业应设置“本年利润”科目,用于核算企业当期实现的净利润(或发生的净亏损)。

(一)结转收入类科目,会计分录如下:

借:利息收入
　　手续费及佣金收入
　　投资收益(净收益)
　　公允价值变动损益(净收益)
　　汇兑损益(净收益)
　　其他业务收入
　　营业外收入
　　贷:本年利润

(二)结转支出类科目,会计分录如下:

借:本年利润
　　贷:手续费及佣金支出
　　　　利息支出
　　　　税金及附加
　　　　业务及管理费
　　　　资产减值损失
　　　　其他业务成本
　　　　营业外支出
　　　　所得税费用

企业期(月)末结转利润时,应将各损益类科目的金额转入本科目,结平各损益类科目。结转后,本科目的贷方余额为当期实现的净利润;借方余额为当期发生的净亏损。

年度终了,应将本年收入利得和费用、损失相抵后结出的本年实现的净利润转入“利润分配”科目,借记本科目,贷记“利润分配——未分配利润”科目;如为净亏损,则编制相反的会计分录。结转后,本科目内应无余额。

三、金融企业利润分配的顺序和核算

(一)利润分配的顺序

根据我国有关法规的规定,一般企业和股份有限公司每期实现的净利润,首先要弥补以前年度尚未弥补的亏损,然后按下列顺序进行分配。

1. 提取各类准备金

(1)从事存贷款业务的金融企业按规定提取一般准备。

(2)从事保险业务的金融企业应按本年实现净利润的一定比例提取总准备金,用于巨灾风险的补偿,不得用于分红、转增资本。

(3)从事证券业务的金融企业应按本年实现净利润的一定比例提取一般风险准备,用于弥补亏损,不得用于分红、转增资本。

(4)从事信托投资业务的金融企业应按本年实现净利润的一定比例提取信托赔偿准备,用于弥补亏损,不得用于分红、转增资本。

(5)外商投资金融企业应当按照法律、行政法规的规定,按净利润提取储备基金、企业发展基金、职工奖励及福利基金等。

2. 提取法定盈余公积

法定盈余公积,是指按照企业净利润和法定比例计提的盈余公积。

一般盈余公积分为两种:一是法定盈余公积。上市公司的法定盈余公积按照税后利润的10%提取,法定盈余公积累计额已达注册资本的50%时可以不再提取。二是任意盈余公积。任意盈余公积主要是上市公司按照股东大会的决议提取。法定盈余公积和任意盈余公积的区别就在于,其各自计提的依据不同。前者以国家的法律或行政规章为依据提取,后者则由公司自行决定提取。

公司提取盈余公积主要可以用于以下两个方面:

(1)用于弥补亏损。公司发生亏损时,应由公司自行弥补。弥补亏损的渠道主要有3条:一是用以后年度税前利润弥补。按照现行制度规定,公司发生亏损时,可以用以后5年内实现的税前利润弥补,即税前利润弥补亏损的期间为5年。二是用以后年度税后利润弥补。公司发生的亏损经过5年未弥补足额的,未弥补亏损应用所得税后的利润弥补。三是以盈余公积弥补亏损。公司以提取的盈余公积弥补亏损时,应当由公司董事会提议,并经股东大会批准。

(2)转增资本,即所谓的"送红股"。公司将盈余公积转增资本时,必须经股东大会决议批准。在实际将盈余公积转增资本时,要按股东原有持股比例结转。盈余公积转增资本时,转增后留存的盈余公积的数额不得少于注册资本的25%。

3. 提取任意盈余公积

公司从税后利润中提取法定公积金后,经股东会决议,可以提取任意公积金。任意公积金的提取与否及提取比例由股东会根据公司发展的需要和盈余情况决定,法律不做强制规定。

企业提取的盈余公积可用于弥补亏损、扩大生产经营、转增资本或派送新股等。

4. 向投资者分配利润或股利

企业实现的净利润在扣除上述项目后,再加上期初未分配利润,即为可供投资者分配的利润,应按下列顺序进行分配:

(1)应付优先股股利,是指企业按照利润分配方案分配给优先股股东的现金股利。

(2)应付普通股股利，是指企业按照利润分配方案分配给普通股股东的现金股利。

(3)转作资本(或股本)的普通股股利，是指企业按照利润分配方案以分派股票股利的形式转作的资本(或股本)。企业以利润转增的资本也在这一程序进行分配。

可供投资者分配的利润在经过上述分配后，剩余部分即为未分配利润(或未弥补亏损)。未分配利润可留待以后年度进行分配。企业如发生亏损，可以按规定由以后年度利润进行弥补。企业未分配的利润(或未弥补的亏损)应当在资产负债表的所有者权益项目中单独反映。

(二)利润分配的核算

“利润分配”科目用于核算企业利润的分配(或亏损的弥补)和历年分配(或弥补)后的余额。该科目应当分别设置“提取法定盈余公积”“提取任意盈余公积”“应付现金股利或利润”“转作股本的股利”“盈余公积补亏”和“未分配利润”等明细科目进行核算。涉及利润分配的主要业务的会计处理列示如下：

1. 金融企业在按规定提取盈余公积时，做如下会计分录：

借：利润分配——提取法定盈余公积
　　提取任意盈余公积
　　贷：盈余公积——法定盈余公积
　　　　任意盈余公积

金融企业提取的一般风险准备，做如下会计分录：

借：利润分配——提取一般风险准备
　　贷：一般风险准备

2. 外商投资金融企业在按规定提取储备基金、企业发展基金、职工奖励及福利基金时，做如下会计分录：

借：利润分配——提取储备基金
　　　　　　——提取企业发展基金
　　　　　　——提取职工奖励及福利基金
　　贷：盈余公积——储备基金
　　　　　　　　——企业发展基金
　　　　　　　　——应付职工薪酬等科目

金融企业在提取一般风险准备时，做如下会计分录：

借：利润分配——提取一般风险准备
　　贷：一般风险准备

3. 金融企业在经股东大会或类似机构决议向股东或投资者分配现金股利或利润时，做如下会计分录：

借：利润分配——应付现金股利或利润
　　贷：应付股利

4. 金融企业在经股东大会或类似机构决议以利润转增股本并办理增资手续后，做如下会计分录：

借：利润分配——转作股本的股利
　　贷：股本等科目

5. 金融企业用盈余公积弥补亏损时，做如下会计分录：

借：盈余公积——法定盈余公积或任意盈余公积

贷:利润分配——盈余公积补亏

6. 金融企业用一般风险准备弥补亏损时,做如下会计分录:

借:一般风险准备

贷:利润分配——一般风险准备补亏

年度终了,企业将“利润分配”科目所属其他明细科目的余额转入本科目“未分配利润”明细科目。结转后,本科目除“未分配利润”明细科目外,其他明细科目应无余额。

本科目年末余额,反映企业的未分配利润(或未弥补亏损)。

【例 5—12】 某商业银行 2020 年实现税后利润 3 000 万元,当年提取一般风险准备 200 万元、法定盈余公积 300 万元、任意盈余公积 200 万元,并宣布分配给投资者利润 100 万元。公司编制的会计分录如下:

借:本年利润	30 000 000	
贷:利润分配——未分配利润		30 000 000
借:利润分配——提取一般风险准备	2 000 000	
——提取法定盈余公积	3 000 000	
——提取任意盈余公积	2 000 000	
——应付普通股股利	1 000 000	
贷:一般风险准备		2 000 000
盈余公积——法定盈余公积		3 000 000
——任意盈余公积		2 000 000
应付股利		1 000 000

本章小结

本章全面论述了针对金融企业的收入、费用、利润等的会计处理方法。在学习和理解本章内容时,应当关注:

1. 收入的确认和计量。金融企业的收入一般包括利息收入、金融企业往来收入、手续费收入、贴现利息收入、保费收入、证券发行差价收入、证券自营差价收入、买入返售证券收入、汇兑收益和其他业务收入。不同类型的收入的确认时间和条件不同。

2. 费用的定义及费用的会计处理方法。金融企业的费用分为两类,即营业成本和营业支出。

3. 利润的构成及本年利润和利润分配的会计处理方法。

本章关键术语

收入的确认和计量;费用的核算;利润分配方法

本章思考题

1. 金融企业的营业收入主要包括哪些项目?
2. 金融企业费用的确认原则是什么?
3. 金融企业利润的计算公式是什么?
4. 金融企业应遵循何种顺序对利润进行分配?

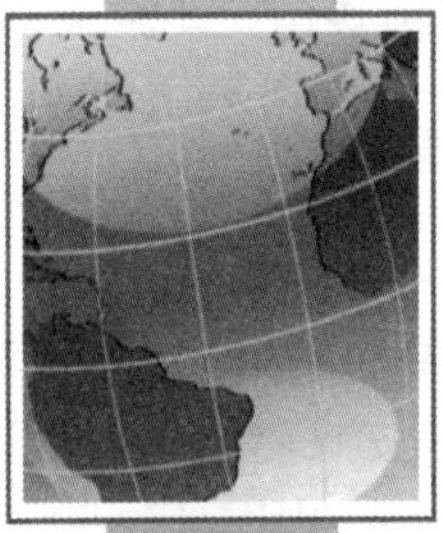

第六章
所得税会计

学习目标

1. 了解所得税会计的概念、资产负债表债务法、计税基础
2. 掌握所得税会计的确认和计量
3. 理解所得税会计的披露

本章预习

本章介绍了所得税会计的概念、所得税会计采用的资产负债表债务法和计税基础。金融企业会计与税法法规的主要区别在于确认收益和扣除费用的时间以及费用的可扣性不完全一致。金融企业会计按照《企业会计准则》来确认收益、费用、利润、资产、负债等,而税法按照税法法规确认收入、费用、利润、资产、负债等,因此,按照金融企业会计方法计算的利润与按照税法规定计算的应税所得结果存在差异,处理这一差异是金融企业所得税会计的主要任务。

第一节　所得税会计概述

一、所得税会计的概念

所得税会计的出现是因为金融企业的会计与税收分别遵循不同的原则和出于不同的目的。金融企业的会计核算必须遵循一般的会计原则,其目的是为了真实、完整地反映企业的财务状况、经营成果和现金流量,为投资者、债权人、企业管理层以及其他会计报表使用者提供有用的决策信息。而税收则以课税为目的,根据经济合理、公平税负、促进竞争的原则,依据有关的税收法规,确定一定时期内纳税人应缴纳的税额。从所得税角度考虑,主要是确定企业的应税所得,以对企业的经营所得和其他所得进行征税。

金融企业会计与税法法规的主要区别在于确认收益和扣除费用的时间以及费用的可扣性不完全一致。金融企业会计按照《企业会计准则》来确认收益、费用、利润、资产、负债等。而税法按照税法法规确认收入、费用、利润、资产、负债等,因此,按照金融企业会计方法计算的利润与按照税法规定计算的应纳税所得结果存在差异,处理这一差异是金融企业所得税会计的主要任务。

需要说明的是,这里的所得税包括企业以应纳税所得额为基础计算的各种境内和境外税额。

二、资产负债表债务法

我国所得税会计采用资产负债表债务法,要求企业从资产负债表出发,通过比较资产负债表上列示的资产、负债，按照《企业会计准则》规定确定的账面价值与按照税法规定确定的计税基础，按两者之间的差异分为应纳税暂时性差异与可抵扣暂时性差异，确认相关的递延所得税负债与递延所得税资产，并在此基础上确定每一会计期间利润表中的所得税费用。

三、计税基础

（一）资产的计税基础

资产的计税基础是指企业在收回资产账面价值的过程中，计算应纳税所得额时按照税法规定可以自应税经济利益中抵扣的金额，即某一项资产在未来期间计税时按照税法规定可以在税前被扣除的金额。用公式表示如下：

资产的计税基础＝未来年度可税前列支的金额

【例6—1】 2018年10月20日，A信托公司自公开市场取得一项权益性投资，支付价款3 000万元，作为交易性金融资产核算。该金融资产在2020年年末的公允价值是3 200万元。按照税法的规定，未来自应税经济利益中可以抵扣的金额是3 000万元，即该交易性金融资产的计税基础为3 000万元。这是由于税法规定，企业以公允价值计量的金融资产、金融负债、投资性房地产等，持有期间公允价值的变动不计入应纳税所得额。在实际处置或结算时，处置取得的价款扣除其历史成本后的差额应计入处置或结算期间的应纳税所得额。按照该规定，以公允价值计量的金融资产在持有期间的市价波动在计税时不予考虑，有关金融资产在某一会计期末的计税基础为其取得成本。

【例6—2】 A证券公司于2020年6月30日以1 000万元购入一项达到预定可使用状态的固定资产。A证券公司在会计核算时估计该固定资产的使用寿命为5年，而按照税法规定，应按照10年计算确定可税前扣除的折旧额。假定会计与税法均按年限平均法计提折旧，净残值均为零。2020年年末该固定资产计提200万元的资产减值准备。该项固定资产，在按照税法进行核算时，2020年应计提的折旧额为50万元，并且按照会计规定计提的资产减值损失在提取时不允许从应纳税所得额中扣除。所以，该证券公司固定资产的计税基础是950万元。

【例6—3】 A保险公司于2020年1月5日购入了一项专利权，购置成本为300万元，无法确定其使用年限，而按照税法的规定，应按照10年对该专利权的购置成本进行摊销。2021年年末，该项专利权的账面价值仍然是300万元，但是按照税法的规定，该项专利权的累计摊销额为60万元，自应税经济利益中抵扣的金额是240万元，故其计税基础是240万元。出现这种差异的原因是，会计上对于使用寿命不确定的无形资产不进行摊销，仅在持有期间进行减值测试，而税法规定，企业取得的无形资产应在一定期限内进行摊销，因而税法的计税基础与会计上的无形资产账面价值会有所不同。

（二）负债的计税基础

负债的计税基础是指负债的账面价值减去未来期间计算应纳税所得额时按照税法规定可予抵扣的金额。用公式表示为：

负债的计税基础＝账面价值－未来期间按照税法规定可予税前扣除的金额

【例6—4】 A保险公司2020年因销售保险产品，承诺提供两年的免费售后服务，在当年度利润表中确认了500万元的销售费用，同时确认为预计负债，当年未发生任何售后服务支出。假定按照税法的规定，与产品售后服务相关的费用在实际发生时允许税前扣除。则该项预计负债在甲企业2020年12月31日的资产负债表中的账面价值为500万元。该项预计负债的计税基础＝账面价值－未来期间计算应纳税所得额时按照税法规定可予抵扣的金额＝

500(万元)－500(万元)＝0。

【例6－5】 A证券公司由于违反证券法规，需要支付30万元的罚款。由于按照税法规定，支付的罚款不允许在税前列支，所以该罚款的计税基础为30(30－0)万元。

四、暂时性差异

暂时性差异是指因资产、负债的账面价值与其计税基础不同而产生的差额。除因资产、负债的账面价值与其计税基础不同产生的暂时性差异外，按照税法规定可以结转以后年度的未弥补亏损和税款抵减，也视同可抵扣暂时性差异处理。

根据暂时性差异对未来期间应纳税所得额的影响，分为应纳税暂时性差异和可抵扣暂时性差异。

(一)应纳税暂时性差异

应纳税暂时性差异，是指在确定未来收回资产或清偿负债期间的应纳税所得额时，将产生应税金额的暂时性差异。

应纳税暂时性差异通常产生于以下情况：

1. 资产的账面价值大于其计税基础。这意味着该项资产未来期间产生的经济利益不能全部在税前抵扣，两者之间的差额需要交税，产生应纳税暂时性差异。

2. 负债的账面价值小于其计税基础。这意味着该项负债在未来期间可以税前抵扣的金额为负数，即应在未来期间应纳税所得额的基础上进行调增，增加未来期间的应纳税所得额和应交所得税金额，产生应纳税暂时性差异，确认相关的递延所得税负债。

【例6－6】 A证券公司于2020年1月1日将其某自用房屋对外出租，按照投资性房地产进行后续计量。该房屋的成本为6 000万元，预计使用年限为20年，转为投资性房地产之前已使用4年。企业按年限平均法计提折旧，预计净残值为零。2020年1月1日，该房屋的账面价值为4 800(6 000－6 000÷20×4)万元，转换日公允价值为5 800万元，转换日产生的其他综合收益为1 000万元。2020年12月31日，该房屋的公允价值为6 000万元。假定税法规定的折旧方法、折旧年限及净残值与会计规定相同。按照《企业会计准则》规定确定的2020年年末该投资性房地产的账面价值为6 000万元。按照税法规定，投资性房地产在持有期间按成本法核算，所以其在2020年资产负债表日的计税基础为4 500(4 800－6 000÷20)万元。该投资性房地产的账面价值6 000万元与其计税基础4 500万元之间产生了1 500万元的暂时性差异。该暂时性差异在未来期间转回时会增加未来期间的应纳税所得额，属于应纳税暂时性差异。

(二)可抵扣暂时性差异

可抵扣暂时性差异是指在确定未来收回资产或清偿负债期间的应纳税所得额时，将导致产生可抵扣金额的暂时性差异。在可抵扣暂时性差异产生当期，符合确认条件的，应当确认相关的递延所得税资产。

可抵扣暂时性差异一般产生于以下情况：

1. 资产的账面价值小于其计税基础。这意味着资产在未来期间产生的经济利益少，按照税法规定允许税前扣除的金额多，两者之间的差额可以减少企业在未来期间的应纳税所得额，并减少应交所得税。

2. 负债的账面价值大于其计税基础。这意味着未来期间按照税法规定与负债相关的全部或部分支出，可以从未来应税经济利益中扣除，减少未来期间的应纳税所得额和应交所得税。

【例 6—7】 2020 年 10 月 2 日，A 商业银行发行 1 000 万张人民币短期融资券，期限为 1 年，票面利率为 6%，每张面值为 100 元，到期一次还本付息。A 商业银行将该短期融资券指定为以公允价值计量且其变动计入当期损益的金融负债。2020 年年末，该短期融资券的市场价格为每张 104 元(不含利息)。按照《企业会计准则》规定确定的 2020 年年末该金融负债的账面价值为 104 000 万元。按照税法规定，以公允价值计量且其变动计入当期损益的金融负债在持有期间公允价值的变化不计入应纳税所得额，所以其在 2020 年资产负债表日的计税基础为 100 000 万元。该金融负债的账面价值 104 000 万元，与其计税基础 100 000 万元之间产生了 4 000 万元的暂时性差异。该暂时性差异在未来期间转回时会减少未来期间的应纳税所得额，属于可抵扣暂时性差异。

第二节　所得税会计的确认和计量

企业在计算确定了应纳税暂时性差异与可抵扣暂时性差异后，应当按照《企业会计准则第 18 号——所得税》规定的原则确认相关的递延所得税负债以及递延所得税资产。

一、递延所得税负债的确认

企业在确认因应纳税暂时性差异产生的递延所得税负债时，应遵循以下原则：

1. 除所得税准则中明确规定可不确认递延所得税负债的情况以外，企业对所有应纳税暂时性差异均应确认相关的递延所得税负债。除与直接计入所有者权益的交易或事项以及企业合并中取得资产、负债相关的以外，在确认递延所得税负债的同时，还应增加利润表中的所得税费用。

2. 在有些情况下，虽然资产、负债的账面价值与其计税基础产生了应纳税暂时性差异，但出于各方面考虑，《企业会计准则第 18 号——所得税》中规定不确认相应的递延所得税负债，主要包括以下几种情况：

(1)商誉的初始确认。

(2)在除企业合并以外的其他交易或事项中，若其发生时既不影响会计利润，也不影响应纳税所得额，则其所产生的资产、负债的初始确认金额与其计税基础形成应纳税暂时性差异的，在交易或事项发生时不确认相应的递延所得税负债。

(3)与子公司、联营企业、合营企业投资等相关的应纳税暂时性差异，一般应确认相应的递延所得税负债，但同时满足以下两个条件的除外：一是投资企业能够控制暂时性差异转回的时间；二是该暂时性差异在可预见的未来很可能不会转回。

二、递延所得税资产的确认

递延所得税资产确认的一般原则

1. 确认由可抵扣暂时性差异产生的递延所得税资产，应当以未来期间很可能取得用来抵扣可抵扣暂时性差异的应纳税所得额为限。

(1)对与子公司、联营企业、合营企业的投资相关的可抵扣暂时性差异，同时满足下列条件的，应当确认相关的递延所得税资产：一是暂时性差异在可预见的未来很可能转回；二是未来很可能获得用来抵扣可抵扣暂时性差异的应纳税所得额。

(2)对于按照税法规定可以结转以后年度的未弥补亏损和税款抵减，应当以很可能取得的应纳税所得额为限，确认相应的递延所得税资产，同时减少确认当期的所得税费用。

2. 在某些情况下，企业发生的某项交易或事项不属于企业合并，并且在交易发生时既不影响会计利润也不影响应纳税所得额，且该项交易中产生的资产、负债的初始确认金额与其计税基础不同，产生可抵扣暂时性差异的，在交易或事项发生时不确认相应的递延所得税资产。

三、当期所得税和递延所得税的计量

(一)当期所得税的计量

企业在确定当期应交所得税时，对于当期发生的交易或事项，会计处理与税法处理不同的，应在会计利润的基础上，按照适用税收法规的规定进行调整，计算出当期应纳税所得额，按照应纳税所得额与适用所得税税率计算确定当期应交所得税。

(二)递延所得税的计量

《企业会计准则第 18 号——所得税》规定，在资产负债表日，对于递延所得税资产和递延所得税负债，应当根据适用税法的规定，按照预期收回该资产或清偿该负债期间的适用税率计量。适用税率发生变化的，应对已确认的递延所得税资产和递延所得税负债进行重新计量，除直接在所有者权益中确认的交易或事项产生的递延所得税资产和递延所得税负债以外，应当将其影响数计入变化当期的所得税费用。在确认递延所得税时，应当注意把握以下几点：

1. 递延所得税资产和递延所得税负债的计量，应当反映资产负债表日企业预期收回资产或清偿负债方式的所得税影响，即在计量递延所得税资产和递延所得税负债时，应当采用与收回资产或清偿负债的预期方式相一致的税率和计税基础。

2. 企业不应当对递延所得税资产和递延所得税负债进行折现。

3. 在资产负债表日，企业应当对递延所得税资产的账面价值进行复核。如果未来期间很可能无法获得足够的应纳税所得额用于抵扣递延所得税资产的利益，应当减计递延所得税资产的账面价值。很可能获得足够的应纳税所得额时，减计的金额应当转回。

(三)所得税费用的确认和计量

企业当期在利润表中确认的所得税费用由当期应交所得税和递延所得税两部分组成。用公式表示如下：

所得税费用＝当期应交所得税＋递延所得税费用(或递延所得税收益)
＝当期应交所得税＋递延所得税负债的增加－递延所得税负债的减少
－递延所得税资产的增加＋递延所得税资产的减少

计入当期损益的所得税费用或收益不包括企业合并和直接在所有者权益中确认的交易或事项产生的所得税影响。与直接计入所有者权益的交易或事项相关的当期所得税和递延所得税，应计入所有者权益。

四、所得税的会计处理

在采用资产负债表债务法核算所得税的情况下，企业一般应于每一资产负债表日进行所得税的核算，且应遵循以下程序：

第一，按照相关会计准则规定确定资产负债表中除递延所得税资产和递延所得税负债以外的其他资产和负债项目的账面价值。

第二，按照会计准则中对于资产和负债计税基础的确定方法，以适用的税收法规为基础，确定资产负债表中有关资产、负债项目的计税基础。

第三，比较资产、负债的账面价值与其计税基础，根据两者之间存在的差异确定资产负债表日递延所得税负债和递延所得税资产的金额，并与期初递延所得税资产和递延所得税负债的余额相比，确定当期应予进一步确认的递延所得税资产和递延所得税负债金额或应予转销的金额，作为递延所得税。

第四，就企业当期发生的交易或事项，按照适用的税法规定计算确定当期应纳税所得额，将应纳税所得额与适用的所得税税率计算的结果确认为当期应交所得税，作为当期所得税。

第五，确定利润表中的所得税费用。

(一)当期所得税的计量

【例6—8】 A保险公司2020年度利润表中的利润总额为4 000万元。该公司适用的所得税税率为25%。A保险公司当期向关联企业捐赠现金1 000万元。假定按照税法规定，企业向关联方的捐赠不允许税前扣除。则A保险公司的应纳税所得额与应交所得税如下所示：

应纳税所得额＝4 000＋1 000＝5 000(万元)

应交所得税＝5 000×25%＝1 250(万元)

(二)递延所得税负债的处理

【例6—9】 A公司于2019年12月底购入一台机器设备，成本为525 000元，预计使用年限为6年，预计净残值为零。会计上按直线法计提折旧。因该设备符合税法规定的税收优惠条件，所以计税时可采用年数总和法计提折旧。假定税法规定的使用年限及净残值均与会计规定的相同。本例中假定该公司各会计期间均未对固定资产计提减值准备，除该项固定资产产生的会计与税法之间的差异外，不存在其他会计与税收的差异。

该公司每年因固定资产的账面价值与计税基础的不同而应予确认的递延所得税负债的情况如表6—1所示。

表6—1 递延所得税负债 单位：元

项　目	2020年	2021年
实际成本	525 000	525 000
累计会计折旧	87 500	175 000
账面价值	437 500	350 000
累计计税折旧	150 000	275 000
计税基础	375 000	250 000
暂时性差异	62 500	100 000
适用税率	25%	25%
递延所得税负债的余额	15 625	25 000

该项固定资产在各年度的账面价值与计税基础如下：

(1)2020年资产负债表日：

账面价值＝实际成本－累计会计折旧＝525 000－87 500＝437 500(元)

计税基础＝实际成本－累计计税折旧＝525 000－150 000＝37 5 000(元)

因资产的账面价值437 500元大于其计税基础375 000元，两者之间产生的62 500元差异会增加未来期间的应纳税所得额和应交所得税，属于应纳税暂时性差异，应确认与其相关的递延所得税负债15 625(62 500×25%)元，账务处理如下：

借：所得税费用　　15 625

　贷：递延所得税负债　　15 625

(2)2021年资产负债表日：

账面价值＝实际成本－累计会计折旧＝525 000－87 500－87 500＝350 000(元)

计税基础＝实际成本－累计计税折旧＝525 000－275 000＝250 000(元)

因资产的账面价值350 000元大于其计税基础250 000元，两者之间产生的100 000元差异为应纳税暂时性差异，应确认与其相关的递延所得税负债25 000元，但递延所得税负债的期初余额为15 625元，当期应进一步确认递延所得税负债(25 000－15 625)9 375元，账务处理如下：

借：所得税费用　　9 375

　贷：递延所得税负债　　9 375

(三)递延所得税资产的处理

【例6－10】 假定A信托公司(简称“A公司”)每年的税前利润总额均为40 000万元；A公司适用的所得税税率为25%。2020年1月1日，A公司董事会批准研发某项新产品专利技术。2020年该研发项目发生的费用均属于费用化支出。2021年1月，共发生费用9 200万元，其中9 000万元符合资本化条件，当月达到预定用途。

A公司预计该新产品专利技术的使用寿命为10年，A公司对其采用直线法摊销；税法规定该项无形资产采用直线法摊销，摊销年限与会计相同。2021年年末，该项无形资产出现减值迹象，经减值测试，该项无形资产的可收回金额为6 320万元，减值后摊销年限和摊销方法无须变更。按照税法规定，企业为开发新技术、新产品、新工艺发生的研究开发费用，未形成无形资产计入当期损益的，在按照规定据实扣除的基础上，按照研究开发费用的75%加计扣除；形成无形资产的，按照无形资产成本的175%摊销。A公司的研发项目符合上述税法规定。2021年相关所得税的账务处理如下：

减值测试前无形资产的账面价值＝9 000－9 000÷10＝8 100(万元)

应计提的减值准备金额＝8 100－6 320＝1 780(万元)

无形资产账面价值＝6 320(万元)

无形资产计税基础＝9 000×175%－9 000×175%÷10＝14 175(万元)

可抵扣暂时性差异＝14 175－6 320＝7 855(万元)

其中，1 780万元的可抵扣暂时性差异(计提的减值准备)需要确认递延所得税。

应确认的递延所得税资产＝1 780×25%＝445(万元)

应纳税所得额＝40 000－200×75%－9 000÷10×75%＋1 780＝40 955(万元)

应交所得税＝40 955×25%＝10 238.75(万元)

确认所得税费用＝10 238.75－445＝9 793.75(万元)。

借：所得税费用　　164 920 000

　　递延所得税资产　　4 450 000

　贷：应交税费——应交所得税　　97 937 500

(四)递延所得税的特殊处理

1. 与直接计入所有者权益的交易或事项相关的所得税

与当期及以前期间直接计入所有者权益的交易或事项相关的当期所得税及递延所得税应当计入所有者权益。直接计入所有者权益的交易或事项主要有：会计政策变更采用追溯调整法或对前期差错更正采用追溯重述法调整期初留存收益、可供出售金融资产公允价值的变动计入其他综合收益、同时包含负债及权益成分的金融工具在初始确认时计入所有者权益等。

2. 与企业合并相关的递延所得税

在企业合并中，购买方取得的可抵扣暂时性差异，如购买日取得的被购买方在以前期间发生的未弥补亏损等可抵扣暂时性差异，按照税法规定，可用于抵减以后年度应纳税所得额，但在购买日不符合递延所得税资产确认条件的，不应予以确认。在购买日后12个月内，如有新的或进一步信息表明购买日的相关情况已经存在，预期被购买方在购买日可抵扣暂时性差异带来的经济利益能够实现的，应当确认相关的递延所得税资产，同时减少商誉。商誉不足冲减的，差额部分确认为当期损益。除上述情况以外，确认与企业合并相关的递延所得税资产应当计入当期损益。

【例6—11】 A商业银行持有的某项可供出售金融资产成本为400万元，会计期末，其公允价值为550万元。A商业银行适用的所得税税率为25%。此外，该企业不存在其他会计与税收法规之间的差异，且递延所得税资产和递延所得税负债不存在期初余额。

A商业银行在会计期末确认150万元的公允价值变动时，账务处理为：

借：可供出售金融资产	1 500 000	
贷：其他综合收益		1 500 000

确认应纳税暂时性差异的所得税影响时，账务处理为：

借：其他综合收益	375 000	
贷：递延所得税负债		375 000

【例6—12】 A基金公司于2020年1月1日购买乙公司80%的股权，形成非同一控制下的企业合并。因《企业会计准则》规定与适用税法规定的处理方法不同，A基金公司在购买日产生可抵扣暂时性差异300万元。假定购买日及未来期间企业适用的所得税税率为25%。

在购买日，A基金公司因预计未来期间无法取得足够的应纳税所得额，未确认与可抵扣暂时性差异相关的递延所得税资产75万元，在购买日确认的商誉为50万元。

在购买日后6个月，A基金公司预计能够产生足够的应纳税所得额用于抵扣企业合并时产生的可抵扣暂时性差异300万元，且该事实已于购买日存在，则A基金公司应做如下会计处理：

借：递延所得税资产	750 000	
贷：商誉		500 000
所得税费用		250 000

第三节　所得税披露

企业对所得税的核算结果，除利润表中列示的所得税费用以外，在资产负债表中形成的应交税费(应交所得税)以及递延所得税资产和递延所得税负债应按规定列报。其中，递延所得税资产和递延所得税负债一般应分别作为非流动资产和非流动负债在资产负债表中列示，所得税费用应在利润表中单独列示，同时还应在附注中披露与所得税有关的信息。

在一般情况下，个别会计报表中的当期所得税资产与负债及递延所得税资产和递延所得税负债可以用抵冲后的净额列示。在合并会计报表中，纳入合并范围的企业一方的当期所得税资产或递延所得税资产与另一方的当期所得税负债或递延所得税负债一般不能予以抵冲，除非所涉及的企业具有以净额结算的法定权利且意图以净额结算。

本章小结

本章全面论述了资产、负债的计税基础及暂时性差异的计算、递延所得税资产和递延所得税负债以及所得税费用的确认和计量等。在学习和理解本章内容时，应当关注以下 3 点：

1. 资产、负债的计税基础及暂时性差异。资产的计税基础是指企业在收回资产账面价值的过程中，计算应纳税所得额时按照税法规定可以自应税经济利益中抵扣的金额；负债的计税基础是指负债的账面价值减去未来期间计算应纳税所得额时按照税法规定可予抵扣的金额；暂时性差异是指资产或负债的账面价值与其计税基础之间的差额，分为应纳税暂时性差异和可抵扣暂时性差异。

2. 递延所得税负债及递延所得税资产的确认和计量。除特定情况外，企业应当确认所有应纳税暂时性差异产生的递延所得税负债；企业应当以很可能取得用来抵扣可抵扣暂时性差异的应纳税所得额为限，确认由可抵扣暂时性差异产生的递延所得税资产；递延所得税资产和递延所得税负债的计量应当反映资产负债表日的企业预期收回资产或清偿负债方式的所得税影响。

3. 所得税费用的确认和计量。利润表中的所得税费用由当期所得税和递延所得税两部分构成。

除了学习本章内容，读者还应当认真阅读《企业会计准则第 18 号——所得税》及相关指南和解释。

本章关键术语

所得税；递延所得税资产；递延所得税负债；计税基础；暂时性差异；当期所得税

本章思考题

1. 什么是资产的计税基础？什么是负债的计税基础？
2. 什么是暂时性差异？
3. 什么是应纳税暂时性差异？什么是可抵扣暂时性差异？
4. 简要概括所得税披露的基本内容。

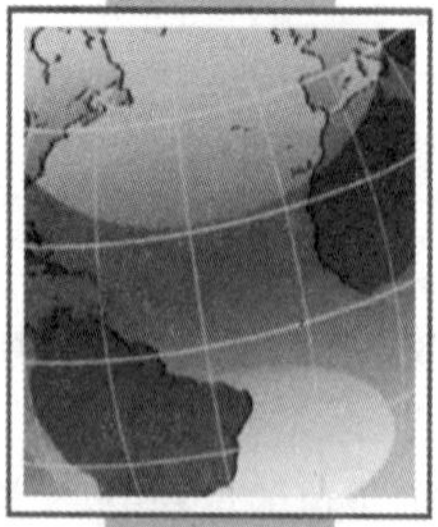

第七章 商业银行现金出纳业务核算

学习目标

1. 掌握现金出纳的概念和内容
2. 掌握现金收付的会计核算
3. 掌握出纳现金错款的会计处理
4. 掌握数字人民币的会计处理

本章预习

现金出纳业务是银行的基础工作之一，也是加强现金管理的重要环节，其工作质量的好坏直接关系到商业银行的声誉和经营绩效。同时，现金出纳工作在调节货币流通、组织现金结算、实现银行的职能中也发挥着重大作用，尤其是数字人民币出现以后，对商业银行现金业务产生了重要影响。

商业银行在调节货币流通和满足市场正常现金需求的基础上，既是现金投放和回笼的唯一渠道，也是全国范围的现金出纳中心。

商业银行必须根据党和国家的方针政策、金融法令和制度，认真做好现金出纳的核算工作，监督现金的合理收付。这对于加速现金周转、加强现金管理和调运、保护国家财产安全、实现国家现金出纳计划、调节社会经济生活、促进我国社会主义现代化建设，以及更好地服务于人民生活都有重大的作用。

第一节 现金出纳业务概述

银行是现金出纳的中心，市场上商品流通所需要的现金先通过商业银行的业务流向社会，从而形成社会购买力，然后通过商品交易等渠道，现金又回笼到银行。回笼的现金还可以通过各种方式再次流向市场。

一、现金出纳的意义

按照商业银行业务内容的界定，现金是指纸币现钞和法定数字货币，包括人民币（含数字人民币）和外币；出纳是指现金的收付。银行的现金出纳业务不仅包括现钞的收付，还包括金、银等贵金属，以及各种有价单证的收付业务。现金出纳业务的服务对象是与银行有往来关系的客户（机构和个人）。一方面，商业银行通过为客户办理现金结算，使其经营活动正常进行；另一方面，商业银行还担负着执行国家货币政策，落实货币发行、投放和回笼计划，调剂市场流通票币的比例等重要工作。因此，商业银行的现金出纳业务是一项基础业务。

二、现金出纳业务的主要内容

现金出纳业务的主要内容包括：

1. 按照国家的金融法令和制度，办理现金的收付、整点和调运；办理数字钱包开户与销户、法定数字货币的收付与存储,以及纸币与法定数字货币的互转等。

2. 办理损伤纸币票币的挑剔、兑换和销毁工作。

3. 根据市场货币流通的需要,调整市场各种票币的比例。

4. 加强柜台监督和柜面服务工作。

5. 宣传爱护人民币,做好反假人民币和防假人民币工作。

6. 做好业务库的管理,保管好现钞、贵金属和有价证券。

7. 做好法定数字货币的数据库、登记、流转等管理工作。

专栏 7－1

纸币现金出纳业务的主要内容:

(1)根据集团各级机构、各条线业务发展的需要,提供现金实物、贵金属业务支持及保障,以保支付为前提,确保资金安全。

(2)按照中国人民银行规定,做好人民币现金投放、回笼及清分、整点工作。

(3)整章建制,实施检查、指导,组织培训,规范操作。

(4)做好本外币现金、贵金属、有价单证的收兑、保管、调运及外币托收工作,保证资金安全。

(5)保障日常业务现金需求,保证对外支付。合理预留库存现金数量,缩短现金在途时间,降低非生息资产。

(6)经总行授权办理外币现钞进出口业务及代理同业外币现钞的买卖,讲求经济效益。

(7)按照国务院反假货币工作联席会议要求,做好反假货币工作。

(8)对现金实物管理系统的授权及系统维护进行管理;做好出纳机具、反假货币设备的采购、使用、维护及信息反馈等管理工作。

(9)对现钞票样及假钞实物进行管理。做好本外币票样的发放、保管和回收工作;做好假钞登记、保管与上缴工作,防止票样、假钞流入市场。

资料来源:摘自《中国银行股份有限公司现金出纳业务管理办法》,2019 年。

三、纸币现金出纳业务的原则

商业银行的现金出纳业务包括纸币和法定数字货币,后者支付即结算,与转账结算类似,其原则也与转账结算类似;前者与转账结算业务相比,具有直接、高风险的特性,它是既琐碎繁杂、占用服务时间长的业务,又是客户要求高效服务的业务。商业银行的现金出纳业务尤其重要,既要建立必要的风险防范规程,又要简化手续、明确责任、提高工作效率。现金出纳的一般原则是:

(一)钱账分管原则

钱账分管原则就是管钱不管账、管账不管钱,做到钱账分管、责任分明。这样既有利于会计、出纳各自发挥不同的专业职能,以便相互核对和制约,又能确保账款相符。

(二)收付分开原则

收付分开原则是指收款业务与付款业务分开经办,实行“收付两条线”,不能由一人既管收款又管付款。

(三)双人经办原则

双人经办原则是指在纸币现金出纳工作中,坚持双人管库、双人守库、双人押送。这样便于相互监督,防止差错和意外事故的发生。

(四)先收款后记账,先记账后付款原则

收入纸币现金时,必须先经出纳人员收妥后才能记账;支付纸币现金时,必须先记账后方能付款。

(五)复核制度原则

收款要另人复点,付款要另人复核。在一人临柜时,经办人要自行复点和复核。

(六)交接手续和查库原则

款项交接或出纳人员调换时,必须办理交接手续,以分清责任。库房管理必须坚持双人管库、双人守库。与此同时,还应定期或不定期地查库,确保账实相符。

四、现金出纳柜员制

(一)现金出纳柜员制的特点

现金出纳柜员制是指出纳临柜人员独立完成人民币纸币现金收款业务的接柜、凭证审核、现金复点、票币整理、登记账簿,以及付款业务的现金领取、凭证审核、登记账簿、配款、付款等各环节的业务操作,这是柜员独立承担经济责任的一种劳动组合形式。对数字人民币而言,除了高级分类钱包账户注册、销户以及数字货币与纸币互转等需要人工柜面办理,其余钱包账户业务通过手机、网络就可以办理,无须柜面。

专栏 7-2

实行现金出纳柜员制的银行应具备的条件:

(1)现金出纳内部管理较好,管理人员素质较高,财会工作达标。

(2)柜台出纳人员必须有较高的思想觉悟和职业道德,责任心强,熟悉和掌握现金出纳有关规章制度及计算机操作技能,从事临柜工作1年以上,点钞速度达到单项三级能手(含三级)以上标准。

(3)现金出纳柜台必须实行核算电算化,点钞机、复点机、伪钞鉴别仪、捆钞机等出纳机具齐全。同时还应安装监控设备,对出纳柜台进行监控。

资料来源:摘自《中国人民建设银行现金出纳柜员制管理办法》,2019年。

(二)实行现金出纳柜员制的具体内容

1. 现金出纳柜员制的类型

现金出纳柜员制的基本形式是单人临柜,独立为客户提供金融服务。根据滞后复核方式和人员配备情况,可建立多种柜员制形式。在考虑营业网点的业务种类、日均业务量、人员素质、辅助设备、经营管理需要和经济环境等因素的条件下,须严格区分前台业务和后台业务。

前台柜员可划分为办理单项或多项业务的单项柜员、多项柜员和综合柜员。前台柜员负责直接面向客户的柜面业务操作、查询、咨询工作。前台柜员对其经办的每笔业务,必须按规定逐笔认真审核原始凭证的真实性、合法性,并确保交易选择及要素录入的准确性、完整性,同时辅以监控系统的实时监控。

后台柜员负责客户的联行往来、票据交换、内部账务等业务处理，以及对前台业务的复核、确认、授权等后续处理。后台柜员或者主管人员必须进行实时逐笔确认或授权，柜员及主管必须对现金箱、凭证箱及平账器进行适时的检查核对。

2. 现金出纳柜员制的管理原则

在安全、高效、科学的总原则下：

(1)规范和细化业务操作流程。按照不同的业务种类制定科学、严谨的业务操作流程，明确界定操作者、操作依据(如所需单据)、操作内容(如交易选择和录入要素)、操作结果(如打印记账凭证和客户回单)及各个操作环节之间的责任划分。

(2)建立健全柜员岗位责任制。根据授权业务种类和操作流程，明确柜员的职责权限，并据此作为考核柜员工作绩效、兑现奖惩的依据。独立为客户提供服务并独立承担相应责任的前台柜员必须自我复核、自我约束、自我控制、自担风险。按规定必须经由专职复核人员进行滞后复核的，前台柜员与复核人员必须明确各自的职责，以便相互制约、共担风险。

(3)建立安全、有效的监督复核机制。根据业务的重要性、风险程度和柜员素质，对柜员的业务操作范围和限额进行事前授权控制；根据业务的实效性要求、金额大小和应用系统设计情况，分别采用不同的事中监督；复核人员应对柜员已办理的业务，采取录入凭证主要要素、翻看凭证填写内容和打印内容是否相符等方式进行滞后复核；在营业网点日终平账前，会计主管必须审查核对所有柜员日间操作的完整性和准确性；上级管理行对营业网点应进行定期和不定期的事后监督。

实行现金出纳柜员制，可以提高工作效率、减少客户等待时间、优化柜台服务、增强同业竞争力、适应市场经济发展的需要。但是，实行现金出纳柜员制必须具备一定条件：营业机构会计出纳基础工作必须达到国家或银行系统内会计达标升级标准；现金收付业务必须全部使用计算机处理；配有对柜员办理业务全过程的录像监控。这样才能在提高柜台办理业务效率的同时保障每一笔业务的安全。实行现金出纳柜员制的银行，在每日营业结束后进行事后监督也是非常重要的工作。

第二节　现金出纳业务的核算

现金出纳业务在银行的日常经营中主要表现为现金收付业务。现金收付业务主要是指人民币、外币纸币现钞和法定数字货币的收付和兑换业务，包括柜面现金收付、内部现金调拨、差错处理等内容。在受理此类业务时，商业银行必须坚持现金收入“先收款后记账”、现金付出“先记账后付款”的原则。本节重点介绍现金收付业务。

一、现金收付业务核算

现金收付业务核算要求实行操作间隔离，全方位监控，纳入计算机系统核算，实行事权划分，凭证、印章控制，确保安全。大额款项必须换人复核，未经复点的款项不得调出、存入中国人民银行或对外支付。

为了加强对银行现金收付业务的核算与管理，银行设置“库存现金”账户，用于反映现金增减变化情况。银行收入现金记入该账户的借方，支出现金记入该账户的贷方，余额在借方，反映现金结存数。本科目应按现金类别设置明细账户核算。

(一)现金收入业务核算

1. 人民币纸币现金收入

收到客户交存的纸币现金及存款凭证后,须认真审查存款凭证是否合法、有效。审查存款凭证无误后,根据存款凭证相关项目录入存款人账号、存款金额及相关要素;清点现金实物,并按券别、张数录入终端;款项清点无误后打印存款凭证(一式二联),加盖业务清讫章及收款员名章;将回单联交客户,记账联作为轧账依据留存,客户的存款凭证作为记账联附件。会计分录为:

借:库存现金——纸币

　　贷:吸收存款——活期存款(××单位户)

现金归位入箱。将收妥的现金按券别和完整、残损情况归位入箱,做到一笔一清、保管安全。

2. 数字人民币现金收入

收到客户交存的数字人民币现金及存款凭证后,需认真审查存款凭证是否合法、有效。审查存款凭证无误后,根据存款凭证相关项目录入存款人账号、存款金额及相关要素。

在会计账户选择方面,由于数字人民币没有实物形态,加之具有松耦合性,不依托于银行账户保存,因此现有的库存现金、银行存款及其他货币资金都不适合对数字人民币进行确认。为此,可以在货币资金项目中增设"法定数字货币"这一一级会计科目,通过借方反映该类资产的收入,贷方反映支出,期末借方余额反映结存情况。同时,考虑到各国积极研发法定数字货币的趋势,应按不同国别在"法定数字货币"下设置专门的二级科目进行明细核算,其中"数字人民币"用以具体反映我国法定数字货币的收支存状况。

综上,收到数字人民币时,银行的会计分录为:

借:法定数字货币——数字人民币

　　贷:吸收存款——活期存款(××单位户)

3. 外币收款

商业银行必须认真审查收入来源是否符合外汇管理的有关规定,货币符号是否有遗漏、是否正确。凡当日收付超过限额的,存款人须出示其真实的身份证明并记录备案后,方可受理。收入外币现钞,应根据规定的业务凭证办理。注意分清币种,当面点清,一笔一清。在办理外币现钞收入时,注意流通期、托收期、最低收兑面额和钞票的质量,发现不合要求的钞票一律不得办理款项收入。在托收期内可根据客户要求代办托收,并按规定收取托收费用。

(二)现金付款业务核算

1. 人民币现金支取

收到客户提交的取款凭证后,审查取款凭证是否合法有效,有无涂改,大小写金额是否相符,预留印鉴是否相符,支付密码账户是否填写了支付密码等。审查取款凭证无误后,将取款人账号、金额及相关要素录入终端;按凭证金额从大到小的顺序进行逐位配款,并依次按实物录入终端;配妥后,重新加计所配款项进行自复平衡,无误后方可对外付款。支付大额款项,须经授权,并加盖印章;配款和系统操作无误后,打印取款信息,并在取款凭证上加盖业务清讫章,将取款凭证作为轧账依据。会计分录为:

借:吸收存款——活期存款(××单位户)

　　贷:库存现金

2. 数字人民币现金支出

当发生数字人民币支取业务时,审查取款凭证的要点同人民币现金支取业务类似。银行的会计分录为：

借：吸收存款——活期存款(××单位户)

　　贷：法定数字货币——数字人民币

3. 外币付款

商业银行必须认真审查付款是否经国家外汇管理局(简称“外汇局”)批准，货币符号是否有遗漏、是否正确。凡一次性从外币现汇户中解付外币现钞或兑换人民币等值1万美元(含)以上、5万美元以下的，必须要求提取人出示其真实的身份证明并记录备案，然后索取存款人的有关收入证明复印件；凡一次性从外币现汇户中解付外币现钞或兑换人民币等值5万美元(含)以上的，必须要求提取人出示其真实的身份证明并记录备案，同时索取外汇局的核准文件，然后根据规定的业务凭证办理。注意分清币种，当面点清，一笔一清。有关外币付款、结账的步骤，可参照人民币操作程序。

二、人民币票币兑换业务

人民币票币兑换业务是银行柜面常见的服务性业务。人民币的市场流通不仅要在总量上，而且必须在结构和质量上适应商品流通的需要。人民币在流通中如果出现券别比例失当，银行须及时调节人民币的券别比例结构，适时回收、兑换残损人民币票券，并办理人民币主、辅币之间的兑换。

(一)人民币票币兑换业务的种类

人民币票币兑换业务可分为3类：一是用大面额人民币兑换小面额人民币，这项业务是调剂市场主、辅币流通比例的主要手段；二是用小面额人民币兑换大面额人民币，这项业务是为了方便客户携带、存储的需要；三是残损人民币兑换，这项业务是为了保持市场上所流通人民币的整洁，维护人民币的信誉和客户的利益。

除上述三类主要的人民币票币兑换业务之外，在我国数字人民币试点地区也会有人民币纸币与法定数字货币之间的兑换业务。

(二)人民币票币兑换业务的处理

办理人民币票币兑换业务应遵循“先收入后付出”的操作程序，由客户填写相关凭证，大宗款项兑换必须经兑换人复核，以确保准确。

当发生数字人民币兑换纸币现金业务时，银行的会计分录为：

借：法定数字货币——数字人民币

　　贷：银行存款

三、营业结束后现金收付的汇总核对

(一)柜员清点

柜员清点整理本外币库存现金、数字人民币、有价证券、各种凭证，做好日终结账前的准备工作。

(二)办理入库手续

打印相关凭证，柜员签章后，将本外币现金实物交管库员办理入库手续。

(三)账账核对、账实核对

用代表当日现金业务活动的现金汇总结数表与相应的会计科目借贷方发生额核对，查证当日现金收付业务是否正确。用库存现金保管登记簿的当日库存余额与相应科目余额核对，查证库存现金是否正确。

四、出纳现金错款的核算

(一)出纳现金错款的类型

1. 出纳现金错款是指对外营业机构在与外部客户的现金收付业务中,日终结账所发生的现金溢出或现金短缺。此种情况下的现金溢出又称长款,现金短缺又称短款。现金溢出、现金短缺及误收假币均属于出纳现金错款。

2. 自助取(存)款机错款是指由客户自行操作的自助设备应有金额与自助取(存)款机内清点时的现金实物不符,其差额就是自助取(存)款机错款。此种情况下的现金溢出又称自助取(存)款机长款,现金短缺又称自助取(存)款机短款。

3. 工作事故错款是指不涉及外部客户现金收付业务的现金溢出或现金短缺,如现金内部出入库交接、现金应有金额与实物不符等属于内部现金流动和保管所发生的错款。

4. 舞弊现金损失是指银行内部工作人员利用职务之便,侵吞,窃取、骗取或以其他手段非法占有客户资金或本行库存现金造成的现金损失。

5. 虽然数字人民币综合使用了数字证书体系、数字签名、安全加密存储技术,保障其全生命周期安全、风险可控,但仍有被盗取和篡改信息的风险。

(二)出纳现金错款的会计处理

发生出纳现金错款,无论金额大小、长款或短款,在确认错款金额后,经积极查找,发现当日未能处理的,都要按以下程序处理:错款金额全额经审核批准签章后转入"待处理流动资产损溢"科目,并登记错款登记簿,须做到长款不寄库、短款不空库,同时采取相应的办法继续查找是否存在其他错款。

出纳人员应于每日营业终了与官方系统核查库存数字人民币真伪,编制库存数字人民币盘点表,核对上日末结存、本日收支和日终结存关系,核对与"法定数字货币——数字人民币"日记账是否账实相符。当发现资金溢余或短缺时,通过"待处理财产损溢"科目进行核算,同时及时查明原因,对应使用其他应收、应付款和营业外收支进行反映,调整差错。

1. 出纳长款的处理

发生长款时,如当日未能查明原因,应由出纳部门出具证明,经会计主管批准后,由会计部门填制现金收入凭证。会计分录为:

借:库存现金

　　贷:待处理财产损溢——待处理流动资产损溢

当发生数字人民币出纳长款时,会计分录为:

借:法定数字货币——数字人民币

　　贷:待处理财产损溢——待处理流动资产损溢

查明原因后,应视不同情况分别处理。属于客户多交或银行少付的,应及时退回原主。会计分录为:

借:待处理财产损溢——待处理流动资产损溢

　　贷:库存现金

数字人命币对应的会计分录为:

借:待处理财产损溢——待处理流动资产损溢

　　贷:法定数字货币——数字人民币

如经查找，确实无法归还时，经批准后，可以将长款列为银行的收入。会计分录为：

借：待处理财产损溢——待处理流动资产损溢

　　贷：营业外收入——出纳长款收入

2. 出纳短款的处理

发生短款时，如当日未能查清和找回，应由出纳部门出具证明，经会计主管批准后，由会计部门填制现金付出凭证。会计分录为：

借：待处理财产损溢——待处理流动资产损溢

　　贷：库存现金

当发生数字人民币出纳短款时，会计分录为：

借：待处理财产损溢——待处理流动资产损溢

　　贷：法定数字货币——数字人民币

查明原因且追回短款时，会计分录为：

借：库存现金

　　贷：待处理财产损溢——待处理流动资产损溢

数字人民币对应的会计分录为：

借：法定数字货币——数字人民币

　　贷：待处理财产损溢——待处理流动资产损溢

如经查找，确实无法收回短款时，属于技术性短款或一般责任事故的，按规定的审批手续予以报损。会计分录为：

借：营业外支出

　　贷：待处理财产损溢——待处理流动资产损溢

第三节　现金库房管理

现金库房（简称金库）是存放银行现金、贵金属、有价单证的专用库房，它不仅是银行出纳业务极为重要的组成部分，还是银行的要害部门，按规定不得存放其他物品。

一、现金库房管理

现金库房管理工作是保障货币发行、现金流通正常进行和维护银行资金安全的重要工作。金库的建筑安全应符合国家有关部门的行业标准，并履行相关审批、验收程序，装配防潮、防水、防鼠、通风、灭火、应急照明、监控和报警设备，满足规定的安全要求。金库管理人员（管库员）应为专职人员，并实行双人当班，同进、同出、同操作，定期或不定期轮换制度。换人管库须经所在部门主管批准，并对库内现金、贵金属及寄存物品进行盘点、交接，由金库主管及主管以上职务人员监交。

数字人民币是一种无实物形式的法定货币，综合使用了数字证书体系、数字签名、安全加密存储技术，保障其全生命周期安全、风险可控，但仍有被盗取和篡改信息的风险。同时，会计主体通常使用数字人民币完成小额交易，而其又遵循“小额匿名”的原则，如果产生资金溢余或短缺不易找到原因。因此，从内部控制的角度出发，应当进行类库存现金管理。

专栏 7－3　　金库应按需要设置有关账簿

金库应设置的账簿种类。金库应设立库存现金登记簿、库存现金交接登记簿、库存收缴假币登记簿、库存及代保管物品登记簿、查库登记簿、尾箱出入库交接登记簿、全库钥匙交接登记簿、全库备用钥匙(密码)启用登记簿、非管库人员及非工作时间入库登记簿。

资料来源：摘自《中国银行股份有限公司现金出纳业务管理办法》,2019 年。

二、现金库房的主要业务核算和业务处理程序

(一)现金库房的主要业务核算

1. 保管与本行经办业务或代理业务有关的现钞及贵重物品。

2. 办理辖内现金调拨和券别调剂的出入库业务。当调出款项时，会计分录为：

借：辖内上存款项(或其他有关科目)

　　贷：库存现金(可通过“运送中款项——在途”等科目过渡)或法定数字货币——数字人民币

当调入款项时，编制相反的会计分录。

3. 向上级行或中国人民银行办理现金存取业务。向上级行或中国人民银行办理现金存入业务时，会计分录为：

借：系统内上存款项(或“存放中央银行款项——×银行存款户”)

　　贷：库存现金或法定数字货币——数字人民币

向上级行或中国人民银行办理现金提取业务时，编制相反的会计分录。

(二)现金库房业务处理的基本原则

1. 管库员办理现金、实物出入库须填制出入库凭证，并由业务主管审核签章。

2. 坚持出库现金“先记账后出库”，入库现金“先入库后记账”的原则。

3. 管理库房必须建立两套账簿(会计相关科目账和实物登记簿)，以便日清月结、相互核对。

4. 办理现金实物出入库，必须双人以上进出库房。

5. 管理部门须通过监控系统对库区、库房进行实时监控。

三、现金信息管理

(一)大额领缴现金业务信息分析管理

根据临柜现金收付款业务信息和规律，对大额领缴现金业务进行控制监督，对异常领缴现金业务信息及时进行核实，进一步强化对现金业务的风险控制管理。

(二)库存现金情况的分析管理

根据现金收付的规律和库存现金情况的统计分析，在确保对外支付的前提下，核定辖属机构的日均库存现金限额，合理调剂辖内现金库存，及时向中国人民银行或代理行办理现金领缴手续，最大限度地压缩库存现金占用，并对银行现金库存限额执行情况进行监督和管理，不断提高银行本、外币库存现金的营运效益。

(三)现金在途信息的分析管理

根据领缴现金出入库情况，监督银行按规定及时办理领缴现金业务的账务处理和出入库

手续。对领缴现金业务过程中存在的安全隐患，及时向有关部门汇报并督促整改。

（四）现金业务信息的综合分析管理

通过对日均现金库存、每月领缴现金频率、领缴现金业务的成本等信息的统计分析，考核银行的现金营运管理水平和效率，健全和完善辖内现金营运管理办法和模式，为正确考核银行利润、内部计价管理和经营决策提供真实准确、完整的信息和依据。

（五）反假信息的分析管理

及时收集、汇总银行上缴假币和清点现金中发现的各种假币信息，对其进行综合分析，并及时通报，协助做好临柜现金收付款业务的反假工作。

（六）数字人民币交易信息管理

制定恰当的数字人民币库存限额及交易限额规则。银行和会计主体应当依据自身日常零星交易规模、兑换办理所需时间、风险控制水平，核定恰当的数字人民币库存限额和交易限额。

专栏 7－4　自审自批骗贷、盗窃 ATM 百万现金 地方银行为何监守自盗案件频发?

伪造材料骗取贷款、注册空壳公司骗贷、信贷员自审自批骗贷、通过 App 转账窃取客户贷款资金、窃取 ATM 机里的现金……

近期，法院和金融监管部门公开了一些案件内容，银行内部员工监守自盗的案例屡屡出现。

《21 世纪经济报道》记者对这些案件进行了梳理，发现近期公开的类似案例大多发生在相对偏远地区的城商行、农商行，虽然操作模式不尽相同，但有一个共同点，即都是银行职员通过违规手法绕过了银行的层层风控。银行业务风控要求尤其严格，通常是多重审核、层层把控。这些监守自盗的案件究竟是如何发生的？银行如何利用风控技术、制度规则防范员工的道德风险？

五花八门的骗贷手段

近几年来，监管部门对银行业的乱象十分重视，且处理时毫不手软。这种乱象在地方中小型银行中表现得较为明显。近期银保监会组织对部分地区的中小银行进行现场调查，着重强调了这些区域性中小银行在内部管理和控制上的突出问题。金融监管部门主要针对银行机构展开合规检查和惩罚，司法部门受理了诸多具体个案，其中很大一部分是关于银行客户经理诈骗贷款的案件。

数日前公开的一份判决书显示，贵阳银行云岩支行客户经理何赣平在 2019 年 2 月至 2019 年 5 月期间，利用其作为贵阳银行工作人员的身份，通过秘密窃取或骗取的方式，将 7 名客户的贷款资金占为己有；同时还利用客户申请贷款的资料自行伪造“委托支付”资料向该行申请贷款。法院查明，何赣平秘密窃取他人财物 552.35 万元，虚构事实、骗取他人财产 14 万元并且侵占单位财产 80 万元。

何赣平的骗贷方式主要有两种：一是利用该行的 App 转账功能，在代替客户操作 App 的过程中，在客户不知情的情况下，将客户的还款资金或贷款资金转入自己的个人账户；二是利用客户原有的贷款材料伪造“委托支付”等资料，向该行申请贷款，并放款至其伪造的委托支付方账户中。

伪造材料的方式在骗贷案件中屡见不鲜。前两日公布的河南罗山农村商业银行莽张支行案件中，该行信贷人员里应外合，以伪造个体工商户营业执照、编造虚假建筑协议的方式，虚报收入，夸大还贷能力，累计申请贷款278万元。

安徽潜山农商行的一名客户经理骗贷的方法则是"自贷自批"。9月22日披露的一则刑事判决书显示，安徽潜山农村商业银行一职工黄某平利用职务之便，冒用其父亲、妹妹的名义以及使用本人的名义在潜山农商行黄柏支行和官庄支行共75次以自贷自批的方式，贷出共计750万元小额信用贷款。在风控要求上，小额信用贷款有数额和次数限制，如果超过了规定的数额和次数，需要报总行授权。该支行行长的证言指出，黄某平之所以能完成70多笔贷款操作流程，主要是因为他获得了黄柏支行其他信贷员的账号和密码，加上信贷会计和贷审组两个账号的密码本来就归其自己使用。

据了解，银行信贷人员监守自盗还有一个更常见的手法，即成立空壳公司。比如近期公布的一个案件，汝州市农商银行的职工通过购买的空壳公司向银行申请贷款800万元，逾期后，该行还一再为其展期。

是道德风险还是风控漏洞？

"正常来说，这种情况是不太可能发生的，至少在我们行很难出现这种情况。我们风控很严格，每笔业务都有很多道复核程序，只能说明区域性小银行管理太松了。"一位全国性股份制银行人士表示。

一笔贷款业务的一般程序为：借款企业准备贷款申请相关资料；银行信贷员双人现场调查，通过后撰写授信申请报告递交风控部；风控部门组织人员对企业经营情况进行复核调查；银行内部召开授信评审会，审议对借款人授信与否及授信额度，通过后发布授信通知书；借款人根据授信通知书的要求落实放款条件，达标后，银行根据自身的贷款额度规模择机放款。

如果每个环节、每个部门的相关负责人都将风控要求落实到位，银行很难出现这种情况，这种骗贷的案例，绝大部分有里应外合的情形。银行从业人员每天与大笔资金打交道，不可能依靠个人的道德管理来把控风险，因此银行在风控设计上往往有"双人""多重复核"等要求，从而加大内部人员的作案成本，他们必须打通一笔业务链条上的所有相关人员才能违法骗贷。但如果这个违法人员有足够大的权限，仍然有空子可钻。这些骗贷案例中，当事人或者证人有不少类似表述："这笔贷款是某某支行长安排的，所以我们没有去现场调查，材料是复印件""我只是跑跑腿、送下材料"等。

虽然银行的风控原则上要求很严格，但很多时候仍难以防范，因为每家银行的执行力度不一。另一位银行人士对记者表示："比如帮助客户操作App转账，趁其不备转账至自己个人账户的案例，个人贷款受托支付的划款是由经办机构发起的，不会向客户要求复核，所以是有可能跳过客户的。"不管是对公业务还是个人业务，信贷经理让客户在空白凭证或合同上签字的违规现象屡见不鲜。

除了在公司管理上，对金融科技的运用程度不同，或许也是地方小银行监守自盗、风险频发的另一个原因。"系统里每个人的权限是明确的，不大可能发生一个人掌握多个人的权限去操作业务的情形。但小银行很少花大成本在系统上，如果人工操作流程繁多，道德风险就更难控制了。"上述银行人士说。

加钞员窃取ATM机数百万现金

近日，裁判文书网还披露了一起银行加钞员侵占ATM现金的案件。2014年底，建设银行渭南分行ATM管理中心加钞员在两处ATM取款机共盗取现金190多万元，将其中一部分藏在一棵大树下，通知家属去取，另一部分随身携带。直到2019年底，该加钞员才被抓获，并于2020年4月8日由检察院向法院提起公诉。

在另一起窃取ATM机内现金的案件中，加钞员每次从ATM机中取出现金数千到数万元不等，作案时间竟然长达一年未被发现，一年中总共窃取了400余万元。

一位曾负责银行相关业务的人士告诉记者，从银行的管理流程上来看，ATM机的清点和加钞同样是要求至少两个人以上操作和复核轧差。但是在双人复核机制中，如果双人合伙，或者其中有一个人由于管理漏洞泄露了密码给另一个人，导致另一个人可以完成全部操作，那么双人复核机制就失效了。这种违规情况只有在上级大盘点或者人员轮岗的时候才会被发现。

资料来源：《21世纪经济报道》，2020年。

本章小结

本章重点介绍了商业银行现金出纳业务的基本概念，现金出纳的核算以及现金库房管理的主要原则与主要程序。现金出纳业务是现代商业银行的基础工作，对于商业银行实现调节货币流通、组织结算等基本职能都是必不可少的环节。现金出纳的一般原则包括钱账分管原则、收付分开原则、双人经办原则、先收款后记账和先记账后付款原则、复核制度原则、交接手续和查库原则。

现金收付业务是商业银行现金出纳业务的重要表现形式，必须坚持“先收款后记账、先记账后付款”的原则，当发现出纳现金错款的情况时，应当及时查明原因并采取措施，同时进行相关的会计处理。商业银行也应加强现金库房的管理，完善管理制度。

数字人民币的推出对当前银行和其他金融机构的会计活动都形成了巨大的挑战，目前我国尚未出台明确的会计处理规定，本章结合中国人民银行和中国注册会计师协会公开的资料整理出数字人民币业务的会计处理分录，随着数字人民币的普及和国际上关于数字货币新的会计准则的发展，此部分内容有待进一步完善。

确保现金出纳工作合法合规的监督与制度设计是现代银行治理里面的重要组成部分。同时，法定数字货币的出现也将在未来对商业银行的现金工作带来新的便利与挑战。

本章关键术语

现金；数字人民币；现金出纳；柜员制；出纳现金错款

本章思考题

1. 什么是现金出纳？现金出纳工作的内容主要包括哪些？
2. 现金出纳工作应遵循的基本原则有哪些？
3. 何谓现金出纳柜员制？
4. 如何理解现金收付业务核算的程序？
5. 如何进行出纳现金错款的核算？
6. 如何认识出纳现金库房管理的重要性？
7. 客户华远公司到开户银行缴存营业收入现金30 000元。请写出银行会计处理的相应会计分录。
8. 华远公司因业务需要，需要提取备用金10 000元。请写出银行会计处理的相应会计分录。
9. 营业结束后，某商业银行营业部发现现金长款3 000元。经查，此3 000元属于客户多存，应返还客户。如果无法查明原因，请问商业银行将如何处理？请写出相应的会计分录。

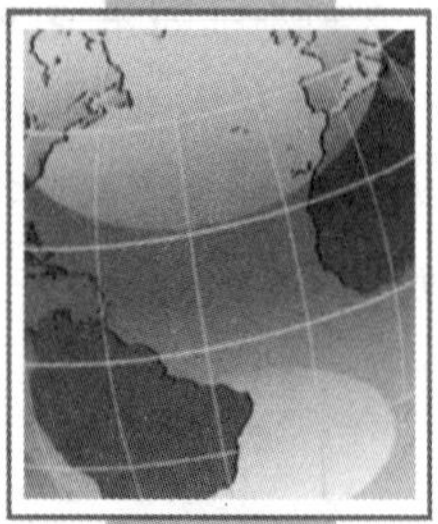

第八章 商业银行存款业务核算

学习目标

1. 熟悉商业银行存款业务的种类和管理规定
2. 掌握单位存款业务的核算
3. 掌握个人储蓄存款的种类与核算程序
4. 掌握个人活期储蓄存款利息的核算方法，熟悉个人定期储蓄存款利息的核算方法

本章预习

吸收存款业务构成了商业银行信贷资金的主要来源，同时也是商业银行开展支付结算业务的基础。了解商业银行存款的种类、存款账户的开设和管理及存款科目的使用，是学习商业银行会计核算的重要起点。

商业银行吸收存款的种类是多样的。本章主要介绍单位活期存款、单位定期存款、个人活期储蓄存款、个人定期储蓄存款的会计核算及存款利息的核算。单位活期存款账户也是用于办理单位支付结算的账户。涉及支付结算业务的内容将在后文进行详细介绍。

第一节 存款业务概述

一、存款业务的意义和种类

存款是商业银行以信用的方式吸收社会上暂时闲置资金的筹资活动。存款是商业银行负债的重要组成部分，也是银行生存发展的基础。无论银行自有资金的数额如何庞大，终究是有限的，商业银行只有积极地吸收各项存款，才能增强银行经营业务和信贷资金实力。对商业银行来说，具有最重要意义的始终是存款。在社会主义市场经济的条件下，银行按照客观经济规律的要求组织和运用存款，为社会主义建设筹措资金，对促进经济发展、平衡信贷收支、调节货币流通、稳定市场物价、促进经济核算、推动勤俭节约、增加社会财富等具有十分重要的意义。

开展存款业务的核算，首先应当对存款种类及其分类标准有明确的了解。商业银行设置了不同种类的存款。一般而言，比较常见的存款分类方法有以下几种：

1. 按资金性质的不同，可以分为财政性存款和一般性存款。财政性存款是指各行经办的财政预算内存款及集中待缴财政的各种存款，这部分存款属于金融机构代理中国人民银行业务，属于中国人民银行的信贷资金，是中国人民银行基础货币的组成部分，应全部上缴中国人民银行。一般性存款是指银行吸收的各单位存款及财政预算外存款、居民个人储蓄存款等，这部分存款应按一定比例上缴中国人民银行，形成存款准备金。

2. 按产生来源的不同，可以分为原始存款和派生存款。原始存款也称现金存款或直接存款，即企事业单位或个人将现金支票或现金送存银行，增加存款户的货币资金。除包括公款存款、私人存款两部分外，原始存款还包括银行之间的存款（即同业存款）。派生存款也称转账存款或间接存款，是指银行以贷款方式创造的存款。派生存款会增加社会的货币供应量。

3. 按存款期限的不同，可分为活期存款和定期存款。活期存款是指存入时不确定存期、可以随时存取的存款，主要包括单位活期存款和个人活期储蓄存款。定期存款是指在存款时约定存期、到期支取的存款，主要包括单位定期存款和个人定期储蓄存款。

4. 按存取款方式的不同，可以分为支票存款、存单存款、存折存款、通知存款、协定存款等。支票存款是使用支票办理存取手续的存款方式。存单存款是存款人在存入款项时获得的存入款项的单据证明，也称定期存单。存折存款是使用存折办理存取款手续的存款方式。通知存款是存款人在存入款项时不约定存期，当需要支取存款时提前通知银行，并按照通知约定取款日期和金额支取款项的一种存款方式。协定存款是存款人与开户银行签订协定存款合同，约定结算账户的留存额度，超过约定留存额度的存款转为协定存款，单独计算计息积数并按协定存款利率计算利息的一种存款方式。

5. 按存款币种的不同，存款业务可分为人民币存款、数字人民币存款和外币存款。人民币存款是指单位或个人存入人民币款项而形成的存款。数字人民币存款则是单位或个人存入数字人民币款项而形成的存款。外币存款是指单位或个人将其外汇资金存入银行，并随时或约期支取的存款。

二、银行存款账户的种类与管理

为加强对存款及其结算账户的管理，各存款人应按规定在银行开立各种结算账户。

（一）存款账户的种类

存款账户按管理要求的不同，可分为基本存款账户、一般存款账户、专用存款账户和临时存款账户。

1. 基本存款账户

基本存款账户是存款人因办理日常转账结算和现金收付的需要而开立的银行结算账户。基本存款账户是存款人的主要账户。存款人日常经营活动的资金收付及其工资、奖金等现金的支取，应通过该账户办理。

2. 一般存款账户

一般存款账户是存款人因借款或其他结算需要，在基本存款账户开户行以外的银行营业机构开立的银行结算账户，该账户用于办理存款人借款转存、借款归还和其他结算的资金收付。一般存款账户可以办理现金缴存，但不得办理现金支取。

3. 专用存款账户

专用存款账户是存款人按照法律、行政法规和规章的要求，对其特定用途资金进行专项管理和使用而开立的银行结算账户。专用存款账户用于办理各项专用资金的收付。

4. 临时存款账户

临时存款账户是存款人因临时需要并按照要求在规定期限内使用而开立的银行结算账户。临时存款账户用于办理临时机构及存款人因为临时经营活动而发生的资金收付。

5. 数字人民币账户

正在加速推进的数字人民币（E-CNY）钱包，根据账户实名/匿名分级、余额上限、支付限额等权益的不同，共分为一类、二类、三类、四类四个账户类型。

(二)银行结算账户的开立

存款人在申请开立账户时,应填制开户申请书,并提供规定的证明文件。

申请人开立基本存款账户时,应向开户行出具工商行政管理机构颁发的“企业法人营业执照”或“营业执照”正本,以及有关部门的证明、批文、承包协议、居民身份证和户口簿等证明文件。

申请人开立一般存款账户,应向银行出具其开立基本存款账户规定的证明文件、基本存款账户开户登记证件。存款人在向银行借款时应出具借款合同,存款人通过银行完成其他结算时应出具有关证明文件。

申请人开立专用存款账户,应向银行出具开立专用存款账户规定的证明文件、专用存款账户开户登记证件以及经有关部门批准立项的文件或者国家有关文件规定的其他文件。

申请人开立临时存款账户,存款人应向银行出具工商行政管理机关核发的临时执照或有关部门同意设立外来临时机构的批文。

申请人开立数字人民币账户,应用手机进入数字人民币钱包的开立界面,根据提示填写自身基本信息,签订《保密承诺书》并提交申请,申请提交约两日后,若通过了中国人民银行的审核,申请人可再次进入申请时使用过的小程序,选择苹果系统或安卓系统下载 App,然后进入 App 注册数字人民币账号,设置钱包支付密码、钱包名称等。

申请开户的存款人还应送交盖有存款人印章的印鉴卡片,申请开立基本存款账户时应出具中国人民银行核发的开户许可证。经开户银行审核上述证件后,开户银行为其开立相应的存款账户,并登记“开销户登记簿”,编列账号,设立分户账。对于使用支票的存款账户,开户后可向单位发售银行统一印制的各种专用结算凭证,通过账户办理资金收付。

申请人开立个人银行存款账户,应向银行出具居民身份证、军人身份证、武警身份证等法律法规和国家有关文件规定的有效证件。银行在为个人开立银行结算账户时,根据需要还可以要求申请人出具户口簿、驾驶执照、护照等有效证件。

(三)存款账户的管理

1. 单位基本存款账户的存款人只能在银行开立一个基本存款账户。申请人在开立基本存款账户时,应向开户银行出具工商行政管理机关核发的“企业法人营业执照”或“营业执照”正本,以及有关部门的证明、批文等证明文件之一。

2. 存款人开立基本存款账户、临时存款账户和预算单位开立专用存款账实行核准制度,经中国人民银行核准后由开户行核发开户登记证,但存款人因注册验资需要开立的临时存款账户除外。

申请开立一般存款账户时,存款人应向开户银行出具开立基本存款账户规定的证明文件、基本存款账户登记证和借款合同。申请开立专用存款账户时,存款人应出具开立基本存款账户规定的证明文件、基本存款账户登记证和经有关部门批准立项的文件或有关部门的批文等。申请开立临时存款账户时,存款人应向银行出具工商行政管理机关核发的“营业执照”“临时营业执照”或有关部门同意设立外来临时机构的批文。

存款人可以自主选择银行开立结算账户。开户可以实行双向选择,存款人可以自主选择银行,银行也可以自愿选择存款人开立账户,银行不得违反规定强行拉客户在本行开户,任何单位和个人不能干预存款人在银行开立和使用账户。

存款人开立和使用银行结算账户应当遵守法律和行政法规,不得利用银行结算账户进行偷逃税款、逃废债务、套取现金及其他违法犯罪活动,也不允许出租和转让给他人。

三、存款业务核算的要求

(一)应正确、及时地办理存款业务

为了使存款人的资金能够及时到账、款项能够及时对外支付,金融企业在办理存款业务时应按照规定的操作程序,认真审查相关凭证,正确使用有关会计科目及账户,及时进行账务处理,充分保证存款业务的核算质量。

(二)应维护存款人的合法权益

单位和个人存入银行的资金是金融企业的负债,银行只是暂时取得了对资金的使用权而没有所有权。因此,除国家法律和有关制度另有规定外,银行不得代任何单位或个人查询、冻结、扣划存款人账户内的存款。银行对应计利息的存款要正确、及时地计付利息。

(三)应遵循银行不垫款原则

在银行开立存款账户的存款人委托金融企业办理款项支付时,必须在其存款账户上保持足够的资金,存款人签发的各种支款凭证的金额必须小于其存款账户余额,银行作为支付中介,不可以代垫款项。银行为保证资金的安全,在办理现金收入业务时,应先收款后记账;在办理现金付出业务时,应先记账后付款;在办理转账业务时,应先记付款单位账,后记收款单位账。

四、会计科目的设置

(一)"吸收存款"科目

该科目核算企业(银行)吸收的除同业存放款项以外的其他各种存款,包括单位(企事业单位、机关、社会团体等)存款、个人存款、信用卡存款、特种存款、转贷款资金和财政性存款等。"吸收存款"科目属于负债类科目。银行收到客户存入的款项时,应按实际收到的金额,借记"存放中央银行款项""库存现金""法定数字货币——数字人民币"等科目,然后按存入资金的本金,贷记本科目(本金),再按其差额,贷记或借记本科目(利息调整)。支取款项时,应按归还的金额,借记本科目(本金),贷记"存放中央银行款项""库存现金"等科目,然后按应转销的利息调整金额,借记或贷记本科目(利息调整),再按其差额,贷记或借记"利息支出"科目。余额反映在贷方,表示企业吸收的除同业存放款项以外的其他各项存款余额。本科目应当按照存款类别及存款单位,按本金、利息调整等进行明细核算。

(二)"利息支出"科目

该科目核算商业银行发生的利息支出,包括吸收存款(单位存款、个人存款、信用卡存款、特种存款、转贷款资金等)、与其他金融机构(中央银行、同业等)间发生的资金往来业务、卖出回购金融资产等产生的利息支出。

在银行定期计提应付利息时,应借记本科目,贷记"应付利息""吸收存款""存放中央银行款项"等科目。期末,应将本科目余额结转利润,借记"本年利润"科目,贷记本科目。结转后,本科目应无余额。本科目应按利息支出项目进行明细核算。

(三)"应付利息"科目

该科目核算商业银行按照合同约定支付的利息,包括吸收存款、分期付息到期还本的长期借款、发行债券等应支付的利息。"应付利息"科目属于负债类科目。银行计算应付利息时,应借记"利息支出"科目,贷记本科目。在银行实际支付利息时,应借记本科目,贷记"吸收存款"等科目。余额反映在贷方。本科目应按存款的种类进行明细核算。

第二节　单位存款的核算

人民币单位存款业务主要包括单位活期存款业务、单位定期存款业务、单位通知存款业务、单位协定存款业务等。

一、单位活期存款业务的核算

单位活期存款是指企业、事业、机关、部队、社会团体等在银行开立的单位结算账户，办理不规定存期、可随时存取的存款。单位活期存款不固定期限，客户存取方便，其存取主要通过现金或转账办理。其中，转账存取存款主要是通过办理各种结算方式和运用信用支付工具来实现的，本节只叙述存取现金的处理方法。

(一)存入现金的核算

单位存入现金时，应填写一式两联的现金缴款单(见表 8—1)，连同现金交银行出纳部门。银行出纳部门经审查凭证、点收现金、登记现金收入日记簿并复核签章后，将第一联加盖现金收讫章后作为回单退交存款人，第二联送交会计部门，以此代现金收入传票登记单位存款分户账。会计分录为：

借：库存现金

　　贷：吸收存款——单位活期存款——××户

表 8—1　　现金缴款单(收入凭证)

总字第	号
现金日记账顺序	号

年　月　日

<table>
<tr><td rowspan="2">缴款人</td><td colspan="2">全称</td><td colspan="2"></td><td>款项来源</td><td colspan="8"></td></tr>
<tr><td colspan="2">账号</td><td colspan="2"></td><td>缴款部门</td><td colspan="8"></td></tr>
<tr><td colspan="6" rowspan="2">人民币(大写)</td><td>十</td><td>万</td><td>千</td><td>百</td><td>十</td><td>元</td><td>角</td><td>分</td></tr>
<tr><td></td><td></td><td></td><td></td><td></td><td></td><td></td><td></td></tr>
<tr><td>券别</td><td>张数</td><td>……</td><td>券别</td><td>张数</td><td>……</td><td colspan="8" rowspan="2"></td></tr>
<tr><td>⋮</td><td>⋮</td><td>……</td><td>⋮</td><td>⋮</td><td>……</td></tr>
</table>

会计　　复核　　记账　　出纳

客户存入数字人民币时，会计分录为：

借：法定数字货币——数字人民币

　　贷：吸收存款——单位活期存款——××户

(二)支取现金的核算

支票户向银行支取现金时，应签发现金支票，并在支票上加盖预留印鉴，由收款人背书后送交会计部门。会计部门接到现金支票后，应重点审查的内容包括：支票是否真实；记载事项是否齐全；大小写金额是否相符；是否超过提示付款期限(支票的提示付款期限为自出票日起十日内)；其签章与预留印鉴是否相符；出票人账户是否有足够支付的存款；是否背书等。经审查无误后，以现金支票代现金付出传票登记分户账后，交出纳部门凭以付款。会计分录为：

借:吸收存款——单位活期存款——××户

　　贷:库存现金

客户支取数字人民币时,会计分录为:

借:吸收存款——单位活期存款——××户

　　贷:法定数字货币——数字人民币

会计人员签章、复核,出纳员根据现金支票登记现金付出日记簿,配款复核后,向取款人支付现金。

二、单位定期存款业务的核算

单位定期存款是企业、事业、机关、部队和社会团体等存款人将一段时期内闲置的资金按约定的存期和利率存入银行,存款到期后支取本息的一种存款。若单位有在一定时期内闲置不用的资金,则可在银行办理定期存款。

单位定期存款的存期分为三个月、六个月、一年、二年、三年、五年等档次。

(一)存入定期存款

单位存入定期存款时,应按存款金额签发活期存款账户转账支票交开户银行。银行按规定审查无误后办理转账。会计分录为:

借:吸收存款——单位活期存款——××户

　　贷:吸收存款——单位定期存款——××户

(二)支取定期存款

单位支取定期存款时,银行会计人员计算出利息,填制利息清单。会计分录为:

借:吸收存款——单位定期存款——××户

　应付利息——定期存款利息支出户

　　贷:吸收存款——单位活期存款——××户

定期存款到期后,如果单位要求续存,则可以结清旧户,另开新户办理。

三、单位其他存款

单位存款还包括单位通知存款和单位协定存款。

(一)单位通知存款

单位通知存款是存款人在存入款项时不约定存期,当需要支取存款时提前通知银行,然后按照通知约定的取款日期和金额支取款项的一种存款方式。

1. 单位通知存款的起存金额为50万元,一次存入,一次或分次支取,支取金额最低为10万元。

2. 单位通知存款分为一天和七天两个档次。一天通知存款是指提前一天通知银行约定取款,七天通知存款是指提前七天通知银行约定取款,由存款人在存入时选择存款档次。

(二)单位协定存款

单位协定存款是存款人与开户银行签订协定存款合同,约定结算账户的留存额度,超过约定留存额度的存款转为协定存款,单独计算计息积数并按协定存款利率计算利息的一种存款方式。

1. 单位协定存款必须由存款人与开户银行签订合同,由银行按照协定存款的规定主动办理并在结算账户中进行核算。

2. 单位协定存款只对结算账户流水 50 万元以上的存款单位办理，结算账户转单位协定存款后的留存额度最低为人民币 10 万元。

3. 单位存款资金全部通过结算账户往来，由银行根据结算账户的存款变化情况以及约定留存额度，自动在单位活期存款与单位协定存款之间进行调整，调整的金额起点为 1 万元。

4. 结算账户存款余额超过约定留存额度的，将超过部分自动计入单位协定存款积数中；结算账户存款余额低于约定留存额度或通过结算账户支付款项超过留存额度的，由会计核算系统自动从单位协定存款转入单位活期存款。结算账户中的单位活期存款与单位协定存款分别计算计息积数，在结息日根据单位活期存款与单位协定存款的计息积数分别按照活期存款利率和协定存款利率计算利息。

四、对账与销户

(一)对账

对账是指银行与开户单位核对存款账户余额。在银行与开户单位的经济往来中，由于双方记账时间有先后，以及发生技术性差错等原因，会导致双方账务不相符或产生未达账项。为了及时查清未达账项，保证内外账务相符和存款安全，银行必须与开户单位经常进行账务核对。

银行与开户单位的对账可分为随时对账和定期对账两种形式。

(二)销户

存款单位因迁移、合并、停产等原因不再使用原来的存款账户时，应及时到银行办理销户手续。银行办理销户时，应首先与销户单位核对存款账户余额。核对相符后，对应计算利息的存款账户，要结清利息；对支票存款户，应收回所有空白支票；对存折存款户，应收回存折注销。然后，银行将原存款账户的余额转入其他存款账户或其他地区的金融机构。撤销后的账户应停止使用。

第三节　个人储蓄存款业务的核算

个人储蓄存款业务基本种类包括个人活期储蓄存款业务、个人定期储蓄存款业务、小额支付账户业务等。

一、个人储蓄存款业务的原则和种类

(一)基本原则

为了正确执行国家保护和鼓励储蓄的政策，银行对个人储蓄存款实行“存款自愿，取款自由，存款有息和为储户保密”的原则。同时，银行办理储蓄存款业务应实行实名制，即以本人有效身份证件的姓名办理存入手续。

1. 存款自愿，取款自由。存款存多少、存期长短、存入哪家银行及何时存取都由储户自己决定。对于定期存款，也可按照储蓄章程规定办理提前支取。

2. 存款有息。银行对客户的各种储蓄存款都应按规定支付利息。

3. 为储户保密。银行有责任对客户的存款情况保守秘密，这既是体现宪法保护公民储蓄所有权的一项重要措施，也是贯彻银行储蓄政策的具体表现。因此，该原则有利于保护个人储蓄存款的安全。公安、司法机关因审理案件需要查询有关个人的存款资料时，应按规定提出书

面查询公函，经县支行以上的银行核对，由指定的储蓄所提供情况，查询单位不得擅自查阅账册，并对银行提供的情况保密。此外，任何单位和个人不得向银行查询客户存款情况，银行工作人员如有违反上述原则的现象，应视情节轻重追究责任。

（二）个人储蓄存款业务的种类

个人储蓄存款业务按期限不同，分为个人活期储蓄存款业务和个人定期储蓄存款业务两大类。其中，个人定期储蓄存款业务可分为整存整取、零存整取、整存零取、存本取息、定活两便、协议存款、通知存款、小额支付账户等。

按币种不同，储蓄可分为人民币储蓄、外币储蓄。

在我国，商业银行在大多数城市已基本实现了电脑储蓄。办理电脑储蓄业务的处所通常建有单独的连通系统，并在管辖行和各储蓄所分别设立地区计算机中心、本所计算机中心和终端机进行联网。业务发生后，由终端机输入本所计算机中心的小型计算机，然后再定时或批量输入地区计算机中心的主计算机。电脑储蓄亦应遵守“钱账分管”“现金收入业务先收款后记账”“现金付出业务先记账后付款”的基本规定。随着计算机记账代替手工记账，银行将提供更多、更好的服务来满足客户的需要。同时，随着数字人民币的推广普及，数字人民币电子储蓄业务也应当遵循这些基本原则。

二、个人活期储蓄存款业务的核算

（一）开户

个人活期储蓄存款账户，是个人在银行开立的本外币活期储蓄账户和个人结算账户。个人活期存款不固定期限，客户可以采用柜面、自助渠道、行内、跨行等多种形式存取。

个人活期储蓄存款开户可采用现金开户、支票开户、转存开户、来账通知开户等形式（本章只介绍现金开户的核算）。银行受理单笔现金开户业务时，按规定审核客户身份证件，录入客户预留信息，为客户开立分户账，设置取款密码，点款收款并进行账务处理。会计分录为：

借：库存现金

　　贷：吸收存款——个人活期储蓄存款——××户

如客户将数字人民币存入数字人民币账户，则银行的会计分录为：

借：法定数字货币——数字人民币

　　贷：吸收存款——个人活期储蓄存款——××户

银行为个人开立活期存款分户账并存入资金后，将存折或银行卡交给客户。

（二）续存

个人活期储蓄存款的续存，也可以采用现金续存、支票续存、转存续存、来账通知续存等方式。若为异地续存，须按规定扣收手续费。现金客户续存时，银行点款收款后，用存折或银行卡调出分户账进行账务处理，会计分录为：

借：库存现金

　　贷：吸收存款——个人活期储蓄存款——××户

如客户续存数字人民币存入数字人民币账户，则银行的会计分录为：

借：法定数字货币——数字人民币

　　贷：吸收存款——个人活期储蓄存款——××户

（三）支取

个人活期储蓄存款支取现金时，客户可持存折或银行卡通过柜台或自助取款设备办理。

会计分录为：

借：吸收存款——个人活期储蓄存款——××户

贷：库存现金

客户也可以通过多种方式进行转账支取，异地支取和跨行支取的，应按规定扣收手续费。

如客户支取数字人民币账户中的数字人民币时，则银行的会计分录为：

借：吸收存款——个人活期储蓄存款——××户

贷：法定数字货币——数字人民币

（四）清户

个人客户要求支取全部存款余额，不再续存，称为清户。现金清户时，银行应根据当日挂牌的活期存款利率计息，利息算至清户前一日止，同时在存折上加盖"清户"戳记，存折作取款凭条的附件，生成利息清单。其余手续同取款。会计分录为：

借：吸收存款——个人活期储蓄存款——××户

应付利息

贷：库存现金

清户后利息清单连同现金交客户。除现金清户方式外，还有转存清户和异地清户方式（账务处理略）。

三、个人定期储蓄存款业务的核算

个人定期储蓄存款是指存入时约定存款期限，一次或分次存入本金，到期一次或分次支取本金和利息的一种储蓄方式。

个人定期储蓄存款按存取方式的不同，可分为整存整取、零存整取、存本取息和整存零取等。

（一）整存整取定期储蓄存款的核算

整存整取定期储蓄存款是将本金一次存入，约定存期，到期一并支取本息的储蓄存款方式。整存整取定期储蓄存款的起存金额为50元，多存不限，存期分为三个月、六个月、一年、二年、三年、五年等档次。

1. 单笔现金开户

客户到银行开户时，将身份证件和现金交银行，并告知选择的存款期限。银行审核凭证和身份证件，并清点现金，点收无误后，为客户开设分户账，进行账务处理。会计分录为：

借：库存现金

贷：吸收存款——整存整取定期储蓄存款——××户

客户也可以通过柜台、自助设备或网银进行转账开户，将活期存款转存为定期。银行也受理支票开户和来账通知开户的个人定期储蓄存款（账务处理略）。

2. 支取（清户）的核算

（1）到期支取。客户持一本通或银行卡取款时，银行核对身份证件无误后，按规定计算应付利息，填制利息清单，按客户要求办理转账或支取现金。会计分录为：

借：吸收存款——整存整取定期储蓄存款——××户

应付利息——定期存款利息

贷：库存现金或吸收存款——活期储蓄存款——××户

客户也可通过自助设备或网银办理支取（清户）操作。

(2)过期支取。客户定期存款的过期支取(清户),处理手续与到期支取相同,但利息计算应包括到期利息和过期利息。

(3)提前支取。存款尚未到期,若客户急需用款,则可以凭本人身份证件到柜台办理全部提前支取或部分提前支取,也可通过自助设备或网银办理提前支取。

全部提前支取需提前支取规定计付利息,其余手续与到期支取相同。

部分提前支取时,应对支取部分按提前支取办法支付本息,对未支取部分应保留原存入日期、利率和到期日。会计分录为:

借:吸收存款——整存整取定期储蓄存款——××户(提前支取的本金)
　应付利息——定期存款利息(提前支取部分利息)
　　贷:库存现金或吸收存款——活期储蓄存款——××户(提前支取部分应给客户的本息)

(二)零存整取定期储蓄存款的核算

零存整取定期储蓄存款是存款时约定期限,每月固定存入一定数额的本金,到期一次支取本息的一种储蓄存款,存期分为一年、三年、五年 3 个档次,5 元起存,多存不限。这种储蓄存款每月存入一次,如中途漏存一次,应在次月补存。未补存者或漏存次数在一次以上的,视同违约,存折上打印违约标志,对违约后存入的部分,支取时按活期存款利率计息。

1. 现金开户和续存

客户申请现金开户时,将身份证件和现金交经办人员。银行审核身份证件并清点现金,经点收无误后,为客户开立零存整取定期储蓄存款分户账,办理转账。会计分录为:

借:库存现金
　　贷:吸收存款——零存整取定期储蓄存款——××户

经复核后,存折(银行卡)和身份证件退给客户。客户在存期内续存时,账务处理与开户时相同。

2. 现金支取

客户持存折(银行卡)到银行支取现金时,应计算利息,并在分户账上填记本金、利息和本息合计数,同时填写利息清单。会计分录为:

借:吸收存款——零存整取定期储蓄存款——××户
　应付利息——定期存款利息
　　贷:库存现金

零存整取定期储蓄存款业务的过期支取、提前支取,可比照整存整取定期储蓄存款业务。

客户也可通过银行柜台、自助设备或网银,办理转账开户、续存和支取业务。银行也受理支票开户和来账通知开户的定期储蓄存款(账务处理略)。

(三)存本取息定期储蓄存款的核算

存本取息定期储蓄存款是指本金一次存入,在约定存期内分次支取利息,到期支取本金的一种储蓄存款。通常以 5 000 元起存,多存不限,到期一次支取本金,利息凭存单分期支取,由储户与银行商定每个月或每几个月支取一次。存本取息定期储蓄存款的存期分为一年、三年、五年 3 个档次。

1. 现金开户

客户申请开户时将身份证件和现金交经办人员,银行为客户开立分户账办理转账。会计分录为:

借:库存现金

　　贷:吸收存款——存本取息定期储蓄存款——××户

2. 现金支取利息

客户在存期内按约定时间持存折(银行卡)来银行支取利息时,会计分录为:

借:应付利息——定期存款利息

　　贷:库存现金

若客户到期未取利息,以后则可以随时支取,但利息不计复利。在客户支取本金时,比照整存整取定期储蓄存款业务。

客户也可通过银行柜台、自助设备或网银,办理转账开户、续存和支取业务。银行也受理支票开户和来账通知开户的定期储蓄存款(账务处理略)。

(四)整存零取定期储蓄存款的核算

整存零取定期储蓄存款是本金一次存入,约定存期,分次支取本金,到期支取利息的一种储蓄存款。整存零取定期储蓄存款的最低起存金额为1 000元人民币,存期分为一年、三年和五年3个档次。

整存零取定期储蓄存款的核算手续基本上与存本取息定期储蓄存款相同,但开户时应注明支取本金的次数及每次支取的数额。

1. 定活两便储蓄存款的核算

定活两便储蓄存款是一种本金一次存入,不约定存期,可随时一次支取本息的存款方式。

定活两便储蓄存款既有活期之便,又有定期之利,一般以50元起存,多存不限。定活两便储蓄存款的存单分为记名和不记名两种。记名的存单可以挂失,不记名的存单不可以挂失。记名的定活两便储蓄存款的会计核算手续基本上与整存整取定期储蓄存款相同。不记名的存单一般固定面额,包括50元和100元两种面额,均可以在约定范围内通存通兑。

2. 个人通知储蓄存款的核算

个人通知储蓄存款是一种一次存入本金,由银行发给存折,不约定存期,支取时提前(1天或7天)通知银行,约定支取时间和金额,一次或多次提取存款的储蓄存款方式。

个人通知储蓄存款的起存金额为5万元,最低支取金额为5万元,存款人须一次存入,一次或分次支取。个人通知储蓄存款的利率以取款当日中国人民银行公告的利率为准。

四、储蓄所日结和事后监督

日结是储蓄所每天账务处理的最后环节,也是必不可少的环节。由于储蓄所是非独立核算单位,其账务通过并表或并账方式纳入其管辖行进行账务处理。因此,在每日营业终了,储蓄所经过结账、对账之后,应向其管辖行报账。

(一)储蓄所日结的处理

1. 按储蓄种类,区分存、取款凭条,编制有关储蓄科目现金或转账借、贷方传票。

2. 汇总所有利息清单,编制利息支出科目现金借方传票。

3. 编制营业汇总储蓄日报表。营业汇总储蓄日报表是反映当日全部储蓄业务情况的报表,是轧平和核对账务的有力工具。营业汇总储蓄日报表的编制方法如下:根据有关科目日结单,分别填入有关储蓄类别发生额的借、贷方,并结出余额;根据开、销户的传票,登记开、销户栏,计算结存户数,核对开、销户情况。营业汇总储蓄日报表中的储蓄开、销户数应与新开户的账户及收回的存单(折)相符。

4. 核对空白重要凭证。营业汇总储蓄日报表中空白重要凭证的本日结存数,应与本日各种重要凭证的实际结存数相符。

5. 定期(最少一个月)核对各种储蓄分户账余额与储蓄有关科目的余额,以保证账务的准确。

(二)管辖行的账务处理和事后监督

1. 账务处理

基层储蓄所的业务是管辖行业务的一部分,每日营业终了,应将储蓄所的业务并入管辖行的储蓄业务中,两者的账务合并方式有并账处理和并表处理两种。

(1)并账处理。管辖行收到储蓄所填送的传票和营业汇总储蓄日报表,经审核无误后,各储蓄存款科目应按储蓄所分别立账,并根据储蓄传票登记在有关账户内。管辖行轧账时,应将储蓄传票视同本身传票一并处理。

(2)并表处理。采用并表处理的储蓄所,自己有一套独立完整的账务体系。管辖行对储蓄所的账务不设分户账,仅将储蓄所的日报表与管理行同日的日报表合并,编制全辖汇总日计表。

2. 事后监督

(1)审核凭证、报表。对各基层储蓄所的报表以及相应的凭证应认真审查,包括凭证内容是否完整、金额有无错误、账簿记载是否正确、利息计算有无错误、签章是否齐全等。

(2)逐笔事后复核监督。管辖行对储蓄所的各类储蓄存款应设立明细分户账来进行监督。由于银行电算化的普及,各大中城市的储蓄所大多已采用计算机进行事后监督。一般是对原始凭证进行二次记账,即在审查凭证、日报表无误的基础上,将各类凭证按新开户、续存、支取、销户等类型进行清分,然后将各种凭证输入计算机,由计算机进行逐户逐日的核对监督。

第四节　存款利息的核算

一、利息计算的一般规定

(一)计息范围

商业银行吸收存款者资金,除财政性预算内存款及有特殊规定的款项不计利息外,均应按规定计算并支付利息。会计部门应按结息期和计算方法,准确地计算利息,对于应付而未付的存款利息,可按权责发生制进行核算。

(二)计息时间

存期是存款的时间,一般来说,存期是“算头不算尾”,即存入日开始计算利息,支取日不计算利息,其计算方法是从存入日算至支取日的前一日为止。

在具体计算利息时,定期存款与活期存款的存期计算有所不同。

定期存款在计算利息时,按照存期“算头不算尾”的方法,从存入日算至支取日的前一日为止。定期存款的存期一般按年、月计算。

在非清户的情况下,单位活期存款一般均连续不间断地发生存取款业务,因此单位活期存款的利息一般采取定期结息的做法,即按季度结算利息,具体计息方法是计算计息积数。单位活期存款的存期按照实际天数计算,所谓的实际天数就是按照日历天数,大月按 31 天计算,小月按 30 天计算，2 月按 28 天(或 29 天)计算。

个人活期储蓄存款按季度计算利息，每季末月 20 日为结息日，即从上季末月 21 日算至本季末月 20 日为止。

单位定期存款和个人定期储蓄存款的利息计算，应根据存期的档次，在存款到期日计算，利随本清。

(三)利息的基本计算公式

利息的计算公式为：

应付存款利息＝本金(存款金额)×存期×利率

本金元位起息，元位以下不计息，计算出的利息保留到分位，分位以下四舍五入。利率是指在一定时期内存款利息与存款本金的比率。利率由国务院授权中国人民银行制定与公布，由各金融机构负责实际执行。利率分为名义利率和实际利率，目前在核算利息时使用名义利率，暂不考虑实际利率。

利率可表示为年利率、月利率和日利率，在运用利率时应注意各种利率之间的相互关系：

$$\frac{\text{年利率}}{12}=\text{月利率}$$

$$\frac{\text{月利率}}{30}=\text{日利率}$$

存款的计息方法可分为积数计息法和逐笔计息法。

积数计息法是按实际天数每日累计账户余额，以累计计息积数乘以日利率计算利息。

计算公式为：

应付存款利息＝累计计息积数×日利率

累计计息积数＝每日余额合计数

逐笔计息法是分别按照每笔存款的实际时间分别计算利息。计算公式为：

应付存款利息＝本金×年(月)数×年(月)利率＋本金×零头天数×日利率

或

应付存款利息＝本金×自然天数×日利率

二、单位存款利息的核算

(一)单位活期存款利息的核算

单位活期存款按季结息，每季末月 20 日为结息日，利息次日转入本金，不计复利。由于活期存款的存取频繁、存款余额经常发生变动，因此银行在实际工作中通常采用积数计息法。下文中以余额表计息法和账页计息法来说明积数计息法的基本原理。

1. 余额表计息法

若采用该方法计息，银行会计部门应在每营业日终了，将各计息分户账的最后余额按户归集在计息余额表内(当日余额未变动的，仍使用上日余额)，如果遇到错账冲正，应在计息余额表的“应加积数”“应减积数”栏内调整计息积数。在结息日，逐户将全季的累计计息积数乘以日利率，即可得出各户的应计利息。计息余额表见表 8－2。

表 8—2 **X银行计息余额表** 单位:元

20××年6月

科目名称:吸收存款——单位活期存款 利率:月0.6‰ 共 页 第 页

	2011××××0601	2011××××0602	……
	M公司	N公司	……
至上月底累计未计息积数	11 500 000	(略)	
1	22 500		
2	34 000		
3	34 000		
4	36 000		
5	17 500		
6	33 000		
7	33 000		
8	33 000		
9	23 500		
10	34 000		
10天小计	300 500		
…			
20天小计	790 000		
…			
本月合计	1 053 000		
应加积数*	71 000		
应减积数*			
至结息日累计应计息积数**	12 361 000		
至本月底未计息积数***	263 000		

说明:* 应加积数和应减积数是因账务记载中出现差错,在更正后调整积数造成的。本例中的应加积数为本计息期内漏记M公司转账收入一笔,金额为14 200元,5天以后发现。更正后,累计5天的应加积数为71 000元。

** 至结息日累计应计息积数=至上月底累计未计息积数+20天小计+应加积数

=11 500 000+790 000+71 000

=12 361 000(元)

*** 至本月底未计息积数=本月合计—20天小计

=1 053 000—790 000

=263 000(元)

【例8—1】 根据表8—2的计息余额表,计算M公司第三季度的利息并转账。

$$第三季度利息=12\ 361\ 000\times\frac{0.6‰}{30}=247.22(元)$$

会计分录为：

借：利息支出　247.22

　　贷：应付利息　247.22

次日，转入单位或其存款账户时，会计分录为：

借：应付利息　247.22

　　贷：吸收存款——单位活期存款——M公司户　247.22

2. 账页计息法

采用乙种账结计利息的，存款分户账使用带积数的乙种账格式。当存款人的存款账户发生资金收付后，按前一次的最后余额乘以该余额的实存天数计算出积数，记入账页的“日数”和“积数”栏内。待结息日营业终了后，加计本结息期内的累计天数和累计积数，然后以积数乘以日利率，即可得出应付利息数。存款分户账见表8—3。

表8—3　　X银行　吸收存款——单位活期存款——X单位分户账　　单位：元

户名：M公司　　账号：2011××××0601　　利率：月0.6‰

20××年		摘要	借方	贷方	借或贷	余额	日数	积数
月	日							
9	1	承前页			贷	22 500	… 1	11 500 000 22 500
9	2	转贷		11 500	贷	34 000	2	68 000
9	4	转贷		2 000	贷	36 000	1	36 000
9	5	转借	18 500		贷	17 500	1	17 500
9	6	转贷		15 500	贷	33 000	3	99 000
9	9	转借	9 500		贷	23 500	1	23 500
9	10	转贷		10 500	贷	34 000	1	34 000
…	…	…				…	…	…
9	20	结息					…	12 361 000
9	21	转息		247.22		…		

说明：计算利息和转账分录与余额表计息法相同。

(二)单位定期存款利息的核算

单位定期存款是指在存期内按存入日挂牌公告的定期存款利率计付利息，遇利率调整，不分段计息。单位定期存款的利息计算采取逐笔计息、利随本清的办法，即在存款到期日支取本金时一并计付利息。

【例8—2】 N单位存入银行定期存款450 000元，定期5年，年利率假定为3.43%，3月20日到期。该单位于4月1日来行支取，支取日活期存款年利率为0.35%。

到期利息＝450 000×3.43%×5＝77 175(元)

逾期利息＝450 000×12×0.35%÷360＝52.5(元)

会计分录为：

借：利息支出　77 227.5

　　贷：应付利息　77 227.5

借:吸收存款——单位定期存款——N单位户　　450 000
　应付利息　　77 227.5
　　贷:吸收存款——单位活期存款——N单位户　　527 227.5

三、个人储蓄存款利息的核算

(一)个人活期储蓄存款利息的核算

按规定,个人活期储蓄存款按季结息,银行按当日活期存款利率结计利息,每季末月20日为结息日,即从上季末月21日至本季末月20日,未到结息日清户的,利息按清户日活期存款利率计算,算至清户日前一日为止。

个人活期储蓄存款的利息计算方法采用积数计息法,按客户每次存取发生额,随时计算计息积数,结出积数余额。在结息日或清户日,以积数余额乘以当日活期存款利率,计算得出客户应得利息。

(二)个人定期储蓄存款利息的核算

1. 整存整取定期储蓄存款利息的计算

根据《储蓄管理条例》的规定,整存整取定期储蓄存款在原定存期内的利息,一律按存入日银行挂牌公告的利率计付利息,存期内遇利率调整,不分段计息。整存整取定期储蓄存款未到期,但客户全部或部分提前支取的,提前支取部分按支取日的活期存款利率计息,其余部分到期时,按原存入日挂牌公告的定期存款利率计息。整存整取定期储蓄存款过期支取的,除约定自动转存的以外,其超过原定存期的部分,按支取日活期存款利率计息。应付利息计算公式如下:

$$应付利息=本金\times存期\times利率$$

【例8—3】 客户张成于2019年3月21日存入整存整取定期储蓄存款45 000元,定期2年,年利率为3.15%,该档利率于2021年3月16日调至2.01%,张成于2021年3月21日到期支取。

应付利息=45 000×3.15%×2=2 835(元)

会计分录为:

借:利息支出　　2 835
　　贷:应付利息　　2 835
借:吸收存款——整存整取定期储蓄存款——张成户　　45 000
　应付利息　　2 835
　　贷:库存现金　　47 835

2. 零存整取定期储蓄存款利息的计算

零存整取定期储蓄存款按约定存期到期支取的计息,根据不同情况,可以采用不同的计算方法。在实际工作中,常用的计算方法有固定基数法、月积数法和日积数法3种。

固定基数法是指事先算出每元存款利息基数,到期乘以存款余额的计息方法。这种方法适用于存款月存、到期支取利息的储蓄方式,每元存款利息基数的计算公式为:

$$每元存款利息基数=\frac{1+存款月数}{2}\times月利率$$

【例8—4】 客户张成于2020年4月26日来银行办理零存整取定期储蓄存款,月存3 500元,存期一年,月利率为1.43‰,于次年3月18日支取。

$$每元存款利息基数=\frac{1+12}{2}\times1.43‰=0.009\ 3(元)$$

应付利息＝3 500×12×0.009 3＝390.6(元)

三年期、五年期存款也可以按各档次利率计息，参照上述公式算出基数，再乘以存款余额，即可计算出应付利息。

月积数法适用于存款已到期，但有漏存月份的计息情况。将零存整取定期储蓄存款分户账的每月存款余额乘以所存月数就是月积数，到期支取时，按月积数乘以同档月利率，即为应付利息。

日积数法是指客户每次来存款时，根据存入发生额乘以业务发生日至存款到期日的天数(算头不算尾)取得计息积数，按"存加取减"的原则结出积数余额。在到期日，以积数余额乘以存入日约定利率就是应付利息。若客户提前支取，则按"存加取减"的原则，从积数余额中扣除未存满约定存期所产生的积数(即提前支取金额乘以提前支取日至到期日的天数)，即可结出计息积数，再乘以支取日银行挂牌公告的活期存款利率，即为应付利息。

过期支取的应付利息为到期息与过期息之和。到期息按正常规定计算，过期息则按最后余额与过期月数及支取日挂牌公告的活期存款利率计息。提前支取可比照整存整取定期储蓄存款的计息办法计算利息，不满整月的零头天数不计利息。

3. 存本取息定期储存款利息的计算

存本取息每次支取利息可按如下公式计算：

$$每次支取利息=\frac{本金\times存款月数\times月利率}{支取利息次数}$$

【例 8－5】 客户张成于 2020 年 7 月 25 日存入本金 35 000 元，存期一年，月利率为 1.63‰，每 3 个月支取利息一次。

$$每次支取利息=\frac{35\ 000\times12\times1.63‰}{4}=171.15(元)$$

4. 整存零取定期储蓄存款利息的计算

在这种储蓄存款方式下，到期计息可采用本金平均数法和月积数法。本金平均数法的计息公式为：

$$到期应付利息=\frac{全部本金+每次支取本金}{2}\times存期\times利率$$

【例 8－6】 客户张成一次存入本金 75 000 元，存期一年，每月一次支取 5 000 元，月利率为 1.63‰，最后一次支取日期为到期日，连同利息一并支取。

$$到期应付利息=\frac{75\ 000+5\ 000}{2}\times12\times1.63‰=782.4(元)$$

客户在存期内若要求部分提前支取，可提前支取 1～2 次，但必须在以后月份内停取 1～2 次。剩余款项的支取日按原定日期不变。如果提前支取全部余额，则根据实存金额及实存日期，按规定的活期存款利率计息；如果过期支取，可比照零存整取定期储蓄存款的原则办理。

(三)定活两便储蓄存款利息的计算

定活两便储蓄存款的利息应根据实际存期的同档整存整取定期储蓄利率，按一定的折扣计算，不满规定存期的按活期存款利率计算。具体规定为：存期不满三个月的，按支取日挂牌公告的活期存款利率计息；存期三个月以上(含三个月)、不满半年的，整个存期按支取日挂牌公告的整存整取三个月定期储蓄存款利率打六折计息；存期半年以上(含半年)、不满一年的，整个存期按支取日挂牌公告的整存整取半年定期储蓄存款利率打六折计息；存期在一年以上的(含一年)，无论存期多长，整个存期一律按支取日整存整取一年期定期储蓄存款利率打六折计息。

专栏 8－1　　中国人民银行:《关于加强存款利率管理的通知》

央行下发《中国人民银行关于加强存款利率管理的通知》(以下简称"通知"),对结构性存款提出新的规范要求,新规之下存款基准利率下调可期,降银行负债成本以降贷款利率。

此通知主要内容包括:一是应严格执行存款利率和计结息管理有关规定,按规定要求整改定期存款提前支取、靠档计息等不规范存款"创新"产品;二是指导市场利率定价自律机制,加强存款利率自律管理,并将结构性存款保底收益率纳入自律管理范围;三是将执行存款利率管理规定和自律要求情况纳入 MPA。

"揽储战"下靠档计息一度被叫停

在央行此次新规中,首先对定期存款提前支取、靠档计息等不规范存款"创新"产品做出了整改要求。

据了解,"靠档计息"是指客户在银行买入定期理财产品时,若提前支取,银行会根据客户实际存入时间,以靠近的定存档计算定期利息,剩余的按活期计息,让客户的理财收益最大化,以此吸引客户理财,而此类的相关产品本质其实是高息揽储。

近年来,银行之间的"揽储战"呈现白热化。各个银行为了"吸储"也是使出浑身解数。有业内人士表示,靠档计息的出现可以增加定期存款的流动性,但定期存款靠档计息在中小行中较为普遍,而大行中则多应用于大额存单中。

但市场对此种计息方式一直存有争议,而该方式也违反央行关于"提前支取按活期计息"的储蓄规定。监管通过窗口指导的方式,要求银行在全国范围内立即停止办理关于定期存款提前支取靠档计息的相关业务,并逐步压缩该类业务存量,从政策传达之日起到 2020 年底为过渡期,在过渡期结束后,该类产品余额应为零。

结构性存款业务进一步规范

2018 年年中,央行等机构联合下发的《关于规范金融机构资产管理业务的指导意见》指出,资产管理业务不得承诺保本保收益,打破刚性兑付。该资管新规意味着自监管层禁止发行保本理财产品,而结构性存款在此之后有成为其替代品的趋势,成长迅速。

银保监会在 2018 年 9 月发布的《商业银行理财业务监督管理办法》中明确,结构性存款是指商业银行吸收的嵌入金融衍生产品的存款,通过与利率、汇率、指数等的波动挂钩或者与某实体的信用情况挂钩,使存款人在承担一定风险的基础上获得相应收益的产品。

数据显示,截至 2020 年 1 月底,我国结构性存款总规模达 10.79 万亿元,规模较大。而银行的结构性存款产品也在发展过程中出现了各种不规范的问题,例如银行误导销售、违规展业等问题。而在去年 10 月份,银保监会发布《关于进一步规范商业银行结构性存款业务的通知》,再次整顿结构性存款相关问题,其中针对结构性存款的管理方式、资格认证、销售、信息披露以及过渡期裁定都进一步做了规范。截至 2019 年底,银行业负债中存款占比达 72.2%。存款成本决定银行负债成本,存款成本制约贷款利率下行空间。央行此次新规之下,存款基准利率下调可期,通过降低银行负债成本来降低贷款利率。当前,我国存款基准利率仍维持 2015 年 10 月的水平未变。

当前疫情海外扩散,全球经济下行压力加大。2020 年 1 月 16 日,央行货币政策司司长孙国峰表示,央行对于存款基准利率会根据国务院部署,综合考虑物价等情况适时适度调整。2

月20日，央行副行长刘国强也指出，存款基准利率是我国利率体系的“压舱石”，未来将综合考虑经济增长、物价水平等基本面情况，适时适度进行调整。

资料来源：金融界，2020年。

本章小结

本章主要学习了商业银行存款业务的核算。存款业务是商业银行信贷资金的主要来源，也是商业银行开展支付业务的基础。一般地，我们将存款账户分为基本存款账户、一般存款账户、专用存款账户和临时存款账户，其开户与注销都有严格的管理规定。商业银行在存款业务核算时应当保持正确、及时处理，维护存款人的合法权益，坚持银行不垫款的基本原则。

单位存款业务主要包括单位活期存款业务、单位定期存款业务、单位通知存款业务和单位协定存款业务等。个人储蓄存款业务分为个人活期储蓄存款业务、个人定期储蓄存款业务、小额支付账户业务等。在每个营业日终了，基层储蓄所经过结账、对账之后，应向其管辖行报账，通过并账处理或者并表处理将其业务并入管辖行的储蓄业务中。

利息的计算与支付是储蓄业务中的重要环节。一般情况下，商业银行吸收存款者资金均应按规定支付利息。存期一般遵循“算头不算尾”的计算原则，且定期存款与活期存款的存期计算方式有所不同。定期存款计算利息时采用“算头不算尾”的存期计算方法，单位活期存款的一般计息方法是计算计息积数，按季度结算利息，个人活期存款储蓄存款按季度计算利息，每季末月20日为结息日。

本章关键术语

原始存款；派生存款；基本存款账户；活期存款；定期存款；积数计息法

本章思考题

1. 银行存款账户的种类有哪些？
2. 如何理解开立银行存款个人账户的管理要求？
3. 为什么要规定银行存款业务核算的基本要求？
4. 单位活期存款及利息如何进行核算？
5. 整存整取定期储蓄存款如何进行核算？

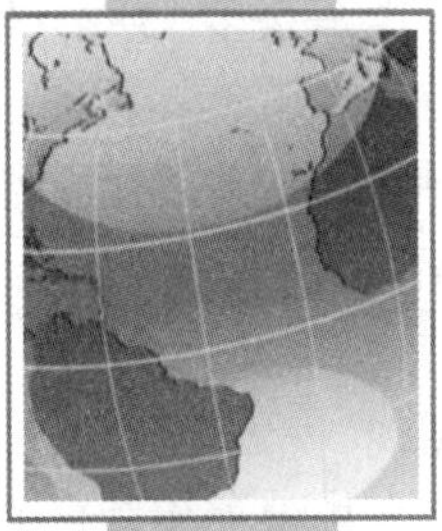

第九章 贷款与贴现业务核算

学习目标

1. 了解贷款和担保贷款的概念、含义、种类
2. 熟悉担保贷款的有关规定，掌握抵押贷款及抵押资产处置的核算
3. 掌握信用贷款与贴现业务会计科目的使用及其账务处理方法
4. 掌握利息计算的规定、计算方法及其账务处理方法

本章预习

贷款是我国商业银行的主要生息资产，是商业银行利润的主要来源。因此，做好贷款业务的核算工作，对保证国家产业政策和信贷政策的贯彻执行、调节市场货币资金供求、促进经济发展、增加银行收入、保证银行资金安全都有重要的意义。广义的资金贷款是指贷款、贴现、透支等贷出资金的总称，本章所指的贷款业务的核算主要是贷款业务的核算和贴现业务的核算。

第一节　贷款业务的核算

商业银行不同种类的贷款，在业务流程、核算方法上会存在一定的差异。本节主要从贷款业务概述、贷款业务的核算原则、贷款业务的跨级科目设置、信用贷款的核算、抵押贷款的核算、质押贷款的核算以及贷款利息的核算这 7 个方面进行详细阐述。

一、贷款业务概述

贷款是商业银行主要的资产业务之一，也是商业银行资金运用的主要途径和取得利息收入形成盈利的重要渠道。商业银行通过发放贷款，将一定数量的资金进行循环使用，可以充分发挥资金的使用价值，满足社会生活生产中对资金的需求，进而促进国民经济的健康发展。

这里从贷款的含义和分类两个方面对商业银行的贷款业务进行简单的概述。

(一)商业银行贷款的含义

商业银行贷款，是商业银行作为贷款人，按照一定的贷款原则和政策，以还本付息为条件，将一定数量的货币资金提供给借款人使用的一种借贷行为。商业银行发放贷款遵循“三性原则”，即安全性、流动性和效益性的原则。

(二)商业银行贷款的分类

按照不同标准，可将商业银行贷款业务分为以下几类：

1. 按贷款的期限划分

按贷款期限的不同，可以将贷款分为短期贷款、中期贷款和长期贷款。

短期贷款是指商业银行根据有关规定发放的、期限在 1 年(含 1 年)以下的各种贷款。它通常用于工商企业的营运成本、各种偶然性引起的流动资金的需求及银行间的资金融通。

中期贷款是指商业银行发放的、贷款期限在 1 年以上、5 年(含 5 年)以下的各种贷款。它主要用于工商企业的设备更新改造,是中小企业取得固定资本的重要途径,也是很多个人消费者获取资金的重要途径。

长期贷款是指商业银行发放的贷款期限在 5 年(不含 5 年)以上的各种贷款,主要用于企业各种固定资产的购置等,同时也提供给个人消费者,主要用于购买住宅等。

2. 按贷款保障条件划分

按贷款保障条件的不同,可以将贷款分为信用贷款、担保贷款和票据贴现。

信用贷款是指商业银行完全凭借客户的信誉而无须提供抵押物或第三方担保而发放的贷款。这类贷款从理论上讲风险较大,因此银行通常要收取较高的利息。

担保贷款是指具有一定的财产或信用作为还款保证的贷款。根据还款保证的不同,担保贷款可分为保证贷款、质押贷款和抵押贷款。保证贷款是指按《中华人民共和国担保法》(下文简称《担保法》)规定的保证方式,以第三人承诺在借款人不能偿还贷款时,按约定承担一般保证责任而发放的贷款;抵押贷款是指按《担保法》规定的抵押方式,以借款人或第三人的财产作为抵押物而发放的贷款;质押贷款是指按《担保法》规定的质押方式,以借款人或第三人的动产或权利作为质押物而发放的贷款。

票据贴现是指资金需求者(持票人)将自己手中未到期的商业票据、银行承兑票据或短期债券向银行或贴现公司要求变成现款,银行或贴现公司收进这些未到期的票据或短期债券,按票面金额扣除贴现日至到期日的利息后付给现款,到票据到期时再向出票人收款的过程。票据贴现实质上是商业信用转化为银行信用,使持票者在资金发生紧缺时,即可向银行申请贴现,使原来的债权得以提前实现。

3. 按贷款的偿还方式划分

按还款方式的不同,可以将贷款分为一次偿还的贷款和分期偿还的贷款。

一次偿还的贷款是在贷款到期时一次偿还本金,而贷款利息则根据约定,或在整个贷款期间分期支付,或在贷款到期时一次支付。

分期偿还的贷款是按年、季、月以等额或不等额的方式还本付息的。

4. 按贷款对象的不同划分

按贷款对象的不同,可以将贷款分为公司贷款和个人贷款。

公司贷款是商业银行向事业单位及机关、团体等经济组织发放的贷款。具体分为流动资金贷款、固定资金贷款、房地产开发贷款、国内贸易融资、项目贷款、住房信贷和综合授信等信贷品种。

个人贷款是商业银行向消费者个人发放的贷款。具体分为个人消费贷款和个人住房贷款,如个人质押贷款、个人汽车消费贷款、个人住房贷款、个人综合消费贷款、个人小额短期信用贷款和个人助学贷款(包括国家助学贷款和一般商业性助学贷款)等个人消费贷款业务品种。

5. 按自主程度的不同划分

按照自主程度的不同,可以将贷款分为自营贷款、委托贷款和特定贷款。

自营贷款是指商业银行自主发放的贷款,贷款本息由商业银行收回,贷款的风险由商业银行承担。自营贷款是构成商业银行贷款的主要组成部分。

委托贷款是指由委托人提供资金,由受托人根据委托人指定的贷款对象、用途、金额、期限和利率代为发放、监督使用并协助委托人收回的贷款。在办理委托贷款业务的过程中，贷款人只收取手续费，并且不承担贷款的风险。

特定贷款是指经国务院批准并对贷款可能造成的损失采取相应补救措施后，责成国有独资商业银行发放的贷款。此类贷款具有政策性贷款的性质，但又不属于政策性贷款，如扶贫救灾贷款。

6. 按贷款的质量或风险程度划分

按贷款质量和风险程度的不同，可以将贷款分为正常贷款、关注贷款、次级贷款、可疑贷款和损失贷款5类。

正常贷款是指借款人能够履行合同，有充分把握按时足额偿还本息的贷款。

关注贷款是指尽管借款人目前有能力偿还本息，但存在一些可能对偿还产生不利影响因素的贷款。

次级贷款是指借款人的还款能力出现了明显问题，依靠其正常经营收入已无法保证足额偿还本息的贷款。

可疑贷款是指借款人无法足额偿还本息，即使执行抵押或担保也会造成一定损失的贷款。

损失贷款是指在采取所有可能的措施和一切必要的法律程序后，本息仍无法收回或只能收回极少部分的贷款。

二、贷款业务的核算原则

通常，银行在对短期贷款进行核算时，短期贷款本金按实际贷出的贷款金额入账，期末，按照贷款本金和约定的利率计算应收利息。中长期贷款的核算，主要遵循以下四个"分别核算"的原则。

(一)本息分别核算

商业银行发放的中长期贷款，应当按照实际贷出的贷款金额入账。期末，应当按照贷款本金和使用的利率计算应收的利息，并分别对贷款本金和利息进行核算。

(二)商业贷款与政策性贷款分别核算

政策性贷款发放受国家特定时期的政策导向影响很大，在利率执行上也有一定优惠，所以在核算上也要与一般商业贷款区别对待，分开核算。

(三)自营贷款和委托贷款分别核算

自营贷款是指商业银行以合法方式筹集资金，自主发放的贷款，其风险由金融企业承担，并由金融企业收取本金和利息。委托贷款是指委托人提供资金，由商业银行(受托人)根据委托人确定的贷款对象、用途、金额、期限、利率等代理发放、监督使用并协助收回的贷款，其风险由委托人承担。商业银行发放委托贷款时，只收取手续费，不得代垫资金。

(四)应计贷款和非应计贷款分别核算

应计贷款是指非应计贷款以外的贷款。非应计贷款是指贷款本金或利息逾期90天没有收回的贷款。当贷款的本金或利息逾期90天时，应单独核算。应计贷款转为非应计贷款时，应将已入账的利息收入和应收利息予以冲销；之后收到该笔贷款的还款时，应首先冲减贷款本金；本金全部收回后，再收到的还款则确认为当期利息收入。商业银行发放的贷款应当按会计制度规定计提贷款损失准备。

三、贷款业务的会计科目设置

商业银行办理贷款业务，应设置"贷款""利息收入""应收利息""贷款损失准备""资产减值损失”等会计科目进行核算。主要会计科目有资产和损益两大类。

(一)资产类

1. 贷款

该科目用于核算商业银行按规定发放的各种客户贷款，可按贷款类别及客户关系的不同，分“本金”“利息调整”“已减值”等项目进行明细核算。该科目金额的增加记借方；反之，则记贷方。期末该科目的借方余额反映商业银行按规定发放而尚未收回贷款的摊余成本。

2. 应收利息

该科目用于核算商业银行交易性金融资产、发放贷款、存放中央银行款项、拆出资金、买入返售金融资产等营收的利息，可按借款人或被投资单位进行明细核算。该科目余额在借方，反映商业银行尚未收回的利息。

3. 贷款损失准备

该科目用于核算商业银行贷款的减值准备，是“贷款”科目的备抵科目，可按计提贷款损失准备的资产类别进行明细核算。该科目期末余额在贷方，反映商业银行已计提但尚未转销的贷款损失准备。

4. 抵债资产

该科目用于核算商业银行依法取得并准备按有关规定进行处置的实物和非实物(不含股权投资)抵债资产的成本，可按抵债资产类别及借款人进行明细核算。该科目期末余额在借方，反映商业银行取得的尚未处置的抵债资产的成本。

(二)损益类

1. 利息收入

该科目用于核算商业银行确认的利息收入，可按业务类别进行明细核算。该科目期末余额结转至“本年利润”科目，结转后该科目应无余额。

2. 资产减值损失

该科目用于核算商业银行计提各项资产减值准备所形成的的损失，可按资产减值损失的项目进行明细核算。期末，应将科目余额转入“本年利润”科目，结转后该科目应无余额。

第二节　信用贷款的核算

信用贷款是商业银行仅凭借款人的信誉就可发放，不需要借款人提供担保的贷款。信用贷款适用于具有良好信用等级的客户。信用贷款的优点是贷款手续简单，只要直接签订借款合同即可，但缺点是风险大、利率高。通常情况下，信用贷款的核算包括贷款发放、资产负债表日利息核算、贷款收回 3 个环节，但若贷款发生了减值或逾期，还要进行贷款逾期、贷款减值的核算。

一、贷款发放

借款人申请贷款时，经办行客户经理负责接待客户并受理客户贷款申请。贷款经办行客户经理对申请人所提供的资料进行初审，认为基本可行的则进行贷款的调查。调查结果符合贷款要求的，信贷部门根据贷款金额进行差别化的审核批准后，双方签订借款合同或协议，约定贷款的金额、利率、期限、用途及违约责任等。借款合同一经签订，即具有法律效力，银行和借款人必须共同遵守、履行。

借款合同生效后，当借款单位用款时，须填制一式五联的借款凭证（也称借据），送信贷部门审批，其格式如表 9－1 所示。经信贷部门审查同意后，送会计部门并据以办理放款手续。会计部门收到借款凭证，应认真审查信贷部门的审批意见，审核凭证各项内容填写是否正确、完整，大小写金额是否一致，印签是否相符。审核无误后，办理转账。会计分录为：

借：贷款——××贷款——借款人户（本金）

　　贷：吸收存款——单位活期存款——借款人户（实际支付的金额）

按照差额，借记或者贷记“贷款——利息调整”科目。

表 9－1　　**借款凭证**

银行（贷款）借款凭证（申请书代付出凭证）

单位编号：　　年　月　日　　银行编号：

<table>
<tr><td rowspan="3">借款单位</td><td>名　称</td><td colspan="2"></td><td rowspan="3">收款单位</td><td>名　称</td><td colspan="10"></td></tr>
<tr><td>放款户账号</td><td colspan="2"></td><td>往来户账号</td><td colspan="10"></td></tr>
<tr><td>开户银行</td><td colspan="2"></td><td>开户银行</td><td colspan="10"></td></tr>
<tr><td colspan="2">借款期限
（最后还款日）</td><td colspan="2"></td><td colspan="2">借款计划指标</td><td colspan="10"></td></tr>
<tr><td colspan="2" rowspan="2">借款申请金额</td><td colspan="4" rowspan="2">人民币
（大写）：</td><td>千</td><td>百</td><td>十</td><td>万</td><td>千</td><td>百</td><td>十</td><td>元</td><td>角</td><td>分</td></tr>
<tr><td></td><td></td><td></td><td></td><td></td><td></td><td></td><td></td><td></td><td></td></tr>
<tr><td colspan="2" rowspan="2">借款原因及用途</td><td colspan="2" rowspan="2"></td><td colspan="2" rowspan="2">银行核定金额</td><td>千</td><td>百</td><td>十</td><td>万</td><td>千</td><td>百</td><td>十</td><td>元</td><td>角</td><td>分</td></tr>
<tr><td></td><td></td><td></td><td></td><td></td><td></td><td></td><td></td><td></td><td></td></tr>
<tr><td>期限</td><td>计划还款日期</td><td>P</td><td>计划还款金额</td><td rowspan="5">银行审批</td><td colspan="11" rowspan="5">负责人　　信贷主管　　信贷员</td></tr>
<tr><td>1</td><td></td><td></td><td></td></tr>
<tr><td>2</td><td></td><td></td><td></td></tr>
<tr><td>3</td><td></td><td></td><td></td></tr>
<tr><td>4</td><td></td><td></td><td></td></tr>
<tr><td colspan="4">兹根据你行贷款规定，申请办理上述借款，请核定给
此致
××商业银行（借款单位预留往来户印鉴）</td><td colspan="12">会计分录
（借）：
对方科目（贷）：
会计　复核　记账·</td></tr>
</table>

会计部门在转账手续办妥后，根据借据留存联登记贷款台账，按到期日的时间顺序排列，专夹保管，据以监督借款单位按期还款情况；将回单联送信贷部门作为放款记录留存备查，据以监督贷款的发放和收回。

【例 9－1】　甲银行于 2020 年 7 月 18 日接到开户单位乙公司的借款申请，经信贷部门核定，同意贷给该客户期限为 6 个月、利率为 8.53％的短期贷款 725 000 元。会计部门于 2020 年 7 月 20 日根据借款凭证编制贷款发放的转账分录如下：

借：贷款——短期贷款——乙公司户　　　　725 000

贷：吸收存款——乙公司户　　725 000

二、资产负债表日利息的核算

按照权责发生制的原则，银行会计部门应于每个资产负债日计提利息，按照合同本金和利率计算应收利息，按照摊余成本和实际利率计算利息收入的差额计入利息调整。会计分录为：

借：应收利息——××贷款——借款人户

　　贷：利息收入——××贷款——借款人户

按照差额，借记或贷记“贷款——利息调整”科目。

三、贷款收回

能否按时收回贷款不仅关系商业银行信贷资产质量的高低，更影响其效益的提高和整体的发展。银行会计部门应经常查看贷款借据的到期情况，在贷款快到期时，与信贷部门联系，通常提前 3 天通知借款单位准备资金，以便到期时按期还款。贷款到期，借款单位归还贷款情况可以分以下几种。

（一）贷款到期，借款单位主动归还贷款

贷款到期后借款单位应签发转账支票，填制有关还款凭证办理还款手续。还款凭证的格式如表 9－2 所示。银行会计部门收到借款人提交的支付凭证后，还应与贷款台账进行核对，按照借款单位所填的原借款凭证上的要素，核对无误后，于贷款到期日办理收回贷款的转账手续。

表 9－2　　**还款凭证**

银行（贷款）还款凭证

年　月　日　　合同编号：

<table>
<tr><td rowspan="3">借款单位</td><td>名　称</td><td></td><td rowspan="3">收款单位</td><td>名　称</td><td colspan="11"></td></tr>
<tr><td>放款户账号</td><td></td><td>往来户账号</td><td colspan="11"></td></tr>
<tr><td>开户银行</td><td></td><td>开户银行</td><td colspan="11"></td></tr>
<tr><td colspan="2">还款日期</td><td>年　月　日</td><td colspan="2">还款次序</td><td colspan="11">第　次还款</td></tr>
<tr><td colspan="2" rowspan="2">借款申请金额</td><td colspan="3" rowspan="2">人民币
（大写）：</td><td>亿</td><td>千</td><td>百</td><td>十</td><td>万</td><td>千</td><td>百</td><td>十</td><td>元</td><td>角</td><td>分</td></tr>
<tr><td></td><td></td><td></td><td></td><td></td><td></td><td></td><td></td><td></td><td></td><td></td></tr>
<tr><td colspan="5">还款内容</td><td></td><td></td><td></td><td></td><td></td><td></td><td></td><td></td><td></td><td></td><td></td></tr>
<tr><td colspan="3">由我单位往来划转归还上述借款

（借款单位预留往来账户印鉴）

（银行主动收贷时免盖）</td><td colspan="13">会计分录
（借）：

对方科目（贷）：

会计　复核　记账</td></tr>
</table>

对到期日应收利息和现有利息余额之间的差额进行补提，会计分录为：

借：应收利息——××贷款——借款人户

　　贷：利息收入——××贷款——借款人户

收回本息的会计分录为：

借：吸收存款——××贷款——借款人户（活期存款）

　　贷：应收利息——××贷款——借款人户

　　　　贷款——××贷款——借款人户（本金）

若借款分次归还，则应在原借据上做分次还款记录。

（二）贷款到期，借款人未主动归还

贷款到期后，借款人未主动归还贷款的，按照借款合同约定，银行有权从借款人的账户余额中直接扣收。此时，会计部门应与信贷部门联系，征得同意后，由信贷部门填制“贷款收回通知单”，加盖信贷部门业务公章交会计部门，会计部门据以办理相关交易收回贷款，打印贷款还款记账凭证，还款记账凭证回单联交借款人，会计分录同上。

（三）贷款展期

若贷款到期后，由于客观情况发生变化，借款人经过努力仍不能还清贷款的，短期贷款必须于到期日的十日以前，中长期贷款必须于到期日的一个月以前，由借款人向银行提出贷款展期书面申请，写明展期原因，信贷审批部门视风险水平决定借款人的展期申请能否予以通过。对同意展期的贷款，应在展期申请书上签署意见，然后将展期申请书交给会计部门。每笔贷款只能展期一次，短期贷款展期不得超过原贷款期限；中期贷款展期不得超过原贷款期限的一半；长期贷款展期期限累计不得超过三年。

会计部门收到展期申请书，经审核无误后，在贷款分户账及到期卡上批注展期还款利率及还款日期，同时将一联贷款展期书加盖业务公章后交借款单位收执，另一联贷款展期申请书附在原借据后，按展期后的还款日期排列，贷款展期无须办理转账手续。

（四）贷款逾期

贷款到期后，若借款单位未向银行办理展期手续，或申请展期未获得批准，或已经办理展期，但展期到期日仍未能归还贷款的，应于贷款到期日次日作为逾期贷款处理，按规定计收罚息。银行会计部门与信贷部门联系后，办理相关交易，将该贷款转入单位的逾期贷款账户。账务处理的会计分录为：

借：逾期贷款——借款人逾期贷款专户

　　贷：贷款——借款人贷款户

贷款本金或利息逾期 90 天没有收回，或贷款虽未逾期或逾期未超过 90 天但借款人生产经营已停止、项目已停建的自营贷款，应作为非应计贷款管理，通过“非应计贷款”科目进行核算。本科目按照贷款种类设置一级科目，再按照借款人设专户进行明细核算。期末借方余额反映银行按规定发放的客户贷款余额。

当应计贷款转为非应计贷款时，会计分录为：

借：非应计贷款

　　贷：逾期贷款——信用贷款——借款人户

同时，冲减利息收入，会计分录为：

借：利息收入

　　贷：应收利息（已计提未收回的应收利息和以后计提的应收利息，均应在表外进行登记）

收回客户贷款本息时，按实际收到的金额，会计分录为：

借：吸收存款——活期存款——借款人户

贷:非应计贷款　　　　　　　　　　（按客户贷款本金）

利息收入　　　　　　　　　　　　（差额）

【例 9—2】 A 银行于 2020 年 3 月 15 日向 B 公司发放贷款 450 万元，期限为 5 个月。当年 8 月 15 日贷款到期，B 公司无力归还，银行将其转为逾期贷款。当年 12 月 15 日，B 公司仍无力归还，银行将其转作非应计客户贷款。A 银行的相关会计分录如下：

(1)3 月 15 日，发放贷款：

借：贷款——短期贷款 B 公司户　　4 500 000

贷：吸收存款——B 公司户　　4 500 000

(2)8 月 15 日，转逾期贷款：

借：逾期贷款——B 公司户　　4 500 000

贷：贷款——短期贷款——B 公司户　　4 500 000

(3)12 月 15 日，转非应计客户贷款：

借：非应计客户贷款——B 公司户　　4 500 000

贷：逾期贷款——B 公司户　　4 500 000

四、贷款减值的核算

商业银行应当按照谨慎性的原则，在资产负债表日对各项贷款的账面价值进行检查。如有客观证据表明该贷款发生减值的，应当计提减值准备。

(一)贷款发生减值时的核算

对于减值贷款应按减记的金额计提减值准备。会计分录为：

借：资产减值损失

贷：贷款损失准备

借：贷款——已减值

贷：贷款——本金(账面价值)

贷款——利息调整(账面价值)

同时，对于已减值贷款，应按贷款的摊余成本和实际利率计算确定的利息收入金额。会计分录为：

借：贷款损失准备

贷：利息收入

银行还须将合同本金和合同约定的名义利率计算的应收利息金额进行表外核算：

收：应收未收利息——借款人户

(二)减值贷款价值回复的核算

已计提贷款损失准备的贷款，如有客观证据表明该贷款的价值已恢复，且客观上与确认该减值损失发生的事项有关，应在原已计提的范围内对减值资产的价值进行转回。会计分录为：

借：贷款损失准备

贷：资产减值损失

(三)收回减值贷款的核算

收回减值贷款时，应按照“本金、表外应收利息”的顺序进行收回。其会计分录为：

借：吸收存款——借款人户(实际收到的金额)

贷款损失准备(贷款损失准备余额)

贷:贷款——××贷款——已减值(账面余额)

利息收入(已收回的表外应收利息余额)

(或借)资产减值损失(借贷方差额)

同时,销记表外登记的应收未收利息。

付:应收未收利息——借款人户

【例 9—3】　2020 年 1 月 1 日,甲银行向乙公司发放一笔 2 年期贷款。贷款本金为 5 700 000,年利率为 6.3%。2020 年 12 月 31 日,经测试确认,该笔贷款已发生减值 135 000 元。

2020 年 12 月 31 日的会计分录为:

借:资产减值损失	135 000	
贷:贷款损失准备		135 000

同时,

借:贷款——已减值——乙公司	135 000	
贷:贷款——本金——乙公司		135 000

假定甲银行采取定期收息方式收取利息,并且截至本年度第三季度已计提的应收利息均已收回,则 2020 年第 4 季度的利息计算如下:

(5 700 000－135 000)×3×6.3%÷12＝87 648.75(元)

应确认的增值税金额＝87 648.75×6%＝5 258.93(元)

会计分录为:

借:贷款损失准备	87 648.75	
贷:利息收入		87 648.75

表外分录为:

收:应收利息	(5 700 000×3÷12×6.3%)89 775	
借:其他应收款	84 516.07	
贷:应交税费——应交增值税(销项税额)		5 258.93

第三节　抵押贷款的核算

抵押贷款是担保贷款的一种,是银行要求借款人以一定财产作为抵押而发放的贷款。借款人到期不能归还贷款本息时,银行有权依法处置贷款抵押物,并从所得收益中优先收回贷款本息,或以该抵押物折价冲抵贷款本息。一般来说,抵押贷款的核算可分为贷款发放、贷款收回两个环节,但若贷款逾期尚未归还,还要进行贷款逾期、抵债资产处置的核算。

一、贷款发放

借款人办理抵押贷款,必须向银行提出申请并提交"抵押贷款申请书",写明借款用途金额、还款日期以及抵押品名称、数量、价值、存放地点等有关事项,同时提交有权处分人同意抵押的证明或保证人同意保证的相关文件。

商业银行办理抵押贷款,首先应确认抵押物的所有权或经营权,债务人除拥有对财产的所有权外,还应具有最终的处分权,才能作为抵押人向银行申请抵押担保贷款。商业银行选择的抵押物必须是合法取得、可以流通、易于变现和处分的。抵押物的使用期必须长于借款期,贷款到期后,抵押物的变现价值应大于借款本金。

抵押贷款经银行信贷部门审查同意后,由借款人与银行签订抵押贷款合同,并将抵押品或抵押品产权证明移交银行。若银行认为有必要进行公证的合同及有关资料,应由公证机关对其真实性、合法性进行公证。对于易受自然灾害侵害的抵押物,借款方应办理财产保险,并将保单交银行保管。若发生损失,银行可从保险赔偿中收回抵押贷款。对于被抵押品,银行方面需要办理抵押品入库手续,签发"抵(质)押品代保管凭证"一式两联,一联交借款人,另一联由银行留存,并登记代保管有价值品登记簿。同时记录表外科目如下:

收:代保管有价值品

在抵押贷款中,流动资金贷款最长不超过1年,固定资金贷款一般为1～3年,最长不超过5年。

抵押贷款通常是按照抵押品价值的一定比例而非抵押品价值全额贷放的。这个比率通常被称为抵押率,抵押率的计算公式如下:

$$抵押率=1-抵押物预计贬值额\div抵押物现估\times100\%$$

通常来说,贷款风险与抵押率呈正向变化。抵押率越高,风险越大;抵押率越低,风险越小。所以贷款人通常对风险大的贷款,采用降低抵押率来减少风险;对风险小的,抵押率则可高一些。我国商业银行在办理抵押贷款时,抵押率一般控制在50%～70%之间。

借款合同签订后,借款人用款时贷款发放的程序与信用贷款类似,这里不再赘述。其会计处理分录为:

借:贷款——抵押贷款——借款人贷款户
　　贷:吸收存款——活期存款——借款人存款户

抵押贷款资产负债表日利息的核算方法同信用贷款。

此外,商业银行应当在资产负债表日对各项贷款的账面价值进行检查。如有客观证据表明该贷款发生减值的,应当计提减值准备。贷款减值的会计核算方法同信用贷款。

二、贷款收回

抵押贷款到期,借款人主动归还时,借款人应将还款凭证,连同银行出具的抵押品代保管收据一并提交商业银行,银行为其办理还款手续。其会计分录为:

借:吸收存款——活期存款——借款人存款户
　　贷:贷款——抵押贷款——借款人贷款户
　　　　利息收入——抵押贷款收入户

同时销记表外科目,办理抵押品出库手续,原抵押申请书作为表外科目付出传票的附件。

付:代保管有价值品

若贷款到期后由于客观情况发生变化,借款人经过努力仍不能还清贷款的,借款人应提前向借款银行申请贷款展期。具体实施办法与信用贷款展期类似。

三、贷款逾期

抵押贷款到期,借款单位如不能归还贷款利息,银行应将其贷款转入逾期贷款科目核算,并按规定计收罚息,贷款转入逾期贷款的核算方法同信用贷款。

逾期贷款利率为借款合同载明的贷款利率水平的1.3～1.5倍。出现下列情况,银行有权依法处理抵押物:

1. 借款合同履行期满，借款人未按期偿还贷款本息，又未同银行签订展期协议或申请展期未批准的。

2. 抵押期间，借款人死亡、无继承人或受遗赠人的。

3. 借款人的继承人拒绝偿还本息或继承人放弃继承的。

4. 借款人被解散、宣布破产或依法撤销的。

5. 其他可以依法处分抵押物的情形。

四、抵债资产处置的核算

抵债资产处置，金融企业发放抵押贷款不能收回时，可依法取得并按有关规定处置抵债资产，处置的主要形式包括拍卖、变卖抵押物或提起诉讼。

(一)取得抵债资产

银行按抵债资产的公允价值入账，会计分录为：

借：抵债资产(公允价值)
　　贷款损失准备(已计提的减值准备)
　　营业外支出(贷方大于借方的差额)
　　贷：贷款——抵押贷款——借款人户(账面余额)
　　　　应交税费(获得抵债资产应支付的税费)
　　　　资产减值损失(借方大于贷方的差额)

同时，销记表外登记的应收未收利息。

付：应收未收利息借款人户

抵债资产保管期间取得的收入和发生的直接费用，应分别计入“其他业务收入”“其他业务成本”科目。

1. 取得收入，会计分录为：

借：库存现金(或其他科目)
　　贷：其他业务收入

2. 发生直接费用时，会计分录为：

借：其他业务成本
　　贷：库存现金(或其他科目)

(二)处置抵债资产

借：库存现金或存放中央银行款项(实际收到的金额)
　　资产处置损益(贷方大于借方的差额)
　　贷：应交税费(处置抵债资产应支付的税费)
　　　　抵押资产(账面价值)
　　　　资产处置损益(借方大于贷方的差额)

取得的抵债资产转为金融资产给企业自用。

借：固定资产
　　贷：抵债资产

抵债资产发生减值的，应计提“抵债资产减值准备”，该账户的余额应于处置或转为自用时与“抵债资产”账户的余额一并转出。

第四节 质押贷款的核算

质押贷款是指贷款人按《中华人民共和国担保法》规定的质押方式，以借款人或第三人的动产或权利为质押物发放的贷款。可作为质押的质物包括借款人或第三人的动产或国库券（国家有特殊规定的除外）、国家重点建设债券、金融债券、AAA 级企业债券、储蓄存单等权利凭证。

这里主要从质押贷款的基本规定和质押贷款的核算两方面进行介绍。

一、质押贷款的基本规定

质押贷款的基本规定主要包括以下几个方面：

1. 作为质物的动产或权利必须符合《中华人民共和国担保法》的有关规定，出质人必须依法享有对质物的所有权或处分权，并向银行书面承诺为借款人提供质押担保。

2. 以银行汇票、银行承兑汇票、支票、本票、存款单、国库券等有价证券质押的，质押率最高不得超过 90%；以动产、依法可以转让的股份（股票）、商业承兑汇票、仓单、提单等质押的，质押率最高不得超过 70%；以其他动产或权利质押的，质押率最高不得超过 50%。

3. 采取质押方式的，出质人和质权人必须签订书面质押合同，质押合同至借款人还清全部贷款本息时终止；对设定的质物，出质人应移交贷款人，在质押期届满之前，贷款人不得擅自处分。质押期间，质物如有损害、遗失，贷款人应承担责任并负责赔偿。

二、质押贷款的核算

（一）抵押贷款发放与收回的核算

银行发放抵押贷款的额度一般按抵押物作价现值的 50%～70%的幅度掌握。抵押贷款的发放与收回，通过“抵押贷款”科目核算，并在该科目下设置抵押户和质押户用以分别核算抵押贷款和质押贷款。也可以不设专用科目，而在各贷款科目下设置“抵押贷款户”进行核算。

银行会计部门发放和收回质押贷款的处理手续，除参照信用贷款发放和收回手续办理外，还应对抵押物进行表外登记。质押贷款收回后，质押物及有关单据随即退回借款人，并销记表外登记。

（二）质押贷款逾期的核算

质押贷款到期，如借款人不能按期偿还贷款，银行应于到期当日将其贷款转入逾期贷款科目。同时向借款人填发“处理质押品通知单”，逾期一个月借款人仍无法归还贷款的，银行有权处理其质押物，以补偿质押贷款。银行处理质押物的方法有拍卖、变卖和作价入账两种方法。

1. 拍卖、变卖质押物

拍卖、变卖质押物的价款（扣除有关费用）超过贷款本金部分先归还利息，如有节余，超过贷款本息部分归还质押人。如拍卖、变卖的价款（扣除有关费用）低于贷款本金的，不足部分应向借款人收取。

2. 将质押物作价入账

即按贷款本金和应收利息数将质押物作价入账。

第五节　票据贴现的核算

按贴现业务的办理流程，票据贴现的核算可以划分为办理贴现的核算和到期收回贴现款的核算。

一、办理贴现的核算

持票人持未到期的商业汇票到开户银行申请贴现时，应填写贴现申请书，提供与交易相关的合同、交易发票，并填制一式五联贴现凭证，如表 9－3 所示。第一联为贴现凭证，第二联为收款户贷方凭证，第三联为利息收入贷方凭证，第四联为银行给持票人的回单，第五联为票据贴现到期卡。持票人在第一联上加盖预留印鉴后，连同汇票送交银行。

表 9－3　　贴现凭证

申请日期　　年　月　日

<table>
<tr><td rowspan="3">贴现汇票</td><td colspan="2">种类</td><td colspan="3"></td><td colspan="3">号码</td><td colspan="2"></td><td rowspan="3">持票人</td><td colspan="3">名　称</td><td colspan="7"></td></tr>
<tr><td colspan="2">出票日</td><td colspan="8">年　月　日</td><td colspan="3">账　号</td><td colspan="7"></td></tr>
<tr><td colspan="2">到期日</td><td colspan="8">年　月　日</td><td colspan="3">开户银行</td><td colspan="7"></td></tr>
<tr><td>汇票
承兑人</td><td colspan="2">名称</td><td colspan="5"></td><td colspan="3">账号</td><td></td><td colspan="3">开户银行</td><td colspan="7"></td></tr>
<tr><td rowspan="2">汇票金额</td><td colspan="11" rowspan="2">人民币（大写）</td><td>千</td><td>百</td><td>十</td><td>万</td><td>千</td><td>百</td><td>十</td><td>元</td><td>角</td><td>分</td></tr>
<tr><td></td><td></td><td></td><td></td><td></td><td></td><td></td><td></td><td></td><td></td></tr>
<tr><td rowspan="2">贴现率</td><td>千</td><td>百</td><td>十</td><td>万</td><td>千</td><td>百</td><td>十</td><td>元</td><td>角</td><td>分</td><td rowspan="2">实付贴
现金额</td><td>千</td><td>百</td><td>十</td><td>万</td><td>千</td><td>百</td><td>十</td><td>元</td><td>角</td><td>分</td></tr>
<tr><td></td><td></td><td></td><td></td><td></td><td></td><td></td><td></td><td></td><td></td><td></td><td></td><td></td><td></td><td></td><td></td><td></td><td></td><td></td><td></td></tr>
<tr><td colspan="11">备　注</td><td colspan="11"></td></tr>
</table>

贴现申请人在第一联凭证上按规定签章后，将凭证及汇票一并送交银行信贷部门。信贷部门根据信贷管理办法及结算规定进行贴现审查后，填写汇票贴现审批书，注明审查意见并按照相应的贷款审批权限逐级上报审批。待审批通过后，信贷部门将已签注“同意”字样并加盖有关人员名章的贴现凭证送交会计部门。会计部门接到贴现凭证及商业汇票后，对贴现凭证和商业汇票的票面要素进行审核，审核无误后，按照规定的贴现利率计算、扣收贴现利息后，办理转账手续。贴现利息及实付贴现金额计算方法如下：

贴现利息＝汇票金额×贴现天数×月贴现利率÷30

实付贴现金额＝汇票金额－贴现利息

其中，贴现天数是从贴现之日起至汇票到期日止，按实际天数计算，算头不算尾。需要注意的是，票据到期日如遇法定节假日，应顺延至下一工作日。此外，若承兑行在异地的，贴现天数应另加 3 天划款期。

商业银行通过“贴现资产”科目核算办理商业票据的贴现、转贴现和再贴现业务的款项。贴现行的会计分录为：

借：贴现资产——商业承兑汇票（或银行承兑汇票）贴现——贴现申请人户（面值）

　贷：吸收存款——活期存款——贴现申请人户

贴现资产——商业承兑汇票(或银行承兑汇票)

贴现——贴现申请人户(利息调整)

同时登记表外科目。其会计分录为:

收:代保管有价值品

在资产负债表日,银行应按实际利率计算贴现利息收入的金额。其会计分录为:

借:贴现资产——商业承兑汇票(或银行承兑汇票)贴现——贴现申请人户(利息调整)

贷:利息收入

实际利率与合同约定的名义利率差异不大的,也可以采用合同约定的名义利率计算利息收入。

【例 9-4】 2020 年 6 月 16 日,甲银行收到客户乙公司提交的银行承兑汇票,金额为 550 000 元,到期日为 2020 年 8 月 15 日。乙公司申请贴现,A 银行审定后同意按 6.95%的贴现率贴现。贴现天数为 60 天。

贴现利息=550 000×60×6.95%÷360=6 370.83(元)

实付贴现金额=550 000-6 370.83=543 629.17(元)

会计分录如下:

借:贴现资产——银行承兑汇票	550 000
贷:吸收存款——乙公司户	543 629.17
贴现资产——利息调整	6 370.83

二、到期收回贴现款的核算

贴现银行应经常查看贴现汇票的到期情况,及时收回已到期的贴现汇票的票款。一般情况下,商业银行办理的贴现主要有商业承兑汇票和银行承兑汇票两种。由于我国目前使用的商业汇票以信用度较高的银行承兑汇票为主,因此这里主要介绍银行承兑汇票到期收回贴现款的核算。

银行承兑汇票的承兑人是付款人开户银行,所以信用可靠,一般不会发生退票情况。贴现银行在汇票到期前,应以自己为收款人的身份填制托收凭证,向对方银行收取贴现款。由于在该笔业务中,承兑人和收款人均为银行,因此需要区分承兑银行的会计核算和贴现银行的会计核算两种不同的情况。

(一)承兑银行的会计核算

银行承兑汇票到期日,承兑银行预先向承兑申请人收取足额票款,并转入承兑保证金专户。会计分录为:

借:吸收存款——活期存款——承兑申请人

贷:吸收存款——应解汇款——承兑申请人

待收到贴现银行寄来的托收凭证及汇票等资料时,承兑银行于汇票到期日或到期日后见票当天将票款划出。会计分录为:

借:吸收存款——应解汇款——承兑申请人

贷:清算资金往来

(二)贴现银行的会计核算

银行承兑汇票到期日,贴现银行应按有关规定,将银行承兑汇票和托收凭证一并送交承兑银行,提示其付款。此时,需销记表外科目如下:

付：代保管有价值品

贴现银行收到划回的票款，同时在系统内进行相应的账务处理。其会计分录为：

借：清算资金往来

贷：贴现资产——银行承兑汇票贴现——贴现申请人户（面值）

借：贴现资产——银行承兑汇票贴现——贴现申请人户（利息调整）

贷：利息收入

期末，贴现银行应对贴现资产进行全面检查，并合理计提贷款损失准备。对于不能收回的贴现款，应查明原因。确实无法收回，经批准作为呆账损失的，应冲销提取的贷款损失准备。其会计分录为：

借：贷款损失准备

贷：贴现资产——银行承兑汇票贴现——贴现申请人户

第六节 贷款利息的核算

银行发放的各种贷款，除了国家有特殊规定和财政补贴的，其余均应按规定计收利息。本节主要介绍利息的计算方法和贷款利息的核算。

一、贷款利息的计算方法

贷款利息计算方法分为定期收息和利随本清两种。

（一）定期收息

对于定期收息的贷款，银行于每季度末20日营业终了时，以余额表或分户账页计算累计计息积数，计算公式为：

$$应收利息=计息日积数\times(月利率\div30)$$

（二）利随本清

利随本清也称为逐笔核算。贷款到期，借款人还款时，应计算自放款日起至还款日前一天截止的贷款天数，计算公式为：

$$应收利息=还款金额\times日数\times(月利率\div30)$$

二、贷款利息的核算

商业银行通过“应收利息”科目核算发放贷款、存放同业、拆出资金产生的当期应收利息。

按期计提贷款应收利息时，商业银行应编制“计收利息清单”一式三联，其中第一联为借方凭证，第二联为支取通知，第三联为贷方凭证。其会计分录为：

借：应收利息

贷：利息收入

商业银行收到利息时，会计分录为：

借：吸收存款——借款人存款户

贷：应收利息

贷款利息自结息日起，逾期90天（含90天）以内的应收未收利息，应继续计入当期损益；贷款利息逾期90天以上，无论该贷款本金是否逾期，其应计利息停止计入当期利息收入，纳入表外核算；已计提的贷款应收利息，在贷款到期90天后仍未收回的，或在应收利息逾期90天后仍未收到的，冲减原已计入损益的利息收入，转作表外核算。

收到已转入表外核算的应收利息时，应按以下原则处理：

1. 本金未逾期，且有客观证据表明借款人将会履行未来还款义务的，应将收到的该部分利息确认为利息收入。收到该部分利息时，会计分录为：

借：吸收存款——借款人户

　　贷：利息收入

2. 本金未逾期或逾期未超过 90 天，且无客观证据表明借款人将会履行未来还款义务的，以及本金已逾期的，应将收到的该部分利息确认为贷款本金的收回。收到该部分利息时，会计分录为：

借：吸收存款——借款人存款户

　　贷：贷款——借款人贷款户

拆出资金到期(含展期)90 天后仍未收回的，或者拆出资金尚未到期而已计提应收利息逾期 90 天后仍未收回的，也应将原已计入损益的利息收入予以冲销，与其后发生的应计利息一并纳入表外核算。

此外，按照《人民币利率管理规定》和《关于人民币贷款利率有关问题的通知》规定，借款人未按约定期限归还贷款的，须支付逾期利息，即由逾期贷款造成的罚息；对不能按时支付的利息，按罚息利率计收复利。罚息利率按照合同载明的贷款利率水平加收 30%～50%。逾期利息的会计处理与计提应收利息相同，表外核算方法也与应收未收利息逾期核算方法相同。

【例 9—4】 甲银行在 3 月 15 日结计利息时，发现客户乙公司的 3 个月贷款 720 万元，合同利率为 7.3%，因乙公司的存款账户资金不足，故转为应计利息。该笔贷款于 5 月 16 日转为逾期贷款，在 8 月 15 日结息时，贷款本金仍未归还，已转为“非应计贷款”。逾期贷款利息在合同利率的基础上加收 30%。甲银行应做如下账务处理：

(1)8 月 20 日结息时：

利息＝7 200 000×92×7.3%÷360＝134 320(元)

应确认的增值税金额＝ 134 320×6%＝8 059.2(元)

借：应收利息——乙公司	134 320	
贷：利息收入		134 320
借：其他应收款	8 059.2	
贷：应交税费——应交增值税(销项税额)		8 059.2

(2)6 月 15 日结息时：

逾期贷款利息＝7 200 000×92×7.3%÷360×(1＋30%)＝174 616(元)

应确认的增值税金额＝174 616×6%＝10 476.96(元)

借：应收利息——乙公司	174 616	
贷：利息收入		174 616
借：其他应收款	10 476.96	
贷：应交税费——应交增值税(销项税额)		10 476.96

冲减已计入损益的应计利息，转为表外科目：

借：利息收入	174 616	
贷：应收利息——乙公司		174 616

本章小结

贷款是我国商业银行利润的主要来源，其对于调节货币市场货币供需、执行国家产业政策与信贷政策都具有至关重要的作用，因此做好贷款业务的核算工作对于促进经济发展、维持银行运行稳定、保障银行资金安全具有重大意义。商业银行贷款是指商业银行按照一定的政策与原则，以还本付息为条件而将一定数量的货币资金提供给借款人使用的借贷行为，实践过程中需要遵循安全性、流动性、效益性原则。

按照不同的分类标准，商业银行贷款可以划分为不同的类型。本章重点讲述了按照贷款保障条件将商业银行贷款分为信用贷款、担保贷款和票据贴现这三种不同的贷款形式并分别梳理了其核算方法。信用贷款是商业银行仅凭借款人的信誉就可以发放的贷款，这类贷款手续简单，但相应的风险较大，利率较高，其核算包括贷款发放、资产负债表日利息核算、贷款收回三个环节，也会涉及贷款逾期与贷款减值的核算。担保贷款是商业银行要求借款人或者第三方以一定的财产作为抵押或者质押而发放的贷款，其核算分为贷款发放与贷款收回两大环节，也涉及贷款逾期与担保资产的处置核算。票据贴现是指资金需求者将自己手中未到期的票据，例如银行承兑汇票等通过银行或者贴现公司变成现款，到票据到期时再向出票人收款的贷款形式，其核算可以分为办理贴现的核算和到期收回贴现的核算。各种贷款的核算都应该遵循本息分开核算、商业贷款与政策性贷款分开核算、自营贷款与委托贷款分开核算、应计贷款和非应计贷款分开核算的原则进行。此外，一般情况下，银行发放的各种贷款均应该计收利息，利息的计算方法分为定期收息和利随本清两种。

本章关键术语

信用贷款；担保贷款；票据贴现；贷款利息；逐笔核贷

本章思考题

1. 商业银行贷款具体由哪些种类构成？
2. 信用贷款的发放、归还和利息应如何核算？
3. 什么是票据贴现？与一般贷款有什么区别？
4. 商业承兑汇票和银行承兑汇票贴现在账务处理上有何异同？
5. 贷款展期与贷款逾期有什么不同？分别怎样进行处理？

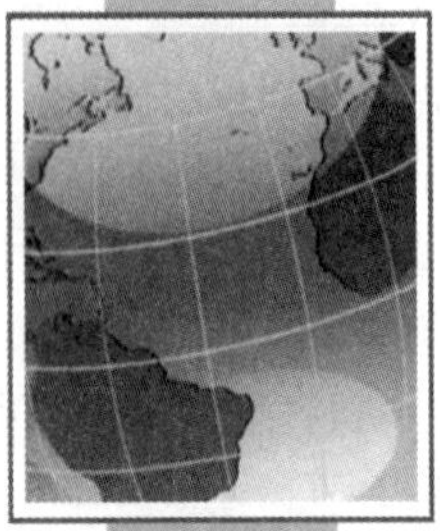

第十章
国内支付结算业务核算

学习目标

1. 掌握支付结算的概念和原则
2. 熟悉支付结算业务的核算要求和特点
3. 掌握银行汇票、银行本票、支票和商业汇票的会计核算
4. 掌握汇兑、托收承付、委托收款结算业务的会计核算
5. 了解信用卡支付系统的会计核算
6. 熟悉国内信用证的会计核算

本章预习

结算是货币结算或资金结算的简称，是指对经济主体之间因商品交易、劳务供应、资金调拨及其他款项往来而产生的货币收付关系，是对债权债务进行清偿的行为。

本章介绍的国内支付结算业务，是指商业银行通过提供结算工具，如本票、汇票、支票等，对客户之间因商品交易、劳务供应、资金调拨及其他款项往来而产生的货币收付关系，以及对债权债务进行清偿的行为。

支付结算是商业银行代客户清偿债权债务、收付款项的一种传统中间业务，是由商业银行的存款业务衍生出来的。客户在银行开立存款结算账户，除了确保资金安全，在很大程度上还是因为银行在转账结算、收付款项方面的便利。商业银行为了扩大业务、吸收更多的存款，不仅要与企业建立广泛联系，还应尽量加强和完善结算业务工作，为顾客提供优质、方便、迅速、安全的结算服务。

第一节　国内支付结算业务概述

一、支付结算的意义

支付结算是指单位和个人在社会经济活动中使用票据、信用卡、汇兑、托收承付、委托收款等结算方式进行货币给付及资金清算的行为。

在发达的商品经济社会中，支付结算是货币给付的主要形式，除少数经济往来的款项按规定可以使用现金结算以外，大量的支付清算活动必须通过银行的票据结算和支付结算方式完成。这样，一方面可以简化结算手续、缩短结算过程、加速资金周转，从而有效地促进经济发展；另一方面银行可以有效地组织社会支付结算业务，还有利于集中社会闲散资金，稳定和扩大信贷资金来源；与此同时，还可通过账户资金的划转，节约现金的使用，从而减少货币发行、调节货币流通、节约社会流通费用。

银行支付结算工作的任务是根据经济往来组织支付结算，准确、及时、安全地办理支付结算，并按照有关法律法规、行政制度和办法规定管理支付结算，保障支付结算活动的正常进行。

二、国内支付结算的管理体制

国内支付结算业务实行集中统一和分级管理相结合的管理体制。国内支付结算的有关制度和办法由中国人民银行总行负责统一制定，并由中国人民银行负责组织、协调、管理和监督全国的社会支付结算工作，协调和处理银行之间的支付结算纠纷。

中国人民银行各省、自治区、直辖市分行根据统一的支付结算制度制定实施细则，并报中国人民银行总行备案。根据需要，各分行还可以制定单项支付结算办法，报经中国人民银行总行批准后执行。中国人民银行各分（支）行还负责组织、协调、处理本辖区银行之间的支付结算纠纷。

商业银行总行可以根据统一的支付结算制度，结合本行情况和经济活动的需要，制定具体的管理实施办法，但必须报经中国人民银行总行批准后执行。商业银行总行负责组织、管理、协调本行内的支付结算工作，协调、处理本行内分支机构之间的支付结算纠纷。

三、支付结算原则和支付结算纪律

（一）支付结算原则

支付结算原则是办理支付结算业务的单位和个人，以及银行会计部门在组织支付结算业务核算时必须遵循的原则，主要包括：

1. 恪守信用，履约付款

本原则是指支付结算业务的当事人必须依法行使支付结算权利并承担支付结算义务，按交易双方合同约定的付款额和付款日期支付结算款项。这是维护经济合同秩序、保障支付结算当事人经济利益的重要原则。

2. 谁的钱进谁的账，由谁支配

银行的客户对其存款具有所有权和自主支配权。银行在办理支付结算业务时，必须将支付结算委托人的款项及时支付给委托人确定的受益人。除法律规定的事项外，银行不得截留和挪用客户资金，不得为任何支付单位和个人扣款，也不得随意停止单位和个人存款的正常支付，以维护客户的合法权益和银行的信誉。

3. 银行不垫款

银行在支付结算业务中，作为资金清算的信用中介，不得为任何支付结算当事人垫付资金。该原则保证了银行资金的安全。银行应划清银行资金与客户资金的界限，在业务流程中必须坚持“先付后收，收妥抵用”的原则，防止当事人利用支付结算业务套取银行信用。

（二）支付结算纪律

支付结算纪律是为了正确处理支付结算过程中各方面的经济关系而颁布的、要求办理支付结算的银行和客户必须遵守的一种纪律规定，是国家财经纪律的组成部分，是正确处理支付结算关系的行为规则。它规定了必须禁止的、违规违章的支付结算行为，比支付结算原则更为具体。为了维护支付结算纪律的严肃性，必须对违反支付结算纪律的行为予以处罚。

银行是办理支付结算业务的主体。银行按照支付结算制度办理支付结算，是维护支付结算秩序的重要环节。单位和个人是办理支付结算的重要当事人，单位和个人严格遵守支付结算纪律，按照支付结算制度办理支付结算，是严肃信用制度、维护支付结算秩序的前提条件。

专栏 10－1

1. 银行应遵守的支付结算纪律为：

(1)不准以任何理由压票、任意退票、截留和挪用客户及他行的资金、受理无理拒付、不扣或少扣滞纳金；

(2)不准在支付结算制度之外规定附加条件，影响汇路通畅；

(3)不准违反规定为单位和个人开立账户；

(4)不准拒绝受理、代理他行的正常支付结算业务；

(5)不准放弃对企事业单位和个人违反支付结算纪律的制裁；

(6)不准违章签发、承兑、贴现票据，套取银行资金；

(7)不准超额占用联行汇差资金、转嫁资金矛盾；

(8)不准逃避向中国人民银行转汇大额汇划款项和清算大额银行汇票资金；

(9)不准签发空头银行汇票、银行本票和办理空头汇款；

(10)不准无理拒付应由银行支付的票据款项。

2. 单位和个人应遵守的支付结算纪律为：

(1)不准套取银行信用，签发空头支票、印章与预留印鉴不符支票和远期支票以及没有资金保证的票据；

(2)不准无理拒付、任意占用他人资金；

(3)不准违反规定开立和使用账户；

(4)不准签发、取得和转让没有真实交易和债权债务关系的票据，以套取银行和他人资金。

四、支付结算业务核算的特点

银行是全国的支付结算中心，社会支付结算业务在商业银行的各项业务中所占的比例最大，且核算手续繁多。归纳起来，商业银行社会支付结算业务的核算有如下特点：

(一)支付结算的核算程序必须以相关法律为依据

凡是与支付结算相关的法律、行政法规，以及部门规章和地方规定等，都可以作为办理支付结算业务的法律依据。

(二)支付结算业务的处理程序与支付结算业务的会计处理步骤完全一致

由于支付结算业务主要是办理银行各账户之间资金的转移，而银行各账户资金的收付完全是由会计部门来处理的，因而结算业务的处理过程，包括凭证的审查、传递和账务的划转，必然与会计处理过程相统一。

(三)支付结算业务的凭证格式由银行统一制定

单位和个人在办理支付结算业务时，需要按照业务的要求，选用适当的支付结算方式和该支付结算方式的专用凭证，按规定内容填妥后，送交开户银行办理支付结算业务的有关手续。银行受理时，应以接受和审查这种具有统一格式的外来专用凭证作为业务的起点，并通过这些凭证的传递和使用，完成支付结算款项的划转。这种统一格式的凭证一律由银行统一印制和发售，并在相关的法规中公布样本，任何单位和个人不得仿制或自行印制。

五、支付结算方式和支付结算工具

(一)支付结算方式

我国的支付结算方式几经变革。1997 年,中国人民银行颁布了《支付结算办法》,将自 20 世纪 50 年代以来一直沿用的“银行结算”一词改为“支付结算”,确定和规范了“三票卡、四方式”的支付结算工具。目前,我国的支付结算工具主要包括汇票(银行汇票、商业汇票)、银行本票、支票、信用卡、汇兑、托收承付、委托收款和信用证等。其中,汇票(银行汇票、商业汇票)、银行本票和支票属于票据结算。

由于支付结算业务的当事人可在不同地点、不同银行开户,因此,银行间资金的划转和清算需要根据不同情况参与不同的支付清算系统(包括中国人民银行大额实时支付系统、小额批量支付系统、同业往来、同城票据清算等)。为强调支付结算业务流程中账户资金划转的会计核算,本章除行内转账业务外,跨行业务一律使用“跨行清算资金往来”科目来完成资金的清算划拨。“跨行清算资金往来”科目可以用于中国人民银行大额实时支付系统、小额批量支付系统和同城票据清算业务,其二级科目包括“大额支付”“小额支付”和“同城票据清算”。由于各商业银行可能在内部会计制度中使用不同名称的科目,所以在实际工作中应按所在银行的账户系统进行操作。行内转账是指在同一银行系统范围内的资金划转,本章将此类银行统称为“本行”或“行内”,并将银行金融机构行内支付系统的账务划转简化为直接转账(银行业金融机构行内支付系统已在第七章予以详解,此处不再赘述)。

另外,本章将涉及单位活期存款账户的增减业务,为简化表述方式,一律用“吸收存款——××户”表示(实际业务中,商业银行可能使用“单位活期存款”或“个人活期存款”等科目)。在实际工作中,存款账户的增减均按客户的账号和户名在分户账中记载其增减变动情况(支付清算系统的核算将在第十二章予以详解,此处不再赘述)。

(二)支付结算工具

我国的支付结算工具主要包括银行汇票、商业汇票、银行本票、支票、信用卡、汇兑、委托收款和信用证等。其中,银行汇票、商业汇票、银行本票和支票属于票据结算。按照收付款项的地区不同,属于异地支付结算工具的包括银行汇票、汇兑和托收承付,属于同城结算方式的包括银行本票和支票,属于同城异地均可使用的支付结算方式包括商业汇票、委托收款和信用卡。

由于支付结算业务的当事人可在不同地点、不同银行开户,因此银行间资金的划转和清算需要根据不同情况参与不同的支付清算系统(包括中国人民银行大额实时支付系统、小额批量支付系统、银行业金融机构行内支付系统、同业往来、同城票据交换等)。为强调支付结算业务流程中账户资金划转的会计核算,本章假定异地支付结算业务均发生在银行业金融机构行内支付系统之中,即采用“联行科目”完成资金的清算划拨。“联行科目”并非实际使用的账户名称,各商业银行行内支付系统可能设有不同的科目,实际工作中应按所在银行的账户系统进行操作。本章亦假定同城结算方式均通过中国人民银行组织的票据交换完成资金的清算划拨,并使用“存放中央银行款项”科目核算。

另外,本章涉及单位活期存款账户的增减业务,为简化表述方式,一律用“吸收存款——××户”表示。在实际工作中,存款账户的增减均按客户的账号和户名在分户账中记载其增减变动情况。

银行业金融机构行内支付系统和中国人民银行现代化支付系统的核算将在后续章节中详

细说明。

第二节 票据结算业务的核算

一、票据的基本知识

(一)票据的概念

票据是按照一定形式制成、写明付出一定货币金额义务的证件。广义的票据泛指各种有价证券,如债券、股票、提单等。狭义的票据仅指以支付金钱为目的的有价证券,即出票人根据《中华人民共和国票据法》签发的,由自己无条件支付确定金额或委托他人无条件支付确定金额给收款人或持票人的有价证券。票据包括汇票、本票、支票、提单、存单、股票、债券等。在我国,票据一般包括汇票、本票和支票。

专栏 10-2

1. 票据的功能

一般来说,票据的基本功能有 3 个:

(1)结算功能。票据可以使经济往来所引起的债权债务关系得以了结和清算。

(2)信用功能。商品的赊销(或赊购)使买方和卖方之间产生了信用关系,即债权债务关系。这种债权债务关系可以通过票据得到书面确认,因而票据可被视为建立在商业信用基础上的、反映债权债务关系的书面凭证。

(3)流通功能。票据经过背书可以转让给他人,并能连续多次转让。背书人对票据的付款负有担保责任,所以票据背书的次数越多,票据付款的担保人就越多,票据的信誉就越高。票据的结算功能、信用功能和流通功能大大节约了现金的使用,有效扩大了流通手段。

2. 票据的特点

(1)票据是具有一定权利的凭证,如付款请求权、追索权。

(2)票据的权利与义务是不存在任何原因的,持票人只要拿到票据,就已取得票据所赋予的全部权利。

(3)各国的票据法都要求对票据的形式和内容保持标准化和规范化。

(4)票据是可流通的证券。除了票据本身的限制,票据还可以凭背书和交付而转让。

3. 票据行为

能够产生票据权利与义务的法律行为统称为票据行为,主要包括出票、背书、承兑和保证 4 种。出票是指出票人签发票据并将其交给收款人的票据行为;背书是指在票据背面或者粘单上记载有关事项并签章的票据行为;承兑是指票据的付款人在票据上记载一定的事项,以承诺在票据到期日向持票人支付票据金额的票据行为;保证是指票据债务人以外的第三人通过在票据上记载一定事项,为特定票据债务人履行票据债务提供担保,对票据债务承担保证责任的票据行为。

专栏 10－3

票据当事人也称票据法律关系主体，是指票据法律关系中享有票据权利、承担票据义务的主体。票据当事人可以分为基本当事人和非基本当事人。

1. 基本当事人

基本当事人是指在票据完成和交付时就已存在的当事人，是构成票据法律关系的必要主体，包括出票人、收款人和付款人。

(1)出票人。出票人是指依法定方式签发票据并将票据交付给收款人的人。根据票据种类的不同，出票人的法律地位也有所不同。

(2)收款人。收款人是指票据到期后有权收取票据所载金额的人，又称票据权利人。债权人的票据权利可以转让，如通过背书将票据转让给他人，或者通过贴现将票据转让给银行。

(3)付款人。付款人是指由出票人委托付款或自行承担付款责任的人。付款人付款后，票据上的一切债务责任解除。

2. 非基本当事人

非基本当事人是指在票据完成并交付后，通过一定的票据行为加入票据关系而享有一定权利、义务的当事人，包括承兑人、背书与被背书人、保证人等。

(1)承兑人。承兑人是指接受汇票出票人的付款委托，同意承担支付票款义务的人，也是汇票的主债务人。

(2)背书人与被背书人。背书人是指在转让票据时，在票据背面或粘单上签字或盖章的当事人(称为前手)，并将该票据交付给受让人的票据收款人或持有人。被背书人是指被记名受让票据或接受票据转让的人。背书后，被背书人成为票据新的持有人(称为后手)，享有票据的所有权利。但是，在票据得到最终付款前，在持票人之前的所有前手都不能终结其第一债务人或第二债务人的义务。

(3)保证人。保证人是指为票据债务提供担保的人，由票据债务人以外的第三人担任。保证人在被保证人不能履行票据付款责任时，以自己的金钱履行票据付款义务，然后取得持票人的权利，向票据债务人追索。

并非所有的票据当事人一定同时出现在某一张票据上，除基本当事人外，非基本当事人是否存在，完全取决于相应票据行为是否发生。不同票据上可能出现的票据当事人也有所不同。

3. 票据的权利和责任

票据还具有相关的权利和责任。票据权利是指持票人向票据的债务人请求支付票据金额的权利。票据责任是指票据的债务人向持票人支付票据金额的义务。事实上，票据责任就是票据债务，是基于债务人特定的票据行为所应承担的义务。

二、银行汇票的核算

(一)银行汇票的定义

银行汇票是由出票银行签发的，由其在见票时按照实际结算金额无条件付给收款人或者持票人的票据。银行汇票的出票人为经中国人民银行批准办理银行汇票业务的银行，银行汇票的出票银行就是银行汇票的付款人。

专栏 10－4　　银行汇票的基本规定

1. 单位和个人的各种转账结算均可使用银行汇票。银行汇票可用于转账，填明“现金”字样的银行汇票也可用于支取现金，签发现金银行汇票。申请人和收款人必须均为个人，申请人或者收款人为单位的，不得为其签发现金银行汇票。

2. 单位和个人均可跨交换区域使用银行汇票。

3. 银行汇票的付款人为银行汇票的出票行。银行汇票的代理付款人是指代理本行其他出票分(支)行或跨行签约银行审核、支付汇票款项的分(支)行。受理转账银行汇票时，代理付款人不得受理未在本机构开立存款账户的单位持票人提交的银行汇票，却可受理未在本机构开立但在其他行开立存款账户的个人持票人提交的银行汇票。受理个人持票人提交的现金银行汇票时，直接支付现金。

4. 银行汇票的提示付款期限为自出票日起一个月。

(二)银行汇票业务的流程图

图 10－1 展示了银行汇票业务的流程图。

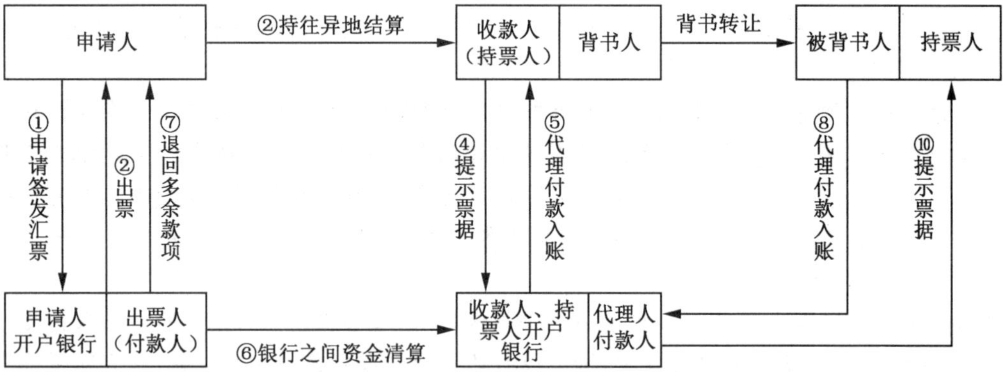

图 10－1　银行汇票业务流程图

(三)银行汇票的会计核算

1. 汇款人向银行申请银行汇票

单位或个人需要使用银行汇票，应填写银行汇票申请书一式三联，第一联为存根，第二联为借方凭证，第三联为贷方凭证。

出票银行受理申请人提交的第二联、第三联银行汇票申请书时，详细审查其内容是否填写齐全、清晰，汇票上的签章是否为预留银行的签章，银行汇票申请书是否填明“现金”字样等，还要看申请人和收款人是否均为个人，申请人是否交存现金。

对银行汇票申请书的有关内容审查无误后，出票行才可予以受理。

以账户扣款方式签发的银行汇票，出票行以第二联银行汇票申请书作为借方凭证，以第三联作为贷方凭证。会计分录为：

借：吸收存款——申请人户
　　贷：汇出汇款
　　　　手续费及佣金收入——结算业务收入

以账户扣款方式签发的银行汇票，出票行以第三联银行汇票申请书作为贷方凭证。会计分录为：

借：库存现金

　　贷：汇出汇款

　　　　手续费及佣金收入——结算业务收入

出票行办好转账或收妥现金后，即可签发银行汇票(如图 10—2 所示)。

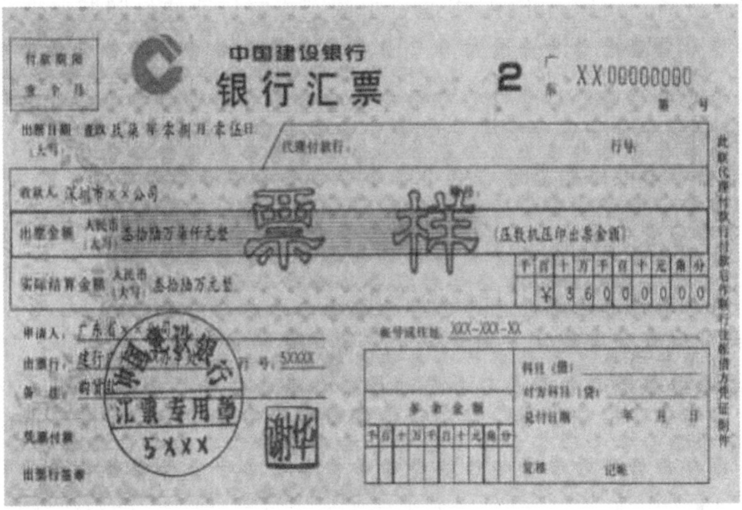

图 10—2　银行汇票

银行汇票凭证一式四联，第一联为卡片，第二联为汇票，第三联为解讫通知，第四联为多余款收账通知。填写的银行汇票经审核无误后，在第二联上加盖银行汇票专用章，并由授权的经办人签名或盖章，在实际结算金额栏的小写金额上端用总行统一制作的压数机压印出票金额，然后连同第三联一并交给申请人。

商业银行也可以代理行内其他机构签发银行汇票，代理其他商业银行签发转账银行汇票，以及作为被代理行，由其他商业银行代理本行签发转账银行汇票(会计核算略)。

2. 持票人接受并审核银行汇票

持票人接受并审核银行汇票，银行汇票的申请人将出票行开出的银行汇票第二联、第三联作为支付手段交给银行汇票上记名的收款人，用以偿付产品或服务结算款项。收款人审查无误后，应在银行汇票出票金额以内，按实际交易结算款项的金额办理结算，并将实际结算金额和多余金额填入银行汇票和解讫通知的有关栏内。

3. 持票人向银行兑付银行汇票

(1)解付行内签发的转账银行汇票

持票人向开户银行提示付款时，应在银行汇票背面“持票人向银行提示付款签章”处签章，签章须与预留银行签章相同，然后将银行汇票和解讫通知及两联进账单一并送交开户银行。

银行接到银行汇票、解讫通知和进账单，经审查无误后，将银行汇票作为借方凭证附件，第二联进账单作为贷方凭证，办理转账。会计分录为：

借：汇出汇款

　　贷：吸收存款——持票人户(或其他有关科目)

现金银行汇票付款仅限于解付行内签发的银行汇票，不能代理解付其他商业银行签发的银行汇票。解付时，会计分录为：

借：汇出汇款

　　贷：库存现金

(2)解付其他商业银行签发的转账银行汇票

持票人在代理付款行开户时，代理付款行解付全国银行汇票，可通过同城票据交换提出银行汇票；解付华东三省一市银行汇票，可通过小额方式解付或通过同城票据交换提出银行汇票。解付全国银行汇票时，会计分录为：

借：跨行清算资金往来——同城票据清算

　　贷：其他应付款——同城票据款项——同城票据清算——提出

解付华东三省一市银行汇票时，以小额支付方式付款，会计分录为：

借：跨行清算资金往来——小额支付

　　贷：吸收存款——××户

同城票据交换方式的会计核算同解付全国银行汇票。

银行汇票超期付款的，持票人只能持银行汇票和解讫通知到出票行请求付款，代理不得代为付款。银行汇票退款是指申请人由于银行汇票超过提示付款期限或其他原因没有使用汇票款项时，可以向签发银行申请退款。分为转账银行汇票退款和现金银行汇票退款两种类型。发生银行汇票退款的，若汇款单位在签发银行开了账户，应当备函向签发银行说明原因，并将未用的“银行汇票联”和“解讫通知联”交回汇票签发银行办理退款，银行将“银行汇票联”和“解讫通知联”和银行留存的银行汇票“卡片联”核对无误后办理退款手续，将汇款金额划入持票人账户；若汇款单位未在银行开立账户，应将未用的“银行汇票联”和“解讫通知联”交回汇票签发银行，同时向银行交验申请退款单位的有关证件，经银行审核无误后办理退款。

(3)银行汇票结清

银行汇票结清是指银行汇票的出票行收到代理付款行的付款凭证后，只能到出票人处申请办理或审核信息时销记汇出汇款的过程。银行汇票结清在代理付款行付款时联动进行账务处理，分为按实际金额全额付款和余款退回。

①按实际金额全额付款

出票行在汇票卡片的实际结算金额栏填入全部金额，在多余款收账通知的多余金额栏填写“—0—”，汇票卡片作为借方凭证，解讫通知和多余款收账通知作为借方凭证的附件。

a. 行内签发银行汇票的结清按实际结算金额付款。会计核算同解付行内签发的银行汇票。

b. 代理其他商业银行签发银行汇票结清，并且银行汇票全额付款的，按实际结算金额结算，会计分录为：

借：汇出汇款

　　贷：跨行清算资金往来——同城票据清算

　　　　跨行清算资金往来——小额支付

②余款退回

a. 行内签发银行汇票付款后有余款的，并且原申请人在本核算单位开户的，将多余款项转入原申请人账户。出票行应在汇票卡片和多余款项收账通知上填写实际结算金额，银行汇票卡片作为借方凭证，解讫通知作为多余款贷方凭证。会计分录为：

借：汇出汇款

　　贷：吸收存款——××户

b. 行内签发银行汇票付款后有余款，并且采用现金方式退回余款的，会计分录为：

借：汇出汇款

　　贷：库存现金

【例 10－1】 A 银行接受客户 H 单位的申请，开出银行汇票金额 50 000 元，由客户持往异地办理采购业务。H 单位业务员将汇票转交异地销货方 P 公司，实际结算金额 480 000 元，P 公司将汇票在当地 B 银行兑付，款项转入 P 公司存款账户。B 银行向 A 银行清算资金，并划回汇票多余款。

A 银行开出汇票，会计分录为：

借：吸收存款——H 单位户	500 000	
贷：汇出汇款		500 000

B 银行代理兑付，会计分录为：

借：跨行清算资金往来	480 000	
贷：吸收存款——P 公司户		480 000

A 银行结清汇票，会计分录为：

借：汇出汇款	500 000	
贷：跨行清算资金往来		480 000
吸收存款——H 单位户		20 000

三、商业汇票的核算

(一)商业汇票的定义

商业汇票是出票人签发的，由委托付款人在指定付款日期无条件支付确定金额给收款人或持票人的票据。商业汇票分为商业承兑汇票和银行承兑汇票两种，商业承兑汇票由银行以外的付款人承兑，银行承兑汇票由银行承兑。商业汇票的付款人就是承兑人。

专栏 10－5　　商业汇票的基本规定

1. 商业汇票的使用必须是在银行开立存款账户的法人及其他组织之间，而且必须具有真实的交易关系或债权债务关系。出票人不得签发无对价的商业汇票用以骗取银行或者其他票据当事人的资金。

2. 商业汇票可以在出票时向付款人提示承兑后使用，也可以在出票后先使用，然后再向付款人提示承兑。定日付款或出票后定期付款的商业汇票，持票人应在商业汇票到期日前向付款人提示承兑。见票后定期付款的商业汇票，持票人应当自出票日起一个月内向付款人提示承兑。

3. 商业汇票的付款人接到出票人或持票人向其提示承兑的商业汇票时，应当向出票人或持票人签发收到商业汇票的回单，记明商业汇票提示承兑日期并签章。付款人应自收到提示承兑的商业汇票之日起 3 日内承兑，或出具证明，拒绝承兑。

4. 商业汇票的付款期限最长不得超过六个月。对于定日付款的商业汇票，付款期限自出票日起计算。对于出票后定期付款的商业汇票，付款期限自出票日起按月计算。对于见票后定期付款的商业汇票，付款期限自承兑或拒绝承兑日起按月计算。这3种情况都要在汇票上记载具体的到期日。

5. 见票即付的商业汇票的提示付款期限是自出票日起一个月，定日付款、出票后定期付款和见票后定期付款的汇票，自到期日起10日内向承兑人提示付款。持票人应在提示付款期限内通过开户银行委托收款或直接向付款人提示付款。在实际操作中可以提前三天到银行进行托收，向出票人或付款人提示付款，持票人超过提示付款期限提示付款的，持票人开户银行不予受理。

6. 符合条件的商业汇票持票人可持未到期的商业汇票向银行申请贴现。

(二)商业汇票业务的流程图

图10—3展示了商业承兑汇票业务的流程图。

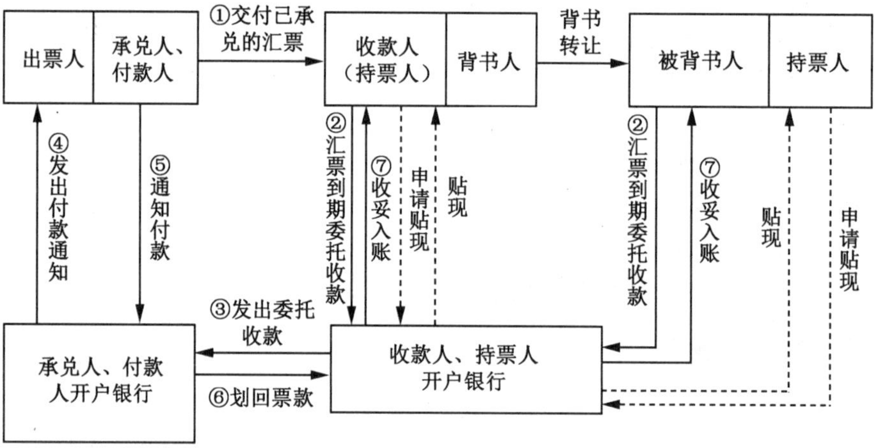

图10—3 商业承兑汇票业务的流程图

图10—4展示了银行承兑汇票业务的流程图。

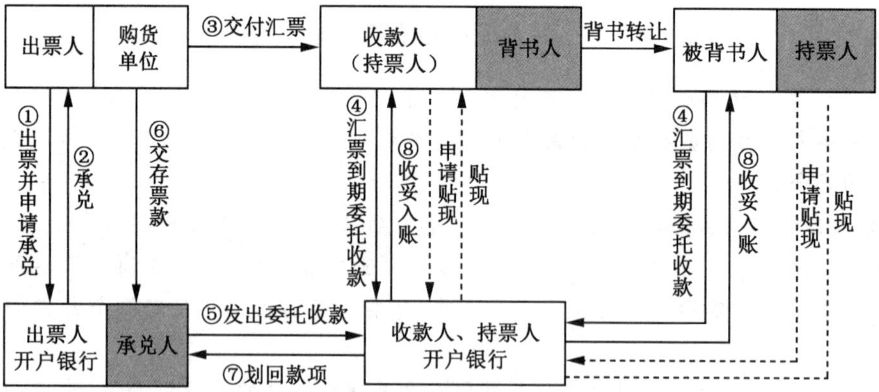

图10—4 银行承兑汇票业务的流程图

(三)商业承兑汇票的会计核算

1. 商业承兑汇票的签发与承兑

(1)商业承兑汇票的签发

商业承兑汇票的出票人必须是在银行开立存款账户的法人及其他组织，与付款人具有真实的委托付款关系，并且具有支付商业承兑汇票金额的可靠资金来源。签发商业承兑汇票(见表10—1)必须记载表明“商业承兑汇票”的字样、无条件支付的委托、确定的金额、付款人的名称、收款人的名称、出票日期和出票人签章。这些内容缺一不可，否则汇票无效。

表10—1　　**商业承兑汇票**　　汇票号码

签发日期　年　月　日　　第　号

<table>
<tr><td rowspan="3">收款人</td><td>全　称</td><td></td><td rowspan="3">付款人</td><td>全　称</td><td colspan="12"></td></tr>
<tr><td>账　号</td><td></td><td>账　号</td><td colspan="12"></td></tr>
<tr><td>开户银行</td><td></td><td>开户银行</td><td colspan="12"></td></tr>
<tr><td colspan="2" rowspan="2">汇票金额</td><td colspan="3" rowspan="2">人民币
(大写)</td><td></td><td>亿</td><td>千</td><td>百</td><td>十</td><td>万</td><td>千</td><td>百</td><td>十</td><td>元</td><td>角</td><td>分</td></tr>
<tr><td></td><td></td><td></td><td></td><td></td><td></td><td></td><td></td><td></td><td></td><td></td><td></td></tr>
<tr><td colspan="2">汇票到期日
(大写)</td><td></td><td colspan="2" rowspan="2">付款人
开户行</td><td>行号</td><td colspan="11"></td></tr>
<tr><td colspan="2">交易合同号码</td><td></td><td>地址</td><td colspan="11"></td></tr>
<tr><td colspan="3">本汇票已经本单位承兑，到期日无条件支付票款。此致
收款人
付款人盖章
负责人　经办人　年　月　日</td><td colspan="14">汇票签发人盖章
负责人　经办人</td></tr>
</table>

(2)商业承兑汇票的承兑

商业承兑汇票可以由付款人签发并承兑，也可以由收款人签发并交由付款人承兑。付款人承兑商业承兑汇票，应当在商业承兑汇票正面记载“承兑”字样和承兑日期并签章。付款人承兑时不得附有条件，否则视为拒绝承兑。付款人对承兑的商业承兑汇票负有到期无条件支付票款的责任。

商业承兑汇票经付款人承兑后，该汇票即可作为延期付款的一种支付手段，收款人作为持票人，可在提示付款期内通过开户银行或直接向付款人提示付款。

2. 持票人委托开户行收取商业承兑汇票款

在提示付款期内，持票人委托开户银行收取商业承兑汇票款时，应先填制托收凭证(见表10—2)，并在“托收凭证名称”栏注明“商业承兑汇票”及汇票号码，然后将托收凭证同商业承兑汇票一并送交开户银行。

开户银行接到商业承兑汇票和托收凭证后，经审查无误，即在托收凭证各联上加盖“商业承兑汇票”戳记，托收凭证第一联加盖业务公章，退给持票人；第二联专夹保管；第三联、第四联、第五联与商业承兑汇票一并转交付款人开户行。

3. 付款人开户行收到商业承兑汇票的处理

付款人开户行收到持票人开户行转来的托收凭证及商业承兑汇票后，应按前述内容进行认真审核，确定付款人确实在本行开户，承兑人在商业承兑汇票上的签章与预留银行的签章相符，即可留存商业承兑汇票，并将托收凭证第五联转交给付款人并签收。

付款人接到开户银行的付款通知后，应在当日通知银行付款。付款人在接到通知次日起的三日内未通知银行付款的，视同付款人承诺付款，银行应于第四日上午开始营业时将票款划给持票人。

表 10－2　　**托收凭证(借方凭证)**

委托日期　年　月　日　　付款期限　年　月　日

<table>
<tr><td>业务类型</td><td colspan="12">委托收款(□邮划、□电划)　托收承付(□邮划、□电划)</td></tr>
<tr><td rowspan="3">付款人</td><td>全称</td><td colspan="3"></td><td rowspan="3">收款人</td><td>全称</td><td colspan="6"></td></tr>
<tr><td>账号</td><td colspan="3"></td><td>账号</td><td colspan="6"></td></tr>
<tr><td>地址</td><td>省　市县</td><td>开户行</td><td></td><td>地址</td><td colspan="3">省　市县</td><td>开户行</td><td colspan="2"></td></tr>
<tr><td rowspan="2">金额</td><td colspan="2" rowspan="2">人民币(大写)</td><td colspan="10">千 百 十 万 千 百 十 元 角 分</td></tr>
<tr><td colspan="10"></td></tr>
<tr><td>款项内容</td><td></td><td>托收凭据名称</td><td></td><td>附寄单证张数</td><td colspan="8"></td></tr>
<tr><td>商品发运情况</td><td colspan="3"></td><td>合同名称号码</td><td colspan="8"></td></tr>
<tr><td colspan="3">备注：
收款人开户银行收到日期：</td><td colspan="3">收款人开户银行签章
年　月　日</td><td colspan="7">复核　记账</td></tr>
</table>

(1)付款人的银行账户有足够款项支付商业承兑汇票款

①收、付款人都在本行开户时，将第三联托收凭证作为借方凭证，商业承兑汇票加盖转讫章作为附件。会计分录为：

借：吸收存款——付款人户(或其他有关科目)

　　贷：吸收存款——收款人户(或其他有关科目)

②收款人在其他商业银行开户时，会计分录为：

借：吸收存款——付款人户(或其他有关科目)

　　贷：跨行清算资金往来

(2)付款人的银行账户款项不足支付的，银行应填制付款人未付票款通知书，在委托收款凭证备注栏注明“付款人无款支付”字样，连同商业承兑汇票一并退回持票人开户行。相关的处理手续与委托收款结算的无款支付相同。

借：吸收存款(或其他有关科目)

　　贷：跨行清算资金往来

银行在付款人接到通知的次日起 3 日内收到付款人的拒绝付款证明时，应按委托收款结算拒绝付款的手续处理，注明“拒绝付款”的委托收款凭证、拒绝付款证明及商业承兑汇票均寄回持票人开户行。

4. 持票人开户行收到划回票款或退回凭证

(1)持票人开户行(其他商业银行)收到划回票款时，会计分录为：

借：跨行清算资金往来

　　贷：吸收存款——持票人户(或其他有关科目)

转账后，将第四联委托收款凭证加盖转讫章，作为收账通知交给持票人。

(2)持票人开户行若收到付款人开户行发来的未付票款通知书、拒绝付款证明、退回的商业承兑汇票和委托收款凭证后，应按委托收款结算时同种情况下的处理手续办理，将未付票款通知书、拒绝付款证明、商业承兑汇票和委托收款凭证一并退还给持票人，并由持票人签收。

【例 10－2】 A银行受理客户H单位提交的商业承兑汇票及委托收款凭证，向同城的C银行收取即将到期的商业承兑汇票款72 000元。C银行收到提交的票据后，向商业承兑汇票付款人M公司提示付款。商业承兑汇票到期后，C银行将商业承兑汇票金额划转A银行付款。

C银行划款的会计分录为：

借：吸收存款——M公司户	72 000	
贷：跨行清算资金往来——同城票据清算		72 000

A银行收到款项后为H单位入账，会计分录为：

借：跨行清算资金往来——同城票据清算	72 000	
贷：吸收存款——H单位户		72 000

(四)银行承兑汇票的会计核算

1. 银行承兑汇票的签发

银行承兑汇票的出票人必须是在承兑银行开立存款账户的法人及其他组织，并且与承兑银行具有真正的委托付款关系，出票人必须资信状况良好，具有支付银行承兑汇票金额的可靠资金来源。

银行承兑汇票应由在承兑银行开立存款账户的存款人签发。签发银行承兑汇票必须记载表明"银行承兑汇票"的字样、无条件支付的委托、确定的金额、付款人和收款人的名称，以及出票日期和出票人签章(见图10－5)。

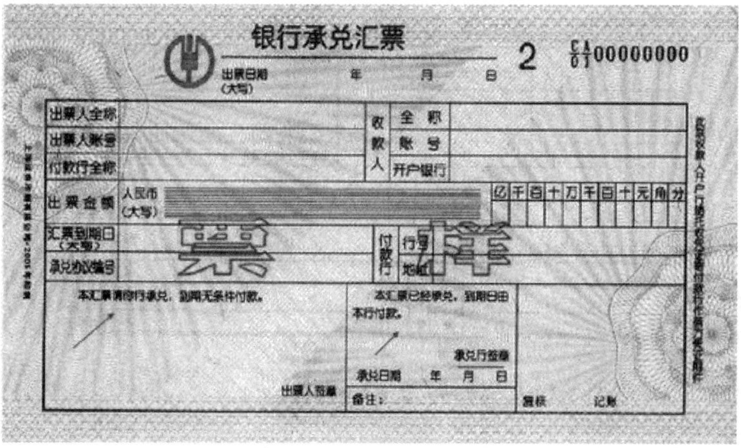

图 10－5　银行承兑汇票

2. 银行承兑汇票的承兑

银行承兑汇票的出票人或持票人持银行承兑汇票向银行(一般为出票人的开户行)申请承兑时，银行的信贷部门必须按有关规定和审批程序，对出票人的资格、资信、购销合同和银行承兑汇票记载的内容进行认真审查，必要时可由出票人提供担保。符合规定和承兑条件的，与出票人签署承兑协议，一联留存，另一联及副本和第一联、第二联银行承兑汇票一并交本行会计部门。

会计部门接到银行承兑汇票和承兑协议时，应审查银行承兑汇票必须记载的事项是否记录齐全，出票人的签章是否符合规定，出票人是否在本行开立了存款账户，银行承兑汇票上记载的出票人名称、账号是否相符，银行承兑汇票是否为规定的统一印制的凭证。审核无误后，在第一联、第二联银行承兑汇票上注明承兑协议编号，并在第二联银行承兑汇票"承兑人签章"处加盖汇票专用章，并由授权的经办人签名或盖章。由出票人申请承兑的，将第二联银行承兑汇票连同第一联承兑协议交给出票人；由持票人提示承兑的，将第二联银行承兑汇票交给持票人，第一联承兑协议交给出票人。

为防范风险，商业银行在办理票据承兑时，可向承兑申请人收取保证金和敞口风险管理费，同时，还要按票面金额向出票人收取万分之五的手续费。

(1)收取保证金。银行为承兑申请人开立保证金账户，并从其结算账户中转入资金。会计分录为：

借：吸收存款——承兑申请人户

　　贷：吸收存款——单位活期保证金存款(银行承兑汇票)——承兑申请人户

(2)收取敞口风险管理费、工本费和手续费的会计分录为：

借：吸收存款——承兑申请人户(或其他有关科目)

　　贷：手续费及佣金收入

承兑银行将留存的第一联银行承兑汇票卡片及承兑协议副本专夹保管，并在登记簿上进行登记。

3. 持票人委托开户银行收取银行承兑汇票款

在银行承兑汇票的提示付款期内，持票人委托开户银行向承兑银行收取票款时，应填制托收凭证(见表 10－2)，在"托收凭证名称"栏注明"银行承兑汇票"及其汇票号码，连同银行承兑汇票一并送交开户行。

开户行按规定要求审查无误后，在托收凭证各联上加盖"银行承兑汇票"戳记，在托收凭证第一联上加盖业务公章交持票人，第二联专夹保管，第三联、第四联和第五联连同银行承兑汇票一并转交承兑银行。

4. 承兑银行到期收取银行承兑汇票款

承兑银行因留有银行承兑汇票和承兑协议，故应每天查看银行承兑汇票的到期情况。对已到期的银行承兑汇票，承兑银行应于到期日(法定休假日顺延)向承兑申请人收取票款，并分以下 3 种情况处理：

(1)承兑申请人账户有足够款项支付

在承兑申请人账户中有足够款项支付时，承兑银行应在特种转账凭证的"转账原因"栏注明"根据××号汇票划转票款"。会计分录为：

借：吸收存款——单位活期保证金存款(银行承兑汇票)——承兑申请人户(或其他有关科目)

　　贷：应解汇款(及临时存款)——承兑申请人户

另一联特种转账为在借方凭证上加盖转讫章后作为支款通知交给出票人。

(2)承兑人申请账户余额不足

在承兑申请人账户余额不足时，承兑银行应在特种转账凭证的"转账原因"栏注明"××号汇票划转部分票款"，不足部分转入逾期贷款户。会计分录为：

借:吸收存款——单位活期保证金存款(银行承兑汇票)——承兑申请人户(或其他有关科目)

贷款——承兑申请人逾期贷款户

贷:应解汇款(及临时存款)——承兑申请人户

(3)承兑申请人账户无余额

在出票人账户无款支付时,承兑银行应在特种转账凭证的“转账原因”栏注明“××号汇票无款支付转入逾期贷款账户”,并按每日万分之五的利率计收利息。会计分录为:

借:贷款——承兑申请人逾期贷款户

贷:应解汇款(及临时存款)——承兑申请人户

5. 承兑银行支付银行承兑汇票款

承兑银行收到持票人开户行转来的银行承兑汇票和委托收款凭证后,应抽出专夹保管的银行承兑汇票卡片和承兑协议副本,并认真审查。审查无误后,应于银行承兑汇票的到期日或到期日之后的见票日,按照委托收款划款阶段的处理手续办理。

(1)持票人在本行开户,会计分录为:

借:应解汇款(及临时存款)

贷:吸收存款——收款人户

(2)持票人在其他商业银行开户,会计分录为:

借:应解汇款(及临时存款)

贷:跨行清算资金往来

6. 持票人开户行收账

持票人开户行接到跨系统承兑银行转来的划款凭证时,应按照委托收款款项划回的手续处理,将留存的第二联委托收款凭证抽出,与收到的第四联委托收款凭证相核对,核对无误后,在第二联委托收款凭证上填注转账日期后作为贷方凭证。会计分录为:

借:跨行清算资金往来

贷:吸收存款——持票人户

转账后,在第四联委托收款凭证上加盖转讫章后作为收账通知交给持票人。

【例 10-3】 A 银行接到客户 S 公司的承兑申请,承兑其开出的银行承兑汇票,金额 70 000 元,经审核签署承兑协议,全额扣收保证金,并按票面额的 3.2‰收取手续费。数月后,异地的 B 银行收到开户单位 Y 单位提交的银行承兑汇票和托收凭证,为其收取即将到期的银行承兑汇票款。

(1)A 银行与 S 公司签署承兑协议,全额扣收保证金,并收取承兑手续费,会计分录为:

借:吸收存款——S 公司户	70 224	
贷:吸收存款——单位活期保证金存款——S 公司		70 000
手续费及佣金收入		224

(2)银行承兑汇票到期,A 银行办理转账,会计分录为:

借:吸收存款——单位活期保证金存款——S 公司户	70 000	
贷:应解汇款(及临时存款)		70 000

(3)A 银行收到 B 银行发来的委托收款凭证及银行承兑汇票,按期划出银行承兑汇票款,会计分录为:

借:应解汇款(及临时存款)	70 000	

贷:跨行清算资金往来　　70 000

(4)异地B银行收到划回的款项,为收款人收账,会计分录为:

借:跨行清算资金往来　　70 000

贷:吸收存款——Y单位户　　70 000

四、银行本票的核算

(一)银行本票的定义

银行本票是银行签发的,承诺自己在见票时无条件支付确定的金额给收款人或者持票人的票据。银行本票由银行签发、保证兑付,而且见票即付,因此信用高、支付功能强。单位和个人在同一票据交换区域须支付的各种款项,均可使用银行本票。银行本票分为不定额本票和定额本票两种。

专栏10-6　银行本票的基本规定

(1)单位和个人在同一票据交换区域需要支付各种款项时,均可使用银行本票。

(2)银行本票可以用于转账,注明"现金"字样的银行本票可以用于现金支取。

(3)银行本票的出票人为经中国人民银行当地分(支)行批准办理银行本票业务的银行机构。

(4)银行本票的提示付款期自出票日起最长不得超过2个月。持票人超过提示付款期要求付款的,代理付款人不予受理。银行本票的代理付款人是代理出票银行审核支付银行本票款项的银行。

(二)银行本票业务的流程图

图10—6展示了银行本票业务的流程图。

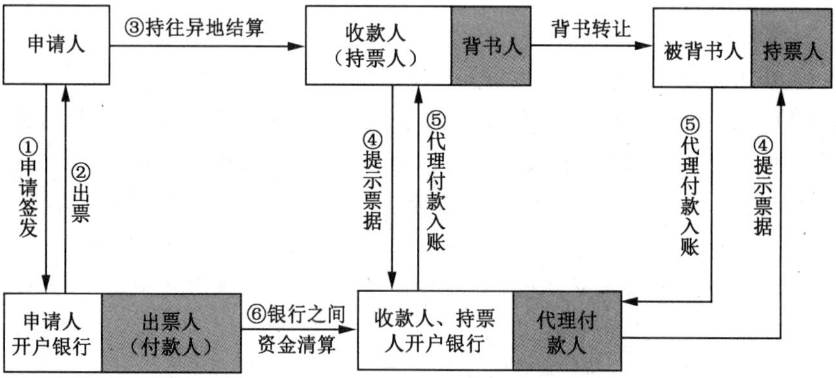

图10—6　银行本票业务的流程图

(三)银行本票的核算

1. 银行本票出票的核算

申请人使用银行本票时,应向银行填写"银行本票申请书",填写收款人名称、申请人名称、支付金额、申请日期等事项并签章。申请人和收款人均为个人且需要支取现金的,应在"支付金额"栏先填写"现金"字样,后填写支付金额;申请人或收款人为单位的,不得申请签发现金银行本票。

银行本票申请书一式三联，第一联为存根，第二联为借方凭证，第三联为贷方凭证。交现金办理银行本票的，第二联注销。

出票银行受理“银行本票申请书”，要认真审查其填写内容是否齐全、清晰；“银行本票申请书”填明“现金”字样的，要审查申请人和收款人是否均为个人。审查无误后，出票银行在收妥款项后签发银行本票（见图 10—7）。

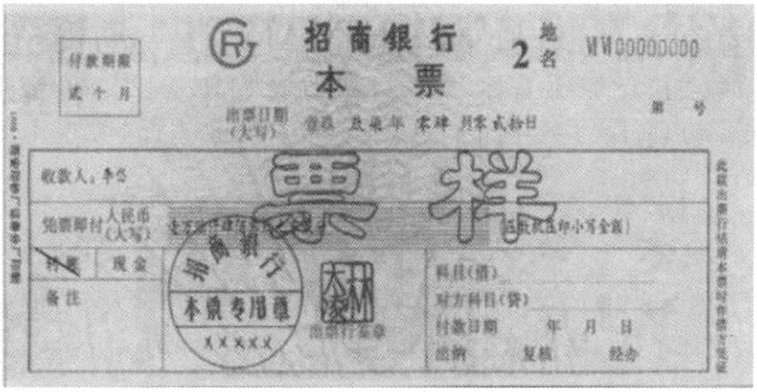

图 10—7　银行本票

出票银行签发银行本票的账务处理如下：

（1）以账户扣款方式签发的，将第二联作为借方凭证，第三联作为贷方凭证。会计分录为：

借：吸收存款——申请人户

　　贷：开出本票

　　　　手续费及佣金收入——结算业务收入

（2）以现金交付的，将第三联作为贷方凭证。会计分录为：

借：库存现金

　　贷：开出本票

　　　　手续费及佣金收入——结算业务收入

出票银行在办理转账或收妥现金后，签发银行本票。

填写银行本票时，出票日期和出票金额必须大写。用于转账的银行本票，须在银行本票上划去“现金”字样，用于支取现金的银行本票，须在银行本票上划去“转账”字样。本票的小写金额须用压数机压印。

填写完毕且出票银行在银行本票上签章后，银行本票正联交申请人，第一联卡片或存根联盖章后留存，并专夹保管。

商业银行也可代理本行其他机构或其他商业银行出票，其他商业银行也可代理本行出票（会计核算略）。

2. 银行本票付款的核算

（1）银行本票收款人的处理。银行本票的申请人取得银行本票后，若将其用于债权债务的结算，则可将银行本票转给相关的收款人，收款人可以将银行本票背书转让给被背书人，收款人或被背书人必须在付款期内持银行本票向银行兑付。

（2）代理付款行的处理。代理付款行接到持票人直接交来的转账本票和进账单时，经审查无误后，即可办理兑付手续。

①出票行、代理付款行、持票人开户行均为本系统银行。代理付款行兑付的就是本行签发的银行本票，此时，应以银行本票第一联代借方凭证，进账单第二联代贷方凭证办理转账。会计分录为：

借：开出本票

　　贷：吸收存款——持票人户

第一联进账单加盖转讫章交持票人作为收账通知。

持票人向银行兑取现金时，需要认真查验银行本票上填写的申请人和收款人是否均为个人，以及收款人和被委托人的身份证件，并要求提交收款人和被委托人身份证件的复印件留存备查。审查无误后，办理付款手续，将银行本票作为借方凭证，银行本票卡片或存根联作为附件。会计分录为：

借：开出本票

　　贷：库存现金

②代理兑付其他商业银行签发的银行本票。当持票人与原申请人不在同一商业银行开户时，代理兑付行以进账单第二联代贷方凭证办理转账。会计分录为：

借：跨行清算资金往来

　　贷：吸收存款——持票人户

第一联进账单加盖转讫章后交持票人作为收账通知，银行本票加盖转讫章，通过同城票据交换或小额支付系统将其转给出票银行。

3. 银行本票结清的核算

若持票人与申请人在同一系统银行开户，本票付款时即可结清"开出本票"科目；若持票人与申请人不在同一系统银行开户，代理付款行通过同城票据交换或小额支付系统提出银行本票，出票行收到提入的银行本票时，抽出专夹保管的银行本票卡片或存根，经核对相符，确属本行出票，则将银行本票作为借方凭证，银行本票卡片或存根作为附件，办理银行本票的结清。会计分录为：

借：开出本票

　　贷：跨行清算资金往来

【例 10－4】 A 银行应客户 H 公司申请，为其开出银行本票一张，金额 690 000 元，H 公司将银行本票用于结算货款，将其交付收款人 G 公司，G 公司将银行本票在同城跨系统的 C 银行兑付，并存入其存款账户。C 银行通过票据交换与 A 银行清算银行本票资金。

解：

(1)A 银行开出银行本票，会计分录为：

借：吸收存款——H 公司户	690 000	
贷：开出本票		690 000

(2)C 银行代理兑付银行本票，会计分录为：

借：跨行清算资金往来——同城票据清算	690 000	
贷：吸收存款——G 公司户		690 000

(3)A 银行结清银行本票，会计分录为：

借：开出本票	690 000	
贷：跨行清算资金往来——同城票据清算		690 000

五、支票的核算

(一)支票的定义

支票是出票人签发的、委托办理支票存款业务的银行或者其他金融机构在见票时无条件支付确定的金额给收款人或者持票人的票据。

支票是一种委托式信用证券，分为现金支票、转账支票、普通支票和划线支票。支票上印有“现金”字样的为现金支票(见图 10－8)，现金支票只能用于支取现金。支票上印有“转账”字样的为转账支票(见图 10－9)，转账支票只能用于转账。支票上未印有“现金”或“转账”字样的为普通支票(见图 10－10)，普通支票既可用于转账，也可用于支取现金。在普通支票左上角划有两条平行线的，称为划线支票，划线支票只能用于转账，不能提取现金。

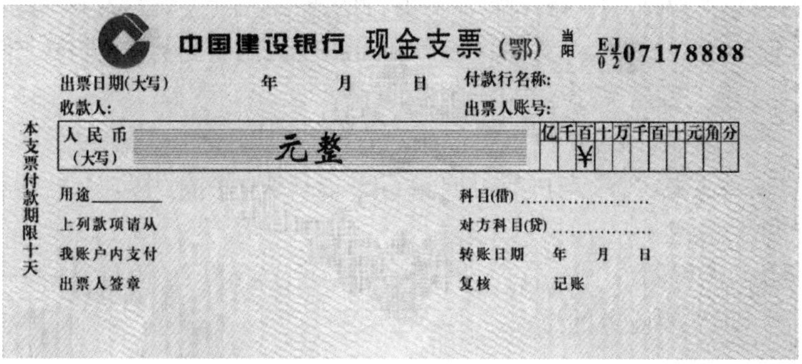

图 10－8　现金支票

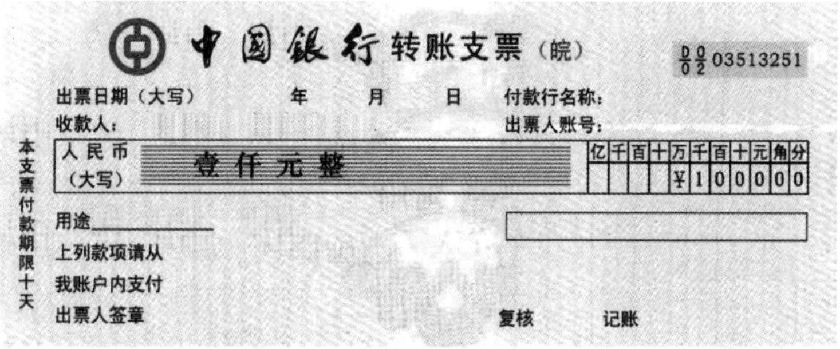

图 10－9　转账支票

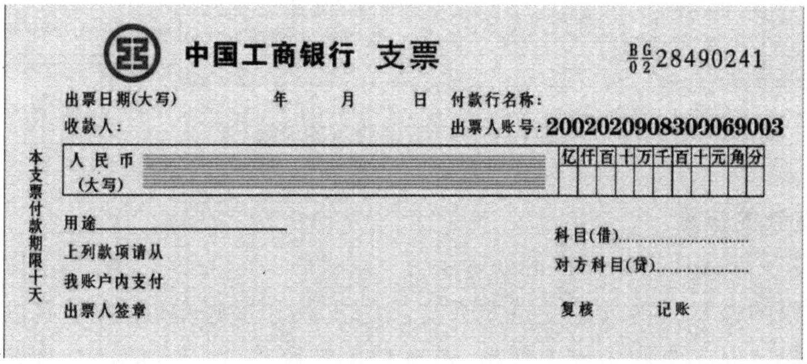

图 10－10　普通支票

(二)转账支票结算的相关规定

单位、个体经济户和个人在同城或票据交换地区的商品交易、劳务供应以及其他款项的结算,均可使用转账支票。使用转账支票结算的主要规定如下:

1. 支票一律记名,即填写收款单位名称或个人姓名。在中国人民银行总行批准的地区,转账支票可以背书转让。

2. 支票金额无起点限制,提示付款期(即有效期)为 10 天,从签发的当日算起,到期日遇节假日顺延。

3. 支票的金额、收款人名称可以由出票人授权补记,未补记前不得背书转让和提示付款。

4. 签发单位必须在银行存款账户余额内签发支票,签发支票应使用墨汁或碳素墨水填写,金额大小写、日期和收款人不得更改,必须由签发单位加盖银行印鉴证明。

5. 对签发的空头支票或印章与预留印鉴不符的支票,银行除退票外,还会按票面金额处以 5%但不低于 1 000 元的罚款。对屡次签发的,银行根据情节严重程度予以警告、通报批评,直至停止向出票单位签发支票。

6. 转账支票收妥入账,即先从付款单位账户支付,才能转入收款单位账户。

7. 已签发的支票遗失,在未支付前可向银行申请挂失,并按《中华人民共和国票据法》的有关规定办理止付手续。

(二)支票业务的流程图

图 10—11 展示了支票业务的流程。

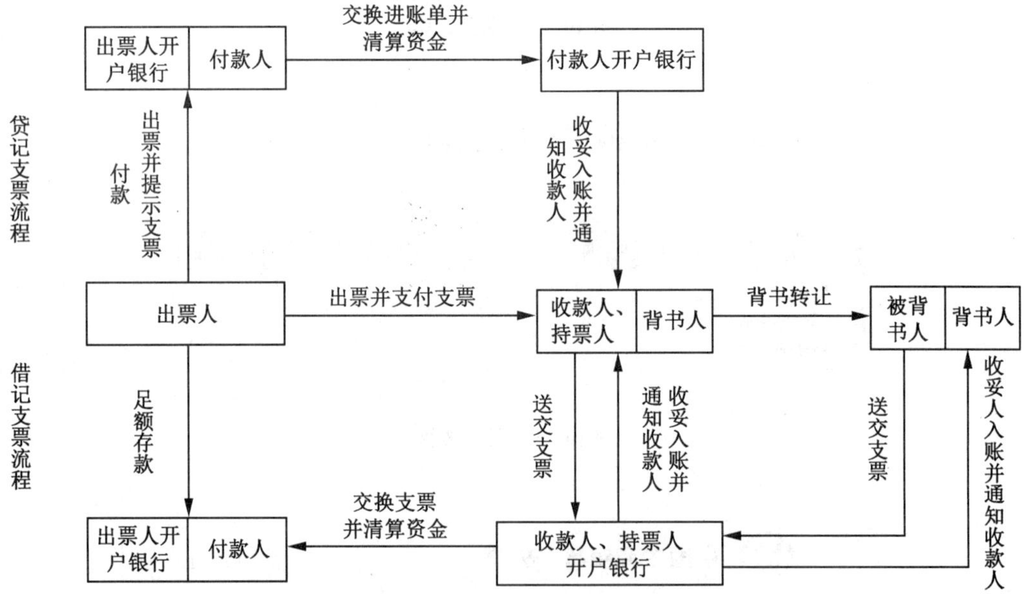

图 10—11 支票业务的流程

(三)转账支票的核算

1. 持票人与出票人在行内开户的处理手续

(1)借记支票的核算。银行接受持票人交来的支票和进账单时,应对其内容进行严格审查。经审查无误后,以支票作为借方凭证,进账单第二联作为贷方凭证办理转账。会计分录为:

借:吸收存款——活期存款(出票人户)

贷:吸收存款——活期存款(持票人户)

进账单第一联加盖转讫章后交持票人作为收账通知。

(2)贷记支票的核算。出票人向银行送交支票时,应填写三联进账单,连同支票一并送交开户银行,银行仍按审查的内容予以审查。经审查无误后,进行账务处理,相关的会计分录与受理持票人交存支票时相同。转账后,进账单第一联加盖转讫章后交出票人作为回单,进账单第三联加盖转讫章后作为收账通知转交收款人。

2. 持票人与出票人在不同商业银行开户的处理手续

(1)持票人在本行开户,出票人在其他行开户(借记支票)的核算

持票人开户银行收到持票人交存的支票和进账单时,仍按前述内容进行审查。经审查无误后,在第二联进账单上加盖"收妥后入账"戳记,将第一联进账单加盖转讫章后交持票人,支票按照同城票据交换的有关规定,及时提出交换。

①提出借记支票时,会计分录为:

借:跨行清算资金往来——同城票据清算

贷:其他应付款——同城票据清算——提出

②待退票时间过后办理转账,会计分录为:

借:其他应付款——同城票据清算——提出

贷:吸收存款——持票人户

③发生退票时,分别冲减"跨行清算资金往来"科目和"其他应付款"科目。

④出票人开户银行收到交换提入的支票,经审核为正确时,会计分录为:

借:吸收存款——付款人户

贷:跨行清算资金往来——同城票据清算

若提入的借记支票有错误,会计分录为:

借:其他应收款——同城票据清算——退票户

贷:跨行清算资金往来——同城票据清算

借:跨行清算资金往来——同城票据清算

贷:其他应收款——同城票据清算——退票户

(2)出票人在本行开户、持票人在其他行开户(贷记支票)的核算

①出票人开户银行接到出票人交来的转账支票和三联进账单时,仍按上述内容进行审查,经审查无误后,以支票作为借方凭证办理转账。会计分录为:

借:吸收存款——出票人户

贷:跨行清算资金往来同城票据清算

在第一联进账单上加盖转讫章后交出票人作为回单,在第二联、第三联进账单上盖章后,按照同城票据交换的有关规定,及时提出交换。

②收款人开户银行收到交换提入的第二联、第三联进账单,经审查无误,不需要退票时,以第二联进账单作为贷方凭证办理转账。会计分录为:

借:跨行清算资金往来——同城票据清算

贷:吸收存款——收款人户

第三联进账单加盖转讫章后交收款人作为收账通知。

③若提入的贷记支票需要退票,会计分录为:

借:跨行清算资金往来——同城票据清算

贷:其他应付款——同城票据清算——退票

借:其他应付款——同城票据清算——退票

贷:跨行清算资金往来——同城票据清算

现金支票的核算可参照存款业务结算中的相关内容,本章不再赘述。

【例 10-5】 A银行某支行收到开户单位A厂提交的转账支票和进账单,金额65 000元,该支票的签发人是在本行开户的B厂。

该支行的会计处理如下:

借:吸收存款——活期存款——B厂 65 000

贷:吸收存款——活期存款——A厂 65 000

【例 10-6】 A银行洪山支行收到开户单位B公司签发的转账支票和进账单,金额为35 000元,以支付在A银行东湖支行开户的C公司的货款,经审查无误后,办理转账。

A银行洪山支行会计分录为:

借:吸收存款——活期存款——B公司 35 000

贷:存放中央银行款项 35 000

A银行东湖支行会计分录为:

借:存放中央银行款项 35 000

贷:吸收存款——活期存款——C公司 35 000

(四)支票的领购和挂失

银行的存款人需要领购支票时,应填写"票据和结算凭证领用单",并加盖与预留银行签章相同的签章。银行审核后,收取支票工本费和手续费,在"重要空白凭证领用登记簿"上注明领用日期、存款人名称、支票起止号码等以备核查,然后将支票交存款人。支票账户的存款人结清账户时,必须将全部剩余空白支票交回银行,由银行统一处理。

如果支票丢失,则失票人应及时到支票的付款行办理有关挂失手续,并提交"挂失止付通知书"。经银行审核无误并确定票款未付后,登记"支票挂失登记簿",并在出票人分户账上做出标记,以便止付。

第三节 结算方式的核算

结算方式是指汇兑、托收承付和委托收款等不使用票据的款项收付程序和方法。

一、汇兑结算方式的核算

(一)汇兑结算的定义

汇兑结算是汇款人委托银行将款项汇给收款人的结算方式,作为一种传统的结算方式,汇兑结算便于汇款人向收款人主动汇款。汇兑结算广泛应用于单位和个人的各种款项的结算。

专栏 10－8　汇兑结算的基本规定

汇款人到银行办理汇兑结算、签发汇兑凭证时，在汇兑凭证上必须记载下列事项：

(1)支付的委托，即汇款人对于汇款不得有任何限制付款的条件。

(2)确定的金额。

(3)收款人的名称。

(4)汇款人的名称。

(5)汇入地点、汇入行名称。

(6)汇出地点、汇出行名称。

(7)委托日期，是指汇款人向汇出银行提交汇兑凭证的当日。

(8)汇款人签章(或签名)。

欠缺上述记载事项之一的，银行不予受理。

目前，客户通过网上银行和终端设备等途径办理汇兑业务已经基本普及。

(二)汇兑结算业务的流程图

图 10－12 展示了汇兑结算业务的流程图。

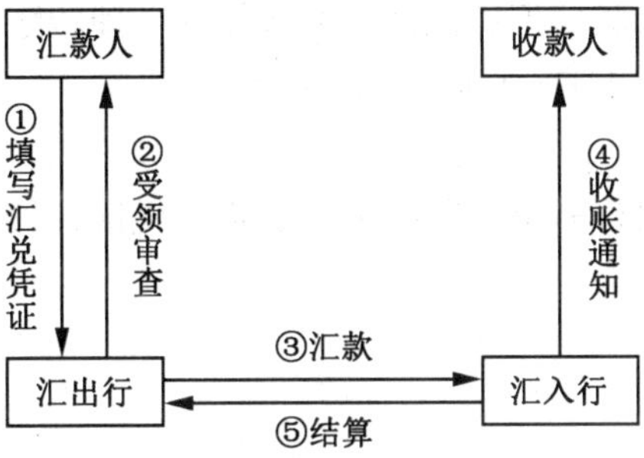

图 10－12　汇兑结算业务的流程图

(三)信汇结算业务的核算

信汇是汇款人委托银行用邮寄凭证的方式，通过汇入行向收款人兑付款项的一种结算方式。

1. 汇出行的核算

汇款人委托银行办理信汇结算时，应按照信汇凭证的填写要求，认真填制信汇凭证一式四联(见表 10－3 所示)，在填妥后盖章，交银行办理(见表 10－3)。信汇凭证第一联为回单，第二联为支款凭证，第三联为收款凭证，第四联为收账通知。如果汇款人是以现金交付的，应将现金和信汇凭证一并交付汇出行办理。

表 10－3 **银行信汇凭证**

<table>
<tr><td colspan="6">银行　信汇凭证　（回单）　1</td></tr>
<tr><td colspan="2">□普通　□加急</td><td colspan="2">委托日期</td><td colspan="2">年　月　日</td></tr>
<tr><td rowspan="3">汇款人</td><td>全　称</td><td></td><td rowspan="3">收款人</td><td>全　称</td><td></td></tr>
<tr><td>账　号</td><td></td><td>账　号</td><td></td></tr>
<tr><td>汇出地点</td><td>省　市
县</td><td>汇出地点</td><td>省　市
县</td></tr>
<tr><td colspan="2">汇出行名称</td><td></td><td colspan="2">汇入行名称</td><td></td></tr>
<tr><td>金额</td><td colspan="4">人民币
（大写）</td><td>千 百 十 万 千 百 十 元 角 分</td></tr>
<tr><td colspan="2"></td><td>支付密码</td><td colspan="3"></td></tr>
<tr><td colspan="3">汇出行签章</td><td colspan="3">附加信息及用途：
复核　　记账</td></tr>
</table>

此联汇出行给汇款人的回单

汇出银行受理信汇凭证，经审查无误后，将第一联信汇凭证加盖转讫章后退给汇款人。汇款人转账交付的，银行以第二联信汇凭证作为借方凭证办理转账。会计分录为：

借：吸收存款——汇款人户（或其他有关科目）

　　贷：联行科目

汇款人以现金交付的，银行另填一联特种转账贷方凭证，以第二联信汇凭证作为借方凭证记账。会计分录为：

借：库存现金

　　贷：应解汇款

借：应解汇款

　　贷：联行科目

转账后，第三联信汇凭证加盖联行专用章，与第四联随同联行报单一并寄给汇入行。

2. 汇入行的核算

汇入行收到汇出行寄来的联行报单和第三联、第四联信汇凭证后，应审查第三联信汇凭证上的联行专用章与联行报单印章是否一致，经审核无误后，按下列手续处理。

(1)直接收账。若收款人在汇入行有存款账户，则银行应将汇款直接转入收款人账户，并向收款人发出收账通知，银行以第三联信汇凭证作为贷方凭证办理转账。会计分录为：

借：联行科目

　　贷：吸收存款——收款人户

第四联信汇凭证加盖转讫章后交收款人作为收账通知。

(2)不直接收账。如果收款人在汇入行没有存款账户，则银行应先将款项转入“应解汇款”科目，以第三联信汇凭证作为贷方凭证。会计分录为：

借：联行科目

　　贷：应解汇款

同时，银行登记应解汇款登记簿，在信汇凭证上编列应解汇款顺序号，第四联信汇凭证留存保管,然后以便条通知收款人来行取款。在收款人持便条来行办理取款时,“留行待取”的,银行应向收款人问明情况,抽出第四联信汇凭证,并审查取款人的身份证件是否与银行信汇凭证上填写的证件名称、号码及发证机关等内容一致,收款人是否签章。凭签章取款的,银行应查验收款人签章是否与银行预留签章一致。经审核无误后,银行可按以下几种情况办理付款手续:

①信汇凭证上已填有“现金”字样的,应一次办理现金支付手续。银行填制一份应解汇款借方凭证,以第四联信汇凭证作为附件办理转账。会计分录为:

借:应解汇款

　　贷:库存现金

②需要分次支取的,应根据第四联信汇凭证注销应解汇款登记簿中的该笔汇款,并如数转入应解汇款科目的分户账内。银行审核收款人填写的取款凭证、预留银行签章和取款人的身份证件,经审核无误后,办理分次支付手续。待最后结清时,将第四联信汇凭证作为借方凭证的附件。分次支付的会计分录同上。

③需要转汇的,应重新办理汇款手续。收款人和款项用途必须与原汇款人和原用途相同,并须在第三联信汇凭证上加盖“转汇”戳记。如果第三联信汇凭证上已注明不得转汇,则银行不予办理。

【例 10—7】 2020 年 10 月 1 日,H 银行杨家湾分行收到 A 客户提交的信汇凭证和 5 000 元现金,款项汇往 K 银行威南分行,收款人为 B。杨家湾分行在审核无误后受理该笔汇款,并于当日汇出款项。2020 年 10 月 2 日,甲银行威南分行收到汇款,经审查无误后,登记应解汇款登记簿并通知收款人。收款人 B 于 10 月 6 日前来取款,全部提现。

(1)邵阳分行汇出汇款,会计分录为:

借:吸收存款——A 客户	5 000	
贷:联行科目		5 000

(2)威南分行收到汇款,先办理转账,会计分录为:

借:联行科目	5 000	
贷:应解汇款		5 000

(3)B 持便条来行取款,威海分行核验身份证件无误后付给现金,会计分录为:

借:应解汇款	5 000	
贷:库存现金		5 000

(四)电汇结算业务的核算

电汇是汇款人委托银行以发送电子汇划信息的方式,通知汇入行解付汇款的一种结算方式。

汇款人委托银行办理电汇时,应按照信汇凭证的填写要求填制一式三联的电汇凭证,第一联为回单,第二联为借款凭证,第三联为发电依据(见表 10—4)。

表 10－4 **银行信汇凭证**

银行　信汇凭证　（回单）　1

□普通　　□加急　　　委托日期　　　　年　　月　　日

<table>
<tr><td rowspan="3">汇款人</td><td>全　称</td><td colspan="2"></td><td rowspan="3">收款人</td><td>全　称</td><td colspan="10"></td></tr>
<tr><td>账　号</td><td colspan="2"></td><td>账　号</td><td colspan="10"></td></tr>
<tr><td>汇出地点</td><td colspan="2">省　　市
县</td><td>汇出地点</td><td colspan="10">省　　市
县</td></tr>
<tr><td colspan="2">汇出行名称</td><td colspan="2"></td><td colspan="2">汇入行名称</td><td colspan="10"></td></tr>
<tr><td rowspan="2">金额</td><td colspan="5" rowspan="2">人民币
（大写）</td><td>千</td><td>百</td><td>十</td><td>万</td><td>千</td><td>百</td><td>十</td><td>元</td><td>角</td><td>分</td></tr>
<tr><td></td><td></td><td></td><td></td><td></td><td></td><td></td><td></td><td></td><td></td></tr>
<tr><td colspan="2"></td><td></td><td>支付密码</td><td colspan="12"></td></tr>
<tr><td colspan="3">汇出行签章</td><td colspan="13">附加信息及用途：
复核　　记账</td></tr>
</table>

此联汇出行给汇款人的回单

1. 汇出行的核算

汇出行受理电汇凭证时，按照有关规定审核无误后，将第一联电汇凭证加盖转讫章后交汇款人，并以第二联信汇凭证作为借方凭证办理转账，其会计分录与信汇业务会计分录相同。然后，根据第三联电汇凭证编制联行报单，并向汇入行拍发电报。对填明“现金”字样的电汇凭证，应在电文的金额前加拍“现金”字样。

2. 汇入行的核算

汇入行接到汇出行发来的电报，经审核无误后，应填制三联电划贷方补充报单，第一联代联行凭证，第二联代贷方凭证，第三联代收账通知交收款人，其他各项处理手续均与信汇结算业务相同。

（五）退汇

退汇是指汇出行已经汇出的款项，汇入行未经解付而退给原汇款人的做法。具体有以下两种情况：

1. 汇款人要求退汇

在汇款人要求退汇时，对收款人在汇入行开立账户且汇款已经入账的，由汇款人与收款人自行联系退汇；收款人未在汇入行开立账户的，应由汇款人准备退汇函件或本人身份证连同信、电汇回单交汇出行办理退汇。汇出行在接到退汇函件或身份证件以及回单时，应填制四联“退汇通知书”，在第一联上批注“×月×日申请退汇，待款项退回后再办理退款手续”字样，交给汇款人，第二联、第三联寄交汇入行，第四联与函件和回单一起保管。如汇款人要求用电报通知退款时，只需填制两联退汇通知书，比照信汇退汇通知书第一联、第四联的手续处理，并凭退汇通知书拍发电报通知汇入行。

汇入行收到第二联、第三联的退汇通知书或通知退汇的电报时，应先查明款项是否已解付。对已转入“应解汇款”科目尚未解付的汇款，办理时应向收款人联系索回便条，并以第二联退汇通知书代转账借方传票办理转账。编制如下会计分录如下：

借：应解汇款

贷：联行科目

转账后，通过资金汇划系统向汇出行划款，并将第三联退汇通知书寄送原汇出行。

汇出行收到汇入行通过资金汇划系统划来的退汇款和收到的第三联退汇通知书后，与留存的原第四联退汇通知书进行核对，以第三联通知书和资金汇划补充凭证办理转账。编制会计分录如下：

借：联行科目

贷：吸收存款——原汇款人

转账后，在原汇款凭证上注明"汇款已于×月×日退汇"字样，并在汇款通知书第四联上注明"汇款退回，已代进账"字样。该联加盖业务公章后，作为收账通知交原汇款人。

2. 汇入行主动退汇

汇人行对收款人拒绝接受的汇款，应及时办理退汇。汇入行对于向收款人发出取款通知，经过两个月仍无法交付的汇款，应主动办理退汇。退汇时，由汇入行填写转账传票，通过资金汇划系统办理退汇手续。

二、托收承付结算方式的核算

（一）托收承付结算方式的定义

托收承付又称异地托收承付，是指收款人根据购销合同发货后，委托银行向异地付款人收取款项，并由付款人向银行承认付款的结算方式。

专栏 10－9　　　托收承付结算方式的基本规定

（1）托收承付的适用范围规定如下：第一，使用这种结算方式的收款单位和付款单位必须是国有企业、供销合作社，以及经营管理较好，并经开户银行审查同意的城乡集体所有制工业企业。第二，办理托收承付结算的款项必须是商品交易，以及因商品交易而产生的劳务供应款项。代销、寄售、赊销商品的款项，不得办理托收承付结算。

（2）使用托收承付结算方式时，收付双方必须签有符合《中华人民共和国合同法》相关规定的购销合同，并在合同上写明使用托收承付结算方式。

（3）收款人办理托收，必须具有商品确已发运的证件，包括铁路、航运、公路等运输部门签发的运单、运单副本和邮局包裹回执等。没有发运证件，按照《支付结算办法》所规定的具体情况，可凭其他有关证件办理。

（4）每笔托收承付结算的金额起点为 10 000 元，新华书店系统每笔的金额起点为 1 000 元。

（5）托收承付结算款项的划回方法分邮寄和电报两种，由收款人选用。

（6）收付双方应重合同、守信用。收款人对同一付款人发货托收累计 3 次收不回货款的，收款人开户行应暂停收款人向该付款人办理托收。付款人累计 3 次提出无理拒付的，付款人开户行应暂停其向外办理托收。

（二）托收承付结算方式的业务流程图

图 10－13 展示了托收承付结算方式的业务流程图。

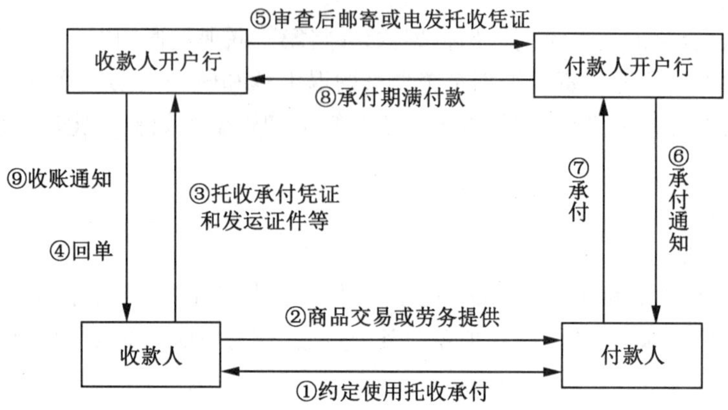

图 10－13　托收承付结算方式的业务流程图

(三)收款人开户行受理托放承销的核算

对于全额支付的异地托收承付结算来说,其处理过程可分为以下 4 个阶段:收款人开户行受理并发出托收凭证;付款人开户行通知承付;付款人开户行划款;收款人开户行收账。

收款人按照签订的购销合同发货后,即可填制托收凭证一式五联,第一联为回单,第二联为贷方凭证,第三联为借方凭证,第四联为收账通知,第五联为付款通知。

托收凭证按要求的内容填妥并盖章后,连同发运单证或其他符合托收承付结算的有关证明和交易单证(所附单证的张数应在托收凭证上注明)一并送交银行。收款人如需取回发运证件,银行应在托收凭证上加盖"已验发运单证"戳记。

开户行接到托收凭证及其附件后,应当按照托收的范围、条件和托收凭证填写的要求认真进行审查,必要时,还应查验收/付款人签订的购销合同。凡不合要求或违反购销合同发货的,不予办理,审查时间最长不得超过次日。

开户行对托收凭证、发运证件和交易单证审核无误后,在托收凭证第一联加盖业务公章后退给收款人,据第二联托收凭证登记"发出托收结算凭证登记簿"并留存保管,然后将托收凭证的第三联、第四联、第五联连同所附单证一并寄交付款人开户行。

(四)付款人开户行通知承付的处理方法

付款人开户行收到托收凭证和所附单证,经审查无误后,在各联托收凭证上批注到期日及承付期限,将第三联、第四联托收凭证按承付到期日顺序保管,并登记"定期代收结算凭证登记簿",将托收凭证第五联连同所附单证送付款人,通知其准备到期付款。

承付货款分为验单付款和验货付款两种,由收/付款双方商量选用,并在合同中明确规定。验单付款的承付期为 3 天,从付款人开户行发出承付通知的次日算起(承付期内遇法定假日顺延)。验货付款的承付期为 10 天,从运输部门向付款人发出提货通知的次日算起。

(五)付款人开户行划款

承付期满的次日上午,付款人开户行主动将托收款项从付款人账户中付出,划往收款人开户行,以第三联托收凭证代借方传票办理转账。

(1)收/付款人在同一银行系统开户,会计分录为:

借:吸收存款——付款人户

　　贷:吸收存款——收款人户

(2)收款人为跨行开户，可通过同城票据交换、中国人民银行大额支付系统或小额支付系统划款，会计分录为：

借：吸收存款——付款人户

　　贷：跨行清算资金往来——同城票据清算(或大额支付/小额支付)

(六)收款人开户行收账

收款人若与付款人在同一系统银行开户的，付款的同时收款亦已完成。收款人为跨行开户的，则可通过同城票据交换、中国人民银行大额支付系统或小额支付系统收款，会计分录为：

借：跨行清算资金往来——同城票据清算(或大额支付/小额支付)

　　贷：吸收存款——付款人户

至此，全额解付的托收承付结算业务处理完毕。

【例 10—8】 A 银行收到客户 H 公司提交的托收承付结算凭证和发运单证，向异地购货方 G 公司收取货款及代垫运费共计 85 000 元，A 银行审核无误后发出托收凭证和交易单证。与 G 公司开户行跨系统的 C 银行收到凭证后，通知 G 公司验单付款。承付期满，G 公司未提出异议，C 银行通过中国人民银行大额支付系统将款项划转 A 银行。

解：

(1)C 银行划出款项时，会计分录为：

借：吸收存款——G 公司户	85 000	
贷：跨行清算资金往来——大额支付		85 000

(2)A 银行收到划回款项时，会计分录为：

借：跨行清算资金往来——大额支付	85 000	
贷：吸收存款——H 公司户		85 000

(七)逾期付款的处理方法

在承付期满日银行营业终了时，若付款人无足够资金进行支付，则其不足部分就是逾期未付款项，应按逾期付款处理。

1. 逾期天数及赔偿金，逾期天数应从承付期满日算起，承付期满日银行营业终了时，若付款人无足够资金进行支付，其不足部分应算作逾期 1 天，计算 1 天的赔偿金；赔偿金为每天按逾期付款金额的万分之五计，在各单位流动资金账户内扣付货款，应从企业销售收入中预留工资后，按照应缴纳税款、到期贷款、应偿付货款、应上缴利润的顺序扣付。

逾期付款的赔偿金实行定期扣付，每月计算一次，于次月 3 日内单独划转给收款人，赔偿金的扣付列为企业销售收入扣款顺序的首位，如付款人账户余额不足全额支付的，则应将其排列在工资之前，并对该账户采取“只收不付”的控制方法，待一次扣足赔偿金后，才转交准予办理其他款项的支付，由此产生的经济后果由付款人自行负责。

赔偿金扣款的账务处理与全额付款相同。

2. 付款人开户行对付款人逾期未能付款的情况，应当及时通知收款人开户行，由其转告收款人。

3. 付款人开户行要随时掌握付款人账户逾期未付的资金情况，待账户有款时，必须将逾期未付款项和应付赔偿金及时扣划给收款人，不得拖延扣划。

4. 付款人开户行对不执行合同规定、3 次拖欠货款的付款人，应当通知收款人开户行转告收款人，停止对该付款人办理托收。如果收款人不听劝告，继续对该付款人办理托收，付款人开户行对发出通知的次日起一个月之后收到的托收凭证，可以拒绝受理，注明理由，退回原件。

5. 付款人开户行对逾期未付的托收凭证负责进行扣款的期限为 3 个月(从承付期满日算起)。在此期限内,银行必须按照扣款顺序继续扣款。期满时,如果付款人仍无足够资金支付该笔尚未付清的欠款,银行应于次日通知付款人将有关交易单证(单证已做账务处理或已部分支付的,可以填制"应付款项证明单")在两日内退回银行。

对付款人逾期不退回交易单证的,开户银行应当自发出通知的第 3 日起,按照该笔尚未付清款项的金额,每天处以万分之五但不低于 50 元的罚款,并暂停付款人向外办理结算业务,直到退回交易单证时止。罚款时的会计分录为:

借:吸收存款——付款人户

　　贷:营业外收入——罚没所得

(八)拒绝付款的处理方法

对下列情况,付款人在承付期内可向银行提出全部或部分拒绝付款:

1. 没有签订购销合同或未写明使用异地托收承付结算方式购销合同的款项。

2. 未经双方事先达成协议,收款人提前交货或因逾期交货导致付款人不再需要这批货物的款项。

3. 未按合同规定的到货地址发货的款项。

4. 代销、寄售、赊销商品的款项。

5. 验单付款,发现所列货物的品种、规格、数量、价格与合同规定不符,或货物已到,但经查验,货物与合同规定或发货清单不符的款项。

6. 验货付款,经查验,货物与合同规定或发货清单不符的款项。

7. 货款已经支付或计算有错误的款项。

不属于上述情况的,付款人不得向银行提出拒绝付款。付款人对以上情况提出拒付时,必须填写"拒绝付款理由书"一式四联。

开户行必须认真审查拒绝付款理由,查验合同。付款人提出拒付的手续不全的,依据不足、理由不符合规定和不属于前述 7 种拒付情况的,以及超过承付期拒付和应当部分拒付变为全部拒付的,银行均不得受理;银行不同意拒付的,应实行强制扣款。

银行同意部分或全部拒付的,应在拒绝付款理由书上签注意见,如果是部分拒付款,除办理部分付款外,应将拒绝付款理由书连同拒付证明及拒付商品清单邮寄收款人开户行转交收款人。如果是全部拒付,则应将拒绝付款理由书、拒付证明和有关单证邮寄收款人开户行,由开户行转交收款人。

三、委托收款结算方式的核算

(一)委托收款结算方式的概念

委托收款是收款人向银行提供收款依据,委托银行向付款人收取款项的结算方式。

专栏 10-10　　委托收款结算方式的基本规定

(1)在银行或其他金融机构开立账户的单位和个体工商户的商品交易、劳务款项和其他应收款项的结算,均可使用委托收款结算方式。

(2)委托收款在同城和异地均可使用。

(3)委托收款不受金额起点的限制。

(二)委托收款结算方式的业务流程图

委托收款结算方式的业务流程图可参考托收承付结算方式的业务流程图。

(三)委托收款结算方式的核算

全额支付委托收款结算的处理过程可分为4个阶段:收款人开户行受理并发出委托收款凭证;付款人开户行通知付款;付款人开户行划款;收款人开户行收账。

1.收款人开户行受理并发出委托收款凭证

收款人办理委托收款时,应填制委托收款凭证(现已与托收凭证合并为同一凭证)一式五联(见表10—2),第一联为回单,第二联为贷方凭证,第三联为借方凭证,第四联为收账通知,第五联为付款通知。填妥委托收款凭证后,收款人在委托收款凭证的第二联加盖单位印章或个人签章,并将委托收款凭证和债务证明提交开户行,开户行按照委托收款凭证的填写要求审查无误后,比照托收承付结算的处理方法,向付款人开户行发出委托收款凭证。

2.付款人开户行通知付款

付款人开户行收到委托收款凭证及有关单证,审查是否确属本行受理,审查无误后,登记"收到委托收款凭证登记簿",在第五联委托收款凭证上加盖业务公章,连同其他有关单证一并交付款人签收。

3.付款人开户行划款

付款人接到通知后,应于当日书面通知银行付款,如付款人未在接到通知的次日起3日内通知银行付款,银行应于付款人接到通知的次日起第4日上午开始营业时(遇法定假日顺延)将款项划给收款人。

①收款人开户行为行内机构时,会计分录为:

借:吸收存款——付款人户

　　贷:吸收存款——收款人户

②收款人开户行为跨行的其他商业银行时,付款人开户行可以通过同城票据交换提入方式付款,也可以通过大额支付、小额支付方式付款,会计分录为:

借:吸收存款——付款人户

　　贷:跨行清算资金往来——同城票据清算(或大额支付/小额支付)

付款人在付款期满时,账户上如果没有足够的资金支付全部款项,银行应索回全部单证,并填写未付款通知书,连同第四联委托收款凭证一并退回收款人开户银行。

付款人若提出全部或部分拒付,应填制拒绝付款理由书,连同委托收款凭证及所附单证送交开户行,由银行转交收款人开户行。付款人开户行不负责审查拒付理由,对部分支付的款项,按全额划款的手续处理。

4.收款人开户行收款

收款人开户行为行内机构时,在付款阶段已完成这一步骤,跨行的收款人开户行收到划回款项时,相关手续与托收承付基本相同。会计分录为:

借:跨行清算资金往来——同城票据清算(或大额支付/小额支付)

　　存放中央银行款项(同城)

　　贷:吸收存款——收款人户

对于无款支付和拒付的情况,收款人开户行应将未付款通知书、拒绝付款理由书及债务证明转交收款人。

第四节　信用卡业务的核算

一、信用卡的概念和基本功能

信用卡是指商业银行向个人和单位发行的，凭以向特约单位（如商店、旅馆、游乐场所、饭店等）购物、消费和向银行存取现金，并且具有消费信用的特制载体卡片。信用卡的外观为带有卡名、卡号、持卡人姓名、有效期、信息磁条、防伪标志等内容的卡片，信用卡广泛应用于商品经济的支付与结算，具有“电子货币”的功能。

专栏 10－11　　信用卡结算的基本规定

1997 年，由中国人民银行印发的《支付结算办法》对信用卡结算做出了明确的规定，主要内容包括：

(1)限制信用卡备用金账户的资金来源

单位卡账户的资金必须从其基本存款账户转入，不得交存现金，不得将销售收入的款项存入该账户，个人卡账户的资金以其持有的现金存入，或以其工资性款项及属于个人的劳动报酬收入转存入，严禁将单位的款项存入个人卡账户。

这些规定有利于防止将信用卡账户变相作为基本存账户使用，限制公款私存和公款消费的行为发生。

(2)严格限制信用卡的使用范围

信用卡应主要用于消费性支出，单位卡不得用于 10 万元以上的商品交易、劳务供应款项的结算。

(3)加强现金管理

单位卡一律不得支取现金，个人卡提取现金时，超过支付限额的，代理行应向发卡行索权，这些规定有利于限制利用信用卡大量套取现金的行为发生，有利于加强对消费基金的控制。

(4)控制支付风险

第一，限定透支额度。信用卡透支额，金卡最高不得超过 1 万元，普通卡最高不得超过 5 000 元。

第二，限定透支期限。信用卡透支期限最长为 60 天。

第三，明确透支利息的计算。信用卡透支利息，自签单日或银行记账日起 15 日内按日息万分之五计算；超过 15 日按日息万分之十计算；超过 30 日或透支金额超过规定限额的，按日息万分之十五计算。透支利息不分段，按最后期限或者最高透支额的最高利率档次计算。

第四，禁止恶意透支。恶意透支是指持卡人超过规定限额或规定期限，并且经发卡行催收无效的透支行为。

第五，设立备用存款制度和据保制度。申领信用卡要向发卡行交存一定的备用金，发卡行根据申请人的资信程度，要求其提供担保，担保的方式可采用保证、抵押或质押。

二、信用卡结算业务的会计核算

(一)信用卡的发放

单位或个人申请使用信用卡，应按发卡行规定填写申请书。发卡行审查同意后，应及时通知申请人前来办理领卡手续，并按规定向其收取备用金和手续费，申请人从其基本存款账户支付以上款项时，具体分为两种情况。

1. 申请人已在发卡行开立基本存款账户

申请人开具支票、填写三联进账单，交发卡行经办人员。经办人员审查无误后，支票作为借方凭证，第二联进账单作为贷方凭证，另填制一联特种转账贷方凭证作为收取手续费贷方凭证。会计分录为：

借：吸收存款——申请人户

　　贷：吸收存款——保证金存款——申请人信用卡户

　　　　手续费及佣金收入

银行经办人员将第一联进账单加盖转讫章后作为回单交给申请人。

2. 申请人未在发卡行开立基本存款户

单位卡申请人开具支票、填写进账单，交发卡行经办人员。发卡行经办人员审核无误后，在进账单上按票据交换场次加盖“收后入账”戳记，将第一联加盖转讫章后交给持票人，对支票要按照票据交换的规定及时提出交换。待退票时间过后，将第二联进账单作为贷方凭证，并另填制一联特种转账贷方凭证作为收取手续费贷方凭证。会计分录为：

借：跨行清算资金往来——同城票据清算

　　贷：吸收存款——保证金存款——申请人信用卡户

　　　　手续费及佣金收入

个人卡申请人交存现金开卡的，银行转账的会计分录为：

借：库存现金

　　贷：吸收存款——保证金存款——申请人信用卡户

　　　　手续费及佣金收入

(二)信用卡直接消费业务的核算手续

直接消费是信用卡的主要功能。持卡人凭卡在特约单位购物或消费之后，无须支付现金。由于银行为特约单位介绍了客户，所以特约单位要向银行支付一定比例的结算手续费。

1. 特约单位接受信用卡的处理手续

特约单位受理客户信用卡，经审查无误后，在签购单上压卡，并填写实际结算金额、用途、持卡人身份证件号码、单位名称和编号。对于超过支付限额的，应向发卡行索权并填写授权号码，交持卡人签名确认，同时核对其签名与卡片背面签名是否一致。审核无误后，由持卡人在签购单上签名确认，并将信用卡、身份证件和第一联签购单还给持卡人。

每日营业终了时，特约单位应将当日受理的信用卡签购单汇总，并按规定比率计算出应交给银行的手续费，在交易总额中扣除手续费后得出净额。然后将总额、银行手续费、净额、签购单张数、结算日期等记入汇计单。最后将汇计单(见图 10－14)、签购单(见图 10－15)、进账单一并送交收单银行办理进账。

2. 款项清算的账务处理

信用卡资金的清算分为以下几种情况：

××银行	
××卡	日期
汇计单	签购单总份___数
特约单位名称、代号	
	总计金额（¥ ）
	手续费（¥ ）%
	净计金额（¥ ）
编号	

图 10—14　汇计单

持卡人姓名及账户		编号：
证件：	持卡人签名：_____	××银行
授权号码：	日期：	××卡签购单
		人民币
特约单位名称、代号 经办人签章：	购物消费（小写）	
	事项（小写）	
银行签章：	总额（大写）	
	摘要	

图 10—15　签购单

(1)特约单位与持卡人在同一系统银行开户。会计分录为：

借：吸收存款——保证金存款——持卡人户

　　贷：吸收存款——特约单位户

　　　　手续费及佣金收入

(2)发卡行是异地跨系统银行。在发卡行是异地某家跨系统银行的情况下，特约单位开户银行(收单银行)可通过同城票据交换或中国人民银行大额/小额支付系统办理款项的收账手续。会计分录为：

借：跨行清算资金往来——同城票据清算(或大额支付/小额支付)

　　贷：吸收存款——特约单位户

　　　　手续费及佣金收入

发卡行收到借记通知后，从持卡人账户划出资金，会计分录为：

借：吸收存款——保证金存款——持卡人户

　　贷：跨行清算资金往来——同城票据清算(或大额支付/小额支付)

(三)信用卡存取现金的核算手续

1. 持卡人存入现金

持卡人在本系统银行存入现金时，会计分录为：

借：库存现金

　　贷：吸收存款——保证金存款——持卡人户

2. 持卡人凭卡支取现金

代理银行需要认真审核取款人的身份证件及信用卡的真伪、有效期等信息，并填制取现单。不同情况下的会计分录与存入现金时相反。如需收取手续费，则在“手续费及佣金收入”账户核算。

本章小结

本章系统地学习了国内主要支付结算业务的概念、相关法律特征及其核算。支付结算是货币给付的主要形式，是商业银行代客户清偿债权债务、收付款项的存款衍生业务。国内支付结算业务实行集中统一和分级管理相结合的管理体制，应当遵循“恪守信用，履约付款”“谁的钱进谁的账，由谁支配”“银行不垫款”的支付结算原则。

票据结算业务是国内支付结算业务的重要组成部分，我国常用的结算票据包括汇票、本票和支票。汇票常见的两种形式为银行汇票和商业汇票。银行汇票是由银行签发，由其在见票时无条件支付给持票人确定金额的票据；商业汇票是出票人签发的，由委托付款人在指定付款日无条件支付确定金额给持票人的票据，根据承兑人的不同，商业汇票又分为商业承兑汇票和银行承兑汇票。银行本票是银行签发的，承诺自己在见票时无条件支付确定金额给持票人的票据。支票则是由出票人签发的、委托办理支票存款业务的银行或其他金融机构在见票时无条件支付确定金额给持票人的票据。汇票、本票和支票和核算构成了我国票据结算业务核算的主体。

除上述票据结算业务之外，结算业务还包括汇兑、托收承付和委托收款等不使用票据的款项收付程序和方法。汇兑结算是汇款人委托银行将款项汇给收款人的方式，主要用于单位和个人的各种款项的结算；托收承付是指收款人根据购销合同发货后，委托银行向异地付款人收取款项，并由付款人向银行承认付款的结算方式；委托收款是收款人向银行提供收款依据，委托银行向收款人收取款项的结算方式。除此之外支付结算业务还包括信用卡结算等。

本章关键术语

支付结算；银行汇票；商业汇票；银行本票；支票；托收承付；信用证

本章思考题

1. 什么是支票？使用支票办理结算的处理手段有哪几种情况？分别怎样处理？
2. 什么是银行汇票？银行汇票的处理分哪几个阶段？各阶段的账务处理方法是什么？
3. 托收承付结算方式的使用为何要限定条件？
4. 委托收款和托收承付结算方式的异同点是什么？

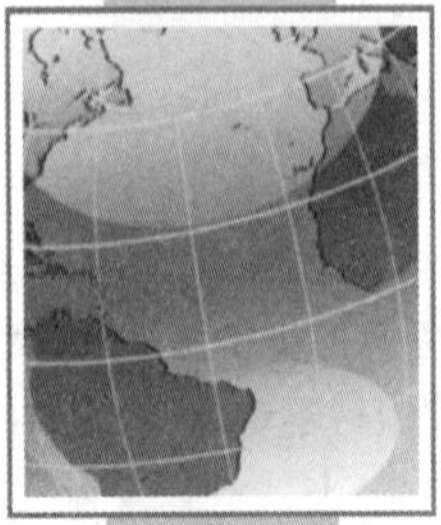

第十一章 外汇业务核算

学习目标

1. 掌握外汇业务核算的基本方法与特点
2. 掌握外汇买卖业务的基本会计核算原理
3. 掌握外汇存贷款业务的基本会计核算原理
4. 掌握国际结算业务的基本会计核算原理

本章预习

外汇是指以外国货币表示的用于国际结算的支付手段。外汇业务是指由金融机构经办的涉及外汇收支的业务。我国对外汇实行严格管制,各金融机构必须根据国家的金融法规、政策和有关外汇管理的具体规定经营外汇业务。与人民币业务相比,外汇业务具有一定的特殊性,因此,外汇业务的会计核算也具有一定的特殊性。随着经济一体化和金融全球化的进程加快,我国金融机构尤其是银行的外汇业务日渐增多,外汇业务的核算已经成为经营外汇业务银行会计核算不可缺少的一部分。

第一节 外汇业务概述

一、外汇业务的意义

外汇是国际汇兑(foreign exchange)的简称,有动态外汇和静态外汇两种含义。本章所指的外汇是静态外汇,是指以外国货币表示的可以用于国际清偿和国际结算的支付手段和资产。根据《中华人民共和国外汇管理条例》的规定,外汇包括外国货币(简称外币)、外币有价证券、外币支付凭证、特殊债权及其他外汇资金等。目前,我国对外汇实行统一政策、集中管理的方针。国家设立国家外汇管理局(简称外汇局),负责颁布外汇管理法规,管理外汇的收入与支出,公布外汇市场价格。国务院授权中国人民银行管理国家外汇业务。经中国人民银行核准,各金融机构可以在核准经营的范围内开展外汇业务。

专栏 11-1　　金融机构经营外汇业务的有关规定

(1)金融机构经营外汇业务须经外汇管理机关批准,领取“经营外汇业务许可证”。未经外汇管理机关批准,任何单位和个人不得经营外汇业务。经批准经营外汇业务的金融机构,所经营的外汇业务不得超出批准的范围。

(2)经营外汇业务的金融机构应当按照国家有关规定为客户开立外汇账户,办理有关外汇业务。

(3)金融机构经营外汇业务,应当按照国家有关规定交存外汇存款准备金,遵守外汇资产负债比例管理的规定，并建立呆账准备金。

(4)外汇指定银行办理结汇业务所需的人民币资金，应当使用自有资金。外汇指定银行的结算周转外汇，实行比例幅度管理，具体幅度由中国人民银行根据实际情况核定。

(5)金融机构经营外汇业务，应当接受外汇管理机关的检查、监督。经营外汇业务的金融机构应当向外汇管理机关报送外汇资产负债表、损益表及其他财务会计报表资料。

(6)金融机构终止经营外汇业务，应当向外汇管理机关提出申请。金融机构经批准终止经营外汇业务的，应当依法进行外汇债权、债务的清算，并缴销“经营外汇业务许可证”。

外汇业务作为金融机构尤其是银行业务的重要组成部分，是国家开展对外政治、经济联系的重要手段。外汇业务的开展有利于扩大国际交往，促进国际贸易的发展；有利于引进外资和先进的技术设备；有利于与国际金融业务接轨，参与国际金融市场竞争等。同时还可以扩大金融机构的业务范围和客户服务面，促进金融机构参与“一带一路”国家战略和“走出去”战略的实施。

国际合作与交往的深化，尤其是在当今世界经济一体化、金融自由化浪潮席卷全球的背景下，作为货币结算工具，商业银行的外汇业务日益增多，外汇业务的会计核算也已经成为整个商业银行核算体系中的重要组成部分。

二、外汇业务的主要内容

目前，我国金融机构主要从事的外汇业务包括：外币存贷款及经中国人民银行批准的与外汇业务有关的人民币存贷款；对外贸易和非贸易的国际结算；华侨汇款和其他国际汇兑；国际银行间的存贷款；外汇买卖；国际黄金买卖；组织或参加国际银团贷款；根据国家授权，发行对外债券和其他有价证券；在外国和中国港澳等地区投资或合资经营银行、财务公司或其他企业；国家许可和委托办理的其他外汇等。

自20世纪90年代以来，随着我国外汇管理的改革和深化，尤其是在2005年人民币汇率体制改革、2009年跨境贸易人民币结算试点改革后，外汇业务和外汇产品逐渐丰富，外汇业务所延展和连带的客户基础、市场影响越来越深化，外汇业务的竞争力对金融机构尤其是银行的经营管理具有举足轻重的地位。做好外汇业务会计核算工作，能够及时、准确、全面地跟踪外汇动态，掌控我国对外贸易的发展，从而更好地管理、运用外币资金，制定科学合理的外汇政策，为我国经济发展的规划提供第一手资料。

三、外汇业务核算原理

银行外汇业务的会计核算应遵循《企业会计准则第19号——外币折算》(简称《外币折算准则》)中的规定。《外币折算准则》着重解决了记账本位币的确定、外汇交易的内容及分类和外币折算的会计处理等主要问题。

(一)记账本位币的确定

记账本位币是指银行经营所处的主要经济环境中使用的货币。在我国，银行一般以人民币作为记账本位币，但也允许业务收支以人民币以外的货币为主的银行选择其中一种货币作为记账本位币。但是，该银行编制的财务会计报告应当折算为人民币。银行选择的记账本位币一经确定，不得改变，除非经营所处的与确定记账本位币相关的主要经济环境发生了重大变化。

记账本位币以外的货币称为外币。相对于人民币,外汇业务虽然使用外币进行交易,但其会计信息的确认、计量和披露采用记账本位币。外币核算的核心问题是不同币种之间的会计确认、计量与披露如何保持一致。

(二)外汇交易的内容及分类

外汇交易是以外币计价或者结算的交易,主要内容包括:①买入或者卖出的以外币计价的商品和服务。商品可以是有实物形态的固定资产等,也可以是无实物形态的无形资产、债权或股权等。②借入或者借出的外币资金。这里包括客户向银行借款、银行向中央银行及同业借款、发行以外币计价或结算的债券等。③其他以外币计价或者结算的交易,如接受外币现金捐赠等。

外汇交易可分为货币性项目和非货币性项目。货币性项目是银行持有的货币和将以固定或可确定金额的货币收取的资产或者偿付的负债。货币性项目分为货币性资产和货币性负债。货币性资产包括库存现金、银行存款、应收账款、应收票据、准备持有至到期的债券投资等;货币性负债包括应付账款、其他应付款、短期借款、应付债券、长期借款、长期应付款等。非货币性项目是货币性项目以外的项目,如长期股权投资、交易性金融资产(股票、基金)、固定资产、无形资产等。

(三)外币折算的会计处理

外币折算是指将外汇或外币财务报表折算为以记账本位币反映的过程。外汇折算的会计处理主要涉及两个环节:一是在交易发生日对外汇交易进行初始确认,将外币金额折算为记账本位币金额;二是在资产负债表日对相关项目进行折算,因汇率变动产生的差额应计入当期损益。

银行对于发生的外汇交易,应当在初始确认时,采用交易发生日即期汇率将外币金额折算为记账本位币金额,或者采用与交易发生日即期汇率近似的汇率折算。

在资产负债表日,须对外币货币性项目(货币资金、债券、应付账款等)和外币非货币性项目(股权、长期预付款等)进行不同的处理。对于外币货币性项目,采用资产负债表日即期汇率折算。因资产负债表即期汇率与初始确认或者前一资产负债表日即期汇率不同而产生的汇兑差额,计入当期损益,同时调增或调减外币货币性项目的记账本位币金额。而以历史成本计量的外币非货币性项目,已在交易日按当日即期汇率折算的,资产负债表日不改变其记账本位币金额。

四、外汇业务记账方法

在我国,外汇业务涉及人民币和多种外币,为了记录和反映人民币资金及外币资金的收付,使人民币和外币之间、外币和外币之间的核算更为合理科学,必须采用专门的记账方法,即外汇分账制和外汇统账制。虽然在《企业会计准则第 19 号——外币折算》中没有提及外汇分账制记账方法,但在《企业会计准则——应用指南》中有明确说明。对于使用外币交易频繁、外币币种较多的金融企业,也可以采用外汇分账制记账方法进行日常核算。

(一)外汇分账制

外汇分账制又称原币记账法或多种货币制,是经营外汇业务的银行对外币与记账本位币实行分账核算的一种记账方法,也就是直接以各种原币为记账单位,而不折算为记账本位币进行记账的方法。

1. 外汇分账制的内容

采用外汇分账制记账方法的银行，应按业务发生时的各种原币填制凭证、登记账簿、编制会计报表。银行发生的结售汇、外汇买卖，以及各种货币之间的兑换及账务间的联系均计入“货币兑换”科目，并按业务发生时的汇率记账。在资产负债表日，银行应将以原币编制的财务会计报表折算为记账本位币。其中，货币性项目按资产负债表日即期汇率折算，非货币性项目按交易发生日即期汇率折算，产生的汇兑差额计入当期损益。

2. 外汇分账制的处理方法

按照《企业会计准则——应用指南》的要求，对外汇交易业务可以采取两种方法核算。

(1)所有外汇交易均通过“货币兑换”科目处理

①银行发生的外汇交易同时涉及货币性项目和非货币性项目的，按相同外汇金额同时记入货币性项目和“货币兑换(外币)”科目。同时，以交易发生日即期汇率折算为记账本位币的金额，记入非货币性项目和“货币兑换(记账本位币)”科目。

②如果银行发生的外汇交易仅涉及记账本位币外一种货币的货币性项目，则按照相同币种金额入账，不需要通过“货币兑换”科目核算。如果涉及两种以上(含两种)的货币，则按相同币种金额记入相应货币性项目和“货币兑换(外币)”科目。

③期末，应将所有以记账本位币以外的货币反映的“货币兑换”科目余额，按期末汇率折算为记账本位币金额，并与“货币兑换(记账本位币)”科目余额相比较，其差额转入“汇兑损益”科目。如果为借方差额，借记“汇兑损益”科目，贷记“货币兑换(记账本位币)”科目；如果为贷方差额，借记“货币兑换(记账本位币)”科目，贷记“汇兑损益”科目。

(2)外汇交易的日常核算不通过“货币兑换”科目处理

若外汇交易的日常核算不通过“货币兑换”科目处理，则仅在资产负债表日结转汇兑损益时，通过“货币兑换”科目直接以发生的币种进行账务处理。期末，由于所有账户均需折算为记账本位币列报，因此所有以外币反映的账户余额均须折算为记账本位币余额。其中，货币性项目以资产负债表日即期汇率折算，非货币性项目以交易发生日即期汇率折算。折算后，所有账户的借方余额之和与所有账户的贷方余额之和的差额就是当期汇兑差额，计入当期损益。

(二)外汇统账制

外汇统账制又称本位币记账法或本位币统账制，是经营外汇业务的银行将外汇的买卖、收付等都折合成记账本位币，统一用记账本位币进行核算的一种方法。

采用外汇统账制进行核算的银行，应区分记账本位币和各种外币来进行明细核算。银行发生外汇业务时，应将有关外币金额折算为记账本位币金额记账，并登记外币金额和折算率。除另有规定外，所有与外汇业务有关的账户均应采用业务发生时的汇率或业务发生当期的期初汇率折算。所有外币账户金额的增减，一律按外汇牌价折算为记账本位币金额记账，即采用变动汇率的，按业务发生时的外汇牌价(通常采用中间价)作为折算率；采用固定汇率的，按业务发生当期的期初汇率作为折算率。

在资产负债表日，银行应将外币账户的外币余额按照期末外汇牌价折算为记账本位币，作为外币账户的期末本位币余额。调整后的各外币账户的本位币余额与原账面余额的差额作为汇兑损益，计入当期损益。

五、外汇业务核算的特点

由于外汇业务涉及不同国家的货币及其兑换，在金融管理和业务标准方面受国际法规和国际惯例的约束，对信息系统和经营管理机制要求较高。同时，又因为外汇业务风险较大，并且需要众多的海外机构和国外代理行的支持，因此，外汇业务的特点直接影响外汇业务的会计核算，使其会计核算具有一定的特殊性。

(一)账务记载实行外汇分账制

经营外汇业务的银行在办理外汇业务及国际结算中，存在大量外币资金之间及人民币与外币资金间的收付。本、外币的货币名称及货币单位各不相同，单位货币价值及实际购买力水平也都不一致。因此，为了有效记录和反映本、外币资金间的收付，核算和监督各种不同币种的收、支、存情况，经营外汇业务的银行对外汇业务应采用专门的记账方法——外汇分账制。

外汇分账制是建立在复式记账原理及借贷记账法基础上的一种特殊记账方法，可以全面、完整、系统、真实地记载和反映各种外币资金的增减变化、余额及汇率变化，清晰反映经营外汇业务的银行资产、负债及损益情况，正确计算经营结果，便于国家及时掌握各种外币的价值和余缺，满足国家对外币资金管理的要求。相对而言，外汇统账制的记账手续较简单，不能反映各种外币资金的增减变动及结存情况，不利于外币资金的调拨运用管理。因此，目前我国银行对外汇业务的核算基本上都采用外汇分账制记账方法。

(二)设置特定会计科目

1.“货币兑换”科目

“货币兑换”科目是为了实现外汇分账制而设立的一个特定科目。依据复式记账原理，为了保持账务的平衡，凡因外汇业务活动而发生的涉及两种或两种以上货币相互兑换的，必须通过“货币兑换”科目进行核算与管理，在记账本位币账户和有关外币账户上同时等值反映，既使记账本位币账户和有关外币账户符合复式借贷原理、实现各自的平衡，又使外币资金活动与记账本位币资金运用情况紧密地联系起来。在银行外汇业务的会计核算中，“货币兑换”科目的使用非常频繁，能否准确运用“货币兑换”科目进行外汇业务的会计核算，直接影响银行资产负债的真实性、银行间的资金清算和账务往来，以及对外汇风险的识别、判断、分析和监控。

2. 对转科目

银行的外汇业务(尤其是国际结算业务)是一项中间业务。在发生业务时，银行对外并无实际的资金收付行为，但往往在该业务约定后，银行在取得一定债权的同时，也承担了一定的保证责任，而且每一笔业务都关联着国内外客户，反映着多重关系。因此，为了全面反映银行的业务活动情况，加强业务管理与监督，除使用一般通用的会计科目反映具体业务外，还必须设置用以反映业务潜在权责关系的科目，即对转科目。对转科目的特点是具有固定对应关系，即一借一贷、相互对应、同增同减、同生同灭、余额相等、方向相反。当然，虽然这类科目不足以反映实际资产、负债的增减变动情况，但便于银行据以考核应收、应付外币资金，对有效地筹集、运用外币资金提供了有益的计划数据，充分发挥了会计在银行经营管理中的能动作用。

(三)联行、代理行账务往来关系复杂

外汇业务的会计核算。在办理贸易和非贸易业务的国际结算中，既有各种外币资金结算，又有人民币资金结算；既有国内联行、同业和其他金融机构的资金结算，又有海外联行、国外代理行的资金结算。结算的货币种类不一，汇率时有变化，特别是在国际结算中，外汇业务的会计核算必须严格遵照有关协议、协定中规定的结算方式和账务处理细则进行处理。此外，在对海外联行、国外代理行进行账务处理时，不仅要遵循国际惯例，还必须遵照所在国(或地区)有关银行法规的规定，从而导致账务处理多样化、核算内容复杂化，账务关系盘根错节。

(四)按国际惯例结算

受外汇业务的影响，外汇业务的会计核算必须遵循国际惯例，如与国外代理行、海外联行往来时要遵守国际银行间往来的有关规定；办理信用证、托收、汇款等国际结算业务时，要受到来自国际商会的《跟单信用证统一惯例》(UCP 600)、《跟单信用证项下银行间偿付统一规则》(URR 725)、《托收统一规则》(URC 522)、《合同担保统一规则》(URCG 325)、《见索即付保函统一规则》(URDG 758)、《2010 年国际贸易术语解释通则》等国际惯例、通则的制约。外汇业务的会计核算只有按照国际惯例办事，才能保证业务正常进行，从而树立我国银行的国际信誉和形象。

第二节　外汇买卖业务的核算

我国现行的外汇管理体制规定，银行对各单位的外汇收入和外汇支出业务实行结汇、售汇制，即除按规定可以保留的外汇外，各单位的外汇收入应卖给外汇指定银行；按规定需要对外支付外汇时，应向外汇指定银行购汇。由此，外汇指定银行办理的外汇业务就需要进行外汇买卖。外汇买卖又称外汇兑换，是指在银行日常业务中，由于使用货币种类的不同，需要把一种货币兑换成另一种货币。这种按一定汇价买入一种货币或卖出一种货币的业务，称为外汇买卖。

专栏 11-2　　经常项目外汇的有关管理规定

(1)境内机构的经常项目外汇收入必须调回境内，不得违反国家有关规定将外汇擅自存放在境外。

(2)境内机构的经常项目外汇收入，应当按照国务院关于结汇、售汇及付汇管理的规定卖给外汇指定银行，或者经批准在外汇指定银行开立外汇账户。

(3)境内机构的经常项目用汇，应当按照国务院关于结汇、售汇及付汇管理的规定，持有效凭证和商业单据向外汇指定银行购汇支付。

(4)属于个人所有的外汇，可以自行持有，也可以存入银行或者卖给外汇指定银行。

(5)个人因私用汇，应在规定限额以内购汇。超过规定限额的个人因私用汇，应当向外汇管理机关提出申请，外汇管理机关认为其申请属实的，可以购汇。

(6)居住在境内的中国公民持有的外币支付凭证、外币有价证券等形式的外汇资产，未经外汇管理机关批准，不得携带或者邮寄出境。

(7)驻华机构和来华人员的合法人民币收入，需要汇出境外的，可以持有关证明材料和凭证到外汇指定银行兑付。

(8)驻华机构和来华人员由境外汇入或者携带入境的外汇，可以自行保存，可以存入银行或者卖给外汇指定银行，也可以持有效凭证汇出或者携带出境。

专栏 11-3　　资本项目外汇的有关管理规定

(1)境内机构的资本项目外汇收入，除国务院另有规定外，应当调回境内。

(2)境内机构的资本项目外汇收入，应当按照国家有关规定在外汇指定银行开立外汇账户；卖给外汇指定银行的，须经外汇管理机关批准。

(3)境内机构向境外投资，在向审批主管部门申请前，由外汇管理机关审查其外汇资金来源。经批准后，按照国务院关于境外投资外汇管理的规定办理有关资金汇出手续。

(4)借用国外贷款，由国务院确定的政府部门、国务院外汇管理部门批准的金融机构和企业按照国家有关规定办理。

(5)金融机构在境外发行外币债券，须经国务院外汇管理部门批准，并按照国家有关规定办理。

(6)提供对外担保，只能由符合国家规定条件的金融机构和企业办理，并须经外汇管理机关批准。

(7)国家对外债实行登记制度。

(8)依法终止的外商投资企业，按照国家有关规定进行清算、纳税后，属于外方投资者所有的人民币，可以向外汇指定银行购汇汇出或者携带出境；属于中方投资者所有的外汇，应当全部卖给外汇指定银行。

一、外汇买卖业务的内容

银行的外汇买卖业务主要包括自营外汇买卖、代客外汇买卖，以及临柜业务中的结汇和售汇(简称结售汇)等。自营外汇买卖是指银行根据国家外汇管理规定及自身外币资金头寸情况和保值、增值的需要，以自身的外币资金，通过国内外银行进行外币头寸的转换，以期赚取差价利润的业务。该项业务一般集中在总行办理。代客外汇买卖是指银行接受客户委托，代其在国际金融市场上或通过我国外汇交易中心进行的外币或人民币买卖交易。目前，银行对个人客户提供外汇实盘买卖业务，对企业客户提供即期外汇买卖、远期外汇买卖、择期外汇买卖、掉期外汇买卖、外汇期权、利率期权、利率互换、货币互换等业务，已形成一套兼有兑换、保值、投资和综合债务风险管理功能的代客外汇买卖业务体系。临柜业务主要表现为结汇、售汇、结售汇项下外汇与人民币平盘交易、外币兑换和套汇等形式。

(一)结汇

我国对经常项目下的外汇收入实行结汇制。国内企事业单位、机关、社会团体和居民个人按国家外汇管理政策的规定，将各类外汇收入按银行挂牌汇率结售给银行；银行购入外汇，支付人民币。结汇有强制结汇、意愿结汇和限额结汇等多种形式。目前，我国对国内企事业单位、机关和社会团体主要实行的是强制结汇制，部分企业客户经批准实行限额结汇制，对国内居民个人实行意愿结汇制，严禁逃汇行为的发生。

专栏 11－4　　逃汇行为及应承担的法律责任

(1)违反国家规定，擅自将外汇存放在境外的；

(2)不按照国家规定将外汇卖给外汇指定银行的；

(3)违反国家规定将外汇汇出或者携带出境的；

(4)未经外汇管理机关批准，擅自将外币存款凭证、外币有价证券携带或者邮寄出境的；

(5)其他逃汇行为。

有以上逃汇行为之一的，由外汇管理机关责令限期调回外汇，强制收兑，并处逃汇金额百分之三十以上、五倍以下的罚款；构成犯罪的，依法追究刑事责任。

（二）售汇

国内企事业单位、机关、社会团体和居民个人经常项目下的正常用汇，可以持有效凭证，用人民币到银行办理兑付。

（三）结售汇项下外汇与人民币平盘交易

结售汇项下的外汇与人民币平盘交易是指银行为平盘结售汇敞口而进行的外汇与人民币交易。按照我国现行外汇管理政策，国家对银行的结算周转外汇实行比例幅度管理，各银行结算周转外汇的比例幅度由中国人民银行根据其资产和外汇结算业务量核定。各银行持有超过其高限比例幅度的结算周转外汇时，必须出售给其他银行或中国人民银行；持有的结算周转外汇降低到低限比例幅度以下时，应及时从其他银行或中国人民银行购入补足。

（四）外币兑换

外币兑换是指银行从客户手中买入外汇、支付人民币，或者收进人民币、兑出外汇的交易。

（五）套汇

由于不同币种间没有直接的汇价，或者当客户拥有的某种外币与其支付所需的币种不一致时，可以要求银行套算兑换。按照外汇买卖对象的不同，套汇可分为两种外币之间的套汇，以及现钞与现汇之间的套汇两种。这里的套汇不同于国际金融市场上的套汇，后者是利用不同市场、不同货币和不同汇率进行投机，通过贱买贵卖以谋取利益或规避汇率风险的行为。

专栏 11－5　　非法套汇行为及应承担的法律责任

（1）违反国家规定，以人民币支付或者以实物偿付应当以外汇支付的进口货款或者其他类似支出的；

（2）用人民币为他人支付在境内的费用，而由对方支付外汇的；

（3）未经外汇管理机关批准，境外投资者以人民币或者境内所购物资在境内进行投资的；

（4）以虚假或者无效的凭证、合同、单据等向外汇指定银行骗购外汇的；

（5）非法套汇的其他行为。

有以上非法套汇行为之一的，由外汇管理机关给予警告，强制收兑，并处非法套汇金额百分之三十以上、三倍以下的罚款；构成犯罪的，依法追究刑事责任。

二、外汇汇率

外汇汇率是用一种货币单位表示另一种货币单位的价格。一般来说，政府制定和公布的汇率称为法定汇率或者外汇牌价，外汇市场上形成的汇率叫外汇行市或外汇行情。

外汇汇率的划分标准有多种。从国际货币制度的演变角度，可分为固定汇率、浮动汇率和联合浮动汇率；按制定汇率的不同方法，可分为基本汇率和套算汇率；从银行买卖外汇的角度，可分为买入汇率、卖出汇率、中间汇率和现钞汇率；按外汇交易的不同交割期限，可分为即期汇率和远期汇率；按对外汇管理的不同程度，可分为官方汇率和市场汇率。

外汇汇率有两种标价方法，即直接标价法和间接标价法。直接标价法又称应付标价法，是以一定单位的外国货币为标准，折算为一定数额的本国货币。间接标价法又称应收标价法，是以一定单位的本国货币为标准，折算为一定数额的外国货币。

我国的外汇汇率采用直接标价法。表 11－1 为中国银行（简称“中行”）2022 年 1 月 14 日的人民币即期外汇牌价。

表 11—1　中国银行人民币即期外汇牌价

（2020 年 12 月 19 日）　单位:元

币种	现汇买入价	现钞买入价	现汇卖出价	现钞卖出价	中行折算价	发布时间
英镑(GBP)	869.21	842.20	875.61	879.48	872.95	2022—01—14
港币(HKD)	81.51	80.86	81.83	81.83	81.76	2022—01—14
美元(USD)	634.70	629.54	637.39	637.39	636.77	2022—01—14
瑞士法郎(CHF)	695.66	674.19	700.54	703.55	698.81	2022—01—14
新加坡元(SGD)	470.86	456.33	474.16	476.53	472.87	2022—01—14
瑞典克朗(SEK)	70.95	68.75	71.51	71.86	71.29	2022—01—14
丹麦克朗(DKK)	97.59	94.58	98.37	98.84	98.02	2022—01—14
挪威克朗(NOK)	72.78	70.53	73.36	73.71	73.13	2022—01—14
日元(JPY)	5.57	5.40	5.61	5.62	5.58	2022—01—14
加拿大元(CAD)	506.32	490.34	510.06	512.31	508.92	2022—01—14
澳大利亚元(AUD)	460.59	446.28	463.98	466.04	463.46	2022—01—14
欧元(EUR)	726.80	704.22	732.16	734.51	729.32	2022—01—14
卢布(RUB)	8.30	7.79	8.36	8.68	8.33	2022—01—14
澳门元(MOP)	79.23	76.57	79.54	82.19	79.30	2022—01—14
泰国铢(THB)	19.09	18.50	19.25	19.86	19.16	2022—01—14
新西兰元(NZD)	434.22	420.83	437.28	443.29	436.95	2022—01—14
南非兰特(ZAR)	41.03	37.88	41.31	44.53	41.30	2022—01—14
韩元(KRW)	0.53	0.51	0.54	0.56	0.54	2022—01—14

三、外汇买卖业务的科目设置

如前所述,银行在进行外汇业务会计核算时,主要使用“货币兑换”科目,它是联系外币账户和人民币账户的桥梁和纽带。除此之外,外汇买卖业务还需要通过“汇兑损益”科目进行核算。

(一)“货币兑换”科目

1.“货币兑换”科目的性质

“货币兑换”科目属于资产负债共同类科目,为一级科目,主要用于核算银行发生的外汇买卖及兑换业务。当银行买入外汇时,借记有关科目(外币),贷记“货币兑换”科目(外币);银行卖出相应人民币时,借记“货币兑换”科目(人民币),贷记有关科目(人民币)。当银行卖出外汇时,借记有关科目(人民币),贷记“货币兑换”科目(人民币)。在填制会计凭证、编制会计分录、记载账务时,“货币兑换”科目下的外币账户和人民币账户明细均应完整地加以反映。

在资产负债表日,各分账货币账户余额都要按期末汇率折算为人民币,与人民币账户的“货币兑换”科目余额相比较,计算汇兑损益,结转利润科目。发生汇兑收益时,借记“货币兑换”科目(人民币),贷记“汇兑损益”;发生汇兑亏损时,借记“汇兑损益”,贷记“货币兑换”科目(人民币)。

2.“货币兑换”科目凭证的使用

“货币兑换”科目凭证分为“货币兑换”科目借方凭证和“货币兑换”科目贷方凭证两种，凭证均为多联套写。其中，主要的两联凭证是“货币兑换”科目外币联和“货币兑换”科目人民币联。凭证的内容主要包括客户名称、货币名称、人民币与外币金额、外汇牌价、款项和业务内容、日期等。由于“货币兑换”科目的凭证是多联套写凭证，“货币兑换”科目外币联与“货币兑换”科目人民币联内容相同，所以记账时凭“货币兑换”科目外币联凭证记账，即在结汇时，银行使用“货币兑换”科目贷方凭证；售汇时，使用“货币兑换”科目借方凭证。

3.“货币兑换”科目账簿的设置

“货币兑换”科目设置总账和分户账两类账簿。“货币兑换”科目的分户账是一种特定格式的账簿，它把人民币和外币金额记在同一账页上，账簿格式由买入、卖出、结余 3 栏组成，买入、卖出栏内又由外币、汇价和人民币 3 栏组成。在买入栏，外币为贷方，人民币为借方；在卖出栏，外币为借方，人民币为贷方；在结余栏，设借/贷外币、借/贷人民币两栏。“货币兑换”科目的格式如表 11－2 所示。

表 11－2　　　　　　　　　　　　**×银行“货币兑换”科目账**

货币：　　　　　　　　　　账户：

<table>
<tr><td colspan="2" rowspan="3">企</td><td rowspan="3">摘要</td><td colspan="3">买　入</td><td colspan="3">卖　出</td><td colspan="4">结　余</td></tr>
<tr><td rowspan="2">外币（贷）</td><td rowspan="2">汇价</td><td rowspan="2">人民币（借）</td><td rowspan="2">外币（借）</td><td rowspan="2">汇价</td><td rowspan="2">人民币（贷）</td><td colspan="2">外　币</td><td colspan="2">人民币</td></tr>
<tr><td>借</td><td>贷</td><td>借</td><td>贷</td></tr>
<tr><td>月</td><td>日</td><td></td><td></td><td></td><td></td><td></td><td></td><td></td><td></td><td></td><td></td><td></td></tr>
<tr><td></td><td></td><td></td><td></td><td></td><td></td><td></td><td></td><td></td><td></td><td></td><td></td><td></td></tr>
</table>

买入外币（贷）×汇价＝人民币借方

卖出外币（借）×汇价＝人民币贷方

如果买入外币数大于卖出外币数，则外币结余以买入外币（贷）项数减去卖出外币（借）项数，余额为外币贷方结余数。在人民币栏，则以买入人民币（借）项数减去卖出人民币（贷）项数，余额为人民币借方结余数。结余数用外币与人民币同时反映。记账时凭“货币兑换”科目外币联凭证记账。

“货币兑换”科目总账用一般总账格式，按各币种分别设置。营业终了时，根据各货币的“货币兑换”科目日结单借、贷方发生额填记，然后根据上日余额加或减本日发生额，分别计算出本日余额，记入余额栏。

“货币兑换”科目的余额能够反映银行外币资金头寸余缺状况。银行检查某一外币资金余缺，只需看“货币兑换”科目外币账户余额在哪一方：如果外币账户的余额在贷方，则表明该外币买入大于卖出，即为多头；如果外币账户的余额在借方，则表明该外币卖出大于买入，即为空头。银行对外币资金头寸的掌握，直接影响其对风险损失的规避。

（二）“汇兑损益”科目

“汇兑损益”科目用以核算银行外币货币性项目因汇率变动而形成的损益。该科目借方反映因汇率变动而产生的汇兑损失，贷方反映因汇率变动而产生的汇兑收益。

在资产负债表日，“货币兑换”各外币明细科目的期末余额应按照期末汇率折算为人民币。对按照期末汇率折算的人民币金额与“货币兑换”科目人民币账户余额之间的差额而言，如为贷方余额，则借记“货币兑换”科目(人民币)，贷记本科目；如为借方余额，则借记本科目，贷记“货币兑换”科目(人民币)。期末，应将本科目的余额转入“本年利润”科目，结转后，本科目应无余额。

四、外汇买卖业务的账务处理

“货币兑换”科目主要用于核算银行临柜业务经营的结售汇、外币兑换、套汇、自营外汇买卖、结售汇项下外汇或人民币平盘交易等外汇买卖业务。当银行发生上述外汇业务时，应根据当时的汇率和业务类型编制相应的会计分录并填制凭证。根据增值税相关规定，外汇买卖属于金融商品转让业务，以买卖价差作为计算增值税的销售额，一个纳税期内转让出现负差时不计算销项税额，可将该负差结转至下一纳税期与下期转让销售额相抵，但年末负差不得转入下一会计年度。接下来将着重介绍结售汇和套汇业务的会计核算。

(一)结售汇业务的核算

我国中资企业、机关和团体的外汇收入都要按照银行挂牌汇率卖给外汇指定银行。外汇指定银行应当建立独立的结汇、售汇会计科目，在结汇、售汇会计科目下，应当区分与客户之间的结售汇业务、自营结售汇业务、系统内结售汇头寸平盘及市场结售汇头寸平盘交易，分别核算。外汇指定银行应当建立结汇、售汇单证保留制度，并按照与客户之间的结汇、售汇业务和自营结汇、售汇业务将有关单据分别保存，保存期限不得少于5年。外汇指定银行办理与客户之间的结汇、售汇业务，审核规定的有效凭证和商业单据，按规定在相应的有效凭证和商业单据上签章后留存备查，并根据中国人民银行每日公布的人民币基准汇率和规定的浮动幅度、公布的挂牌人民币汇价，办理与客户之间的结汇和售汇业务。

1. 结汇业务核算

结汇业务是指银行买入外币业务。当买入外币时，外币金额记入“货币兑换”科目的贷方，与原币有关科目对转，相应的人民币金额记入该科目的借方，与人民币有关科目对转。买入外币(包括结汇及外币兑人民币业务)的会计分录为：

借：库存现金或有关科目(外币)
　　贷：货币兑换——汇(钞)买价(外币)
借：货币兑换——汇(钞)买价(人民币)
　　贷：吸收存款或有关科目(人民币)

【例11—1】 客户王刚持现钞2 500港元来行，要求兑换人民币。假设当时港币的钞买价是RMB90/HKD100。商业银行的会计分录为：

借：库存现金	HKD 2 500	
贷：货币兑换——钞买价		HKD 2 500
借：货币兑换——钞买价	RMB 2 250	
贷：库存现金		RMB 2 250

2. 售汇业务核算

售汇业务是指银行卖出外币业务。当卖出外币时，外币金额记入“货币兑换”科目的借方，与原币有关科目对转，相应的人民币金额记入该科目的贷方，与人民币有关科目对转。卖出外币(包括售汇及人民币兑外币业务)的会计分录为：

借：吸收存款或有关科目(人民币)
　　贷：货币兑换——汇卖价(人民币)

借：货币兑换——汇卖价(外币)

　　贷：汇出汇款或有关科目(外币)

【例 11－2】 丝绸公司经外汇管理局批准用汇，向银行兑换 20 000 美元汇往香港。假设当日美币汇卖价是 RMB712/USD100。会计分录为：

借：吸收存款——单位活期存款——丝绸公司户　　RMB 142 400

　　贷：货币兑换——汇卖价　　RMB 142 400

借：货币兑换——汇卖价　　USD 20 000

　　贷：汇出汇款或有关科目　　USD 20 000

(二)套汇业务的核算

由于我国银行没有挂出两种不同外币之间的直接比价，所以当两种外币进行兑换时，必须通过人民币进行折算。套汇有两种具体情况：一是两种外币之间的套算，即一种外币兑换为另一种外币必须通过人民币进行套汇，也就是先买入一种外币，按买入价折算为人民币数额，再卖出另一种外币，把人民币数额按卖出价折算为另一种外币。二是同种货币之间的套算，包括钞兑汇或汇兑钞。因为在汇率上，同一种外币的现钞价值和现汇价值有所差别，所以必须按套汇方法处理。

1. 两种外币之间的套算

两种外币之间套算的会计分录为：

借：吸收存款或有关科目(A 外币)

　　贷：货币兑换——汇(钞)买价(A 外币)

借：货币兑换——汇(钞)买价(人民币)

　　贷：货币兑换——汇卖价(人民币)

借：货币兑换——汇卖价(B 外币)

　　贷：汇出汇款或有关科目(B 外币)

【例 11－3】 某商业银行经过审核东昌电子公司所持外汇管理局批文，同意兑换相应外币给该公司。具体交易是：东昌电子公司汇给欧元区法国某设备公司进口设备款 10 000 欧元，从其美元存款账户支付美元，购买欧元对外付汇。假设当日美元汇买价为 RMB 730/USD 100；欧元汇卖价为 EUR1 064/RMB100，银行的会计分录为：

借：吸收存款——外汇活期存款——东昌电子公司户　　USD 14 575.34

　　贷：货币兑换——汇买价　　USD 14 575.34

借：货币兑换——汇买价　　RMB 106 400.00

　　贷：货币兑换——汇卖价　　RMB 106 400.00

借：货币兑换——汇卖价　　EUR 10 000.00

　　贷：汇出汇款　　EUR 10 000.00

2. 同种货币之间的套算

同种货币之间的套现的会计分录为：

借：库存现金(A 外币)

　　贷：货币兑换——钞买价(A 外币)

借：货币兑换——钞买价(人民币)

　　贷：货币兑换——汇卖价(人民币)

借：货币兑换——汇卖价(A 外币)

贷:汇出汇款或有关科目(A外币)

【例11－4】 某外商持有美元现钞USD1 000元,要求汇往境外某公司。即日的美元现钞买入价USD100＝RMB701.08,美元汇卖出价USD100＝RMB703.5。银行的会计分录为:

借:库存现金 USD 10 000.00

　　贷:货币兑换——钞买价 USD 10 000.00

借:货币兑换——钞买价 RMB 7 010.80

　　贷:货币兑换——汇卖价 RMB 7 010.80

借:货币兑换——汇卖价 USD 996.56

　　贷:汇出汇款 USD 996.56

(三)即期、远期结售汇业务的核算

即期结售汇业务是指以起息日(即交割日)为交易日后第二个工作日的外汇买卖。起息日或交割日就是外汇买卖合同的到期日,在该日买卖双方进行货币交付,完成交易。即期外汇买卖是外汇交易中最基本的交易,可以满足客户对不同货币的需求。即期结售汇业务的核算如上述结售汇业务。

远期结售汇业务是指银行与国内客户签订远期合同,约定将来办理结汇或售汇的外汇币种、金额、汇率和期限,到期时按照合同约定办理结汇或售汇的业务。我国企事业单位、国家机关、社会团体、部队等,包括外商投资企业,可以与银行协商签订远期结售汇合同。银行与上述国内客户签订的远期结售汇合同应包括远期结汇或售汇所依据的外汇收入的来源或外汇支出的用途,以及远期结汇或售汇的币种、金额、汇率和期限。

专栏11－6　国家外汇管理局就合作办理远期结售汇业务做出规定

为了提高金融机构为客户提供规避汇率风险服务的能力,国家外汇管理局于2010年12月28日根据《中华人民共和国外汇管理条例》等规定,就合作办理远期结售汇业务的有关问题发布了通知。

通知指出,合作办理远期结售汇业务,是指境内不具备经营远期结售汇业务资格的银行及其分支机构(简称合作银行)与具备经营远期结售汇业务资格的银行及其分支机构(简称具备资格银行)合作为客户办理远期结售汇相关业务。通知就合作银行与具备资格银行应具备的条件、合作银行申请合作办理远期结售汇业务的流程、对合作办理远期结售汇业务的考核、申请合作办理远期结售汇业务需提交的材料,以及合作银行与具备资格银行在合作办理远期结售汇业务时应遵守的规定等做出了具体要求。

即期结售汇业务与远期结售汇业务的主要区别是交割日不同。即期结售汇业务是当天交割,远期结售汇业务是在约定的未来某一天进行交割。因为两者交割的时间不同,因此进行交割时所使用的汇率也可能不同。由于远期结售汇业务的汇率是事先约定的,所以客户为达到货币保值的目的,可以办理此项业务,为将来一段时期的外汇收付提前固定换汇成本,防范汇率风险。

第三节 外汇存贷款业务的核算

一、外汇存款业务的核算

外汇存款是银行外汇信贷资金的主要来源之一，是银行以信用方式吸收的国内外单位和居民个人在经济活动中暂时闲置的并能自由兑换或在国际上获得偿付的外币资金存款。外汇存款是银行适应市场经济需要扩大贷款规模的重要保证，是各单位和居民个人间办理转账结算的前提。因此，在市场经济体制下，正确有序地组织外汇存款业务，不仅有利于充实外汇信贷资金来源，还有利于扩大我国外贸进出口业务，加强我国与世界各国及地区的经济合作与交流。银行为适应不同外汇需求者的需要，开办了单位外汇存款和个人外汇存款等性质不同的存款业务。

（一）单位外汇存款的核算

单位外汇存款也称甲种外汇存款。是指经国家外汇管理局核准开立外汇账户的企事业法人和其他经济组织，当需要将国内资金汇出国外、将国外资金汇入国内或办理其他存款和转账业务时，可持国家外汇管理局核准的《国家外汇管理局开立外汇账户批准书》等相关材料，到银行开立外账账户后办理存款及转账等结算业务。单位外汇存款业务按账户性质分为经常项目外汇账户和资本项目外汇账户。经常项目外汇账户是用于经常项目外汇收支或经国家外汇管理局批准的资本项目外汇支出的账户，资本项目外汇账户是用于资本项目外汇收支的账户，两者在账户管理上有所不同。外汇账户包括外币现汇账户和外币现钞账户。所有存款对象只能开立外币现汇账户，不得开立外币现钞账户。以现钞存入或支取外币现钞时，应按要求进行外汇买卖套汇处理。

根据存款期限的不同，单位外汇存款分为单位外汇活期存款和单位外汇定期存款。单位外汇活期存款是指在符合外汇管理规定的情况下，存款单位可以随时存取或按结息期结付利息的存款。单位外汇定期存款是银行与存款单位在存款时先约定期限、利率，一次存入，到期后支取本息的存款。单位外汇存款按存款金额的大小分为外币小额存款和外币大额存款。目前，外币小额存款是指存款金额在等值300万美元以下的存款，外币大额存款是指存款金额在等值300万美元以上（含300万美元）的存款。外币小额存款利率按中国人民银行公布的小额外汇存款利率执行，外币大额存款利率由银行和存款单位协议确定。

为便于单位外汇存款业务的会计核算，一般应设置“外汇活期存款”和“外汇定期存款”二级科目。“外汇活期存款”可按照币种、存款人分别设置“单位外汇活期存款”“外资企业活期存款”“驻华机构活期存款”等明细账户。

1. 存入的核算

（1）以外币现钞存入。单位外汇存款账户一般为现汇账户，存入时应按存入日的现钞买入价和同种货币现汇卖出价折算入账。会计分录为：

借：库存现金（外币）
　　贷：货币兑换——钞买价（外币）
借：货币兑换——钞买价（人民币）
　　贷：货币兑换——汇卖价（人民币）
借：货币兑换——汇卖价（外币）

贷:吸收存款——外汇活(定)期存款——××户(外币)

(2)直接以国外收汇或国内转汇存入。存款单位以汇入货币存入。会计分录为:

借:汇入汇款或有关科目(外币)

贷:吸收存款——外汇活(定)期存款——××户(外币)

若汇入货币与存款货币不同,则按当天两种外汇的汇价套汇入账。会计分录为:

借:汇入汇款或有关科目(汇入外币)

贷:货币兑换——汇买价(汇入外币)

借:货币兑换——汇买价(人民币)

贷:货币兑换——汇卖价(人民币)

借:货币兑换——汇卖价(存款外币)

贷:吸收存款——外汇活(定)期存款——××户(存款外币)

2. 支取的核算

(1)从现汇账户支取原币现钞。从现汇账户支取原币现钞时,经汇买价、汇卖价套汇后,支取原币现钞。会计分录为:

借:吸收存款——外汇活期存款——××户(A 外币)

贷:货币兑换——汇买价(A 外币)

借:货币兑换——汇买价(人民币)

贷:货币兑换——汇卖价(人民币)

借:货币兑换——汇卖价(A 外币)

贷:库存现金(A 外币)

(2)以原币汇往国外或国内异地。以原币汇往国外或国内异地时,直接办理,并按规定收费标准计收等值人民币手续费。手续费收入属于直接收费的金融服务所得,应将收取的手续费金额作为计算增值税的销售额,并乘以相应税率,确认增值税销项税额。会计分录为:

借:吸收存款——外汇活期存款——××户(外币)

贷:汇出汇款或有关科目(外币)

借:吸收存款——单位活期存款——××户(人民币)

贷:手续费及佣金收入——汇费收入户(人民币)

应交税费——应交增值税(销项税额)(人民币)

(3)以存款货币外的另一种货币支取或汇出国外。当支取或汇出国外货币与原存款货币不同时,须按汇买价、汇卖价套汇后办理。会计分录为:

借:吸收存款——外汇活期存款——××户(存款外币)

贷:货币兑换——汇买价(存款外币)

借:货币兑换——汇买价(人民币)

贷:货币兑换——汇卖价(人民币)

借:货币兑换——汇卖价(支取或汇出外币)

贷:汇出汇款或有关项目(支取或汇出外币)

(二)个人外汇存款的核算

个人外汇存款是指银行为吸收国内外自然人的外币资金而开办的一项外汇存款业务。2007 年 2 月 1 日起施行的《个人外汇管理办法》规定:境内个人是指持有中华人民共和国居民身份证、军人身份证件、武装警察身份证件的中国公民。境外个人是指持护照、港澳居民来往内地通行证、台湾居民来往大陆通行证的外国公民(包括无国籍人)以及港澳台同胞。目前,银行根据存款对象的不同,开办的个人外汇存款主要为乙种外汇存款和丙种外汇存款两种。乙种外汇存款的对象为居住在国外或港澳台地区的外国人、外籍华人华侨、港澳台同胞、短期来华旅游者,居住在中国境内的驻华使领馆外交官、驻华代表机构外籍人员、外国专家学者、外国海员、留学生等,以及按国家规定允许留存外汇的居住在国内的中国人。丙种外汇存款的对象为中国境内的居民,包括归侨、侨眷和港澳台同胞的亲属。

个人外汇存款业务按照存取方式分为外汇活期储蓄存款、外汇定期储蓄存款和个人通知存款。外汇活期储蓄存款及外汇定期储蓄存款一般有起存额要求,具体适用对象如表11—3所示。外汇活期储蓄存款每年计付一次利息,计息日为每年的6月30日;外汇定期储蓄存款的存期分1个月、3个月、6个月、一年和两年5种档次。个人通知存款的起存金额和最低支取金额为5万元人民币等值外汇。乙种外汇存款和丙种外汇存款的对象均能开立外币现汇账户和外币现钞账户。银行一般使用"个人外汇活期存款"和"个人外汇定期存款"二级科目核算乙种外汇存款和丙种外汇存款。

表11—3　　个人外汇存款的适用对象

服务对象	有效证件	开户起存金额
境内个人	中华人民共和国居民身份证、户口簿、军人身份证件、武装警察身份证件	活期存款20元人民币的等值外币,定期存款50元人民币的等值外币
港澳台同胞	港澳台居民来往内地通行证、台湾居民来往大陆通行证或其他有效旅行证件	活期存款100元人民币的等值外币,定期存款500元人民币的等值外币
外国人、外籍华人和华侨	护照	活期存款100元人民币的等值外币,定期存款500元人民币的等值外币

1. 存入的核算

(1)以外币现钞存入。存款人将外币现钞存入外币现钞账户。会计分录为:

借:库存现金(外币)

　　贷:吸收存款——个人外汇活(定)期存款——××户(外币)

(2)以国内外汇入的汇款或托收的外币票据收妥存入。存款人将国内外汇入的汇款或托收的外币票据收妥存入现汇账户。会计分录为:

借:存放国外同业或有关科目(外币)

　　贷:汇入汇款(外币)

借:汇入汇款(外币)

　　贷:吸收存款——个人外汇活(定)期存款——××户(外币)

2. 支取的核算

(1)从外汇活期储蓄存款账户支取外币现钞。存款人从外汇活期储蓄存款现钞账户或现汇账户中支取外币现钞。会计分录为:

借:吸收存款——个人外汇活期存款——××户(外币)

　　贷:库存现金(外币)

(2)从外汇定期储蓄存款账户支取外币现钞。存款人从外汇定期储蓄存款现钞账户或现汇账户中支取外币现钞时,须计算应付存款利息,办理转账。由于增值税是"以票控税",而利

息支出由于无法开具增值税专用发票,因此利息支出不能进行进项税抵扣。会计分录为:

借:吸收存款——个人外汇定期存款——××户(外币)
　应付利息(外币,已提取部分)
　利息支出——储蓄存款利息支出户(外币,当期未提取部分)
　　贷:库存现金(外币)

3. 汇出汇款的核算

办理现汇账户的汇出汇款时,应签发结算凭证,办理账务划转手续。若销户,同时计算外汇活期或定期储蓄存款利息。会计分录为:

借:吸收存款——个人外汇活(定)期存款——××户(外币)
　应付利息或利息支出(外币,销户时核算)
　　贷:汇出汇款(外币)

汇出行收到汇入行解付通知书后,应冲销"汇出汇款"科目卡片账。会计分录为:

借:汇出汇款(外币)
　　贷:存放国外同业或有关科目(外币)

同时,按规定收取等值人民币邮电费、汇款手续费。会计分录为:

借:库存现金(人民币)
　　贷:手续费及佣金收入——汇费收入户(人民币)
　　　应交税费——应交增值税(销项税额)(人民币)
　　　管理费用——邮电费(人民币)

【例 11-5】 客户王某持外汇管理部的批准证明,从其活期储蓄存款美元外汇账户支取 22 000 镑的等值美元,申请用信汇方式汇往伦敦牛津大学以英镑缴纳学费。客户按有关要求办妥汇款手续,交某银行审核无误后,按 1‰费率标准收取汇款手续费。办理汇出汇款当天美元现汇买入价为 USD100=RMB652.46,英镑现汇卖出价为 GBP100=RMB886.03。

会计分录为:

借:吸收存款——个人外汇活期存款——王某户	USD 29 875.64	
贷:货币兑换——汇买价		USD 29 875.64
借:货币兑换——汇买价	RMB 194 926.6	
贷:货币兑换——汇卖价		RMB 194 926.6
借:货币兑换——汇卖价	GBP 22 000	
贷:汇出汇款	GBP 22 000	
借:库存现金	RMB 194.93	
贷:手续费及佣金收入——汇费收入户(1‰)		RMB 183.9
应交税费——应交增值税(销项税额)		RMB 11.03

手续费及佣金收入销项税额=RMB 194.93÷(1+6%)×6%=RMB 11.03
不含增值税手续费及佣金收入=RMB 194.93-RMB 11.03=RMB 183.9

二、外汇贷款业务的核算

外汇贷款也称外汇放款,是银行对借款人自主提供的,以外币为计价单位、按双方约定的利率和期限还本付息的贷款。外汇贷款是银行外币资金的主要运用形式,是银行经营的一项重要资产业务,也是银行运用外币资金获取经济效益的重要手段。外汇贷款为借款人提供短期或长期外币资金融通渠道，满足生产、贸易等经营活动中的流动资金需要，或设备、技术等中长期资金需要。做好外汇贷款的核算，可使银行全面地掌控外汇贷款资金运动，有助于银行回收外汇贷款资金，规范外汇贷款资金管理，防范外汇贷款风险，提高外币资金的质量与效益。

外汇贷款的特点：①借外汇还外汇，借什么货币还什么货币，收取原币利息；贷款使用的货币由借款人选择，汇率风险由借款人承担。②实行浮动利率，计收承担费，利率按伦敦银行同业拆放利率加上银行管理费用计算得出，不定期公布。③借款人必须具有外汇收入或其他外汇来源。④贷款期限由提款期、宽限期、还款期组成。⑤一般不发生派生存款，贷款发放是从贷款账户直接对外支付，不存在贷款转存款后对外支付的情形，不会形成借款人的派生性存款。⑥政策性强、涉及面广、工作要求高。

目前，外汇贷款种类较多，按照发放贷款的投向分为国内外汇贷款和国外外汇贷款；按照还款期限分为短期外汇贷款和中长期外汇贷款；按照外汇贷款资金的用途和性质分为流动资金贷款和固定资金贷款；按照融资的目的分为对外贸易贷款和出口信贷；按照外汇贷款发放条件分为信用贷款、担保贷款和抵押贷款；按照外汇贷款利率形式分为浮动利率贷款、固定利率贷款和优惠利率贷款；按照外汇贷款资金的来源分为现汇贷款、转贷贷款和项目贷款等。接下来将着重介绍现汇贷款和贸易融资贷款的会计核算。

(一)现汇贷款的核算

现汇贷款是指借款人根据业务需要，采用信用证、托收或汇款等结算方式，在国际市场上采购适用商品时，向银行申请的额度内的外汇贷款或单笔外汇贷款。贷款到期时，借款人以外汇收入或其他外币资金来源偿还本息。

现汇贷款的会计核算主要包括贷款发放、计收利息、本金偿还 3 个环节，在核算中主要通过“短(中)期外汇贷款”科目核算。该科目属资产类科目，用于核算银行经办的 1 年以内(或 1 年以上)的外汇贷款的发放和收回。该科目的借方反映外汇贷款的发放和利息转入本金，贷方反映外汇贷款到期收回。余额反映在借方，表明外汇贷款尚未到期。

1. 贷款发放的核算

(1)使用贷款对外支付。借款人直接使用贷款对外付汇时，不派生存款。会计分录为：

借：短(中)期外汇贷款——××户(外币)

　　贷：存放国外同业或有关科目(外币)

(2)使用非贷款货币对外支付。借款人以非贷款货币对外付汇时，须按汇买价、汇卖价套汇后办理。会计分录为：

借：短(中)期外汇贷款——××户(贷款外币)

　　贷：货币兑换——汇买价(贷款外币)

借：货币兑换——汇买价(人民币)

　　贷：货币兑换——汇卖价(人民币)

借：货币兑换——汇卖价(支付外币)

　　贷：存放国外同业或有关科目(支付外币)

2. 计收利息的核算

现汇贷款的利率可以根据合同规定，采用浮动利率、固定利率或优惠利率，按季或按月结息。结息时，应根据不同的贷款利率算出结息期内的应收利息，由银行填制“外汇贷款结息凭证”办理转账。对贷款利息所计增值税，应将提供贷款服务取得的全部利息及具有利息性质的收入作为计算增值税的销售额，不能抵扣。但属于外汇管理部门在从事国家外汇准备经营过程中委托金融机构发放的外汇贷款除外，其利息收入免征增值税。对逾期利息的增值税核算，银行发放贷款后自结息日起90日内发生的应收未收利息按现行规定缴纳增值税，自结息日起90日后发生的应收未收利息暂不缴纳增值税，待实际收到利息时再按规定缴纳。

在结息期计收的利息，应按不同情况进行处理。

(1)借款人以原币存款偿还贷款利息。会计分录为：

借：吸收存款——外汇活期存款——××户(外币)

贷：利息收入——××贷款利息收入户(外币)

应交税费——应交增值税(销项税额)(外币)

(2)将利息转为贷款本金。借款人不以原币偿还贷款利息时，可按与银行达成的协定，将利息转为贷款本金。会计分录为：

借：短(中)期外汇贷款——××户(外币)

贷：利息收入——××贷款利息收入户(外币)

应交税费——应交增值税(销项税额)(外币)

(3)借款人不能正常归还贷款利息。当借款人不能主动偿还正常或逾期贷款利息，导致还本付息专户无足够余额时，会计分录按以下不同情况进行处理：

①对于自结息日起90日内发生的应收未收利息，计提利息时应计算销项税额。会计分录为：

借：应收利息(外币)——××户

贷：利息收入——××贷款利息收入户(外币)

应交税费——应交增值税(销项税额)(外币)

借款人付息时，会计分录为：

借：吸收存款——外汇活期存款——××户(外币)

贷：应收利息(外币)——××户

②对于自结息日起90日后发生的应收未收利息，暂不缴纳增值税，待实际收到利息时再按规定缴纳，计提利息时可预提销项税额。会计分录为：

借：应收利息(外币)

贷：利息收入——××贷款利息收入户(外币)

预提非减值贷款增值税(外币)

借款对象付息时，会计分录为：

借：吸收存款——外汇活期存款——××户(外币)

贷：应收利息(外币)

实际收到销项税额时，会计分录为：

借：预提非减值贷款增值税(外币)

贷：应交税费——应交增值税(销项税额)(外币)

根据增值税相关规定，纳税人按照人民币以外的货币结算销售额的，应当折合成人民币计算。月末将以外币核算的增值税金折算成人民币以及开具增值税专用发票时，折合率通常采用当月1日的人民币汇率中间价。其会计分录为：

借：应交税费——应交增值税(销项税额)(外币)

贷：货币兑换——中间价(外币)

借：货币兑换——中间价(人民币)

贷:应交税费——应交增值税(销项税额)(人民币)

3. 本金偿还的核算

(1)以原币外汇存款偿还。借款人用原币外汇存款偿还贷款本金。会计分录为:

借:吸收存款——外汇活期存款——××户(外币)

贷:短(中)期外汇贷款——××户(外币)

(2)用人民币购汇偿还。借款人经批准用人民币购买原币偿还贷款本金。会计分录为:

借:吸收存款——单位活期存款——××户(人民币)

贷:货币兑换——汇卖价(人民币)

借:货币兑换——汇卖价(外币)

贷:短(中)期外汇贷款——××户(外币)

(3)用非贷款货币偿还。借款人用非贷款货币的外汇存款偿还本金时,须按汇买价、汇卖价套汇后办理。会计分录为:

借:吸收存款——外汇活期存款——××户(还款外币)

贷:货币兑换——汇买价(还款外币)

借:货币兑换——汇买价(人民币)

贷:货币兑换——汇卖价(人民币)

借:货币兑换——汇卖价(贷款外币)

贷:短(中)期外汇贷款——××户(贷款外币)

(二)贸易融资贷款的核算

贸易融资贷款是指银行结合进出口贸易结算业务,给进口商、出口商和中间商提供融资贷款的便利,是贸易、结算和资金融通三者的有机结合。针对进出口贸易结算的不同阶段,银行提供的贸易融资贷款主要包括进口押汇、票据贴现、出口押汇和打包贷款。贸易融资属于贷款服务,因此计算增值税销项税额时应将所取得的全部利息及具有利息性质的收入作为销售额。

1. 进口押汇

进口押汇是指进口商以进口货物的物权为抵押,向银行申请的短期资金融通。根据结算方式的不同,进口押汇可分为信用证项下进口押汇和托收项下进口押汇两种。银行必须按照信贷资产风险管理原则实施风险控制,相关贷款金额应控制在进口押汇总授信额度之内,进口商所提供的单据应做到单证相符、单单一致。

无论是信用证项下进口押汇还是托收项下进口押汇,都是在银行收到有关单据后,根据进口商的押汇申请,先行垫付对外支付,转而向进口商办理付款赎单手续,以实现收回押汇垫款、释放单据的过程。因此,进口押汇的会计核算主要包括叙做进口押汇和偿还押汇本息两个环节。

银行主要通过“进口押汇”科目进行核算。该科目属于资产类科目,用于核算银行向进口商提供的信用证项下进口押汇或托收项下进口押汇的发放和收回,借方反映进口押汇垫款的发放,贷方反映进口押汇垫款的收回。余额反映在借方,表明尚未收回的押汇垫款。

(1)叙做进口押汇的核算。进口商申请进口押汇时,必须填制“进口押汇申请书”,并提供信托收据、贸易合同和其他有关资料。经银行审核同意后,进口商才可以办理进口押汇对外付款手续。会计分录为:

借:进口押汇——××户(外币)

贷:存放国外同业或有关科目(外币)

(2)偿还押汇本息的核算。进口商向银行偿还进口押汇本息、赎取单据时,银行应抽出保管的有关凭证并冲销卡片账,按同档次外币流动资金贷款利率计算进口押汇本息,并扣除自进口押汇日起至进口商赎单还款日止的利息,用人民币购汇偿还。会计分录为:

借:吸收存款——单位活期存款——××户(人民币)

　　贷:货币兑换——汇卖价(人民币)

借:货币兑换——汇卖价(外币)

　　贷:进口押汇——××户(外币)

　　　　利息收入——押汇利息收入户(外币)

　　　　应交税费——应交增值税(销项税额)(外币)

进口押汇的利息计算公式如下:

进口押汇的利息=押汇金额×押汇天数×日利率

月末外币增值税金应按当月1日人民币汇率中间价折合成人民币,会计处理略。

2. 票据贴现

票据贴现是指已承兑的远期票据在到期日前,由银行从票面金额中扣减贴息后,将余款支付给持票人的一种融资方式。

银行一般只承做银行承兑汇票的贴现业务。在办理银行承兑汇票贴现时,应认真审核票据的真实性、流通性和法律依据,贴现利率可采用外币优惠贷款利率。

票据贴现的会计核算主要包括贴入票据和收回票款两个环节,在核算中通过"贴现资产"科目进行反映。该科目属于资产类科目,用于核算贴现银行向持票人提供的已承兑远期汇票的贴入和收回,借方反映贴现款项的发放,贷方反映贴现款项的收回。余额反映在借方,表明尚未收回的贴现垫款。

(1)贴入票据的核算。持票人申请贴现时,应填制贴现申请书并提供相关银行承兑的远期汇票,经银行审核无误并同意后,计算贴息并办理贴现,以人民币结付。会计分录为:

借:贴现资产——××户(外币)

　　贷:利息收入——贴现利息收入户(外币)

　　　　应交税费——应交增值税(销项税额)(外币)

　　　　货币兑换——汇买价(外币)

借:货币兑换——汇买价(人民币)

　　贷:吸收存款——单位活期存款——××户(人民币)

贴息及实付贴现金额的计算公式如下:

贴息=票面金额×贴现天数×日利率

实付贴现金额=票面金额-贴息

贴现天数是自贴现日起至票据到期日加预计款项收妥入账所需邮程止的天数。

月末外币增值税金应按当月1日人民币汇率中间价折合成人民币,会计处理略。

(2)收回票款的核算。承兑到期,收回贴现票款。会计分录为:

借:存放国外同业或有关科目(外币)

　　贷:贴现资产——×户(外币)

3. 出口押汇

出口押汇是指出口商将全套出口单据提交银行,由银行买入单据并按票面金额扣除自议付日起至预计收回货款日止的利息及有关手续费,将净款先行付给出口商的一种出口融资方式。根据结算方式的不同,出口押汇可分为信用证项下出口押汇及托收项下出口押汇两种。

出口押汇是银行先行垫付买入一笔尚未收妥的外汇,有一定的收汇风险。因此,银行应确保:①出口押汇项下单据须做到单证相符、单单一致;②进口商信誉良好,开证行、付款行资信良好;③所处国家的政局、经济稳定,外汇充裕;④ 收汇条件合理,不受限制。

出口押汇的会计核算主要包括叙做出口押汇和收回押汇垫款两个环节,在核算中通过“出口押汇”科目进行反映。该科目属于资产类科目,用于核算银行向出口商提供信用证项下出口押汇或托收项下出口押汇的发放和收回。该科目的借方反映出口押汇垫款的发放,贷方反映出口押汇垫款的收回,余额反映在借方,表明尚未收回的押汇垫款。

(1)叙做出口押汇的核算。银行在叙做出口押汇时,出口商须填制“出口押汇申请书”,并与银行签订“出口押汇总质权书”,明确双方的权利和义务。经银行审核同意后,自押汇日开始,加上开证行或付款行的合理工作日,加邮程时间和票据期限,按同档次外币流动资金贷款利率计算出口押汇垫款利息,办理出口押汇手续,以人民币结付。会计分录为:

借:出口押汇——××户(外币)

　　贷:利息收入——押汇利息收入户(外币)

　　　　应交税费——应交增值税(销项税额)(外币)

　　　　货币兑换——汇买价(外币)

借:货币兑换——汇买价(人民币)

　　贷:吸收存款——单位活期存款——××户(人民币)

出口押汇的利息及实付金额的计算公式如下:

利息=票面金额×估计收到票款所需日数×年利率÷360

实付金额=票面金额-利息-预扣国外银行费用-银行费用

(2)收回押汇垫款的核算。银行收到海外联行或国外代理行寄来的贷方报单时,要考核押汇时间是否合理,然后收回出口押汇款项。会计分录为:

借:存放国外同业或有关科目(外币)

　　贷:手续费及佣金收入——国外银行费用收入户(外币)

　　　　应交税费——应交增值税(销项税额)(外币)

　　　　出口押汇——××户(外币)

月末外币增值税金应按当月1日人民币汇率中间价折合成人民币,会计处理略。

【例11-6】 某进出口公司12月4日将即期信用证项下全套单据金额100 000美元连同押汇申请书交某银行。经审核,该进出口公司单据符合押汇要求,该行当天按6.5%的利率扣收15天的利息,并将余额按当天美元现汇买入价USD100=653.09折合成人民币后,计入该公司人民币存款户。12月19日,该银行收到国外代理行(开证行)的贷记通知书,金额100 100美元(其中,100美元为代理行费用),经审核无误后办理转账。某进出口公司的账务处理如下:

(1)12月4日叙做出口押汇。

利息 = USD100 000×15×6.5%÷360=USD270.84

利息收入销项税额=USD270.84÷(1+6%)×6%=USD15.34

不含增值税利息收入=USD270.84-USD15.34=USD255.5

会计分录为:

借:出口押汇——某进出口公司户　　　　USD100 000

贷：利息收入——押汇利息收入户 USD255.5

应交税费——应交增值税(销项税额) USD15.34

货币兑换——汇买价 USD99 729.16

借：货币兑换——汇买价 RMB 651 321.17

贷：吸收存款——单位活期存款——某进出口公司户 RMB 651 321.17

(2)12 月 19 日收到贷记通知书。

手续费及佣金收入销项税额＝USD100÷(1＋6%)×6%＝USD5.66

不含增值税手续费及佣金收入＝USD100－USD5.66＝USD94.34

会计分录为：

借：存放国外同业——某国外代理行户 USD100 100

贷：手续费及佣金收入——国外银行费用收入户 USD94.34

应交税费——应交增值税(销项税额) USD5.66

出口押汇——某进出口公司户 USD100 000

月末外币增值税金应按当月 1 日人民币汇率中间价折合成人民币，会计处理略。

4. 打包贷款

打包贷款是指信用证项下的出口商接受信用证后，由于缺乏人民币资金备货，可凭信用证正本按规定手续向银行申请的一种融资性出口前期短期贷款。打包贷款属于人民币流动资金贷款，只用以缓解出口商在备货期间资金不足的临时困难，解决出口商出口商品时打包装箱的资金缺口。银行应根据信用证项下的出口商在备货中的实际需要及出口商的资格等综合情况，核定后发放，贷款金额不得超过信用证总金额的等值人民币。

为了加强打包贷款的管理，减少贷款风险，银行应对出口商的资信和经营、与银行业务的往来、该笔出口业务的备货等情况及其对贷款的偿还能力进行认真审查；借款协议中须对该信用证项下因货物未能出口而无法偿还的风险订立保证归还贷款的条款；贷款期限可从贷款之日起至该信用证项下货款收妥或办理出口押汇日止，一般不超过 4 个月，且原则上不超过信用证有效期后的半个月。贷款利率按照人民币同档次流动资金贷款利率执行，贷款到期不展期，贷款逾期按规定加收逾期利息。

打包贷款的会计核算主要包括打包贷款发放和打包贷款收回两个环节，在核算中通过“打包贷款”科目进行反映。该科目属于资产类科目，用于核算贷款银行向出口商提供的、以信用证正本为抵押的出口前期融资性人民币短期贷款的发放和收回。该科目的借方反映打包贷款的发放，贷方反映打包贷款的收回。余额反映在借方，表明尚未收回的贷款。

(1)打包贷款发放的核算。申请打包贷款的出口商必须向银行提交打包贷款申请书、贸易合同及国外银行开来的信用证正本等有关文件，与银行签订打包贷款合同。银行核准后，发放贷款并计入出口商有关账户。会计分录为：

借：打包贷款——××户(人民币)

贷：吸收存款——单位活期存款——××户(人民币)

(2)打包贷款收回的核算。收回打包贷款本息时，银行既可以从出口商的出口押汇垫款中主动扣还，也可用收妥结汇款或出口商的人民币存款归还，视具体还款时的不同情况做不同的账务处理。

①以出口商的出口押汇垫款归还打包贷款本息。会计分录为：

借：出口押汇——××户(外币)

　　贷:货币兑换——汇买价(外币)
借:货币兑换——汇买价(人民币)
　　贷:打包贷款——××户(人民币)
　　　利息收入——打包贷款利息收入户(人民币)
　　　应交税费——应交增值税(销项税额)(人民币)
　　　吸收存款——单位活期存款——××户(人民币,扣本息税后净款)

②以收妥结汇款归还打包贷款本息。会计分录为:

借:存放国外同业或有关科目(外币)
　　贷:货币兑换——汇买价(外币)
借:货币兑换——汇买价(人民币)
　　贷:打包贷款——××户(人民币)
　　　利息收入——打包贷款利息收入户(人民币)
　　　应交税费——应交增值税(销项税额)(人民币)
　　　吸收存款——单位活期存款——××户(人民币,扣本息税后净款)

③以出口商的人民币存款归还打包贷款本息。会计分录为:

借:吸收存款——单位活期存款——××户(人民币)
　　贷:打包贷款——××户(人民币)
　　　利息收入——打包贷款利息收入户(人民币)
　　　应交税费——应交增值税(销项税额)(人民币)

第四节　国际结算业务的核算

一、国际汇兑业务的核算

国际汇兑是银行利用汇票和其他信用工具,用海外联行或国外代理行相互间款项的划拨代替现金运送,以清算处理在不同国家或地区间的买卖双方债权债务关系或款项授受的一种结算方式。国际汇兑作为国际通用的结算方式,是银行办理外汇业务的主要内容之一。银行办理外汇业务不仅可以取得手续费收入,还可以不付利息运用外币资金。

国际汇兑结算方法有两种:①汇出法,也称顺汇。汇出法是由汇款人通过银行将款项汇给国外收款人或债权人用以清偿债务的方式,在银行业务中表现为汇款结算方式,常用于非贸易收支结算。②出票法,也称逆汇。出票法是由收款人向汇款人签发汇票,委托银行代为收款的结算方式,在银行业务中表现为托收结算方式和信用证结算方式,常用于贸易收支结算。这里将围绕汇款结算方式进行介绍。

汇款结算方式按款项授受划分,可分为汇出国外汇款和国外汇入汇款两种,涉及的经济活动主要包括贸易收支结算、劳务收支结算、政府间收支结算和其他非贸易收支结算。

银行以电汇、信汇、票汇方式办理汇出国外汇款时,通过"汇出汇款"科目进行核算;以签发旅行信用证方式办理汇出国外汇款时,通过"开出旅行信用证"科目进行核算。

(一)汇出国外汇款的核算

汇出国外汇款是银行接受汇款人的委托,以电汇、信汇、票汇的方式,将款项汇往国外收款人开户行的汇款方式。接受汇款人委托、汇出款项的银行称为汇出行。汇出国外汇款通常包括电汇、信汇、票汇、旅行信用证和旅行支票5种形式。

汇出国外汇款的会计核算包括受理汇出汇款和汇款解付两个环节。

1. 受理汇出汇款的核算

汇款人要求汇款时，应向银行提出申请，填制汇款申请书，并在申请汇款时，按有关汇出汇款的管理规定提供相关部门核准件。银行审核后，结合不同的汇款方式，计算业务手续费，填制不同的汇款凭证，办理汇出汇款手续。

国际汇款业务是属于直接收费的金融服务，增值税核算以收取的手续费、佣金、过户费等所得作为计算增值税的销售额。但如果该金融服务属于为境外单位提供的与境内货物、不动产、无形资产无关的金融服务，则免征增值税。

(1)以现汇存款汇出。汇款人若以现汇存款办理汇出的，会计分录为：

借：吸收存款——(个人)外汇活期存款——××户(外币)

　贷：汇出汇款(外币)

借：库存现金或吸收存款——(单位)活期(储蓄)存款——××户(人民币)

　贷：手续费及佣金收入——汇费收入户(人民币)

　　应交税费——应交增值税(销项税额)(人民币)

当汇款人要求汇出款项货币与现汇存款货币不同时，须按汇买价、汇卖价套汇后办理。

(2)以人民币购汇汇出。汇款人若以人民币购买外币汇出的，会计分录为：

借：库存现金或吸收存款——(单位)活期(储蓄)存款——××户(人民币)

　贷：手续费及佣金收入——汇费收入户(人民币)

　　应交税费——应交增值税(销项税额)(人民币)

　　货币兑换——汇卖价(人民币)

借：货币兑换——汇卖价(外币)

　贷：汇出汇款(外币)

2. 汇款解付后的核算

国外银行解付汇款后，将已解付汇款的借记报单寄回银行。银行在接到海外联行或国外代理行的借记报单时，凭报单销账。会计分录为：

借：汇出汇款(外币)

　贷：存放国外同业或有关科目(外币)

【例11—7】 东升包装进出口公司通过银行信汇汇给美国某商人100 000美元，汇费费率为1‰。设当天的美元现汇卖出价为USD100＝RMB655.08。一周后，银行收到国外某代理行的付讫借方报单后，办理转账。

(1)受理汇出汇款。会计分录为：

借：吸收存款——单位活期存款——东升包装进出口公司户　RMB 655 735.08

　贷：手续费及佣金收入——汇费收入户(1%)　RMB 618

　　应交税费——应交增值税(销项税额)　RMB37.08

　　货币兑换——汇卖价　RMB 655 080

借：货币兑换——汇卖价　USD 100 000

贷：汇出汇款　USD 100 000

手续费及佣金收入销项税额＝RMB 655.08÷(1＋6%)×6%＝RMB 37.08

不含增值税手续费及佣金收入＝RMB 655.08－RMB 37.08＝RMB 618

(2)一周后，银行办理转账处理。会计分录为：

借：汇出汇款　　USD100 000

　　贷：存放国外同业——××代理行户　　USD100 000

若采用旅行信用证方式办理汇出国外汇款，则在会计核算时可参照上述汇出国外汇款的核算方法办理，但在会计分录中应将“汇出汇款”科目改为“开出旅行信用证”科目。

(二)国外汇入汇款的核算

国外汇入汇款是银行根据其与海外联行或国外代理行的约定，凭海外联行或国外代理行发出的电报或信汇委托书代为解付的汇款。国外汇入汇款通常是汇交我国机关、企事业单位等的贸易或非贸易项下的款项，以及汇交个人或其他团体机构的非贸易汇款，包括华侨汇款，来华外宾、侨民、外交人员等的汇款。出口贸易业务中的汇入款项多为预收货款、来料加工费和罚金等。

国外汇入汇款的会计核算主要包括收到汇款资金头寸和解付汇款两个环节。

1. 收到汇款资金头寸的核算

银行收到国外汇出行的汇款资金头寸时，应区分两种情况进行处理：

(1)汇款资金头寸由银行直接入账反映。若银行与国外汇出行直接相互开立账户，则银行收到汇款资金头寸时可以直接入账反映。会计分录为：

借：存放国外同业或有关科目(外币)

　　贷：汇入汇款(外币)

(2)汇款资金头寸由银行上划总行入账反映。若国外汇出行在总行开立了现汇账户，则银行收到汇款资金头寸时，应通过“清算资金往来”科目，随附国外同业存款等报单上划总行，由总行入账反映。会计分录为：

借：清算资金往来(外币)

　　贷：汇入汇款(外币)

总行收到上划报单时，会计分录为：

借：国外同业存款或有关科目(外币)

　　贷：清算资金往来(外币)

2. 解付汇款的核算

解付汇款时，通过“货币兑换”科目办理结汇。会计分录为：

借：汇入汇款(外币)

　　贷：货币兑换——汇买价(外币)

借：货币兑换——汇买价(人民币)

　　贷：吸收存款——(单位)活期(储蓄)存款——××户(人民币)

当汇入款项直接以原币转入收款人外汇存款账户时，会计分录为：

借：汇入汇款(外币)

　　贷：吸收存款——(个人)外汇活期存款——××户(外币)

当汇入款项的货币与收款人现汇存款货币不同时，须按汇买价、汇卖价套汇后办理。

【例 11－8】　某银行收到日本东京银行代东洋航运公司电汇我国外轮代理公司的港口费100 000美元，授权借记在某银行总行开立的账户上，款项解付时转入收款人现汇存款账户。

(1)某银行收到汇款通知。会计分录为：

借：清算资金往来　　USD100 000
　　贷：汇入汇款　　USD100 000

总行收到上划报单。会计分录为：

借：国外同业存款——日本东京银行户　　USD100 000
　　贷：清算资金往来　　USD100 000

(2)汇款解付时，款项转入收款人现汇存款账户。会计分录为：

借：汇入汇款　　USD100 000
　　贷：吸收存款——外汇活期存款——某外轮代理公司户　　USD100 000

二、托收的核算

托收是由出口商开立汇票，委托银行通过海外联行或国外代理行，向进出口商收取货款和劳务费用的一种结算方式。托收是建立在商业信用基础之上的一种结算方式，其基本特征是"收妥付汇，实收实付"。虽然托收要通过银行办理，但出口商与银行的关系是委托与受托的关系，银行仅根据出口商的要求和指示向进口商收取款项，不向出口商提供资信担保，不承担付款的责任，不过问单据的真伪。出口商发运货物后，银行只要履行其应尽义务，而进口商能否按照规定的交单条件付款赎单，则完全取决于进口商的资信状况和付款能力，与银行无关。因此，托收对出口商和进口商的资金风险不对等，银行提供的融资也非常有限，但其运作的便利程度和支出成本小于信用证结算方式。当然，在贸易结算中，若进出口双方对对方的信用比较了解，进口商为了节约支付银行相关费用和避免预交保证金，可以要求出口商接受托收方式。从发展趋势看，由于互联网信息技术平台的建立，进出口双方的沟通更为便捷，加之出口保险业务的兴起，单一依赖银行信用未收付资金的方式在逐步减少，而贸易项下的票据又可以进入票据市场流通及贴现，解决了进出口双方的资金问题，因此，托收方式的使用在国际贸易结算中越来越普遍。

目前，托收主要有光票托收和跟单托收两种形式。光票托收是指出口商仅开立汇票而不附带任何货运单据，委托银行收取款项的一种托收。光票托收主要用于非贸易款项的结算。跟单托收是指由出口商开立跟单汇票(即汇票连同一套货运单据)交给银行，委托银行代为收款的托收方式。跟单托收主要用于贸易货款的结算。接下来将主要围绕跟单托收进行介绍。

跟单托收的程序一般包括出口商发货交单、出口地托收行寄单托收、进口地代收行提示单据、进口商承付或承兑、进口地代收行付款或承兑交单后偿付、出口地托收行收妥结汇等内容。

(一)出口跟单托收的核算

出口跟单托收是指出口商根据买卖双方签订的贸易合同规定，在货物运出后，将有关货运单据和以进口商为付款人的汇票交给银行，由银行委托国外代收行向进口商收取货款的一种结算方式。由于出口跟单托收属于商业信用，收汇风险较大，因此银行在办理出口跟单托收业务时，应审慎选择国外代收行，明确交单的条件和收款的指示，并在收款过程中取得国外代收行的协助与配合，以保障出口货款的安全及时收回。

出口跟单托收的会计核算主要包括交单处理和收妥结汇两个环节。

1. 交单处理的核算

出口商委托银行代收货款时，应备妥出口托收单据，填写"出口托收申请书"，连同出口单据一并送交银行办理托收。银行审核确认后，根据"出口托收申请书"的要求，填制"出口托收委托书"，注明货款收妥后的处理办法，连同有关单据寄交国外代收行委托收款。

银行在寄出“出口托收委托书”及有关单据时，为表示代表物权的单据已经寄出、货款尚未收妥对进出口各方的权责关系时，应通过“应收出口托收款项”和“出口托收款项”对转科目进行核算。会计分录为：

借：应收出口托收款项（外币）

　　贷：出口托收款项（外币）

“应收出口托收款项”科目属于资产类科目。凡受出口商委托，代其向进口商收取贸易或非贸易项下款项的，均可用此科目核算。它表示银行对外拥有的收取票款的权益。

“出口托收款项”科目属于负债类科目。凡受出口商委托，代其向进口商收取贸易或非贸易项下款项的，均可用此科目核算。它表示银行对出口商所负的责任。

以上两个科目互为对转科目。

2. 收妥结汇的核算

出口跟单托收的款项一律实行收妥结汇。银行接到国外代收行收妥货款的报单或授权通知书后，与出口商办理结汇。会计分录为：

借：出口托收款项（外币）

　　贷：应收出口托收款项（外币）

借：存放国外同业或有关科目（外币）

　　贷：货币兑换——汇买价（外币）

借：货币兑换——汇买价（人民币）

　　贷：吸收存款——单位活期存款——×户（人民币）

当出口跟单托收遇到国外进口商拒付时，应核销上述对转科目。

（二）进口跟单代收的核算单

进口跟单代收是指国外出口商根据贸易合同规定，在货物发运后委托出口地托收行寄单，银行凭国外寄来的进口跟单代收单据向进口商收取货款的一种结算方式。

进口跟单代收的会计核算主要包括收到进口代收单据和确认付款两个环节。

1. 收到进口代收单据的核算

银行收到国外托收行寄来的进口代收单据后，应将单据编列顺序号，并缮制“进口代收单据通知书”，将汇票和单据连同“进口代收单据通知书”送进口商审核，请其确认付款。同时，银行应填制相关凭证，进行账务处理。会计分录为：

借：应收进口代收款项（外币）

　　贷：进口代收款项（外币）

“应收进口代收款项”科目属于资产类科目。凡银行收到进口代收单据，接受国外托收行的委托代为向进口商收取款项时，均可用此科目核算。它表示银行对进口商拥有收取托收款项的权益。

“进口代收款项”科目属于负债类科目。凡银行收到进口代收单据，接受国外托收行的委托代为向进口商收取款项时，均可用此科目核算。它表示银行对国外委托人承担付款的责任。

如果进口商不同意承付，应提出拒付理由书，连同单据退还银行，由银行转告国外托收行，同时转销对转科目。如果进口商提出部分拒付，银行在取得国外托收行同意后，应按实际付款金额办理付款手续，并按部分付款的金额进行相应转账，同时转销对转科目。

2. 确认付款的核算

进口商审核同意承付后，将承付确认书交给银行，通知银行办理结汇并对外付款。远期汇票经进口商承兑后，银行可在已承兑汇票到期日通知国外托收银行，按即期付款手续处理。进口代收款项收妥后，银行须按托收委托书上规定的付款办法及付汇路线划转国外托收行。会计分录为：

借：吸收存款——单位活期存款——××户（人民币）
　　贷：货币兑换——汇卖价（人民币）
借：货币兑换——汇卖价（外币）
　　贷：存放国外同业或有关科目（外币）

同时，转销对转科目。会计分录为：

借：进口代收款项（外币）
　　贷：应收进口代收款项（外币）

按照国际惯例，银行应按规定费率计收进口代收手续费。此项费用若由进口商负担，则向进口商计收；若托收委托书上没有明确由谁负担，则从收妥的进口代收款项中扣收等值外汇。出口商如有异议，则由交易双方直接交涉，银行无须过问。

三、信用证结算业务的核算

信用证是开证行根据开证申请人（进口商）的要求和指示，向受益人（出口商）开立的具有一定金额、在一定期限内凭议付行寄来的规定单据付款或承兑汇票的书面承诺，是银行有条件保证付款的凭证。

信用证结算方式的特点表现为：①以银行信用代替商业信用，即开证行以自己的信用作为付款保证，承担第一性的、首要的付款责任。②信用证是独立的保证文件，它虽以买卖双方的交易合同为基础，但不依附于交易合同，开证行只对信用证负责。③信用证业务处理的是代表货物所有权或证明货物已发运的单据，而非货物，即把合同项下的货物交易转变为只管单证是否相符的单据交易。④银行对信用证项下不能控制的一切事故免责，信用证主要起保证作用和资金融通作用。信用证结算方式是当今国际贸易结算的主要结算方式，也是进口商、出口商进行国际贸易时风险较小的一种结算工具。

信用证结算方式的程序一般包括进口商申请开证、开证行开证、通知行通知信用证、出口商装货备单、议付行议付或索汇及进口商赎单提货等内容。

（一）信用证项下出口业务的核算

信用证项下的出口业务是指出口商根据国外开证行开来的信用证，按照合同条款规定备货出运后，将出口单据送交银行，由银行办理审单议付、向国外开证行收取外汇、对出口商办理结汇的一种结算业务。

信用证项下出口业务的核算主要包括信用证的受理和通知、交单议付、出口收结汇3个环节。

1. 受理和通知的核算

银行接到国外开证行开来的信用证时，应对开证行的资信、资金实力、进口商的偿付能力和保证条款等进行全面审查，并明确表示信用证能否接受或如何修改。对有关贸易条款方面的问题，由出口商根据合同进行审查；如需修改，则由出口商与进口商联系修改。

信用证经审核无误后，银行应编制信用证通知流水号，并将信用证正本及时通知出口商，以便其备货出运。同时，银行应根据信用证副本缮制“国外开来保证凭信”记录卡，并依据各联的不同作用分别处理。此过程中虽未发生资金收付，但已在银行与进、出口商之间形成了一种潜在的权责关系。为了明确这种责任，应进行表外科目记录。会计分录为：

收：国外开来保证凭信（外币）

银行在办理了信用证通知后，应将信用证副本及“国外开来保证凭信”记录卡留底联归档，并严格保管，以后有关修改和使用的情况应随时记录，以便查考。

“国外开来保证凭信”表外科目是用以核算海外联行或国外代理行开来的，委托银行代为通知各信用证受益人的保证凭信。该科目的余额反映了一定时期内银行经办信用证项下出口业务的具体情况，是银行匡算待收外币资金的依据，也是管理与监督出口商及时备货出运的手段。

2. 交单议付的核算

国外开证行履行信用证的付款责任，是以信用证规定的条款为依据，以单证相符、单单一致为前提。若出口商同意接受国外开来的信用证，则必须严格按照信用证规定条款办理，备妥一切单证，按期运出商品。

银行接受出口商送来办理议付的信用证项下的单据后，应及时审核，确保单证相符、单单一致。如果银行发现单据不符，应迅速向出口商反映，以便出口商及时与进口商协商解决。经审核无误后，银行在信用证上批注议付日期及运输方式，并填制“出口寄单议付通知书”，销记表外科目。“出口寄单议付通知书”是银行出口收汇的索偿证书，也是出口收汇和结汇的主要业务凭证。会计分录为：

付：国外开来保证凭信（外币）

借：应收信用证出口款项（外币）

　　贷：代收信用证出口款项（外币）

“应收信用证出口款项”科目属于资产类科目。凡出口商交来的远（即）期信用证项下的出口单证，经银行议付寄单时，均可用此科目核算。它表示银行对国外开证行拥有的收取出口款项的权益。

“代收信用证出口款项”科目属于负债类科目。凡银行议付远（即）期信用证项下的出口单证时，均可用此科目核算。它表示银行对出口商所承担的代收出口款项的责任。

以上两个科目为对转科目。

如果信用证规定部分货款托收或按信用证金额超额出口，银行在议付时，应在“出口寄单议付通知书”上分别注明信用证议付金额及托收金额，并另行填制“出口托收委托书”，以便分别核算。

3. 出口收结汇的核算

出口收结汇是银行办理信用证项下出口业务核算的最后环节，是银行在议付单据或代为收妥出口款项后，按当日外汇牌价买入外汇，同时折算成相应人民币支付给出口商的结算过程。银行接到国外银行付款入账的通知书后，应按当日外汇牌价折算为人民币结汇入账。国际结算业务属于直接收费的金融服务，此环节所涉及的手续费及佣金收入的增值税核算同国际汇款业务的处理。会计分录为：

借：代收信用证出口款项（外币）

　　贷：应收信用证出口款项（外币）

借：存放国外同业或有关科目（外币）

　　贷：手续费及佣金收入——国外银行费用收入户（外币）

　　　　应交税费——应交增值税（销项税额）（外币）

货币兑换——汇买价(外币)

借:货币兑换——汇买价(人民币)

贷:吸收存款——单位活期存款——×户(人民币)

月末外币增值税金应按当月1日人民币汇率中间价折合成人民币,会计处理略。

【例11-9】 某商业银行某分行于3月10日接到中国香港某联行开来的即期信用证一份,用于购买服装,受益人为某服装进出口公司,信用证金额为40 000港币。4月6日,公司将全套单据向某分行办理议付,单证相符。4月15日,分行收到中国香港该联行的贷记报单,办理结汇转账。设当天港币的现汇买入价为HKD100=¥101.87。

(1)3月10日,收到信用证的核算。会计分录为:

收:国外开来保证凭信 HKD40 000

(2)4月6日,寄单索汇的核算。会计分录为:

付:国外开来保证凭信 HKD40 000

同时,编制正式的会计分录为:

借:应收信用证出口款项 HKD40 000

贷:代收信用证出口款项 HKD40 000

(3)4月15日,收结汇的核算。会计分录为:

借:代收信用证出口款项 HKD40 000

贷:应收信用证出口款项 HKD40 000

借:存放海外联行——中国香港某联行户 HKD40 000

贷:货币兑换——汇买价 HKD40 000

借:货币兑换——汇买价 RMB40 748

贷:吸收存款——单位活期存款——某服装进出口公司户 RMB40 748

(二)信用证项下进口业务的核算

信用证项下进口业务是指银行根据进口商的开证申请,向国外出口商开立的具有一定金额、在一定期限内按规定条件保证付款的信用证,凭国外银行寄来的按照信用证条款规定的单据对外付款,并向进口商办理结汇的一种结算业务。

信用证项下进口业务的核算要包括开立信用证、修改信用证、审单与付款3个环节。

1. 开立信用证的核算

进口商与国外出口商签订贸易合同后,按照合同规定条件,填写"开立信用证申请书",并连同有关批件、证明一同交银行申请开立信用证。银行接到"开立信用证申请书"及相关文件后,应核实进口商资质,如是否在工商行政管理部门注册、是否具有法人资格、是否实行独立核算、是否有自营权或代理进出口权,从而把握进口商的资信状况、偿债能力、进口货物的国内外市场情况,以及附属证明文件、进口合同和单据的真实性等。经审核同意后,银行应结合进口商情况酌情收取保证金,并选择信誉高、资本实力雄厚和经营能力强的国外银行作为代理行,向其签发信用证。

进口商以原币交存保证金。会计分录为:

借:吸收存款——外汇活期存款户——××户(外币)

贷:存入保证金——××户(外币)

进口商用人民币交存保证金时,为避免汇率浮动的风险,通常以开证日外汇牌价购汇交存保证金。会计分录为：

借：吸收存款——单位活期存款——××户（人民币）

　　贷：货币兑换——汇卖价（人民币）

借：货币兑换——汇卖价（外币）

　　贷：存入保证金——××户（外币）

随着信用证的签发，银行对外承担了第一付款责任。不论是即期信用证还是远期信用证，银行均须办理相应的转账。会计分录为：

借：应收开出信用证（外币）

　　贷：开出信用证（外币）

“应收开出信用证”科目属于资产类科目。凡银行接受进口商的申请而对外签发的信用证，均可用此科目核算。它表示银行对进口商拥有收取信用证所表明款项的权益 。

“开出信用证”科目属于负债类科目。凡银行接受进口商的申请而对外签发的信用证，均可用此科目核算。它表示银行对出口商承担了保证付款的责任。

以上两科目为对转科目。

2. 修改信用证的核算

信用证开出后，如因情况变化，进口商提出修改信用证的，银行应予以同意，但须协助进口商申请用于修改的信用证号码及修改条款等。然后，将修改条款通知海外联行或国外代理行，转送国外出口商。如果国外出口商要求修改原信用证，银行经进口商同意后，也可修改，并将修改内容分别与进、出口商及相关海外联行或国外代理行联系。修改后的增减金额应通过“应收开出信用证”和“开出信用证”科目进行调整，并在信用证留底账卡上加以批注。

如果修改增额，会计分录为：

借：应收开出信用证（外币，增加额）

　　贷：开出信用证（外币，增加额）

如果修改减额，会计分录为：

借：开出信用证（外币，减少额）

　　贷：应收开出信用证（外币，减少额）

3. 审单与付款的核算

银行收到国外议付行寄来的单据后，应立即通知进口商，并与原信用证所要求的条款进行核对，做好收单、审单工作。进口商应提交海关申报单、涉外付汇申报单及外管局批文、付汇确认书，经银行审核确认后，由银行按信用证条款规定办理付款或承兑。

信用证结算的付款方式有即期付款和远期付款两种。其中，即期付款信用证的支付方式可分为国内审单付款、国外审单主动借记、国外审单电报索汇等。远期付款信用证的支付方式可分为承兑、到期付汇等。

（1）即期付款信用证

①国内审单付款。国内审单付款是指银行接到国外议付行寄来的单据后，立即送交进口商审核，并约定进口商于3日内通知银行对外付款或提出拒付理由办理拒付。银行在进口商确认付款后，即对国外议付行发出付款通知，同时对进口商办理售汇转账手续。如进口商已经交存保证金的，用保证金本息扣抵进口货款，不足款项则可通过向银行购汇解决。会计分录为：

借：吸收存款——单位活期存款——××户（人民币）

贷:货币兑换——汇卖价(人民币)

借:货币兑换——汇卖价(外币)

贷:存入保证金——××户(外币)(若交存保证金)

利息支出——××利息支出户(外币)(若交存保证金)

存放国外同业或有关科目(外币)

同时,转销对转科目。会计分录为:

借:开出信用证(外币)

贷:应收开出信用证(外币)

【例 11—10】 某分行接受某进口公司的委托,于 6 月 5 日向香港华商公司开出即期信用证一份,金额为 40 000 港币,用于购买机械器材,该即期信用证由香港国华银行通知,规定支付方式为国内审单付款。6 月 17 日,该分行接到香港国华银行寄来的全套单据,金额为 40 000 港币及议付费用 300 港币,共计 40 300 港币,随即通知进口公司。该进口公司于当月 23 日送来确认承付书,全额承付,银行当即办理对外付款手续。设付款当日港币现汇卖出价为 HKD100=¥101.87。

解:

(1)6 月 5 日,分行开立信用证。会计分录为:

借:应收开出信用证	HKD40 000	
贷:开出信用证		HKD40 000

(2)12 月 19 日,分行对外付款。会计分录为:

借:吸收存款——单位活期存款——某进口公司户	RMB41 053.61	
贷:货币兑换——汇卖价		RMB41 053.61
借:货币兑换——汇卖价	HKD40 300	
贷:海外联行存款——香港国华银行户		HKD40 300
借:开出信用证	HKD40 000	
贷:应收开出信用证		HKD40 000

②国外审单主动借记。国外审单主动借记是指国外出口商将有关单据交由国外议付行审核后,如单据相符,国外议付行即可主动借记开证行在该行所开立的账户,并将单据连同借记报单一并寄送开证行。在会计核算中,该方式与国内审单付款的差别是账户使用的不同。由于使用这种方式付款时需要开证行先行垫款,因此进口商应负担自国外议付行划款日起至其归还开证行垫款日止的利息。会计分录为:

借:吸收存款——单位活期存款——××户(人民币)

贷:货币兑换——汇卖价(人民币)

借:货币兑换——汇卖价(外币)

贷:存入保证金——××户(外币)(若交存保证金)

利息支出——××利息支出户(外币)(若交存保证金)

存放国外同业或有关科目(外币)

利息收入——外币垫款利息收入户(外币)

应交税费——应交增值税(销项税额)(外币)

同时,银行转销对转科目。会计分录为:

借:开出信用证(外币)

贷:应收开出信用证(外币)

月末外币增值税金应按当月1日人民币汇率中间价折合成人民币,会计处理略。

③国外审单电报索汇。国外审单电报索汇是指由国外议付行审核单证无误后,并不立即借记开证行账户,而是通过电报先行通知开证行,再由开证行通过电汇或信汇方式汇交议付行款项。该支付方式除付款行为表现为授权或主动借记外,其他方面与国内审单付款方式完全一致。其会计分录详见国内审单付款的会计分录。

(2)远期付款信用证

远期付款信用证是指为给进口商提供远期付款的便利,由开证行对国外出口商提供的一种银行担保,保证国外出口商提交远期跟单汇票时,在单证相符、单单一致的情况下,银行给予承兑,并在信用证到期时付款。通常说来,远期付款信用证分承兑和到期付汇两个阶段。

①承兑。银行收到远期付款信用证项下的进口单据后,将单据连同"进口信用证单据通知书"送交进口商确认到期付款。进口商确认到期付款后,银行即可办理远期汇票的承兑手续,并将已承兑汇票或已承兑通知书寄交国外议付行。汇票一经承兑,银行即作为承兑行对国外议付行承担了到期付款的责任,也对进口商拥有了权益,因此应办理承兑时的核算。会计分录为:

借:应收承兑汇票款(外币,到期付款金额)

贷:承兑汇票(外币,到期付款金额)

借:开出信用证(外币,开证金额)

贷:应收开出信用证(外币,开证金额)

"应收承兑汇票款"科目属于资产类科目。凡进口商办理远期付款信用证项下进口业务时,委托银行对外结算,且汇票经银行承兑的,均可用此科目核算。它表示承兑行对进口商拥有的权益。

"承兑汇票"科目属于负债类科目。凡进口商收到承兑行寄来的远期付款信用证项下进口单据,且远期汇票经银行承兑的,均可用此科目核算。它表示承兑行对国外议付行承担到期付款的责任。

以上两个科目互为对转科目。

②到期付汇。在远期汇票承兑到期时,银行即可办理对国外出口商付款和对进口商结算的手续。会计分录为:

借:承兑汇票(外币,到期付款金额)

贷:应收承兑汇票款(外币,到期付款金额)

除此之外,其余对外付款、对内扣款的手续及分录与即期付款信用证相同。

【例11-11】 某分行受某进口公司的委托,于1月2日向美国美洲银行开出不可撤销的远期付款信用证40 000美元,开证条款规定"承兑后30天付款"。1月10日,经有关方面同意,该远期付款信用证修改减额5 000美元。分行收到单据后,经审核相符,送该公司确认到期付款,于1月19日承兑远期汇票,并对美国美洲银行寄发已承兑通知书,通知到期日全额付款。1月19日承兑到期,分行对公司办理结汇、对外付款。设支付日当天美元现汇卖出价为USD100=RMB652.46。

(1)1月2日,分行开立信用证。会计分录为:

借:应收开出信用证　　USD40 000

贷:开出信用证　　USD40 000

(2)1月10日,分行修改信用证。会计分录为:

借:开出信用证　　USD5 000
　　贷:应收开出信用证　　USD5 000

(3)1月19日,分行承兑远期汇票。会计分录为:

借:应收承兑汇票款　　USD35 000
　　贷:承兑汇票　　USD35 000
借:开出信用证　　USD35 000
　　贷:应收开出信用证　　USD35 000

(4)12月19日到期付款,分行办理结汇、对外付款。会计分录为:

借:吸收存款——单位活期存款——某进口公司户　　¥228 361
　　贷:货币兑换——汇卖价　　¥228 361
借:货币兑换——汇卖价　　USD35 000
　　贷:存放国外同业——美国美洲银行户　　USD35 000
借:承兑汇票　　USD35 000
　　贷:应收承兑汇票款　　USD35 000

本章小结

随着中国经济与国际经济的一体化步伐加快,国内外之间的贸易与非贸易往来的结算业务已经不再是稀罕之物了,围绕着内外商品流、信息流、人员流甚至资本流的涌动,商业银行的外汇业务也随即增加了起来。

在理解外汇概念与内容、汇率两种表示方法(直接标价法与间接标价法)的基础上,要全面、准确地理解外汇业务核算的特点,特别是需要掌握外汇分账制和以单式凭证为主,同时兼用复式凭证的特殊性。掌握外汇买卖业务的核算,理解在商业银行按一定汇率卖出一种货币或者买入一种货币的外汇买卖行为中,存在着汇买价、汇卖价(钞卖价)、钞买价、中间价4种标价及其适用的政策选择问题。掌握外汇买卖科目和外汇买卖凭证以及商业银行买卖外汇、套汇的处理。外汇存款业务核算分为开户及存入、支取、计息三个环节,外汇贷款业务需要掌握短期外汇贷款、买方信贷和进出口押汇业务。需要了解信用证结算、托收与代收及以汇兑结算方式在国际贸易与非贸易业务中核算的处理要求与技术。

本章关键术语

外汇分账制;外汇统账制;外汇买卖;外汇汇率;外汇存款;现汇贷款;进口押汇;票据贴现;出口押汇;打包贷款;国际汇兑;托收信用证

本章思考题

1. 简述外汇业务核算的特点。
2. 简述外汇分账制核算的基本做法。
3. 如何理解会计上的套汇?套汇时怎样进行账务处理?
4. 外汇存款有几种类型?个人外汇存款业务如何核算?
5. 简述外汇贷款业务的特点,比较各种贸易融资贷款的异同。
6. 如何进行汇出汇款和汇入汇款业务的会计核算?
7. 简述信用证结算方式的特点和信用证项下进出口业务的核算环节。
8. 掌握信用证项下进出口业务的会计核算。

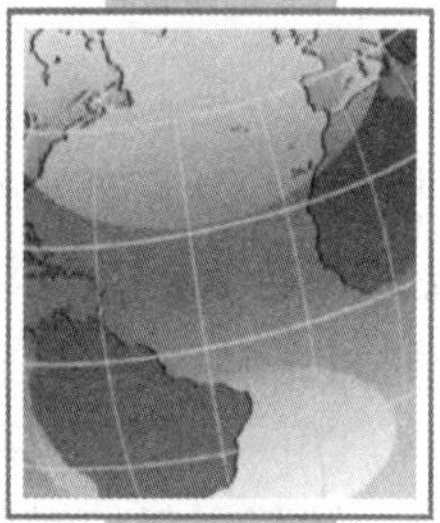

第十二章 银行间支付清算业务核算

学习目标

1. 熟悉支付清算体系的概念和发展现状
2. 掌握中国人民银行大额实时支付系统的核算步骤
3. 掌握中国人民银行小额批量支付系统的核算步骤
4. 熟悉银行业金融机构行内支付系统的核算步骤

本章预习

支付清算体系也称支付系统，是一个国家或地区对交易者之间债权债务关系进行清偿的系统。具体来说，它是由提供支付服务的中介机构、管理货币转移的规则、实现支付指令传递及资金清算的专业技术手段共同组成的，用以实现债权债务清偿及资金转移的一系列组织和安排。安全高效的支付清算体系对于加速资金周转、提高资源配置效率、有效促进经济增长、满足社会公众日益增长的支付需求、提高人民的生活质量具有重要意义。

目前，我国已初步建成以中国人民银行大额实时支付系统和小额批量支付系统为核心，以银行业金融机构行内支付系统为基础，以票据交换系统、银行卡支付系统、外币支付系统为重要组成部分的支付清算体系，不同支付清算系统间的直接连接日益增多。本章重点介绍中国现代化支付系统和银行业金融机构行内支付系统的运行和会计核算。

第一节 支付清算业务概述

一、支付清算体系的概念和内容

所谓支付，广义上是指由经济活动引起的一切资金转移的行为，一个国家的支付清算体系是其经济金融体系的重要组成部分，是实现资金转移的制度和技术的有机组合。

支付清算体系的组成要素包括支付清算系统，支付工具、支付清算服务组织及支付清算体系监督管理。支付清算系统是支撑各种支付工具应用、实现资金清算并完成资金转移的通道；支付工具是传达收/付款人指令，实现债权债务清偿和资金转移的载体，可分为现金和票据、银行卡等非现金支付工具；支付清算服务组织是通过账户服务、支付清算系统、支付工具等手段为社会提供资金清算和结算服务的机构；支付清算体系监督管理是中央银行为维护支付清算体系的安全、稳定及社会公众对支付清算体系的信心，综合运用经济、法律和行政手段，对支付清算系统、支付工具和支付清算服务组织进行监督管理的行为。

安全高效的支付清算体系对于加速资金周转、提高资源配置效率、有效促进经济增长、满足社会公众日益增长的支付需求、提高人民的生活质量具有重要意义，同时也有利于保证货币政策的传导畅通，加强各金融市场的有机联系，推动金融创新，防范金融风险，维护金融稳定，坚定社会公众对货币及其转移机制的信心。

二、支付结算与资金清算的关系

商业银行为开户的企业和个人办理资金的转移，是支付结算业务的主要内容，由此引发的银行间的资金账务往来和债权债务关系，则是银行间支付清算业务的主要处理对象。支付清算业务处理的速度和质量，直接关系到客户资金转移和债权债务清算能否顺利完成。

银行间支付清算业务的主要起因是银行客户间的资金转移业务。从客户角度出发，客户间的资金往来通过银行进行划转称为支付结算；从银行角度出发，由客户资金转移引起的银行间资金存欠关系的结清称为资金清算。因此，支付结算业务与资金清算业务关系密切，资金清算是支付结算的延伸，而支付结算所使用的支付工具又是资金清算的支撑。银行间资金清算系统的科学设计和不断改进，为支付结算提供了更为安全、快捷的通道，提高了结算质量，并能促进支付结算工具的创新。

专栏 12－1　　我国支付清算体系的沿革

一国支付清算体系的发展状况取决于经济金融的发展水平和计算机网络、电子通信技术的发展和应用水平。自中华人民共和国成立以来，中国支付清算体系的建设和发展经历了以下几个重要阶段。

在计划经济时期，中国人民银行集清算、结算、监督于一身，承担了“正确组织清算，准确及时办理结算，做好结算监督和综合反映”的职能。在这一阶段，中国支付清算体系的特点是一切转账结算集中于银行，结算对公对私分开，建立高度集中的“全国大联行”清算体系，具有鲜明的计划经济及国家银行体制色彩。

在改革开放初期，为适应经济、金融体制改革和发展的需要，中国支付清算体系发生了一系列变革：银行结算改革淡化结算的管理性、行政性，强调银行结算的中介性、服务性；取消结算工具的主体限制，强调结算工具的通用性、便捷性和安全性；取消“全国大联行”体系，实行多家专业银行自建联行系统，划分中国人民银行和专业银行的联行资金；实行专业银行跨行相互转汇，划分专业银行之间的联行资金；专业银行跨系统和系统内大额汇划款项通过中国人民银行转汇，大额银行汇票通过中国人民银行清算资金。在这一阶段，支付系统等基础设施开始建设，中国人民银行开发建设以专业卫星通信为依托的全国电子联行系统，并于 1991 年 4 月 1 日投入试运行；中国人民银行各分（支）行组织建设了同城票据交换系统，各专业银行也相继建设了行内电子汇划系统。

《中华人民共和国中国人民银行法》确立了中国人民银行全面承担支付清算管理、维护支付清算系统安全运行的职责。2005 年 6 月，中国人民银行完成了大额实时支付系统在全国的推广运用；2006 年 6 月，中国人民银行小额批量支付系统建成并被推广到全国。为适应我国同城、跨区域及全国经济往来的需要，中国人民银行进一步完善了票据支付系统。与此同时，银行业金融机构充分利用计算机网络和电子通信技术，相继建立了新一代行内支付系统。

目前，我国已初步建成以中国人民银行支付系统为核心，以银行业金融机构行内支付系统为基础，以票据交换系统、银行卡支付系统、外币支付系统为重要组成部分的支付清算网络体系，对于加快社会资金周转、提高支付清算效率、促进国民经济健康平稳发展发挥着越来越重要的作用。

三、我国支付清算体系简介

中国现代化支付系统(CNAPS)是中国人民银行利用电子计算机网络和电子通信技术开发建设的,为银行业金融机构和金融市场提供资金清算服务的公共平台。该系统能够高效、安全地处理银行业金融机构办理各种异地支付业务及其资金清算,以及金融市场交易资金清算业务,是中国人民银行发挥金融服务职能的核心支持系统。

中国现代化支付系统总体结构图见图 12－1。

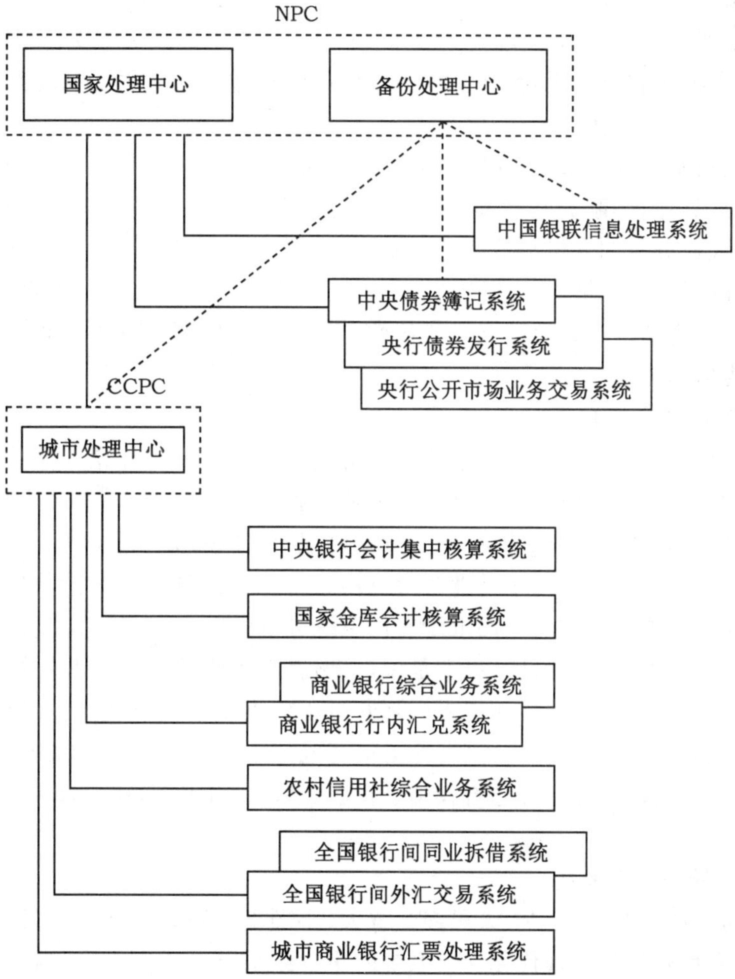

注明:通信网络为虚拟网络或专用网络,以地面网为主,卫星网为备份。

图 12－1　中国现代化支付系统总体结构图

中国现代化支付系统支持的支付工具包括贷记支付工具和借记支付工具。贷记支付工具包括汇兑、委托收款、托收承付、定期贷记;借记支付工具包括银行汇票、国内信用证、银行本票、支票、旅行支票、定期借记等;其他支付工具还包括商业汇票和银行卡。中国现代化支付系统支持商业银行间的支付清算,包括跨行和行内的贷记支付业务,如汇兑、委托收款和托收承付划回、定期贷记和定期借记业务、商业银行的资金调拨、行间资金拆借等。

(一)中国人民银行支付系统

1. 大、小额支付系统

中国人民银行支付系统由大额实时支付系统和小额批量支付系统(简称大、小额支付系统)两个业务应用系统,以及清算账户管理系统和支付信息管理系统两个辅助支持系统组成。它还建有两级处理中心,即国家处理中心,全国省会(首府)城市处理中心及深圳城市处理中心。

大额实时支付系统(HVPS)主要处理同城和异地的金额在规定起点以上的大额贷记支付业务和紧急的小额贷记支付业务。大额支付指令逐笔实时发送,全额清算资金,可为银行业金融机构和金融市场提供快速、高效、安全、可靠的支付清算服务。2000 年 10 月,中国人民银行决定启动大额实时支付系统的建设,并于 2005 年 6 月完成了大额实时支付系统在全国的推广使用,取代了全国电子联行系统,实现了我国异地跨行支付清算从手工联行到电子联行,再到中国现代化支付系统的飞跃。

小额批量支付系统(BEPS)主要处理同城和异地纸质凭证截留的借记支付业务,以及每笔金额在规定起点以下的小额贷记支付业务。支付指令批量发送,轧差净额清算资金,主要为社会提供低成本、大业务量的支付清算服务。2005 年,中国人民银行在建设推广大额实时支付系统的同时,启动了小额批量支付系统的建设,并于 2006 年 6 月完成了小额批量支付系统在全国的推广建设。它的推广有效地支撑了各种支付工具的使用,满足了随着社会经济发展而产生的多样化支付的需要。

2. 全国支票影像交换系统

全国支票影像交换系统是指运用影像技术将实物支票转换为支票影像信息,通过计算机及网络将影像信息传递至出票人开户行提示付款的业务处理系统。全国支票影像交换系统是中国人民银行继大额实时支付系统、小额批量支付系统之后的又一重要金融基础设施。

全国支票影像交换系统定位于处理银行机构跨行和行内的支票影像信息交换,其资金清算通过中国人民银行覆盖全国的小额批量支付系统进行处理。支票影像业务的处理分为影像信息交换和业务回执处理两个阶段,也就是说,支票提出行通过全国支票影像交换系统将支票影像信息发送至提入行提示付款,而提入行则通过小额批量支付系统向提出行发送回执完成付款。中国人民银行于 2007 年 6 月 25 日正式完成全国支票影像交换系统在全国的推广建设,该金融基础设施的建设完成标志着我国已打破支票仅在同城范围内使用的限制,实现了支票在全国的通用。

3. 网上支付跨行清算系统

网上支付跨行清算系统是中国人民银行继大、小额支付系统后建设的又一人民币跨行支付清算系统基础设施,是中国现代化支付系统的重要组成部分。网上支付跨行清算系统主要支持网上跨行零售支付业务的处理,业务指令逐笔发送、实时轧差、定时清算。客户可通过在线方式提交支付业务,并可实时获取业务处理结果。该系统支持商业银行以及经中国人民银行批准的非金融支付服务机构接入,并向客户提供“7×24”小时全天候支付服务。

4. 境内外币支付系统

境内外币支付系统由中国人民银行牵头建设,由外币清算处理中心集中运营,由直接参与机构等单一法人集中接入,采用“Y”形信息流结构,由外币清算处理中心负责对支付指令进行接收、清算和转发,由代理结算银行负责对支付指令进行结算。

外币清算处理中心的主要功能包括外币支付的报文收发、圈存资金和授信额度管理，对外币支付进行逐笔实时清算，对可用额度不足的外币支付进行排队管理，对清算排队业务进行撮合，管理清算窗口，分币种、分场次向代理结算银行提交清算结果。

代理结算银行的主要功能包括为参与者开立外币结算账户，提供日间授信、圈存资金和授信额度管理，根据清算和结算进行记账处理，日终对账。代理结算银行由中国人民银行指定或授权的商业银行担任。境内外币支付系统对支付指令逐笔实时全额结算，从发起清算银行发出指令到接收清算银行收到指令通常在一分钟以内。

境内外币支付系统于 2008 年 4 月 28 日投入运营之后，已经成为境内商业银行间外币支付的主要渠道。

5. 同城票据交换系统

作为我国支付清算系统的重要组成部分，同城票据交换系统是由中国人民银行分(支)行组织的，在指定区域内定时、定点集中交换结算票据的跨行支付清算系统，其主要任务是处理中国人民银行和银行业金融机构提出交换的结算票据。同城票据交换系统主要处理纸质票据，如不能截留的支票、本票、跨行银行汇票，以及跨行代收、代付的纸质凭证，票据交换的场所称为票据交换所。

6. 人民币跨境支付系统

人民币跨境支付系统(CIPS)是为满足全球各主要时区人民币业务发展的需要而建立的支付清算系统。中国人民银行于 2012 年开始分两期建设：一期主要采用实时全额结算方式，为跨境贸易、跨境投融资和其他跨境人民币业务提供清算、结算服务；二期将采用更为节约流动性的混合结算方式，提高人民币跨境和离岸资金的清算、结算效率。2015 年，人民币跨境支付系统开始正式运营，一期的主要功能是便利跨境人民币业务处理，支持跨境货物贸易和服务贸易结算、跨境直接投资、跨境融资和跨境个人汇款等业务。其主要特点包括：

(1)采用实时全额结算方式处理客户汇款和金融机构汇款两类业务。

(2)各直接参与者一点接入，集中清算业务，缩短清算路径，提高清算效率。

(3)采用国际通用的 ISO20022 报文标准，采纳统一规范的中文四角码，支持中英文传输，在名称、地址、收费等栏位设置上更有利于人民币业务的自动处理，CIPS 报文设计充分考虑了与现行 SWIFT MT 报文转换的要求，便于跨境业务直通处理并支持未来业务发展的需求。

(4)运行时间覆盖亚洲、欧洲、非洲、大洋洲等人民币业务主要时区。

(5)为境内直接参与者提供专线接入方式。

(二)其他单位运营系统

1. 银行业金融机构行内支付系统

银行业金融机构行内支付系统是银行业金融机构综合业务处理系统的重要组成部分，也是其内部资金往来与资金清算的工具，在支付清算系统中处于基础地位。近年来，各大商业银行先后建成了新一代的行内支付系统，这些系统采用以客户为导向的信息管理机制，通过纵向分层、横向分区的结构，实现了业务处理系统数据的集中处理，满足了扁平化管理的需要，同时强化了风险管理功能。

2. 中国银联银行卡跨行交易清算系统

中国银联银行卡跨行交易清算系统是由中国银联银行卡跨行支付系统及发卡银行行内银行卡支付系统组成。目前，我国已形成以中国银联银行卡跨行支付系统为主干、连接各发卡银行行内银行卡支付系统的银行卡支付网络架构。2004 年，中国银联建成了新一代的银行卡跨行支付系统，并于同年将该系统成功接入了中国人民银行大额实时支付系统，实现了银行卡跨行支付的即时清算，有效提高了银行卡跨行支付的效率和控制资金清算风险的能力。

2010 年 9 月，第二代中国银联银行卡跨行交易清算系统的出台，实现了系统集中运营、资金集中清算和风险集中管理的功能。与第一代系统相比，第二代系统在实现性能超越的同时，还实现了服务范围、灵活性、安全性和可靠性的超越。该系统将服务范围从转接、清算服务延伸至支付综合服务，具有参数化、模块化的架构特点，可根据客户需求灵活定制服务内容。同时，第二代系统“全冗余设计、双中心运行、无缝切换”的系统架构将力保第二代系统运行的安全与可靠。

3. 城市商业银行汇票处理系统和城市商业银行支付清算系统

城市商业银行汇票处理系统依托中国现代化支付系统，为属地经营的城市商业银行实现跨区域资金清算开辟了一条高效、快速、安全、准确的资金清算通道。城市商业银行支付清算系统和城市商业银行汇票处理系统的开通，彻底解决了全国各城市商业银行客户之间无法直接办理异地资金清算的问题。随着中国现代化支付系统的建设完成，各城市商业银行将通过清算中心建设的城市商业银行支付清算系统和城市商业银行汇票处理系统，依托中国现代化支付系统，处理银行汇票的移存、兑付业务，实行“签发移存、见票即付、及时清算、自律管理”原则，从而真正实现高效、快速、安全、准确的资金清算。

4. 农信银支付清算系统

农信银支付清算系统是由农信银资金清算中心根据全国农村合作金融机构支付结算业务的特点，借鉴中国现代化支付系统和全国性商业银行资金清算及支付结算业务系统的先进经验，应用现代计算机网络和信息技术开发的、集资金清算和信息服务为一体的支付清算平台。农信银支付清算系统的建成和开通运行，使农村合作金融机构在办理跨省、市、自治区异地支付结算业务方面达到了全国性商业银行的同等水平，进一步增强了农信银支付清算系统的整体竞争能力。目前，农信银支付清算系统已成为农村金融机构间支付清算的“骨干”，成为我国农村地区支付体系不可或缺的重要组成部分，为支持社会主义新农村建设和服务“三农”发挥着积极作用。

第二节　中国人民银行大额实时支付系统的核算

一、大额实时支付系统的参与者

中国人民银行大额实时支付系统的参与者根据其参与支付系统的身份不同，分为直接参与者、间接参与者和特许参与者。

直接参与者是指直接与大额实时支付系统城市处理中心连接并在中国人民银行开设了清算账户的银行机构，以及中国人民银行地市级(含)以上中心支行(库)。

间接参与者是指未在中国人民银行开设清算账户而委托直接参与者办理资金清算的银行和非银行金融机构，以及中国人民银行县(市)支行(库)。

特许参与者是指经中国人民银行批准，通过大额实时支付系统办理特定业务的机构。

二、大额实时支付系统的业务流程

大额实时支付系统由发起行、发起清算行、发报中心、国家处理中心、收报中心、接收清算行、接收行构成(见图 12—2)。该系统的信息传递从发起行起,经发起清算行、发报中心、国家处理中心、收报中心、接收清算行,传至接收行止。

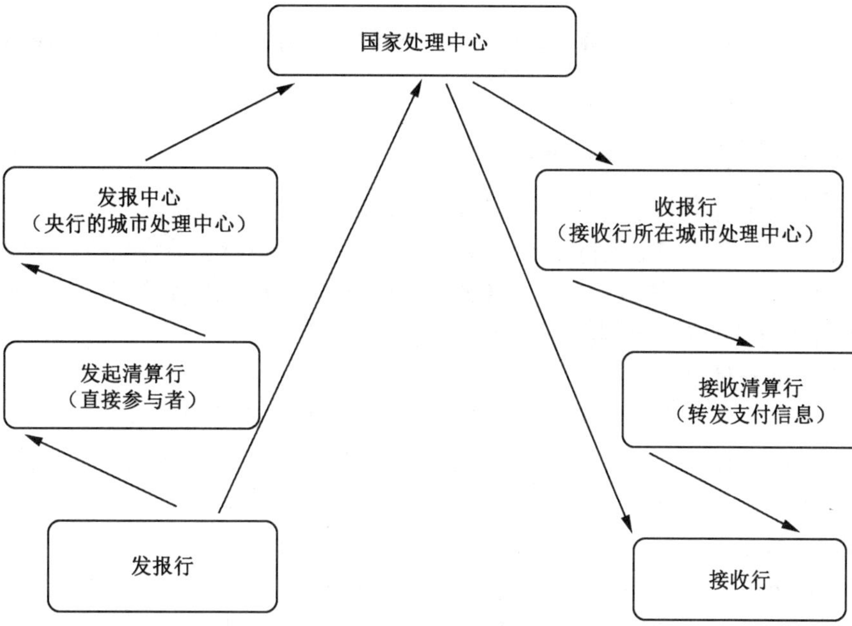

图 12—2　大额实时支付系统的业务流程

发起行(发报行)是向发起清算行提交支付业务的参与者。

发起清算行(清算账户行)是向大额实时支付系统提交支付信息并在中国人民银行开设清算账户的直接参与者或特许参与者。发起清算行也可作为发起行向大额实时支付系统发起支付业务。大额实时支付系统的运行时序见图 12—3。

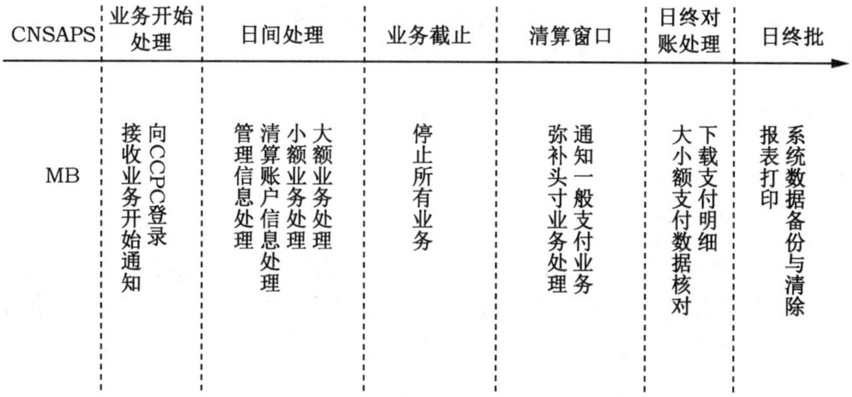

图 12—3　大额实时支付系统的运行时序

发报中心(城市处理中心、中国人民银行机构)是向国家处理中心转发发起清算行支付信息的城市处理中心。

国家处理中心(中国人民银行机构)是接收、转发支付信息,并进行资金清算处理的机构。

收报中心(城市处理中心、中国人民银行机构)是向接收清算行转发国家处理中心支付信息的城市处理中心。

接收清算行(清算账户行)是向接收行转发支付信息并在中国人民银行开设清算账户的直接参与者。

接收行(收报行)是从接收清算行接收支付信息的参与者。接收清算行也可作为接收行接收支付信息。

三、大额实时支付系统的业务范围

大额实时支付系统主要处理同城和异地的金额在规定起点以上的大额贷记支付业务和紧急的小额贷记支付业务。贷记支付业务是指付款人委托其开户行主动将款项划给收款人的业务。目前,大额实时支付系统贷记支付业务的金额起点为2万元,业务范围包括一般大额支付业务、即时转账业务和城市商业银行的汇票业务。

(一)一般大额支付业务

一般大额支付业务是由发起行发起,逐笔实时发往国家处理中心,在国家处理中心清算资金后,实时转发接收行的业务。主要包括汇兑、委托收款划回、托收承付划回、中央银行和国库部门办理的资金汇划等。

(二)即时转账业务

即时转账业务是由与国家处理中心直接连接的特许参与者(第三方)发起,通过国家处理中心实时清算资金后,通知被借记行和被贷记行的业务。目前,即时转账业务主要由中央债券综合业务系统发起。

(三)城市商业银行的汇票业务

城市商业银行的汇票业务是大额实时支付系统为支持中小金融机构结算和通汇而专门设计的,支持城市商业银行汇票资金移存和兑付的资金清算业务。

后续内容主要介绍一般大额支付业务的会计核算。由于同一城市的同一商业银行分支机构只能在中国人民银行开设一个清算账户,所以同一清算账户行辖属机构之间的支付业务不能使用本支付系统;又由于大额实时支付系统需要收费,所以一般商业银行对于非资金调拨的系统内往来业务也不通过大额实时支付系统处理。

四、大额实时支付业务的会计科目设置

(一)清算账户行(商业银行机构)的会计科目

1.“大额支付系统往账待清算”科目

本科目核算清算账户行发出的支付业务及代理下属机构发出的支付业务,清算账户行受理贷记支付业务时,贷记本科目;日终收到中国人民银行的清算资金对账报文,其中所列往账总金额在借方时,借记本科目,贷记“存放中央银行款项”科目;往账总金额在贷方时,贷记本科目,借记“存放中央银行款项”科目。本科目余额通常在贷方,表示未发出。

2.“大额支付系统来账待清算”科目

本科目核算清算账户行接收的支付业务及代理下属机构接收的支付业务,清算账户行受理汇入贷记业务时,借记本科目;日终收到中国人民银行的对账报文,其中所列来账总金额在贷方时,贷记本科目,借记“存放中央银行款项”科目;来账总金额在借方时,借记本科目,贷记“存放中央银行款项”科目。本科目余额通常在借方,表示未转账或未转发。

3.“支付系统应付结算款项”科目

本科目核算各网点接收的来账中的收款人账号、户名以及与本网点实际账号、户名不符的来账，系统中等待手工解付的款项自动转入本科目，再由经办人员检查确认后手工处理。

4."支付系统手续费暂收款项"科目

本科目核算各网点办理支付业务的结算收费及划缴，当收取手续费时，借记"库存现金"或有关存款科目，贷记本科目；当划缴手续费时，借记本科目，贷记"库存现金"或"存放中央银行款项"等科目。

(二)城市处理中心和国家处理中心(中国人民银行机构)的会计科目

1. 存款类科目

城市处理中心和国家处理中心按参与大额实时支付系统的金融机构类别，分别设置"工商银行准备金存款""农业银行准备金存款""中国银行准备金存款""建设银行准备金存款""交通银行准备金存款""政策性银行准备金存款""其他商业银行准备金存款""城市信用社准备金存款""农村信用社准备金存款""其他金融机构准备金存款""外资银行准备金存款""外资其他金融机构准备金存款""其他存款"等存款科目。各准备金存款科目核算各金融机构存放在中国人民银行的法定准备金和超额准备金，"其他存款"科目核算特许参与者用于清算的资金和支付业务收费的归集、划拨等。

此类科目的贷方核算各银行业金融机构在中国人民银行准备金存款科目内的增加金额，借方核算各银行业金融机构在中国人民银行准备金存款科目内的减少金额，余额在贷方。此类科目须按直接参与者(不包括中国人民银行机构)、特许参与者身份的不同分设清算账户。

2. 清算类科目

(1)"大额支付往来"科目

本科目核算大额实时支付系统发起清算行和接收清算行通过大额实时支付系统办理的支付结算往来款项，余额轧差反映。年终，本科目余额全额转入"支付清算资金往来"科目，余额为零。

(2)"支付清算资金往来"科目

本科目核算大额实时支付系统发起清算行和接收清算行通过大额实时支付系统办理的支付结算汇差款项。年终，"大额支付往来"科目余额对清后，结转至本科目，余额轧差反映。

(3)"汇总平衡"科目(国家处理中心专用)

本科目是为平衡国家处理中心代理中国人民银行各行(库)账务处理而设置的。

该科目用于核算 3 类业务：一是发起行或接收行为中国人民银行办理的不通过清算账户核算的支付清算业务，如国库资金汇划业务、中国人民银行会计营业部门自身汇划业务等；二是中国人民银行会计营业部门发起的只涉及一个清算账户的单边业务，如现金存取、缴存款、再贷款业务等；三是同城票据交换轧差净额的清算业务等。

五、大额实时支付业务的会计核算

发起行按规定受理并审核有关支付业务凭证后，即可办理发送往账业务。

(一)发起行和发起清算行的核算

发送往账业务涉及的业务类型通常包括汇兑、委托收款、托收承付、同业拆借、退汇、电子联行往账、国库资金汇划等。发送往账业务的商业银行可能是清算账户行，也可能是非清算账户行。

1. 发起行为清算账户行(直接参与者)发出贷记业务

在支付结算业务中，贷记业务通常是由本行客户付出款项给他行的开户单位。此类业务发起行的会计分录为：

借：吸收存款——付款人户

　　贷：大额支付系统往账待清算

复核经办人员根据原始发报依据对报文复核无误后加编密押，若金额超出授权金额则等待授权，无须授权则联动发报交易，系统自动记账，打印“电子汇划贷方报单”。清算账户行本身的支付业务，在做复核发报或授权时，报文就已向大额实时支付系统发出。

2. 发起行为非清算账户行(间接参与者)发出贷记业务

此时，发起行需要先通过商业银行的行内支付系统将款项转到发起清算行(清算账户行)，再由清算账户行通过大额实时支付系统进行转账。发起行向发起清算行发出贷记业务时，会计分录为：

借：吸收存款——付款人户

　　贷：辖内上存款项(或其他科目)

复核经办人员根据原始发报依据对报文复核无误后加编密押，若金额超出授权金额则等待授权，无须授权则联动发报交易，系统自动记账，打印贷方报单。

发起清算行对于来自发起行的支付报文，由系统自动核押、接收。发起清算行对于发起行发来的贷记业务，将其转发大额实时支付系统，由系统自动记账。会计分录为：

借：辖内款项存放(或其他科目)

　　贷：大额支付系统往账待清算

3. 凭证及日终处理

发起行办理支付业务时，客户所提交的“电汇凭证”“托收凭证”等均为发报依据，应作为电子汇划贷方报单的附件，而清算账户行的电子汇划往账报单则作为已发报凭证。对于发起清算行所有已发出的支付业务，只有收到国家处理中心返回的“已清算”结果，才表示该笔业务发送成功。发起清算行业务系统接收中国人民银行前置机的“大额支付业务核对报文”，自动核对并销记“支付系统往来报单登记簿”，自动进行资金清算的账务处理，会计分录为：

借：大额支付系统往账待清算(往账总金额)

　　贷：存放中央银行款项(往账总金额)

根据大额实时支付系统委托日期必须为当日的要求，所有往账支付业务应当在当日营业终了之前发出，系统在营业时间结束后，将不再允许进行录入、发报的处理。因此，在营业终了前15分钟，应停止向系统内录入往账支付的业务，对于此后客户申请办理的汇兑等支付业务，应向客户说明该笔汇款将于下一个工作日发出，并在原始凭证上加盖“次日”戳记。

(二)发报中心(城市处理中心)的核算

发报中心收到发起清算行发来的支付信息，确认无误后，逐笔加编全国密押，实时发送国家处理中心。

(三)国家处理中心的核算

国家处理中心收到发报中心发来的支付报文，经逐笔确认无误后，对于发起清算行或接收清算行均为商业银行的，会计分录为：

借：××银行准备金存款——××发起清算行户

　　贷：大额支付往来——人民银行××行(发报中心)户

借：大额支付往来——人民银行××行(收报中心)户

贷：××银行准备金存款——××接收清算行户

对于发起清算行和接收清算行中有一方为中国人民银行或双方均为中国人民银行机构的账务处理，这里不做介绍。

(四)收报中心(城市处理中心)的核算

收报中心接收国家处理中心发来的支付信息，经确认无误后，逐笔加编地方密押，实时发送至接收清算行。

(五)接收清算行和接收行的核算

接收清算行的电子汇划系统接收大额实时支付系统前置机传送来的支付报文后，系统进行自动清分。若收款人账号含有网点号，则直接将报文清分至收款人开户行；若账号为非标准账号，则以报文接收行行号为清分条件，将报文清分至接收行。支付报文通过电子汇划系统进行转发并记账，接收行收到账号、户名相符的支付报文后，系统将自动登记客户分户账。

1. 接收行为清算账户行，受理贷记业务时，接收行应在接收到贷记业务信息后，转至银行行内业务处理系统，会计分录为：

借：大额支付系统来账待清算

贷：吸收存款——收款人户

2. 接收行为非清算账户行，须通过接收清算行借助行内支付系统电子汇划将款项划至接收行，接收清算行受理贷记业务，通过电子汇划将款项转至接收行时，会计分录为：

借：大额支付系统来账待清算

贷：辖内上存款项(或其他科目)

接收行根据支付报文，将贷记支付款项转至客户账户，会计分录为：

借：辖内上存款项(或其他科目)

贷：吸收存款——收款人户

3. 对于账号、户名不相符的支付报文，或出现的收款账户为内部账户的情况，汇入款项应先转入"支付系统应付结算款项"科目，然后经人工处理入账，会计分录为：

借：大额支付系统来账待清算(或电子汇划待转账)

贷：支付系统应付结算款项

经检查核实后，接收行办理人工转账，会计分录为：

借：支付系统应付结算款项

贷：吸收存款——收款人户

4. 接收清算行的资金清算，接收清算行业务系统接收中国人民银行前置机的"大额支付业务核对报文"后，自动核对并销记"支付系统往来报单登记簿"，自动进行资金清算的账务处理，会计分录为：

借：存放中央银行款项(来账总金额)

贷：大额支付系统来账待清算(来账总金额)

(六)大额实时支付系统结算收费的核算

凡通过大额实时支付系统办理转账支付业务的发起行，均须按规定的标准和实际发生的业务笔数，向中国人民银行缴付汇划费用，中国人民银行根据规定设置了不同业务类型和分时段按金额收费的标准，于每月末前一天对上月末至当日的业务进行计费，并在月末扣收。

1. 发起行收取手续费，发起行在经办大额款项汇划业务时，即向客户扣收手续费。会计分录为：

借：吸收存款——付款人户(或库存现金)

贷：手续费及佣金收入——大额支付收入

2. 商业银行向中国人民银行支付的大额支付手续费，由商业银行总行一并支付时，商业银行总行的会计分录为：

借：其他应收款——待分摊手续费

贷：存放中央银行款项

3. 商业银行总行向下级行分摊大额支付手续费时，会计分录为：

借：手续费及佣金支出——大额支付结算手续费支出

贷：其他应收款——待分配手续费

商业银行使用中国人民银行大额实时支付系统资源时，多支付的手续费将由中国人民银行返还。返还的手续费由商业银行总行统一收回，并根据业务量在下属各级银行之间分配，会计分录与上交手续费时的会计分录相反。

(七)国家处理中心年终账务结转

1.“大额支付往来”科目的结转

在各年度最后一个工作日，国家处理中心完成日终试算平衡，并下载日终账务信息后，应立即将“大额支付往来”科目余额以“人民银行××行(库)”为单位，结转到“支付清算资金往来”科目。如果“大额支付往来”科目为借方余额，会计分录为：

借：支付清算资金往来——人民银行××行(库)户

贷：大额支付往来——人民银行××行(库)户

如果“大额支付往来”科目为贷方余额，则做相反的会计分录。

国家处理中心应保留各行(库)支付清算资金往来账户的余额，纳入下一年度每一营业日的账务平衡。

央行和国库接收国家处理中心的账务信息后，按年度结转账务。

2.“汇总平衡”科目的结转

年终试算平衡结束后，国家处理中心分别将每一个清算账户的借方或贷方余额结转为下期期初余额。

3.“清算账户”科目的结转

年终总的试算平衡结束后，国家处理中心分别将每一个清算账户的借方或贷方余额结转为下年度的期初余额。

4.“支付清算资金往来”科目余额的核对

国家处理中心账务结转时，将支付清算资金往来账户余额下载至各央行会计部门和国库部门，各行(库)收到下载的账户余额，与自身结转存档该账户余额进行核对，对不符部分进行调整和处理。

六、小额批量支付系统的业务范围

银行业金融机构行内直接参与者之间的支付业务可以通过小额批量支付系统办理，小额支付系统可处理下列跨行支付业务：

1. 普通贷记支付业务是指付款行向收款行主动发起的付款业务，包括汇兑、托收承付(划回)、国库资金贷记汇划业务、网银贷记支付业务等。

2. 定期贷记支付业务是指付款行依据当事各方事先签订的协议，定期向指定收款行发起的批量付款业务，包括代付工资、代付保险金和养老金业务等。

3. 实时贷记支付业务是指付款行接受付款人委托发起的、将确定款项实时贷记指定人账户的业务，主要包括个人储蓄通存业务。

4. 普通借记支付业务是指收款行向付款行主动发起的收款业务，包括中国人民银行机构间的借记业务和国库借记汇划业务等。

5. 定期借记支付业务是指收款行依据当事各方事先签订的协议，定期向指定付款行发起的批量收款业务，包括代收水、电、煤气等公用事业费业务及国库批量扣税业务等。

6. 实时借记支付业务是指收款行接受收款人委托发起的，将确定款项实时借记指定付款人账户的业务，包括个人储蓄通兑业务、对公通兑业务及国库实时扣税业务等。

7. 中国人民银行规定的其他支付业务。

七、小额批量支付业务的会计科目设置

（一）清算账户行的会计科目

在中国人民银行发布的《小额支付系统业务处理手续（试行）》中，清算账户行使用的科目为“待清算支付款项”科目，未区分往账和来账，而中国人民银行进行清算时，直接将该科目余额与“存放中央银行款项”科目对转。各商业银行可按需要设置相应的账户。

1.“小额支付系统往账待清算”科目

清算账户行向小额批量支付系统发出或代理下属机构发出贷记支付业务或借记支付业务的回执时，记入本科目贷方。日终收到中国人民银行资金清算对账报文时，将贷方发生额从借方转出，清算后本科目应无余额。

2.“小额支付系统来账待清算”科目

清算账户行接收或代理下属机构接收小额批量支付系统发来的贷记支付业务或借记支付业务回执时，记入本科目借方。日终收到中国人民银行资金清算对账报文时，将借方发生额从贷方转出，清算后本科目应无余额。

3.“小额支付系统待发报”科目

清算账户行辖属机构已复核或授权的小额贷记支付业务或借记支付业务回执在等待组包发出时，记入本科目贷方；等待发出的支付业务组包在发出时，记入本科目借方，发出后本科目应无余额。

（二）国家处理中心和城市处理中心的会计科目

在中国人民银行所设的国家处理中心和城市处理中心核算小额批量支付业务的会计科目中，存款类科目与大额实时支付系统所使用的科目相同；在联行类科目中，“支付清算资金往来”科目和“汇总平衡”科目与大额实时支付系统相同，另设置“小额支付往来”科目，核算清算账户行通过小额批量支付系统办理的支付结算往来款项，余额轧差反映。年终，该科目余额全额转入“支付清算资金往来”科目，结转后本科目应无余额。

八、小额批量支付业务的会计核算

（一）贷记业务的核算

1. 发出贷记业务

（1）当付款发起行为非清算账户行时，经办柜员审核客户提交的有关贷记凭证后，须通过商业银行行内电子汇划系统发往付款清算行，会计分录为：

借：吸收存款——付款人户

贷：辖内上存款项（或其他科目）

复核柜员根据客户提交的贷记凭证对报文进行复核，若交易金额未超过授权金额，系统自动记账，打印贷方报单。付款清算行收到款项后，转账的会计分录为：

借：辖内款项存放（或其他科目）

贷：小额支付系统待发报

（2）付款发起行本身就是清算账户行时，会计分录为：

借：吸收存款——付款人户

贷：小额支付系统待发报

（3）清算账户行组包发报时，应在规定的时间内自动进行组包，并将其发送至中国人民银行小额批量支付系统前置机，对于加急的小额支付业务报文，可由清算账户行组包发出。发出贷记业务时，会计分录为：

借：小额支付系统待发报

贷：小额支付系统往账待清算

对于所有已发出的非实时贷记业务报文，如收到轧差节点返回的“已轧差”通知，则表示该笔业务处理已完成。

2. 接收贷记业务

（1）收款清算行接收辖属收款行的贷记业务时，会计分录为：

借：小额支付系统来账待清算

贷：辖内款项存放（或其他科目）

通过商业银行行内电子汇划系统发至收款行的贷记业务，收款行的会计分录为：

借：辖内上存款项（或其他科目）

贷：吸收存款——收款人户

（2）收款清算行受理自身为收款行的贷记业务时，会计分录为：

借：小额支付系统来账待清算

贷：吸收存款——收款人户

（二）借记业务的核算

1. 收款行发出借记业务

收款行柜员受理客户提交的有关借记凭证，经审核无误后，打印借记业务凭证，交复核柜员对报文进行复核，并将借记业务凭证专夹保管，待接收到回执后处理。无论收款行是否是清算账户行，发出借记阶段均无须进行账务处理，收款清算行发出借记业务包时也不产生账务。对于所有已发出的借记业务报文，收到接收行（付款行）的“成功”或“拒付”的回执报文并进行账务处理后，该笔业务才处理完成。

2. 付款行接收借记业务

付款行在接收来账报文时，使用来账业务借方专用凭证进行批量打印，对于接收到符合自动处理条件的借记业务报文，系统自动进行处理；对于接收到不符合自动入账条件的借记业务报文，由柜员进行人工处理。付款行对于符合扣账条件的借记业务报文，在记账同时产生“成功”回执报文。付款行为非清算账户行时，会计分录为：

借：吸收存款——付款人户（或其他有关科目）

贷：辖内上存款项（或其他科目）

付款行为清算账户行时，会计分录为：

借：吸收存款——付款人户（或其他有关科目）

　　贷：小额支付系统往账待清算

付款清算行受理辖属付款行的借记业务时，在借记商业银行行内电子汇划科目的同时，贷记"小额支付系统往账待清算"科目。

对不符合扣账条件的借记业务报文，产生"拒付"回执报文，无须进行账务处理。

3. 收款行接收借记业务回执

收款行接收借记业务回执并进行下列账务处理后，其发出的借记业务才算完成，相应的账务处理应区分两种情况进行。

（1）收款行为非清算账户行，会计分录为：

借：小额支付系统来账待清算

　　贷：辖内款项存放（或其他科目）

通过行内电子汇划系统发至收款行，收款行的会计分录为：

借：辖内上存款项（或其他科目）

　　贷：吸收存款——收款人户（或其他有关科目）

（2）收款行本身就是清算账户行，会计分录为：

借：小额支付系统来账待清算

　　贷：吸收存款——收款人户（或其他有关科目）

（三）日终轧差和清算资金

1. 清算账户行的处理

清算账户行业务系统接收前置机的"小额业务包汇总核对报文"后，按照中国人民银行小额批量支付系统对账报文的原则，系统将自动对轧差日期、场次节点相同的往来业务进行轧差。

当往账金额大于来账金额时，会计分录为：

借：小额支付系统往账待清算

　　贷：小额支付系统来账待清算

　　　　存放中央银行款项

当来账金额大于往账金额时，会计分录为：

借：小额支付系统往账待清算

　　存放中央银行款项

　　贷：小额支付系统来账待清算

小额批量支付系统的资金清算既包括清算账户行与中国人民银行（城市处理中心）的清算，也包括清算账户行与非清算账户行（收款行和付款行）的清算。在法定工作日，清算账户行与中国人民银行按清算场次对当日的往来账分别进行清算；清算账户行与非清算账户行之间的往来账则通过行内电子汇划系统进行清算。

2. 城市处理中心轧差

（1）同城业务。城市处理中心在日常受理小额支付业务时，对同城业务检查、核押无误，轧差后将业务包转发相应的清算账户行。轧差公式为：

某清算行提交清算的贷方净额（＋）［或借方净额（－）］＝同城贷记来账金额＋他行返回同城借记成功回执金额－同城贷记往账金额－发出同城借记回执成功交易金额

(2)异地业务。城市处理中心对异地往账业务检查、核押无误后，加编全国密押后转发国家处理中心；对异地来账业务核验全国密押无误后，加编地方密押转相应的接收清算行。城市处理中心在规定提交时点对每场轧差净额进行试算平衡检验，检验无误后自动提交清算。

3. 国家处理中心轧差

国家处理中心对付款清算行和收款清算行双边实时轧差，轧差公式为：

某清算行提交清算的贷方净额(+)[或借方净额(-)]=异地贷记来账金额+他行返回异地借记成功回执金额-异地贷记往账金额-发出异地借记回执成功交易金额

国家处理中心在规定提交时点对每场轧差净额进行试算平衡检验，检验无误后自动提交清算。

国家处理中心收到同城和异地轧差净额清算报文，经试算平衡检查无误后，自动完成相关账务处理。对于各清算行的轧差净额，可分两种情况进行核算。

(1)属于清算行贷方差额的，会计分录为：

借：小额支付往来——人民银行××行(库)户

贷：××银行准备金存款——××行户

(2)属于清算行借方差额的，会计分录为：

借：××银行准备金存款——××行户

贷：小额支付往来——人民银行××行(库)户

(四)国家处理中心年终账务结转

1.“小额支付往来”科目的结转

在年度最后一个工作日，国家处理中心完成日终试算平衡后，将“小额支付往来”科目余额以“人民银行××行(库)”为单位，一并转入“支付清算资金往来”科目。若“小额支付往来”科目为借方余额，会计分录为：

借：支付清算资金往来

贷：小额支付往来——人民银行××行(库)户

若为贷方余额，会计分录则相反。

2.“汇总平衡”科目的结转、清算账户的结转，以及支付清算资金往来科目余额的核对，小额批量支付系统结算收费的核算与大额实时支付系统相同，在此不再赘述。

第三节 银行业金融机构行内支付系统的核算

一、行内电子汇划与资金清算的基本做法

商业银行的行内支付系统由来已久，通常称为联行往来，是指商业银行系统内的资金账务往来。它是由同一商业银行不同行、处之间办理资金调拨、货币结算、相互间代收、代付款项而引起的。目前，各商业银行都有各自的行内支付系统和制度，并普遍采用了电子汇划系统，以提高社会资金周转效率。

银行业金融机构行内支付系统是银行业金融机构综合业务处理系统的主要组成部分，是内部资金往来与资金清算的通道，也是其拓展支付服务市场、提升市场竞争能力的重要设施，在整个支付系统中居于基础地位。

尽管银行业金融机构都有各自独立的行内电子汇划系统，但商业银行行内电子汇划与清

算的基本做法通常采取“实存资金，同步清算、头寸控制、集中监督”的方式。

1. 实存资金。实存资金是指以清算行为单位在总行清算中心开立备付金存款账户，用于汇划款项时资金的清算。

2. 同步清算。同步清算是指发报经办行通过其清算行，经总行清算中心将款项汇划至收报经办行的同时，由总行清算中心办理清算行之间的资金清算。

3. 头寸控制。头寸控制是指各清算行在总行清算中心开立的备付金存款账户应保留足够余额，不得透支，以便总行清算中心对各行汇划款项实行集中清算，如果清算行备付金存款余额不足，应及时调入。

4. 集中监督。集中监督是指总行清算中心对商业银行行内的汇划往来数据发送、资金清算、备付金、存款账户资信情况和行际查询查复事宜进行管理和监督。

在电子汇划中，通过计算机网络系统，采取“汇划数据实时发送，各清算行控制进出，总行清算中心即时处理，汇划资金按时到达”的方式。

“汇划数据实时发送”是指发报经办行录入电子汇划数据后，全部即时发送到发报清算行。

“各清算行控制进出”是指清算行辖属所有经办行的资金汇划、查询查复等事宜全部通过清算行进出，清算行控制辖属经办行内资金清算。

“总行清算中心即时处理”是指总行清算中心将发报清算行传输来的电子汇划数据即时传输到收报经办行。实时业务由收报清算行即时传输到收报经办行，批量业务由收报清算行次日传输到收报经办行。总行清算中心当日更新各清算行备付金存款。

“汇划资金按时到达”是指实时业务即时到达，批量业务次日到达收报经办行。实时业务实时处理，即时处理紧急款项和查询查复事项，使其即时到达收报经办行；批量业务批量处理，可次日到达收报经办行。

二、电子汇划业务范围和参与机构

电子汇划业务包括同一商业银行系统内行际间的异地贷记支付业务和借记支付业务，其贷记支付业务包括汇兑、异地委托收款、托收承付、异地商业汇票款划回和系统内资金划拨等；借记支付业务包括解付本系统银行汇票、系统内按规定扣划款项、贷款账户转移及按规定允许扣收的款项和特定的直接借记业务。

银行业金融机构电子汇划业务的参与机构包括发报经办行、发报清算分中心、总行清算中心、收报清算分中心和收报经办行，凡具体办理款项汇划业务的对外营业机构均为经办行。汇划款项业务的发出行为发报经办行，汇划款项业务的接收行为收报经办行，在总行清算中心开立账户的清算分中心一般设置在省及直辖市分行、总行直属分行及二级分行。总行清算中心负责办理系统内各经办行之间的资金汇划、各清算分中心之间的资金清算及资金拆借、账务核算管理等业务。系统内异地电子汇划业务的一般程序如图 12—4 所示。

三、电子汇划业务的会计科目

由于各银行业金融机构行内支付系统各自独立设计，虽然基本做法类似，但使用的备付金存款会计科目不尽相同。有些商业银行支付系统使用往来类科目，如“清算资金往来”或“电子汇划往来”等资产负债共同类科目，作为清算备付金存款之前的过渡科目。

(一)“系统内上存款项”科目

该科目用于核算和反映各清算分中心存放在上级管辖行的清算(调拨)备付金存款，该科

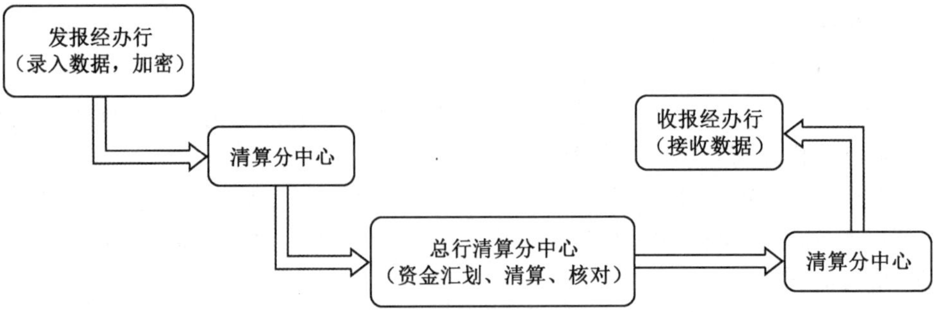

图 12—4　系统内异地电子汇划业务的一般程序

目为省(区)分行、直辖市分行、总行直属分行、二级分行所使用,属于资产类科目。

(二)"系统内款项存放"科目

该科目用于核算和反映总行、省(区)分行由下级行所存放的清算(调拨)备付金存款。该科目为总行、省(区)分行所使用,属于负债类科目。

(三)"辖内款项存放"科目

该科目用于核算和反映各分(支)行由下级行或网点上存的备付金存款。该科目属于负债类科目。

(四)"辖内上存款项"科目

该科目用于核算和反映辖内各支行或网点存放于上级行的备付金存款。该科目属于资产类科目。

四、电子汇划业务的账务处理

(一)发报经办行

发报经办行受理客户汇兑、托收承付、委托收款和划款业务,均属于发出贷记业务。发报经办行对发出贷记业务的有关凭证审核无误后,办理转账手续,向发报清算分中心传输信息,会计分录为:

借:吸收存款——付款人户(或其他有关科目)

　　贷:辖内上存款项(或其他科目)

发报经办行受理客户银行汇票代理兑付等业务,属于发出借记业务,其会计分录与发出贷记业务相反。

发报经办行对客户提交的支付凭证进行账务处理后,作为电子汇划借方或贷方报单的附件归档登记。

(二)发报清算分中心

发报清算分中心的主要任务是将各发报经办行传输来的全国汇划业务实时上传至总行清算中心。对于辖属经办行传输来的辖内汇划款项业务,应及时转发给收报经办行。

1. 系统内异地汇划业务

对于系统内的异地汇划业务,发报清算分中心的计算机自动进行账务处理,更新在总行开立的备付金存款账户余额内,并将汇划信息传输至总行清算中心,然后转发收报清算分中心。收到发报经办行贷记支付业务的会计分录为:

借:辖内款项存放——发报经办行户

　贷:系统内上存款项——上存总行备付金户

借记支付业务的会计分录与贷记支付业务相反。

2. 系统内辖属经办行之间的资金汇划业务

系统内辖属经办行之间办理资金汇划转业务时,发报清算分中心同时还担任收报清算分中心的责任,应将汇划款项转发辖属的收报经办行,贷记支付业务的会计分录为:

借:辖内款项存放——发报经办行户

　贷:辖内款项存放——收报经办行户

借记支付业务的会计分录与贷记支付业务相反。

(三)总行清算中心

总行清算中心收到各发报清算分中心传来的汇划业务数据,经计算机系统自动登记后,将款项传送至各收报清算分中心。每日营业终了,总行清算中心更新各清算分中心在总行开立的备付金存款账户余额。贷记支付业务的会计分录为:

借:系统内款项存放——发报清算分中心户

　贷:系统内款项存放——收报清算分中心户

借记支付业务的会计分录与贷记支付业务相反。

在日终处理结束后,计算机生成总行清算中心的电子汇划往来汇总报单、电子汇划日报表和相应对账信息,下发各清算分中心及经办行对账。

(四)收报清算分中心

收报清算分中心收到总行清算中心传来的汇划业务数据后,计算机系统自动检测收报经办行是否为辖属行处,核押无误后自动进行账务处理。接收电子汇划贷记支付业务信息的会计分录为:

借:系统内上存款项——上存总行备付金户

　贷:网内往来——收报经办行户

接收借记支付业务信息的会计分录则相反。

在日终处理结束后,由计算机生成各清算中心的汇总报单、日报表及各类对账单,打印核对无误后,结束当日汇划业务。

收报清算分中心对实时业务即时处理后传至收报经办行,批量业务则是处理后次日传至收报经办行。处理方式有集中式和分散式两种。

在集中式处理方式下,清算分中心作为业务处理中心,负责辖内汇划收报的集中处理及汇出汇款、应解汇款等内部账务的集中管理。清算分中心收到总行清算中心传来的实时电子汇划数据后,清算分中心即时代辖属经办行记账;收到总行清算中心传来的批量电子汇划数据后,日终进行挂账处理,次日待经办行确认后记账。

在分散式处理方式下,收报清算分中心收到总行清算中心传来的电子汇划数据后,均传至收报经办行进行处理。实时的电子汇划数据要即时传至收报经办行记账;批量电子汇划数据则由收报清算中心挂账,次日待收报经办行确认后传至收报经办行记账。

(五)收报经办行

收报经办行接收到收报清算分中心传来的批量、实时汇划业务信息后,打印保单,并自动进行账务处理。贷记支付业务的会计分录为:

借:网内往来

贷：吸收存款——收款人户（或其他有关科目）

借记支付业务的会计分录与贷记支付业务相反。

五、电子汇划清算账户的核算

各清算分中心在总行清算中心开立备付金账户，通过“系统内上存款项”科目核算，然后通过中国人民银行将款项汇入总行清算中心。具体手续是：根据资金营运部门的资金调拨单，编制中国人民银行电（信）汇凭证，通过中国人民银行汇入总行清算中心。会计分录为：

借：其他应收款——待处理汇划款项户

贷：存放中央银行款项——准备金存款户

待总行清算中心收到备付金后，由系统自动做账务处理。会计分录为：

借：系统内上存款项——上存总行备付金存款户

贷：其他应收款——待处理汇划款项户

二级分行在管辖省（区）分行开立备付金账户，也就是说，备付金通过中国人民银行汇入省（区）分行，处理手续同上。

支行在管辖省（区）分行开立备付金存款账户，通过“辖内上存款项”和“辖内款项存放”科目核算，具体处理手续同上。备付金通过中国人民银行汇入省（区）分支行的会计分录为：

借：其他应收款——待处理汇划款项户

贷：存放中央银行款项——准备金存款户

待省（区）分行收到备付金后，由系统自动进行账务处理，会计分录为：

借：辖内上存款项——上存分行备付金存款户

贷：其他应收款——待处理汇划款项户

省（区）分行收到各支行上存的备付金后，当日通知有关支行并进行账务处理，会计分录为：

借：存放中央银行款项——准备金存款户

贷：辖内款项存放——××支行备付金存款户

各行在上级行出现头寸不足时，应通过中国人民银行及时补足备付金存款。

第四节　同城票据交换的核算

同城票据交换是指本行与他行通过中国人民银行的同城票据交换系统进行票据交换的过程，同城票据交换包括交换提出借方凭证、交换提出贷方凭证、交换提入借方凭证、交换提入贷方凭证、结算业务使用的凭证。从支付发起清算行（提出票据行）的角度出发，分为借方凭证和贷方凭证，典型的借方凭证包括银行汇票、银行本票、借记支票等；典型的贷方凭证包括托收承付凭证、委托收款凭证、汇兑凭证及货记支票等。

一、同城票据交换的要求和内容

同城票据交换是由中国人民银行开设交换所组织的交换。同城票据交换的直接参与者是清算行，交换行可以委托清算行代理交换，清算行本身的票据也可直接交换，银行业金融机构参与由中国人民银行组织的票据交换时，需要做出如下准备：

1. 向中国人民银行申请核定的交换号码。交换号码是参加同城票据交换的营业机构代码，只有在参加交换的各类票据上加印交换号码，才能进行清分识别。清算行应向中国人民银行(所在地)申请交换号，由中国人民银行审查同意后核发。

2. 配备专职交换人员。同城票据交换应指定专人负责，严格遵守交换所规则。同时，负责同城票据交换的人员不得兼职负责系统内的资金汇划清算；不得兼管央行备付金账户和同业往来账户；不得兼管内部往来业务等。

3. 按照中国人民银行统一的交换场次和时间参加交换。

4. 开立清算账户。清算行应在中国人民银行开立清算账户，以便在每次交换结束时，将交换差额在清算账户内直接清算。

同城票据交换须区分直接提出、提入票据以及委托代理行代理提出、提入票据两种情况。直接提出、提入票据是指该机构(清算行)作为票据交换行，直接与中国人民银行票据交换系统发生票据交换业务；委托代理行代理提出、提入票据是指交换行受托为在票据交换所无交换行号的机构办理提出、提入票据的行为。为了便于理解和学习，本书其他章节对同城票据清算的明细科目进行了简化。下面专门介绍同城票据交换明细核算的具体细节。

二、提出票据的核算

(一)交换提出借方凭证

1. 直接提出借方凭证

(1)票据提出行直接提出借方凭证时，会计分录为：

借：跨行清算资金往来——同城票据清算(清算机构)

　　贷：其他应付款——同城票据款项——同城票据清算——提出(交易机构一级支行)

(2)未发生退票时，会计分录为：

借：其他应付款——同城票据款项——同城票据清算——提出(交易机构一级支行)

　　贷：吸收存款——××持票人户(开户机构)

(3)退票的处理：

①发生电话退票时，不进行账务处理。

②发生直接退票时，会计分录为：

借：其他应付款——同城票据款项——同城票据清算——提出(交易机构一级支行)

　　贷：其他应付款——同城票据款项——同城票据清算——退票(交易机构一级支行)

同时记录：

借：其他应付款——同城票据款项——同城票据清算——退票(交易机构一级支行)

　　贷：跨行清算资金往来——同城票据清算(清算机构)

③发生退票后再次提出借方凭证时，会计分录为：

借：其他应付款——同城票据款项——同城票据清算——提出(交易机构一级支行)

　　贷：其他应付款——同城票据款项——同城票据清算——退票(交易机构一级支行)

借：其他应付款——同城票据款项——同城票据清算——退票(交易机构一级支行)

　　贷：跨行清算资金往来——同城票据清算(清算机构)

借：跨行清算资金往来——同城票据清算(清算机构)

　　贷：其他应付款——同城票据款项——同城票据清算——退票(交易机构一级支行)

2. 委托代理行代理提出借方凭证

委托代理行代理提出借方凭证时，委托行不进行账务处理，由受托行代其进行相应的账务处理。若未发生退票,由受托行直接联动记入委托行的客户分户账户。若发生退票,由受托行进行入账处理,其处理视同受托行自己的票据,不需要联动委托行进行入账处理。

(二)交换提出贷方凭证

1. 直接提出贷方凭证

(1)直接提出贷方凭证时,会计分录为:

借:吸收存款——××付款人户(交易机构)

贷:跨行清算资金往来——同城票据清算(清算机构)

(2)退票的处理

①发生退票后再次提出贷方凭证时,会计分录为:

借:跨行清算资金往来——同城票据清算(清算机构)

贷:其他应付款——同城票据款项——同城票据清算——退票(交易机构一级支行)

借:其他应付款——同城票据款项——同城票据清算——退票(交易机构一级支行)

贷:跨行清算资金往来——同城票据清算(清算机构)

②发生退票的贷方凭证返还给付款申请人时,会计分录为:

借:跨行清算资金往来——同城票据清算(清算机构)

贷:其他应付款——同城票据款项——同城票据清算——退票(交易机构一级支行)

借:其他应付款——同城票据款项——同城票据清算——退票(交易机构一级支行)

贷:吸收存款——××付款人户(开户机构)

2. 委托代理行代理提出贷方凭证

委托行提出贷方凭证时,由受托行进行账务处理,同受托行直接提出,联动扣减委托行的客户账户。当委托行提出的贷方凭证发生退票并退回客户账户时,受托行将其视同受托行的票据进行处理,联动委托行的客户账户入账。当退票重新提出时,由受托行直接办理重新提出,委托行不需要进行账务处理,受托行处理时视同受托行的票据。

三、提入票据的核算

(一)交换提入借方凭证

直接交换提入借方凭证与委托代理行代理提入借方凭证账务处理相同,因此不再分开。

1. 若提入的借方凭证是正确的,会计分录为:

借:吸收存款——××付款人户(开户机构)

贷:跨行清算资金往来——同城票据清算(清算机构)

2. 若提入的借方凭证是错误的,会计分录为:

借:其他应收款——同城票据款项——同城票据清算——退票(交易机构一级支行)

贷:跨行清算资金往来——同城票据清算(清算机构)

借:跨行清算资金往来——同城票据清算(清算机构)

贷:其他应收款——同城票据款项——同城票据清算——退票(交易机构一级支行)

(二)交换提入贷方凭证

直接交换提入贷方凭证与委托代理行代理提入贷方凭证账务处理相同,因此不再分开。

1. 提入的贷方凭证不需要退票时,会计分录为:

借:跨行清算资金往来——同城票据清算(清算机构)

贷:吸收存款——××收款人户(开户机构)

2. 提入的贷方凭证需要退票时，会计分录为：

借：跨行清算资金往来——同城票据清算（清算机构）

　　贷：其他应付款——同城票据款项——同城票据清算——退票（交易机构一级支行）

借：其他应付款——同城票据款项——同城票据清算——退票（交易机构一级支行）

　　贷：跨行清算资金往来——同城票据清算（清算机构）

四、同城票据交换轧差

票据的交换行与清算行可能为同一机构，也可能为不同机构，交换结束后，清算行“跨行清算资金往来——同城票据清算”账户的应收（或应付）差额应与中国人民银行交换所的清算差额相符。“跨行清算资金往来——同城票据清算”账户的应收（或应付）差额根据清算行提入贷方凭证、提入借方凭证、提出借方凭证、提出贷方凭证的实际数额计算得到，其中若借方凭证数额大于贷方凭证数额，其差额则为应收差额；若贷方凭证数额大于借方凭证数额，则其差额为应付差额。

若本行同城票据交换轧差金额与中国人民银行轧差金额不符，则应先在交换行进行挂账处理，待查清原因后再进行后续处理。

（一）清算行与交换行轧差不符挂账的处理

1. 若轧差不符，挂账后为应付差额款项时，会计分录为：

借：跨行清算资金往来——同城票据清算（清算机构）

　　贷：其他应付款——同城票据款项——待转同城票据清算（交易机构一级支行）

2. 若轧差不符，挂账后为应收差额款项时，会计分录为：

借：其他应收款——同城票据款项——待转同城票据清算（交易机构一级支行）

　　贷：跨行清算资金往来——同城票据清算（清算机构）

（二）挂账后查明原因的处理

1. 查明原因后将应付客户资金支付给客户，会计分录为：

借：其他应付款——同城票据款项——待转同城票据清算（交易机构一级支行）

　　贷：吸收存款——××单位户（开户机构）

2. 查明原因后须向客户收取款项时，会计分录为：

借：吸收存款——××单位户（开户机构）

　　贷：其他应收款——同城票据款项——待转同城票据清算（交易机构一级支行）

3. 对于因操作失误等原因造成的挂账，正确处理后重新轧差，负数冲挂账，挂账后为应付差额款项时，会计分录同挂应付差额款项，负金额记账。挂账后为应收差额款项时，会计分录同挂应收差额款项，负金额记账。

（三）清算行与中国人民银行清算资金的处理

1. 清算行与中国人民银行轧差时，如挂账后为应收差额的，会计分录为：

借：存放中央银行款项——准备金（开户机构）

　　贷：跨行清算资金往来——同城票据清算（清算机构）

2. 清算行与中国人民银行轧差时，如挂账后为应付差额的，会计分录为：

借：跨行清算资金往来——同城票据清算（清算机构）

　　贷：存放中央银行款项——准备金（开户机构）

本章小结

中国已初步建成以中国人民银行大额实时支付系统和小额批量支付系统为核心，银行业金融机构行内支付系统为基础，票据交换系统、银行卡支付系统、外币支付系统为重要组成部分的支付清算体系，这对于加速资金周转、提高资源配置效率、有效促进经济增长、满足社会公众日益增长的支付需求、提高人民的生活质量具有重要意义，同时也有利于保证货币政策的传导畅通，加强各金融市场的有机联系，推动金融创新，防范金融风险，维护金融稳定，坚定社会公众对货币及其转移机制的信心。

大额实时支付系统的参与者根据他们的身份划分为直接参与者、间接参与者和特许参与者三类，大额实时支付系统主要处理同城和异地的金额在规定起点(目前为 2 万元)以上的大额贷记支付业务和紧急的小额贷记支付业务，业务范围包括大额支付业务、即时转账业务和城市商业银行的汇票业务，可为银行业金融机构和金融市场提供快速、高效、安全、可靠的支付清算服务，其会计核算包括发起行和发起清算行的核算、"汇总平和科目"的结转、"清算账户"的结转以及"支付清算资金往来科目"余额的核对四个部分。小额批量支付系统为直接参与者之间的支付业务提供服务，可处理一些跨行支付业务，为社会提供低成本、大业务量的支付清算服务，会计核算主要包括发出贷记业务和借记业务的核算、日终轧差和清算资金、国家处理中心年终账务结转四个部分。

银行业金融机构行内支付系统普遍采用了可以提高社会资金周转效率的电子汇划系统，银行行内电子汇划和清算通常采用"实存资金，同步清算，头寸控制，集中监督"的方式，电子汇划业务包括同一商业银行系统内行间异地的贷记支付业务和借记支付业务，参与机构包括发报经办行、发报清算分中心、总行清算中心、收报清算分中心和收报经办行。在进行电子汇划清算账户核算时，各清算分中心在总行清算中心开立备付金账户，在"系统内上存款项"科目核算，然后通过中国人民银行将款项汇入总行清算中心。

同城票据交换的核算包括提出票据的核算、提入票据的核算，清算行的账户差额应当与中国人民银行交换所的清算差额相等，否则应先在交换行挂账，并查清原因，进行相应处理。

本章关键术语

支付清算体系；中国现代化支付系统；大额实时支付系统；小额批量支付系统；银行业；金融机构行内支付系统；同城票据交换

本章思考题

1. 什么是支付清算体系？资金清算与支付结算的关系如何？
2. 简述当前我国支付清算体系的构成。
3. 简述中国现代化支付系统的参与者和组成机构。
4. 简述大额实时支付系统与小额批量支付系统的联系与区别。
5. 商业银行行内电子汇划与资金清算的基本做法是什么？
6. 何为同城票据交换？简述清算差额的计算和账务处理。

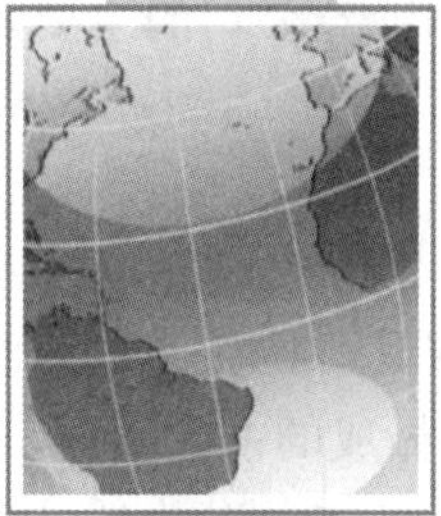

第十三章 证券公司业务核算

学习目标

1. 了解证券公司的主要业务
2. 掌握证券公司经纪业务的核算
3. 掌握证券公司自营业务的种类和核算
4. 掌握证券公司承销业务的种类和核算
5. 了解证券公司其他业务的核算

本章预习

证券和证券市场是商品经济和社会化大生产发展的必然产物，是我国社会主义市场经济体系的一个重要的有机组成部分，为我国国民经济的发展发挥了重要的支撑作用。近年来，随着我国证券和证券市场突飞猛进的发展，证券公司的规模、实力也随之呈现出快速增长的态势，在融资、优化资源配置等方面发挥着越来越重要的作用。

本章的重难点内容主要为证券公司自营业务的会计核算，证券公司代理买卖证券、代理兑付证券等经济业务的会计核算，证券公司全额承购包销、余额承购包销和代销方式承销证券业务的会计核算。

专栏 13－1

近日，中国证券业协会对中国的证券公司 2020 年前三季度的经营数据进行了统计。证券公司未经审计的财务报表显示，135 家证券公司 2020 年前三季度实现营业收入 3 423.81 亿元，各主营业务收入分别为代理买卖证券业务净收入(含交易单元席位租赁)900.08 亿元、证券承销与保荐业务净收入 431.58 亿元、财务顾问业务净收入 50.62 亿元、投资咨询业务净收入 31.98 亿元、资产管理业务净收入 212.64 亿元、利息净收入 445.60 亿元、证券投资收益(含公允价值变动)1 013.63 亿元。证券公司 2020 年前三季度实现净利润 1 326.82 亿元，126 家证券公司实现盈利。据统计，截至 2020 年 9 月 30 日，135 家证券公司总资产为 8.57 万亿元，净资产为 2.24 万亿元，净资本为 1.79 万亿元，客户交易结算资金余额(含信用交易资金)为 1.56 万亿元，受托管理资金本金总额为 11.23 万亿元。

资料来源：中国证券业协会网站，2020 年。

第一节　证券公司业务概述

证券公司经营的证券属于资本证券，资本证券是表明持券人的资本所有权或债权，并且可以据其获得一定收益的证券。资本证券可以买卖,具有市场性。换句话说,持有人通过持有资本证券这种特殊资本,能够获得一定的收益,也可以转让给他人而收回本金。

在对证券公司的业务进行会计核算前,应首先明确证券的有关概念和证券公司的主要业务。

一、证券概述

证券是各类记载并代表一种权利的法律凭证,用于证明持有人有权依其所持凭证记载的内容而取得应有的权益。从一般意义上说,证券是用以证明或设定权利所做成的书面凭证,它表明证券持有人或第三者有权取得该证券拥有的特定权益。证券按性质的不同划分为凭证证券和有价证券。本章所述的证券均为有价证券。

专栏 13－2

凭证证券又称无价证券,是指证券本身不能给持有人或第三者带来一定收入的证券。无价证券虽然也是代表所有权的凭证,但不能让渡,不能真正独立地作为所有权证书来行使权利。

无价证券按照不同的功能,通常分为证据证券和资格证券。证据证券是单纯证明某一特定事实的书面凭证,如借据、收据等。资格证券是表明证券持有人具有行使一定权利资格的书面证券,如各种类型的资格证券,以及机票、车船票、电影票等。

(一)有价证券

有价证券是指标明票面金额,证明持有人有权按期取得收入并可自由转让和买卖的所有权或债权凭证。有价证券本身没有价值,但由于其代表着一定量的财产权利,持有人可以凭借该证券直接取得一定量的商品、货币,或者是取得利息、股息等收入,因此可以在证券市场上自由买卖和流通,从而使有价证券有了交易价格。

有价证券是最常见的证券形式,有广义和狭义之分。本章所说的有价证券,是指狭义上的有价证券,即资本证券。

专栏 13－3

广义的有价证券包括商品证券、货币证券和资本证券 3 类。

商品证券是证明持有人具有商品所有权和使用权的凭证,取得这种证券就等于拥有了商品的所有权,这种证券所代表的商品所有权受法律保护。典型的商品证券有提货单、运货单等。

货币证券是指其本身能使持有人或者第三者取得货币索取权的有价证券。货币证券包括两大类:一类是商业证券,比如商业汇票和商业本票;另一类是银行证券,比如银行汇票和银行本票。

资本证券是指由金融投资或与金融投资有直接联系的活动而产生的证券,资本证券持有人有一定的收入请求权。资本证券是有价证券的主要形式,狭义的有价证券就是指资本证券,人们通常把资本证券直接称为有价证券或证券。

狭义的有价证券仅指资本证券。

(二)证券市场

证券市场是指股票、债券、证券投资基金等有价证券发行和交易的场所。它是融通长期资金的市场,是各国资本市场的主体和基础。证券市场是市场经济发展到一定阶段的产物,是为解决资本供求矛盾和流动性而产生的市场。证券市场以证券的发行与交易的方式实现了筹资与投资的对接,有效地化解了资本的供求矛盾,满足了资本结构调整的需要。

证券市场可从不同的角度,依据不同的标准进行分类。例如,按照市场职能的不同,证券市场可分为证券发行市场(即"一级市场")和证券流通市场(即"二级市场");依据证券性质的不同,证券市场可分为股票市场、债券市场、基金市场和金融衍生品市场等。

第二节　证券经纪业务的核算

证券经纪业务又称代理买卖证券业务,是指证券公司接受客户委托,代理买卖有价证券的行为。证券经纪业务是证券公司最基本的一项业务。在证券经纪业务中,证券公司作为中介人,只根据委托人对证券品种、价格和交易数量的委托办理证券交易,不承担客户的价格风险,以获得的佣金手续费收入作为其利润的主要来源。

证券经纪业务主要包括代理买卖证券、代理兑付证券和代理保管证券。本节主要介绍证券经纪业务的会计科目的设置、代理买卖证券的核算和代理兑付证券的核算。

专栏 13－4

代理买卖证券是指证券公司接受客户委托,代理客户进行证券交易并收取手续费和佣金,分为代理买入证券和代理卖出证券。

代理兑付证券是指证券公司接受客户(国家或企业等债券发行单位)的委托,兑付到期的国债、企业债券及金融债券等,并向发行单位收取手续费。

代理保管证券是指证券公司接受客户委托,代客户保管证券并收取手续费或免费代为保管。

一、会计科目的设置

根据代理业务经济内容的不同,证券经纪业务主要设置以下会计科目,如表 13－1 所示。

表 13－1　　证券经纪业务设置的主要会计科目

科目名称	主要核算内容	科目性质
代理兑付证券	该科目用来核算证券公司接受委托,代理兑付到期的证券。该科目借方登记已兑付的各类到期证券以及因委托单位未拨付或拨付不足的证券兑付资金、客户兑付时垫付的资金;贷方登记国家或企业拨付的委托证券资金,以及向委托单位交付已兑付的证券并收回垫付的资金。期末,借方余额表示证券公司已兑付但尚未收到的委托单位兑付资金的证券金额。该科目应当按照委托单位和证券种类进行明细核算	资产类

续表

科目名称	主要核算内容	科目性质
结算备付金	该科目用来核算证券公司为证券交易的资金清算与交收而存入指定清算代理机构的款项。企业向客户收取的结算手续费、向证券交易所支付的结算手续费，也在该科目核算。该科目借方登记证券公司存入清算代理机构的款项；贷方登记从清算代理机构收回的资金数额。期末，借方余额表示证券公司存入指定清算代理机构但尚未使用的款项余额。该科目应当按照清算代理机构设置明细账，分“自有”“客户”等项目进行明细核算	资产类
代理买卖证券款	该科目用于核算证券公司接受客户委托，代理客户买卖股票、债券和基金等有价证券，而由客户交存的款项。该科目贷方登记收到客户交来的代理买卖证券及代理认购新股的款项等；借方登记证券公司代理客户买卖证券、代理客户认购新股、代理客户办理配股业务而减少的代理买卖证券款项，以及因客户提取存款而减少的代理买卖证券款项。期末，贷方余额表示证券公司接受客户存放的代理买卖证券资金。该科目应当按照客户类别等进行明细核算	负债类
代理兑付证券款	该科目用来核算证券公司接受委托，代理兑付证券而收到的兑付资金。该科目贷方登记收到委托单位的兑付资金；借方登记代理兑付的资金。期末，贷方余额表示证券公司已收到但尚未兑付的代理兑付证券款项。该科目应当按照委托单位和证券种类进行明细核算	

二、代理买卖证券的核算

代理买卖证券业务是指证券公司接受客户委托，代理客户进行证券买卖的业务。证券公司代理客户买卖证券收到的款项，属于公司的负债，必须全额存入指定的商业银行的资金专户，并与本公司的银行存款分开进行核算。与此同时，证券公司代理客户买卖证券所收取的手续费，应当在与客户办理买卖证券款项清算时确认为手续费及佣金收入。

(一)代理认购新股的核算

证券公司代理认购新股业务的核算可分为以下几个环节：

1. 收取认购款。证券公司收到客户委托认购新股的款项，根据开户行的收账通知办理核算，会计分录为：

借：银行存款——客户

　　贷：代理买卖证券款

2. 划转认购资金。从新股认购开始，证券公司将资金专户款项划转清算代理机构，会计分录为：

借：结算备付金——客户

　　贷：银行存款——客户

3. 清算资金。客户向证券公司办理代理申购手续时，公司与证券交易所清算资金，会计分录为：

借：代理买卖证券款

　　贷：结算备付金——客户

证券交易所完成中签认定工作，将未中签资金退还给公司代理客户，会计分录为：

借:结算备付金——客户

　　贷:代理买卖证券款

证券公司将未中签的款项划回,会计分录为:

借:银行存款——客户

　　贷:结算备付金——客户

证券公司将未中签的款项退还给客户,会计分录为:

借:代理买卖证券款

　　贷:银行存款——客户

(二)代理买卖证券的核算

证券公司代理买卖证券时,其会计核算分为以下几个方面:

1. 接受委托

证券公司受客户委托买卖证券,客户存入款项以及证券公司在证券交易所为客户开立买卖证券资金清算专户时,其会计处理均与新股认购核算方法相同。

2. 代理买卖

证券公司接受客户委托,通过证券交易所代理买卖证券,与客户清算时,如果买入证券成交总额大于卖出证券成交总额,应按清算日买卖成交价的差额,加上代扣代缴的印花税等相关税费和应向客户收取的佣金等费用之和,借记"代理买卖证券款"科目,贷记"结算备付金——客户"或"银行存款"等科目;按公司应负担的交易费用,借记"手续费及佣金支出——代理买卖证券手续费支出"科目,按应向客户收取的佣金及手续费,贷记"手续费及佣金收入——代理买卖证券手续费收入"科目,按其差额,借记"结算备付金——自有""银行存款"等科目。其会计分录为:

借:代理买卖证券款

　　贷:结算备付金——客户

同时记录:

借:手续费及佣金支出——代理买卖证券手续费支出

　　结算备付金——自有

　　贷:手续费及佣金收入——代理买卖证券手续费收入

证券公司接受客户委托,通过证券交易所代理买卖证券,与客户清算时,如果卖出证券成交总额大于买入证券成交总额,应按照证券成交价的差额,减去代扣代缴的印花税等相关税费和应向客户收取的佣金等费用后的余额,借记"结算备付金——客户"科目,贷记"代理买卖证券款"等科目;按照应负担的交易费用,借记"手续费及佣金支出——代理买卖证券手续费支出"科目,按应向客户收取的佣金及手续费,贷记"手续费及佣金收入——代理买卖证券手续费收入"科目,按其差额,借记"结算备付金——自有""银行存款"等科目。其会计分录为:

借:结算备付金——客户

　　贷:代理买卖证券款

同时记录:

借:手续费及佣金支出——代理买卖证券手续费支出

　　结算备付金——自有

　　贷:手续费及佣金收入——代理买卖证券手续费收入

【例 13—1】 2020 年 9 月 3 日,A 证券公司代客户认购深圳证券交易所新发行的××股票，收到客户交来的认购款 5 000 万元。9 月 9 日，认购款项划到上海证券交易所。10 月 9 日，客户部分中签，中签资金为 4 500 万，办理申购手续，然后将未中签资金 500 万退还给客户。

该证券公司会计业务处理的分录如下：

10 月 9 日：

借：银行存款——客户	50 000 000	
贷：代理买卖证券款		50 000 000

10 月 10 日：

借：结算备付金——客户	50 000 000	
贷：银行存款——客户		50 000 000

11 月 9 日：

借：代理买卖证券款	45 000 000	
贷：结算备付金——客户		45 000 000
借：银行存款——客户	5 000 000	
贷：结算备付金——客户		5 000 000
借：代理买卖证券款	5 000 000	
贷：银行存款——客户		5 000 000

【例 13—2】 S 证券公司接受客户委托，通过上海证券交易所代理买卖证券，当日买入证券成交总额大于卖出证券成交总额 2 000 万元，发生代扣代缴的交易税 5 万元，过户费 6.5 万元，应向客户收取的手续费 7 万元，公司缴纳交易所的费用 3 万元。

该证券公司的会计分录为：

借：代理买卖证券款	20 185 000	
贷：结算备付金——客户		20 185 000

同时记录，

借：手续费及佣金支出——代理买卖证券手续费支出	30 000	
结算备付金——自有	40 000	
贷：手续费及佣金收入——代理买卖证券手续费收入		70 000

【例 13—3】 A 证券公司接受客户委托，通过深圳证券交易所代理买卖证券，当日买入证券成交总额小于卖出证券成交总额 700 万元，发生代扣代缴的交易税 1.2 万元，过户费 2.3 万元，应向客户收取的手续费 2.5 万元，公司缴纳交易所的费用 1.5 万元。

该证券公司的会计分录为：

借：结算备付金——客户	6 940 000	
贷：代理买卖证券款		6 940 000

同时记录：

借：手续费及佣金支出——代理买卖证券手续费支出	15 000	
结算备付金——自有	10 000	
贷：手续费及佣金收入——代理买卖证券手续费收入		25 000

(三)代理配股派息的核算

证券公司代理配股派息的业务主要包括代理客户办理配股业务、代理客户领取现金股利和利息以及按规定向客户结息 3 个方面。

1. 证券公司代理客户办理配股业务，分两种情况：

(1)当日向证券交易所解交配股款，客户提出配股要求的，会计分录为：

借：代理买卖证券款

　　贷：结算备付金——客户

(2)定期向证券交易所解交配股款，客户提出配股要求的，会计分录为：

借：代理买卖证券款

　　贷：其他应付款——应付客户配股款

与证券交易所清算配股款，按配股金额进行账务处理，会计分录为：

借：其他应付款——应付客户配股款

　　贷：结算备付金——客户

2. 证券公司代理客户领取现金股利和利息，会计分录为：

借：结算备付金——客户

　　贷：代理买卖证券款

3. 证券公司按规定向客户统一结息时，会计分录为：

借：利息支出

　　应付利息

　　贷：代理买卖证券款

三、代理兑付证券的核算

代理兑付证券是证券公司接受国家或企业等证券发行单位的委托，兑付到期证券，兑付结束后，将已兑付证券集中交给发行单位，同时向发行单位收取手续费的业务。

结合代理兑付证券的业务内容，代理兑付证券的核算主要包括代理兑付无记名证券、代理兑付记名证券和手续费收入等的核算。

(一)代理兑付无记名证券的核算

证券公司代理兑付无记名证券时，其会计核算的处理如下：

1. 收到兑付资金

证券公司收到委托单位拨来的兑付证券款时，会计分录为：

借：银行存款

　　贷：代理兑付证券款

2. 兑付证券

证券公司兑付无记名证券，收到客户交来的实物债券时，按兑付金额(证券本息)支付资金并进行账务处理。会计分录为：

借：代理兑付证券(本金和利息)

　　贷：银行存款

3. 清算款项

兑付期结束后，证券公司应将已兑付的证券集中交给发行单位，按代理兑付的本息与委托单位办理结算。会计分录为：

借：代理兑付证券款

　　贷：代理兑付证券

(二)代理兑付记名证券的核算

代理兑付记名证券与代理兑付无记名证券的核算有一些相似之处，其账务处理如下：

1. 收到兑付资金

证券公司收到委托单位记名证券的兑付资金时，会计分录为：

借：银行存款

　　贷：代理兑付证券款

2. 兑付证券

证券公司收到客户交来的记名证券时，按兑付金额做如下会计分录：

借：代理兑付证券(本金和利息)

　　贷：银行存款

证券公司代理兑付证券时，若委托单位尚未拨付兑付资金而由公司垫付的，证券公司在收到客户交来的证券时，应按兑付金额做如下会计分录：

借：代理兑付证券款(本金和利息)

　　贷：银行存款

向委托单位交回已兑付的证券并收回垫付的资金时，会计分录为：

借：银行存款

　　贷：代理兑付证券

(三)手续费收入的核算

证券公司向委托单位单独收取代理兑付证券手续费的，按应收或已收取的手续费金额，编制如下会计分录：

借：应收手续费及佣金(或银行存款、结算备付金等科目)

　　贷：手续费及佣金收入——代理兑付证券手续费收入

手续费与兑付款一并汇入的，在收到款项时，做如下会计分录：

借：银行存款(实际收到的金额)

　　贷：代理兑付证券款(本金和利息)

　　　　其他应付款——预收代理兑付证券手续费(事先取得的手续费)

兑付业务完成后，确认手续费及佣金收入，会计分录为：

借：其他应付款——预收代理兑付证券手续费

　　贷：手续费及佣金收入——代理兑付证券手续费收入

【例 13－4】 A 证券公司接受委托，代 B 企业兑付到期的无记名债券，向该企业划拨兑付资金 6 500 万元。

该证券公司的会计分录为：

借：银行存款	65 000 000	
贷：代理兑付证券款		65 000 000

该证券公司在兑付期内累计代理兑付实物债券 6 450 万元。其会计分录为：

借：代理兑付证券	64 500 000	
贷：银行存款		64 500 000

兑付期结束后，该证券公司交回兑付债券及余款。其会计分录为：

借：代理兑付证券款	64 500 000	
贷：代理兑付证券		64 500 000

银行存款 500 000

证券公司收到该企业交来的兑付债券手续费5万元,会计分录为:

借:银行存款 50 000

贷:手续费及佣金收入——代理兑付证券手续费收入 50 000

【例13—5】 A证券公司接受客户委托,代B企业兑付到期的记名债券4 000万元。兑付资金由公司垫付,手续费在兑付业务完毕后收取。

该证券公司的会计分录为:

借:代理兑付证券 40 000 000

贷:银行存款 40 000 000

兑付期结束后,该证券公司向委托企业交回已兑付的债券,并回收垫付的资金4 000万元,同时收取手续费4万元。其会计分录为:

借:银行存款 40 040 000

贷:代理兑付证券 40 000 000

手续费及佣金收入——代理兑付证券手续费收入 40 000

【例13—6】 A证券公司接受客户委托,代国家兑付到期的记名债券,收到委托单位拨来的2 500万元兑付资金,同时收到拨来的10万元手续费,兑付期为半年。

本例与【例13—5】的区别在于,手续费收入是否随兑付资金一并拨入。上例是兑付期结束后,该证券公司向委托单位收取手续费,而在本例中则是手续费与兑换资金一并由委托单位拨入。

这两种情况的会计处理是不同的。

款项拨入时,该证券公司的会计分录为:

借:银行存款 25 100 000

贷:代理兑付证券款 25 100 000

其他应付款——预收代理兑付证券手续费 100 000

兑付结束时,该证券公司应确认手续费收入,会计分录为:

借:其他应付款——预收代理兑付证券手续费 100 000

贷:手续费及佣金收入——代理兑付证券手续费收入 100 000

第三节 证券自营业务的核算

证券自营业务是经中国证监会批准经营证券自营业务的证券公司使用自有资金和依法筹集的资金,用自己的名义开设证券账户买卖有价证券,以获取盈利的行为。

下面将从会计科目的设置、自营买卖证券的核算、自营业务卖出成本的核算三个方面对证券自营业务进行介绍。

一、会计科目的设置

证券公司进行证券买进和卖出业务时,应设置"交易性金融资产""资产减值损失"等科目进行核算。

表13—2主要介绍了"交易性金融资产"和"资产减值损失"科目的具体核算方法。

表 13－2　　证券自营业务主要会计科目设置

科目名称	主要核算内容	科目性质
交易性金融资产	该科目用来核算证券公司为交易目的而持有的债券投资、股票投资、基金投资等交易性金融资产的公允价值。证券公司持有的直接指定为以公允价值计量且其变动计入当期损益的金融资产,也在该科目中核算。该科目借方登记取得交易性金融资产的成本和公允价值的有利变动;贷方登记出售交易性金融资产时结转的成本以及公允价值的不利变动。期末借方余额反映证券公司持有的交易性金融资产的公允价值。该科目应当按照交易性金融资产的类别和品种,分"成本"和"公允价值变动"项目进行明细核算	资产类
资产减值损失	该科目用于核算证券公司根据资产减值等准则计提各项资产减值准备所形成的损失。证券公司根据资产减值等准则确定资产发生减值的,按应减记的金额,借记"资产减值损失"科目,贷记相关资产的备抵账户或相关资产的减值准备明细账户;当相关资产的价值得以恢复后,应在原计提的减值准备金额内,按恢复增加的金额做相反的会计分录。期末,应将"资产减值损失"科目应余额转入"本年利润"科目,结转后"资产减值损失"科目无余额。"资产减值损失"科目应当按照资产减值损失项目进行明细核算	损益类

二、自营买卖证券的核算

证券公司买入证券后,应根据《企业会计准则第 22 号——金融工具确认和计量》的规定,对取得的证券根据其业务模式和合同现金流量特征进行分类。一般来说,证券公司的买入证券可以划分为以公允价值计量且其变动计入当期损益的金融资产和以公允价值计量且其变动计入其他综合收益的金融资产两类。其中,以公允价值计量且其变动计入当期损益的金融资产包括交易性金融资产和指定为以公允价值计量且其变动计入当期损益的金融资产。这里以购入交易性金融资产的核算为例,介绍自营买入证券的核算。

专栏 13－5

按照《企业会计准则第 22 号——金融工具的确认和计量》的规定,金融资产满足下列条件之一的,表明企业持有该金融资产的目的是交易性的:

(1)取得该金融资产的目的,主要是为了近期内出售或回购。

(2)相关金融资产在初始确认时属于集中管理的可辨认金融工具组合的一部分,且有客观证据表明近期实际存在短期获利模式。

(3)相关金融资产属于衍生工具,但符合财务担保合同定义的衍生工具以及被指定为有效套期工具的衍生工具除外。

一般来说,证券公司自营买入证券的核算可分为以下几个步骤:

1. 证券公司进行自营证券的买卖,需要通过清算代理机构进行结算。证券公司将自有资金存入清算代理机构时,按实际存入金额入账。其会计分录为:

借:结算备付金——自有

　　贷:银行存款

从清算代理机构收回资金时做相反的会计分录。

2. 证券公司取得交易性金融资产的，在初始确认时按照公允价值入账，发生相关交易费的，直接计入当期损益。支付的价款中如果有已宣告但尚未发放的现金股利或已到付息期但尚未领取的利息时，应反映为应收股利或应收利息。证券公司应按照实际支付的金额，减少结算备付金金额，其会计分录为：

借：交易性金融资产——成本

　　投资收益

　　应收股利(应收利息)

　　贷：结算备付金——自有

3. 证券公司收到属于取得交易性金融资产支付价款中包含的已宣告发放的现金股利或债券利息时，做以下会计分录：

借：结算备付金——自有

　　贷：应收股利(应收利息)

4. 交易性金融资产持有期间被投资单位宣告发放现金股利或在资产负债表日按分期付息、一次还本债券投资的票面利率计算的利息，证券公司应确认为投资收益，其会计分录为：

借：应收股利(应收利息)

　　贷：投资收益

5. 证券公司实际收到现金股利或应收利息时，会计分录为：

借：银行存款

　　贷：应收股利(应收利息)

6. 资产负债表日，证券公司应按交易性金融资产公允价值变动形成的利得或损失，计入当期损益。交易性金融资产的公允价值高于其账面价值余额的，应按其差额编制会计分录为：

借：交易性金融资产——公允价值变动

　　贷：公允价值变动损益

公允价值低于其账面余额的差额做相反的会计分录。

7. 出售交易性金融资产。处置交易性金融资产时，其公允价值与账面余额之间的差额应确认为投资收益，同时将原计入该交易性金融资产的公允价值变动损益转出，计入投资收益，其会计分录为：

借：结算备付金——自有

　　借或贷：投资收益

　　贷：交易性金融资产——成本

　　　　交易性金融资产——公允价值变动

同时记录：

借：公允价值变动损益

　　贷：投资收益

【例13—7】　2023年3月6日，A证券公司从上海证券交易所购入B公司股票500万股，准备近期出售，列为交易性金融资产。购买日该资产的公允价值为5 000万元，另须支付相关交易费用45 000元。

2023年4月10日，B上市公司宣告发放现金股利，每10股发放0.5元。A公司4月20日收到股利。6月30日A公司持有B公司的股票公允价值为5 600万元。

2023 年 11 月 20 日该证券公司将持有的甲公司股票全部售出，取得价款 5 200 万元。

该证券公司的会计分录如下所示。

3 月 6 日：

借：交易性金融资产——成本	50 000 000	
投资收益	45 000	
贷：结算备付金——自有		50 045 000

4 月 10 日：

借：应收股利	250 000	
贷：投资收益		250 000

4 月 20 日：

借：结算备付金——自有	250 000	
贷：应收股利		250 000

6 月 30 日：

借：交易性金融资产——公允价值变动	6 000 000	
贷：公允价值变动损益		6 000 000

11 月 20 日：

借：结算备付金——自有	52 000 000	
投资收益	4 000 000	
贷：交易性金融资产——成本		50 000 000
交易性金融资产——公允价值变动		6 000 000
借：公允价值变动损益	6 000 000	
贷：投资收益		6 000 000

【例 13－8】 2020 年 7 月 1 日，某证券公司从二级市场上购买乙公司债券，面值 400 万元，票面利率为 6%，半年付息一次。支付价款 412 万元(含已到付息期但尚未领取的利息 6 万元)，剩余期限为 2 年，另须支付交易费用 6 万元。

2020 年 7 月 20 日，收到未领利息 12 万元。

2020 年 12 月 31 日，该债券公允价值为 405 万元(不含利息)。

2021 年 1 月 6 日，收到 2020 年下半年利息 12 万元。

2021 年 6 月 30 日，该债券公允价值为 403 万元(不含利息)。

2021 年 7 月 6 日，收到 2021 年上半年利息 12 万元。

2021 年 9 月 30 日，出售该债券收到 407.5 万元(含三季度利息 6 万元)。假定不考虑其他因素。

该债券公司的会计分录如下所示。

2020 年 7 月 1 日：

借：交易性金融资产——成本	4 000 000	
应收利息	120 000	
投资收益	60 000	
贷：结算备付金——自有		4 180 000

2020 年 7 月 20 日：

借：结算备付金——自有	120 000	

贷：应收利息　　120 000

2020 年 12 月 31 日：

借：交易性金融资产——公允价值变动　　50 000

　　贷：公允价值变动损益　　50 000

借：应收利息　　120 000

　　贷：投资收益　　120 000

2021 年 1 月 6 日：

借：结算备付金——自有　　120 000

　　贷：应收利息　　120 000

2021 年 6 月 30 日：

借：公允价值变动损益　　20 000

　　贷：交易性金融资产——公允价值变动　　20 000

借：应收利息　　120 000

　　贷：投资收益　　120 000

2021 年 7 月 6 日：

借：结算备付金——自有　　120 000

　　贷：应收利息　　120 000

2021 年 9 月 30 日：

借：结算备付金——自有　　2 042 000

　　公允价值变动损益　　10 000

　　贷：交易性金融资产——成本　　2 000 000

　　　　交易性金融资产——公允价值变动　　10 000

　　　　投资收益　　42 000

三、自营业务卖出成本的核算

出售自营证券需要转出证券的账面余额，并且把计入“公允价值变动损益”明细科目的金额转入投资收益。如果一笔证券买进后又整体卖出，上述的结转就比较容易。但证券公司的自营证券种类很多，卖出与买进频繁且数量不可能相对应，因此采用实际成本结转时，就需要选择适当的方法计算出应结转的账面余额。这些方法主要有先进先出法、加权平均法和个别计价法，这些方法各有利弊。

采用先进先出法计算售出证券成本，就是以“先购入的证券先出售”这样一种证券实物流转假设为前提，对证券出售进行计价的一种方法。采用这种方法，先购入的证券成本在后购入的证券成本之前转出，据此确定出售证券和期末证券的成本。

采用加权平均法计算售出证券成本，就是利用过去若干个按照时间顺序排列起来的购入同一证券成本并以每次购入该种证券的数量作为权数，计算出证券成本的加权算术平均数，据此确定出售证券和期末证券的成本。采用个别计价法计算售出证券成本，就是以证券的成本流转与证券实物流转相一致为前提，按照购入证券的类别将其购入时所确定的单位成本作为出售证券和期末证券的成本。

【例 13-9】　在某证券公司的自营业务中，W 股票被作为交易性金融资产进行核算和管理，年结存的数量为 80 万股，成本户为 8 800 000 元，公允价值变动户为 30 000 元。某月 6 日购进30万股，支付实际价款3 300 000元，15日购进40万股，支付价款4 500 000元，28日售出100万股，获取价款12 300 000元。

出售证券时，自营证券成本计算如下：

8 800 000＋3 300 000×20÷30＝11 000 000(元)

自营证券成本结转的会计分录为：

借：结算备付金——自有　　12 300 000

　贷：交易性金融资产——成本　　11 000 000

　　交易性金融资产——公允价值变动　　30 000

　　投资收益　　1 270 000

借：公允价值变动损益　　30 000

　贷：投资收益　　30 000

假设此公司本月28日出售证券150万股，获取价款17 000 000元，其他资料不变。出售证券时，自营证券成本计算如下：

8 800 000＋3 300 000＋4 500 000＝16 600 000

自营业务成本结转的会计分录如下：

借：结算备付金——自有　　17 000 000

　贷：交易性金融资产——成本　　16 600 000

　　交易性金融资产——公允价值变动　　30 000

　　投资收益　　370 000

借：公允价值变动损益　　30 000

　贷：投资收益　　30 000

第四节　证券承销业务的核算

证券承销业务是指在发行证券的过程中，证券公司接受发行人的委托，代理发行人发行证券的活动。目前代发行的证券承销业务有全额承购包销、余额承购包销方式和代销方式3种。公司应当根据与发行人协商确定的方式办理证券发售，并按规定分别进行会计核算。

本节主要介绍证券承销业务的会计科目设置、全额承购包销方式承销证券的核算、余额承购包销方式承销证券的核算和代销方式承销证券的核算。

一、会计科目的设置

证券承销业务需要设置“代理承销证券款”科目进行会计核算。

“代理承销证券款”为负债类科目，用来核算证券公司接受委托，采用余额承购包销方式或代销方式承销证券所形成的，应付证券发行人的承销资金。该科目贷方登记证券公司受托代理发行证券时的认购款项，借方登记证券公司向委托人(发行人)支付的待发行的证券款项，期末贷方余额反映证券公司承销证券时应付未付给委托单位的款项余额。该科目应当按照委托单位和证券种类进行明细核算。

证券公司接受委托采用全额承购包销方式承销的证券，以及采用余额承购包销方式承销、承购的证券，应在收到证券时，将其进行分类。例如，划分为以公允价值计量且其变动计入当期损益的金融资产，应在“交易性金融资产”等科目进行核算。

二、全额承购包销方式承销证券的核算

全额承购包销是指证券公司与证券发行单位签订合同或协议，由证券公司按照合同或协议确定的价格将证券从发行单位购进，并向发行单位支付全部款项，然后按照一定的价格在证券一级市场发售的一种代理发行方式。这种发行方式可确保发行单位及时获得所需要的资金，对证券公司来说，却要承担全部风险。证券公司向发行单位承购证券的价格可能低于、等于或高于证券面值，由双方在协议中明确确定，但发售价格由证券公司确定，发行单位原则上不干预，证券公司主要是从中赚取买卖的差价。

证券公司以全额承购包销方式进行承销业务的，应在按承购价格购入待发售的证券时，确认为一项金融资产；公司将证券转售给投资者时，按发行价格进行价款结算，按已发行证券的承购价格结转代发行证券成本并确认投资收益。发行结束后，如有未售出的证券，应按自营证券进行核算和管理。

全额承购包销方式承销证券的会计核算如下。

(一)认购证券

证券公司根据协议认购全部证券，按承购价向委托发行单位支付全部款项，其会计分录为：

借：交易性金融资产(或其他相关科目)

　　贷：银行存款

(二)发售证券

证券公司将证券向市场发售或转售给投资者，按发行价办理核算。同时按照承购价结转售出证券的实际成本，差额确认为投资收益。其会计分录为：

借：银行存款

　　贷：交易性金融资产(或其他相关科目)

　　　　投资收益

发行期结束后，未售出证券按证券公司的自营证券进行管理。

【例13—10】　A证券公司与B股份有限公司签订合同，约定由该证券公司以全额承购包销方式承销B股份有限公司发行的股票7 000万股，承购价为每股1元，发行价为每股1.15元。证券公司在发行结束时共售出6 600万股，支付证券交易所各种费用合计60 000元。发行结束后，该证券公司将未售出的股票转为自营证券(交易性金融资产)进行核算。该证券公司在购入B股份有限公司待发售股票时，应将其确认为交易性金融资产。

该证券公司的会计核算如下：

(1)根据协议认购全部证券时，其会计分录为：

借：交易性金融资产——B股份有限公司　　70 000 000

　　贷：银行存款　　70 000 000

(2)将证券向市场发售或转售给投资者，其会计分录为：

借：银行存款　　75 840 000

　　贷：交易性金融资产——B股份有限公司　　66 000 000

　　　　投资收益　　9 840 000

(3)发行期结束后，将未售出的股票作为该证券公司的自营证券进行管理，其会计分录为：

借：交易性金融资产——证券公司　　4 000 000

贷:交易性金融资产——B股份有限公司　　4 000 000

三、余额承购包销方式承销证券的核算

余额承购包销是指证券发行人委托承销机构在约定期限内发行证券,到销售截止日期,未售出的余额由承销商按照协议价格认购。余额承购包销实际上是先代理发行,后全额承购包销,是代销和全额承购包销方式的结合。

证券公司以余额承购包销方式进行承销业务的,收到代发行单位发售的证券时,在备查簿中记录承销证券的情况。备查簿登记代销证券的发行单位、承销价格、承销数量、承销期限等有关项目。在证券承销期内,按承销价格销售证券。承销期结束后,与发行单位结算承销证券款项和手续费,如果有未发售完的证券,按规定由企业认购。证券公司代发行证券收取的手续费,应于发行期结束后,与发行单位结算价款时确认为手续费及佣金收入。

按照承销证券种类的不同,余额承购包销方式承销证券的核算可分为承销无记名证券的核算和承销记名证券的核算。

(一)承销无记名证券的核算

承销无记名证券的核算可分为以下几个步骤:

1. 收到委托发行的证券

证券公司收到委托单位委托发行的证券时,应作为重要的凭证保管,并在备查簿中记录承销证券的情况。

2. 承销期内发售证券

在约定的期限内售出证券时,证券公司应按承销价格记账。其会计分录为:

借:银行存款

　　贷:代理承销证券款

3. 承销期结束后,认购未售证券

承销期结束后,如有未售出的证券,且采用余额承购包销方式承销证券,合同规定由证券公司认购的,应按承销价格,借记"交易性金融资产"等科目,贷记"代理承销证券款"科目。其会计分录为:

借:交易性金融资产(或其他相关科目)

　　贷:代理承销证券款

4. 承销期结束划转销售款项

承销期结束后,证券公司应将募集的资金付给委托单位并收取手续费。会计分录为:

借:代理承销证券款(承销价款)

　　贷:银行存款(实际支付金额)

　　　　手续费及佣金收入——代理承销证券手续费收入(应收手续费)

此外,在承销结束后应相应地冲销备查簿中登记的承销证券。

【例13-11】 A证券公司与B股份有限公司签订合同,约定由该证券公司以余额承购包销方式承销B股份有限公司发行的无记名证券,承购价共计6 000万元。证券公司在约定期限内售出了该证券的95%,并按发行价的3%收取手续费。发行结束后,证券公司依照合同约定认购剩余债券,转为交易性金融资产,并将所筹集的资金返还给B股份有限公司。

该证券公司的会计核算如下:

(1)收到B股份有限公司委托发行的证券时,应作为重要的凭证保管,并在备查簿中记录承销证券的情况。

(2)在约定的期限内出售证券时,其会计分录为:

借:银行存款　　57 000 000

　　贷:代理承销证券款　　57 000 000

(3)承销期结束后,认购未售证券,会计分录为:

借:交易性金融资产　　3 000 000

　　贷:代理承销证券款　　3 000 000

(4)承销期结束后,将募集资金付给B股份有限公司并收取手续费,会计分录为:

借:代理承销证券款　　60 000 000

　　贷:银行存款　　58 200 000

　　　　手续费及佣金收入——代理承销证券手续费收入　　1 800 000

同时冲销备查簿中登记的承销证券。

(二)承销记名证券的核算

承销记名证券的会计核算可分为以下几个步骤:

1. 发行证券

通过证券交易所上网发行记名证券的,在证券上网发行日,根据承销合同确认的证券发行总额,按承销价在备查簿中记录承销证券的情况。

2. 交割清算

与证券交易所交割清算时,应按实际收到的金额,借记"结算备付金"等科目,贷记"代理承销证券款"科目。

3. 认购未售证券

承销期结束后,如有未出售的证券,证券公司按照合同规定进行认购。在进行账务处理时,应按承销价款,借记"交易性金融资产"等科目,贷记"代理承销证券款"科目。

4. 承销期结束划转销售款项

承销期结束后,证券公司应将承销证券款项交付委托单位并收取承销手续费,按证券实际承销价款,借记"代理承销证券款",按实际支付给委托单位的金额,贷记"银行存款"等科目,同时按照应收取的承销手续费,贷记"手续费及佣金收入"科目。此外,证券公司还应冲销备查簿中登记的承销证券。

四、代销方式承销证券的核算

代销方式承销证券是指证券公司接受发行单位委托,按照规定的条件,在约定的期限内,代为向投资者销售证券;发行期结束后,如有未售出证券,则应退回发行单位。代销证券的证券公司向委托人收取手续费,不承担任何发行风险。由于在代销过程中,代销机构与发行人之间是代理委托关系,承销机构不承担销售风险,因此代销佣金很低。通常情况下,信誉好、知名度高的大中型企业,更倾向于采用代销的方式来降低发行证券成本。

证券公司以代销方式进行承销业务的,收到代发行单位发售的证券时,应在备查簿中记录代销证券的发行单位、承销价格、承销数量、承销期限等有关项目。证券在承销期内,应按承销价格销售证券。承销期结束后,证券公司与发行单位结算承销证券款项的手续费,如有未发售完的证券，应退还给发行单位。证券公司代发行证券收取的手续费，应于发行期结束后，与发行单位结算发行价款时确认为手续费及佣金收入。

证券公司采用代销方式承销证券的，其收到代销证券、承销期内发售证券、承销期结束划转销售款项及收取手续费的账务处理与采用余额承购包销方式承销证券相同。只是在承销期结束后，如有未出售的证券，在采用代销方式承销证券时，应将未出售的证券退还给委托单位，并冲销备查簿中登记的承销证券。

第五节　其他证券业务的核算

其他证券业务是指证券公司经批准在国家许可的范围内进行的除经纪、自营和承销等业务以外的其他与证券有关的业务，如买入返售证券业务、卖出回购证券业务、受托资产管理业务等。

下文将从会计科目设置、买入返售证券的核算、卖出回购证券的核算以及受托资产管理核算 4 个方面，对其他证券业务的核算进行介绍。

一、会计科目设置

证券公司从事买入返售证券业务、卖出回购证券业务、受托资产管理业务时，应设置“买入返售金融资产”“卖出回购金融资产”“代理业务资产”“代理负债业务”等科目进行核算，详情见表 13－3。

表 13－3　　其他证券业务主要会计科目设置

科目名称	主要核算内容	科目性质
买入返售金融资产	该科目用来核算证券公司按返售协议约定先买入再按固定价格返售给卖出方的证券等金融资产所融出的资金。该科目借方登记证券公司按规定买入返售证券时的实际支付款项，贷方登记证券返售时转出的账面余额，期末借方余额反映证券公司已经买入尚未到期返售证券的摊余成本。本科目应按照买入返售金融资产的类别和融资方进行明细核算	资产类
代理业务资产	该科目用于核算证券公司不承担风险的代理业务形成的资产。该科目借方登记用代理业务资金购买证券的实际成本、卖出证券发生的亏损以及结转的投资收益，贷方登记结转已售证券的成本、卖出证券形成的收益以及结转的投资损失，期末借方余额反映证券公司代理业务资产的价值。该科目可按委托单位、资产管理类别、贷方对象，分“成本”“已实现未结算损益”等科目进行明细核算。证券公司的代理买卖证券、代理承销证券、代理兑付证券业务款项不在该科目核算	

续表

科目名称	主要核算内容	科目性质
卖出回购金融资产	该科目用于核算证券公司按回购协议先卖出再按固定价格买入的证券等金融资产所融入的资金。该科目贷方登记证券公司按规定卖出证券时实际收回的款项，借方登记证券回购时转出的账面余额，期末贷方余额反映证券公司尚未到期的卖出回购证券款项。该科目应当按照卖出回购金融资产的类别和融资方进行明细核算	负债类
代理业务负债	该科目用于核算证券公司不承担风险的代理业务收到的款项。该科目贷方登记收到的代理业务款项和属于委托单位的投资收益，借方登记受托投资过程中汇总应由委托方负担的损失和按规定划转、核销和退还委托单位的代理业务资金。该科目可按照委托单位、资产管理等类别进行明细核算。证券公司的代理买卖证券、代理承销证券、代理兑付证券业务款项不在该科目核算	

二、买入返售证券的核算

买入返售证券业务，是指证券公司与其他企业按照协议约定，按一定价格先买入证券，到期日再按合同规定的价格将该批证券予以返售。在买入返售证券业务中，有价证券并不发生真正的转移，而是作为抵押向交易对方融出资金，以获取买卖差价收入。证券公司应在买入某种证券时，按实际发生的成本确认为一项资产；在证券返售时，按返售价格与账面价值的差额确认为当期收入。

买入返售证券的核算可分为以下几个步骤：

(一)买入返售证券

证券公司根据返售协议购入返售证券时，应按实际支付的款项和交易费用之和确定买入返售证券的初始确认金额。其会计分录为：

借：买入返售金融资产

　　贷：银行存款(结算备付金)

(二)期末计息或分红

期末计息或分红可分为两种情况进行核算：

1. 资产负债表日，证券公司计提买入返售证券利息收入时，应按计算确定的买入返售证券的利息收入进行账务处理，会计分录为：

借：应收利息

　　贷：利息收入

收到支付的买入返售证券的利息时，其会计分录为：

借：银行存款(结算备付金)

　　贷：应收利息

2. 返售证券宣布发放现金股利时，应按返售证券的持有量计算返售证券应收的现金股利，其会计分录为：

借：应收股利

　　贷：投资收益

证券公司收到支付的买入返售证券的现金股利时，其会计分录为：

借:银行存款(结算备付金)

贷:应收股利

(三)返售证券

按照协议,返售到期日,证券公司应按照合同规定的价格将该批证券返售给对方,其会计分录为:

借:银行存款(结算备付金)

贷:买入返售金融资产

投资收益

利息收入

三、卖出回购证券的核算

卖出回购证券业务,是指证券公司与其他企业以合同或协议的方式,按一定价格卖出证券,约定到期日再按合同规定的价格买回该批证券的业务。在卖出回购证券业务中,有价证券不发生真正的转移,证券公司以卖出回购的买卖差额(一般情况下卖出价低于回购价)为代价,获得一定期间内资金的使用权。证券公司应于卖出证券时,按实际收到的款项确认为一项负债;证券到期赎回时,将实际支付的款项与卖出证券时实际收到的款项的差额,确认为当期费用。

卖出回购证券业务的会计核算可分为以下几个步骤:

(一)卖出回购证券

证券公司根据回购协议卖出回购证券时,应按实际收到的金额入账。其会计分录为:

借:银行存款(结算备付金)

贷:卖出回购金融资产

(二)期末计息

资产负债表日,证券公司计提卖出回购证券利息费用时,应按计算确定的卖出回购证券的利息费用进行账务处理。其会计分录为:

借:利息支出

贷:应付利息

(三)回购证券

回购到期日,证券公司依照协议,按合同规定的价格将该批证券从对方回购。其会计分录为:

借:卖出回购金融资产

应付利息

利息支出

贷:银行存款(结算备付金)

四、受托资产管理核算

受托资产管理业务是指证券公司接受委托负责经营管理受托资产的业务。证券公司受托经营管理资产时,应将实际受托资产的款项,确认为一项资产或一项负债;合同到期,与委托单位结算收益或损失时,按合同比例计算应由证券公司享有的收益或承担的损失,确认为当期的收益或损失。

专栏 13－6

受托资产管理业务，是指证券公司作为受托投资管理人（简称“受托人”），依据有关法律、法规和投资委托人（简称“委托人”）的投资意愿，与委托人签订受托投资管理合同，使用委托人委托的资产在证券市场上从事股票、债券等金融工具的组合投资，以实现委托资产收益最优化的行为。

证券公司的受托资产管理业务，只能投资于在证券交易所上市交易的证券及其衍生品种，包括定向资产管理业务和集合资产管理业务。

受托资产管理业务的会计核算如下文所示。

1. 证券公司收到代理业务款项时，其会计分录为：

借：银行存款（结算备付金等）

　　贷：代理业务负债

2. 证券公司用代理业务资金购买证券时，其会计分录为：

借：代理业务资产——成本

　　贷：结算备付金——客户

3. 证券公司将购买的证券卖出时，其会计分录为：

借：结算备付金——客户

　　贷：代理业务资产——成本

　　借或贷：代理业务资产——已实现未结算损益

4. 证券公司定期或在委托合同到期与委托客户进行核算时，应按合同约定分别核算属于委托客户的收益和属于证券公司的收益，并结转已实现未结算的损益，其会计分录为：

借：代理业务资产——已实现未结算损益

　　贷：代理业务负债（属于委托客户的收益）

　　　　手续费及佣金收入（属于证券公司的收益）

证券公司代理业务资产发生亏损时，应按合同约定比例计算其代理业务资产损失中属于委托客户的损失和属于证券公司的损失，并结转已实现未结算的损益，其会计分录为：

借：代理业务负债（属于委托客户的损失）

　　手续费及佣金支出（属于证券公司的损失）

　　贷：代理业务资产——已实现未结算的损益

5. 证券公司按规定划转、核销或退还代理业务资金时，其会计分录为：

借：代理业务负债

　　贷：银行存款（或其他科目）

本章小结

证券公司主要业务包括经纪业务、自营业务、承销业务及其他业务。

证券经纪业务又称代理买卖证券业务，这是证券公司最基本的一项业务。证券经纪业务主要包括代理买卖证券、代理兑付证券和代理保管证券三类。代理买卖证券收到的款项属于公司负债，必须全额存入指定商业银行的资金专户，并与本公司的银行存款进行分开核算，该业务获得的手续费应当在与客户办理买卖证券款项清算时确认为手续费及佣金收入，其会计核算体现在接受委托、代理买卖、代理配股派息核算。代理兑付证券是证券公司接受国家或企业等证券发行单位的委托，兑付到期证券，兑付结束后，将已兑付证券集中交给发行单位，同时向发行单位收取手续费的业务，其核算主要包括代理兑付无记名证券、代理兑付记名证券和手续费收入等的核算。

证券自营业务核算包括自营买卖证券的核算以及自营业务卖出成本的核算，主要会计科目设置为“交易性金融资产”和“资产减值损失”两科目。证券公司的买入证券可以划分为以公允价值计量且变动计入当期损益的金融资产和以公允价值计量且其变动计入其他综合收益的金融资产。其中，以公允价值计量且其变动计入当期损益的金融资产包括交易性金融资产和指定为以公允价值计量且其变动计入当期损益的金融资产。出售自营证券需要转出证券的账面余额，并且把计入“公允价值变动损益”明细科目的金额转入投资收益，在进行自营业务卖出成本核算时采用实际成本结转，选择适当的方法计算出应结转的账面余额，计算方法主要有先进先出法、加权平均法和个别计价法。

证券承销业务核算包括全额承购包销方式核算、余额承购包销方式核算和代销方式核算三种。证券公司以全额承购包销方式进行承销业务需承担全部风险，应在按承购价格购入待发售的证券时确认为一项金融资产；公司将证券转售给投资者时，按发行价格进行价款结算，按已发行证券的承购价格结转代发行证券成本并确认投资收益。发行结束后，如有未售出的证券，应按自营证券进行核算和管理。余额承购包销方式承销证券的核算按照承销证券种类的不同可分为承销无记名证券的核算和承销记名证券的核算。证券公司采用代销方式承销证券，收到代销证券、承销期内发售证券、承销期结束划转销售款项及收取手续费的账务处理与采用余额承购包销方式承销证券相同，只是在承销期结束后，如有未出售的证券，在采用代销方式承销证券时，应将未出售的证券退还给委托单位，并冲销备查簿中登记的承销证券。

其他证券业务核算包括买入返售证券核算、卖出回购证券核算、受托资产管理核算。买入返售证券核算包括买入返售证券、期末计息或分红、返售证券三个环节的核算。卖出回购证券的核算包括卖出回购证券、期末计息、回购证券三个环节的核算。受托资产管理核算包括收到代理业务款项、用代理业务资金购买证券、卖出购买的证券、定期或在委托合同到期与委托客户进行核算四个环节。

本章关键术语

证券市场；证券经纪业务；证券自营业务；证券承销；证券代销；全额包销；余额包销

本章思考题

1. 证券市场有哪些参与者？
2. 证券公司的主要业务包括哪些？
3. 证券公司会计核算的特征是什么？
4. 简述证券承销业务中的全额包销、余额包销和代销 3 种方式的概念及各自的会计处理方法。
5. 代理发行证券业务的收益主要通过什么账户核算？
6. 简述全额包销与余额包销业务的区别和联系。
7. 证券公司如何对卖出回购证券业务进行核算？
8. 结合自己的理解和所学知识，试分析证券市场的参与者都有哪些？分别发挥什么作用？

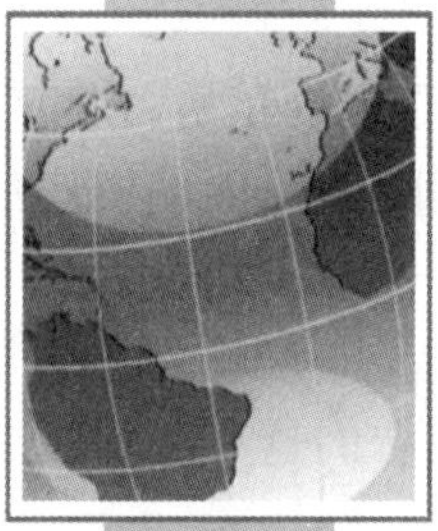

第十四章 租赁公司业务核算

学习目标

1. 了解租赁的特点、分类及经营租赁和融资租赁的区别
2. 了解经营租赁、融资租赁和企业租赁形式的会计核算原则
3. 掌握出租人和承租人开展经营租赁和融资租赁的账务处理方法
4. 了解售后租回交易的会计核算内容

本章预习

租赁业务是随着商品经济的发展而产生的。近年来,随着我国经济的不断发展,现代租赁业务在我国随之兴起,租赁公司的数量、业务规模都得到了实质性进展,尤其是以金融租赁业务为中心的融资租赁行业,在促进资源优化配置、推动社会生产、服务实体经济方面发挥着日益重要的作用。

租赁业务的租赁会计是应用于租赁活动的一种专业会计处理方法,它是运用会计学的基本理论和方法,以货币为主要计量单位,对租赁业务的经济活动进行综合、全面、连续和系统的反映与监督。

2001 年 1 月 18 日,财政部颁发了《企业会计准则——租赁》,并自 2001 年 1 月 1 日起在我国所有企业中正式实施。2006 年,我国对租赁准则进行了重新修订,修订后的《企业会计准则第 21 号——租赁》进一步完善了租赁业务的会计处理方法。

为适应社会主义市场经济的发展、提高财务报告质量和会计信息透明度、保持我国企业会计准则与国际财务报告准则的持续趋同,我国财政部于 2018 年 1 月草拟了《企业会计准则第 21 号——租赁(修订)(征求意见稿)》,拟对企业租赁业务的核算方法进行进一步的修订和完善。

2018 年修订印发的新租赁准则与原准则相比,承租人的会计处理不再区分经营租赁和融资租赁,而是采用单一的会计处理模式。也就是说,除采用简化处理的短期租赁和低价值资产租赁外,对所有租赁均应确认使用权资产和租赁负债,参照固定资产准则对使用权资产计提折旧,采用固定资产的周期性利率确认每期利息费用。但新租赁准则仍将出租人的租赁活动分为融资租赁和经营租赁两大类,并且采用不同的会计处理方法。

第一节　租赁业务概述

一、租赁的概念及特征

(一)租赁的概念

租赁是指在约定的期间内,出租人将资产使用权让与承租人,以获取租金的协议。租赁体现的是资产的所有者和使用者之间一种有偿的借贷关系。由于租赁转移的是资产的使用权而不是所有权,并且这种转移是有偿的,即资产使用者取得资产使用权是以向资产所有者支付租金为代价的。因此,租赁既有别于转移资产所有权的资产购置,也有别于不转移资产使用权的服务性合同,如劳务合同、运输合同、保管合同、仓储合同以及无偿提供使用权的借用合同等。

(二)租赁的特征

与其他业务相比,租赁业务具有如下特征:

1. 租赁是资产的所有权和使用权相分离的交易。无论是经营租赁还是融资租赁,在租赁期间,出租人始终拥有租赁资产的所有权,承租人只能获得相关资产的使用权,从而使资产的所有权和使用权相分离。

2. 租赁以分期支付租金的形式偿付本金。在租赁交易中,出租人将租赁资产使用权让与承租人后,主要通过定期收取租金的方式来获得租赁资产的价值补偿。租赁的这一特征在融资租赁业务中表现得尤为突出。

3. 租赁的形式比较灵活。承租人可以根据实际需要灵活选择租赁形式。从租赁费用高低考虑,可以选择经营租赁或者融资租赁;从租赁期长短考虑,可以选择短期租赁或长期租赁。在租赁资产的处理方式上,承租人可以在租赁期满时选择延期续租、退还给出租人或者购买该资产。

专栏 14－1

在对租赁业务进行核算时,会涉及一些会计专业专用术语,具体如下:

1. 租赁期。租赁期是指租赁协议规定的不可撤销的租赁期间。如果承租人有权选择续租该资产,并且在租赁开始日就可以合理确定承租人会行使这种选择权的,不论承租人是否再支付租金,续租期也包括在租赁期内。

2. 租赁开始日。租赁开始日是指租赁协议日与租赁各方就主要条款做出承诺日中的较早者。在租赁开始日,承租人和出租人应当将租赁认定为融资租赁或经营租赁,并确定在租赁期开始日应确定的金额。

3. 租赁期开始日。租赁期开始日是指承租人有权行使其使用租赁资产的日期,表明租赁行为的开始。在租赁开始日,承租人应当对租入资产、最低租赁付款额和未确认融资费用进行初始确认。出租人应当对应收融资租赁款、未担保余值和未实现融资租赁收益进行初始确认。

4. 担保余值。就承租人而言,担保余值是指由承租人或与其有关的第三方担保的资产余值;就出租人而言,担保余值是指就承租人而言的担保余值加上独立于承租人和出租人的第三方担保的资产余值。其中,资产余值是指在租赁开始日估计的租赁期届满时租赁资产的公允价值。为了促使承租人谨慎地使用租赁资产,尽量减少出租人自身的风险和损失,租赁协议有时要求承租人或与其有关的第三方对租赁资产的余值进行担保,此时的担保余值是针对承租人而言的。除此之外,担保人还可能是独立于承租人和出租人的第三方,如担保公司,此时的担保余值是针对出租人而言的。

5. 未担保余值。未担保余值是指租赁资产余值中扣除就出租人而言的担保余值以后的资产余值。对出租人而言,如果租赁资产余值中包含未担保余值,则表明这部分余值的风险和报酬并没有转移,其风险应由出租人承担。因此,未担保余值不能作为应收融资租赁款的一部分。

6. 最低租赁付款额。最低租赁付款额是指在租赁期内,承租人应支付或可能被要求支付的款项(不包括或有租金和履约成本),加上由承租人或与其有关的第三方担保的资产余值,但是由出租人支付但可退还的税金不包括在内。

承租人有购买租赁资产的选择权，所订立的购买价款预计将远低于行使选择权时租赁资产的公允价值，因而在租赁开始日就可以合理地确定承租人将会行使这种选择权，购买价款应当计入最低租赁付款额。

(1)或有租金。或有租金是指金额不固定、以时间长短以外的其他因素(如销售量、使用量、物价指数等)为依据计算的租金。

(2)履约成本。履约成本是指租赁期内为租赁资产支付的各种使用费用，如技术咨询服务费、人员培训费、维修费、保险费等。

(3)最低租赁收款额。最低租赁收款额是指最低租赁付款额加上独立于承租人和出租人的第三方对出租人担保的资产余额。

(4)初始直接费用。初始直接费用是指在租赁谈判和签订租赁合同的过程中发生的可直接归属于租赁项目的费用。

二、租赁业务的种类

(一)按租赁的性质，分为融资租赁和经营租赁

1. 融资租赁

融资租赁是指实质上转移了与所有权有关的全部风险和报酬的租赁。租赁资产所有权最终可能转移，也可能不转移。其中，与资产所有权有关的风险是指，由于经营情况变化造成相关收益的变动，以及由于资产闲置、技术陈旧造成的损失；与资产有关的报酬是指，在资产有效使用年限内直接使用资产而获得的经济利益，以及因资产升值或变卖余值所可能实现的收益。

专栏 14－2

融资租赁交易一般涉及三方当事人，即出租人、承租人和供应商。出租人根据承租人的要求，出资向供货商购买设备，同时将所购的设备出租给承租人使用；承租人按期交付租金，以补偿出租人所支付的设备成本、利息和一定的利润。在融资租赁的方式下，承租人对设备和供货商具有选择的权利和责任。融资租赁的设备和生产商都是由承租人选定的，出租人只是根据承租人的要求出资购买，租给承租人使用，对于设备的数量、规格及技术上的检验查收都由承租人负责。从这方面来看，由于出租人事先支付全部资金购买设备以满足承租人对设备使用的需要，可以解决承租人资金短缺的问题，其实质是出租人向承租人提供的信贷，所以称为融资租赁。

2. 经营租赁

经营租赁是指融资租赁以外的其他租赁。即承租方因为生产经营中的短期需要或季节性需要而向出租人短期租赁某类资产的租赁方式。采用经营租赁形式，承租人的目的只是想获得资产短期内的使用权，而不想取得资产的所有权，通常在租赁期满后，承租人会将租赁资产退还给出租人。在经营租赁方式下，与租赁资产所有权有关的风险和报酬实质上并未转移给承租人。

专栏 14－3

判断一项租赁是融资租赁还是经营租赁，应根据租赁交易的实质，即根据与租赁资产所有权有关的全部风险和报酬是否转移来进行判断。根据会计准则规定，如果一项租赁符合下列一项或数项的，应当认定为融资租赁。

1. 在租赁期届满时，租赁资产的所有权转移给承租人。此种情况通常是指在租赁合同中已经约定，或者租赁开始日根据相关条件做出合理判断，租赁期届满时出租人能够将资产的所有权转移给承租人。

2. 承租人有购买租赁资产的选择权。由于所订立的购买价款预计将远低于行使选择权时租赁资产的公允价值，因而在租赁开始日就可以合理确定承租人将会行使这种选择权。

3. 租赁期占租赁资产使用寿命的大部分。这里的"大部分"通常是指在租赁期占租赁开始日租赁资产尚可使用寿命的75%(含75%)以上。

4. 承租人在租赁开始日的最低租赁付款额现值，几乎相当于租赁开始日租赁资产的公允价值，其中"几乎相当于"通常是指在90%(含90%)以上。

5. 租赁资产性质特殊，如果不做较大的改造，只有承租人才能使用。

(二)按是否享有纳税优惠，分为节税租赁和非节税租赁

1. 节税租赁

节税租赁也称真实租赁，是指一项能够真正享受税收优惠待遇的租赁。在节税租赁中，出租人有资格获得加速折旧、投资优惠等税收优惠，并以降低租金的方式向承租人转让部分税收优惠。承租人支付的租金可当作使用费用从应纳税利润中扣除，使承租人以租赁方式筹措设备比贷款购买设备的成本更低，同时也减少了应纳税所得额。

2. 非节税租赁

非节税租赁又称为销售式租赁，是指出租人通过租赁方式将租赁物分期销售给承租人而取得收益的租赁形式。非节税租赁是不能享受税收优惠的租赁，但在合同中通常有承租人享受留购权的条款，即租赁期满，承租人以名义货价留购租赁物并取得所有权。非节税租赁作为一种融资的手段，形式上类似于分期付款。

(三)按出租人资产来源，分为直接租赁、转租赁、回租租赁、杠杆租赁

1. 直接租赁

直接租赁是指由承租人选择需要购买的租赁物件，出租人对租赁项目进行风险评估后，出租租赁物件给承租人使用。在整个租赁期间，承租人没有所有权，但享有使用权，并负责维修和保养租赁物件。出租人对物件的好坏不负任何责任，设备折旧计提在承租人一方。

2. 转租赁

转租赁是指以同一物件为标的物的融资租赁业务。在转租赁业务中，上一租赁合同的承租人同时也是下一租赁合同的出租人，称为转租人。转租人从其他出租人处租入租赁物件后，再转租给第三人，转租人以收取租金差为目的，租赁物的所有权归第一出租方。

3. 回租租赁

回租租赁是指承租人将自制或外购的资产出售给出租人，然后向出租人租回并使用租赁物的租赁模式。租赁期间，租赁资产的所有权发生转移，承租人只拥有租赁资产的使用权。双方可以约定在租赁期满时，由承租人继续租赁或者以约定价格由承租人回购租赁资产。设备的买卖是形式上的交易，承租企业须将固定资产转为融资租入固定资产。

4. 杠杆租赁

杠杆租赁是一种包括承租人、设备供应商、出租人和长期贷款人的比较复杂的融资租赁形式，其业务开展通常需要相关政策的支持。在杠杆交易中，出租人、承租人和供应商签订融资租赁合同买卖协议和租赁协议，其中，出租人一般只需自筹资金解决购置设备所需款项的20%～40%，即可在经济上拥有设备的所有权，并以待购的设备作为抵押，以转让收取租金的权利作为担保，从银行、保险公司、信托投资公司等金融机构获得购买设备60%～80%的贷款。出租人购进设备租给承租人使用，以收取的租金来偿还贷款。

此外，租赁还有一些其他的分类，如按照租赁交易涉及地区的不同，可划分为境内租赁和跨国租赁；按照融资租赁货币的不同，可划分为本位币租赁和外币租赁等。

第二节　承租人的会计核算

就承租人角度而言，租赁业务不同于企业固定资产、存货、应收账款等共同业务，属于特殊业务。2018年修订印发的新租赁准则与原准则相比，承租人的会计处理不再区分经营租赁和融资租赁，而是采用单一的会计处理模式。也就是说，除采用简化处理的短期租赁和低价值资产租赁外，承租人应对所有租赁确认使用权资产和租赁负债，参照固定资产准则对使用权资产计提折旧，采用固定资产的周期性利率确认每期利息费用。

一、基本处理原则及概念

在租赁期开始日，承租人应当对租赁确认使用权资产和租赁负债，应用短期租赁和低价值资产租赁简化处理的除外(不再区分融资租赁和经营租赁)。

(一)租赁激励

租赁激励是指出租人为达成租赁而向承租人提供的优惠，包括出租人向承租人支付的与租赁有关的款项、出租人为承租人偿付或承担的成本等。

(二)可变租赁付款额

可变租赁付款额是指承租人为取得在租赁期内使用租赁资产的权利，而向出租人支付的因租赁期开始日后的事实或情况发生变化(而非时间推移)而变动的款项(如租赁款项与消费价格指数变化、基本利率等挂钩)。

(三)租赁付款额

租赁付款额是指承租人向出租人支付的与在租赁期内使用租赁资产的权利相关的款项。

租赁付款额包括以下5项内容：

1. 固定付款额及实质固定付款额。

2. 取决于指数或比率的可变租赁付款额(与消费者价格指数挂钩的款项、与基准利率挂钩的款项和为反映市场租金费率变化而变动的款项等)。

3. 购买选择权的行权价格，前提是承租人合理确定将行使该选择权。

4. 行使终止租赁选择权须支付的款项，前提是租赁期反映出承租人将行使终止租赁选择权。

5. 根据承租人提供的担保余值预计应支付的款项。

(四)初始直接费用

初始直接费用是指为达成租赁所发生的增量成本(不取得该租赁,则不会发生),如佣金、印花税等。

(五)租赁内含利率

租赁内含利率是指使出租人的租赁收款额的现值与未担保余值的现值之和等于租赁资产公允价值与出租人的初始直接费用之和的利率。

(六)承租人增量借款利率

承租人增量借款利率是指承租人在类似经济环境下为获得与使用权资产价值接近的资产,在类似期间以类似抵押条件借入资金须支付的利率。

该利率与下列事项相关:

1. 承租人自身情况,即承租人的偿债能力和信用状况。
2. “借款”的期限,即租赁期。
3. “借入”资金的金额,即租赁负债的金额。
4. “抵押条件”,即租赁资产的性质和质量。
5. 经济环境,包括承租人所处的司法管辖区、计价货币、合同签订时间等。

二、初始计量

(一)租赁负债的初始计量

1. 基本原则

租赁负债应当按照租赁期开始日尚未支付的租赁付款额的现值进行初始计量。识别应纳入租赁负债的相关付款项目是计量租赁负债的关键。

确定租赁付款额的具体原则如下:

(1)存在租赁激励的,承租人应在确定租赁付款额时,扣除租赁激励相关金额。

(2)可变租赁付款额中,仅取决于指数或比率的可变租赁付款额纳入租赁负债的初始计量中,包括与消费者价格指数挂钩的款项、与基准利率挂钩的款项和为反映市场租金费率变化而变动的款项等。此类可变租赁付款额应当根据租赁期开始日的指数或比率确定。

除取决于指数或比率的可变租赁付款额之外,其他可变租赁付款额均不纳入租赁负债的初始计量中。

(3)如果承租人提供了对余值的担保,则租赁付款额应包含该担保项下预计应支付的款项,它反映了承租人预计将支付的金额,而不是承租人担保余值下的最大敞口。

2. 折现率

在计算租赁付款额的现值时,承租人应当采用租赁内含利率作为折现率;无法确定租赁内含利率的,应当采用承租人增量借款利率作为折现率。

3. 具体账务处理

借:使用权资产(尚未支付的租赁付款额的现值)
　　租赁负债——未确认融资费用(差额)
　贷:租赁负债——租赁付款额(尚未支付的租赁付款额)
　　　预付账款(租赁期开始日之前支付的租赁付款额,扣除已享受的租赁激励)
　　　银行存款(初始直接费用)
　　　预计负债(预计将发生的为拆卸及移除租赁资产、复原租赁资产所在场地或将

租赁资产恢复至租赁条款约定状态等成本的现值)

(二)使用权资产的初始计量

1. 使用权资产

使用权资产是指承租人可在租赁期内使用租赁资产的权利。

2. 初始计量原则

在租赁期开始日,承租人应当按照成本对使用权资产进行初始计量。该成本包括下列4项:

(1)租赁负债的初始计量金额。

(2)在租赁期开始日或之前支付的租赁付款额;存在租赁激励的,应扣除已享受的租赁激励相关金额。

(3)承租人发生的初始直接费用。

(4)承租人为拆卸及移除租赁资产、复原租赁资产所在场地或将租赁资产恢复至租赁条款约定状态预计将发生的成本。

【例14—1】 承租人A公司就某栋建筑物的某一层楼与出租人B公司签订了为期10年的租赁协议,并拥有5年的续租选择权。有关资料如下:

(1)初始租赁期内的不含税租金为每年50 000元,续租期间为每年55 000元,所有款项应于每年年初支付;

(2)为获得该项租赁,A公司发生的初始直接费用为20 000元,其中,15 000元为向该楼层前任租户支付的款项,5 000元为向促成此租赁交易的房地产中介支付的佣金;

(3)作为对A公司的激励,B公司同意补偿甲公司5 000元的佣金;

(4)在租赁期开始日,A公司评估后认为,不能合理确定将行使续租选择权,因此,将租赁期确定为10年;

(5)A公司无法确定租赁内含利率,其增量借款利率为每年5%,该利率反映的是A公司以类似抵押条件借入期限为10年、与使用权资产等值的相同币种的借款而必须支付的利率。

为简化处理,假设不考虑相关税费影响。

承租人A公司的会计处理如下:

第一步,计算租赁期开始日租赁付款额的现值,并确认租赁负债和使用权资产。

在租赁期开始日,A公司支付第1年的租金50 000元,并以剩余9年租金(每年50 000元)按5%的年利率折现后的现值计量租赁负债。计算租赁付款额现值的过程如下:

剩余9期租赁付款额=50 000×9=450 000(元)

租赁负债=剩余9期租赁付款额的现值=50 000×(P/A,5%,9)=355 391(元)

未确认融资费用=剩余9期租赁付款额-剩余9期租赁付款额的现值=450 000-355 391=94 609(元)

借:使用权资产	405 391	
租赁负债——未确认融资费用	94 609	
贷:租赁负债——租赁付款额		450 000
银行存款		50 000

第二步,将初始直接费用计入使用权资产的初始成本。

借:使用权资产	20 000	
贷:银行存款		20 000

第三步,将已收的租赁激励相关全额从使用权资产入账价值中扣除。

借:银行存款　　5 000

　　贷:使用权资产　　5 000

综上,甲公司使用权资产的初始成本=405 391+20 000−5 000=420 391(元)。

三、后续计量

(一)租赁负债的后续计量

1. 账务处理原则

(1)确认租赁负债的利息时,会计分录为:

借:财务费用

　　贷:租赁负债——未确认融资费用

(2)支付租赁付款额时,会计分录为:

借:租赁负债——租赁付款额

　　贷:银行存款等

(3)因重估或租赁变更等原因导致租赁付款额发生变动时,重新计量租赁负债的账面价值。

【例 14—2】 承租人甲公司与出租人乙公司签订了为期 7 年的商铺租赁合同。每年的租赁付款额为 450 000 元,在每年年末支付。甲公司无法确定租赁内含利率,其增量借款利率为 5.04%。

第一步,计算租赁期开始日租赁付款额的现值,并确认租赁负债和使用权资产。

计算租赁付款额现值的过程如下:

租赁付款额=450 000×7=3 150 000(元)

租赁负债=租赁付款额的现值=450 000×(P/A,5.04%,7)=2 600 000(元)

未确认融资费用=租赁付款额−剩余 9 期租赁付款额的现值=3 150 000−2 600 000=550 000(元)

借:使用权资产　　2 600 000

　　租赁负债——未确认融资费用　　550 000

　　贷:租赁负债——租赁付款额　　3 150 000

此时:

未付的本金=2 600 000(元)

第一年年末,甲公司的账务处理为:

借:租赁负债——租赁付款额　　450 000

　　贷:银行存款　　450 000

借:财务费用——利息费用　　131 040

　　贷:租赁负债——未确认融资费用　　131 040

其中:

支付的利息=2 600 000×5.04%=131 040(元)

支付的本金=450 000−131 040=318 960(元)

未支付的本金=2 600 000−318 960=2 281 040(元)

2. 租赁负债的重新计量

（1）基本原则

承租人按变动后的租赁付款额的现值重新计量租赁负债。

使用权资产的账面价值已调减至零，但租赁负债仍须进一步调减的，承租人应当将剩余金额计入当期损益。

专栏 14－4　　重新计量的 4 种情形

1. 实质固定付款额发生变动。（注意：固定付款额不会变动。）

（1）如果租赁付款额最初是可变的，但在租赁期开始日后的某一时点转为固定，那么在潜在可变性消除时，该付款额成为实质固定付款额，应纳入租赁负债的计量中。

（2）承租人应当按照变动后租赁付款额的现值重新计量租赁负债。

（3）在该情形下，承租人采用的折现率不变，即采用租赁期开始日确定的折现率。

2. 担保余值预计的应付金额发生变动。

（1）在租赁期开始日后，承租人应对其在担保余值下预计支付的金额进行估计。

（2）该金额发生变动的，承租人应当按照变动后租赁付款额的现值重新计量租赁负债。

（3）在该情形下，承租人采用的折现率不变。

3. 用于确定租赁付款额的指数或比率发生变动（在租赁期开始日后）。

表 14－1　　折现率的处理原则

导致未来租赁付款额变动的原因	浮动利率的变动	指数或比率的变动
处理原则	承租人应当按照变动后租赁付款额的现值重新计量租赁负债	
采用的折现率	修订后的折现率	折现率不变

4. 购买选择权、续租选择权或终止租赁选择权的评估结果或实际行使情况发生变化，原则如下：

（1）承租人在计算变动后租赁付款额的现值时，应当采用剩余租赁期间的租赁内含利率作为折现率。

（2）无法确定剩余租赁期间的租赁内含利率的，应当采用重估日的承租人增量借款利率作为折现率。

（2）账务处理

当租赁负债增加时，会计分录为：

借：使用权资产

　　租赁负债——未确认融资费用

　　贷：租赁负债——租赁付款额

当租赁负债减少时，会计分录为：

借：租赁负债——租赁付款额

　　贷：使用权资产

　　　　租赁负债——未确认融资费用

若使用权资产的账面价值已调减至零，但仍须进一步调减租赁付款额，会计分录为：

借：租赁负债——租赁付款额

贷：主营业务成本/制造费用/销售费用/管理费用/研发支出等

租赁负债——未确认融资费用

【例 14—3】 承租人甲公司与出租人乙公司签订了一份办公楼租赁合同，每年的租赁付款额为 50 000 元，于每年年末支付。

甲公司无法确定租赁内含利率，其增量借款利率为 5%。不可撤销租赁期为 5 年，并且合同约定在第 5 年年末，甲公司有权选择以每年 50 000 元续租 5 年，也有权选择以 1 000 000 元购买该房产。

甲公司在租赁期开始时评估认为，可以合理确定将行使续租选择权，而不会行使购买选择权，因此将租赁期确定为 10 年。

在第 4 年，该房产所在地房价显著上涨，甲公司预计租赁期结束时该房产的市价为 2 000 000 元，甲公司在第 4 年年末重新评估后认为，能够合理确定将行使上述购买选择权，而不会行使上述续租选择权。

在第 5 年末，甲公司实际行使了购买选择权。

甲公司的会计处理如下：

第一步：在租赁期开始日，甲公司确认的租赁负债和使用权资产＝50 000×(P/A，5%，10)＝386 000(元)

在租赁开始日，甲公司的账务处理为：

借：使用权资产	386 000	
租赁负债——未确认融资费用	114 000	
贷：租赁负债——租赁付款额		500 000

租赁负债将按表 14—2 所述方法进行后续计量：

表 14—2　　租赁负债后续计量表　　单位：元

年度	租赁负债年初金额	利息	租赁付款额	租赁负债年末金额
	①	②＝①×5%	③	④＝①＋②－③
1	386 000*	19 300	50 000	355 300
2	355 300	17 765	50 000	323 065
3	323 065	16 153	50 000	289 218
4	289 218	14 461	50 000	253 679
5	253 679	12 684	50 000	216 363
6	216 363	10 818	50 000	177 181
7	177 181	8 859	50 000	136 040
8	136 040	6 802	50 000	92 842
9	92 842	4 642	50 000	47 484
10	47 484	2 516	50 000	—

注：* 为便于计算，本题中，年金现值系数取两位小数。

第二步：在第 4 年，该房产所在地区的房价上涨属于市场情况发生的变化，不在甲公司的可控范围内。

因此，虽然该事项导致购买选择权及续租选择权的评估结果发生变化，但甲公司不需重新计量租赁负债。

第三步：在第5年末，使用权资产的原值为386 000元，累计折旧为193 000(386 000×5÷10)元；支付了第5年租赁付款额之后，租赁负债的账面价值为216 363元，其中，租赁付款额为250 000(50 000×5)元，未确认融资费用为33 637(250 000－216 363)元。甲公司行使购买选择权的会计分录为：

借：固定资产——办公楼　　976 637
　　使用权资产累计折旧　　193 000
　　租赁负债——租赁付款额　　250 000
　　贷：使用权资产　　386 000
　　　　租赁负债——未确认融资费用　　33 637
　　　　银行存款　　1 000 000

(二)使用权资产的后续计量

1. 计量基础

(1)在租赁期开始日后，承租人应当采用成本模式对使用权资产进行后续计量，即以成本减累计折旧及累计减值损失计量使用权资产。

(2)承租人按照新租赁准则有关规定重新计量租赁负债的，应当相应调整使用权资产的账面价值。

2. 使用权资产的折旧

(1)承租人自租赁期开始日起对使用权资产计提折旧。

(2)使用权资产通常应自租赁期开始的当月计提折旧；当月计提确有困难的，为便于实务操作，企业也可以选择自租赁期开始的下月计提折旧，但应对同类使用权资产采取相同的折旧政策。

(3)计提的折旧金额应根据使用权资产的用途，计入相关资产的成本或者当期损益。

(4)承租人在确定使用权资产的折旧方法时，应当根据与使用权资产有关的经济利益的预期消耗方式做出决定。

(5)使用资产折旧时的会计分录为：

借：主营业务成本/制造费用/销售费用/管理费用/研发支出等
　　贷：使用权资产累计折旧

专栏14－5

通常承租人是按直线法对使用权资产计提折旧的，但如果有其他折旧方法更能反映使用权资产有关经济利益预期消耗方式的，应采用其他折旧方法。

承租人在确定使用权资产的折旧年限时，应遵循以下原则：

(1)承租人能够合理确定租赁期届满时取得租赁资产所有权的，应当在租赁资产剩余使用寿命内计提折旧；

(2)承租人无法合理确定租赁期届满时能够取得租赁资产所有权的，应当在租赁期与租赁资产剩余使用寿命两者孰短的期间内计提折旧。

如果使用权资产的剩余使用寿命短于前两者，则应在使用权资产的剩余使用寿命内计提折旧。

3. 使用权资产的减值

在租赁期开始日后，承租人应当确定使用权资产是否发生减值，并对已识别的减值损失进行会计处理，会计分录如下：

借：资产减值损失

　　贷：使用权资产减值准备

(三)租赁变更的会计处理

租赁变更是指原合同条款之外的租赁范围、租赁对价、租赁期限的变更，包括增加或终止一项或多项租赁资产的使用权、延长或缩短合同规定的租赁期等。

租赁变更生效日是指双方就租赁变更达成一致的日期。

1. 租赁变更作为一项单独租赁处理

租赁发生变更且同时符合下列条件的，承租人应当将该租赁变更作为一项单独租赁进行会计处理：

(1)该租赁变更通过增加一项或多项租赁资产的使用权而扩大了租赁范围或延长了租赁期限；

(2)增加的对价与租赁范围扩大部分或租赁期限延长部分的单独价格与该合同情况调整后的金额相当。

2. 租赁变更未作为一项单独租赁处理

(1)租赁变更未作为一项单独租赁进行会计处理的，在租赁变更生效日，承租人应当：

①按照有关租赁分拆的规定对变更后合同的对价进行分摊；

②按照有关租赁期的规定确定变更后的租赁期；

③采用变更后的折现率对变更后的租赁付款额进行折现，以重新计量租赁负债。

(2)租赁负债调整的影响，承租人应区分以下情形进行会计处理：

①租赁变更导致租赁范围缩小或租赁期缩短的，承租人应当调减使用权资产的账面价值，以反映租赁的部分终止或完全终止。承租人应将部分终止或完全终止租赁的相关利得或损失计入当期损益。

承租人应当按缩小或缩短的相应比例做如下会计分录：

借：租赁负债——租赁付款额

　　使用权资产累计折旧

　　使用权资产减值准备

　　贷：租赁负债——未确认融资费用

　　　　使用权资产

　　　　资产处置损益

②其他租赁变更，承租人应当相应调整使用权资产的账面价值。

四、短期租赁和低价值资产租赁

(一)短期租赁

1. 概念

短期租赁是指在租赁期开始日，租赁期不超过12个月的租赁。其中，包含购买选择权的租赁不属于短期租赁。

2. 账务处理原则

(1)对于短期租赁,承租人可以按照租赁资产的类别做出简化会计处理的选择。

(2)如果承租人对某类租赁资产做出了简化会计处理的选择,未来该类资产下所有的短期租赁都应采用简化会计处理。

(3)按照简化会计处理的短期租赁发生租赁变更或者其他原因导致租赁期发生变化的,承租人应当将其视为一项新租赁,重新按照上述原则判断该项新租赁是否可以选择简化会计处理。

(二)低价值资产租赁

1. 概念

低价值资产租赁:是指单项租赁资产为全新资产时价值较低的租赁。

2. 判断原则

承租人在判断租赁是否为低价值资产租赁时,应基于租赁资产的全新状态下的价值进行评估,不应考虑资产已被使用的年限。

(1)对于低价值资产租赁,承租人可根据每项租赁的具体情况做出简化会计处理的选择。

(2)低价值资产构成合同中的一项单独租赁的,需要同时满足下列两个条件才能对该资产租赁选择进行简化会计处理。

①只有承租人能够从单独使用该低价值资产或将其与承租人易于获得的其他资源一起使用中获利;

②该项资产与其他租赁资产没有高度依赖或高度关联关系(如租用服务器时,各组件高度关联,各组件不能作为低价值租赁)。

(3)低价值资产租赁的标准应该是一个绝对金额,即仅与资产全新状态下的绝对价值有关,不受承租人规模、性质等影响,也不考虑该资产对于承租人或相关租赁交易的重要性。常见的低价值资产的例子包括平板电脑、普通办公家具、电话等小型资产。

(4)如果承租人已经或者预期要把相关资产进行转租赁,则不能将原租赁按照低价值资产租赁进行简化会计处理。

专栏 14－6

对于短期租赁和低价值资产租赁,承租人可以选择不确认使用权资产和租赁负债。

做出该选择的,承租人应当将短期租赁和低价值资产租赁的租赁付款额,在租赁期内各个期间按照直线法或其他系统合理的方法计入相关资产成本或当期损益。

其他系统合理的方法能够更好地反映承租人的受益模式的,承租人应当采用该方法。

第三节　出租人的会计核算

一、出租人对融资租赁的会计核算

(一)相关概念

1. 租赁内含利率:是指使出租人的租赁收款额的现值与未担保余值的现值之和(即租赁投资净额)等于租赁资产公允价值与出租人的初始直接费用之和的利率。

2. 租赁投资净额:是指未担保余值和租赁期开始日尚未收到的租赁收款额按照租赁内含

利率折现的现值之和。

3. 租赁收款额:是指出租人因让渡在租赁期内使用租赁资产的权利而应向承租人收取的款项。具体包括:

(1)承租人需支付的固定付款额及实质固定付款额。存在租赁激励的,应当扣除租赁激励相关金额。

(2)取决于指数或比率的可变租赁付款额。该款项在初始计量时,根据租赁期开始日的指数或比率确定。

(3)购买选择权的行权价格。前提是,合理确定承租人将行使该选择权。

(4)承租人行使终止租赁选择权需支付的款项。前提是,租赁期反映出承租人将行使终止租赁选择权。

(5)由承租人、与承租人有关的一方以及有经济能力履行担保义务的独立第三方向出租人提供的担保余值。

(二)账务处理原则

1. 初始计量

(1)在租赁期开始日,出租人应当对融资租赁确认应收融资租赁款,并终止确认融资租赁资产。会计分录:

借:应收融资租赁款——租赁收款额
　　　　　　　　——未担保余值
　银行存款
　　贷:融资租赁资产
　　　资产处置损益
　　　银行存款
　　　应收融资租赁款——未实现融资收益

企业认为有必要对发生的初始直接费用进行单独核算,会计分录:

借:应收融资租赁款——初始直接费用
　　贷:银行存款等

同时记录:

借:应收融资租赁款——未实现融资收益
　　贷:应收融资租赁款——初始直接费用

(2)出租人对应收融资租赁款进行初始计量时,应当以租赁投资净额作为应收融资租赁款的入账价值。

(3)出租人发生的初始直接费用包括在租赁投资净额中,也包括在应收融资租赁款的初始入账价值中。

(4)若某融资租赁合同必须以收到租赁保证金为生效条件,其账务处理应分为以下几种情况:

①出租人收到承租人交来的租赁保证金时,会计分录为:

借:银行存款
　　贷:其他应收款——租赁保证金

②承租人到期不交租金,以保证金抵作租金时,会计分录为:

借:其他应收款——租赁保证金

贷：应收融资租赁款

③承租人违约，出租人按租赁合同或协议规定没收保证金时，会计分录为：

借：其他应收款——租赁保证金

贷：营业外收入等

2. 后续计量

(1)出租人应当按照固定的周期性利率计算并确认租赁期内各个期间的利息收入。

①租赁企业/一般企业：

借：应收融资租赁款——未实现融资收益

贷：租赁收入/其他业务收入

②金融企业：

借：应收融资租赁款——未实现融资收益

贷：利息收入

(2)出租人应定期复核在计算租赁投资总额时所使用的未担保余值。若预计未担保余值降低，出租人应修改租赁期内的收益分配，并立即确认预计的减少额。

(3)出租人取得的未纳入租赁投资净额计量的可变租赁付款额，如与资产的未来绩效或使用情况挂钩的可变租赁付款额，应当在实际发生时计入当期损益。

借：银行存款/应收账款等

贷：租赁收入——可变租赁付款额

(4)关于减值准备的相关规定：

①计提减值时，出租人应做如下会计处理：

借：信用减值损失

贷：应收融资租赁款减值准备

②当计提的减值需要转回时，则作相反的会计分录。

【例 14—4】 2019 年 12 月 31 日，甲公司与乙公司签订了一份租赁合同，从乙公司租入某机床一台。租赁合同主要条款如下：

(1)租赁资产：某机床。

(2)租赁期开始日：2020 年 1 月 1 日。

(3)租赁期：2020 年 1 月 1 日——2025 年 12 月 31 日，共 72 个月(6 年)。

(4)固定租金支付：自 2020 年 1 月 1 日起，每年年末支付租金 160 000 元。如果甲公司能够在每年年末的最后一天及时付款，则给予减少租金 10 000 元的奖励。

(5)取决于指数或比率的可变租赁付款额：租赁期限内，如遇中国人民银行贷款基准利率调整，出租人将对租赁利率做出同方向、同幅度的调整。基准利率调整日之前各期和调整日当期租金不变，从下一期租金开始按调整后的租金金额收取。

(6)租赁开始日租赁资产的公允价值：该机器在 2019 年 12 月 31 日的公允价值为 700 000 元，账面价值为 600 000 元。

(7)初始直接费用：签订租赁合同过程中，乙公司发生可归属于租赁项目的手续费、佣金为 10 000 元。

(8)承租人的购买选择权：租赁期届满时，甲公司享有优惠购买该机床的选择权，购买价为 20 000 元，估计该日租赁资产的公允价值为 80 000 元。

(9)取决于租赁资产绩效的可变租赁付款额：2021 年和 2022 年两年，甲公司每年按该机器所生产的产品的年销售收入的5%向乙公司支付。

(10)承租人的终止租赁选择权：甲公司享有终止租赁选择权。在租赁期间，如果甲公司终止租赁，须支付的款项为剩余租赁期间的固定租金支付金额。

(11)担保余值和未担保余值均为0。

(12)某机床的使用寿命为7年。

出租人乙公司的会计处理如下：

第一步，判断租赁类型。

存在优惠购买选择权，优惠购买价20 000元远低于行使选择权日租赁资产的公允价值80 000元，因此在2019年12月31日就可合理确定甲公司将会行使这种选择权。

另外，租赁期6年，占租赁开始日租赁资产使用寿命的86%(占租赁资产使用寿命的大部分)。

同时，乙公司综合考虑其他各种情形和迹象，认为该租赁实质上转移了与该项设备所有权有关的几乎全部风险和报酬，因此将这项租赁认定为融资租赁。

第二步，确定租赁收款额。

(1)承租人的固定付款额为考虑扣除租赁激励后的金额。

(160 000－10 000)×6＝900 000(元)

(2)取决于指数或比率的可变租赁付款额。

该款项在初始计量时根据租赁期开始日的指数或比率确定，因此本例题在租赁期开始日不做考虑。

(3)承租人购买选择权的行权价格。

租赁期届满时，甲公司享有优惠购买该机器的选择权，购买价为20 000元，估计该日租赁资产的公允价值为80 000元。优惠购买价20 000元远低于行使选择权日租赁资产的公允价值，因此在2019年12月31日就可合理确定甲公司将会行使这种选择权。

因此，租赁付款额中应包括承租人购买选择权的行权价格20 000元。

(4)终止租赁的罚款。

虽然甲公司享有终止租赁选择权，但若终止租赁，甲公司必须支付的款项为剩余租赁期间的固定租金支付金额。

根据上述条款，可以合理确定甲公司不会行使终止租赁选择权。

(5)由承租人向出租人提供的担保余值：甲公司向乙公司提供的担保余值为0元。

综上所述，租赁收款额＝900 000＋20 000＝920 000(元)

第三步，确认租赁投资总额。

租赁投资总额(未折现金额)＝在融资租赁下出租人应收的租赁收款额＋未担保余值＝920 000＋0＝920 000(元)

第四步，确认租赁投资净额的金额和未实现融资收益。

租赁投资净额＝租赁资产在租赁期开始日公允价值＋出租人发生的租赁初始直接费用＝700 000＋10 000＝710 000(元)

未实现融资收益＝租赁投资总额－租赁投资净额＝920 000－710 000＝210 000(元)

第五步，计算租赁内含利率。

150 000×(P/A,r,6)＋20 000×(P/F,r,6)＝700 000＋10 000＝710 000(元)

计算得到租赁的内含利率为7.82%。

第六步，账务处理。

2020 年 1 月 1 日：

借：应收融资租赁款——租赁收款额　　920 000

　　贷：银行存款　　10 000

　　　　融资租赁资产　　600 000

　　　　资产处置损益　　100 000

　　　　应收融资租赁款——未实现融资收益　　210 000

此时：

未收的本金＝租赁投资净额＝150 000×(P/A,7.82%,6)＋20 000×(P/F,7.82%,6)

　　　　＝租赁资产在租赁期开始日公允价值＋出租人发生的租赁初始直接费用

　　　　＝700 000＋10 000＝710 000(元)

第七步，计算租赁期内各期的利息收入(如表 14—3 所示)。

表 14—3　　利息收入表　　单位：元

日期	租金	确认的利息收入	租赁投资净额余额
①	②	③＝期初④×7.82%	期末④＝期初④－②＋③
2020 年 1 月 1 日			710 000
2020 年 12 月 31 日	150 000	55 522	615 522
2021 年 12 月 31 日	150 000	48 134	513 656
2022 年 12 月 31 日	150 000	40 168	403 824
2023 年 12 月 31 日	150 000	31 579	285 403
2024 年 12 月 31 日	150 000	22 319	157 722
2025 年 12 月 31 日	150 000	12 278*	20 000
2025 年 12 月 31 日	20 000		
合　计	920 000	210 000	

注：* 表示其为根据总确认的利息收入总额反推得出。

2020 年 12 月 31 日收到第一期租金时，会计分录为：

借：银行存款　　150 000

　　贷：应收融资租赁款——租赁收款额　　150 000

借：应收融资租赁款——未实现融资收益　　55 522

　　贷：租赁收入　　55 522

此时：

收到的利息＝710 000×7.82%＝55 522(元)

收到的本金＝150 000－55 522＝94 478(元)

未收到的本金＝710 000－94 478＝615 522(元)

2021 年 12 月 31 日收到第二期租金时，会计分录为：

借：银行存款　　150 000

　　贷：应收融资租赁款——租赁收款额　　150 000

借：应收融资租赁款——未实现融资收益　　48 134

　　贷：租赁收入　　48 134

此时：

收到的利息＝615 522×7.82%＝48 134(元)

收到的本金＝150 000－48 134＝101 866(元)

未收到的本金＝615 522－101 866＝513 656(元)

第八步，假设2021年和2022年，甲公司分别实现塑钢窗户年销售收入1 000 000元和1 500 000元。

根据租赁合同，乙公司2021年和2022年应向甲公司收取的与销售收入挂钩的租金分别为50 000元和75 000元。

2021年会计分录为：

借：银行存款　　50 000

　　贷：租赁收入　　50 000

2022年会计分录为：

借：银行存款　　75 000

　　贷：租赁收入　　75 000

第九步，租赁期届满时的处理——承租人行使购买权。

借：银行存款　　20 000

　　贷：应收融资租赁款——租赁收款额　　20 000

(三)融资租赁变更的会计处理

1. 租赁变更作为一项单独的租赁

融资租赁发生变更且同时符合下列条件的，出租人应当将该变更作为一项单独租赁进行会计处理：

(1)该变更通过增加一项或多项租赁资产的使用权而扩大了租赁范围或延长了租赁期限；

(2)增加的对价与租赁范围扩大部分或租赁期限延长部分的单独价格与该合同情况调整后的金额相当。

2. 租赁变更未作为一项单独的租赁

如果融资租赁的变更未作为一项单独租赁进行会计处理，且满足假如变更在租赁开始日生效，该租赁会被分类为融资租赁条件的，出租人修改或重新议定租赁合同，未导致应收融资租赁款终止确认，但导致未来现金流量发生变化的，应当重新计算该应收融资租赁款的账面余额，并将相关利得或损失计入当期损益。

重新计算应收融资租赁款账面余额时，应当根据重新议定或修改的租赁合同，现金流量按照应收融资租赁款的原折现率或按照重新计算的折现率(如适用)折现的现值确定。

对于修改或重新议定租赁合同所产生的所有成本和费用，企业应当调整修改后的应收融资租赁款的账面价值，并在修改后的应收融资租赁款的剩余期限内进行摊销。

【例14－5】 承租人就某套机器设备与出租人签订了一项为期5年的租赁，构成了融资租赁。合同规定，每年年末承租人向出租人支付租金10 000元，租赁期开始日租赁资产的公允价值为37 908元，租赁内含利率10%。

在第2年年初，承租人和出租人因为设备适用性等原因同意对原租赁合同进行修改。从第二年开始，每年支付租金额变为9 500元，租金总额从50 000元变更到48 000元。

如果此付款变更在租赁开始日生效，租赁类别仍被分类为融资租赁。

在租赁变更生效日(第 2 年年初)：

重新计算的租赁投资净额＝9 500×(P/A，10％，4)＝30 114(元)

与原租赁投资净额账面余额 31 699 元(即相当于未收的本金：37 908－10 000＋37 908×10％)的差额 1 585 元计入当期损益。

其中：

应收融资租赁款——租赁收款额减少 2 000(50 000－48 000)元

应收融资租赁款——未确认融资收益减少 415(2 000－1 585)元

第二年年初会计分录如下：

借：租赁收入　　1 585
　　应收融资租赁款——未实现融资收益　　415
　贷：应收融资租赁款——租赁收款额　　2 000

二、出租人对经营租赁的会计核算

(一)租金的处理

(1)在租赁期内的各个期间，出租人应采用直线法或者其他系统合理的方法将经营租赁的租赁收款额确认为租金收入。

(2)如果其他系统合理的方法能够更好地反映因使用租赁资产所产生经济利益的消耗模式，则出租人应采用该方法。会计分录为：

借：银行存款/应收账款/其他应收款等
　贷：租赁收入——经营租赁收入/其他业务收入等
　　　预收账款

(二)出租人对经营租赁提供激励措施

1. 出租人提供免租期的，出租人应将租金总额在不扣除免租期的整个租赁期内，按直线法或其他合理的方法进行分配，免租期内应当确认租金收入。

2. 出租人承担了承租人某些费用的，出租人应将该费用自租金收入总额中扣除，按扣除后的租金收入余额在租赁期内进行分配，如出租人代交的物业费等。

各期租金收入＝(租金总额－出租人承担的费用)÷整个租赁期

(三)初始直接费用

出租人发生的与经营租赁有关的初始直接费用应当资本化至租赁标的资产的成本，在租赁期内按照与租金收入相同的确认基础，分期计入当期损益。

(四)折旧和减值

1. 对于经营租赁资产中的固定资产，出租人应当采用类似资产的折旧政策计提折旧。

2. 对于其他经营租赁资产，应当根据该资产适用的企业会计准则，采用系统合理的方法进行摊销。

3. 出租人应当按照《企业会计准则第 8 号——资产减值》的规定，确定经营租赁资产是否发生减值，并对已识别的减值损失进行会计处理。

(五)可变租赁付款额

1. 出租人取得的与经营租赁有关的可变租赁付款额，如果是与指数或比率挂钩的，应在租赁期开始日计入租赁收款额。

2. 除此之外的，应当在实际发生时计入当期损益。

借：银行存款/应收账款等

贷：租赁收入——可变租赁付款额

(六)经营租赁的变更

经营租赁发生变更的，出租人应自变更生效日开始，将其作为一项新的租赁进行会计处理，与变更前租赁有关的预收或应收租赁收款额视为新租赁的收款额。

第四节　其他租赁业务简介

一、转租赁

(1)转租情况下，原租赁合同和转租赁合同通常都是单独协商的，交易对手也是不同的企业，转租出租人对原租赁合同和转租赁合同应分别根据承租人和出租人会计处理要求进行会计处理。

(2)原租赁承租人在对转租赁进行分类时，转租出租人应基于原租赁中产生的使用权资产，而不是租赁资产(如作为租赁对象的不动产或设备)进行分类。

(3)原租赁资产不归转租出租人所有，原租赁资产也未计入其资产负债表。因此，转租出租人应基于其控制的资产(即使用权资产)进行会计处理。

(4)原租赁为短期租赁，且转租出租人作为承租人已按照本准则采用简化会计处理方法的，应将转租赁分类为经营租赁。

二、售后回租

(一)基本原则

1. 若企业(卖方兼承租人)将资产转让给其他企业(买方兼出租人)，并从买方兼出租人处租回该项资产，则卖方兼承租人和买方兼出租人均应按照售后租回交易的规定进行会计处理。

2. 企业应当评估确定售后租回交易中的资产转让是否属于销售，并区别进行会计处理。

3. 在标的资产的法定所有权转移给出租人并将资产租赁给承租人之前，承租人可能会先获得标的资产的法定所有权。但是，是否具有标的资产的法定所有权本身并非会计处理的决定性因素。

(1)如果承租人在资产转移给出租人之前已经取得对标的资产的控制，则该交易属于售后租回交易。

(2)如果承租人未能在资产转移给出租人之前取得对标的资产的控制，那么即便承租人在资产转移给出租人之前先获得标的资产的法定所有权，该交易也不属于售后租回交易。

(二)售后租回交易的类型

1. 售后租回交易中的资产转让属于销售

(1)卖方兼承租人应当按原资产账面价值中与租回获得的使用权有关的部分，计量售后租回所形成的使用权资产，并仅就转让至买方兼出租人的权利确认相关利得或损失。

(2)买方兼出租人根据适用的其他准则对资产购买进行会计处理，并根据新租赁准则对资产出租进行会计处理。

(3)如果销售对价的公允价值与资产的公允价值不同，或者出租人未按市场价格收取租金，则企业应当进行以下调整：

①销售对价低于市场价格的款项作为预付租金进行会计处理。

②销售对价高于市场价格的款项作为买方兼出租人向卖方兼承租人提供的额外融资进行会计处理。

同时，承租人按照公允价值调整相关销售利得或损失，出租人按市场价格调整租金收入。在进行上述调整时，企业应当按以下二者中较易确定者进行：

①销售对价的公允价值与资产的公允价值的差异。

②合同付款额的现值与按市场租金计算的付款额的现值的差异。

2. 售后租回交易中的资产转让不属于销售

(1)卖方兼承租人：不终止确认所转让的资产，而应当将收到的现金作为金融负债(如长期应付款)，并按照《企业会计准则第 22 号——金融工具确认和计量》(2017)进行会计处理。

(2)买方兼出租人：不确认被转让资产，而应当将支付的现金作为金融资产(如长期应收款)，并按照《企业会计准则第 22 号——金融工具确认和计量》(2017)进行会计处理。

本章小结

租赁业务具有资产的所有权和使用权相分离、以分期支付租金的形式偿付本金、租赁方式灵活的特征。按照租赁的性质可以将租赁分为融资租赁和经营租赁；按是否享有纳税优惠分为节税租赁和非节税租赁；按出租人资产来源分为直接租赁、转租赁、回租租赁、杠杆租赁。由于租赁涉及的是承租人和出租人这两个身份，因此租赁公司的业务核算从承租人的会计核算与出租人的会计核算两方面分析。

在新租赁准则中，承租人会计处理不再区分经营租赁和融资租赁，而是采用单一的会计处理模式，按照基本准则处理租赁负债和使用权资产的初始计量、后续计量、租赁变更的会计处理。对于短期租赁，承租人可以选择进行简化会计处理，并应对未来该类资产下所有的短期租赁做相同处理，对于低价值资产租赁的判断，应基于租赁资产全新状态下的价值进行评估而不考虑资产已被使用的年限。

出租人的会计核算分为对融资租赁的会计核算和对经营租赁的会计核算。出租人进行融资租赁会计核算时，需要考虑到初始计量、后续计量及融资租赁变更的会计处理。出租人进行经营租赁会计核算时，需要考虑到对租金的处理、对经营租赁提供激励措施的处理、初始直接费用处理、折旧和减值的处理、可变租赁付款额、经营租赁变更的处理。

本章关键术语

经营租赁；融资租赁；出租人；承租人；所有权；使用权；或有租金；租赁负债；租赁付款额；使用权资产；租赁变更；转租赁；售后租回；租赁期

本章思考题

1. 租赁有哪些类型？
2. 出租人和承租人的会计处理有何异同？
3. 如何区分融资租赁与经营租赁？
4. 简述融资租赁业务的一般程序。
5. 什么是低价值租赁与短期租赁？分别有何特点？

第十五章 信托公司业务核算

学习目标

1. 了解信托的概念、信托业务的种类及信托项目的会计要素
2. 掌握信托存款与委托存款、信托贷款与委托贷款、信托投资与委托投资的会计核算
3. 掌握其他信托业务及信托损益的核算

本章预习

信托与银行、证券、保险并称为金融业的四大支柱，简单地说，就是“受人之托、代人理财”，是一种特定的财产管理制度和法律行为。一般认为，现代信托制度起源于英国，却在美国得到发展和盛行。信托作为典型的非银行金融机构，对社会经济的发展具有非常重要的作用，同时也具有金融业的高风险性。

我国的信托制度最早诞生于20世纪初，由于当时中国处于半殖民地半封建的状态，信托业赖以生存与发展的经济基础极其薄弱，信托业难有作为。我国信托业的真正发展开始于改革开放时期，是改革开放的产物。1978年改革初期，百废待兴，许多地区和部门对建设资金产生了极大的需求，为适应全社会对融资方式和资金需求多样化的需要。1979年10月，我国第一家信托机构——中国国际信托投资公司——经国务院批准诞生了。它的诞生标志着我国现代信托制度进入了新纪元，极大地促进了我国信托业的发展。

第一节 信托公司业务概述

一、信托的概念

《中华人民共和国信托法》所称信托，是指委托人基于对受托人的信任，将其财产权委托给受托人，由受托人按委托人的意愿以自己的名义，为受益人的利益或者特定目的，进行管理或者处分的行为。信托是社会经济发展到一定阶段的产物，是随着商品货币关系的发展而发展的。信托是以资产为核心、以信任为基础、以委托为方式的财产管理制度。

信托是一种多边信用关系，必须具备委托人、受托人、受益人三方当事人。委托人是信托财产的所有者。委托人提出信托要求，是信托行为的起点。受托人是有经营能力的信托机构，受托人通过自身经营的信托业务满足委托人的要求，使受益人获利，是信托行为的桥梁。受益人是信托关系中得到实际利益的一方，受益人可以是委托人自身，也可以是委托人指定的第三者或不确定的多数人，也可同时为委托人和第三者，受益人得到实际利益是信托行为的终点。

信托有广义信托和狭义信托之分。广义信托包括商品信托和金融信托，狭义信托是指金融信托。金融信托是一种具有融资和融物，以及融资与财产管理相结合性质的信托业务，是金融业的一个重要组成部分。金融信托的标的物主要是委托人的资金或财产等。本章主要介绍金融信托。

二、信托业务的种类

按不同的标准，信托业务可分为不同的种类。

(一)私益信托和公益信托

按信托受益对象不同，信托业务可以分为私益信托和公益信托。

私益信托是委托人为了自己和其他特定人的利益而设立的信托。私益信托的目的是实现私人利益，即为了实现委托人或其他某个或某些特定人的利益。

在英美法系中，公益信托也称慈善信托，是指委托人为了社会公共利益而设立的信托。公益信托的目的是使整个社会或其中的部分公众获益。

(二)个人信托和法人信托

按信托服务对象不同，信托业务可以分为个人信托和法人信托。

个人信托是指以个人身份委托受托人办理的信托业务。个人信托又分为生前信托和身后信托。生前信托是个人在世时就以委托人身份与受托人建立了信托关系，其信托契约仅在委托人在世时有效。身后信托则是根据个人遗嘱办理的委托人去世后的有关信托事项，如执行遗嘱、管理财产、为投保寿险者在去世后代领赔款等，仅限于委托人去世后生效。

法人信托又称公司信托，即由单位或公司等具备资格的法人委托受托人办理的信托业务。

(三)资金信托、实物信托、债权信托和经济事务信托

按信托财产种类不同，信托业务可以分为资金信托、实物信托、债权信托和经济事务信托。

资金信托又称金钱信托，是一种以货币资金为标的物的信托业务，如单位资金信托、公益资金信托、劳保基金信托、个人特约信托等。

实物信托是一种以动产或不动产为标的物的信托业务。动产是指原材料、设备、交通工具等。不动产是指厂房、仓库和土地等。

债权信托是一种以债权凭证为标的物的信托业务，如代为清理和代为收付款项、代收人寿保险公司赔款等。

经济事务信托是一种以委托代办各种经济事务为内容，以委托凭证为标的物的信托业务，如委托设计、专利转让、委托审查、委托代理会计事务等。

(四)国内信托和国际信托

按信托是否跨国，信托业务可以分为国内信托和国际信托。

国内信托是指信托关系人及信托行为在国内进行的信托，其业务主要有信托、委托、代理、租赁、咨询等。

国际信托是指信托关系人及信托行为跨国进行的信托，其业务主要有国际信托投资、国际租赁、代理发行外币有价证券、对外担保见证及国际咨询业务等。

三、信托项目的会计要素

信托项目是指受托人根据信托文件的约定，单独或者集合管理运用、处分信托财产的基本单位。

信托项目应作为独立的会计核算主体，以持续经营为前提，独立核算信托财产的管理运用和处分情况。各信托项目应单独记账、单独核算、单独编制财务报告。不同信托的账户设置、资金划拨、账簿记录等方面均应相互独立。

信托项目的会计要素包括信托资产、信托负债、信托权益、信托项目收入、信托项目费用、信托项目利润及信托终止。

(一)信托资产

信托资产是指根据信托文件的要求,由受托人受托管理、运用、处分信托财产而形成的包括银行存款、短期投资、应收账款、长期股权投资、客户贷款、固定资产、无形资产等的各项资产。

信托项目对委托人未终止确认的信托财产,应设置备查簿进行登记,包括信托财产设立日的账面原价值或余额,已计提的减值准备,信托文件约定的价值,并按《信托业务会计核算办法》的规定予以确认和计量。如果委托人未终止确认的信托财产为固定资产,则仍应由委托人计提折旧或进行摊销,信托项目不应对该固定资产计提折旧或进行摊销。如果委托人未终止确认的信托财产为由权益法核算的长期股权投资,则仍应由委托人采用权益法核算,信托项目不应对该长期股权投资采用权益法核算,信托项目对委托人未终止确认的信托财产不应计提减值准备。

(二)信托负债

信托债务是指信托项目管理、运用、处分信托财产而形成的负债,包括应付受托人报酬、应付受益人收益、应付托管费、卖出回购信贷资产款项等。

(三)信托权益

信托权益是指信托受益人在信托财产中享有的经济利益,其金额为信托资产减去信托负债后的余额,包括实收信托、资本公积、未分配利润等。

(四)信托项目收入

信托项目收入是指信托项目管理、运用、处分信托财产而形成的收入。信托项目收入包括利息收入、投资收益、租赁收入和其他收入。信托项目收入不包括为第三方或受托人代收的款项。

(五)信托项目费用

信托项目费用是指信托文件约定由信托项目承担的各项费用。信托文件中没有做出约定的,信托项目费用是指受托人与委托人协商达成的书面协议所约定的由信托项目承担的各项费用。

(六)信托项目利润

信托项目利润是指信托项目在一定会计期间内的经营成果。信托项目利润应按信托文件的约定,分配给信托受益人。

(七)信托终止

受托人应对信托项目做出处理信托事务的清算报告。受益人或者信托财产的权利归属人在信托文件约定的期限内对清算报告无异议的,受托人对信托项目就清算报告所列事项解除责任,并按信托文件的规定书面通知受益人或信托财产的权利归属人,取回信托清置后的全部信托财产,但法律、行政法规另有规定的除外。

信托终止时,信托财产归属于信托文件规定的人。信托文件未规定的,按下列顺序确定归属:

1. 受益人或其继承人。

2. 委托人或其继承人。已核销的信托资产在信托终止清算后又收回的,应返还给信托文件规定的信托财产的权利归属人。如果信托文件未规定,这种情况下,信托财产的权利归属人也应按上述顺序确定归属。

未被取回的信托财产在由受托人负责保管期间取得的收益，应归属于信托财产的权利归属人，发生的保管费用由信托财产的权利归属人承担。

由于信托公司开展的各项业务存在一定风险并可能导致资本损失，所以应当按照各项业务规模的一定比例计算风险资本，并与净资本建立对应关系，确保各项业务的风险资本有相应的净资本来支撑。

《信托公司净资本管理办法》规定，信托公司的净资本不得低于 2 亿元人民币，并应当持续符合下列风险控制指标：净资本不得低于各项风险资本之和的 100%；净资本不得低于净资产的 40%。信托公司应当在充分计提各类资产减值准备的基础上，按照《信托公司净资本管理办法》中规定的计算标准计算信托公司净资本。

第二节　信托公司存款业务的核算

一、信托存款与委托存款

信托存款的资金基本来源于非直接经营单位可自行支配的专项资金。按《中国人民银行金融信托投资机构资金管理暂行办法》的规定，信托机构可吸收以下 5 种一年期以上(含一年)的信托存款：财政部门委托投资或贷款的信托资金；企事业主管部门委托投资或贷款的信托资金；劳动保险机构的劳保基金；科研单位的科研基金；各种学会、基金会的基金。信托存款的每笔资金都要单独管理、独立核算。信托机构对信托存款的运用效益决定信托存款的收益，并且其收益由信托机构按合同规定支付给委托人本人或委托人指定的第三人。

信托存款与信托货币资金十分相似，其委托人对信托资金不指定运用范围，由信托机构负责管理、运用并负责保本付息；委托人除保本之外，还收取固定收益；信托机构的收益则来自支付委托利息以外的资金营运收入，而不是收取的手续费。

委托存款是指委托人将定额资金委托给信托机构，由其在约定期限内按规定用途进行营运，营运收益扣除一定信托报酬后全部归委托人所有的信托业务。委托存款与一般的信托货币资金存在许多实质性的差异。

二、信托存款的核算

客户提出申请，填写“存款委托书”后，信托机构应审查其资金来源。经审查合乎规定后，信托机构与客户签订“信托存款协议书”，写明信托存款的金额、期限、信托受益支付方法、指定受益人、手续费率等。信托机构为委托人开立账户，委托人将信托存款划转到信托机构开立的银行账户，信托机构签发相应存款凭证给委托人。

(一)账户设置

信托机构为全面反映和监督对信托存款的吸收、归还、付息及结余情况，应设置“代理业务负债——信托存款”“应付利息”和“营业费用——信托存款利息支出”等科目。

“代理业务负债——信托存款”科目属于负债类科目，核算企业不承担风险的代理业务收到的款项，包括受托投资资金和受托贷款资金等。

“应付利息”科目属于负债类科目，贷方反映应计提的存款利息，借方反映实际支付的存款利息，期末贷方余额反映应付而未付的利息。本科目应按存款客户设置明细科目。

“营业费用——信托存款利息支出”科目属于损益类科目，借方反映预提的应付利息或实际支付的各项利息，会计期末应将本科目发生净额转入“本年利润”账户，期末无余额。本科目应按存款客户设置明细科目。

(二)账务处理

1. 开户

信托公司接受客户委托，为客户开立信托存款账户时，会计分录为：

借：银行存款(或存放中央银行款项、吸收存款)

　　贷：代理业务负债——××单位信托存款户

2. 计息

信托存款是定期存款，原则上应在期满后利随本清，但在存款期内应根据权责发生制原则定期计算应付利息。会计分录为：

借：营业费用——信托存款利息支出

　　贷：应付利息——××单位信托存款户

3. 到期支取

存款单位在信托存款期满后，凭信托存款单向信托机构提取存款并结清利息。如果存款单位因各种客观原因需要提前支取，则可在与信托机构协商后提前支取，但利率须按银行同期活期存款利率计算。会计分录为：

借：代理业务负债——××单位信托存款户

　　应付利息——××单位户

　　营业费用——信托存款利息支出

　　贷：银行存款

【15－1】 2020 年 5 月 1 日，某信托公司收到 A 公司存入信托存款 600 万元，存期 1 年，年利率 3.2%，采取利随本清的结息方式。2021 年 5 月 1 日，A 公司前来支取存款本金。

某信托公司接受存款的会计分录为：

借：银行存款　　6 000 000

　　贷：代理业务负债——A 公司信托存款户　　6 000 000

2021 年 5 月 1 日，支付 A 公司到期存款的会计分录为：

借：代理业务负债——A 公司信托存款户　　6 000 000

　　营业费用——信托存款利息支出　　192 000

　　贷：银行存款　　6 192 000

三、委托存款的核算

客户与信托机构商定办理委托业务后，双方应签订“委托存款协议书”，标明存款的资金来源、金额、期限及双方的责任等。信托机构根据“委托存款协议书”为客户开立委托存款账户，由客户将委托存款资金存入信托机构开立的银行账户里，信托机构则向客户开出委托存款单。

(一)账户设置

信托机构为全面反映和监督委托存款业务情况，应设置“代理业务负债——委托存款”“营业费用——委托存款利息支出”等科目。

“代理业务负债——委托存款”科目属于负债类科目，贷方反映公司代客户向指定的单位或项目进行贷款或投资而收到的客户存入的款项，借方反映归还的委托资金，期末贷方余额反映尚未归还的委托存款资金。委托存款按委托业务持续时间不同，分为长期委托存款和短期委托存款。本科目应按存款客户设置明细科目。

(二)账务处理

1. 开户的会计分录为：

借：银行存款

贷：代理业务负债——××单位委托存款户

2. 计息

信托机构按银行同期活期存款利率，按季给委托存款计息，计息的基数是委托存款余额与委托贷款余额的轧差数。会计分录为：

借：营业费用——委托存款利息支出

贷：应付利息——××单位委托存款户

3. 支取

委托人可随时支取委托存款，但只能限制在委托存款余额与委托贷款余额的轧差数之内。信托机构收到委托人支取委托存款的通知后，将款项划入委托人的银行账户。会计分录为：

借：代理业务负债——××单位委托存款户

贷：银行存款

【15－2】 2021年1月8日，A信托公司接受B公司的委托存款180万元。

A信托公司的会计分录为：

借：银行存款	1 800 000	
贷：代理业务负债——B公司委托存款户		1 800 000

第三节 信托公司贷款业务的核算

一、信托贷款与委托贷款

信托贷款是指信托机构运用自有资金、信托存款或筹集的其他资金，对自行审定的企业和项目自主发放贷款的业务。其贷款的对象、用途、期限和利率等都由信托机构根据国家政策自行确定，贷款的风险责任也由信托机构承担。信托贷款的性质和用途与银行贷款相似，但更灵活、方便、及时。信托贷款的用途主要是解决企业单位某些正当、合理而银行限于制度规定又无法支持的资金需求。

委托贷款是指信托机构接受委托人委托，在委托人存入的委托存款额度内，按委托人指定的对象、用途、期限、利率及金额发放贷款，监督使用贷款并到期收回本息的业务。由于信托资金的运用对象、运用范围等均由委托人事先指定，所以信托机构对委托贷款能否达到预期收益及到期能否收回不负任何经济责任。

二、信托贷款的核算

信托贷款属于直接金融产品。信托贷款受到信托目的特定化的约束，资金从委托人到受托人再到融资人手中，处于环行封闭运行状态，其风险传递是线性的，不同信托项目之间的风险互不交叉、利益互不渗透。如果一个信托贷款项目发生风险，其他信托计划仍不受影响，甚至只有在信托公司具有过错时才能影响其固有资产。信托贷款的风险结构呈现局部化的特点，而不是系统传染或扩散化的特点。

信托贷款具有很强的灵活性，主要表现为定价灵活、风险与收益灵活匹配、散款灵活，可以满足客户的个性化需求。信托机构发放信托贷款时，常与借款人约定控制企业公章及限制企业担保、借款、资产处置和关联交易等重大经营活动，实时掌握企业经营和财务状况，因此出现了债权股份化的趋势。

借款单位向信托机构提出申请后，由信托机构进行审查。经信托机构审查无误后同意贷款，由借款单位出具借据，并按要求出具贷款担保，然后与信托机构签订“信托借款合同”，合同写明贷款的金额、期限、利率等内容。贷款到期后，信托机构收回本息。如果借款单位确有困难不能还款的，应在到期前提出申请，有担保的还需原担保单位承诺担保，然后经信托机构审查同意后办理一次续展，续展期最长不超过半年。

(一)账户设置

“贷款——信托贷款”科目属于资产类科目，本科目核算信托项目管理、运用、处分信托财产而持有的各项贷款。借方反映信托机构发放的信托贷款本金，贷方反映信托机构收回的信托贷款本金，期末借方余额表示信托机构发放的信托贷款的余额，具体分为期限不超过一年的短期信托贷款和一年以上的长期信托存款。本科目应按贷款单位进行明细核算。

“应收利息”科目属于资产类科目，本科目核算信托项目应收取的利息，包括债权投资、拆出资金、贷款、买入返售证券、买入返售信贷资产、计提的利息等。借方反映信托机构应向借款单位收取的利息，贷方反映信托机构实际收回或预收的利息，期末借方余额表示信托机构应收而未收的利息。本科目应按往来客户设置明细账。

“利息收入”科目属于损益类科目，贷方反映发生的各项贷款利息收入，期末贷方余额结转至“本年利润”科目的贷方，结转之后本科目应无余额。本科目应按往来客户设置明细账。

(二)账务处理

1. 开户的会计分录为：

借：贷款——短期(或中长期)贷款——××单位信托贷款户

　　贷：银行存款或吸收存款

2. 计息

信托机构按季根据每个借款单位的借款积数分别计算利息。会计分录为：

借：应收利息

　　贷：利息收入——××信托贷款利息收入户

　　　　应交税金——应交增值税——销项税额

3. 收回

信托贷款到期后，信托机构要及时收回信托贷款本金。会计分录为：

借：银行存款

　　贷：贷款——短期(或中长期)贷款——××单位信托贷款户

　　　　应收利息——××贷款利息收入户

【15-3】 A信托公司贷放给B公司信托贷款500万元，年利率7.1%，期限1年，采取利随本清的结息方式，假设增值税率为6%。

A信托公司发放贷款的会计分录为：

借：贷款——短期贷款——B公司信托贷款户　　5 000 000

　　贷：银行存款　　5 000 000

到期收回贷款本利的会计分录为：

借:银行存款　　5 376 300
　　贷:贷款——短期贷款——B公司信托贷款户　　5 000 000
　　　　利息收入——B公司信托贷款利息　　355 000
　　　　应交税金——应交增值税——销项税额　　21 300

三、委托贷款的核算

由委托人向信托机构提出办理委托贷款的申请,经信托机构审查同意后与委托人签订"委托贷款合同"。委托人按合同规定向信托机构交存委托基金,信托机构为其开立委托存款户,专项存储。信托机构按委托人指定的对象或项目、金额、期限及利率等发放贷款,并督促借款单位按期归还贷款。委托期满,信托机构将已收回的委托贷款和尚未发散的委托存款退回给委托人,并收取规定的手续费。手续费按委托金额和期限征收,手续费率每月最高不超过3‰,付款方式、时间由双方商定。需要注意的是,如果有到期未收回的委托贷款,信托机构应保留相应的委托存款资金,待委托贷款全部收回后再予以全部归还。

(一)账户设置

"代理客户资产——委托贷款"科目属于资产类科目,用于核算信托机构接受客户委托代理发放的贷款。借方反映委托贷款的发放,贷方反映委托贷款的收回,期末借方余额反映委托贷款实有额。本科目应按委托单位设置明细账。

"应付受托人报酬"科目属于负债类科目,贷方反映受贷方交来的应付给委托方的贷款利息(不含受托人按合同规定收取的手续费),借方反映信托机构交付给委托人的委托贷款利息,期末贷方余额反映信托机构已收回但尚未交给委托方的委托贷款利息,是信托机构的一项短期债务。本科目应按委托单位设置明细账。

"手续费及佣金收入——委托贷款手续费收入"科目属于损益类科目,用于核算信托机构收取的手续费,贷方反映各项手续费收入,期末将贷方余额结转"本年利润"科目的贷方,结转之后应无余额。

(二)账务处理

1. 发放贷款

发放委托贷款时,事先要由委托人通过书面形式通知信托机构,内容包括贷款单位名称、贷款用途、贷款金额、贷款时间、贷款利率等。再由借款单位按规定向信托机构报送有关资料,并填写借据、签订借款合同。然后由信托机构将贷款款项划到借款单位的银行账户里。会计分录为:

借:代理客户资产——××单位委托贷款户
　　贷:银行存款

2. 收取手续费

信托机构向委托人收取手续费,并将其作为委托贷款业务的劳务收入。手续费计算基数以委托贷款额为准,按双方商定的比例收取。会计分录为:

借:银行存款
　　贷:手续费及佣金收入——委托贷款手续费收入
　　　　应交税金——应交增值税——销项税额

如果按存贷利差收取手续费,则在按季计算贷款利息时一并收取。会计分录为:

借:银行存款

贷:应付受托人报酬——××单位户
手续费及佣金收入——委托贷款手续费收入
应交税金——应交增值税——销项税额

3. 结息

信托机构负责按季收取利息,在委托贷款到期时付给委托单位。会计分录为:

借:银行存款
贷:应付利息——××单位户

4. 到期收回

委托贷款到期时,由信托机构负责收回。会计分录为:

借:银行存款
贷:代理客户资产——××单位委托贷款户

5. 如果协议规定贷款收回后终止委托,则将款项划转到委托人的存款账户内。会计分录为:

借:代理客户负债——××单位户
贷:银行存款

专栏 15－1　　银信合作

银信合作是指央行为了防止经济过热而出台政策,限制商业银行放贷,迫使商业银行的贷款额度不超过上一年一定数额的方式。但因为经济本身对贷款的需求增量很大,商业银行为了绕过政策限制而采用银信合作的方式,通过信托公司发放贷款。

目前的很多银信合作是浅层次的合作,简单地说,就是银行为了吸收存款、收取手续费,信托为了募集信托资金而进行的合作。但如何最大限度地发挥比较优势才是银信合作的真正目的。这就要求合作中必须首先了解双方的比较优势、合作的目的和双方合作要达到的目标。所谓的比较优势是一方具备而对方不具备的条件。具体来说,信托的比较优势主要是信托功能、信托市场、复合型人才等,银行的比较优势主要是信誉、资金、网络、客户资源等。保证双方的合理利益是合作的前提,将双方的比较优势有机地融合是成功合作的决定因素,详细周密的整体合作计划是长期合作的基础,也是合作中双方效益最大化的重要途径,只有在相互了解和信任的基础上才能深化合作。

第四节　信托公司投资业务的核算

一、信托投资与委托投资

信托投资是指信托机构以投资者身份直接参与企业的投资及其经营成果的分配,并承担相应经济责任的业务。信托投资的资金主要来源于信托机构的自有资金及各种信托存款,而非委托投资用于明确投资对象的专项资金。

信托投资是信托机构以自有资金或未指定使用对象和范围的信托存款进行的投资。信托机构先对现有项目进行审查初选,再在初选项目的基础上进行评估,然后对是否投资提出结论性意见。在决定投资后,信托机构与被投资单位签订投资合同,合同一般应写明投资项目的内容、规模、方式、投资金额、参与投资的方式和具体条件，以及投资各方收益的分配方法等。信托机构将认定的投资资金按期足额划入合资企业账户，并定期或不定期地对资金的使用情况进行检查，促使投资项目按时施工、按时投产、按时竣工，尽快产生效益。信托投资的收益全部归信托机构，风险亦由其承担。信托投资包括短期信托投资和长期信托投资。短期信托投资是指能够随时变现并且持有时间预期不超过一年的信托投资，包括股票、债券、基金等。长期信托投资是指短期信托投资以外的信托投资，包括股权投资、债权投资等。

委托投资是指委托人将资金事先存入信托机构作为委托投资基金，委托信托机构则按委托人指定的对象、方式进行投资，并对资金的使用情况、被投资企业的经营管理和利润分配等方面进行管理和监督的业务。信托机构要对受托资金进行单独管理、单独核算，按期结清损益，在扣除规定的费用后，损益归委托人所有。委托投资既可以直接投资于企业，也可用于购买股票、债券等有价证券。

二、信托投资的核算

信托投资通常通过"交易性金融资产"和"可供出售金融资产"科目进行核算。

(一)"交易性金融资产"科目核算

"交易性金融资产"科目主要用于核算企业以交易为目的所持有的债券投资、股票投资、基金投资等交易性金融资产的公允价值。

1. 取得交易性金融资产

信托公司对外投资时取得交易性金融资产的，按其公允价值做如下会计分录：

借：交易性金融资产——成本

　　投资收益——交易费用

　　应收利息（支付的价款中包含的已到付息期但尚未领取的利息）或应收股利（支付的价款中包含的已宣告但尚未发放的现金股利）

　　贷：银行存款（或存放中央银行款项、结算备付金）

2. 交易性金融资产持有期间获得的收益

在交易性金融资产持有期间被投资单位宣告发放的现金股利，或在资产负债表日按分期付息、一次还本债券投资的票面利率计算的利息。会计分录为：

借：应收股利或应收利息

　　贷：投资收益

3. 资产负债表日的计量

在资产负债表日，若交易性金融资产的公允价值高于其账面余额，则会计分录为：

借：交易性金融资产——公允价值变动

　　贷：公允价值变动损益

若交易性金融资产的公允价值低于其账面余额，则做相反的会计分录。

4. 出售交易性金融资产

信托公司出售交易性金融资产时，会计分录为：

借：银行存款［或存放中央银行款项、结算备付金（实际收到的金额）］

　　贷：交易性金融资产（账面价值）

按借贷方的差额，借记或贷记"投资收益"科目，同时将原计入该交易性金融资产的公允价值变动转出，贷记或借记"公允价值变动损益"科目，并借记或贷记"投资收益"科目。

(二)“可供出售金融资产”科目的核算

“可供出售金融资产”科目主要用于核算信托企业持有的可供出售金融资产的公允价值，包括可供出售的股票投资、债券投资等金融资产。本科目按可供出售金融资产的类别和品种分为“成本”“利息调整”“应计利息”“公允价值变动”等明细科目核算。

1. 取得可供出售金融资产

(1)信托企业取得可供出售金融资产为股票投资的，会计分录为：

借：可供出售金融资产——成本(公允价值与交易费用之和)

应收股利(支付的价款中包含的已宣告但尚未发放的现金股利)

贷：银行存款(或存放中央银行款项、结算备付金)

(2)信托企业取得可供出售金融资产为债券投资的，会计分录为：

借：可供出售金融资产——成本(面值)

应收利息(支付的价款中包含的已到付息期但尚未领取的利息)

贷：银行存款(或存放中央银行款项、结算备付金)

按借贷方差额，借记或贷记“可供出售金融资产——利息调整”科目。

2. 资产负债表日的计量

(1)在资产负债表日，可供出售债券为分期付息、一次还本债券投资的，应按票面利率计算确定应收而未收的利息。会计分录为：

借：应收利息

贷：投资收益(按可供出售债券的摊余成本和实际利率计算确定的利息收入)

按借贷方差额，借记或贷记“可供出售金融资产——利息调整”科目。

(2)可供出售债券为一次还本付息债券的，应于资产负债表日按票面利率计算确定应收而未收的利息。会计分录为：

借：可供出售金融资产——应计利息

贷：投资收益(按可供出售债券的摊余成本和实际利率计算确定的利息收入)

按借贷方差额，借记或贷记“可供出售金融资产——利息调整”科目。

(3)在资产负债表日，当可供出售金融资产为股票等权益工具投资(不含在活跃市场上没有报价、公允价值不能可靠计量的权益工具投资)，并且可供出售金融资产的公允价值高于其账面余额时，会计分录为：

借：可供出售金融资产——公允价值变动

贷：资本公积——其他资本公积

若可供出售金融资产的公允价值低于其账面余额，则做相反的会计分录。

3. 资产负债表日发生资产减值的处理

(1)确定可供出售金融资产发生减值的，会计分录为：

借：资产减值损失(减记的金额)

贷：资本公积——其他资本公积(从资本公积中转出原计入资本公积的累积损失金额)

按借贷方差额，借记或贷记“可供出售金融资产——公允价值变动”科目

(2)对于已确认减值损失的可供出售金融资产，在随后的会计期间内其公允价值客观上与已确认减值损失事项有关的，应按照已确认减值损失做如下会计分录：

借：可供出售金融资产——公允价值变动

贷：资产减值损失

4. 出售可供出售金融资产

在出售可供出售金融资产时，应按实际收到的金额做如下会计分录：

借：银行存款(或存放中央银行款项、吸收存款)

　　贷：可供出售金融资产——成本

　　　　　　　　　　　——公允价值变动

　　　　　　　　　　　——利息调整

　　　　　　　　　　　——应计利息

按应从所有者权益中转出的公允价值累积变动额，借记或贷记“资本公积——其他资本公积”科目，按其差额，贷记或借记“投资收益”科目。

三、委托投资的核算

委托投资是信托机构接受企业的委托资金，按其指定的对象、范围和用途进行投资，信托机构受托监督投资资金的使用、被投资企业经营状况及利润分配等。委托投资的收益全部归委托人所有，信托机构一般只收取一定比例的手续费，投资的风险也由委托人承担。

(一)科目设置

“代理业务资产——委托投资”科目属于资产类科目，主要用于核算信托机构受客户委托，代理客户进行的投资。借方反映受客户委托投出的资金，贷方反映收回的投资，期末借方余额反映尚未收回的委托投资。本科目按委托单位和投资种类设置明细账。

“手续费及佣金收入——委托投资手续费收入”科目为损益类科目，主要用于核算信托机构收取的手续费。贷方反映各项手续费收入，期末将贷方余额结转“本年利润”科目的贷方，结转之后本科目应无余额。

(二)账务处理

1. 委托投资

信托公司接受委托，收到委托资金对外投资时，会计分录为：

借：银行存款

　　贷：代理业务负债——××单位委托存款户

借：代理业务资产——委托投资——××投资单位户

　　贷：银行存款

2. 分红

信托公司将委托投资的资金分得的红利划到信托机构的银行账户，并转入委托人的委托存款账户时，会计分录为：

借：银行存款

　　贷：代理业务负债——××单位委托存款户

3. 收取手续费

开办委托投资业务时，信托公司收取手续费的核算与经办委托贷款业务收取手续费的核算相同。会计分录为：

借：银行存款

　　贷：手续费及佣金收入——委托投资手续费收入

【例15—4】　A信托公司接受B公司的存入资金500万元，用于投资D公司。经协商，A信托投资公司收取投资额2%的手续费。

(1)收到投资资金时,A信托公司的会计分录为:

借:银行存款　　5 000 000

　　贷:代理业务负债——B公司委托存款　　5 000 000

(2)对外投资时,A信托公司的会计分录为:

借:代理业务资产——委托投资——D公司　　5 000 000

　　贷:银行存款　　5 000 000

(3)收取手续费时,A信托公司的会计分录为:

借:银行存款　　100 000

　　贷:手续费及佣金收入——委托投资手续费收入　　100 000

专栏15-2　　信贷投资——房地产信托

房地产信托又称房地产投资信托(Real Estate Investment Trusts,REIT),是指房地产法律(或契约)上的拥有者将该房地产委托给信托公司,由信托公司按照委托人的要求进行管理、处分和收益。信托公司对该信托房地产进行租售或委托专业物业公司进行物业经营,可使投资者获取溢价或管理收益。

根据资金投资方向的不同,房地产信托大致分为3类:权益型房地产信托(Equity REIT)、抵押型房地产信托(Mortgage REIT)、混合型房地产信托(Hy-brid REIT)。

我国房地产信托基金试点工作正在逐步展开,预计在银行间市场流通的债权型房地产信托基金试点正处于最初阶段,而在海外交易所上市的股权型房地产信托基金的全面推广还要再过一段时间。

第五节　其他信托业务的核算

信托业务除前文介绍的以外,还包括财产信托、投资基金信托、公益信托、拆出信托资金、代理、担保等业务。

一、财产信托

财产信托是委托人将自己的动产、房产及知识产权等产权,委托信托公司按照约定的条件及目的进行管理和处置。财产信托应按委托人、财产种类进行明细核算。

信托公司接受财产信托的会计分录为:

借:固定资产

　　贷:代理业务负债

信托公司终止财产信托的会计分录为:

借:代理业务负债

　　贷:固定资产

信托公司租赁信托财产的会计分录为:

借:经营(或融资)租出固定资产

　　贷:固定资产

信托公司计提租金收入的会计分录为:

借：应收经营（或融资）租赁款

　　贷：租赁收入

信托公司计提受托人报酬的会计分录为：

借：营业费用

　　贷：应付受托人报酬

信托公司支付报酬的会计分录为：

借：应付受托人报酬

　　贷：银行存款

二、投资基金信托

投资基金信托是信托公司受托经办国家有关法规允许从事的投资基金业务。

信托公司批准办理投资基金信托的会计分录为：

借：银行存款

　　贷：投资基金信托

信托公司终止投资基金信托的会计分录为：

借：投资基金信托

　　应付受托人报酬

　　贷：银行存款

三、公益信托

公益信托是信托公司为公益目的而设立的信托。根据《中华人民共和国信托法》的规定，公益信托的目的主要是指为了救济贫困，救助灾民，扶助残疾人，发展教育、科技、文化、艺术、体育、医疗卫生事业，发展环境保护事业、维护生态环境，以及发展其他社会公益事业。当信托公司办理公益信托业务时，按实际收到的金额或财产价值做如下会计分录：

借：银行存款

　　贷：公益信托

公益信托应按信托类别、委托人进行明细分类核算。

专栏 15－3　　公益信托

公益信托主要分 3 种类型：公众信托、公共机构信托、慈善性剩余信托。

根据《中华人民共和国信托法》的规定，公益信托的设立和确定，应当经有关公益事业的管理机构（以下简称公益事业管理机构）批准。未经公益事业管理机构的批准，不得以公益信托的名义进行活动。公益事业管理机构对于公益信托活动应当给予支持。公益信托的信托财产及其收益不得用于非公益目的。公益信托应当设置信托监察人。信托监察人由信托文件规定，信托文件未规定的，由公益事业管理机构指定。信托监察人有权以自己的名义，为维护受益人的利益，提起诉讼或者实施其他法律行为。公益信托的受托人未经公益事业管理机构批准，不得辞任。公益事业管理机构应当检查受托人处理公益信托事务的情况及财产状况。公益信托的受托人违反信托义务或者无能力履行其职责的，由公益事业管理机构变更受托人。公益信托成立后，当发生设立信托时不能预见的情况时，公益事业管理机构可以根据信托目的，变更信托文件中的有关条款。公益信托终止的，受托人应当于终止事由发生之日起十五日内，将终止事由和终止日期报告公益事业管理机构。公益信托终止的，受托人做出的处理信托事务的清算报告，应当经信托监察人认可后，报公益事业管理机构核准，并由受托人予以公告。公益信托终止时没有信托财产权利归属人，或者信托财产权利归属人是不特定社会公众的，经公益事业管理机构批准，受托人应当将信托财产用于与原公益目的近似的目的，或者将信托财产转移给具有近似目的的公益组织或者其他公益信托。公益事业管理机构违反本法规定的，委托人、受托人或者受益人有权向人民法院起诉。

四、拆出信托资金

当信托公司拆出信托资金时，会计分录为：

借：拆出资金——××单位户

　　贷：银行存款

当信托公司收到拆出信托资金利息时，会计分录为：

借：银行存款

　　贷：信托收入——拆出信托资金利息收入

当信托公司收回拆出信托资金时，会计分录为：

借：银行存款

　　贷：拆出资金——××单位户

五、代理、担保业务

信托公司办理代理业务，在一定程度上会影响信托公司的资产负债情况，如代收、代付款项会涉及公司银行账户的变动，而担保业务也可能会形成信托公司的一项负债（即或有负债），因此有必要对这些业务进行核算。

（一）代理业务

信托公司接受委托人的委托，以代理人身份代办委托人指定经济事项的业务称为代理业务。代理业务不要求委托人转移其财产所有权，信托公司一般只是发挥其财务管理职能。信托公司办理的代理业务主要有代理收付款业务、代理有价证券业务、代保管业务、代理保险业务、担保见证业务、代理会计业务等。

1. 当信托公司办理代理业务并收取手续费时，会计分录为：

借：银行存款

　　贷：其他收入———××业务收入

2. 当信托公司办理代付业务时，有以下几种情况：

（1）当委托人拨来代付资金时，会计分录为：

借：银行存款

　　贷：代理收付款项——代理付款——××单位户

（2）当信托公司办理代付业务并付出款项时，会计分录为：

借：代理收付款项——代理付款——××单位户

　　贷：银行存款

3. 当信托公司办理代收业务时，有以下几种情况：

（1）当信托公司办理代收业务并代委托人收款时，会计分录为：

借：银行存款

贷：代理收付款项——代理收款——××单位户

(2)当信托公司将款项交付委托人时，会计分录为：

借：代理收付款项——代理付款——××单位户

贷：银行存款

4. 信托公司开办代保管业务。信托公司开办代保管业务时，其所保管资产的所有权仍属于委托人，但其所保管资产应作为账外保管物品进行核算和备查登记。

(二)担保业务

信托公司办理担保业务时将承担较大的风险，一旦被担保单位不能支付款项，信托公司就必须承担连带责任。因此，担保额形成了信托公司的一项或有负债，必须在资产负债表外进行披露。信托公司必须对此类或有负债加强管理，在备查簿中按担保类别逐笔登记期限、金额等内容。当信托公司发生担保赔付时，会计分录为：

借：其他收入——其他信托收入

贷：银行存款

第六节 信托损益的核算

一、信托收入的核算

信托收入包括信托投资收入、信托贷款利息收入、信托租赁收入、拆出信托资金利息收入、手续费收入等。信托公司发生信托收入时，借记“银行存款”等科目，贷记“利息收入”“投资收益”等科目。

信托收入应按委托人和收入类别(即信托投资收入、信托贷款利息收入、手续费收入、拆出信托资金利息收入、信托租赁收入等)进行明细核算。

二、信托费用的核算

信托费用分为可直接归属于某项信托资产的信托费用和不可直接归属于某项信托资产的信托费用两种。前者属于因办理某项信托资产业务而发生的费用，可直接归属于该项信托资产，由该项信托资产承担；后者不属于因办理某项信托资产业务而发生的费用，不可直接归属于该项信托资产，由信托公司承担。

若发生由信托资产承担的费用，可借记“营业费用”科目，贷记“银行存款”等科目。信托费用应按委托人和信托费用的类别等进行明细核算。

三、信托业务赔偿的处理

由于从事信托业务使受益人或信托公司受到损失的，按损失产生的不同原因分别处理：

1. 因信托公司违反信托目的、违背管理职责、管理信托事务不当而造成信托资产损失的，则用信托赔偿准备金赔偿。信托公司本身的会计处理为：

借：信托赔偿准备金

贷：相关科目

2. 因委托人自身原因导致其信托资产遭到司法查封、冻结，并且需要以其信托资产对第三人进行补偿的，仅能以其信托资产（扣除原约定费用和对未到期信托资产进行处置的违约金及相关费用后的资产）为限。

四、信托损益的结转

期末，信托收入和信托费用转入信托损益科目。会计分录为：

借：信托收入

　　贷：本年利润

借：本年利润

　　贷：信托费用

期末，信托公司应将未分配给受益人和委托人的信托收入结转为待分配信托收入。会计分录为：

借：本年利润

　　贷：利润分配

【15－5】 2020 年，A 信托公司共获得信托投资收入 800 万元，信托贷款利息收入 400 万元，手续费收入 650 万元，发生各种信托费用 700 万元，日常办公费用 100 万元。

A 信托公司的结转损益会计分录为：

借：本年利润	8 000 000	
贷：营业费用		7 000 000
管理费用		1 000 000
借：投资收益	8 000 000	
利息收入	4 000 000	
其他收入——手续费收入	6 500 000	
贷：本年利润		18 500 000
借：本年利润	10 500 000	
贷：利润分配		10 500 000

专栏 15－4　海南赛格国际信托投资有限公司破产案

海南赛格国际信托投资有限公司（简称赛格信托）成立于 1989 年 12 月，原注册名为海南赛格希克国际信托投资（股份有限）公司。1991 年 6 月，经中国人民银行总行批准，同意增加该公司的外汇及证券业务，公司正式更名为海南赛格国际信托投资有限公司，注册资金为 1 亿元人民币，下设信托业务、投资银行、证券、资产管理四大业务部门，总部设在海口市，在上海、北京、深圳等 14 个中心城市设有证券营业部，在中国香港、美国、澳大利亚等地建有分公司。

2006 年 9 月 27 日，海南省海南中级人民法院（现海南省第一中级人民法院，简称省中院）发布公告：省中院于 9 月 25 日终审裁定海南赛格国际信托投资有限公司破产，并由法院依法指定的清算组接管赛格信托。公告指出，截至 2006 年 4 月 14 日，赛格信托的资产总额为人民币 5 846 334 310.05 元，负债总额为人民币 7 366 657 197.04 元，均为到期债务；所有者权益总额为 1 520 322 886.9 元；资产负债率为 126%。在海南破产的信托公司中，赛格信托是负债金额最大、债权债务关系最复杂的一家。

在海南信托业中，赛格信托属于后来者，但发展速度惊人。自 1991 年起，赛格信托连续 4

年成为中国500家最大的服务业企业之一。1995年，赛格信托又成为全国50家国债一级自营商之一。1996年底，赛格信托的资产总额已达到62亿元。与同时期的海南信托公司一样，赛格信托随后将数十亿元的资金投入了当时火爆的海南房地产业，而大量买地和建楼让赛格信托无法支付正常的资金流出。随着海南房地产泡沫的破裂，积压了大量地皮和在建楼盘的信托公司所背负的债务愈发沉重，赛格信托亦是如此。

非法发行近7亿元的金融债券是压垮赛格信托的最后一根稻草。此前，与海南其他信托公司一样，为了偿付房地产泡沫破灭所欠下的巨额债务，赛格信托度过了一段疯狂的时光：违规回购国债、高息揽存和挪用客户保证金。在鼎盛时期，赛格信托的存款利息最高放到了36%；从银行拆借资金，拆借期为7天、3个月的资金被放到了10年甚至20年的长线投资中；挪用证券保证金更是各信托公司的常规武器，就连一些小信托公司挪用的客户保证金数额都为数亿元，大信托公司挪用的保证金往往在10亿元以上。但是，东拆西补只能缓解资金周转不灵的一时之弊，无法弥补长期存在的呆账，更难以遮掩越来越大的债务窟窿。因此，赛格信托的管理者萌生了发行金融债券的念头。法院判决书表明，1996年9月，赛格信托为了清偿债务，向中国人民银行海南分行(现为海口中心支行)申请发行特种金融债券并获批准，中国人民银行海南分行允许该公司发行2.7亿元、年利率为12%的金融债券。该金融债券于1996年12月底开始发行，其中用于清偿债务的债券为1.69亿元。

由于赛格信托的债务太多，1.69亿元根本不够还债，因此在1997年初，总经理李建民召集副总经理万善颐、副总裁阮庆生商议，决定印制超发的特种金融债券2.7亿元。1997年1月，赛格公司找到江西南昌某印刷厂印制了2.7亿元特种金融债券。1997年3月，李健民再次派人到南昌某印刷厂，以上次债券印错为由，再次印制了特种金融债券2.7亿元。债券印制好后，赛格信托将债券向外发行。

1997年7月，国家发文要求特种金融债券的持有人将所持有的特种金融债券交回发债单位，由发债单位接收后办理在中央国债登记结算有限责任公司的托管手续。从1997年9月至1998年5月，先后有20家单位将其持有的1.419 06亿元赛格信托特种金融债券送交赛格信托办理托管。虽然赛格信托收到上述债券后给客户办理了托管手续，但其没有按照规定将全部托管债券送交中央国债登记结算有限责任公司，而是将上述托管债券中的9 139.7万元由资金调度中心办理出库手续，并再次用于发行。其中，用于抵债的金额为8 539.7万元，由某单位代理销售600万元。

从1997年初至1998年5月，赛格信托在发行特种金融债券的同时，又先后向数家机构空开特种金融债券代保管凭证5 800多万元，并由这些机构向社会发售，用于抵偿债务和公司业务开支。在发现赛格信托的非法行为后，中国人民银行海南分行立即向公安部门报案，并由此直接引发了中国人民银行对海南信托公司的高度关注，随后展开调查。

赛格信托因经营管理极度混乱、严重资不抵债、不能清偿到期债务并呈连续状态，符合破产条件，中国人民银行同意对赛格信托依法实施破产清算。

本章小结

信托是以资产为核心，以信任为基础，以委托为方式的财产管理制度。它是一种多边信用关系，必须具备委托人、受托人、受益人三方当事人。本章主要介绍狭义信托，即金融信托。按照信托受益对象不同，信托业务可以分为私益信托和公益信托；按照信托服务对象不同，信托业务可以分为个人信托和法人信托；按照信托财产种类不同，信托业务可以分为资金信托、实物信托、债权信托和经济事务信托；按照信托是否跨国，信托业务可以分为国内信托和国际信托。

信托项目应作为独立的会计核算主体，以持续经营为前提，独立核算信托财产的管理运用和处分情况。各信托项目应单独记账，单独核算，单独编制财务报告。不同信托账户设置、资金划拨、账簿记录等方面应相互独立，因此设置信托资产、信托负债、信托权益、信托项目收入、信托项目费用、信托项目利润及信托终止这7个会计要素。

信托公司业务核算主要包括存款业务核算、贷款业务核算、投资业务核算、其他信托业务核算以及信托损益的核算。信托公司存款业务的核算包括信托存款核算和委托存款核算两部分，均包含账户设置和账户处理两个核算步骤。信托公司贷款业务的核算包括信托贷款和委托贷款核算两部分，包含账户设置和账户处理两个核算步骤。信托公司投资业务的核算包括信托投资和委托投资的核算，信托投资核算分“交易性金融资产”科目核算以及“可供出售金融资产”科目的核算，委托投资的核算包括科目设置、账务处理两个核算步骤。其他信托业务的核算包含财产信托、投资基金信托、公益信托、拆出信托资金、代理、担保等核算。

信托损益的核算包括信托收入核算、信托费用核算、信托业务赔偿处理和信托损益结转。发生信托投资收入、信托贷款利息收入、信托租赁收入、拆出信托资金利息收入、手续费收入等信托收入时应借记“银行存款”等科目，贷记“利息收入”“投资收益”等科目，按照委托人和收入类别进行明细核算，对于可直接归属于某项信托资产的信托费用在核算时借记“营业费用”科目，贷记“银行存款”等科目，不可直接归属于某项信托资产的信托费用由信托公司承担。信托业务赔偿处理根据损失产生的不同原因有不同处理办法，在期末，信托收入和信托费用转入信托损益科目。

本章关键术语

信托；信托贷款；委托贷款；信托投资；委托投资；信托收入；公益信托；房地产信托

本章思考题

1. 如何理解信托业务？信托业务有哪些类型？
2. 信托存款与委托存款有哪些异同点？
3. 信托贷款与委托贷款有哪些异同点？
4. 信托投资与委托投资有哪些异同点？

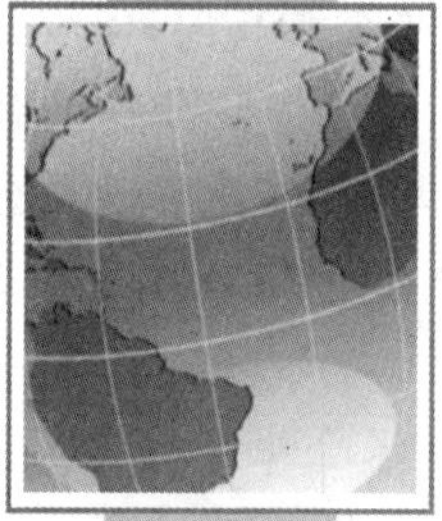

第十六章 保险公司业务核算

学习目标

1. 掌握非寿险业务的基本会计核算
2. 掌握寿险业务的基本会计核算
3. 掌握再保险业务的基本会计核算

本章预习

本章的重难点内容有：非寿险业务的基本会计核算、寿险业务的基本会计核算、再保险业务的基本会计核算与原理、财产保险业务准备金核算、人身保险业务准备金核算。

本章将从保险业务概述、财产保新业务的核算、人身保险业务的核算和再保险业务的核算4个方面进行详细讲解，同时还会介绍保险公司业务的核算。

专栏16－1

2018年3月13日，中国保险业务再度迎来了重要的命运转折点。根据第十三届全国人民代表大会第一次会议批准的国务院机构改革方案，将银监会和保监会合并，之后设立中国银行保险监督管理委员会，作为国务院直属事业单位。同时，将银监会和保监会拟订银行业、保险业重要法律法规草案和审慎监管基本制度的职责划入中国人民银行，不再保留中国银监会、中国保监会。

2018年4月8日，中国银行保险监督管理委员会（以下简称中国银保监会）新牌在鑫茂大厦南楼揭牌。这意味着，2003年4月成立的银监会和1998年11月成立的保监会，在相伴前行多年之后，正式退出历史舞台。与此同时，"一行三会"监管模式也正式进入了"一行两会"时代。

此次银行保险监督管理委员会的组建方案是金融监管体制改革的重要开端，是继国务院金融稳定发展委员会之后为防范系统性金融风险确立的新的组织架构，向统一金融监管框架方面迈出了坚实的一步。

近年来，随着我国金融业的迅速发展和商业银行改革的深入，基于金融竞争和合作的现实发展需要，我国金融业出现了由分业经营向混业经营转变的趋势。在这样的时代背景下，统一银行与保险的监管有利于集中整合监管资源、发挥专业化优势。具体来说，一方面，银行与保险业在监管理念、规则、工具方面具有相似性，对监管资源和监管专业能力也有相近的要求。例如，保险业的"中国第二代偿付能力监管制度体系"以风险为导向，制定不同风险业务的资本金要求，就类似于银行监管中对银行资本充足率的监管要求。另一方面，在我国金融监管资源和专业人才"供不应求"的背景下，尤其是地方层面保险监管人才匮乏，统一监管有利于发挥协同效应，集中整合监管资源，充分发挥监管专业人才的专业能力，提高监管的质量和效率。

保险业务是金融企业业务的重要组成部分，目前由保险公司专门经营。但随着社会发展、金融体制改革的深入和金融监管的不断完善，金融业混业经营已是大势所趋。在我国，保险业作为国民经济中必不可少的环节，是我国经济补偿制度的重要组成部分。通过保险业务的核算，能够正确反映保险公司的经营活动情况，对于合理分配、运用社会保险基金，实现保险基金的保值、增值，进而充分发挥保险职能，促进社会稳定和国民经济协调发展具有重要的现实意义。

由于保险业务的特殊性，保险会计有许多特殊的理念和计量问题，理解保险业务的内容和性质是正确核算保险业务的基础。尽管保险业务具有很多的特殊性，但在保险公司的会计处理和会计信息的生成中，仍应遵循一般的会计原则，使保险公司的会计信息与其他类型企业的会计信息具有可比性。

第一节　保险业务概述

保险，是指投保人根据合同约定，向保险人支付保险费，保险人对于合同约定的可能发生的事故因其发生所造成的财产损失承担赔偿保险金责任，或者当被保险人死亡、伤残、疾病或者达到合同约定的年龄、期限等条件时承担给付保险金责任的商业保险行为。

本节将从保险公司业务的种类和会计核算特点两个方面，对保险业务进行概括性的介绍。

一、保险公司业务的种类

保险业务按照不同的划分标准，有不同的分类。目前，我国保险公司业务的分类方式主要有以下两种。

(一)按保险对象分为财产保险和人身保险

1. 财产保险

财产保险是指投保人根据保险合同约定，向保险人交付保险费，保险人按照保险合同的约定，对所承保的财产及其有关利益因自然灾害或意外事故造成的损失承担赔偿保险金责任的保险业务。

2. 人身保险

人身保险是指保险人通过与投保人签订保险合同，向投保人收取一定的保险费用后，在被保险人因疾病或遭遇意外事故而致伤残或死亡，或保险期满时给付医疗费用或保险金的保险业务。

(二)按业务承保方式分为原保险和再保险

1. 原保险

原保险是指保险人向投保人收取保费，对约定的可能发生的事故因其发生所造成的财产损失承担赔偿保险金责任，或者当被保险人死亡、伤残、疾病或达到合同约定的年龄、期限时承担给付保险金责任的保险业务。原保险协议由保险人与投保人最初达成。

2. 再保险

再保险即“保险的保险”，也叫分保，是指一个保险人(再保险的分出人)分出一定的保险费给另一个保险人(再保险接受人)，再保险接受人对再保险分出人由原保险合同所引起的赔付成本及其他相关费用进行补偿的保险业务。

在再保险业务中，最初承保业务的保险人称为再保险分出人或原保险人；接受分出业务的保险人称为再保险接受人或再保险人。双方签订再保险合同，再保险分出人在分出业务的同时，将其所收取的原保险费的相应部分支付给再保险接受人，当保险事故发生时，再保险分出人先将赔偿金额支付给投保人或者受益人，然后向再保险接受人追收相应的赔款。

二、保险公司业务会计核算的特点

保险公司业务的会计核算既有别于一般的工商企业，与商业银行等其他金融企业相比，也存在很大的区别，主要表现在以下几个方面。

(一)各险种独立建账、独立核算盈亏

保险公司所经营的各种不同险种在业务经营期限、币种、赔付方式、收费方式等方面都存在很大的差别，因此，在会计核算中应按险种类别分账核算。

(二)会计计量需要运用保险精算技术

保险公司的业务表现为根据保险单(保险合同)向投保人收取保险费，并在合同有效期内承担相应的保险责任。为了保证向保险受益人提供赔偿或给付的义务，在向其支付赔偿或给付以前，保险公司应建立责任准备金。保险公司的责任准备金计算十分复杂，需要运用保险精算技术才能确定。

(三)资产构成以金融资产为主

在保险公司的流动资产中，实物形态的资产所占的比例很小，其收取的保费所形成的保险基金主要以银行存款、债券等形式进行投资，因此，金融资产所占比重很大。而且根据有关规定，保险公司一经成立，必须将其注册资本总额的20%作为法定保证金存入保险监督管理部门指定的银行，除公司清算时用于清偿债务外，不得动用。这一规定也使得保险公司资产的构成具有特殊性。

(四)各种准备金是保险公司特有的负债

由于保险公司的经营风险很大，为了防范风险和保障投保人的权益，保险公司必须按照《企业会计准则第25号——保险合同》的规定计提各种准备金。因此，保险公司的负债，除一般的结算性、金融性负债外，还应包括其为履行未来赔付责任而从保费中提取的各种准备金所形成的负债。比如，为尚未终止的非寿险保险责任提取的未到期责任准备金；为非寿险保险事故已发生但尚未结案的赔偿提取的未决赔偿准备金；为尚未终止的人寿保险责任提取的寿险责任准备金；为尚未终止的长期健康保险责任提取的长期健康险责任准备金等。

第二节　财产保险业务的核算

由于财产保险的目的是补偿财产及其相关利益的实际损失，因此，财产保险又称物产保险或损失保险。财产保险的标的有两个：财产和与财产有关的利益。其中，财产是指以一定的物质形态存在的，并能以一定的价值尺度进行衡量的有形物质，包括动产和不动产；与财产有关的利益是指由财产所产生或引起的无形权益，以及这些权益受到侵害时引起的责任。

一般来说，财产保险业务的核算包括财产保险业务中保费收入的核算、赔偿支出的核算和准备金的核算。

一、财产保险业务保费收入的核算

财产保险业务保费收入的核算包括保费的计算、核算以及账务处理3个方面。

(一)保费的计算

保费是指投保人购买保险服务产品的价格,也是保险经营的物质基础。保险人通过向投保人收取保费建立保险基金,当投保人遭受约定的保险事故时,保险人就通过基金支付赔款或给付保险金,从而实现保险的基本职能。

保费由两部分构成:纯保费和附加保费。其中,纯保费是保险人用来建立保险基金,用于未来赔偿的那部分保费,也称为净保费;附加保费主要用于保险人的各项业务开支和预期利润,包括职工工资、业务费、企业管理费、代理手续费、税金、利润等。保费的高低,反映了保险公司经营收入的水平,也反映了保险公司承保业务的广度和深度,以及保险责任的大小。

(二)保费的核算

1. 保费收入的确定与计量

保费收入是指保险公司履行原保险合同规定的义务而向投保人收取的对价收入。

保费收入由保险公司主要的经营活动产生,是其主要的收入项目。根据《企业会计准则第25号——原保险合同》中的规定,保费收入应当在满足下列条件时予以确认:

(1)原保险合同成立并承担相应的保险责任

(2)与原保险合同有关的经济利益很可能流入。

(3)与原保险合同相关的收入能够可靠地计量。

此外,保险人代其他保险人收取的保费,应当作为应付款项处理,不应确认为保费收入。

由于财产险合同一般是签单生效,即保险合同一经签订即宣告成立,保险公司开始承担保险责任,且由于财产保险合同期限一般较短,通常短于1年,保险金额可以确定,收取保费的可能性也通常大于不能收取保费的可能性。因此,在实际工作中,财产保险合同一般是签单时确认保费收入。

财产保险合同提前解除的,保险人应当按照保险合同的约定计算确定应退还投保人的金额作为退保费,直接冲减保费收入。

2. 科目设置

为了反映和监督财产保险业务保费收入的增减变动情况,保险公司应设置“保费收入”“应收保费”“坏账准备”“预收保费”和“保户储金”等科目进行核算。各会计科目的具体设置如表16－1所示。

表16－1　　财产保险业务保费收入核算的主要会计科目设置

科目名称	主要核算内容	科目性质
应收保费	该科目用于核算保险公司按照原保险合同约定应向投保人收取的保费,可按投保人进行明细核算。该科目借方登记保险公司发生的应收保费,及已确认为坏账转销后又收回的应收保费金额,贷方登记收回的应收保费及确认为坏账而冲销的应收保费,期末借方余额反映保险公司尚未收回的保费	资产类
坏账准备	该科目为应收账款的备抵科目,核算保险公司按照规定提取的应收账款的坏账准备。其借方登记确实无法收回的、经批准作为坏账损失予以转销的应收款项,贷方登记提取的坏账准备、已确认并转销的应收账款以后又收回的,按实际收回金额转回的坏账准备。期末贷方余额反映保险公司已提取但尚未转销的坏账准备	资产备抵科目

续表

科目名称	主要核算内容	科目性质
预收保费	该科目用于核算保险公司收到的未满足保费收入确认条件的保费。其贷方登记预收的保费，借方登记保费收入实现时结转保费收入的金额，期末贷方余额反映保险公司向投保人预收的保费	负债类
保户储金	该科目用于核算保险公司收到投保人以储金本金增值作为保费收入的储金，可按投保人进行明细核算。其贷方登记收到投保人交纳的储金，借方登记向投保人支付的储金，期末贷方余额反映保险公司应付未付投保人储金。保险公司收到投保人投资型的保险业务投资款，可将科目改为"保户投资款"科目。保险公司应向投保人支付的储金或投资款增值，也在该项目中核算	负债类
保费收入	该科目用于核算保险公司承保业务确认的保费收入。其贷方登记保险公司确认的保费收入及分保费收入调整增加的金额，借方登记发生的退保费、续保时的折扣、无赔偿优待及分保费收入调整减少的金额。期末，该科目余额转入"本年利润"科目，结转后该科目无余额	损益类

3. 账务处理

保费是指保险公司会计部门以业务部门出具的"保费日报表"或"保费收据"作为原始凭证，编制记账凭证后入账的费用。投保人缴纳保费的方式主要有以现金或银行存款直接缴纳和以保险客户储金的收益作为保费两种形式，因此，保险公司收取保费的核算也有两种情况。

(1)直接缴纳保费的核算

保费并非都在签订保单的同时收妥，一般情况下，会计部门收到业务部门交来的"保费日报表"和"保费收据"等有关单据时，保费一般尚未收到。但由于保单一经签订，双方的权利和义务即已确定，在会计上应反映为"保费收入"的增加；又由于保费多数是汇总入账的，为了核算方便，当会计部门收到"保费日报表"和"保费收据"时，也可以通过"应收保费"科目进行核算。

对于一些大保户或者保额高的保户，经保险公司同意，可以分期缴纳保费。保费一旦签单，则全部保费均确认为保费收入，未收款部分记入"应收保费"科目，待下期收款时再冲销。经确认为坏账的应收保费，应通过冲销"坏账准备"科目予以处理；收回已确认为坏账并转销的应收保费时，再转回坏账和应收保费。

【例 16－1】 某企业投保财产综合险，与某财产保险公司签订了保单，双方约定保费为 300 000 元，分期付款。首期通过银行贷记凭证收款通知，保险公司已收到 50 000 元，其余保费分 10 期收取，每期收取 25 000 元。

首期收款并发生应收保费时，其会计分录为：

借：银行存款——活期户	50 000	
应收保费——某企业	250 000	
贷：保费收入		300 000

以后每期收到保费时，其会计处理为：

借：银行存款——活期户	25 000	
贷：应收保费——某企业		25 000

最后一期保费未收到已有 3 年以上，经确认为坏账，某财产保险公司按批准的坏账转销凭证冲销坏账准备时，会计分录为：

借:坏账准备　　25 000
　　贷:应收保费——某企业　　25 000

上述已转销的应收保费以后又收到时,其会计分录为:

借:应收保费——某企业　　25 000
　　贷:坏账准备　　25 000

同时记录:

借:银行存款——活期户　　25 000
　　贷:应收保费——某企业　　25 000

(2)以保户储金的收益作为保费的核算

这种保费收取方式主要适用于财产保险业务中的两全保险,如家财两全险,即以家庭财产作为保险标的,当财产发生保险责任范围内的损失时,保险公司要给予赔偿;若保险期满保险财产没有发生损失,则可以领取全部保险费。两全保险是既有保险保障,又具有储蓄性质的保险,因此,两全保险应将所收取的保费作为储金,而将本金孳生的利息或投资收益作为保费收入。这种保险业务的形式,需要保险公司把保户储金作为定期存款存入银行或用于购买债券,期限一般为3年或5年。

(3)中途加保的核算

保单签发后至满期前,由于保险标的升值、所保财产的转移、财产重估等原因,投保人中途会要求加保。如果投保人要求中途加保或退保,应由投保人提出书面申请,业务部门审查同意后,签发批单,并将批单及投保人的有关单据交财会部门,财会部门审查无误后,编制记账凭证。中途加保保费收入的核算与投保时保费收入的核算相同。

(4)中途退保的核算

非寿险原保险合同提前解除的,保险公司应当按照原保险合同的约定,计算确定应退还投保人的金额作为退保费,直接冲减保费收入。退保时尚欠的应收保费,则应从所退保费中直接扣除。

两全保险的投保人要求中途退保时,投保人应将保险单及储金收据交回,经保险公司审查同意后,按保险费率计算应收保费(保险费以年计算,不满一年的按一年收取),扣除已结转为保费收入的应收利息,差额作为保费收入。保户储金扣除保费收入和应收利息后,即为应还的储金。

二、产保险业务赔偿支出的核算

财产保险理赔是指在保险财产遭受保险责任范围内的灾害事故损失时,保险人根据保险合同的规定,对投保人履行经济赔偿义务时所进行的工作。

本节将从会计科目设置和账务处理两个方面,介绍财产保险业务赔偿支出的核算。

(一)会计科目设置

为了反映和监督财产保险业务赔偿支出的增减变动情况,保险公司应设置“赔付支出”“预付赔付款”“损余物资”“应收代位追偿款”“赔付支出”等科目进行核算。会计科目设置的具体内容如表16－2所示。

表 16－2　　财产保险业务赔偿支出核算的会计科目设置

科目名称	主要核算内容	科目性质
预付赔付款	该科目用于核算保险公司在处理各种理赔案件过程中,按照保险合同约定预先支付的赔付款,可按投保人或受益人进行明细核算。该科目借方登记预先支付的赔付款,贷方登记结案后结转的赔付支出,期末余额为已预付但尚未结案的赔款。再保险接受人分入分保业务时须支付的赔付款也在该科目核算	资产类
损余物资	该科目用于核算保险公司按照原保险合同约定承担赔偿保险金后取得的损余物资成本,可按损余物资种类进行明细核算。该科目借方登记保险公司承担赔偿保险金责任后取得的损余物资成本,贷方登记处置损余物资时转出的账面余额,期末借方余额反映保险公司承担赔偿保险金责任后取得的损余物资成本	资产类
应收代位追偿款	该科目用于核算保险公司按照保险合同约定承担赔付保险金责任后确认的代位追偿款。该科目借方登记保险公司承担赔付保险金责任后确认的代位追偿款,贷方登记收回应收代位追偿款时转销的应收代位追偿的账面余额,期末借方余额反映保险公司已确认尚未收回的代位追偿款	资产类
赔付支出	该科目用于核算保险公司的财产保险、意外伤害保险、1 年期以内(含 1 年)的健康保险业务、按保险合同约定支付的赔款和发生的理赔勘查费用。其借方登记所发生的赔付支出、"预付赔付款"科目转销金额和发生的理赔勘查费,贷方登记收回损余物资的冲减金额及错赔、骗赔追回的赔款。期末,该科目余额转入"本年利润"科目,结转后该科目应无余额	损益类

(二)账务处理

根据《企业会计准则第 25 号——原保险合同》规定,保险人应当在确认支付赔付款项或实际发生理赔费用的当期,按照确定支付的赔付款金额或实际发生的理赔费用金额,计入当期损益;同时,冲减相应的未决赔款准备金余额。在具体业务的账务处理中,包含以下几种情况。

1. 当期结案的赔付支出的核算

【例 16－2】 某企业投保的车辆损失险出险,承保该企业的财产保险公司会计部门收到业务部门交来的赔款计算书和有被保险人签章的赔款收据后,签发赔款 300 000 元的转账支票给投保人。

会计分录为:

借:赔付支出——车辆损失险　　300 000

　　贷:银行存款——活期账户　　300 000

2. 预付赔款的核算

有些保险赔付案的理赔过程旷日持久,为了使投保人能及时恢复生产过程或生活秩序,保险公司亦可先预付一笔赔款,其余的赔款待结案时再行补足。

【例 16－3】 某企业投保的财产综合险出险,因保险双方对实际损失存在争议,一时难以结案。承保该企业财产保险的公司先预付赔款 150 000 元,以银行转账支票方式付款。后经双方调查协商,确定保险损失为 350 000 元,公司再以转账支票 200 000 元的方式补足赔款。

预付赔款时,其会计分录为:

借:预付赔付款——财产综合险　　150 000

　　贷:银行存款　　150 000

补付赔款及结案时,其会计分录为:

借:赔付支出——财产综合险　　350 000
　　贷:预付赔付款——财产综合险　　150 000
　　　　银行存款　　200 000

3. 理赔勘查支出的核算

理赔勘查支出是指保险公司对保险责任范围内的保险事故现场进行勘查时所发生的费用,以及公司聘请专业技术人员对承保的保险标的损失进行估损鉴定等发生的支出,如律师费、诉费、损失检验费、相关理赔人员薪酬等。

保险人应当在实际发生理赔费用的当期,按照实际发生的理赔费用金额计入当期损益。其中,保险责任范围内赔付案不成立的勘查支出在其他业务成本中列支,不得列入赔偿支出。

4. 损余物资的核算

保险财产遭损受灾,通常情况下,部分受损物资还具有一定的经济价值,这部分物资称为损余物资。保险财产遭受保险事故后,损余物资一般应合理作价归投保人,并在赔偿中予以扣除;如果被保险人不愿意接受的,保险公司可按全额赔付,损余物资交归保险公司处理。

根据《企业会计准则 25 号——原保险合同》的规定,保险人承担赔偿保险金责任后取得的损余物资,应当将按照同类或类似资产的市场价格计算确定的金额确认为资产,并冲减当期赔付成本。其会计分录为:

借:损余物资
　　贷:赔付支出

处理损余物资时,保险人应当按照收到的余额与相关损余物资账面价值的差额,调整当期赔付成本。会计分录为:

借:库存现金(银行存款)
借或贷:赔付支出
　　贷:损余物资

5. 错赔或骗赔案件的核算

保险理赔的过程中,不可避免地要发生某些错赔或骗赔的案件,一经发现,必须认真查处并追回赔款,并冲减相应的赔付支出。

6. 代位追偿款的核算

应收代位追偿款是指保险人承担赔付保险责任后,依法向第三者责任人索赔不属于其免责范围所造成的损失而应当取得的赔款。保险人承担赔付保险金责任应收取的代位追偿款,同时满足以下条件的,应当确认为应收代位赔偿款,并冲减当期赔付成本:

(1)与该代位追偿款有关的经济利益很可能流入;

(2)该代位追偿款的金额能够可靠地计量。

保险人承担赔付保险金责任后确认的代位追偿款,应当按照确认的代位追偿金额,借记"应收代位追偿款"科目,贷记"赔付支出"科目。

收到应收代位追偿款时,保险人应当按照收到的金额与相关应收代位追偿款账面价值的差额,调整当期的赔付成本。即按实际收到的代位追偿金额,借记"库存现金""银行存款"等科目,按已计提的相关坏账准备,借记"坏账准备"科目,按实际收到的代位追偿金额与相关应收代位追偿款账面价值的差额,借记或贷记"赔付支出"科目,按照相关应收代位追偿款的账面余额,贷记"应收代位追偿款"科目。

三、财产保险准备金的核算

财产保险准备金是指保险公司为履行其承担的保险责任或备付未来赔款，从所收的保险费中按规定提取的资金准备。财产保险准备金是保险公司的一种资金积累，包括未到期责任准备金和未决赔偿准备金。

专栏 16－2

财产保险合同成立并生效后，保险公司即负有合同约定的保险责任，具有在投保人发生保险事故的情况下，向保险受益人提供赔偿的义务，在向保险收益人支付赔偿之前，这项内容实质上构成了保险公司的一项负债。由于保费通常在投保人发生保险事故之前收取，而赔偿是在此之后，因此，为了保证未来的赔偿有充足的资金来源，保险公司需要计提财产保险准备金，确认为负债，同时将计提的金额计入当期损益。

(一)未到期责任准备金的核算

1. 未到期责任准备金的确认和计量

未到期责任准备金是指保险人为尚未终止的非寿险保险责任提取的准备金。根据《企会计准则第 25 号——原保险合同》的规定，保险人应当在确认非寿险保费收入的当期，按照保险精算确定的金额提取未到期责任准备金，作为当期保费收入的调整，并确认未到期责任准备金负债。

2. 会计科目设置

为了反映和监督财产保险未到期责任准备金的增减情况，保险公司应设置“未到期责任备金”和“提取未到期责任准备金”科目进行核算。会计核算的主要科目设置如表 16－3 所示。

表 16－3　　财产保险未到期责任准备金核算的主要会计科目设置

科目名称	主要核算内容	科目性质
未到期责任准备金	该科目用于核算保险公司按规定提取的非寿险原保险合同未到期的责任金，再保险接受人提取的再保险合同分保未到期责任准备金也在该科目核算。该科目贷方登记按规定提取的未到期责任准备金，借方登记按规定冲减的未到期责任准备金。期末贷方余额反映保险公司的未到期责任准备金。该科目可按保险合同进行明细核算	负债类
提取未到期责任准备金	该科目用于核算保险公司提取的非寿险原保险合同未到期责任准备金和再保险合同分保未到期责任准备金，可按险种和保险合同进行明细核算。其借方登记按规定提取的未到期责任准备金，贷方登记按规定冲减的未到期责任保险金。期末，应将该科目余额转入“本年利润”科目，结转后该科目无余额	损益类

3. 账务的处理

未到期责任准备金的账务处理包括未到期责任准备金的计提、转销，资产负债表日的处理以及提取未到期责任准备金结转本年利润等内容。

(1)未到期责任准备金的计提。保险人应当在确认非寿险保费收入的当期，按照保险精算确定的金额提取未到期责任准备金，作为当期保费收入的调整，并确认未到期责任准备金负债。其会计分录为：

借：提取未到期责任准备金

贷：未到期责任准备金

(2)资产负债表日的处理。保险人应当在资产负债表日，按照保险精算重新计算确定的未到期责任准备金金额与已提取的未到期责任准备金余额的差额，调整未到期责任准备金金额。其会计分录为：

借：未到期责任准备金

贷：提取未到期责任准备金

(3)未到期责任准备金的转销。原保险合同提前解除的，保险人应当转销相关未到期责任准备金余额，计入当期损益。其会计分录为：

借：未到期责任准备金

贷：提取未到期责任准备金

(4)提取未到期责任准备金的期末结转。期末，应将“提取未到期责任准备金”科目余额结转“本年利润”科目，结转后本科目应无余额。

(二)未决赔款准备金核算

1. 未决赔款准备金的确认与计量

未决赔款准备金属于特别保证金，是指保险人为非寿险保险事故已发生但尚未结案的赔案提取的准备金，包括已发生已报案未决赔款准备金、已发生未报案未决赔款准备金和理赔费用准备金。

专栏 16－3

已发生已报案未决赔款准备金是指保险人为非寿险保险事故已发生并已向保险人提出索赔，但尚未结案的赔案提取的准备金。

已发生未报案未决赔偿准备金是指保险人为非寿险保险事故已发生，但尚未向保险人提出索赔的赔案提取的准备金。

理赔费用准备金是指保险人为非寿险保险事故已发生，但尚未结案的赔案可能发生的律师费、诉讼费、损失检验费、相关理赔人员薪酬等费用提取的准备金。

根据《企业会计准则第 25 号——原保险合同》的规定，保险人应当在非寿险保险事故发生的当期，按照保险精算确定的金额提取未决赔偿准备金，并确认未决赔偿准备金负债。

2. 会计科目设置

为了反映和监督财产保险业务未决赔偿准备金的增减变动情况，保险公司应设置“未决赔款准备金”和“提取未决赔款准备金”科目进行核算。会计核算的主要科目如表 16－4 所示。

表 16—4　　财产保险未决赔款准备金核算的主要会计科目设置

科目名称	主要核算内容	科目性质
未决赔款准备金	该科目用于核算保险公司已经发生的非寿险保险事故并已提出保险赔款，以及已经发生非寿险保险事故但尚未提出保险赔款的赔案及可能发生的理赔费用按规定提取的未决赔款准备金。该科目可按保险合同进行明细核算，贷方登记按规定提取的未决赔款准备金，借方登记按规定冲减的未决赔款准备金。期末贷方余额反映保险公司的未到期责任准备金。此外，再保险接受人提取的再保险合同未决赔款准备金也在该科目核算	负债类
提取未决赔款准备金	该科目用于核算保险公司由于发生非寿险保险事故并提出保险赔款，以及已经发生非寿险保险事故但尚未提出保险赔款及可能发生理赔的费用按规定提取的未决赔款准备金。该科目借方登记按规定提取的未决赔款准备金，贷方登记按规定冲减的未决赔款准备金。期末，该科目余额转入“本年利润”科目，结转后该科目应无余额。此外，再保险接受人提取的再保险合同未决赔款准备金，也在该科目核算	损益类

3. 账务处理

未决赔款准备金核算的账务处理可以分为以下几种情况。

(1)未决赔款准备金的计提。投保人发生非寿险保险合同约定的保险事故当期，保险公司按照保险精算确定未决赔款准备金的会计分录为：

借：提取未决赔款准备金

　　贷：未决赔款准备金

专栏 16－4

保险人至少应当于每年年度终了，对未决赔款准备金进行充足性测试。保险人按照保险精算重新计算确定的未决赔款准备金金额超过充足性测试日已提取的未决赔款准备金余额的，应当按照其差额补提未决赔款准备金；保险人按照保险精算重新计算确定的未决赔款准备金金额小于充足测试日已计提的未决赔款准备金余额的，不调整未决赔款准备金。

(2)未决赔款准备金的冲减。原保险合同保险人确定支付赔付款项金额或实际发生理赔费用当期，应按冲减的相应赔款准备金余额做会计分录：

借：未决赔款准备金

　　贷：提取未决赔款准备金

(3)结转未决赔偿准备金。期末，应将“提取未决赔款准备金”科目的余额结转至“本年利润”科目。

第三节　人身保险业务核算

人身保险是以人的生命、身体或劳动能力为保险标的，以被保险人的生死、伤害、疾病为保险事故的保险业务。人身保险具有储蓄性、保险金额给付确定性、保险期限长期性等特点，这些特点决定了人身保险业务核算与财产保险业务核算相比存在差异，具有自己的特殊性。根据《中华人民共和国保险法》的规定，人身保险可以分为人寿保险、意外伤害保险和健康保险三大类。

本节将从人寿保险业务的核算、保险金给付的核算、退保核算、意外伤害和健康保险业务的核算以及人身保险业务准备金的核算等方面，对人身保险业务核算进行详细阐述。

一、人寿保险业务的核算

人寿保险业务的核算包括保费核算和保费收入核算两个方面。

(一)保费核算

确定人寿保险业务保费的基本原理：保费收入的现值等于未来保险支付的现值与所有费用开支的现值之和。人寿保险业务保费由纯保费和附加保费两部分组成。纯保费是以预定死亡率和预定利率为基础所计算的保费，是保险公司用保险金支付的那部分保费。附加保费主要是用于保险公司的各项业务开支和预期利润的来源，它是根据预定费用率计算出来的，其费用组成比较复杂。

(二)保费收入核算

1. 保费收入的确认和计量

人寿保险业务保费收入的确认，也应同时满足《企业会计准则第 25 号——原保险合同》中所规定的 3 个确认条件。此外，该准则还规定，寿险原保险合同分期收取保费的，应当根据当期应收取的保费确定；一次性收取保费的，应当根据一次性应收取的保费确定。

人寿保险业务保费收入的核算和财产保险业务基本类似。

2. 会计科目设置

为了反映和监督人寿保险业务保费收入增减变动情况，保险公司应设置“保费收入”“预收保费”“应收保费”等科目进行核算。

3. 账务处理

人寿保险业务保费收入的核算包括业务发生时收取的保费和预收保费两种情况。投保人向人寿保险公司投保人寿保险，除按规定办理投保手续外，在缴费时，还应由业务人员填制一式三联“××保费收据”缴费凭证，投保人凭此凭证交款。经审核、验钞并签字盖章后，保险公司将凭证第一联退还给投保人，第二联交业务员作为登记分户卡的依据，第三联连同银行存款解缴回单一并送交会计部门，作为会计人员记账的依据。

保费收入的核算可以分为以下几种情况：

(1)保险业务发生时收取保费的核算。保险业务发生时，若分期收取保费，应当根据当期应收取的保费确认为保费收入；若一次性收取保费，应当根据一次性收取的保费确认为保费收入。其会计分录为：

借：库存现金(或银行存款等科目)

　　贷：保费收入

(2)预收保费的核算。在预收保费的情况下，投保人提前缴纳的保险费，应通过“预收保费”科目核算。其会计分录为：

借：库存现金(或银行存款等科目)

　　贷：预收保费

在将预收的保费转为已实现的保费收入时，其会计分录为：

借：预收保费

贷：保费收入

二、人寿保险业务保险金给付的核算

人寿保险业务保险金给付是指保险公司对投保人在保险期满或在保险期中支付保险金，以及对保险期内发生的保险责任范围内的意外事故按规定给付保险金。人寿保险业务保险金给付分为满期给付、死伤医疗给付和年金给付。

（一）满期给付的核算

被保险人生存到保险期满时，保险公司给付的保险金称为满期给付。满期给付是综合投保年龄、保险期限、交费时间和投保分数等因素，根据寿险数学精算出来的。满期险种主要有生存保险、生死两全保险。被保险人持本人的保险凭证、身份证、缴费凭证等向保险公司申请满期给付保险金，经保险公司审核后，由业务部门填制"期满给付领款收据"，连同有关证件一并送交财会部门，由财会部门审核无误后按规定给付。

1. 会计科目设置

为了反映和监督人寿保险业务满期给付的增减变动情况，保险公司应设置"满期给付"科目进行核算。"满期给付"科目属于损益类科目，主要核算保险公司因人寿保险业务的被保险人生存至保险期满，公司按保险合同约定支付给被保险人的满期保险金。其借方登记所发生的满期给付金额，贷方登记按规定冲减的满期给付金额。

2. 账务处理

满期给付的账务处理包括发生满期给付和期末结转满期给付两项内容，同时应考虑是否存在投保人贷款本息未还清和未交保费的情况。

(1)被保险人生存至保险期满，按保险条款规定支付保险金（即发生满期给付）时，其会计分录为：

借：满期给付

　　贷：库存现金（或银行存款等科目）

(2)保险公司在满期给付时，如果发现投保人贷款本息未还清，还应将其未还清的贷款本息从应付的保险中扣除，其会计分录为：

借：满期给付（应给付金额）

　　贷：保护质押贷款（未收到的保户质押贷款本金）

　　　　利息收入（欠息金额）

　　　　库存现金（或银行存款等科目）（实际支付金额）

(3)在保险合同规定的缴费期限宽限期内发生满期给付时，其会计分录为：

借：满期给付（应给付金额）

　　贷：保费收入（投保人未缴保费金额）

　　　　利息收入（欠息金额）

　　　　库存现金（或银行存款等科目）（实际支付金额）

【例 16—4】 某客户投保保险金额为 45 000 元的两全保险期满时，尚有 4 000 元保单质押贷款未归还，该笔贷款应计利息为 250 元，会计部门将贷款及利息扣除后办理给付。

会计分录为：

借：期满给付　　　　45 000

　　贷：利息收入　　　　250

保户质押贷款　　4 000
库存现金　　40 750

(二)死伤医疗给付的核算

死伤医疗给付分为死亡给付、伤残给付和医疗给付3种。根据寿险合同约定,保险公司对被保险人因保险事故死亡时的给付称为死亡给付;保险公司对被保险人因保险事故永久性丧失全部劳动能力的给付称为伤残给付;保险公司对被保险人因保险事故进行医疗时的给付称为医疗给付。

专栏 16－5

我国的死伤医疗给付通常采取一次性给付的方式。支付死伤医疗给付时,如果被保险人当月保费未交清或借款本息未还清,保险公司应从给付保险金中扣除该部分费用;如果被保险人已预交保费,保险公司应退还给付后至期满前的预交保费;如因伤残已经给付部分保险金额,由于同一原因被保险人在180天内身故的,保险公司应扣除已经给付部分保险金额,补给保险金差额部分,若被保险人在180天以外身故的,则可再给付一个保险全额。

按照人寿保险业务的规定,申请死伤医疗给付时,被保险人或受益人必须及时提供相关证据。经业务部门调查核实后,计算出应给付金额,连同有关证明、调查报告送会计部门。会计部门经复核无误后,据以支付给付金额。

1. 会计科目设置

为了反映和监督人寿保险业务死伤医疗给付的增减变动情况,保险公司应设置"死伤医疗给付"科目进行核算。"死伤医疗给付"科目属于损益类科目,主要核算保险公司因人寿保险及长期健康保险业务的被保险人在保险期内发生保险责任范围内的保险事故时,公司按保险合同的约定支付给被保险人(或受益人)的保险金。其借方登记所发生的死伤医疗给付金额,贷方登记按规定冲减的死伤医疗给付金额。

需要说明的是,人寿保险公司的意外伤害保险和短期医疗保险的保险金在"赔付支出"科目核算,不在"死伤医疗给付"科目核算。

2. 账务处理

死亡医疗给付的账务处理包括发生死亡医疗和期末结转死亡医疗给付两项内容,同时应考虑是否存在投保人贷款本息未还清和未交保费的情况。

(1)被保险人在保险期内发生保险责任范围内死亡、意外伤残、医疗事故,保险公司按保险责任支付保险金时,其账务处理为:

借:死伤医疗给付
　　贷:库存现金(或银行存款等科目)

(2)发生死伤医疗给付时,如果投保人的贷款本息未还清,保险公司应当将投保人的未还清贷款本息从应支付的保险金中扣除。其会计分录为:

借:死伤医疗给付(应给付金额)
　　贷:保户质押贷款(未到的保户质押贷款本金)
　　　　利息收入(欠息金额)
　　　　库存现金(或银行存款等科目)(实际支付金额)

(3)在保险合同规定的缴费宽限期内发生死伤医疗给付时,其会计分录为:

借:死伤医疗给付(应给付金额)

　　贷:保费收入(投保人未交保费金额)

　　　　利息收入(欠息金额)

　　　　库存现金(或银行存款等科目)(实际支付金额)

【例 16-5】 某简易人寿保险保户因病死亡,其受益人提出死亡给付申请,业务部门审查同意给付全部保险金 50 000 元,该保户还有尚未归还的贷款 3 000 元,借款利息 180 元,均从应给付的保险金中扣除;另外还有当月应缴未缴纳的保费 50 元,会计部门审核后,以现金方式支出给付金额。

会计分录为:

借:死伤医疗给付——简易寿险	50 000	
贷:保费收入		50
保户质押贷款		3 000
利息收入		180
库存现金		46 770

(三)年金给付的核算

保险公司年金保险业务的被保险人生存至保险合同规定的年龄时,保险公司按保险合同的约定金额给被保险人的给付称为年金给付。支付年金保险业务保险金时,被保险人如有借款本息尚未还清的,保险公司应从给付的保险金中扣除借款本息;如果被保险人预交保费的,保险公司应退还被保险人给付后至期满前的预交保费。

1. 会计科目设置

为了反映和监督人寿保险业务年金给付的增减变动情况,保险公司应设置"年金给付"科目对相关业务进行会计核算。"年金给付"科目属于损益类科目,主要核算保险公司因年金保险业务的被保险人生存至规定年龄,保险公司按保险合同的约定支付给被保险人(或受益人)的给付金额。其借方登记所发生的年金给付金额,贷方登记按规定冲减的年金给付金额。

2. 账务处理

保险公司在进行年金给付账务处理的同时,应考虑投保人是否存在贷款本息未还清等情况。

(1)被保险人生存至规定年龄,按保险合同条款规定支付年金时,其账务处理为:

借:年金给付

　　贷:库存现金(或银行存款等科目)

(2)保险公司在给付年金时,如果投保人的贷款本息未还清,则应将其未还清的贷款本金从应支付的保险金中扣除,其会计分录为:

借:年金给付(应给付金额)

　　贷:保护质押贷款(未收到的保护质押贷款本金)

　　　　利息收入(欠息金额)

　　　　库存现金(或银行存款等科目)(实际支付金额)

三、人寿保险业务的退保核算

退保业务是指被保险人在保险期限未满的情况下要求退保并获保险公司同意的业务,保单所有人要求退保时，保险公司按照保险合同的约定，计算确定的应退还给保单所有人的金额，也称退保费。

本节主要介绍退保业务的种类和退保业务的核算。

(一)退保业务的种类

人寿保险业务退保可分为犹豫期内退保和正常退保两种情况：

1. 犹豫期内退保是指投保人在合同约定的犹豫期内退保。一般保险公司规定投保人收到保单后的10天内为犹豫期。若投保人在犹豫期内退保，保险公司通常会在扣除保险工本费后退还其全部保费。

2. 正常退保是指超过犹豫期的退保。通常情况下，领取过保险金的保单不得申请退保。正常退保一般要求保单经过一定年度后，投保人可以提出解约申请，寿险公司应自接到申请之日起30天内退还保单现金价值。

专栏 16-6

保单现金价值是指寿险契约在发生解约或退保时可以获得的返还金。在长期寿险契约中，保险人为履行契约责任，通常需要提取一定数额的责任准备金，当被保险人于保险有效期内因故要求解约或退保时，保险人应按规定，将提取的责任准备金减去解约扣除后的余额退还给被保险人，这部分金额即为保单的现金价值。

(二)退保的核算

根据《企业会计准则第25号——原保险合同》的规定，原保险合同提前解除的，保险公司应当按照原保险合同约定计算确定应退还给投保人的金额作为退保费，计入当期损益。

1. 会计科目设置

为了反映和监督人寿保险退保业务，保险公司应设置“退保金”“保费收入”等科目进行核算。保险公司寿险原保险合同提前解除时按照约定应退还给投保人的保单现金价值的款项，在“退保金”科目核算；保险公司寿险保险原保险合同提前解除时应当退还给投保人的不属于保单现金价值的款项，以及非寿险原保险合同提前解除时应退还给投保人的款项，在“保费收入”科目核算。“退保金”科目属于损益类科目。

2. 账务处理

退保业务的账务处理主要是指发生退保业务的处理。发生退保业务时，应考虑是否存在投保人贷款本息未还清的情况。

(1)保险公司寿险原保险合同提前解除时，按原保险合同的约定计算确定应退还投保人的保险单价值，其会计分录为：

借：退保金

　　贷：库存现金(或银行存款等科目)

(2)保险公司寿险原保险合同提前解除时，按原保险合同的约定计算确定应退还投保人的不属于保单现金价值的款项，其账务处理为：

借：保费收入

　　贷：库存现金(或银行存款等科目)

(3)保险公司支付退保金时，如果发现投保人有贷款本息未还清，则应将投保人未归还的贷款本息从应付退保金中予以扣除，其会计分录为：

借：退保金

　　贷：保户质押贷款

　　　　利息收入

　　　　库存现金(或银行存款等科目)

四、意外伤害保险业务和健康保险业务的核算

人身意外保险是以被保险人的身体和劳动能力作为保险标的，以被保险人在保险有效期内因受意外伤害造成死亡、残疾、支出医疗费、暂时丧失劳动能力为给付保险金条件的人身保险业务。

健康保险也称疾病保险，是以被保险人的疾病、分娩及其所致残疾、死亡为保险标的，以被保险人在保险有效期内患病造成死亡、残疾、支出医疗费、暂时丧失劳动能力为给付保险条件的人身保险业务。

专栏 16－7

健康保险按保险期限的长短，可分为短期健康保险和长期健康保险；按保险标的所产生的结果，可分为医疗保险和残疾收入补偿保险。其中，短期健康保险是指保险期限为 1 年及 1 年以下的健康保险；长期健康保险是指保险期限在 1 年以上的健康保险；医疗保险是指保险人对投保人由于疾病等所用的医疗费用承保的保险；残疾收入补偿保险是指保险人对投保人由于疾病所致的收入损失承保的保险。

下文将从会计科目设置、保费的核算、保费给付的核算三个方面，介绍意外伤害保险业务和健康保险业务的核算。

(一)会计科目设置

为了反映和监督意外伤害保险业务和健康保险业务的保费收入和保险金给付情况，保险公司应设置“保费收入”“应收保费”“赔付支出”“死伤医疗给付”等科目进行核算。

(二)保费的核算

意外伤害保险业务和健康保险业务的保费收入确认，同时满足《企业会计准则第 25 号——原保险合同》中所规定的 3 个确认条件，并且应当根据原保险合同约定的保费总额确认。投保人向保险公司申办意外伤害保险和健康保险时，应办理投保手续和缴纳保费。保险公司每日对外营业结束后，由业务部门编制“××险保险费日结单”，连同保费收据存根送交会计部门。会计部门审查后办理入账。其会计分录为：

借：库存现金(或银行存款等科目)

　　贷：保费收入

(三)保费给付的核算

保险公司应当在确定支付赔付款项或实际发生理赔费用的当期，按照确定支付的款项金额或实际发生的理赔费用金额，计入当期损益，同时冲减相应的未决赔偿金、长期健康责任准备金余额。

保险公司在办理意外伤害保险和健康保险金给付时，应由投保人提供有关单证及证明。

经业务部门审查核实后，填制“××险给付领取收据”，并由投保人签章，连同分户卡送交会计部门。会计部门经审核无误后，据以给付投保人保险金。其账务处理为：

借：赔付支出（死伤医疗给付）

　　贷：库存现金（或银行存款等科目）

五、人身保险业务准备金核算

在人身保险业务准备金核算中，保险公司对尚未终止的人寿保险责任应提取寿险责任准备金；对尚未终止的长期健康保险责任应提取长期健康险责任准备金；对尚未终止的意外伤害险和健康险等非寿险保险责任应提取未到期责任准备金；对非寿险保险事故已发生尚未结案的赔案应提取未决赔偿准备金。其中，未到期责任准备金和未决赔偿准备金的核算，与财产保险业务中未到期责任准备金和未决赔款准备金的核算基本相同。下文主要对寿险责任准备金和长期健康险责任准备金的核算进行阐述。

（一）寿险责任准备金核算

人寿保险理论上包括生存保险、死亡保险和生死两全保险3类，在实务中，人寿保险主要是指定期寿险、终生寿险、简易人身险、教育金保险和年金保险等。这些人寿保险基本上属于长期性保险业务，其保费的缴纳通常以分期均衡缴费方式为主，采用趸交保费的方式较为少见。而在保险期内，随着被保险人年龄的增长，保险公司承担的给付死亡保险金责任的可能性也不断增大，即长期性保险业务的保险风险不可能平均分布于整个保险期间。在保险期内，保险风险是不断增加的，由此造成了保险公司当期收取的保费与当期承担的风险责任不对等的情况。通常在保险初期，保险公司收取的保费高于当期的风险责任费用，形成一定的保险剩余，而在保险后期则形成保费不足。在这种情况下，保险公司为了平衡未来发生的债务，保证有充足的能力随时进行给付，就必须将投保人历年缴纳的纯保费和利息积累起来，作为将来保险金给付和退保给付责任准备金。具体来说，寿险责任准备金应当是保险公司收入的净保费和利息与寿险合同中所规定的当期应承担义务之间的差额。

1. 寿险责任准备金的确认和计量

寿险责任准备金是指保险人为尚未终止的人寿保险责任提取的准备金。根据《企业会准则第25号——原保险合同》的规定，保险人应当在确认寿险保费收入当期，按照保险精算确定的金额提取寿险责任准备金，并确认寿险责任准备金负债。

2. 会计科目设置

为了反映和监督寿险责任准备金的增减变动情况，保险公司应设置“寿险责任准备金”“提取寿险责任准备金”科目进行核算，如表16—5所示。

表16—5　　寿险责任准备金核算的会计科目设置

科目名称	主要核算内容	科目性质
寿险责任准备金	该科目用于核算保险公司为尚未终止的人寿责任提取的准备金。其贷方登记按规定提取、补提的寿险责任准备金，借方登记按规定冲减的寿险责任准备金。期末余额在贷方，反映保险公司的寿险责任准备金	负债类
提取寿险责任准备金	该科目用于核算保险公司尚未终止的人寿保险责任准备金。其借方登记按规定提取、补提的寿险责任准备金，贷方登记按规定冲减的寿险责任准备金。	损益类

3. 账务处理

寿险责任准备金核算的账务处理包括以下几种情况：

(1)寿险责任准备金的计提。保险人在确认寿险保费收入的当期，应按保险精算确定寿险责任准备金的会计分录为：

借：提取寿险责任保证金

　　贷：寿险责任准备金

专栏 16－8

保险人至少应当于每年年度终了时，对寿险责任准备金进行充足性测试。保险人按照保险精算重新计算确定的寿险责任准备金金额超过充足性测试日已提取的寿险责任准备金余额的，应当按照其差额补提寿险责任准备金；保险人按照保险精算重新计算确定的寿险责任准备金金额小于充足性测试日已提取的寿险责任准备金余额的，不调整寿险责任准备金。

(2)寿险责任准备金的冲减。原保险合同保险人确定支付赔付款项金额或实际发生理赔费用的当期，应冲减相应的寿险责任准备金余额，其会计分录为：

借：寿险责任准备金

　　贷：提取寿险责任准备金

(3)寿险责任准备金的转销。寿险原保险合同提前解除的，保险人应将相关寿险责任准备金余额予以转销，其会计分录为：

借：寿险责任准备金

　　贷：提取寿险责任准备金

(二)长期健康险责任准备金的核算

1. 长期健康险责任准备金的确认和计量

长期健康险责任准备金是指保险人为尚未终止的长期健康保险责任提取的准备金。根据《企业会计准则第 25 号——原保险合同》的规定，保险人应当在确认寿险保费收入当期，按照保险精算确定的金额提取长期健康险责任准备金，并确认长期健康险责任准备金负债。

2. 会计科目设置

为反映和监督长期健康险责任准备金的增减变动情况，保险公司应设置"长期健康险责任准备金"和"提取长期健康险责任准备金"科目进行核算，如表 16－6 所示。

表 16－6　　长期健康险责任准备金核算的会计科目设置

科目名称	主要核算内容	科目性质
长期健康险责任准备金	该科目用于核算保险公司为尚未终止的长期健康保险责任提取的准备金。其贷方登记按规定提取、补提的长期健康险责任准备金，借方登记按规定冲减的长期健康险责任准备金	负债类
提取长期健康险责任准备金	该科目用于核算保险公司为尚未终止的长期健康保险责任提取的准备金。其借方登记按规定提取、补提的长期健康险责任准备金，贷方登记按规定冲减的长期健康险责任准备金	损益类

3. 账务处理

(1)长期健康险责任准备金的计提。保险人在确认寿险保费收入的当期,应按保险精算确定的长期健康险责任准备金的会计分录为:

借:提取长期健康险责任准备金

　　贷:长期健康险责任准备金

此外,保险人至少应当于每月或年度终了时,对长期健康险责任准备金进行充足性测试,测试方法与寿险责任准备金类似。

(2)长期健康险责任准备金的冲减。原保险合同保险人确定支付赔付款项金额或实际发生理赔费用当期,应冲减相应的长期健康险责任准备金余额,会计分录为:

借:长期健康险责任准备金

　　贷:提取长期健康险责任准备金

(3)长健康险责任准备金的转销。寿险原保险合同提前解除的,保险人应将相关长期健康险责任准备金余额予以转销,其会计分录为:

借:长期健康险责任准备金

　　贷:提取长期健康险责任准备金

第四节　再保险业务核算

再保险业务最初始于意大利,先是出现于海上保险中,后用于火灾保险。19世纪末,人身保险中也开始出现再保险。再保险是因为社会化大生产带来的巨额风险而得以存在的,在保险经营中占有极其重要的地位。保险人通过再保险将超过自身财力所能承担的责任向其他保险人进行再保险,使再保险接受人承担一定份额的风险责任,可以起到分散承担责任风险、扩大承保业务范围、保持经营成果稳定的作用。同时,开展再保险业务对于促进国内保险市场的发展也具有积极的现实意义。

一、再保险业务概述

再保险又称分保,是指一个保险人(再保险分出人)分移出一定的保费给另一个保险人(再保险接受人),再保险接受人对再保险分出人由原保险合同所引起的赔付成本及其他相关费用进行补偿的保险业务。这里主要介绍再保险业务的种类和业务内容。

(一)再保险业务的种类

再保险是一种以原保险为基础的独立的保险业务。它既是保险企业之间的一种业务经营活动,又是一项独立的合同。再保险按照原保险人与再保险人之间对保险责任的分配方式,可分为比例再保险和非比例再保险两大类。

1. 比例再保险

比例再保险是指原保险人与再保险人以保险金额为基础计算比例,分担保险责任限额的再保险,比例再保险可分为成数再保险和溢价再保险。

专栏 16－9

成数再保险是指再保险分出人以保险金额为基础,对每一危险单位按规定比例,即一定成数作为自留额,将其余的一定成数转让给再保险接受人,保险费和保险赔款按同一比例分摊。

溢价再保险是指再保险分出人以保险金额为基础，规定每一危险单位的一定额度作为自留额，并将其超过自留额的部分，即溢价，分给再保险接受人。再保险接受人按承担溢价责任占保险金额的比例收取分保费和分摊分保费赔款。

2. 非比例再保险

非比例再保险又称超额再保险，是一种以赔偿金额为基础，计算自赔限额和分保责任限额的再保险。非比例再保险可分为超额赔款再保险和超额赔付率再保险。

专栏 16－10

超额赔款再保险是指由再保险分出人与再保险接受人签订协议，对每一危险单位损失或一次巨灾事故的累积责任损失规定一个自赔额，自赔额以上至一定限度由再保险接受人负责。

超额赔付率再保险是以一定时期内（一般为一年）的累积责任赔付率为基础计算责任限额，当实际赔付率超过约定赔付率时，其超过部分由再保险接受人负责一定的限额。

（二）再保险业务内容

在再保险业务中，分出保险业务的保险人称为原保险人或再保险分出人，亦即再保险合同的投保人；接受分保业务的保险人称为再保险人或再保险接受人（分入人）。如果再保险人又将其分入的再保险业务转分给其他保险人，则称为转分保。在转分保业务中，双方当事人分别称为转分保分出人或转分保接受人。

在再保险业务中，再保险分出人为了转移风险和责任，将原保险合同中一定比例的保费收入分给再保险接受人，这对再保险分出人而言为分出保费，对再保险接受人而言则为分保收入。原保险人承保业务和进行经营管理要花费一定的开支，须向再保险人收取一定的分保手续费，称为分保业务佣金。有时，再保险人还要从分保盈余中支付一定比例的佣金给分出人，作为对分出人良好经营成果的报酬，称为盈余佣金或纯益手续费，分保佣金和盈余佣金（或纯益手续费）对再保险接受人而言均为分保费用，对再保险分出人而言则为摊回分保费用。此外，原保险合同确认的赔付款项及理赔费用，按再保险合同约定应由再保险接受人承担的部分，对再保险接受人而言为分保赔付支出，对再保险分出人而言则为摊回赔付支出。

再保险业务核算分为再保险分出业务的核算和再保险分入业务的核算两个方面。

二、分出业务核算

分出业务核算是再保险业务中以再保险分出人为主体所进行的核算。下文将从分出保费的计算、会计科目设置和账务处理 3 个方面进行介绍。

（一）分出保费的计算

分出保费的计算是再保险分出业务核算的基础。分出保费的计算方法有按照比例计算和非比例计算两种。

1. 比例再保险分出保费的计算

对于比例再保险，再保险分出人的自留额和再保险接受人的责任额都表示为保额的一定比例，该比例也是计算分出保费的依据，用公式表示为：

分出保费＝保费×确定比例

2. 非比例再保险分出保费的计算

在此，以非比例再保险的典型代表超额赔款再保险为例，说明非比例再保险分出保费的计算。超额赔款再保险分出保费的计算包括预交最低再保险费、净保费收入总额、再险费率3个要素。在实际工作中，再保险费的计收有变动再保险费制和固定再保险费制两种方式。

(1)变动再保险费制是一种将再保险与分出公司的业务数量和业务质量挂钩并进行调整的方法。在这种计算方法下，分出公司要预先按规定的某个费率支付再保险费，分出公司最终所缴的保险费不能低于这个数，对应的这个费率称为最低费率。在实际操作中，再保险费率并不是用单独一个年度的赔款，而是以之前几个年度的平均损失统计数字为计算基础的。常用的超额赔款再保险的费率计算方法有4种，即一年法、前三年(或五年)平均法、三年危险分散法和三年共同法。

(2)固定再保险费制是在再保险当事人之间约定一个固定额度的再保险费。固定的再保险费由分出公司和分入公司按以往的赔款记录共同商定，与分出公司的净保费收入和发生赔款的多少无关。采用固定再保险费制的分保业务主要有两类：一类是承保的业务是新业务；另一类是以往没有办理过超额赔款的再保险业务。由于缺乏以往的记录和经验，固定再保险制可以作为一种过渡的方法，等积累资料和经验后，再采用变动再保险费制。

(二)会计科目设置

为了反映和监督再保险分出业务分出保费、摊回分保费用、摊回赔付支出以及各种准备金的增减变动情况，再保险分出人主要应设置“应收分保账款”“应付分保账款”“预收赔付款”“存入保证金”“分出保费”“应收分保合同准备金”“摊回保险责任准备金”“摊回赔付支出”“摊回分保费用”等科目进行核算，详情见表16—7。

表16—7　　再保险分出业务核算的主要会计科目设置

科目名称	核算内容	科目性质
应收分保账款	该科目用于核算保险公司从事再保险业务应收取的款项，可按再保险分出人或再保险接受人和再保险合同进行明细核算。其借方登记再保险业务发生的应收未收款项的增加，贷方登记再保险业务发生的应收未收款项的减少。期末借方余额反映保险公司从事再保险业务应收取的款项	资产类
应收分保合同准备金	该科目主要核算再保险分出人从事再保险业务确认的应收分保未到期责任准备金，以及应向再保险接受人摊回的保险责任准备金，可按再保险接受人和再保险合同进行明细核算。该科目借方登记按规定确认的应收分保未到期责任准备金与应向再保险接受人摊回的保险责任准备金金额，以及调整增加的金额，贷方登记按规定调整减少、冲减以及转销的金额。期末借方余额，反映保险公司从事再保险业务确认的应收分保合同准备金余额	
应收分保账款	该科目用于核算保险公司从事再保险业务应付未付的款项，可按再保险分出人或再保险接受人和再保险合同进行明细核算。其贷方登记再保险业务中发生的应付未付款项的增加，借方登记再保险业务中发生的应付未付款项的减少。期末贷方余额反映保险公司从事再保险业务应付未付的款项	负债类
预收赔付款	该科目用于核算保险公司从事再保险分出业务按保险合同约定预收的分保赔付款，可按再保险接受人进行明细核算。其贷方登记预收的分保赔付款，借方登记转销的预收分保赔付款。期末贷方余额反映保险公司尚未转销的预收分保赔付款	
存入保证金	该科目用于核算保险公司从事再保险分出业务按合同约定扣存再保险接受人保费而形成的保证金，可按再保险接受人进行明细核算。其贷方登记扣存的分保保证金，借方登记返还的上期扣存的分保保证金，期末贷方余额反映保险公司扣存的尚未返还的分保保证金	

续表

科目名称	核算内容	科目性质
分出保费	该科目用于核算保险公司从事再保险分出业务向再保险接受人分出的保费，可按险种进行明细核算。其借方登记按规定向再保险接受人分出的保费及调整增加的分出保费，贷方登记按规定调整减少的分出保费。期末将科目余额转入“本年利润”科目，结转后该科目应无余额	损益类
摊回保险责任准备金	该科目用于核算再保险分出人从事再保险业务应向再保险接受人摊回的保险责任准备金，包括未决赔款准备金、寿险责任准备金、长期健康险责任准备金，可按保险责任准备金的类别和险种进行明细核算。其贷方登记应向再保险人摊回的保险责任准备金金额，以及调整增加的金额，借方登记按规定冲减、转销的摊回保险责任准备金金额。期末，应将该科目余额转入“本年利润”科目，结转后该科目应无余额	
摊回赔付支出	该科目用于核算再保险分出人向再保险接受人摊回的应由其承担的赔付成本，可按险种进行明细核算。其贷方登记向再保险接受人摊回的应由其承担的赔付成本及调整增加的金额，借方登记按规定调整减少的金额。期末，应将该科目余额转入“本年利润”科目，结转后该科目应无余额	
摊回分保费用	该科目核算再保险分出人向再保险接受人摊回的应由其承担的分保费用，可按险种进行明细核算。其贷方登记向再保险接受人摊回的应由其承担的分保费用，以及向再保险接受人收取的纯益手续费，借方登记按规定调整减少的摊回分保费用。期末，应将该科目余额转入“本年利润”科目，结转后该科目应无余额	

(三)账务处理

分出业务核算的内容主要包括分出保费、摊回分保费用、摊回赔付支出以及各种准备金。

1. 分出保费的核算

(1)再保险分出人应当在确认原保险合同保费收入的当期，按照相关再保险合同的约定，计算确定分出保费，计入当期损益，其会计分录为：

借：分出保费

　　贷：应付分保账款

(2)对于超额赔款再保险等非比例再保险合同，按照再保险合同的约定，计算确定分出保费，计入当期损益，其会计分录为：

借：分出保费

　　贷：应付分保账款

(3)调整分出保费时，如分出保费调整增加，则做如下会计分录：

借：分出保费

　　贷：应付分保账款

如分出保费调整减少，则做相反的会计分录。

2. 应收分保未到期责任准备的核算

(1)原保险合同为非寿险原保险合同的，再保险分出人在确认原保险收入的当期，还应按相关再保险合同的约定计算确认相关的应收分保未到期责任准备金，并冲减提取未到期的责任准备金，其会计分录为：

借：应收分保未到期责任准备金

　　贷：提取未到期责任准备金

(2)资产负债表日，再保险分出人在调整原保险合同未到期责任准备金余额时，应相应调

整应收分保未到期责任准备金余额,即按相关再保险合同约定计算确定应收分保未到期责任准备金的调整余额。其会计分录为:

借:提取未到期责任准备金

贷:应收分保未到期责任准备金

3. 摊回分保费用核算

(1)再保险分出人应当在确认原保险合同保费收入的当期,按照相关再保险合同的约定计算确定应向再保险接受人摊回的分保费用,计入当期损益。其会计分录为:

借:应收分保账款

贷:摊回分保费用

(2)再保险分出人应当根据相关再保险合同约定,在能够计算确定应向再保险接受人收取的纯益手续费时,将该项纯益手续费摊回分保费用,计入当期损益。其会计分录为:

借:应收分保账款

贷:摊回分保费用

4. 摊回保险责任准备金的核算

(1)再保险分出人应当在提取原保险合同未决赔款准备金、寿险责任准备金、长期健康险责任准备金的当期,按照相关再保险合同的约定计算确定应向再保险接受人摊回的相应准备金,确认为相应的应收分保准备金资产。

摊回未决赔偿准备金时,其会计分录为:

借:应收分保未决赔款准备金

贷:摊回未决赔款准备金

摊回寿险责任准备金时,其会计分录为:

借:应收分保寿险责任准备金

贷:摊回寿险责任准备金

摊回长期健康险责任准备金时,其会计分录为:

借:应收分保长期健康险责任准备金

贷:摊回长期健康险责任准备金

(2)对原保险合同保险责任准备金进行充足性测试补提保险责任准备金时,应按相关再保险合同约定计算确定应收分保保险责任准备金的相应增加额,其会计分录为:

借:应收分保未决赔款准备金(应收分保寿险责任准备金、应收分保长期健康险责任准备金)

贷:摊回未决赔款准备金(摊回寿险责任准备金、摊回长期健康险责任准备金)

5. 摊回赔付支出的核算

(1)再保险分出人应当在确定支付赔付款项金额或实际发生理赔费用而确认原保险合同赔付成本的当期,按相关再保险合同的约定计算确定应向再保险接受人摊回的赔付成本,计入当期损益。其会计分录为:

借:应收分保账款

贷:摊回赔付支出

在发生取得和处置损余物资、确认和收到应收代位追偿款等情况而调整原保险合同赔付成本的当期,应按相关再保险合同的约定,计算确定摊回赔付成本的调整金额,计入当期损益。

摊回赔付成本调整增加时,其会计分录为:

借：应收分保账款

　　贷：摊回赔付支出

摊回赔付成本调整减少时，做相反的会计分录。

(2)对于超额赔款再保险等非比例再保险合同，再保险分出人应当在能够计算确定应向再保险接受人摊回的赔付成本时，将该项应摊回的赔付成本计入当期损益，若须调整增加摊回赔付成本，其会计分录为：

借：应收分保账款

　　贷：摊回赔付支出

若须调整减少摊回赔付成本，则做相反的会计分录。

6. 存入分保保证金的核算

再保险分出人应当在发出分保业务账单时，将账单标明的扣存本期分保保证金确认为存入分保保证金，其会计分录为：

借：应付分保账款

　　贷：存入保证金

同时，按照账单标明的返还上期扣存分保保证金转销相关存入分保保证金。其会计分录为：

借：存入保证金

　　贷：应付分保账款

再保险分出人应根据相关再保险合同的约定，按期计算存入分保保证金利息，计入当期损益。其会计分录为：

借：利息支出

　　贷：应付分保账款

7. 原保险合同提前解除的核算

再保险分出人应当在原保险合同提前解除的当期，按照相关再保险合同的约定计算确定分出保费、摊回分保费用的调整金额，计入当期损益，同时，转销相关应收分保准备金余额。

(1)调整分出保费的核算。按计算确定的分出保费的调整金额，做如下会计分录：

借：应付分保账款

　　贷：分出保费

(2)调整摊回分保费用的核算。按计算确定的摊回分保费用的调整金额，做如下会计分录为：

借：摊回分保费用

　　贷：应收分保账款

(3)转销相关应收分保准备金余额的核算。转销相关应收分保未到期责任准备金金额时，其会计分录为：

借：提取未到期责任准备金

　　贷：应收分保未到期责任准备金

转销相关应收分保寿险责任准备金余额时，其会计分录为：

借：摊回寿险责任准备金

　　贷：应收分保寿险责任准备金

转销相关应收分保长期健康险责任准备金余额时，其会计分录为：

借:摊回长期健康险责任准备金

　　贷:应收分保长期健康险责任准备金

8. 结算分保账款的核算

再保险分出人、再保险接受人结算分保账款时,按应付分保账款金额,借记“应付分保账款”科目,按应收分保账款金额,贷记“应收分保账款”科目,按借贷方差额,借记或贷记“银行存款”科目。

9. 期末结平损益类科目核算

期末,再保险分出人将损益类科目的余额转入“本年利润”科目,结转后损益类科目应无余额,其会计分录为:

借:本年利润

　　贷:分出保费

　　　　利息支出

借:摊回分保费用

　　摊回赔付支出

　　摊回未决赔款准备金

　　摊回寿险责任准备金

　　摊回长期健康险责任准备金

　　贷:本年利润

三、分入业务核算

分入业务核算是再保险接受人接受再保险后,对取得的分保费收入、发生的分保赔款和费用、提取的各种准备金进行的核算。下文将从分入业务的会计科目设置和账务处理两个方面进行介绍。

(一)会计科目设置

为了反映和监督再保险分入业务的分保费收入、分保赔款和费用以及提取的各种准备金的增减变动情况,再保险接受人除设置“应收分保账款”“应付分保账款”“保费收入”“未到期责任准备金”“保险责任准备金”“分保赔付支出”“提取未到期责任准备金”“提取保险责任准备金”等科目外,还应设置“分保费用”“存出保证金”科目进行核算,详情如表16—8所示。

表16—8　分入业务核算的会计科目设置

科目名称	主要核算内容	科目性质
存出保证金	该科目用于核算再保险接受人按合同约定存出的分保保证金,可按再保险分出人进行明细核算。其借方登记存出的分保保证金,贷方登记收回的分保保证金。期末借方余额反映再保险接受人存出的分保保证金	资产类
分保费用	该科目用于核算再保险接受人向再保险分出人支付的应由再保险接受人承担的各项费用,可按险种进行明细核算。其借方登记再保险接受人按再保险合同约定计算确定的分保费用金额、收到分保业务账单时对分保费用调整增加的金额,以及按再保险合同约定计算确定的纯益手续费金额,贷方登记收到分保业务账单时对分保费用调整减少的金额。期末,应将该科目余额转入“本年利润”科目,结转后该科目应无余额	损益类

(二)账务处理

分入业务的账务处理包括“分保费收入”“分保费用”“分保准备金”“分保赔付支出”“存出

分保保证金”“结算分保账款”以及“期末结平损益类科目”的核算。

1. 分保费收入的核算

(1)再保险接受人应当根据相关再保险合同的约定计算确定分保费收入金额,做如下会计分录:

借:应收分保账款

　　贷:分保费收入

(2)再保险接受人在收到分保业务账单时,按账单标明的金额对分保费收入进行调整,调整金额计入当期损益。

调整增加时,其会计分录为:

借:应收分保账款

　　贷:分保费收入

调整减少时,做相反的会计分录。

期末应将本科目余额结转至“本年利润”科目,结转后该科目无余额。

2. 分保费用的核算

(1)再保险接受人应当在确认分保费收入的当期,根据相关再保险合同的约定计算确定分保费用,计入当期损益。其会计分录为:

借:分保费用

　　贷:应付分保账款

再保险接受人应当在收到分保业务账单时,按照账单标明的金额对分保费用进行调整,调整金额计入当期损益。

调整增加时,其会计分录为:

借:分保费用

　　贷:应付分保账款

调整减少时,做相反的会计分录。

(2)再保险接受人应当根据相关再保险合同的约定,在能够计算确定应向再保险分出人支付的纯益手续费时,将该项纯益手续费作为分保费用,计入当期损益。其会计分录为:

借:分保费用

　　贷:应付分保账款

3. 分保准备金的核算

(1)再保险接受人提取分保未到期责任准备金、分保未决赔款准备金、分保寿险责任准备金、分保长期健康险责任准备金的核算,以及进行相关分保准备金充足性测试的处理,与原保险业务中的核算与处理基本相同。

(2)再保险接受人应当在收到分保业务账单确认分保赔付成本的当期,冲减相应的分保准备金余额,其会计分录为:

借:未决赔款准备金(寿险责任准备金、长期健康险责任准备金)

　　贷:提取未决赔款准备金(提取寿险责任准备金、提取长期健康险责任准备金)

4. 分保赔付支出的核算

再保险接受人应当在收到分保业务账单的当期,按照账单标明的分保赔付款项金额,作为分保赔付成本,计入当期损益。其会计分录为:

借:分保赔付支出

贷：应付分保账款

5. 存出分保保证金的核算

再保险接受人应当在收到分保业务账单时，将账单标明的扣存本期分保保证金确认为存出分保保证金，其会计分录为：

借：存出保证金

贷：应收分保账款

同时，按照账单标明的再保险分出人返还的上期扣存分保保证金，转销相关存出分保保证金，其会计分录为：

借：应收分保账款

贷：存出保证金

再保险接受人根据相关再保险合同的约定，按期计算存出分保保证金利息，计入当期损益，其会计分录为：

借：应收分保账款

贷：利息收入

6. 结算分保账款的核算

再保险接受人、再保险分出人结算分保账款的核算在再保险分出业务的核算中已讲，这里不再重复。

7. 期末结平损益类科目的核算

期末，再保险接受人将损益类科目的余额转入"本年利润"科目，结转后损益类科目应无余额。其会计分录为：

借：本年利润

贷：分保费用

分保赔付支出

提取未到期责任准备金

提取未决赔款准备金

提取寿险责任准备全

提取长期健康险责任准备金

借：保费收入

利息收入

贷：本年利润

本章小结

本章主要介绍了保险公司业务的核算，主要从保险业务概述、财产保险业务的核算、人身保险业务的核算以及再保险业务的核算四个方面展开。在学习本章内容时，需重点关注三点：(1)非寿险业务的基本会计核算；(2)寿险业务的基本会计核算；(3)再保险业务的基本会计核算与原理。

本章关键术语

保费收入；保户质押贷款；寿险责任准备金；长期健康险责任保证金

本章思考题

1. 非寿险合同保费收入的确认条件是什么？应如何进行会计处理？
2. 保险准备金包括哪些？应如何进行会计处理？
3. 赔款支出有哪些核算内容？
4. 特殊渠道业务有哪些？应如何进行会计处理？
5. 寿险原保险合同的特点和核算要求有哪些？
6. 简述寿险原保险合同保费收入的核算内容及具体要求。
7. 简述寿险原保险合同的计量方法。
8. 简述分红保险业务的会计核算的基本规定和相关科目的核算内容。
9. 对于一些特殊情况，如财产保险合同签单日与承担责任日不一致或可能收不到保费等情况，应如何进行会计处理？

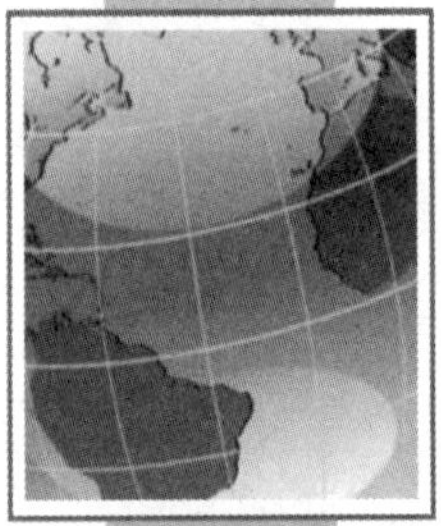

第十七章 期货公司业务核算

学习目标

1. 了解期货公司的结算制度和会计核算的内容
2. 掌握商品期货财务核算的内容
3. 了解金融期货和期权的主要内容

本章预习

本章将从期货公司业务概述、期货公司商品期货业务的核算、期货公司金融期货和其他期货业务简介等几个方面进行详细讲解。

本章的重难点在于期货公司的商品期货业务的会计核算。

专栏 17－1

截至2020年10月末，全国共有149家期货公司，分布在30个辖区。2020年10月交易额33.00万亿元，交易量4.61亿手，营业收入24.84亿元，净利润5.13亿元。

表 17－1　　2020年10月全国期货公司经营总体情况表

项目/时间	10月	行业中位数	9月	环比(%)	去年同期	同比(%)	1—10月	去年同期	同比(%)
交易额(万亿元)	33.00	—	45.76	—27.89	21.03	56.93	334.59	234.31	42.80
其中:商品期货(万亿元)	25.78	—	34.52	—25.33	15.70	64.22	239.46	178.34	34.27
金融期货(万亿元)	7.22	—	11.24	—35.77	5.33	35.45	95.13	55.97	69.95
交易量(亿手)	4.61	—	6.10	—24.43	2.82	63.53	46.42	31.47	47.52
其中:商品期货(亿手)	4.55	—	6.01	—24.26	2.77	64.24	45.60	30.93	47.45
金融期货(亿手)	0.059	—	0.092	—35.90	0.05	22.73	0.82	0.54	51.67
注册资本	802.84	3.7520	802.68	0.02	742.42	8.14	—	—	—
净资本	690.03	3.1115	693.54	—0.51	686.63	0.50	—	—	—
资产总额	9224.62	27.2306	8837.00	4.39	6260.40	47.35	—	—	—
净资产	1272.42	5.3558	1267.02	0.43	1168.27	8.92	—	—	—
客户权益	7741.23	20.3365	7358.02	5.21	4936.90	56.80	—	—	—
营业收入	24.84	0.0938	35.12	—29.27	20.00	24.18	268.32	216.32	24.04
手续费收入	16.10	0.0667	24.06	—33.07	11.20	43.73	152.07	107.51	41.45
营业利润	6.58	0.0126	9.33	—29.43	4.54	44.94	82.10	59.02	39.10

续表

项目/时间	10月	行业中位数	9月	环比(%)	去年同期	同比(%)	1—10月	去年同期	同比(%)
净利润	5.13	0.0077	6.82	—24.84	3.54	44.81	64.49	45.82	40.75

资料来源：中国期货业协会网站。

第一节　期货公司业务概述

一、期货公司的业务内容

期货公司是指依法设立的、接受客户委托、按照客户的指令、以自己的名义为客户进行期货交易并收取交易手续费的中介组织，其交易结果由客户承担。期货公司是交易者与期货交易所之间的桥梁。期货交易者是期货市场的主体，正是因为期货交易者具有套期保值或投机盈利的需求，才促进了期货市场的产生和发展。尽管每一个交易者都希望直接进入期货市场进行交易，但是由于期货交易的高风险性，决定了期货交易所必须制定严格的会员交易制度，非会员不得入场交易，于是就发生了严格的会员交易制度与吸引更多交易者、扩大市场规模之间的矛盾。

《期货交易管理条例》规定，只有期货交易所会员才能进入交易所进行期货交易，所以那些想参与期货交易而自身又不是期货交易所会员的公司，只能委托期货公司代理其进行期货交易。

期货公司的基本业务程序是：在客户选择了合适的期货公司和经纪人后，期货公司就会按一定的标准严格审查客户的开户资格和财务状况，帮助客户开设一个期货交易账户。客户先要按规定交付一定数额的保证金，作为将来履约的保证。开户后，客户通过市场分析，在一定的时机向期货公司下达交易指令，再由期货公司立即通知其在期货交易所的出市代表，场内出市代表则立即按照订单上的要求进行买卖交易，即依据电脑输入订单上要求的价格及数量，由计算机自动撮合成交。若期货合约成交，则由期货公司和期货交易所的结算部门进行合约结算。期货交易所根据当日交易的结算价，确定每笔交易合约应付的保证金金额，并计算出每位会员的保证金应调整数额。每日交易结束后，期货公司将根据期货交易所结算部门公布的结算价格相应调整客户的保证金，并收取有关费用。

期货公司作为代理客户在期货交易所进行交易的中介机构，它的主要职能为：接受客户的委托，按照客户下达的指令代客户买卖期货合约，办理各种交易手续，按客户的要求提供期货服务；向客户收取保证金，向期货交易所保证客户的履约责任，并随时向客户报告合约的交易情况和保证金的变化情况；为客户提供市场行情，充当客户的交易顾问，为客户提供咨询服务或培训等；代理客户进行实物交割。

二、期货公司的结算制度

期货交易所的结算实行保证金制度、每日无负债制度和风险准备金制度等。与期货市场的层次结构相适应，期货交易的结算也是分级、分层的。交易所只对会员结算，非会员单位和个人须通过期货经纪公司会员结算。

作为期货交易所与客户的中介，期货公司在期货交易中负有双重责任。期货公司的这种特殊地位决定了它在期货交易中面临的风险不容忽视，为此，期货公司都建有较完善的结算制度。

(一)与期货交易所对应的法规和制度

1. 登记结算制度

每份期货合约必须经过期货交易所登记、担保、结算，才能成为可以核算的期货合约。

2. 保证金制度

保证金是确保买卖双方履约的一种财力担保。不过，虽然期货交易所会计和期货公司会计都有内容相同的保证金制度，但它们具有不同的性质，在会计核算上有重要的区别。对于期货公司来说，保证金主要分为以下几种：

(1)基础保证金。期货公司要预先向期货交易所缴纳一笔巨额的基础保证金，在一般情况下，这笔保证金不得用作交易保证金或结算款项。在期货公司退出期货交易所时，这笔基础保证金也随之归还。

(2)交易保证金。作为期货交易的代理者，期货公司要向期货交易所缴纳持仓合约占用的保证金。主要包括：①初始保证金。在新开仓时，期货公司要将一笔款项存入期货交易所，用以担保初始买卖的期货合约，其数额由期货交易所规定。②维持保证金。这是期货交易所规定交易者必须维持的最低保证金水平。一旦持仓合约价值变化，导致存入结算账户的资金余额低于维持保证金水平，期货公司就必须补交保证金以达到期货交易所的维持保证金水平。③追加保证金。期货公司补交的保证金就是追加保证金。

3. 每日结算无负债制度

每日无负债结算制度又称每日盯市制度，是指每日交易结束后，交易所按当日各合约结算价结算所有合约的盈亏、交易保证金及手续费、税金等费用，对应收应付的款项实行净额一次划转，相应增加或减少会员的结算准备金。经纪会员负责按同样的方法对客户进行结算。

4. 违约处理制度

若期货公司破产或不能履约，期货交易所将根据违约处理制度来限制风险，保证履约。一般来说，期货公司会用交易保证金和结算准备金抵债，若仍不能完全弥补，则用期货公司的基础保证金补足差额。

(二)与客户对应的法规和制度

1. 账户分立制度

期货公司应将所有客户交存的保证金在银行开立一个客户专用基金账户，然后为每一客户分别开立分账户。客户专用基金与期货公司自有资金不得相互混淆，各客户的资金也不能相互挪用。

2. 保证金制度

期货公司要求客户为每一笔交易缴纳保证金，以保证合约履行。保证金的水平由期货公司自行确定，一般比期货公司交给期货交易所的保证金比例略低。客户交给期货公司的交易保证金与期货公司交给期货交易所的保证金相对应，可分为 3 种：初始保证金、维持保证金和追加保证金。

3. 每日结算制度

期货公司对客户的未平仓合约及财务状况应采取逐日盯市、每日计算制度。对于发生亏损且保证金数额低于维持保证金水平的客户，期货公司要在下一个交易日开市前，书面通知客户结算状况，限期缴纳追加保证金。

4. 强制平仓制度

若客户在规定的时间内没有追加保证金，则期货公司有权对客户的未平仓合约进行强制平仓，直到账户中的保证金余额能够维持剩余头寸为止。

5. 手续费制度

无论交易者是买还是卖，都必须交付一笔手续费，其金额由期货交易所规定，有的按成交金额的比例收取，有的按合约张数收取。期货公司向客户收取的手续费构成了期货公司的主要业务收入来源。

期货交易是保证金交易，从参与期货交易的资金来讲，都是先以资金形态存在，然后因持仓而转化为合约占用形态，通过买进或卖出合约平仓了结交易后，合约占用形态的资金又转化为货币资金形态。参与期货交易的资金都是按照这种顺序周而复始地运转，并在周转过程中增值或减值。与保证金的循环周转相联系，期货公司与期货交易所、客户之间均存在着手续费的支出和收入过程。期货市场这种正常有序的运转，也构成了期货公司的会计核算对象。

三、期货公司会计核算的内容

期货公司成立后，为了取得进入期货交易所交易的权利，必须取得期货交易所的会员资格。获得期货交易所会员资格后，期货公司还须缴纳年会费，以维持期货交易所的日常开支。为了获得入场交易的权利，期货公司还要向期货交易所购买席位并缴纳席位费。

完成了以上准备工作后，期货公司即可开办代理业务，在替客户下单开始交易前，首先要求客户缴纳一笔保证金，为即将开始的期货交易作担保。客户缴纳这笔资金后，期货公司要将其作为结算准备金转交给期货交易所。客户下达指令开始交易后，期货公司则根据客户的持仓和结算情况调整保证金。具体来说，期货公司的会计核算包括以下几部分：

(一)与期货交易所有关的业务核算

与期货交易所有关的业务核算包括与会员席位有关的业务核算和与日常交易有关的业务核算。与会员席位有关的业务核算包括期货公司为取得会员资格缴纳的会员资格费、会员资格进行转让时取得的损益、需要缴纳的基本席位以外的席位占用费及退还席位时收回的席位占用费、期货公司每年对期货交易所缴纳年会费的核算。与期货交易所日常交易业务有关的核算包括期货公司将期货保证金存入期货交易所、保证金的划回及提取、客户平仓后代扣的手续费、当不能用货币资金补充保证金时提交质押物进行融资的业务、代理客户对未平仓合约进行实物交割、交易盈亏结转的核算。

(二)对客户业务的核算

对客户业务的核算包括吸收客户期货保证金的核算、客户保证金清退的核算、平仓后从保证金中收取代理手续费的核算、对客户不能用货币资金追加保证金时接受保证金质押业务的核算、代理客户进行实物交割业务的核算、客户平仓盈亏结转的核算。

(三)其他业务的核算

其他业务的核算包括期货公司按规定提取风险准备金及其支用的核算、由于各种原因形成的错单交易的核算、对期货公司存在结算差异的核算、对客户违约处罚的核算等。

第二节 期货公司商品期货业务的核算

一、期货公司商品期货业务会计科目的设置

期货合约中规定一定数量的某种商品的期货交易为商品期货交易，具体包括农产品期货交易、金属期货交易、能源期货交易等。

根据中国期货业协会2007年6月发布的《期货公司会计科目设置及核算指引》，期货公司的主要会计科目如表17－2所示。

表17－2　　期货公司主要会计科目表

资产类	负债类	损益类
期货保证金存款	应付货币保证金	手续费收入
应收货币保证金	应付质押保证金	佣金收入
应收质押保证金	应付手续费	佣金支出
应收结算保证金	应付佣金	提取期货风险准备金
应收风险损失款	期货风险准备金	
应收佣金	应付期货投资者保障基金	业务及管理费、监管费、年会费、席位使用费、客户服务费、提取期货投资者保障基金等
期货会员资格投资		
	所有者权益类	
	一般风险准备	

1.“期货保证金存款”科目用于核算期货公司收到客户（或会员分级结算制度下全面结算会员收到非结算会员）缴存的货币保证金及期货公司存入期货保证金账户的款项，可按银行存款账户进行明细核算。

经中国证监会批准，期货交易所可以实行全员结算制度或者会员分级结算制度。实行全员结算制度的期货交易所会员均具有与期货交易所进行结算的资格，期货交易所对会员结算，会员对其受托的客户结算。实行会员分级结算制度的期货交易所由结算会员和非结算会员组成，结算会员具有与期货交易所结算的资格，非结算会员不具有与期货交易所结算的资格。期货交易所对结算会员结算，结算会员对非结算会员结算，非结算会员对其受托的客户结算。结算会员由交易结算会员、全面结算会员和特别结算会员组成。全面结算会员、特别结算会员可以为与其签订了结算协议的非结算会员办理结算业务。交易结算会员不得为非结算会员办理结算业务。

2.“应收货币保证金”科目用于核算期货公司向期货结算机构（经中国证监会批准，期货交易所可以实行全员结算制度或者会员分级结算制度，期货结算机构是指期货交易所或会员分级结算制度下的特别结算会员和全面结算会员）划出的货币保证金及由期货业务盈利形成的货币保证金，可按期货结算机构进行明细核算。

3.“应收质押保证金”科目用于核算期货公司代客户向期货交易所办理有价证券充抵保证

金业务形成的可用于期货交易的保证金，可按期货结算机构进行明细核算。

4.“应收结算保证金”科目用于核算会员分级结算制度下结算会员（包括全面结算会员和交易结算会员）按规定向期货交易所缴纳的结算担保金，可按期货交易所进行明细核算。

5.“应收风险损失款”科目用于核算期货公司为客户垫付尚未收回的风险损失款，可按客户进行明细核算。

6.“应收佣金”科目用于核算期货公司应收取的与其经营活动相关的佣金，可按佣金支付对象进行明细核算。

7.“应付货币保证金”科目用于核算期货公司收到客户（或会员分级结算制度下全面结算会员收到非结算会员）缴存的货币保证金及由期货业务盈利形成的货币保证金，可按客户或会员分级结算制度下非结算会员进行明细核算。

8.“应付质押保证金”科目用于核算期货公司代客户向期货交易所办理有价证券充抵保证金业务形成的可用于期货交易的保证金，可按客户（或会员分级结算制度下非结算会员）和有价证券类别进行明细核算。

9.“应付手续费”科目用于核算期货公司为期货结算机构代收尚未支付的手续费，可按期货结算机构进行明细核算。

10.“应付佣金”科目用于核算期货公司应支付的与其经营活动相关的佣金，可按佣金支付对象进行明细核算。

11.“期货风险准备金”科目用于核算期货公司按规定以手续费收入的一定比例提取的期货风险准备金。

12.“应付期货投资者保障基金”科目用于核算期货公司按规定提取的期货投资者保障基金。

13.“一般风险准备”科目用于核算期货公司按规定以本年实现净利润的一定比例提取的一般风险准备。

14.“手续费收入”科目用于核算期货公司向客户收取的交易手续费、代理结算手续费、交割手续费、有价证券充抵保证金业务手续费收入，以及期货公司收到期货交易所返还、减免的手续费收入，可按交易手续费、代理结算手续费、交割手续费、有价证券充抵保证金业务手续费、期货交易所手续费返还、期货交易所手续费减免等类别进行明细核算。

15.“佣金收入”科目用于核算期货公司确认的佣金收入，可按佣金收入类别进行明细核算。

16.“佣金支出”科目用于核算期货公司发生的与其经营活动相关的佣金支出。

17“提取期货风险准备金”科目用于核算期货公司按规定以手续费收入的一定比例提取的期货风险准备金。

二、期货公司商品期货业务的账务处理

（一）会员资格费的核算

期货公司开办期货代理业务，首先要取得会员资格。会员资格的取得方式是向期货交易所认缴会员资格费。从会员资格费本身的性质来看，它是期货公司进入期货交易所交易的资格，也就是取得经纪资格和营业权利的代价，类似于公司的创建支出，它不同于一般费用，是一笔建设性投资。此外，当期货经纪机构退出期货交易所时，可以在市场上公开出售这一会员资格。根据我国会计准则中的有关规定，考虑到期货交易中会员资格费的特殊性，应设置“期货

会员资格投资”科目，用于核算期货公司为取得会员资格而以缴纳会员资格费的形式对期货交易所形成的投资。期货公司为取得会员资格而缴纳会员资格费时，应按实际支付的款项做如下会计分录：

借：期货会员资格投资

　　贷：银行存款

【例 17—1】 B 期货公司向 A 交易所缴纳会员资格费 100 万元，用银行存款支付。

B 期货公司的会计分录为：

借：期货会员资格投资——A 交易所	1 000 000	
贷：银行存款		1 000 000

此外，若期货市场较为兴旺，也会存在期货经纪机构因某种原因以高价让渡会员资格的情况。期货公司转让或被取消会员资格时，应按实际收到的转让收入或交易所实际退还的会员资格费借记“银行存款”科目，按期货公司会员资格投资的账面价值贷记“期货会员资格投资”科目，按其差额借记或贷记“投资收益”科目。在这种情况下，期货公司的会计分录为：

借：银行存款(投资收益)

　　贷：期货会员资格投资(投资收益)

借或贷：投资收益

【例 17—2】 (接【例 17—1】)B 期货公司在进行一段时期的期货业务后，决定转让其在 A 交易所的会员资格。经 A 交易所理事会批准后，B 期货公司将其会员资格转让给 C 公司，双方协商作价 80 万元，转让手续已办妥，并收妥价款。

B 期货公司的会计分录为：

借：银行存款	800 000	
投资收益	200 000	
贷：期货会员资格投资——A 交易所		1 000 000

(二)席位使用费的核算

企业在期货交易所认购了会员资格后，就成为期货交易所的一名会员，并取得了一个基本交易席位。若一个席位费不能满足交易需要，期货公司还想取得更多席位时，则必须申请并缴纳席位使用费。期货公司支付的席位使用费，应通过“业务及管理费——席位使用费”科目核算企业为取得基本席位之外的席位而缴纳的席位使用费。当期货公司因经营的需要，认为无须占用太多的交易席位时，可以向交易所退还申请增加的交易席位。此时，交易所应全额归还原来向会员收取的席位使用费。企业取得的基本席位之外的席位不得转让。

期货公司为取得基本席位之外的席位而向交易所缴纳席位使用费时，会计分录为：

借：业务及管理费——席位使用费

　　贷：银行存款

如果期货公司退还席位，在收到交易所退还的席位使用费时，做相反的会计分录。

【例 17—3】 B 期货公司在 A 交易所除获得基本席位外，考虑其经营业务的需要，还购买了两个交易席位，并支付席位使用费 20 万元。

B 期货公司的会计分录为：

借：业务及管理费——席位使用费	200 000	
贷：银行存款		200 000

(三)缴纳年会费的核算

期货公司应按期货交易所的规定，定期(一般是每年)向交易所缴纳年会费，以维持交易所为会员服务所必需的费用开支。年会费按占用席位和期货交易所理事会审议通过的标准向期货交易所缴纳。期货公司向交易所缴纳年会费时，按实际支付的款项做如下会计分录：

借：业务及管理费——年会费

　贷：银行存款

【例 17—4】 B 期货公司按规定向 A 期货交易所一次性缴纳年会费 6 万元。

B 期货公司的会计分录为：

借：业务及管理费——年会费	60 000	
贷：银行存款		60 000

(四)开仓、持仓与货币保证金的核算

1. 期货公司与期货交易所的保证金核算

期货交易所对会员单位实施严格的保证金制度，要求每一个会员单位必须在交易所结算部门存入资金，为期货合约买卖提供财力保证。期货公司向交易所缴纳的保证金按是否被合约占用，可分为两类：结算准备金和交易保证金。

(1)结算准备金及其核算

结算准备金是指期货公司在期货交易所存入的、为交易结算预先准备的款项，是尚未被合约占用的保证金。从资金管理角度，还可进一步分为基础保证金和可用保证金。期货交易所通常要求期货公司将基础保证金一次性存入保证金账户。会员单位在正常交易过程中一般不动用基础保证金，也不允许交易所动用。可用保证金中的大部分是期货公司在下单买卖合约前存入交易所的款项，再加上尚未提取的平仓盈利款和期货公司为将来交易需要增加存入的款项，期货公司对这部分保证金拥有支配权，可以随时划回，但是期货公司划回保证金必须经交易所结算部门批准。

期货公司也可将基础保证金和用于结算准备的保证金都作为结算准备金，设立专门账户进行管理。在这种情况下，交易所必须在结算准备金账户中确定一个基本金额，在正常的交易中不允许使用，只有在会员单位其他保证金不足时方可动用。交易所对会员单位可开仓头寸的控制，是按结算准备金账户中的金额扣除基础保证金部分后的差额来确定的。

【例 17—5】 B 期货公司在交易所下单买卖合约前，将 80 万元存入 A 交易所的保证金账户。A 交易所要求会员单位存入的保证金中应有 50 万元不可动用(即基础保证金)，只能在追加保证金不足时才可运用这笔资金。

B 期货公司的会计分录为：

借：应收货币保证金——A 交易所	800 000	
贷：银行存款(或期货保证金存款)		800 000

如果 B 期货公司在 A 交易所做多，但买入合约后价格一路下跌，在某一结算日形成的浮动亏损为 20 万元。B 期货公司存入的保证金总额为 80 万元，已被合约占用 20 万元，基础保证金占用 50 万元，还有 10 万元可用于支付浮动亏损。在这种情况下，交易所要求 B 期货公司追加保证金 10 万元。若 B 期货公司不能及时追加保证金到位，交易所就会动用基础保证金先抵补这一部分浮动亏损。

B 期货公司向交易所支付追加保证金的会计分录为：

借：应收货币保证金	100 000	

贷:银行存款(或期货保证金存款)　　100 000

根据持仓合约的变化及浮动盈亏情况,交易所会减少结算准备金余额,并增加交易保证金余额;或者相反。在交易所要求追加保证金时,期货公司应尽快补足被动用的基础保证金,借记"应收货币保证金"科目,贷记"银行存款"科目或者"期货保证金存款"科目。

(2)交易保证金及其核算

交易保证金是被合约占用的保证金,它随着交易量及结算价的变动而变动。交易保证金的增加一般是因为期货公司开新仓或持仓合约发生异常变化,交易所要求增加交易保证金(如接近交割期,交易所为了保证合约的履行,一般要求增加保证金)。交易保证金的减少是通过对冲平仓或实物交割了结期货交易,导致合约占用的保证金被退回结算准备金账户而实现的。

交易保证金还可以进一步分为初始保证金、维持保证金和追加保证金。新开仓时,从结算准备金账户中划转出的部分保证金称为初始保证金。随着交易的进行,在每日收盘后,期货交易所结算部门将根据当时的盈亏情况调整会员单位的保证金账户。若有盈利,则增加保证金金额;若有亏损,则减少保证金金额。若会员单位可用保证金账户出现亏损或因持有未平仓合约数量过多而使其保证金数额低于维持保证金水平的,就必须在规定的时间内再存入一笔款项,以增加交易保证金,使其达到初始保证金水平。这种补交的保证金通常称为追加保证金。

客户向期货公司下达开仓指令后,若开仓合约成交,则期货交易所结算部门就会根据成交合约市价的一定比例,将结算准备金账户中的可用保证金划转到交易保证金中。对于这部分被划转的保证金,期货公司就失去了使用权,不能再将其用于开新仓或弥补交易亏损。开新仓的经济业务本身并不涉及期货公司的账务处理,交易所结算部门对结算准备金向交易准备金的划转并不涉及期货交易所与期货公司间的资金运动,期货公司无须做出会计处理,只需通过结算部门的每日结算反映在结算单据上。

期货公司按客户的指令开仓买入或卖出合约后,尚未对冲平仓前的状态称为持仓。在持仓过程中,合约市价处于不断变化中,形成浮动盈亏。当浮动亏损达到一定程度时,可能会导致可用保证金低于结算准备金的最低水平,此时交易所就会发出追加保证金的通知,期货公司需要追加保证金。在每天交易结束后,交易所要计算每个会员的当日结算准备金金额,当会员的结算准备金低于最低准备金余额时,该结果就被视为交易所向会员发出的追加保证金通知,交易所通过结算银行从会员的专用资金账户中划扣追加保证金。期货公司支付追加保证金时,会计分录为:

借:应收货币保证金

贷:银行存款(或期货保证金存款)

【例 17-6】 B 期货公司在 A 交易所进行期货交易,12 月 13 日持有的期货合约全线下跌,发生浮动亏损 80 万元,当日未发生保证金存取及开仓和平仓业务,上一交易日的结算准备金余额为 120 万元,交易所要求的结算准备金的最低余额为 50 万元。

B 期货公司当日的结算准备金余额为 40(120-80)万元,应追加的保证金为 10(50-40)万元,因此交易所从期货公司专用账户划拨资金 10 万元。甲期货公司的会计分录为:

借:应收货币保证金——A 交易所　　100 000

贷:银行存款(或期货保证金存款)　　100 000

2. 期货公司与客户的保证金核算

客户向期货公司缴纳的保证金是其履约的财力担保。与交易所对会员单位的保证金制度不同,目前我国期货公司一般不要求客户缴纳基础保证金,只要求客户缴纳交易保证金。因此，期货公司收到的客户开户金实际上就是客户最初存入期货公司准备用于下单买卖合约的保证金。期货公司对客户的开户金额一般规定一个下限，客户可以根据自己将要进行交易的数量向期货公司预存一定数额的保证金。期货公司必须为每一个客户开设专门的保证金账户来进行明细分类核算。

期货公司对收到的客户保证金应通过“应付货币保证金”科目核算。收到客户划入的保证金时，期货公司应按实际划入的款项，做如下会计分录：

借：期货保证金存款

　　贷：应付货币保证金

客户划出保证金时，做相反的会计分录。

【例 17—7】 B 期货公司收到 A 客户的开户保证金 100 万元，将其设专户存入银行。

该期货公司的会计分录为：

借：期货保证金存款	1 000 000	
贷：应付货币保证金——A 客户		1 000 000

如果 A 客户在进行一段时间的交易后，因需要资金而向 B 期货公司申请将未被合约占用的保证金划出 10 万元。此时，B 期货公司的会计分录为：

借：应付货币保证金——甲客户	100 000	
贷：期货保证金存款		100 000

期货公司代客户下单成交后，将成交合约应占用的保证金从客户缴存的保证金账户中划出，形成交易保证金。期货公司划转的客户交易保证金数额一般是在交易所划转的基础上略有增加。交易保证金的划转只适用于结算需要，以确定是否需要追加保证金，并不涉及期货公司与客户之间的真实资金运动，因此不涉及期货公司与客户之间保证金的账务处理。

随着交易的进行，在每日收盘后，期货公司将根据客户当日的盈亏情况调整客户的保证金账户。若有盈利，则增加保证金金额；若有亏损，则减少保证金金额。按交易所规定，会员的交易保证金账户必须维持最低的保证金额度，期货公司对客户也有相似的风险管理要求。若客户保证金账户在划转交易保证金后出现亏损，或者因持有未平仓合约数量过多或合约价格向不利于客户的方向变动而使客户的可用保证金账户出现浮动亏损，导致其保证金数额低于维持保证金水平时，该客户就必须在规定的时间内再存入一笔款项，使保证金数额达到应有的水平，即须追加保证金。

【例 17—8】 B 期货公司代理某客户在大连商品交易所从事大豆期货交易。5 月 20 日，B 期货公司收取客户保证金 12 万元。5 月 28 日，B 期货公司接受客户指令以每吨 2 300 元的价格开新仓卖出 9 月份期货合约 100 手，每手 10 吨，共计 1 000 吨。期货公司按 5%的比率收取保证金。5 月 28 日的结算价与成交价相同，5 月 29 日的结算价为每吨 2 270 元(不考虑手续费)。

5 月 20 日客户存入保证金时，B 期货公司的会计分录为：

借：期货保证金存款	120 000	
贷：应付货币保证金——客户		120 000

5 月 28 日开新仓，按成交价计算，开新仓合约应占用的保证金为 115 000(2 300×100×10×5%)元，由于当日收盘价与成交价相同，当日可用的保证金大于合同占用的保证金，故无须追加保证金，不必进行账务处理。

5 月 29 日发生浮动亏损，即：

期货价格下跌发生的浮动亏损=(2 270−2 300)×100×10=−30 000(元)

当日保证金余额=120 000−115 00−30 000=−25 000(元)

由于浮动亏损,该客户在B期货公司的保证金可运用部分已成负数,B期货公司要求该企业在5月30日开盘前补交发生的浮动亏损30 000元。B期货公司收到追加保证金的会计分录为:

借:期货保证金存款　　30 000

　贷:应付货币保证金——某客户　　30 000

3. 结算准备金存款利息的核算

期货公司存入交易所的结算准备金是尚未被期货合约占用的保证金,对期货公司来讲,这种结算准备金相当于在交易所的一种存款,因此交易所应支付相应的存款利息。在一般情况下,交易所应按同期银行活期存款利率向期货公司支付结算准备金的存款利息。

交易所向期货公司支付的结算准备金存款利息是通过会员的保证金账户直接划转的。期货公司收到交易所划转的保证金存款利息后,借记“应收货币保证金”科目,贷记“利息收入”科目。

【例17−9】 在第二季度末,B期货公司在A交易所存入的结算准备金余额为80万元。其中,基础保证金60万元,可用保证金20万元。B期货公司收到交易所支付的第二季度利息2 000元(按年利率1%支付),并将该笔存款利息从保证金账户中划出。

借:应收货币保证金——A交易所　　2 000

　贷:利息收入　　2 000

B期货公司将该笔存款利息从保证金账户中划出,会计分录为:

借:银行存款　　2 000

　贷:应收货币保证金——A交易所　　2 000

(五)平仓盈亏的核算

通过买入或卖出而建仓的合约,以对冲平仓的形式予以了结是期货交易中最普通的业务,持仓合约通过对冲了结可能出现3种情况:一是平仓价等于开仓价,整个交易过程不盈不亏;二是多头的平仓价高于开仓价或空头的平仓价低于开仓价,实现平仓盈利;三是多头的平仓价低于开仓价或空头的平仓价高于开仓价,实现平仓亏损。期货交易所对会员单位合约所实现的平仓盈亏通过结算准备金账户进行保证金的划转,期货公司对上述3种情况的处理各不相同。

1. 不盈不亏

当平仓价等于开仓价时,整个交易过程不盈不亏。此时,交易所对期货公司的结算业务只是将原合约占用的交易保证金划转为不被合约占用的结算准备金。因此,期货公司不需要对这类业务进行账务处理,只需要将结算单据作为资料备查即可。

2. 平仓盈利

在平仓盈利的情况下,交易所对期货公司的结算包括两部分:一是因平仓会员实现的盈利而增加其结算准备金;二是将原合约占用的交易保证金划转为不被合约占用的结算准备金,此举无须进行账务处理。

期货公司对平仓实现的盈利通过“应收货币保证金”和“应付货币保证金”科目核算,按期货交易所结算单据载明的平仓盈利金额,借记“应收货币保证金”科目,贷记“应付货币保证金”科目。

【例 17－10】 B 期货公司代理某客户在郑州商品交易所从事大豆期货交易。3 月 5 日，B 期货公司按客户指令买入 5 月份到期的大豆合约 40 手，共 200 吨，成交价为每吨 2 400 元。持仓到 5 月 15 日，客户下达平仓指令，将大豆合约全部平仓了结。大豆合约的平仓成交价为每吨 2 500 元(不考虑手续费)。

客户的平仓盈利＝(2 500－2 400)×200＝20 000(元)

B 期货公司的会计分录为：

借：应收货币保证金——郑州商品交易所　　20 000

　　贷：应付货币保证金——某客户　　20 000

3. 平仓亏损

在平仓亏损的情况下，交易所对期货公司的结算包括两部分：一是因平仓会员实现的亏损而减少其结算准备金；二是将原合约占用的交易保证金划转为不被合约占用的结算准备金，此举无须进行账务处理。

期货公司对平仓实现的亏损通过“应收货币保证金”和“应付货币保证金”科目核算，按期货交易所结算单据载明的平仓亏损金额，借记“应付货币保证金”科目，贷记“应收货币保证金”科目。

【例 17－11】 B 期货公司代理某客户在上海期货交易所从事铜期货交易。3 月 5 日，B 期货公司按客户指令卖出 8 月份到期的铜期货 20 手，共 100 吨，成交价为每吨 18 000 元。3 月 15 日，8 月份铜期货因国际市场影响，价格上涨，该客户为减少风险决定先平掉 10 手，平仓成交价为每吨 19 000 元(不考虑手续费)。

客户的平仓亏损＝(19 000－18 000)×50＝50 000(元)

B 期货公司的会计分录为：

借：应付货币保证金——某客户　　50 000

　　贷：应收货币保证金——上海期货交易所　　50 000

(六)结算差异的核算

结算差异是由于交易所与期货公司的平仓范围、顺序和结算方法不同而产生的差异，会计上通过设置“结算差异”科目进行核算。当期货公司与交易所及客户办理结算时，对应收货币保证金与应付货币保证金之间的差异通过本科目进行核算。根据结算差异形成原因的不同，其会计核算分以下两种情况：

1. 由于交易所是按时间顺序平仓，而期货公司是根据客户指定的交易价位进行平仓的，导致两者计算的平仓盈亏不同而出现差额，由此原因形成的结算差异一般数额较小。

【例 17－12】 B 期货公司某客户持有小麦合约 200 手，共计 2 000 吨，买入时间分别是 3 月 10 日和 3 月 15 日，买入价格分别是每吨 1 400 元和每吨 1 350 元，每次均购入 100 手。3 月 20 日，客户指示平掉 3 月 15 日买入的合约，平仓价为每吨 1 600 元。

按交易所结算单计算的平仓盈利＝(1 600－1 400)×100＝20 000(元)

按客户指令计算的平仓盈利＝(1 600－1 350)×100＝25 500(元)

不考虑手续费，结算差异＝25 000－20 000＝5 000(元)。

不考虑因浮动盈亏产生的结算差异，B 期货公司对该笔业务进行处理时，会计分录为：

借：应收货币保证金　　20 000

　　结算差异　　5 000

　　贷：应付货币保证金　　25 000

2. 结算差异形成的另一个原因是交易所与期货公司的结算方式不同。交易所与期货公司之间实行每日结算无负债制度和逐日盯市制度。交易所每天在交易结束后,按当天的结算价与上个交易日的结算价逐日盯市,不再区分浮动盈亏和平仓盈亏,统一进行保证金的结算和划拨。期货公司对客户保证金的核算是按照客户的开仓价和平仓价来计算平仓盈亏的,对浮动盈亏不入账,月末仅对平仓盈亏入账,并调整保证金账户。这样,交易所和期货公司计算出来的保证金因对盈亏的计算口径不同而产生差异,这部分差异实质上就是浮动盈亏。

对于期货合约当日计算的盈利,期货公司应根据交易所结算单据列明的盈利金额(包括平仓盈利和浮动盈利),借记"应收货币保证金"科目;按照与客户结算的平仓盈利金额,贷记"应付货币保证金"科目;交易所结算金额小于期货公司与客户结算金额的差额,借记"结算差异"科目,交易所结算金额大于期货公司与客户结算金额的差额,贷记"结算差异"科目。

对于期货合约当日结算的亏损,期货公司应按照与客户结算的平仓亏损金额,借记"应付货币保证金"科目,根据交易所结算单据列明的亏损金额(包括平仓亏损和浮动亏损),贷记"应收货币保证金"科目;交易所结算金额小于期货公司与客户结算金额的差额,贷记"结算差异"科目,交易所结算金额大于期货公司与客户结算金额的差额,借记"结算差异"科目。

【例 17—13】 B期货公司在A交易所进行期货交易,12月13日收到交易所的结算单据,显示当日的结算结果为盈利50万元,其中持仓合约的盈利为60万元,当日的平仓盈利为20万元;期货公司与客户的结算结果为平仓盈利10万元,对客户的浮动盈亏不划拨资金。

B期货公司的会计分录为:

借:应收货币保证金——A交易所	600 000	
贷:应付货币保证金——客户		400 000
结算差异		200 000

为了对期货公司整体的持仓风险情况做出反应,期货公司应在资产负债表日,按结算价计算出全体客户持仓合约所形成的浮动盈亏金额,在会计报表补充资料中予以披露。

(七)手续费的核算

在期货交易中,手续费是由提供期货交易服务的一方向接受服务的一方收取的服务报酬。期货交易所按成交情况向其会员单位收取手续费,期货公司也按成交情况向客户收取手续费。在我国期货交易中,手续费是单边收取,不管交易者是买入还是卖出,是开新仓还是对冲平仓,只要合约成交,就都必须按一定的标准缴纳手续费。按现行制度规定,期货交易所向会员收取的手续费不能超过成交合约金额的万分之五。期货公司向客户收取的手续费一般不应低于其向交易所上缴的部分。在实务中,交易所对不同期货品种收取的手续费标准不同,不同的期货公司向客户收取手续费的标准也不一样。

期货公司向客户收取的手续费(除去上缴给交易所的部分)构成了期货公司的主要营业收入。手续费的具体收取方法有多种,有的是规定每张合约有一个绝对的手续费金额,手续费总额按成交手数的多少确定;有的则是按成交合约交易金额的一定比例收取。由于期货公司向客户收取的手续费并非全部归期货公司所有,所以在进行账务处理时应区别对待。

期货公司向客户收取交易手续费、交割手续费时,按实际划转的款项,借记"应付货币保证金"科目,按实际划转的款项中属于期货公司收入的部分,贷记"手续费收入"科目,属于为交易所代收代付的部分,贷记"应付手续费"科目。

期货公司向交易所支付手续费时,应按结算单据列明的金额,借记"应付手续费"科目,贷记"应收货币保证金"科目。

【例 17—14】 B 期货公司代理某客户在 A 交易所从事大豆期货交易，12 月 15 日一次成交 1 000 手，共计 1 000 吨，买入成交价为每吨 2 500 元，A 交易所收取的大豆合约的交易手续费为每手 4 元，B 期货公司向客户收取的手续费为每手 10 元。

(1)B 期货公司从客户保证金账户中划转手续费时，会计分录为：

借：应付货币保证金——某客户　　10 000
　　贷：应付手续费——A 交易所　　4 000
　　　　手续费收入　　6 000

(2)A 交易所从 B 期货公司的结算准备金账户中划转手续费时，B 期货公司的会计分录为：

借：应付手续费——A 交易所　　4 000
　　贷：应收货币保证金——A 交易所　　4 000

(3)12 月 31 日结转营业收入时，B 期货公司的会计分录为：

借：手续费收入　　6 000
　　贷：营业利润　　6 000

(八)实物交割的核算

实物交割是标准仓单的转手过程，具体是指期货合约到期时，交易双方通过该期货合约所载商品所有权的转移，了结未平仓合约的过程。当然，大部分期货交易是通过对冲平仓了结合约的，实物交割只占全部期货交易的 2%～3%。由于期货交易是标准化合约的交易，所以作为交割的货物必须符合合约规定的商品标准和数量标准。

实物交割是期货交易和现货交易的交叉点，完整的实物交割程序可分为两步：第一步，实物交割双方先按最后交易日的交割结算价将合约对冲平仓，完成期货交易过程；第二步，实物交割双方按最后交易日的实物结算价进行实物商品的现货交易。实物交割过程可分 3 个时间段，即第一通知日、最后交易日和最后交割日。第一通知日是指进入交割月份的第一营业日，即期货公司收到交易所发出的准备交割通知单时的营业日。在第一通知日，卖方也可能已开始准备实物交割，并向交易所提交交货通知单。交易所按买方合约持仓时间长短、交割量大小、交割地点等因素，由计算机按优化和节约的原则自动撮合配对。第一通知日后，交易所一般会将保证金的水平逐步提高，以保证合约的正常履行，降低交割风险。最后交易日是在交割月份的某一天，是指未平仓合约可以对冲平仓的最后一个交易日，在最后交易日后仍未平仓的合约必须进行实物交割。最后交割日是交割期的最后一个工作日，实物交割必须在最后交割日前完成。第一通知日后的第一工作日到最后交割日前的一段时间为交割期，在此期间的任何一个工作日都可以进行实物交割。

由于市场的逐日盯市制度，结算价变动引起的盈亏在每日的期货交易账户中已经有所反映，所以在最后交易日结束后、买卖双方发生实物交割时，均以最后交易日的结算价作为双方应收或应付的货款。对于以实物交割了结的合约，应按交割结算价进行对冲平仓处理。

期货公司代理买方客户进行实物交割的，应按交易所计算的实物交割货款金额向客户收取。期货公司收到交易所转来的由卖方提供的实物仓单及增值税专用发票时应及时转交给买方客户。期货公司代理卖方客户进行实物交割的，应按交易所的交割规定及时向交易所提供实物仓单，并向买方开出增值税专用发票；在收到交易所结转的实物交割货款时，应及时划转给客户。

期货公司代理买方客户进行实物交割的，应依据交易所提供的交割单据，按实际划转支付的交割货款金额(含增值税额),借记“应付货币保证金”科目,贷记“应收货币保证金”科目;代理卖方客户进行实物交割的,应依据交易所交割单据,按实际划转收到的交割货款,借记“应收货币保证金”科目,贷记“应付货币保证金”科目。

实物交割中有时会出现某一方违约的行为,即交割违约。例如,卖方客户不能按时向交易所提交货物仓单、提供的提货凭单因手续不全提不到货、所交的实物质量不符合规定等都属于交割违约,而买方客户不能及时足额地将货款汇入交易所账户、不按提货日规定的期限提货等行为也属于交割违约。对于交割违约行为,交易所往往对违约方处以交易金额一定比例的违约金和罚款。

期货公司在代理客户进行实物交割时发生的违约罚款,通过“应收风险损失款——客户罚款”科目进行核算;代理客户向交易所缴纳的违约罚款支出,借记“应收风险损失款——客户罚款”,贷记“应收货币保证金”科目;实际从客户保证金中划转的违约罚款支出,借记“应付货币保证金”科目,贷记“应收风险损失款——客户罚款”科目。

【例 17－15】 B期货公司代理A客户在大连商品交易所从事大豆期货的套期保值交易,6月15日买入11月份到期合约100手,每手10吨,共计1 000吨,成交价为每吨2 200元,保证金率为5%。进入交割月后,A客户准备进行实物交割,有关资料如下:第一通知日后,大连商品交易所将保证金比例一次性提高到30%。第一通知日前的保证金累计金额为60万元。第一通知日的结算价为每吨2 220元,最后交易日的结算价为每吨2 300元,前一交易日的结算价为每吨2 280元。大连商品交易所要求支付的交割手续费为每手25元。A客户未能按时将交割款汇入大连商品交易所,按规定被处以交易额1%的罚款。

期货公司对以上经济业务的账务处理如下:

(1)6月15日收到A客户支付保证金110 000元。设A客户在期货公司的保证金专户中有足额存款,足够支付新开仓合约的保证金,期货公司与A客户间无账务处理的必要。

(2)第一通知日后,按大连商品交易所规定追加交割保证金。

A客户应付保证金＝2 220×1 000×30%＝666 000(元)

应追加保证金＝666 000－600 000＝66 000(元)

该期货公司的会计分录为:

借:应收货币保证金——大连商品交易所	66 000	
贷:银行存款		66 000

(3)按最后交易日的交割结算价将合约做对冲平仓处理。对A客户而言:

平仓盈利＝(2 300－2 200)×1 000＝100 000(元)

由于大连商品交易所与期货公司之间实行逐日盯市制度:

其结算的平仓盈利＝(2 300－2 280)×1 000＝20 000(元)

该期货公司的会计分录为:

借:应收货币保证金——大连商品交易所	20 000	
结算差异	80 000	
贷:应付货币保证金——甲客户		100 000

(4)A客户实际应向大连商品交易所支付交割货款230万元,期货公司代A客户存在大连商品交易所结算账户中的保证金总额为766 000(666 000＋100 000)元,尚需追加1 534 000元。期货公司收到A客户追加的货款后划转给大连商品交易所,会计分录为:

借:银行存款	1 534 000	

贷:应付货币保证金——A 客户　　1 534 000

借:应付货币保证金——A 客户　　1 534 000

贷:应收货币保证金大连商品交易所　　1 534 000

(5)设该期货公司未能按时将交割款汇入大连商品交易所而被处以罚款,大连商品交易所可从其结算准备金账户中扣除罚款。此时,该期货公司的会计分录为:

借:应收风险损失款——客户罚款　　15 340

贷:应收货币保证金——大连商品交易所　　15 340

收到客户缴纳的交割违约款时,该期货公司的会计分录为:

借:应付货币保证金——甲客户　　15 340

贷:应收风险损失款——客户罚款　　15 340

(九)提取和使用期货风险准备

由于期货行业的高风险性,国家允许期货公司提取风险准备金,用以应付随时可能出现的风险。按现行制度规定,期货公司应按向客户收取的手续费净收入(即手续费收入总额扣除为交易所代收代付部分余额)的5%提取风险准备金。期货公司按规定以手续费收入的一定比例提取风险准备金时,应按实际提取的金额,借记"提取期货风险准备金"科目,贷记"期货风险准备金"科目。

期货公司代理客户进行期货交易,发生错单的事情是不可避免的,如下单员向计算机输入客户指令时输错了方向,将买单下成了卖单,或者输错数量、价格等。按现行财务制度的规定,错单合约平仓产生的亏损,按结算单据列明的金额,借记"期货风险准备金"科目,贷记"应付货币保证金"科目;错单平仓实现的盈利,做相反的会计分录。

期货公司出现风险事故应分清责任。因期货公司自身原因造成的风险损失,应按照相关规定追究相关当事人的责任,按应由当事人负担的金额,借记"其他应收款"科目;按应由期货公司负担的金额,借记"期货风险准备金"科目;按实际向交易所或客户划转的金额,贷记"应收货币保证金"或"应付货币保证金"科目。

因客户责任造成的风险损失,需要期货公司代客户垫付时,按实际向交易所划转的金额,借记"应收风险损失款——客户垫付"科目,贷记"应收货币保证金"科目;向客户收回垫付的风险损失款时,借记"应付货币保证金"科目,贷记"应收风险损失款——客户垫付"科目;按规定对难以收回的风险损失垫付款予以核销时,借记"期货风险准备金"科目,贷记"应收风险损失款——客户垫付"科目。

因客户有违约、违规等行为而对其实施的罚款,在客户支付罚款前,借记"应收风险损失款——客户罚款"科目,贷记"营业外收入"科目;实际收到客户支付的罚款时,借记"银行存款"科目,贷记"应收风险损失款——客户罚款"科目。

期货公司应按规定以本年实现的净利润的一定比例提取一般风险准备。按提取的一般风险准备的金额,借记"利润分配提取——一般风险准备"科目,贷记"一般风险准备"科目。期货公司发生风险损失,使用一般风险准备弥补的,借记"一般风险准备"科目,贷记"利润分配——一般风险准备补亏"科目。

【例17－16】 A期货公司在12月代理期货业务得到的手续费净收入为40万元,按5%的比例提取风险准备金。

该期货公司的会计分录为:

借:提取期货风险准备金　　20 000

贷：期货风险准备金　　20 000

【例 17－17】 A 客户向某期货公司下达交易指令，买入大连商品交易所的 11 月份大豆期货 100 手，共计 1 000 吨，指定价位为每吨 2 200 元，下单员将其错输成每吨 2 300 元，这笔错单在当天收市后被发现。按期货公司的规定，该错单应在第二天开市后尽快对冲平仓，平仓成交价为每吨 2 250 元。错单交易造成的损失经批准由下单员承担 50%，其余 50%用风险准备金弥补。

错单合约平仓后，亏损＝(2 300－2 250)×1 000＝50 000(元)。

该期货公司的会计分录为：

借：应付货币保证金　　50 000

　　贷：应收货币保证金——大连商品交易所　　50 000

对经批准后的弥补方式，该期货公司的会计分录为：

借：其他应收款　　25 000

　　期货风险准备金　　25 000

　　贷：应付货币保证金——A 客户　　50 000

【例 17－18】 某期货公司代理客户在上海期货交易所进行铝期货交易，因客户对市场变化判断失误，导致损失 65 万元，由期货公司先为客户垫付。

借：应收风险损失款——客户垫付　　650 000

　　贷：应收货币保证金——上海期货交易所　　650 000

为客户垫付款确认无法收回予以核销时，该期货公司的会计分录为：

借：期货风险准备金　　650 000

　　贷：应收风险损失款——客户垫付　　650 000

(十)质押保证金的核算

期货交易所与期货公司间的资金往来一般采用货币资金进行结算。根据交易所规定，会员单位也可采用质押的形式取得保证金。质押是指会员单位提出申请并经交易所批准，将持有的权利凭证移交交易所，作为会员履行保证金的担保。质押只可应用于会员保证金的担保，会员发生的交易亏损、费用、税金等，只能用货币资金进行结算。

可用于质押的权利凭证仅限于国债和交易所注册的标准仓单，以及中国证监会认定的其他有价证券。质押价的确定方法为：以国债质押的，按抵充日前一交易日该品种上交所和深交所收盘价中的较低价格作为基准价；以标准仓单质押的，按抵充日前一交易日该标准仓单对应品种最近交割月份期货合约的结算价作为基准计算价值。

用作质押的可上市流通的国债或标准仓单存入交易所后，其所有权并未发生转移，仍归期货公司或客户所有，一旦有了足够的货币资金作为保证金，期货公司就可以赎回质押物。对于质押物的核算，可以不单独设置一级科目，而是作为报表补充资料予以披露；对于质押物完整的业务过程，可以通过质押物备查登记簿做出全面、完整的反映；对于获取的质押物额度，可以通过结算部门来掌握，不进行单独的会计核算。

期货公司除了可以向期货交易所质押保证金业务，还可以代客户向期货交易所办理有价证券充抵保证金业务。客户委托期货公司向交易所提交有价证券办理充抵保证金业务时，期货公司应按期货交易所核定的充抵保证金金额，借记“应收质押保证金”科目，贷记“应付质押保证金”科目。

有价证券价值发生增减变化，期货交易所相应调整核定的充抵保证金金额时，期货公司应按调整增加数，借记“应收质押保证金”科目，贷记“应付质押保证金”科目；按照调整减少数，借记“应付质押保证金”科目，贷记“应收质押保证金”科目。

期货交易所将有价证券退还给客户时，期货公司应按期货交易所核定的充抵保证金，借记“应付质押保证金”科目，贷记“应收质押保证金”科目。

客户到期不能及时追加保证金，期货交易所处置有价证券时，期货公司应按期货交易所核定的充抵保证金金额，借记“应付质押保证金”科目，贷记“应收质押保证金”科目；按处置有价证券所得的款项金额，借记“应收货币保证金”科目，贷记“应付货币保证金”科目。

《期货交易所管理办法》规定：客户以有价证券充抵保证金的，会员应当将收到的有价证券提交期货交易所。非结算会员的客户以有价证券充抵保证金的，非结算会员应将收到的有价证券提交结算会员，由结算会员提交期货交易所。

(十一)结算担保金的核算

结算担保金是指由结算会员依中国金融期货交易所的规定缴存的，用于应对结算会员违约风险的共同担保资金。《期货交易所管理办法》规定，实行会员分级结算制度的期货交易所应当建立结算担保金制度。结算担保金包括基础结算担保金和变动结算担保金。

结算会员向期货交易所划出结算担保金时，按划出的结算担保金金额，借记“应收结算担保金”科目，贷记“银行存款”科目。结算会员从期货交易所划回结算担保金时，做相反的会计分录。结算会员收到期货交易所划回的结算担保金利息时，按期货交易所划回的利息金额，借记“银行存款”科目，贷记“利息收入”科目。

结算会员的结算担保金金额被期货交易所用于抵御其他违约会员的风险时，结算会员按期货交易所分摊的金额，借记“其他应收款”科目，贷记“应收结算担保金”科目。同时，结算会员按应向期货交易所追加的结算担保金额，借记“应收结算担保金”科目，贷记“银行存款”科目。期货交易所向违约会员追索成功后，结算会员按收回金额中应享有的份额，借记“应收结算担保金”科目，贷记“其他应收款”科目。被动用的结算担保金最终确定无法收回时，结算会员应按确定无法收回的金额，借记“业务及管理费”科目，贷记“其他应收款”科目。结算会员划回多余的结算担保金时，按划回的结算担保金金额，借记“银行存款”科目，贷记“应收结算担保金”科目。

(十二)期货投资者保障基金的核算

期货投资者保障基金是指在期货公司因严重违法、违规或者风险控制不力等行为导致保证金出现缺口，甚至可能严重危及社会稳定和期货市场安全时，用于补偿投资者保证金损失的专项基金。期货公司按规定提取期货投资者保障基金时，按提取的期货投资者保障基金的金额，借记“业务及管理费——提取期货投资者保障基金”科目，贷记“应付期货投资者保障基金”科目。实际缴纳期货投资者保障基金时，借记“应付期货投资者保障基金”科目，贷记“应收货币保证金”科目。

专栏 17－2　　万汇期货案例

万汇期货的注册资本为 3 000 万元，股东为北京中天航业投资有限公司和北京天纪投资发展有限公司。早在 1993 年初，万汇期货就参与了国际期货业务，是国内最早参与期货经纪业务的单位之一。2003 年，万汇期货以 1 137.81 亿元的代理交易额排全国期货经纪行业的第 25 名，2004 年上升到全国第 20 名。2005 年 2 月 15 日(春节后开市前一天)，万汇期货财务人员发现公司保证金账户上的2 800万元不翼而飞，16日向派出所报案。同时，公司董事长兼总经理严芳、副总经理卞明夫妇联系不上。

2005年春节前，国内3家期货交易所同时要求各期货公司将最低结算准备金由50万元追加至200万元，这使得万汇期货近3 000万元的保证金窟窿暴露在即。因此，这对期货业内罕见的"夫妻档"高管选择在春节期间携款潜逃。在四川嘉陵期货、北京寰宇期货相继出事之后，万汇期货再次出事，促使中国证监会下决心在期货业内全面推行保证金第三方存管、实名制开户等高标准监管措施。

据中国证监会的公告，上述两人自1999年以来一直操纵两个账户(一个机构账户和一个自然人账户)进行期货交易。截至2005年1月24日，他们累计挪用客户保证金2 950万元，违法所得409万元。案发后，经当地监管部门确认，与严芳夫妇一起失踪的客户保证金共计2 400万元，占万汇期货保证金的2/3。

中国证监会认定，时任万汇期货董事长兼总经理严芳、副总经理卞明，是对上述一系列违法行为直接负责的主管人员，并根据两人违法行为的事实、性质、情节与社会危害程度，给予这两位高管最严厉的行政处罚——终身市场禁入。这也是中国证监会成立以来对期货从业人员开出的罕见罚单。

第三节 期货公司金融期货和其他期货业务简介

金融期货与期权是金融领域的新生事物。作为衍生金融工具的主要品种，金融期货与期权的发展方兴未艾，本节仅参照发达国家对金融期货和其他期货业务的处理进行介绍。

一、金融期货概述

金融期货是指交易双方在金融市场上，以约定的时间和价格，买卖某种金融工具的具有约束力的标准化合约，即以金融工具为标的物的期货合约。金融期货一般分为三类：货币期货、利率期货和指数期货。金融期货作为期货中的一种，具有期货的一般特点，但与商品期货相比较，其合约标的物不是实物商品，而是传统的金融商品，如证券、货币、利率等。金融期货产生于20世纪70年代的美国市场，金融期货在许多方面已经走在商品期货的前面，占整个期货市场交易量的80%，成为西方金融创新成功的例证。

以外汇、利率和股票指数等金融工具为标的物的期货合约的交易活动，称为金融期货交易。这些金融工具主要包括以下几种。

(一)外汇期货

外汇期货是指协约双方同意在未来某一时期根据约定价格——汇率，买卖一定标准数量某种外汇的可转让的标准化协议。外汇期货涉及的币种主要有日元、英镑、欧元、美元等。

(二)利率期货

利率期货是指协议双方同意在约定的未来某个日期，按约定条件买卖一定数量的某种长短期信用工具的可转让的标准化协议。利率期货交易的对象有长期国债、政府住宅抵押证券、中期国债、短期国债等。

(三)股票指数期货

股票指数期货(简称股指期货)是指协议双方同意在未来某一时期，按约定的价格买卖股票指数的可转让的标准化合约。最具代表性的股票指数有美国的道琼斯指数和标准普尔500指数、英国伦敦的《金融时报》商业普通股股票价格指数、中国香港的恒生指数、日本的日经指数等。

金融期货交易的对象是虚拟化的金融证券合约，而非具有实物形态的商品。金融期货和商品期货在交易机制、合约特征、机构安排方面并无二致，但两者也有差别：第一，有些金融期货没有真实的标的资产（如股指期货等），而商品期货交易的对象是具有实物形态的商品（如农产品等）。第二，股票指数期货在交割日以现金清算，利率期货可以通过证券转让清算，商品期货则可以通过实物所有权的转让进行清算。第三，金融期货合约的到期日都是标准化的，一般到期日为三月、六月、九月、十二月几种。商品期货合约的到期日则根据商品特性的不同而不同。第四，金融期货适用的到期日比商品期货要长，如美国政府长期国债的期货合约有效期限可长达数年。第五，持有成本不同。期货合约持有到期满日所需的成本费用（即持有成本），包括贮存成本、运输成本、融资成本。由于各种商品需要仓储存放，因而还有仓储费用。金融期货合约标的物所需的贮存成本较低，有些（如股指）甚至不需要贮存成本。如果金融期货的标的物存放在金融机构，还会产生利息，如股票的股利、外汇的利息等。有时这些利息会超出持有成本，产生持有收益（即负持有成本）。第六，投机性不同。由于金融期货市场对外部因素的反应比商品期货更敏感，并且期货价格的波动更频繁、更大，因而金融期货比商品期货具有更强的投机性。

二、期权概述

期权，是指一种合约，源于18世纪后期的美国和欧洲市场，该合约赋予持有人在某一特定日期或该日之前的任何时间以固定价格购进或售出一种资产的权利。期权定义的要点如下：

1. 期权是一种权利。期权合约至少涉及买家和出售人两方。持有人享有权利，但不承担相应的义务。

2. 期权的标的物。期权的标的物是指选择购买或出售的资产。它包括股票、政府债券、货币、股票指数、商品期货等。期权是这些标的物“衍生”的，因此称为衍生金融工具。值得注意的是，期权出售人不一定拥有标的资产。期权是可以“卖空”的。期权购买人也不一定真的想购买资产标的物。因此，期权到期时双方不一定进行标的物的实物交割，而只需按价差补足价款即可。

3. 到期日。双方约定的期权到期的那一天称为“到期日”，如果该期权只能在到期日执行，则称为欧式期权；如果该期权可以在到期日及之前的任何时间执行，则称为美式期权。

4. 期权的执行。依据期权合约购进或售出标的资产的行为称为“执行”。在期权合约中约定的、期权持有人据以购进或售出标的资产的固定价格称为“执行价格”。

期权合约是指期权买方向期权卖方支付了一定数额的权利金后获得的在规定的期限内按事先约定的敲定价格买进或卖出一定数量相关商品期货合约权利的一种标准化合约。期权合约的构成要素主要有期权买方、期权卖方、权利金、敲定价格、通知日和到期日等。

按期权的权利来划分，主要有看涨期权、看跌期权及双向期权3种。看涨期权是指期权的买方享有在规定的有效期限内按某一具体的敲定价格买进某一特定数量的相关商品期货合约的权利，但不同时负有必须买进的义务。看跌期权是指期权的买方享有在规定的有效期限内按某一具体的敲定价格卖出某一特定数量的相关商品期货合约的权利，但不同时负有必须卖出的义务。双向期权是指期权的买方既享有在规定的有效期限内按某一具体的敲定价格买进某一特定数量的相关商品期货合约的权利，又享有在商定的有效期限内按同一敲定价格卖出某一特定数量的相关商品期货合约的权利。

期权的履约有以下 3 种情况：

1. 买卖双方都可以通过对冲的方式实现履约。

2. 买方也可以将期权转换为期货合约的方式履约（在期权合约规定的敲定价格水平获得一个相应的期货头寸）。

3. 任何期权到期不用，自动失效。如果期权是虚值，期权买方就不会行使期权，直至期权到期失效。这样，期权买方最多损失所交的权利金。

买进一份敲定价格的看涨期权，在支付一笔很少的权利金后，便可享有买入相关期货的权利。一旦价格上涨，期权买方即可履行看涨期权，以低价获得期货多头，然后按上涨的价格水平高价卖出相关期货合约，以获得差价利润。如果价格不但没有上涨，反而下跌，则可放弃或低价转让看涨期权，期权买方的最大损失为权利金。看涨期权的买方之所以买入看涨期权，是因为买方通过对相关期货市场价格变动的分析，认定相关期货市场价格大幅上涨的可能性很大，所以买入看涨期权，并支付一定数额的权利金。一旦市场价格大幅上涨，那么期权买方将会因低价买进期货而获取较大的利润，大于其买入期权所付的权利金数额，最终获利；期权买方也可以在市场以更高的权利金价格卖出该期权合约，从而对冲获利。当看涨期权买方对相关期货市场的价格变动趋势判断不准确时，一方面，如果市场价格只有小幅上涨，买方则可履约或对冲，获取一点利润，弥补权利金支出的损失；另一方面，如果市场价格下跌，买方则不履约，其最大损失是支付的权利金数额。

期权交易与期货交易之间既有区别又有联系，它们的联系是：第一，两者均是以买卖远期标准化合约为特征的交易。第二，在价格关系上，期货市场价格对期权交易合约的敲定价格及权利金确定均有影响。一般来说，期权交易合约的敲定价格是以期货合约所确定的远期买卖同类商品交割价为基础，而两者价格的差额又是权利金确定的重要依据。第三，期货交易是期权交易的基础。期权交易的内容一般为买卖一定数量期货合约的权利，期货交易越发达，期权交易的开展就越具有基础，因此期货市场的发育成熟和规则完备为期权交易的产生和发展创造了条件。期权交易的产生和发展又为套期保值者和投机者进行期货交易提供了更多可选择的工具，从而扩大和丰富了期货市场的交易内容。第四，期货交易可以做多或做空，买方不一定实际行使这个权利，只要有利，也可以把这个权利转让出去。卖方也不一定非履约不可，他可以在期权买入者尚未行使权利前，通过买入相同期权解除他所承担的责任。第五，由于期权的标的物为期货合约，因此期权履约时，买卖双方会得到相应的期货头寸。

专栏 17－3　法国兴业银行事件

2008 年 1 月 24 日，法国兴业银行（简称兴业银行）公布了一个惊人消息：

交易员科维尔的违规交易给兴业银行带来了近 50 亿欧元（约 71 亿美元）的巨额亏损。科维尔的工作职责是用兴业银行的自有资金从事套利交易。严格的套利交易是没有敞口头寸的低风险投资行为，那么科维尔是怎么建立起高达 50 亿欧元的敞口头寸的呢？

其一，他通过建立虚构头寸来隐瞒风险敞口，并伪造交易对手的交易确认函来欺瞒风险控制部门。

其二，他利用场外交易不及时缴纳保证金的特点，使其交易规模远远超出了交易权限。欧洲市场对场外交易的外部监管主要依靠自律，金融机构之间往往采用信用交易，直至履约日才发生净额交收。

其三，他盗用密码删除交易行为的记录，使风控和结算部门看不到他的交易头寸。科维尔在法国兴业银行的后台部门工作过几年，熟悉风险控制结算的工作流程和漏洞，同时他还是一个信息技术领域的高手。

其四，他以往良好的交易获利记录使上司对他的越权视若无睹。在事件发生前，他曾有过高达14亿美元的盈利记录。科维尔说："他根本不相信他的上司对他的违规操作一点都没有发觉"，也许是科维尔向他的上司报了5500万欧元的收益，这给他带来了30万欧元的年终奖，这是他的上司一年正常工资的七倍之多，使其放纵了对科维尔的监管，就连科维尔本人在供词中也说违规操作的不仅仅是他一人。由此也可以看出，法兴银行的这种重利润轻风险、重结果轻过程、重结果轻来源的内控环境是银行舞弊案发生的"温床"。

COSO-ERM框架中明确规定企业良好的内控环境是风险管理的基础，从风险控制的角度来看，我们有如下启示：

第一，信用交易必须要有限度，法国兴业银行事件中存在无保证金的巨额信用交易。第二，交易、风控、结算必须严格分开，交易员必须有权限制约，止损与交易在部门和人员上必须分开。在此次事件中，科维尔的主管纵容了他的越权交易。第三，风险控制必须与公司高管直接联系起来，比如设立首席风险控制官和风险控制委员会。第四，在违规交易获利的时候绝不能纵容，在外部事件导致市场剧烈波动时更要提高警惕。

本章小结

本章在对金融期权和期货进行了介绍的基础上，进一步较为全面地介绍了期货公司的结算制度以及会计核算。在学习和理解本章内容时，应当关注三点：(1)期货公司的结算制度；(2)期货公司会计核算内容；(3)期货公司商品期货业务的核算。

本章关键术语

保证金制度；质押保证金；结算担保金；期货风险准备；金融期货；金融期权

本章思考题

1. 如何理解期货公司会计业务的主要特征？
2. 期货公司主要通过哪些科目进行会计核算？
3. 期货业务与期权业务存在哪些联系与区别？

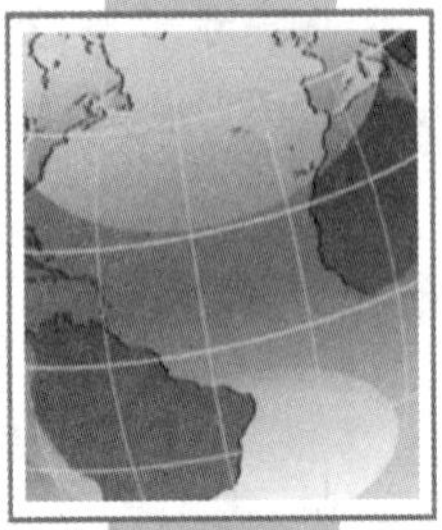

第十八章 基金管理公司业务核算

学习目标

1. 了解投资资金的概念、类别及特点
2. 掌握投资资金发行及赎回的会计核算
3. 掌握投资基金进行投资业务的账务处理方法
4. 掌握投资基金收入费用的具体核算方法

本章预习

20世纪70年代末,我国经济体制改革推动了市场经济的快速发展,也引发了社会对资金的巨大需求。由此,证券投资基金作为一个新兴而富有活力的行业应运而生了。近年来,随着我国市场经济、法律法规不断完善,国家对外开放程度进一步提高,我国证券投资基金业实现了长足发展,在国家宏观经济调控、金融和资本市场发展以及居民家庭理财等方面都发挥了不可替代的作用。本章的重难点为开放式基金的申购和赎回的会计核算,以及股票和债券投资的会计核算。

专栏 18-1

从资产管理的外延来看,我国资产管理广泛涉及银行、保险、证券、基金、信托、期货等行业机构。资产管理业的构成大致如下:截至2018年底,中国(除港澳台地区外)共有公募基金13.03万亿元,非公募资产管理计划(包括基金管理公司普通专户计划、管理全国社保和企业年金计划、基金子公司资产管理计划、证券公司及其子公司资产管理计划、期货公司及其子公司资产管理计划)24.77万亿元,私募投资基金(包括私募证券投资基金、私募股权投资基金、创业投资基金及其他私募投资基金)12.71万亿元,商业银行非保本理财产品22.04万亿元,信托公司资金信托计划18.94万亿元,保险公司万能险、投连险、管理企业年金、养老保障产品及其他委托管理资产4.28万亿元,合计达95.77万亿元。

统计表明,我国公募基金、私募投资基金和各类非公募资产管理计划的合计资产管理规模达50.36万亿元,占可统计资产管理规模总量的52.7%。

资料来源:《中国证券投资基金业年报》,2019年。

第一节 证券投资基金概述

证券投资基金是一种利益共享、风险共担的集合投资方式,即通过发行基金单位,集中投资者的资金,由基金托管人托管,由基金管理人管理和运用资金,从事股票、债券等金融工具投资,以获得投资收益和资本增值。下面主要从证券投资基金的当事人和证券投资基金的分类两个方面,对证券投资基金业务进行简单的阐述。

一、证券投资基金的当事人

从证券投资基金的定义可以看出，证券投资基金的当事人主要包括基金份额持有人、基金管理人和基金托管人。

基金份额持有人，是指依基金合同和招募说明书持有基金份额的自然人和法人，即基金的投资人。他们是基金资产的实际所有者，享有基金信息的知情权、表决权和收益权。

基金管理人，是基金产品的募集者和管理者，其最主要的职责就是按照基金合同的约定，负责基金资产的投资运作，在有效控制风险的基础上为基金投资者争取最大的投资收益。

基金托管人，又称基金保管人，是根据法律法规的要求，在证券投资基金运作中承担资产保管、交易监督、信息披露、资金清算与会计核算等相应职责的当事人。基金托管人的存在，主要是为了充分保障基金投资者的权益，防止基金资产财产被挪作他用，确保基金资产规范运作和安全完整。根据《中华人民共和国证券投资基金法》规定，基金托管人由依法设立的商业银行或者其他金融机构担任。

三者之间的关系如图 18－1 所示。

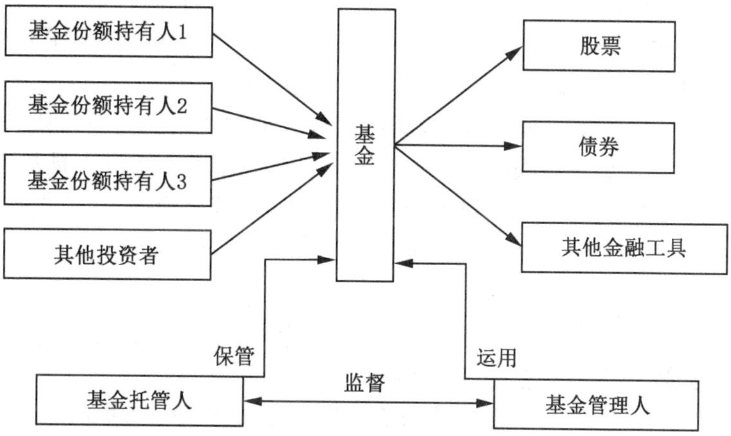

图 18－1　基金管理人、托管人与份额持有人之间的关系

专栏 18－2

余额宝是蚂蚁金服于 2013 年 6 月推出的一种余额增值和活期资金管理的产品，是一款互联网理财产品。余额宝的出现开创了国民理财的新时代，拓展了大众理财的渠道。

截至 2018 年 5 月初，余额宝对接的是天弘基金管理有限公司旗下的余额宝货币基金，客户在购买余额宝的同时，实质上是购买了一种基金理财产品，投资于长期存款、债券等相关金融工具，金融工具的价格会有所波动，因此每天的收益也会有变化。天弘基金是该货币基金的基金管理人，基金托管人则是具备资格的商业银行或其他金融机构，蚂蚁金服旗下的支付宝只是该基金的销售方。

为了进一步减轻单只货币基金规模过快增长的压力，从整体上降低单一货币基金集中度高的风险，2018 年 5 月 3 日，余额宝新接入博时、中欧基金公司旗下的“博时现金收益货币 A”“中欧滚钱宝货币 A”两只货币基金产品，以缓解用户“定好闹钟秒抢宝宝”的局面。

二、证券投资基金的分类

证券投资基金的种类繁多，根据研究角度的不同，可以分为以下几种。

(一)封闭式基金和开放式基金

按照基金运作方式的不同，基金可以分为封闭式基金和开放式基金。

1. 封闭式基金是指基金份额在基金合同期限内固定不变，基金份额可以在依法设立的证券交易所交易，但基金份额持有人不得申请赎回的一种基金运作方式。封闭式基金有固定的存续期限，我国规定不得少于5年，资金规模在存续期内通常不变(只能通过扩募来追加规模)，一般在证券交易所上市交易。

2. 开放式基金是指基金份额不固定，可以在基金合同约定的时间和场所进行申购或赎回的一种基金运作方式。开放式基金不规定存续期限，资金规模一直处于变动之中，一般通过银行柜台(或第三方平台)申购或赎回。

(二)公司型基金和契约型基金

按照基金法律形式的不同，可以分为公司型基金和契约型基金。

1. 公司型基金是指投资者为了共同的投资目标而组成的以营利为目的的股份制投资公司，并将形成的公司资产投资于有价证券的证券投资基金。公司型基金通过发行股票筹集资金，是具有法人资格的经济组织。

2. 契约型基金又称信托型基金，是指基金投资人依据其与基金管理人、基金托管人订立的基金契约，通过发行基金单位而组建的投资基金。契约型基金本身不具备法律实体地位，其与基金管理人的关系为信托关系，通过基金合同具体约定基金管理人、基金托管人及投资者之间的权利义务关系，因此契约型基金无法采用自我管理，且须由基金管理人代其行使相关民事权利。

目前，我国的基金全部是契约型基金，而美国的绝大多数基金则是公司型基金。

(三)成长型基金、收入型基金和平衡型基金

按照基金投资目标的不同，基金可分为成长型基金、收入型基金和平衡型基金。

1. 成长型基金是以追求长期资本增值为基本目标，较少考虑当期收入的基金。成长型基金主要投资于成长型股票。

2. 收入型基金以追求稳定的当期收入为基本目标，主要投资于收益类证券(如大盘蓝筹股、国债、政府债券等)。

3. 平衡型基金是指具有多重投资目标的投资基金，既注重资本增值又注重当期收入。此类基金一般将基金资产按比例投资于债券、优先股、普通股等各种证券。

(四)股票型基金、债券型基金、混合型基金、货币市场基金

按照基金投资对象的不同，基金可分为股票型基金、债券型基金、混合型基金和货币市场基金。

1. 股票型基金是以股票为主要投资对象的基金，股票投资比重必须在60%以上。股票基金既可以赚取资本收益，又可使资本增值，但风险也比较高。

2. 债券型基金是以债券为主要投资对象的基金，债券投资比重必须在80%以上。债券是一种获利稳定、风险较小、长短期皆宜的有价证券，因此投资债券基金可以保证投资者获得稳定的投资收益，而且面临的风险也比较小，但往往收益较低。

3. 混合型基金是在投资组合中投资于股票、债券和货币市场工具，但不符合股票型基金和债券型基金分类标准的基金。投资者通过购买混合型基金,可以实现投资的多元化。

4. 货币市场基金是指在货币市场上,以短期有价证券作为投资对象的一种基金。该基金主要投资于短期货币资金工具,如国库券、政府短期债券、商业票据、银行可转让存单等短期有价证券。由于货币市场是一个低风险、高流动性的市场,因此货币市场基金具有收益高、流动性强、购买限额低、资本安全性高的特点。

(五)公募基金和私募基金

根据募集方式的不同,基金可以划分为公募基金和私募基金。

1. 公募基金是指以公开方式向社会公众投资者募集资金并以证券为投资对象的证券投资基金。公募基金在法律的严格监管下,有着信息披露、利润分配、运行限制等行业规范。

2. 私募基金是指以非公开方式向特定投资者募集资金并以证券为投资对象的证券投资基金。

此外,证券投资基金还有一些其他的分类方法,如按照投资理念的不同,分为主动型基金、被动型基金等。

第二节　基金管理公司基金发行、申购与赎回的核算

在我国,证券投资基金应由经中国证监会批准设立的基金公司发行。基金的设立须由基金公司向中国证监会提交申请设立基金的文件,经证监会审核批准后方可公开发行。从基金的招募说明书公告之日起到基金成立之间的时间,称为基金的募集期。根据《证券投资基金法》的规定,募集期内不同类型的基金,其成立的要求也会有所差别,如图 18－2 所示。

基金管理公司应对所管理的基金以基金为会计核算主体,独立建账、独立核算;同时对所管理的不同基金财产分别管理、分别记账,分别进行证券投资。此外,基金管理公司须每日计算基金净值和基金单位净值并按规定予以公告,计算、确认基金损益并对基金资产进行估值。

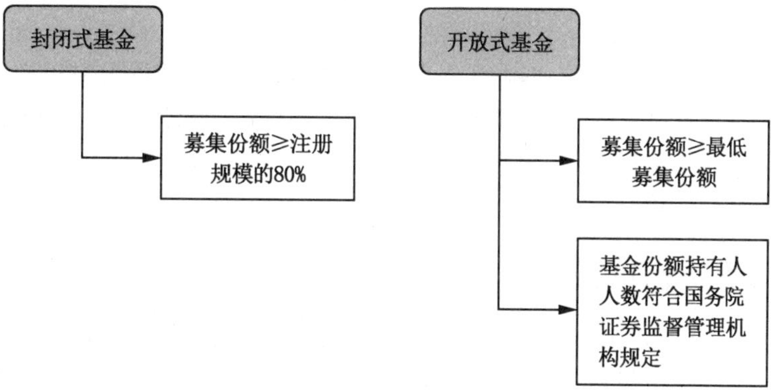

图 18－2　封闭式基金和开放式基金的成立要求

通常情况下,基金管理公司基金管理的会计核算主要包括基金发行的核算、开放式基金申购的核算和开放式基金赎回的核算。

一、基金发行的核算

基金管理公司经由证监会批准,新发行基金成立时,实收基金按实际收到的基金单位总额

入账。实收基金是指在基金募集期间和持续经营期间投资者实际投入基金中的资本，核算时通过"实收基金"科目进行核算。"实收基金"科目是权益类科目，用于核算对外发行的基金单位总额。实收基金的账务处理根据基金运作形式的不同也会有所区别，因此发行封闭式基金和开放式基金的核算存在着明显的差异。

(一)发行封闭式基金的核算

就封闭式基金而言，发行基金的会计核算比较简单，主要核算在基金募集期间投资者投入的资本。封闭式基金募集发行期结束后，基金管理公司按照实际收到的金额，借记"银行存款"，按照基金单位发行总额，贷记"实收基金"，按其差额，贷记"其他收入"科目。

【例18—1】 2020年12月11日，甲基金管理公司发行某证券投资基金5亿份基金单位，每基金单位发行价格为1.01元(其中包含向投资者收取的1%的发行费)，发行相关费用为100万元。

会计分录为：

借：银行存款	501 000 000	
贷：实收基金		500 000 000
其他收入		1 000 000

(二)发行开放式基金的核算

由于开放式基金的基金单位总额不固定，基金单位总数随时增减，因此开放式基金募集发行期结束后，基金管理公司应按照实际收到的金额，借记"银行存款"科目，贷记"实收基金"科目。募集期内，直销单位或代销机构向投资者收取的认购费，作为其提供服务的补偿，应直接从募集的资金中扣除。在这种情况下，实收基金应为募集资金扣除认购费后的净额。

【例18—2】 2020年3月1日，某开放式基金A基金募集期满，基金规模为6亿元人民币。

会计分录为：

借：银行存款	600 000 000	
贷：实收基金		600 000 000

基金发行收入应及时存入开户银行，并按开户银行、存款种类等分别设置"银行存款日记账"科目，并根据收付款凭证，按照业务发生的顺序逐笔登记，每日营业终了应结出余额。由于封闭式基金在募集期结束后，基金份额在基金合同规定的期间内固定不变，因此，以下介绍的基金申购与赎回的会计核算，均为开放式基金的核算。

二、开放式基金申购的核算

基金申购，是指开放式基金设立后，在基金持续经营期间内投资者购买基金单位的行为。开放式基金的基金单位可以根据基金发展需要追加发行，因此投资者也可根据市场状况和自己的投资决定来赎回或购买该基金单位的份额。开放式基金的申购价格和赎回价格是依据申购或赎回日基金单位资产净值加、减有关费用计算出来的。

(一)基金单位资产净值的计算

基金单位资产净值是每一基金单位所代表的基金资产的净值，应当按照开放日闭市后基金资产净值除以当日基金单位余额数量来计算。基金单位资产净值的计算公式为：

$$\text{基金单位资产净值}=\frac{\text{总资产}-\text{总负债}}{\text{基金单位总数}}$$

其中，总资产为基金所持有的所有资产，包括基金拥有的上市股票、认股权证、公债、公司债、短期票据、存放在其他金融机构的存款、准备金等，总资产按照开放日的公允价值进行计算；总负债为基金在运作过程中所形成的各种应付款项、短期借款等；基金单位总数为开放日发行在外的基金单位的余额数量。

开放式基金的单位总数一直处于不断的变化之中，基金管理人应于每个工作日交易结束后计算当日的基金资产净值，以约定方式发送给基金托管人。基金托管人对净值计算结果复核后，将复核结果反馈给基金管理人，由基金管理人对基金份额净值予以公布，以此作为投资者申购、赎回的依据。表 18－1 为易方达基金管理公司部分混合型基金产品 2018 年 5 月 10 日的单位净值。

表 18－1　　易方达部分混合型基金单位净值(2018 年 5 月 10 日)

基金名称	基金代码	日期	单位净值(元)	日涨跌(%)
易方达平稳增长混合	110 001	2018 年 5 月 10 日	2.914(历史)	+0.21
易方达策略成长混合	110 002	2018 年 5 月 10 日	3.464(历史)	+0.32
易方达积极成长混合	110 005	2018 年 5 月 10 日	0.6 912(历史)	+0.26
易方达价值精选混合	110 009	2018 年 5 月 10 日	1.1 116(历史)	+0.44
易方达策略成长二号混合	112 002	2018 年 5 月 10 日	1.038(历史)	+0.39
易方达价值成长混合	110 010	2018 年 5 月 10 日	1.8 234(历史)	+0.82

(二)会计科目设置

开放式基金申购业务核算需要使用的会计科目，除“实收基金”科目外，还应设立“应收申购款”“未实现利得”和“损益平准金”科目。具体科目设置如表 18－2 所示。

表 18－2　　基金申购业务会计科目的设置

科目名称	主要核算内容	科目性质
应收申购款	该科目用来核算基金管理公司在基金申购确认日应收的基金申购款。该科目借方登记基金管理公司确认的基金申购款项；贷方登记收到的基金申购款。期末，借方余额表示基金公司确认但暂未收到的基金申购款	资产类
未实现利得	该科目用来核算按照规定的估值原则，以及基金契约和招募说明书载明的估值事项，对资产估值时所形成的未实现利得。基金申购、赎回款中所含的未实现利得也在本科目内进行核算。该科目贷方核算基金投资估值实现的净增值额；借方核算基金投资估值实现的净减值额。期末余额反映未实现的利得	权益类
损益平准金	该科目用于核算由非收益转化而形成的损益平准金，如申购、赎回款中所含的未分配收益，应按损益平准金的种类设置明细账，进行明细核算。该科目贷方登记基金申购款中含有的未分配收益；借方登记基金赎回款中含有的未分配收益。期末，该科目余额全部转入“收益分配——未分配收益”科目，结转后本科目应无余额	

(三)开放式基金申购的核算

开放式基金的投资者首次申购基金时，应先开立基金 TA 账户。基金 TA 账户是投资者持有某基金管理公司基金的基金账号，主要用来记录投资者基金账户的情况。开放式基金投资者申购基金时,是按购买的金额提出申请,而不是按购买的份额提出申请的,基金的申购金额里包含了申购费用和净申购金额。基金申购费是指投资者在基金存续期间向基金管理人购买基金单位时所支付的手续费,其计算方法为:

净申购金额=申购金额/(1+申购费率)

申购费=申购金一净申购金额

由此,一笔申购金额可以买到的基金份额为:

申购=净申购金额÷申购基金单位净资产

申购费可以在申购基金时收取,也可以在赎回时从赎回金额中扣除。根据我国《开放式证券投资基金试点方法》中的有关规定,申购费率不得超过申购金额的5%。办理申购业务的机构按规定收取申购费,如在基金申购时收取的,由办理申购业务的机构直接向投资人收取,不纳入基金会计核算范围;如在基金赎回时收取的,待基金投资赎回时从赎回款中抵扣。

基金管理公司在基金申购确认日,按基金申购款,做如下会计分录:

借:应收申购款

　　贷:实收基金

　　　　未实现利得

　　　　损益平准金

需要注意的是,办理申购业务的机构在对基金申购款进行计量时,关键是将基金申购款按照持有人权益的比例分割为3部分,分别确认实收基金、未实现利得、损益平准金的增加。

待实际收到申购款时,会计处理为:

借:银行存款

　　贷:应收申购款

【例18—3】 2020年1月4日,张先生在ABC银行一代销点申购某只开放式基金,申购金额为101 000元,其中,申购费为1%。申购日该基金净值合计人民币50亿元,其中:实收基金账户余额46亿元,未实现利得账户余额2亿元,本期收益、收益分配和损益平准金账户余额合计2亿元。假设该基金申购于当日确认,基金管理公司于T+1日收到申购款。

基金公司的会计处理为:

基金净申购=申购金额/(1+申购费率)=101 000/(1+1%)=100 000(元)

由于申购费是在基金购买时扣除的,因此不纳入基金会计核算范围。

张先生申购款中权益比例分割如表18—3所示。

表18—3　　申购款权益比例分割表

基金净值项目	净值构成(亿元)	净值构成比例	分割申购款(元)
实收基金	46	46/50=92%	100 000×92%=92 000
未实现利得	2	2/50=4%	100 000×4%=4 000
未分配收益和损益平准金	2	2/50=4%	100 000×4%=4 000
合计	50	100%	100 000

2020年1月4日,该基金申购时的会计分录为:

借:应收申购款　　100 000

　　贷:实收基金　　92 000

　　　未实现利得　　　　　　　　　　　　　　　　　　　　4 000
　　　损益平准金　　　　　　　　　　　　　　　　　　　　4 000

2020 年 1 月 5 日，基金公司收到基金申购款时的会计分录为：

借：银行存款　　　　　　　　　　　　　　　　　　100 000
　　贷：应收申购款　　　　　　　　　　　　　　　　　　100 000

三、开放式基金赎回的核算

开放式基金赎回是指基金合同生效后，基金份额持有人按基金合同规定的条件要求将基金份额兑换为现金的行为。开放式基金赎回款的会计核算原理与基金申购款的核算基本类似，需要按照赎回日基金净值的比例对赎回款进行分割。其会计分录为：

借：实收基金
　　未实现利得
　　损益平准金
　　贷：应付赎回款
　　　　应付赎回费(基本手续费)
　　　　其他收入(赎回费扣除基本手续费后的余额)

但是，与基金申购不同的是，基金管理公司须对基金的赎回费进行会计核算，赎回费从赎回金额中直接扣除。

基金赎回的有关计算公式如下：

赎回总额＝赎回份数×赎回当日基金单位资产净值

赎回费用＝赎回总额×赎回费率

赎回金额＝赎回总额－赎回费用

【例 18－4】　承例【18－3】，张先生因资金需要，于 2020 年 3 月 5 日在同一基金直销点赎回基金 50 000 份，当日基金单位资产净值为 1.12 元，基金净值构成同上。假设该基金的赎回为 T＋1 日到账，赎回费率为 0.5％。则：

赎回总额＝赎回份数×赎回当日基金单位资产净值＝ 50 000×1.12＝ 56 000(元)

该项业务基金赎回款中权益比例分割如表 18－4 所示。

表 18－4　　　　　　　赎回款权益比例分割表

基金净值项目	净值构成(亿元)	净值构成比例	分割赎回款(元)
实收基金	46	46/50＝92％	56 000×92％＝51 520
未实现利得	2	2/50＝4％	56 000×4％＝2 240
未分配收益和损益平准金	2	2/50＝4％	56 000×4％＝2 240
合计	50	100％	100 000

赎回费用＝赎回总额×赎回费率＝56 000×0.5％＝280(元)

赎回金额＝赎回总额－赎回费用＝56 000－280＝55 720(元)

基金直销点编制该开放式基金赎回的会计分录为：

借：实收基金　　　　　　　　　　　　　　　　　　51 520
　　未实现利得　　　　　　　　　　　　　　　　　　2 240

损益平准金	2 240	
贷：应付赎回款		55 720
应付赎回款		280

2020 年 3 月 6 日款项交割时，该开放式基金的会计分录为：

借：应付赎回款	55 720	
贷：银行存款		55 720

定期向 ABC 银行代销点支付赎回手续费时，会计分录为：

借：应付赎回费	280	
贷：银行存款		280

第三节 基金管理公司基金投资业务的核算

目前我国基金管理公司的业务范围主要包括证券投资基金业务、受托资产管理业务、投资咨询服务以及社保基金、企业年金等管理业务。其中，证券投资基金业务是基金管理公司最核心的一项业务。

简单来说，证券投资基金业务是基金管理公司为实现资金的增值，通常选择其认为最能获得投资收益的资产组合和运作方式，将其所募集的资金进行投资的业务。证券投资基金以投资业务为主营业务，基金资产主要以上市流通的股票和债券等短期投资为主，没有存货、固定资产等实物资产。需要注意的是，基金投资组合的确定并不是任意的，根据我国《证券投资基金运作管理办法》规定，基金管理人运用基金财产进行证券投资有一些限制，如一只基金持有一家上市公司的股票市值不得超过基金资产净值的 10%，同一基金管理人管理的全部基金持有一家公司发行的证券不得超过该证券的 10%，不得违反基金合同关于投资范围、投资策略和投资比例的约定等。

本节主要介绍基金管理公司股票投资和债券投资的核算。

一、股票投资的核算

按照有关规定，若证券投资基金要在证券登记结算机构进行证券交易，必须先在证券登记结算机构存入一定数额的款项，用来进行证券交易时的资金交割与交收。为证券交易的资金交割与交收而存入证券登记结算机构的款项，与证券业务类似，可通过“清算备付金”科目进行核算。基金管理公司股票投资核算的主要内容包括买卖股票、股票股利、现金股利和配股权证的核算。

(一)购入股票的核算

基金管理公司购入股票分为两种情况，分别是购买已有股票和申购新股。

1. 购买已有股票

基金管理公司买入股票应以股票成交日作为股票投资的确认时点；买入股票的入账价值应以取得该股票的成本入账，包括股票成交总额、印花税和应付佣金(应付证券公司的佣金)等。证券公司收取的证券交易佣金是证券公司为客户提供证券代理买卖服务收取的报酬，其计算公式为：

佣金＝交易金额×(佣金费率－经手费率－征管费率)

其会计处理为：

借：股票投资

　　贷：证券清算款（应支付的证券清算款）

　　　　应付佣金（应付券商佣金）

实际交付资金时的会计处理为：

借：证券清算款

　　贷：清算备付金

【例 18—5】 2020 年 3 月 1 日，某基金公司在上海证券结算公司购入 300 万股 A 股票，购入价格是 10 元/股，应付佣金 25 000 元，其他各项费用 6 000 元。

股票投资成本＝ 30 000 000＋25 000＋6 000＝30 031 000（元）

会计分录为：

借：股票投资——A 股票	30 031 000	
贷：证券清算款——上海证券结算公司		30 006 000
应付佣金——上海证券结算公司		25 000

次日为资金交收日，会计分录为

借：证券清算款——上海证券结算公司	30 006 000	
贷：清算备付金——上海证券结算公司		30 006 000

2. 申购新股

申购新股分为网上发行和网下发行两种情况，除对预交申购款的核算外，其买入股票的核算与购买已有股票的会计处理基本相同。

（1）网上发行。如果股票是通过交易所网上发行的，按实际交付的申购款，借记“证券清算款”科目，贷记“清算备付金”科目；申购新股中签时，按确认的中签金额，借记“股票投资”，贷记“证券清算款”科目；收到退回的余款（未中签部分）时，借记“清算备付金”科目，贷记“证券清算款”科目。

（2）网下发行。如果股票是通过网下发行的，按实际预交的申购款，借记“其他应收款”科目，贷记“银行存款”科目。在申购新股确认日，如果实际确认的申购新股金额小于已经预交的申购款，按实际确认的申购新股金额，借记“股票投资”科目，贷记“其他应收款”科目；收到退回的余额时，借记“银行存款”科目，贷记“其他应收款”科目。如果实际确认的申购新股金额大于已经预交的申购款，按实际确认的申购新股金额，借记“股票投资”科目，贷记“其他应收款”科目；补付申购款时，按支付的余额金额，借记“其他应收款”科目，贷记“银行存款”科目。“股票投资”科目应按股票的种类设置明细核算，期末借方余额反映持有各类股票的实际成本。

（二）卖出股票的核算

卖出股票应于成交日确认股票差价收入。股票差价收入按卖出股票成交总额与其成本和相关费用的差额入账。卖出股票应逐日结转成本，结转的方法采用移动加权平均法。在卖出股票成交日，按应收取的证券清算款，借记“证券清算款”科目；按结转股票的投资成本，贷记“股票投资”科目；按应付券商佣金，贷记“应付佣金”科目；按其差额，贷记或借记“股票差价收入”科目；在资金交收日，按实际支付的证券清算款，借记“清算备付金”科目，贷记“证券清算款”科目。

【例 18—6】 承例【18—5】，2020 年 3 月 2 日，某基金公司以 12 元/股的价格卖出 A 股票 100 万股，应支付的佣金为 10 200 元，其他费用 2 3000 元，印花税 0.1％。

应收取的证券清算款＝12 000 000－2 300－12 000 000×0.1％＝11 985 700（元）

应结转的股票投资成本＝30 031 500×100÷300＝10 010 500(元)

会计分录为：

借：证券清算款　　11 985 700
　贷：股票投资——A股票　　10 010 500
　　应付佣金——××交易所　　10 200
　　股票差价收入　　1 965 000

3月3日(T＋1日)为资金交收日，会计分录为：

借：清算备付金——××交易所　　11 985 700
　贷：证券清算款——××交易所　　11 985 700

(三)股票股利、现金股利和配股权证的核算

1. 股票股利的核算

股票持有期间上市公司分配股票股利(包括送红股和转增股本)，应于除权日根据上市公司股东大会决议公告，按股权登记日持有的股票及送股或转增比例计算确定增加的股票数量，在“股票投资”账户“数量”栏里进行记录。

2. 配股权证的核算

因持有股票而享有的配股权，从配股除权日起到配股确认日止，按市场高于配股价的差额逐日进行估值，借记“配股权证”科目，贷记“未实现利得”科目；向证券交易所确认配股时，借记“股票投资”科目，贷记“证券清算款”科目，同时，将配股权的估值冲减为零，借记“未实现利得”科目，贷记“配股权证”科目；在资金交收日实际支付配股时，借记“证券清算款”科目，贷记“清算备付金”科目。在配股期限内没有向证券交易所确认配股而放弃配股权的，应将配股权的估值冲减为零，借记“未实现利得”科目，贷记“配股权证”科目。

3. 现金股利的核算

股票投资应分派的现金股利，在除息日按照上市公司宣告的分红派息比例确认股票收入的实现，借记“应收股利”科目，贷记“股利收入”科目；实际收到现金股利时，借记“清算备付金”科目，贷记“应收股利”科目。其中，“应收股利”科目应按债务人设置明细账，进行明细核算，期末借方余额反映尚未收取的现金股利。

【例18—7】 承例【18—5】，2020年3月3日，上市公司宣布A股票股利政策：以3月3日为除权日。每10股送3股、转2股、配2股、派发1元现金股利，配股价为5元/股，当日收盘价为8元/股。

由于送股和现金股利都要缴纳所得税，A基金可得到股利收入为：

2 000 000×[0.1×(1－20%)－0.3×20%]＝40 000(元)

会计分录为：

借：应收股利——A股票　　40 000
　贷：股利收入　　40 000

A基金可得到的股票股利共为100万股，分别为送红60(200×3/10)万股和公积金转增股本40(200×2/10)万股，在“股票投资”账户“数量”栏增加100万股，金额不变。

关于因持有股票而享有的配股权，在实际操作中，常常在配股除权日就记入“股票投资”科目，并单独为其设立明细科目进行核算，同时自配股除权日起到配股确认日止，按市价高于配股价的差额逐日进行估值，借记“股票权证”科目，贷记“未实现利得”科目。如果在配股期限内未向证券交易所配股，则将其冲销。本例对配股权核算的会计分录为：

借:股票投资——A 股票(配股权)(5×2 000 000×2/10) 2 000 000
　　贷:应付股票投资款 2 000 000
借:配股权证——A 股票[(8－5)×2 000 000×2/10] 1 200 000
　　贷:未实现利得 1 200 000

二、债券投资的核算

基金管理公司从事的债券投资业务,是指以债券为对象进行的投资活动。债券投资和股票投资的会计核算类似,可分为买入债券、卖出债券以及投资估值的核算。

(一)买入债券的核算

按债券发行主体的不同,买入债券业务可分为买入上市债券和买入非上市债券。

1. 买入上市债券

买入上市债券应于成交日确认债券投资。债券投资按成交日应支付的全部价款入账,应支付的全部价款中包含自债券起息日起或上次除息日至购买日止的利息,应作为应收利息单独核算,不构成债券投资成本。在资金交收日,按实际支付的价款与证券登记结算机构进行资金交收。买入上市债券时,按成交日应支付的证券清算款扣除债券起息日或上次除息日至购买日的利息,借记"债券投资"科目;按债券起息日或上次除息日至购买日止的利息,借记"应收利息"科目;按应支付的证券清算款,贷记"证券清算款"科目。

上市债券持有期间,应按债券票面价值与票面利率逐日计提债券利息。计提应收利息时,应借记"应收利息"科目,贷记"债券利息收入"科目;债券除息日,按照计提的应收利息,借记"证券清算款"科目,贷记"应收利息"科目;资金交收日,按实收利息金额借记"清算备付金"科目,贷记"证券清算款"科目。

2. 买入非上市债券

买入非上市债券应于实际支付价款时确认债券投资。债券投资按实际支付的全部价款入账。如果实际支付的价款中包含自债券起息日或上次除息日至购买日止的利息,应作为应收利息单独核算,不构成债券投资的成本。买入非上市债券后,按成交日应支付的证券清算款扣除债券起息日或上次除息日至购买日止的利息,借记"债券投资"科目;按证券起息日或上次除息日至购买日止的利息,借记"应收利息"科目,贷记"银行存款"科目。购入新发行的国债后,应根据承销合同规定,按国债面值,借记"债券投资"科目,贷记"其他应付款"科目。实际付款时,借记"其他应付款"科目,贷记"银行存款"科目。"债券投资"科目应按债券的种类设置明细账,"债券投资"科目的借方余额反映持有各项债券的实际成本。

非上市债券持有期内,应按债券票面价值与票面利率逐日计提利息,借记"应收利息"科目,贷记"债券利息收入"科目;待实际收到利息时,借记"银行存款"科目,贷记"应收利息"科目。

【例 18－8】 2020 年 5 月 1 日,某基金管理公司在深交所购入 B 债券 20 万张,含息价为 120 元/张,每张含息 10 元,支付各种手续费 2 000 元。

该交易的会计分录为:

借:债券投资——B 债券 22 002 000
　　应收利息——应收 B 债券利息 2 000 000
　　贷:证券清算款——深交所 24 002 000

5 月 2 日,资金交收时,会计分录为:

借:证券清算款——深交所　　24 002 000
　　贷:清算备付金——深交所　　24 002 000

(二)卖出债券的核算

与买入债券的核算相似,卖出债券也可分为卖出上市债券和卖出非上市债券。

1. 卖出上市债券

卖出上市债券后,应于成交日确认债券差价收入。债券差价收入按卖出债券应收取的全部价款与其成本、应收利息和相关费用的差额入账。卖出证券的成本应逐日进行结转,结转的方法采用移动加权平均法。

卖出上市债券时,按成交日应收取的证券清算款,借记“证券清算款”科目;按应收利息,贷记“应收利息”科目;按债券投资成本,贷记“债券投资”科目;按其差额,贷记或借记“债券差价收入”科目。

【例 18－9】 承例【18－8】,2020 年 5 月 6 日,该基金管理公司以含息 125 元/张的价格卖出 B 债券 10 万张,支付手续费 1 120 元。

会计分录为:

借:证券清算款——上交所　　12 498 880
　　贷:债券投资——B 债券　　11 001 100
　　　　应收利息——应收 B 债券利息　　1 000 000
　　　　债券差价收入　　497 780

2. 卖出非上市债券

卖出非上市债券后,应于实际收到全部价款时确认债券差价收入,债券差价收入按实际收到的全部价款与其成本、应收利息的差额入账。卖出债券的成本应逐日进行结转,结转的方法采用移动加权平均法。卖出非上市债券后,按实际收到的金额,借记“银行存款”科目;按已售债券成本,贷记“债券投资”科目;按应收利息,贷记“应收利息”科目;按其差额,贷记或借记“债券差价收入”科目。购入到期还本付息的国债后,在持有到期日,按实际收到的本息,借记“银行存款”等科目,贷记“债券投资”科目和“应收利息”科目。

(三)对证券投资估值增值的核算

基金单位资产净值是制定基金单位交易价格的依据,而证券市场每天都在波动,基金单位资产净值也随之不断变化,对基金资产进行适时的估值,能够客观、准确地反映基金资产是否增值、保值,同时也能真实地反映基金当时的实际价值,便于基金单位在市场上交易。所谓估值日,是指对基金资产进行估值的实际日期,大部分基金在每个开放日会对基金资产进行估值,即每个开放日都是估值日。在估值日,按照基金契约和招募说明书载明的估值事项,对资产估值时所估价值与其成本的差额在“投资估值增值”科目中进行核算;对证券投资和配股权进行估值时所产生的估值增值或减值,应确认为未实现利得。

在估值日对基金持有的股票、债券进行估值时,如估值为增值,则按所估价值与上一日所估价值的差额,借记“投资估值增值”科目,贷记“未实现利得”科目;若估值为减值,则按所估价值与上一日所估价值的差额,借记“未实现利得”科目,贷记“投资估值增值”科目。“投资估值增值”科目按所估资产的种类设置明细账,进行明细核算。期末,“投资估值增值”科目借方余额反映未实现资产估值增值,贷方余额反映未实现资产估值减值。

第四节　基金管理公司基金业务损益核算

基金管理公司的基金业务损益的核算主要包括基金收入的核算、基金费用的核算、基金收益和分配的核算等。

一、基金收入的核算

基金收入是基金资产在运作过程中所产生的超过其自身价值的部分，包括利息收入、公允价值变动损益、投资收益以及其他收入。需要注意的是，基金投资估值产生的未实现利得不属于基金收入的范畴。

本节以利息收入、投资收益的会计核算为例，介绍基金收入的核算。

(一)利息收入

基金管理公司的利息收入，是指因债券投资、资产支持证券投资、银行存款、结算备付金、存出保证金、按买入返售协议融出资金等而实现的利息收入。下面以买入上市债券、银行存款的利息收入核算为例，介绍利息收入的核算。

1. 买入上市债券利息收入核算

买入上市债券利息收入的核算可以分为3个部分：债券持有期内利息的计提、除息日利息的核算以及资金交收日利息的核算。

(1)债券持有期内利息的计提。基金管理公司应在债券实际持有期内，按照债券种类对利息进行逐日计提。计算公式为：

债券利息＝债券票面价值×票面利率(日利率)

此时，账务处理的会计分录为：

借：应收利息

　　贷：债券利息收入

(2)除息日利息的核算。债券除息日，基金管理公司应对利息进行账务处理，会计分录为：

借：证券清算款(应收利息金额)

　　贷：应收利息

(3)资金交收日利息的核算。资金交收日，基金管理公司利息核算的会计分录为：

借：清算备付金

　　贷：证券清算款

“债券利息收入”科目应按债券种类等设置明细账，进行明细核算。期末，应将本科目的贷方余额全部转入“本期利润”科目，结转后本科目应无余额。

2. 存款利息收入核算

基金管理公司将货币存入银行或将清算备付金存入证券交易所会产生相应的存款利息收入，应通过“存款利息收入”科目进行核算。存款利息收入应逐日计提，其会计处理分录为：

借：应收利息(本金×存款利率)

　　贷：存款利息收入

实际结息时，会计分录为：

借：银行存款(或清算备付金)

　　贷：应收利息

“存款利息收入”科目应按银行存款、清算备付金等设置明细账，进行明细核算。期末，本科目贷方余额全部转入“本期利润”科目，结转后本科目应无余额。

(二)投资收益

证券投资基金的投资收益，是指因买卖股票、债券、资产支持证券、基金等实现的差价收益，因股票、基金投资等获得的股利收益，以及因衍生工具投资产生的相关损益，如卖出或放弃权证、权证行权等实现的损益。这里主要介绍基金管理公司买卖股票、买卖债券收益的核算。

1. 买卖股票的收益

基金管理公司买卖股票业务中，实现的投资收益可分为两部分：一是股息和分红；二是买卖股票所实现的差价收入。一般来说，投资于股票的基金，尤其是一些成长型基金所看重的并不是股票分配的股利，而是股票价格的增长，他们以“低进高出”的原则进行短线股票交易，以赚取股票的差价利润。因此，股票投资收益的会计核算可以分为应收股利的核算和对股票差价收入的核算。

(1)应收股利的核算。除息日，基金管理公司应按照股票种类进行明细核算，确认股利收入。其会计分录为：

借：应收股利

　　贷：股利收入

(2)股票差价收入的核算。基金管理公司应在卖出股票成交日确认股票差价收入，会计分录为：

借：证券清算款(应收清算款)

　　贷：股票投资(投资成本)

　　　　应付佣金(应付券商佣金)

　　　　股票差价收入(借贷方差额)

“股票差价收入”科目按股票种类设置明细账，进行明细核算。期末，应将本科目的余额全部转入“本期利润”科目，结转后本科目应无余额。

2. 买卖债券的收益

基金管理公司通过买卖债券实现的投资收益，就是在债券买卖过程中实现的差价收入。卖出上市债券时，基金管理公司于成交日确认债券差价收入，并按应收取的全部价款与其成本、应收利息和相关费用的差额入账，会计分录为：

借：证券清算款(应收证券清算款)

　　贷：债券投资(结转的债券投资成本)

　　　　应收利息(已计利息)

　　　　债券差价收入(借贷方差额)

卖出非上市债券时，会计分录为：

借：银行存款(实际收到的金额)

　　贷：债券投资(结转的债券投资成本)

　　　　应收利息(已计利息)

　　　　债券差价收入(借贷方差额)

期末，“债券差价收入”的科目余额全部转入“本期利润”科目，结转后本科目应无余额。

二、基金费用的核算

基金管理公司作为一个盈利性的金融企业，其进行的证券投资基金业务、受托管理资产业务、提供投资咨询服务等并不是无偿的，而是需要获取相应的报酬的。同时，基金的正常运作需要一定的必要开支，如利息支出、交易费用等。因此，对基金费用的核算也是基金管理公司会计核算的一个必要组成部分。

基金费用的核算主要包括基金管理人报酬、基金托管费、销售服务费、交易费用、利息支出和其他费用的核算。本节主要介绍基金管理人报酬、基金托管费以及其他费用的核算。

（一）基金管理人报酬

基金管理人报酬是支付给实际运作基金资产、为基金提供专业服务的基金管理人的报酬，包括管理费和业绩报酬，通常从基金净资产值中按照一定的比例（即费率）提取。基金净资产值是基金管理公司的主要收入来源，并用于基金运作的日常开支。基金管理人报酬可分设“管理费”和“业绩报酬”科目进行明细核算，一般逐日累计、按月支付（从基金资产中支付）。在提取基金管理人报酬时，应按照前一日的基金资产净值乘以按当年实际天数折算的日费率计算，其计算方法如下：

按基金契约和招募说明书的规定，计提的基金管理人的报酬（包括基金管理费和业绩报酬）在“管理人报酬”科目进行核算。计提基金管理费和业绩报酬时，会计分录为：

借：管理人报酬

　　贷：应付管理费和业绩报酬

支付基金管理人报酬时，会计分录为：

借：应付管理人报酬

　　贷：银行存款

“应付管理人报酬”科目和“管理人报酬”科目都应按管理费和业绩报酬设置明细账，进行明细核算。期末，应将“管理人报酬”科目借方余额全部转入“本期利润”科目，结转后本科目应无余额。“应付管理人报酬”科目的期末贷方余额反映尚未支付给基金管理人的基金管理费和业绩报酬。

专栏 18－3

据东方财富 Choice 统计，截至 2020 年 4 月 8 日，已经披露相关数据的 62 家公募基金管理人在 2019 年累计实现收入约 350 亿元。从整体数据来看，62 家机构合计实现管理费收入 350.01 亿元。其中，易方达基金以 36.26 亿元暂居首位，汇添富基金和嘉实基金也分别达到了 26.01 亿元和 25.29 亿元，排在第二位和第三位。另外，南方、富国等 12 家基金公司 2019 年的管理费收入也超过了 10 亿元。

但工银瑞信基金、中银基金、东方红资产管理等部分机构则出现了管理费收入下滑的情况。2019 年工银瑞信基金管理费收入约为 22.32 亿元，较 2018 年同比下降 14.05％。同期，中银基金和东方红资产管理也分别下滑 11.6％和 12.76％。对此，东方红资产管理母公司东方证券回复《北京商报》记者称，东方红资产管理在产品设计时，采用了长期封闭产品到期计提附加管理费的模式。2018 年有基金产品到期计提了附加管理费，导致该年度管理费收入基数相对较大。

资料来源：投资观察网。

(二)基金托管费

基金托管费，是指支付给负责保管基金资产的基金托管人的费用。在我国，基金托管人通常由具有实力的商业银行、信托投资公司等金融机构担任。基金托管费按照基金资产净值的一定比例提取，目前我国通常为0.25%，计提方式为逐日累计、按月支付(从基金资产中支付)。其计算方法如下：

$$基金托管费=前一日资产净值\times\frac{年托管费率}{当年天数}$$

基金托管费应按照基金契约和招募说明书规定的方法和标准计提，并按计提的金额入账。计提基金托管费时，会计分录为：

借：基金托管费

　　贷：应付托管费

支付基金托管费时，会计分录为：

借：应付托管费

　　贷：银行存款

期末，应将"基金托管费"科目的借方余额全部转入"本期利润"科目，结转后本科目应无余额。"应付托管费"科目的贷方余额反映尚未支付给托管人的基金托管费。

(三)其他费用

其他费用是指基金在运作过程中，发生的除基金管理费、托管费、销售服务费、交易费用、利息支出以外的其他各项费用，如注册登记费、上市年费、基金信息披露费、审计费用和律师费用等。

其他费用的会计处理有两种方法：直接计入法、待摊或预提法。基金管理公司对其他费用进行核算时，应考虑发生的其他费用是全额计入基金损益还是需要作为待摊费用在收益期内进行分摊。根据《基金会计核算办法》的有关规定，其他费用影响基金份额净值小数点后第四位时，应采用预提或待摊的方法计入基金损益；反之，则全额计入基金损益。

三、基金收益和分配的核算

基金收益和分配的核算，包括基金收益的核算和收益分配的核算。下文的基金收益主要是指基金净收益。

(一)基金净收益

基金净收益是指基金收益扣除按照有关规定应扣除的费用后的余额。本期实现的基金净收益(或基金净亏损)通过"本期利润"科目核算。期末，结转基金收益时，应将"股票差价收入""债券差价收入""股利收入""债券利息收入""存款利息收入""买入返售证券收入""其他收入"等科目的余额转入"本期利润"科目的贷方，将"管理人报酬""基金托管费""其他费用""利息支出"等科目的余额转入"本期利润"科目的借方。本期收入和支出相抵后就可计算出本期实现的净损益。期末，将本期实现的净收益转入"利润分配"科目贷方，借记"本期利润"科目，贷记"利润分配——未分配利润"科目；若为净亏损，则做相反的分录。结转后本科目应无余额。

(二)收益分配

根据我国《证券投资基金法》的规定，基金管理人应按照基金合同的约定确定基金收益分配方案，及时向基金份额持有人分配收益。按照有关规定，分配给基金持有人的净收益以及历年分配后（或弥补亏损后）的结余金额应通过“利润分配”科目进行核算。“利润分配”科目可分设“应付利润”“未分配利润”两个科目进行明细核算。

专栏 18－4

在我国，基金收益分配遵循以下原则：(1)基金收益分配比例不得低于基金净收益的 90%；(2)基金当年收益应先弥补上一年度亏损，然后才可进行当年收益分配；(3)若基金投资的当年发生亏损，则不进行收益分配；(4)每一基金单位享有同等分配权；(5)基金收益分配每年至少一次，成立不满 3 个月，收益不分配；(6)基金收益分配后，每基金单位净值不能低于面值。

收益分配相关的会计账务处理如表 18－5 所示。

表 18－5　　**收益分配相关的会计账务处理**

确认时点	账务处理
除权日	依据基金利润分配方案 　　借：利润分配——应付利润 　　　　贷：应付利润
实际支付日	按照应分配基金份额持有人利润 　　借：应付利润 　　　　贷：银行存款
持有人红利再投资时	按照应分配的红利 　　借：应付利润 　　　　贷：实收基金 　　　　　　损益平准金 　　　　　　未实现利得
期末	结转本期实现的净收益 　　借：本期利润 　　　　贷：利润分配——未分配利润 若为净损失，则做相反的会计处理
期末	结转损益平准金科目余额 　　借：损益平准金 　　　　贷：利润分配——未分配利润
期末	结转利润分配科目下应付利润的科目余额 　　借：利润分配——应付利润 　　　　贷：利润分配——未分配利润

期末结转后，“利润分配”除“未分配利润”明细科目外，本科目的其他明细科目应无余额。期末“利润分配”贷方余额反映基金历年积存的未分配利润，借方余额反映未弥补亏损。

本章小结

本章对投资基金的概念、类别及特点进行了介绍，并在投资基金的发行及赎回的会计核算、投资基金进行投资业务的账务处理方法、投资基金收入费用的具体核算方法等方面进行了展开。在学习和理解本章内容时，应当关注三点：(1)基金管理公司基金发行、申购与赎回的核算；(2)基金管理公司基金投资业务的核算；(3)基金管理公司基金业务损益核算。

本章关键术语

证券投资基金；开放式基金；股票投资；债券投资；证券投资估值；基金收入；基金费用；基金税收

本章思考题

1. 投资基金由哪些具体种类构成？
2. 如何核算证券投资基金的发行业务？
3. 如何核算开放式基金的申购与赎回业务？
4. 基金管理公司的基金投资业务有哪些？应如何进行会计核算？
5. 我们日常生活中有哪些金融产品属于证券投资基金？是封闭式基金还是开放式基金？

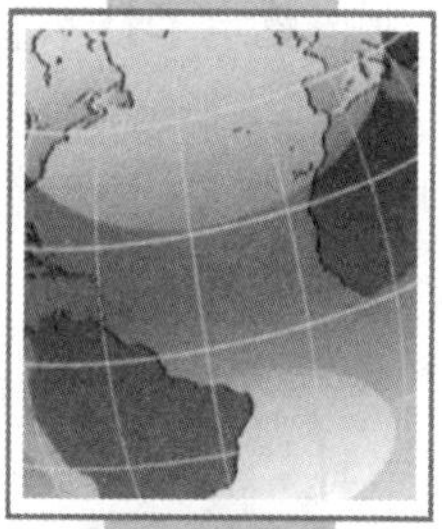

第十九章
金融科技公司业务核算

学习目标

1. 了解金融科技公司的主要业务以及金融科技企业的特点
2. 掌握第三方支付业务核算，了解金融科技公司融资业务核算
3. 掌握金融科技公司投资业务核算，了解区块链技术对会计方法的影响

本章预习

本章介绍了金融科技公司的主要业务，包括第三方支付业务、融资业务核算、投资业务核算，同时，本章还介绍了区块链技术对会计方法的影响。新型支付方式使得金融支付效率大大提高，为用户带来了快捷的体验。并且，借助电商大数据，消费金融得以增长，尤其是电商平台为消费者提供的消费借贷以及分期付款服务，推动了消费金融的发展。随着大数据以及人工智能的不断成长，它们也渐渐融入金融领域，为客户提供询问、投资咨询等服务。智能化的投资平台可以为客户提出较多较优化的选择，一定程度上解决了信息不对称的问题。此外，还可以基于区块链技术的应用业务场景，分析其对会计核算方法的影响。

第一节　金融科技公司业务概述

一、金融科技公司概述

金融科技公司是利用大数据、云计算、区块链、人工智能等新技术，优化或重构金融服务，提高金融效率、改善金融服务的企业。它们所提供的服务与银行所提供的金融产品和服务互为补充。其具体内涵包括：

第一，以平台和技术作为价值驱动。对于金融科技公司而言，数据规模大、范围广且合法的平台是企业获得数据和信息的重要来源。在此基础上，金融科技公司还可以结合人工智能、机器学习等新技术创新产品来提高服务水平。

第二，行业效率得以提高，成本得以降低。金融科技能够快速地获取大规模用户，并通过用户标识，较为精准地找到目标用户，提升转化效率。此外，利用企业拥有的大数据风险控制体系，可以降低人工审核成本。又因为融资价格取决于风险，所以金融科技公司较好的风险控制能力能使其资金成本降低。

就目前的发展情况来看，金融科技公司通过引入机器学习乃至人工智能技术，使得金融活动变得更具科学性和智能化，银行等金融机构通过使用交易金融平台的大数据挖掘和信用评价技术，可以拓展其业务，同时给客户提供全新的技术体验。总之，金融科技公司可以助力金融机构满足需求多变、交易互联网化的客户要求，赋能客户并提高客户参与金融的积极性，从而提升客户体验，当然这也与金融科技提倡的用科技提高金融效率一致。

随着平台经济的崛起和交易金融时代的到来，整个商业模式较传统模式发生了重大改变。在新一轮的变革浪潮中，金融科技公司的角色和定位也都相应发生了巨大的变化，他们掌握着数据和资源的节点，能够提供更多维度的数据和能力，从而为打造交易金融生态奠定了技术和服务基础。

交易金融服务模式以场景化为基础，以客户的财资管理为目标，服务于客户交易，协助客户整合其上下游资源，最终提升资金运作效益和效率，充分体现了金融服务实体经济的本质。

国内比较知名的金融科技公司有蚂蚁金服、腾讯金融、度小满金融、京东数科等。

表 19—1　　典型金融科技产品与企业的国际化进程

金融科企业	企业	年份	国际化进程
互联网支付	支付宝（蚂蚁金服）	2015	合作印度当地电子钱包 Paytm
		2016	合作泰国支付企业 Ascend Money
		2017	注资菲律宾最大电子钱包 GCash
		2017	入股移动金融公司 Kakao Pay（Kakao 的子公司）
		2017	合资印尼 Emtek 开发移动支付产品
		2018	在欧洲拓展跨境线下支付业务
		2018	利用跨境电子商务在世界各地开拓市场，涉及全球 200 多个国家和地区
	微信支付	2017	推出 We Plan 跨境支付产品智慧方案
		2017	与硅谷移动支付平台 Citcon 合作，涉足美国市场
		2018	进军美国，大力发展 2B 端支付
		2018	在全球 49 个国家和地区支持 13 种不同币种的交易
P2P 网络借贷	宜人贷	2015	上市之后，提供全球资产配置服务；同时与美国资产管理公司合作
		2016	宜信财富管理（新加坡）有限公司成功申请新加坡的资产管理全牌照
	陆金所	2017	产品“陆国际”获得新加坡金融管理局原则性批准[资本市场服务牌照（CMS）]
	人人贷等 11 家	2018	人人贷、积木盒子、新联在线、博金、点融网等均在做全球资产配置
众筹	投壶网	2017	在北美成立团队，寻找优质项目引入国内平台众筹
	海筹啦	2017	以邀请制的形式让生产商直接入驻海筹啦平台
	博纳众投	未开始	通过国外品牌实体店铺众筹，将国外品牌实体店铺引入其商业广场

二、金融科技公司的主要业务

目前，金融科技主要依赖大数据、云计算、人工智能、互联网等信息技术，将其与金融进行结合，促进金融业态的发展与创新。比较典型的业务类型包括如下几类。

（一）新型支付方式

依托于信息技术的发展与进步，传统的支付业务逐渐被新型的支付业务所替代，出现了远程支付、第三方支付、移动支付、互联网支付以及扫码支付等众多支付方式。而不断涌现的支付场景也使得新型支付业务有了较好的金融生态，使得金融支付效率大大提高，为用户带来快捷的体验。在国内，现在几乎已经实现了一部手机走天下的理想，在跨国旅游、海淘等国际小额支付领域，新型支付业务也发展迅速。

(二)新型融资渠道

电子商务的快速发展、支付技术的不断进步以及大数据的普遍应用,极大地改变了传统的融资方式。其中,以P2P和众筹为代表的网络借贷业务发展迅速。虽然这些网络借贷业务单笔信贷的额度偏小,但它们服务涵盖的范围广泛,考虑长尾用户,展现出普惠金融的特征。并且,借助电商大数据,消费金融得以增长,尤其是电商平台为消费者提供的消费借贷以及分期付款服务,推动了消费金融的发展,弥补了传统金融业务覆盖面窄、忽略长尾用户的不足。

(三)智能投资理财服务

随着大数据以及人工智能的成长,它们也渐渐融入了金融领域,为客户提供询问、投资咨询等服务。智能化的投资平台可以为客户提出较多较优化的选择,一定程度上解决了信息不对称的问题。通过大数据进行投资模型的构建,能够为客户提供智能化的投资决策体系。一系列的智能化服务一方面是提供给投资者的福利,另一方面也让投资变得更具效率并趋于理性。

(四)智能化风险控制与征信

智能化风险控制是通过对大数据的深入挖掘与分析,提供风险控制中所需的最重要的参数。经营该类业务的企业的核心能力包括账号安全防御、用户画像以及风控模型,这些企业通过多个维度对用户的属性以及其兴趣进行描述后,向合作伙伴提供定制化风险控制模型。

智能化征信是基于企业所拥有的大量消费者数据,通过建成规范统一的开放式金融云,将企业各自的数据进行整合,让征信体系变得更加智能化和完备。

(五)区块链

区块链的本质是去中心化,采用数据区块,使得互联网不再依赖中心服务器,而是让企业的全部数据信息以及交易都通过云系统进行记载。区块链具有免信任、加密、分布式等特点,目前的技术还处于探索阶段,但因其基础设施和系统对金融部门构成了巨大的影响,因而成为人们关注的中心和热点。区块链能够实现点对点的交易,真正实现去中心化。

三、金融科技企业特点

金融科技是2011年被正式提出的。最初是由伦敦和硅谷的互联网技术公司通过信息技术对非银行支付流程进行改善以及提高安全性,后来这些公司将计算机信息技术,包括大数据、人工智能等技术应用于金融服务领域,产生了不依赖传统金融体系的金融科技力量并发展起来。因此,与传统金融业不同,金融科技行业具备互联网科技行业的如下特点。

(一)低利润率

利润率低是金融科技企业的重要特点之一。金融科技企业采用互联网平台的运营模式,对传统的金融产品、服务进行改造和提升,进而获得强大的网络效应。但在此阶段之前,平台必然会经历高投入、低增长的阶段。在平台的运营模式下,平台吸引的用户数量必须达到一定的数量之后才具备足够的网络效应强度以吸引更多的用户加入,即存在一个临界点。到达临界点后,通过网络效应的正向反馈,企业的用户规模才有希望通过自身的内生性呈现持续不断的高增长,从而使得企业拥有的平台能自己进行运转并得以维系。在实际中,平台在运行前期有着较高的沉没成本,包括庞大的广告与宣传费用、研发创新过程中的投入以及用户的补贴等。此外,平台用户具有多边的属性,使得平台提供的服务和产品拥有较短的生命周期,只有其不断地创新,投入研发,推出新的有吸引的产品,才能形成持续、有效的用户锁定。因此,平台企业更加关注资源投入的效率,而不是将企业的收入、盈利作为最重要的考核标准,企业整体的利润率只能保持在较低水平上。

(二)轻资产

金融科技企业的利润率较低,所以只可以采用轻资产的规模增长作为发展途径。金融科技企业的轻资产不仅指固定资产或固定成本非常低,还包括企业边际成本递减的业务特点,使其可以用低利润率支持企业大规模发展。同时,金融科技企业还可以完全利用自己的技术优势,在发展的初步阶段,通常使用现有的基础设施,包括银行账户体系、云计算资源等,更有甚者将业务成本转嫁给第三方,使运营成本最小化。另一方面,轻资产的特点使得金融科技企业与传统金融业相比不那么“笨重”,使其在组织架构、战略选择和业务发展方面更灵活、更易于创新。

(三)高创新

金融科技企业与互联网公司相同,均具有创新精神。金融科技企业经常把各类前沿的技术和想法引入金融领域,以快速更新产品,加快推出极具破坏性的创新产品,超越传统金融概念下的“金融创新”。应该引起关注的是,金融科技企业应用的技术需要具备可以支撑企业业务高速发展的特点,是一种应用层面的资源整合,如果一个技术创意很好,但不具备或需要长时间培育才具备快速增长的潜力,则不会被金融科技公司采用。

(四)上规模

金融科技企业的起步要求一般不高,但需要将网络效应全部发挥出来以获取企业快速增长的能力。由于企业具有边际成本递减的特点,其可以通过创新技术的应用带来企业业务规模的巨大增长,在这过程中无须支付相应的成本以促使企业规模能够快速地增长。

(五)高风险

金融科技企业的主要风险来自产品或技术开发中的不确定性。具体体现在:

1. 技术风险。企业新产品的推出需要一定的研发投入,而将研发投入最终转化为能被客户消费的产品和服务具有不可预测性,可能会带来因技术失败而产生损失的风险。此外,研发投入期一般较长,但金融科技企业产品的寿命周期较短,在新技术下产生的新产品和服务,伴随着产品更新迭代的过程,这使得企业资金和成本的前期投入,会因技术进步或创新的滞后性而付诸东流。

2. 市场风险。市场具有不确定性,企业开发出的新产品和服务是否会被市场接受、被市场接受的时间、其向市场推广的速度以及产品和服务的市场竞争力都具有高度的不确定性,使得企业面临一定的市场风险。

第二节 金融科技公司第三方支付业务核算

第三方支付是指具备一定实力和信誉保障的独立机构,通过与银联或网联对接而促成交易双方进行交易的网络支付模式。在第三方支付模式下,买方选购商品后,使用第三方平台提供的账户进行货款支付(支付给第三方),并由第三方通知卖家货款到账、要求发货;买方收到货物,检验货物,并且进行确认后,通知第三方付款;第三方收到买家确认付款信息后再将款项转至卖家账户。

第三方支付可以分为以下两类:一类是以支付宝、微信支付、财付通为首的互联网型支付企业,它们以在线支付为主,捆绑大型电子商务网站,迅速做大做强;另一类是以银联电子支付、快钱、汇付天下为首的金融型支付企业,侧重行业需求和开拓行业应用。

一、支付宝业务模式

(一)介绍

互联网金融的蓬勃发展促进了电子商务的快速发展，因而也带动了从事专业化支付服务的非金融机构——第三方支付平台的发展，尤其是阿里巴巴旗下支付宝平台中推出的余额宝、招财宝等一系列的理财产品，进一步刺激了第三方支付平台业务的增长。新商机的出现意味着会有越来越多的投资者加入第三方支付平台业务中，这也使得互联网金融环境下的会计业务处理更加复杂。本节内容主要结合现行会计准则与会计政策，以支付宝为例，对互联网金融环境下的第三方支付平台主营业务的会计处理进行实例分析，完善第三方支付平台下各业务的会计核算。

支付宝平台是第三方支付平台中业务量最多的平台之一，它的业务涵盖范围广、相关支持企业多，业务涉及现金的存入与提取、第三方中转支付、分期付款与小额投资等。支付宝平台下的主要业务模式有：

1. 支付宝余额账户。使用第三方支付平台的企业都需要在相应的平台开设账户，如在支付宝平台开设账户并进行实名认证，以便处理后期相关业务，用户开设相应的支付账户后，通常会选择提取部分银行存款至账户以备用。

2. 余额宝。使用余额宝可带来一定的资金收益，用户一般将小额的闲散资金转入余额宝。

3. 招财宝。小微企业的闲散资金可以在招财宝平台进行短、中期的投资。

4. 蚂蚁花呗、蚂蚁借呗。支付宝平台主要业务模式具体如图 19—1 所示。

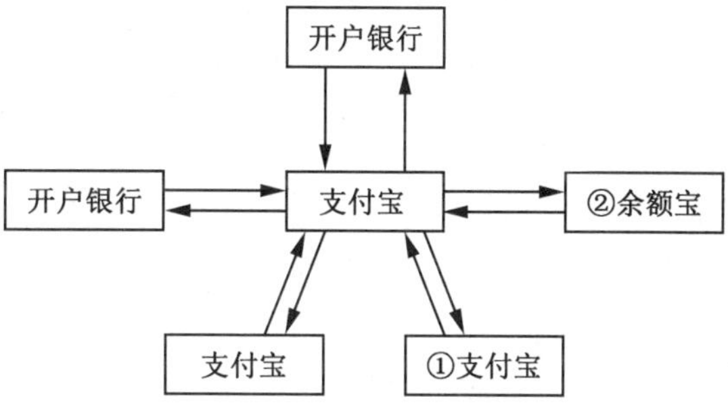

图 19—1　支付宝平台主要业务模式流程图

(二)会计科目设置

根据第三方支付平台独特的交易流程和账户性质，网络交易中的买卖双方为完成交易而存放在支付宝中的款项，第三方支付平台可以通过“预收账款”科目对其进行核算；对于企业而言，应该设置与互联网金融下第三方支付平台相关的会计科目，因该资金属于流动资产，可以随时与注册用户自己的银行账户实现资金互划，流动性较强，所以具有“其他货币资金”的属性。根据《企业会计准则讲解 2010》的规定，“其他货币资金”是指除库存现金和银行存款以外的其他各种货币资金，包括企业的外埠存款、银行本票存款、银行汇票存款、信用卡存款、信用证保证金存款、存出投资款等。企业应专门设置“其他货币资金——第三方支付平台存款——(支付宝)第三方支付公司”科目，来核算企业资金在网络支付平台的流转情况。

(三)财务处理

在企业进行购买活动之前,买方企业需要先对自己的账户进行充值或者进行银行卡绑定,在这个过程中,支付宝平台收到一笔存款,应当借记“银行存款”科目,贷记“预收账款——××账号”科目;反之,若企业将账户资金转移到银行账户,则支付宝平台应当做相反的分录,即借记“预收账款——××账号”科目,贷记“银行存款”科目。企业将银行存款转入支付宝账户时,应当借记“其他货币资金——第三方支付平台存款——支付宝支付公司”科目,贷记“银行存款”科目。

在网购活动中,企业购买商品时可以选择支付宝支付货款,此时为了保障消费者权益,支付宝平台并不会立即将货款支付给卖家,而是转到支付宝公司的账户。对于买方企业来说,如果是直接使用支付宝账户余额来付款,则应借记“预付账款”科目,贷记“其他货币资金——第三方支付平台存款——支付宝——××账号”科目;若买方企业是通过网上银行或快捷支付方式来付款,则应借记“预付账款”科目,贷记“银行存款”科目。支付宝平台收到货款时,应当借记“预收账款——××账号”科目,贷记“应付账款——××店铺(商家)”科目。等到购买方对所买商品进行确认收货,支付宝平台将货款支付给商家时,借记“应付账款——××店铺(商家)”科目,贷记“银行存款”科目。

若在此过程中,发生买家退货退款的情况,则应当视情况处理:一种情况是买家没有收到货,确认收货前,买家只需要登录支付宝平台找到交易记录选择退款即可;另一种情况是买家收到货但对其不满意或是货品有瑕疵,应当按照卖家所给地址将货物退回并申请退款。支付宝平台应当先冲销应付账款,然后将所退款项归还至买家支付宝账户,借记“应付账款——××店铺(商家)”科目,贷记“预收账款——××账号”科目,同时借记“银行存款”科目,贷记“预收账款——××账号”科目。购买方企业收到退货款时,借记“其他货币资金——第三方支付平台存款——支付宝——××账号”科目,贷记“预付账款”科目。

【例 19-1】 2020 年 2 月,“康桥油脂”公司将银行存款 20 000 元存入支付宝账户。

支付宝平台的会计分录为:

借:银行存款	20 000	
贷:预收账款		20 000

“康桥油脂”公司的会计分录为:

借:其他货币资金——第三方支付平台存款——支付宝	20 000	
贷:银行存款		20 000

【例 19-2】 2020 年 2 月,“我爱我家”家具公司在淘宝店铺“亿家”上购买了一件价值 32 000 元的家具并确认收货,商家“亿家”收到货款并存至支付宝。

支付宝平台的会计分录为:

借:预收账款	32 000	
贷:应付账款——亿家(商家)		32 000
借:应付账款——亿家(商家)	32 000	
贷:银行存款		32 000

商家“亿家”的会计分录为:

借:应收账款——支付宝	32 000	
贷:主营业务收入		32 000
借:其他货币资金——第三方支付平台存款——支付宝	32 000	

贷:应收账款——支付宝 32 000

【例 19-3】 2020 年月,"我爱我家"家具公司在淘宝店铺"亿家"上购买了一套价值 32 000 元的家具,确认收货后发现有掉漆现象,便立即将家具寄回并且在支付宝平台申请退款,支付宝同意该申请并退款至"我爱我家"账户余额。买家申请退款时,支付宝平台需要冲销应付账款,并将资金返还到该买家账户,支付宝平台做以下会计分录:

借:应付账款——亿家(商家) 32 000
　　贷:预收账款 32 000
借:预收账款 32 000
　　贷:银行存款 32 000

商家"亿家"需冲销主营业务收入并将货款打回支付宝平台,做以下会计分录:

借:主营业务收入 32 000
　　贷:其他货币资金——第三方支付平台存款——支付宝 32 000

二、微信业务模式

(一)介绍

微信支付是集成在微信客户端的支付功能,用户可以通过手机完成快速的支付流程。微信支付以绑定银行卡的快捷支付为基础,向用户提供安全、快捷、高效的支付服务。

微信支付(商户功能),是公众平台向有出售物品需求的公众号提供推广销售、支付收款、经营分析的整套解决方案。商户通过自定义菜单、关键字回复等方式向订阅用户推送商品消息,用户可在微信公众号中完成选购支付的流程。商户也可以把商品网页生成二维码,张贴在线下的场景中,用户扫描后即可打开商品详情,在微信中直接购买。

微信支付的发展是开放体系,面向商户是开放的,面向第三方服务商也是开放的。如果商户自身有足够的 IT 能力、IT 团队、运营能力,自己就可以接入运营。但大多数商户没有这种能力。服务商就是这些帮助传统行业做 O2O 的公司,他们有技术开发能力,可为普通商户提供微信支付技术开发、营销方案等服务。

2018 年 4 月 1 日,消费者在使用微信钱包扫描静态条码进行支付时,单日使用零钱包支付的上限不超过 500 元,但与微信关联的所有银行卡还可以再独立获得 500 元的支付上限。2018 年 3 月,微信推出"高速 e 行"。2018 年 6 月 29 日,微信支付与《米其林指南》在广州宣布达成战略合作。2020 年 2 月,微信支付取得了尼泊尔央行的运营牌照。2020 年 7 月,微信支付进入土耳其。

(二)会计科目设置

1. 记入往来类科目。企业通过微信支付转账到电子钱包时,借记"应收账款""其他应收款——电子钱包"科目,贷记"银行存款"科目。这样处理弱化了电子钱包的货币属性,把电子钱包资金视作由销售商品、提供劳务或其他原因形成的企业债权。

2. 记入"银行存款"科目。企业通过微信支付转账到电子钱包时,借记"银行存款——电子钱包"科目,贷记"银行存款"科目。这样处理是将互联网公司误当作银行,把电子钱包资金误当作银行存款。实际上,电子钱包资金是以客户本人名义存放在互联网公司,再由互联网公司存放在银行的资金。对于客户来说,电子钱包资金不属于银行存款,不属于中国人民银行有关规定所指的 M0、M1、M2、M3 中的任何一种。

3. 记入"其他货币资金"科目。企业转账到电子钱包时,借记"其他货币资金——电子钱包”科目，贷记“银行存款”科目。这样处理未能突出体现电子钱包资金的网络特殊性。电子钱包资金并不是《企业会计准则应用指南》所定义的银行汇票存款、信用卡存款、外埠存款等其他货币资金。

4. 作为账外处理。即认为电子钱包是网上虚拟的，所承载的电子货币也是网上虚拟的，不是真正的银行货币，对电子钱包资金活动不做会计处理。只有当电子钱包的资金净流入转至银行卡上时，才算收到“真金白银”，才做会计处理。这样处理忽视了电子钱包的存在事实，仅仅记录资金净流入，不够客观全面。在人们的经济活动中，电子钱包确确实实地充当了货币角色，执行了货币的流通手段和支付手段。

(三)财务处理

根据现行的会计制度规定，企业的货币资金包括：库存现金、银行存款和其他货币资金。作为第三方支付方式的微信收到的款项，显然不具有库存现金的性质，也不属于银行存款的范畴。属于其他货币资金的现行明细项目包括外埠存款、银行本票存款、银行汇票存款、信用证保证金存款、信用卡存款、存出投资款等。在遵从现行会计制度下，在“其他货币资金”的大框架下，根据社会的发展要求，可以增加一个新的明细科目，即“其他货币资金——微信存款”，以便企业通过“其他货币资金——微信存款”这个账户来反映和监督企业通过微信收款的会计事项。

【例 19—4】 某企业销售商品，含税收入 20 000 元(增值税率 13%)，已通过微信确定收款。根据有关负责人的签字和增值税发票的记账凭证做如下的会计分录(注：增值税为价外税)：

借：其他货币资金——微信存款　　20 000
　贷：主营业务收入　　20 000÷(1+13%)=17 699.12
　　应交税费——应交增值税(销项税额)　　20 000−17 699.12=2 300.88

【例 19—5】 根据例 19—4 涉及的经济事项收款后，该企业第二天给予提现，微信平台收费率为 6‰，该企业得到的提现电子回单如图 19—2 所示。

图 19—2　某企业提现电子回单

根据电子回单，该企业的如下会计分录：

借：银行存款　　19 880
　财务费用——提现手续费　　120
　贷：其他货币资金——微信存款　　20 000

第三节　金融科技公司融资业务核算

互联网金融环境下众多的第三方支付平台将服务范围扩展到了融资领域，它们通过稳定的收益率来吸引客户将闲散资金存放在平台上，以赚取可观的投资收益。该业务显然具有融资服务的属性，即通过一定的收益率——融资成本率，吸收散户的资金，积少成多，为己所用，并按天计算利息，计入客户的平台账户内。例如支付宝旗下的“余额宝”、京东金融旗下的“京东小金库”、微信钱包旗下的“理财通”等都是第三方支付平台进行融资服务的典型代表。

一、介绍

(一)余额宝业务模式

余额宝是蚂蚁金服的一项融资业务，背后是天弘基金公司的增利宝产品。用户将资金转入余额宝，也就意味着购买了一定份额的天弘基金公司的增利宝产品，募集的资金将会交予托管银行托管。但是直接面对用户的还是余额宝。

(二)京东小金库

京东小金库是京东金融为个人用户打造的资产增值服务。京东小金库与阿里巴巴推出的余额宝类似，用户将资金转入小金库即为向基金公司购买货币基金理财产品。小金库支持购买定期理财、基金、黄金等理财产品，还有商城消费、还白条、还金条、定期还款、信用卡还款、手机充值、生活缴费等功能。

“小金库”是基于京东账户体系的承载体——网银钱包而推出的，目的在于整合京东用户的购物付款、资金管理、消费信贷和投资理财需求。“小金库”将首先服务于京东1亿多名用户，并紧紧围绕京东自身的业务展开。“小金库”首先上线两款货币基金产品，分别为嘉实基金的“活钱包”与鹏华基金的“增值宝”，起购门槛为0.1元，无购买上限，赎回时支持T+1日到账，无限额限制。

(三)理财通

理财通是腾讯官方金融信息服务平台，坚守合规、风控、精选、创新、稳健的发展理念，为数亿用户带来一站式、精品化、安全便捷的投资理财体验。

腾讯理财通自2014年1月份在微信钱包上线，实名用户拆开微信红包时，可以用红包金额一键申购理财通货币基金。实名用户微信“钱包”的“零钱”除了用于线下支付场景、收发微信红包，还可以一键申购理财通上的各种理财产品，不让资金闲置。目前腾讯理财通所合作的金融机构已在理财通平台上线货币基金、保险类理财、债券基金、指数基金、混合型基金、境外型基金等多元化理财产品，具有工资理财、指数定投等多种便捷功能，满足用户的多元化财富管理需求。

在理财通平台，金融机构作为金融产品的提供方，负责金融产品的结构设计和资产运作，为用户提供账户开立、账户登记、产品买入、收益分配、产品取出、份额查询等服务，同时管理和运用资产，保障用户的合法权益。

以上三种金融产品业务较为相似，会计处理也均较为一致。

二、会计科目设置

当客户将银行账户内的资金转入具有融资性质的第三方支付平台(例如余额宝、理财通等)时，平台须设置“交易性金融负债”科目，在支付利息时须设置“应付利息”科目。

三、会计核算

客户将资金转入第三方平台，平台应做的会计分录为：

借：银行存款

　　贷：交易性金额负债

平台应按事先允诺的七日年化收益率确认各个账户投资者每天的利息收入，平台应做的会计分录为：

借：利息支出

　　贷：交易性金融负债——××账号

当客户将平台账户的资金转出或提现时，平台应做的会计分录为：

借：交易性金融负债——××账号

　　贷：银行存款

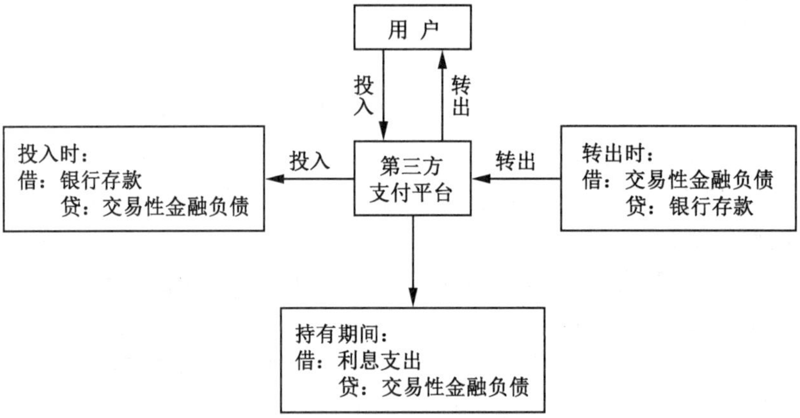

图 19—3　融资业务第三方支付平台会计处理

【例 19—6】 美丽彩妆公司 2021 年 5 月 3 日使用余额宝资金购买商品 20 000 元。假设该余额宝资金自 2020 年 3 月 26 日转入后，累计实现收益 110.42 元。

美丽彩妆公司使用余额宝支付货款，使得支付宝平台的交易性金融负债减少，支付宝平台应做的会计分录为：

借：交易性金融负债	20 000	
贷：银行存款		20 000

美丽彩妆公司实现收益 110.42 元，平台应做的会计分录为：

借：利息支出	110.42	
贷：交易性金融负债		110.42

美丽彩妆公司使用支付宝担保交易方式付款并确认投资收益，做以下会计分录：

借：其他货币资金——第三方支付平台存款——支付宝	20 110.42	
贷：交易性金融资产		20 000
投资收益		110.42
借：预付账款	20 000	
贷：其他货币资金——第三方支付平台存款——支付宝		20 000

第四节　金融科技公司投资业务核算

一、"蚂蚁花呗"业务模式

蚂蚁花呗是蚂蚁小微金融服务集团(以下简称蚂蚁金服)旗下的一个业务品牌，是基于独立信用分析评估机构(芝麻信用)的数据，为网购活跃、信用良好的用户提供一定的透支消费额度，在淘宝、天猫等场景实现"这月买、下月还"消费体验的一个服务。蚂蚁金融以旗下芝麻信用这一独立的第三方信用评估及管理机构为支撑体系，记录了支付宝客户在过去几年内使用支付宝账户的频率和信用情况，换算出相应的信用分数来评价客户的信用等级，在此基础上确定是否为客户开通蚂蚁花呗的功能和决定花呗的信用额度。其业务流程为：用户先与花呗在客户端签订电子版的业务协议书，确定双方的权利和义务，了解花呗业务的相关规定，如手续费利率和违约条款等；授权之后，消费者能够在开通蚂蚁花呗支付功能的商家，使用蚂蚁花呗作为支付手段；在付款时，由花呗先为消费者垫付给商家；用户确认收货后，在次月进行还款；还款包括预支信用额度和手续费；蚂蚁花呗的业务操作流程如图 4 所示；手续费用根据还款期数和消费贷款本金而定；逾期将收取逾期利息费用。

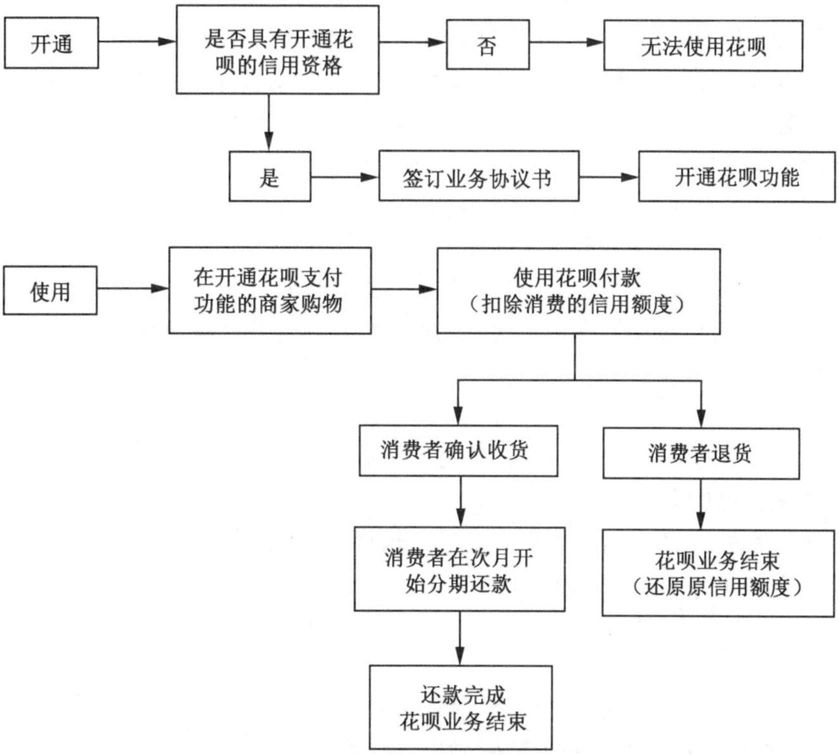

图 19—4　蚂蚁花呗业务操作流程

(一)设置会计科目

1. 购销方及第三方支付平台账户的设置

假设购买方、销售方和蚂蚁花呗方都在第三方平台上开设了支付账户，并将银行存款转入支付账户中进行结算。在这个结算账户中，资金能够自由转入、转出，具有很强的流动性，具有其他货币资金的性质，因此借鉴以前学者的做法，将这个结算账户的科目设置为"其他货币资金——支付宝"。另外对第三方平台预付货款时应收的手续费计入"递延收益"科目而不确认为收入，将购买方在第三方预付货款时应该支付的手续费计入"未确认融资费用"科目而不确认为费用。

2. 收入的确认

(1)对于销售方而言，根据《网络交易管理办法》，买方有权自收到网购商品之日起七日内无理由退货(部分特殊商品除外)。销售方可以在购买方签收所购买的商品时确认销售收入，也可以在七日无理由退货期限届满，购买方没有提出退货的情况下确认销售收入。当然在前者中，如果签收后出现购买方退货的情况，则要冲减原来签收时确认的主营业务收入。

(2)对于第三方平台蚂蚁花呗而言，蚂蚁花呗先帮购买方垫付了资金，这部分资金相当于借给购买方的短期借款，在购买方签收确认之后，需要从次月起分期向花呗支付货款及手续费用。如果购买方逾期支付货款，还应该支付逾期利息。因此，蚂蚁花呗取得借款而产生的利息收入，即手续费收入和逾期利息收入，这两项收入构成蚂蚁花呗的主营业务收入。手续费收入是在分期发起时计算总额，购买方在每一期还款时支付本金和手续费。购买方支付每一期的手续费时应该作为花呗方收入实现的时点。

3. 费用的确认

(1)对于购买方，需要蚂蚁花呗先垫付资金支付给销售方，而后向蚂蚁花呗分期支付货款及手续费，如果存在逾期未归还的情况，购买方还须支付逾期罚款。手续费其实就是采用分期支付方式产生的资金利息费用，最后计入财务费用。在签收商品后，购买方支付给蚂蚁花呗的应付账款合计金额是货款及手续费的总金额，如果分期较长，产生的手续费也较大，这时不能一次性将手续费计入当期费用，只能分期计入费用，所以先将手续费计入未确认融资费用账户，然后再将未确认融资费用分期计入财务费用。

(2)蚂蚁花呗作为债权方，应当按期收到购货方分期支付的货款和手续费，按照谨慎性原则的要求，蚂蚁花呗可以按期计提一定比例的坏账准备作为资产减值损失，当购买方拒绝还款时，冲减其提取的坏账准备。

(二)账务处理

对于大型网络购物平台而言，"花呗"支付其实等同于赊销。

1. 客户购买商品的会计处理

就淘宝网购物而言，当销售过程发生之后，只有消费者收到货并确认了收货，支付宝才会将这笔业务确认为收入，会计分录为：

借：应收账款——个人

　　贷：主营业务收入

　　　　应交税费——应交增值税(销项税额)

同时，对已销售商品的成本进行结转，做以下会计分录：

借：主营业务成本

　　贷：发出商品

2. 客户在确定收货后的免息期内一次付款

对于消费者而言，如果选择该种付款方式，那么用户只要在规定的免息期内付款，便无须支付额外的费用，其会计分录如下：

借：银行存款

　　贷：应收账款——个人

如果客户没有在规定的免息期内付款，那么就要承担每天0.5‰的逾期利息。但是，蚂蚁花呗收取的消费者因延期付款所承担的逾期利息，不符合企业中收入的确认原则，因此，蚂蚁花呗收取的逾期利息应作为营业外收入处理。其会计分录为：

借：其他应收款

　　贷：营业外收入——逾期利息

当消费者支付完所有的款项之后，应做如下会计分录：

借：银行存款

　　贷：应收账款

3. 分期付款方式支付

采用分期付款方式付款的，企业一般是采用在分期的每期末对分期手续费进行计提，然而蚂蚁花呗却规定分期的手续费应在首次分期时一次性收取，由此，其首次收取手续费(分期手续费＝消费者应付金额×分期手续费率)的会计分录为：

借：应收利息

　　贷：其他业务收入——利息收入

假如消费者在每期还款日都完成了付款，那么应做的会计分录为：

借：银行存款

　　贷：应收账款

　　　　应收利息

但是，如果消费者没有在规定期限内付款，那么其将要承担每天0.5‰的逾期利息，会计分录为：

借：其他应收款

　　贷：营业外收入——逾期利息

当消费者最终支付完全部欠款时，应做的会计分录为：

借：银行存款

　　贷：应收账款

　　　　应收利息

4. 坏账的计提

对于互联网支付模式，在支付过程中尚有一定的金融风险，难免会引起坏账。在每年年终，授信主体应当认真检查由该种模式所引发的所有应收账款。通过详细分析具体客户的信用资料以及所拥有的还款能力，计算每个客户可能发生的坏账比率，在此基础上计提相应的坏账准备，同时调整该客户的信用等级。计提坏账准备的会计处理如下：

借：资产减值损失

　　贷：坏账准备

若发生坏账，应做如下会计分录：

借：坏账准备

　　贷：应收账款

若在后期又收回已经冲销的应收账款，应做相反的会计分录。

【例19－7】　2020年6月20日，消费者张某在淘宝网上购买商品，提交订单后，在支付时选择了"蚂蚁花呗"支付方式。支付宝根据张某以前的购物记录、支付宝余额等综合因素，授予张某7 000元的信用额度，还款期为确定收款后的7月10日。张某购买了一部笔记本电脑，交易价格为4 900元(成本价为4 100元)，同时张某拟于7月10日付款。假设该例中没有相关的税费。

当张某提交订单并选择"花呗"支付后，淘宝网店主随后安排发货，因发货时张某还没有收到货物，还不符合收入确认条件，所以支付宝应先做会计分录为：

借：发出商品——笔记本电脑　　4 100
　　贷：库存商品——笔记本电脑　　4 100

当张某收到笔记本电脑，完成收货操作后，支付宝便要确认该项销售收入，其会计分录为：

借：应收账款——张某　　4 900
　　贷：主营业务收入——笔记本电脑　　4 900

同时结转成本，会计分录为：

借：主营业务成本——笔记本电脑　　4 100
　　贷：发出商品——笔记本电脑　　4 100

若张某在7月10日前支付完全部的货款，那么应做的会计分录为：

借：银行存款——张某　　4 900
　　贷：应收账款——张某　　4 900

若张某没有在免息期内还款，那么支付宝就要根据一定的坏账比率计提坏账准备，假设坏账率设定为50%，那么其会计分录为：

借：资产减值损失——笔记本电脑　　2 450
　　贷：坏账准备——笔记本电脑　　2 450

假如在支付宝的催促下，张某在超出规定期限的15天后完成了付款操作，那么张某要承担每日0.5‰的逾期利息。在张某还款之后，支付宝不仅要将已经计提的坏账进行冲销，还要确认逾期利息收入。冲销已计提的坏账时，具体的会计处理为：

借：坏账准备——笔记本电脑　　2 450
　　贷：资产减值损失——笔记本电脑　　2 450

针对逾期利息，应做如下会计分录：

借：其他应收款　　36.75
　　贷：营业外收入——逾期利息　　36.75

【例19—8】 2019年12月12日，购货方A在淘宝上使用蚂蚁花呗的付款方式在B网店购买了货款为191 980元的商品，分6期付款，手续费利率为4.5%，逾期日利率为0.05%。假设不考虑税费。

(1)销售方B的账务处理

购货方A在12月15日签收收货，销售方B确认收入并且收到蚂蚁花呗垫付的货款。销售方B做如下会计分录：

借：其他货币资金——B支付宝　　191 980
　　贷：主营业务收入　　191 980

(2)蚂蚁花呗的账务处理

①购货方A在12月15日签收货物，蚂蚁花呗先垫付货款。

蚂蚁花呗垫付货款时，计算分期6个月的手续费收入为191 980×4.5%=8 639.1(元)，应当计入递延收益中，后续分为6期，每一期手续费收入是1 439.85元。每一期的货款为191 980÷6=31 996.67(元)。12月15日应收账款为191 980+8 639.1=200 619.1(元)。蚂蚁花呗的会计分录为：

借：应收账款——购货方A　　200 619.1
　　贷：其他货币资金——蚂蚁花呗支付宝　　191 980
　　　　递延收益　　8 639.1

②购货方A在2020年1月7日支付第的一期货款及手续费金额为1 439.85+31 996.67=33 436.52(元)，此时手续费应计入主营业务收入。其会计分录为：

借：递延收益　　1 439.85
　　贷：主营业务收入　　1 439.85

同时记录：

借：其他货币资金——蚂蚁花呗支付宝　　33 436.52
　　贷：应收账款——购货方A　　33 436.52

以后2—6月份账务处理同上，每个月确认收入和收到的每一期货款和手续费。

③购货方A在2019年12月17日发生退货，退货要分成两种情形。一是如果A没有确认收货就退货，则B不确认销售收入，花呗方也无须垫付货款；二是如果A确认收货后发生退货，则需要将前面的应收账款冲销，后续业务无账务处理。第一种情形无会计分录。第二种情形的会计分录为：

借：其他货币资金——蚂蚁花呗支付宝　　191 980
　　递延收益　　8 639.1
　　贷：应收账款——购货方A　　200 619.1

④购货方A如果在2020年3月10日因资金不足，未能在还款日按期还款，而是在3月21日还款，则存在逾期利息，逾期利息是花呗方的主营业务收入。逾期利息金额为33 436.52×10×0.05%=167.18(元)。会计分录为：

借：递延收益　　1 439.85
　　贷：主营业务收入　　1 439.85
借：其他货币资金——蚂蚁花呗支付宝　　33 603.7
　　贷：应收账款———购货方A　　33 436.52
　　　　主营业务收入　　167.18

⑤购货方A在2020年6月拒绝还款，按照谨慎性要求，花呗方在发生这项经济业务时就应该计提坏账准备。假设第三方平台坏账计提比例为10%，则提取的坏账准备为200 619.1×10%=20 061.91(元)。

借：资产减值损失　　20 061.91
　　贷：坏账准备　　20 061.91

2020年6月末购货方A拒绝还款时，会计分录为：

借：资产减值损失　　13 374.61
　　坏账准备　　20 061.91
　　贷：应收账款——购货方A　　33 436.52

(3)购货方的账务处理

①购货方A在12月15日签收收货。商品金额191 980元作为库存商品的入账金额，手

续费 8 639.1 元分 6 期支付，最初应该确认为资产，计入未确认融资费用，分 6 期摊销，实质为融通资金产生的利息费用。会计分录为：

借：库存商品　　191 980
　　未确认融资费用　　8 639.1
　　贷：应付账款——蚂蚁花呗　　200 619.1

(2)购货方 A 在 2020 年 1 月 7 日支付第一期货款及手续费金额。货款及手续费金额合计为 1 439.85+31 996.67=33 436.52(元)，此时手续费应摊销第一期，计入财务费用。会计分录为：

借：财务费用　　1 439.85
　　贷：未确认融资费用　　1 439.85

同时记录：

借：应付账款——蚂蚁花呗　　33 436.52
　　贷：其他货币资金——A 支付宝　　33 436.52

以后 2—6 月份的会计分录同上。

③购货方 A 在 2019 年 12 月 17 日发生退货，退货要分成两种情形：一是 A 没有确认收货就退货，则 B 不确认销售收入，花呗方也无须垫付货款，A 无须账务处理；二是 A 确认收货后发生退货，则需要将前面的应付账款冲销，后续业务无账务处理。第一种情形购货方的会计无分录。第二种情形的会计分录为：

借：应付账款——蚂蚁花呗　　200 619.1
　　贷：库存商品　　191 980
　　　　未确认融资费用　　8 639.1

④购货方 A 如果在 2020 年 3 月 10 日因资金不足未能在还款日按期还款，而是在 3 月 21 日还款，则存在逾期利息，逾期利息作为购货方 A 的财务费用。逾期利息金额为 33 436.52×10×0.05%=167.18(元)。会计分录为：

借：财务费用　　1 439.85
　　贷：未确认融资费用　　1 439.85

同时记录：

借：应付账款——蚂蚁花呗　　33 436.52
　　财务费用　　167.18
　　贷：其他货币资金——A 支付宝　　33 603.7

⑤购货方 A 在 2020 年 6 月拒绝还款，则 A 的应付账款仍然存在，A 将来要归还的金额是应付账款和罚款合计，同时 A 的芝麻信用将受到影响，会对其以后的信用购买活动产生影响。

二、京东白条业务模式

(一)介绍

2014 年 2 月 13 日，京东抢先推出首个互联网信用支付产品——“京东白条”，通过此产品，消费者能够在京东上先消费，然后在一定的还款期内付款，其信用消费的费率为每月 0.5%，但如果客户在一个月内完成付款，则不用承担任何费率；如果客户超出还款期限未还款，则须按每天 0.03%的费率计缴违约金，违约金=当期应付金额×违约金比例×违约天数。

“京东白条”的还款方式分为两种：一种是 30 天免息延后付款，另一种是 3～12 个月分期付款。分期付款的手续费为每期 0.5%，即：3 期手续费＝0.5%×3＝1.5%，同理，6 期手续费为 3%，12 期手续费为 6%。此外，“京东白条”在推广期间手续费打 6 折，为 0.3%，相应地，其 3 期、6 期、12 期的分期付款手续费将同比降至 0.9%、1.8%、3.6%，而与京东合作的招商银行分期付款的 3 期、6 期、12 期手续费分别为 3%、4.2%和 6%。

（二）账务处理

1. 销售产品的账务处理

京东作为国内大型购物网站，其账务处理与线下销售商品的账务处理有不同之处。当顾客采用“京东白条”进行信用支付时，京东并不能立即确认收入，而是待顾客确认收货后才确认收入。具体而言，京东发出商品时，借记“发出商品”科目，贷记“库存商品”科目；待顾客确认收货时，借记“应收账款”科目，贷记“主营业务收入”“应交税费——应交增值税（销项税额）”科目，同时确认成本，借记“主营业务成本”科目，贷记“发出商品”科目。

2. 30 天免息延后付款的账务处理

顾客采用 30 天免息延后付款方式的，若顾客到期后如约还款，则顾客不用承担任何费率，京东应借记“银行存款”科目，贷记“应收账款”科目。若顾客未按期还款，那么顾客除须承担每月 0.5%的信用消费费率外，逾期天数还须按每天 0.03%的费率计缴违约金。信用消费费率的性质相当于顾客借款消费的借款利率，因此可参照贷款和应收款项进行账务处理，但由于该业务是京东的一项附加服务，获得的利息收入并不能计入京东的主营业务收入，而应借记“应收利息”科目，贷记“其他业务收入——利息收入”科目。对顾客逾期还款收取的违约金，借记“其他应收款”科目，贷记“营业外收入——违约金”科目。待顾客还款时，借记“银行存款”科目，贷记“应收账款”“应收利息”“其他应收款”科目。

3. 分期付款账务处理

顾客采用分期付款方式的，每期末京东应计提当期的手续费，同时京东又规定，分期服务费应在首期一次性收取，借记“应收利息”科目，贷记“其他业务收入——利息收入”科目。顾客如约还款，借记“银行存款”科目，贷记“应收账款”“应收利息”科目。若顾客逾期未还款，京东按每天 0.03%的费率计收违约金，借记“其他应收款”科目，贷记“营业外收入——违约金”科目。顾客还款时应将应付款项和违约金一并还清，借记“银行存款”科目，贷记“应收账款”“其他应收款”科目。

4. 坏账相关账务处理

互联网信用支付作为一种新兴的个人信贷业务，难免会存在放贷的风险，导致坏账的发生，授信主体应该于每年年度终了，对该信用支付业务产生的应收款项进行全面检查，根据客户的信用等级、还款能力等分类预计各个等级客户可能发生的坏账损失，对预计不能收回的应收账款，应当计提坏账准备，同时降低客户的信用等级。在计提坏账准备时，借记“资产减值损失”科目，贷记“坏账准备”科目；发生坏账时，借记“坏账准备”科目，贷记“应收账款”科目；冲销的应收账款又收回时，借记“应收账款”科目，贷记“坏账准备”科目，同时，借记“银行存款”科目，贷记“应收账款”科目。

【例 19—9】　2022 年 2 月 13 日，京东商城的某忠实顾客申请获得了“京东白条”的授信资格，最高信用额度为 15 000 元。为率先体验信用支付，该顾客立即到商城购买了 1 台价值 5 000 元的笔记本电脑，该笔记本电脑的成本价为 4 000 元，顾客选择了 30 天免息延后付款的还款方式。假定暂不考虑各项税费。京东收到顾客订单，向顾客发货时应做如下会计分录：

借：发出商品　　　　　　　　　　　　　　　　4 000

贷:库存商品　　4 000

顾客确认收货后,京东应确认销售收入,同时确认成本,会计分录为:

借:应收账款　　5 000
　　贷:主营业务收入　　5 000
借:主营业务成本　　4 000
　　贷:发出商品　　4 000

若30天还款期到期后顾客如约还款,会计分录为:

借:银行存款　　5 000
　　贷:应收账款　　5 000

若30天还款期到期后顾客未如约还款,则根据谨慎性原则对应收账款计提2 500元的坏账准备,会计分录为:

借:资产减值损失　　2 500
　　贷:坏账准备　　2 500

经催还,顾客逾期20天后缴清应付款项。则顾客还款时,京东除须冲销之前计提的坏账准备之外,还须确认每月0.5%的信用消费费率和逾期后每天0.03%的违约金。会计分录为:

借:坏账准备　　2 500
　　贷:资产减值损失　　2 500
借:应收利息　　25
　　贷:其他业务收入——利息收入　　25
借:其他应收款　　30
　　贷:营业外收入——违约金　　30
借:银行存款　　5 055
　　贷:应收账款　　5 000
　　　　应收利息　　25
　　　　其他应收款　　30

【例19—10】 2022年2月13日,京东商城的某忠实顾客申请获得了"京东白条"的授信资格,最高信用额度为15 000元。为率先体验信用支付,该顾客立即到商城购买了1台成本价为10 000元、卖价为12 000元的数码相机,并选择了3个月分期付款的还款方式,首期一次性支付手续费180元。假定暂不考虑各项税费。

京东收到顾客订单,向顾客发货时,会计分录为:

借:发出商品　　10 000
　　贷:库存商品　　10 000

顾客确认收货之后,京东确认销售收入会计分录为:

借:应收账款　　12 000
　　贷:主营业务收入　　12 000

同时确认成本:

借:主营业务成本　　10 000
　　贷:发出商品　　10 000

第一期末,向顾客收取一次性收取分期服务费和当期应收款项,会计分录为:

借:应收利息　　180

贷:其他业务收入——利息收入　　180
借:银行存款　　4 180
贷:应收账款　　4 000
应收利息　　180

第二期末,向顾客收取当期应收款项,会计分录为:

借:银行存款　　4 000
贷:应收账款　　4 000

同理,在第三期末向顾客收取当期应收款项,会计分录为:

借:银行存款　　4 000
贷:应收账款　　4 000

第五节　区块链技术对会计方法的影响分析

一、区块链核心技术概述

(一)系统成员构成

分布式账簿系统的基本成员一般有 3 种:开发成员、授信成员和用户成员。开发成员是规则和制度的制定者和维护者,设计并创建分布式账簿系统,如 Corda 的 R3 CEV;授信成员负责执行区块链的基本职能,即校验交易和添加账簿信息,如比特币区块链的矿工;用户成员是交易信息的创造者,同时也是分布式账簿系统总账信息的需求者。授信成员和用户成员向开发成员反馈关于分布式账簿系统的使用意见和改进建议。在公有链中,用户成员需要为授信成员的努力工作支付电子货币,如比特币、Ripple 币。在私有链中,还需要联盟管理员和密钥管理员两个额外的成员,联盟管理员负责分布式账簿系统成员的准入审批。当系统对账簿信息进行加密存储后,密钥管理员和联盟管理员共同负责审批系统成员对加密信息的读取权限。

(二)区块链数据结构

分布式账簿系统存储交易信息是以区块为结构单元,每个区块单元保存固定且有限的数据,该数量在系统开发的初期被设定。账簿系统的第一个区块称为始祖块,其后每一个新增的区块都指向上一个区块而形成链式结构,每个区块具有一个唯一的身份标识,该标识通过哈希算法计算得出,如图 19—5 所示。

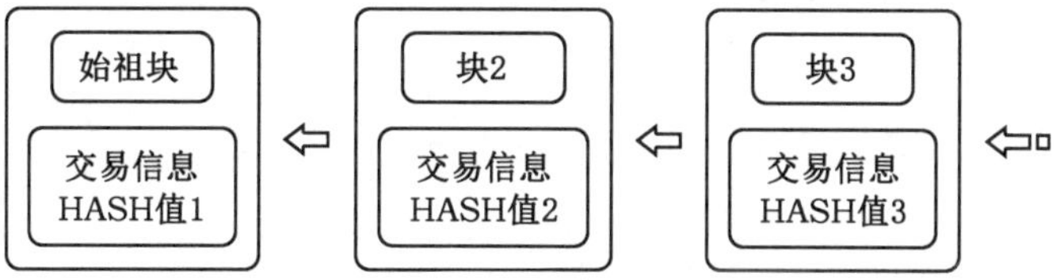

图 19—5　区块链结构示意图

二、关键业务节点的会计处理方法对比

目前市场上大多数的 P2P 网贷平台采用的是债权转让模式,相较于纯平台模式,这种模

式要求平台企业具备较雄厚的担保资金规模或者是担保资金背景，以及专业的投融资业务水平，因此其发展前景显著优于纯平台模式。因此本文选择此种模式的 P2P 平台作为区块链技术的应用业务场景，分析其对会计核算方法的影响。下面结合现行的会计准则和会计制度对使用债权转让模式并使用资金托管的互联网金融企业 P2P 网贷的应用区块链技术前后的会计处理进行对比。

(一)预存资金

应用前业务流程：P2P 平台一般要求贷方用户在 P2P 平台注册并预存资金，平台账户是由银行或非银行支付机构(第三方支付平台)负责的托管账户。如投资方和借款方在 P2P 平台注册并开立支付宝账户，投资方将资金从银行账户转入支付宝账户。应用后的业务流程：平台不再要求投资方将资金预存到托管账户。

P2P 平台的会计处理：

借：其他货币资金——支付宝存款

　　贷：其他应付款——投资方

第三方支付平台的会计处理：

借：银行存款

　　贷：预收账款——投资方支付账户名称

投资方的会计处理：

借：其他货币资金——支付宝存款

　　贷：银行存款

(二)贷款发放

应用前业务流程：借款方提出借款请求，P2P 平台审核借款方的借款需求并评价其信用等级，通过后 P2P 平台发布融资标的。投资方竞标成功后资金由投资方的托管账户(支付宝账户)经 P2P 平台扣除相关服务费后将剩余资金转入借款方或者企业的支付宝账户中，第三方支付平台调减投资方的虚拟账户余额，同时调增借款方的虚拟账户余额，实现平台内部的资金转移。借款方使用借款时，需要将资金从托管账户(第三方支付公司各支付金银行账户)汇至自己的银行账户。

应用后业务流程：借款方提出借款请求，P2P 平台审核借款方的借款需求并通过分布式账簿系统评价其信用等级，通过后 P2P 平台发布融资标的。投资方竞标成功且经借贷双方数字签名，确认智能合约，将借贷信息上传分布式账簿系统并向系统全体用户广播共享。投资方银行根据智能合约自动汇款至借款方银行账户。P2P 平台可根据智能合约自动收取管理费、手续费等费用。

P2P 平台的会计分录为：

借：贷款——借款方

　　贷：其他货币资金——支付宝存款

借：银行存款

　　贷：主营业务收入——服务费

第三方支付平台的会计分录为：

借：预收账款——投资方支付账户

　　贷：预收账款——借款方支付账户

投资方的会计分录为：

借：其他应收款——P2P 平台贷款

贷：其他货币资金——支付宝存款

银行存款

借款方的会计分录为：

借：银行存款

财务费用

贷：其他应付款——P2P 平台借款

(三)风险保障基金提取

应用前和应用后的业务流程：P2P 平台按照事先约定的比例从贷款额提取风险准备金。

P2P 平台的账务处理如下：

1. 计提风险保障基金时

借：管理费用——风险准备金

贷：风险准备金

2. 风险准备金划入专户时

借：银行存款——风险准备金专户

贷：银行存款——基本账户

(四)贷款利息

应用前业务流程：在贷款期间，借款方按照事先约定的比例定期向 P2P 平台支付利息费用，P2P 平台也需要按照事先约定的利率定期支付给投资方一定比例的利息费用，P2P 平台可以将赚取的利息差作为一项收入。

应用后业务流程：在贷款期间，借款方根据智能合约自动向投资方支付利息和本金。P2P 平台也可以按照协议约定赚取投资方和借款方之间的利息差收入。

P2P 平台的会计分录为：

借：银行存款

贷：主营业务收入——利息收入

第三方支付平台的会计分录为：

借：预收账款——借款方支付账户

贷：预收账款——投资方支付账户

投资方的会计分录为：

借：应收利息

贷：其他业务收入——利息收入

借：其他货币资金——支付宝存款

银行存款

贷：应收利息

借款方的会计分录为：

借：财务费用——P2P 平台借款利息

贷：银行存款

(五)本金偿还

应用前业务流程：网贷合约到期时，借款方偿还借款本金及最后一期的借款利息至投资方的平台账户。投资方将资金从平台账户提现至银行账户。

应用后业务流程：网贷合约到期时，借款方直接偿还借款本金及最后一期的借款利息至投资方的银行账户。

P2P 平台的会计分录为：

借：其他应付款——投资方
　　贷：应付利息
　　　　其他货币资金——支付宝存款

第三方支付平台的会计分录为：

借：预收账款——借款方支付账户
　　贷：预收账款——投资方支付账户

投资方的会计分录为：

借：其他货币资金——支付宝存款
　　银行存款
　　贷：其他应收款——P2P 平台贷款

借：银行存款
　　贷：其他货币资金——支付宝存款

借款方的会计分录为：

借：其他应付款——P2P 平台借款
　　财务费用——P2P 平台借款利息
　　贷：银行存款

（六）借款方逾期未还款

应用前和应用后业务流程：借款方未在合同约定期限内还款或者推迟还款，P2P 平台使用风险准备金为出现逾期或坏账的投资标的支付本金和利息，保障投资方的投资收益。

发生代偿时用专户资金赔付，P2P 平台做如下账务处理：

借：其他应收款——应收代偿款
　　贷：银行存款——风险准备金专户

1. 当追偿款大于实际赔付款：

借：银行存款——风险准备金专户
　　贷：其他应收款——应收代偿款
　　　　营业外收入——逾期收入

2. 当追偿款小于实际赔付款：

借：银行存款——风险准备金专户
　　风险准备金
　　营业外支出
　　贷：其他应收款——应收代偿款

本章小结

本章介绍了金融科技公司的主要业务，以及基于区块链技术的应用业务场景分析其对会计核算方法的影响。在学习和理解本章内容时，应当关注 4 点：(1)典型金融科技产品与企业的国际化进程；(2)金融科技企业的一系列特点；(3)金融科技公司在第三方支付业务核算中所扮演的角色；(4)区块链核心技术以及其对会计方法有何种方面的影响。

本章关键术语

支付宝；微信支付；余额宝；蚂蚁花呗；京东白条；区块链；P2P

本章思考题

1. 金融科技公司的主要业务有哪些？
2. 与传统金融公司相比，金融科技公司有哪些不同？
3. 金融科技公司第三方支付业务如何核算？
4. 蚂蚁花呗和京东白条的业务处理模式有什么不同？
5. 区块链技术是什么？
6. P2P 平台作为区块链技术的应用业务场景，对会计核算方法有何影响？

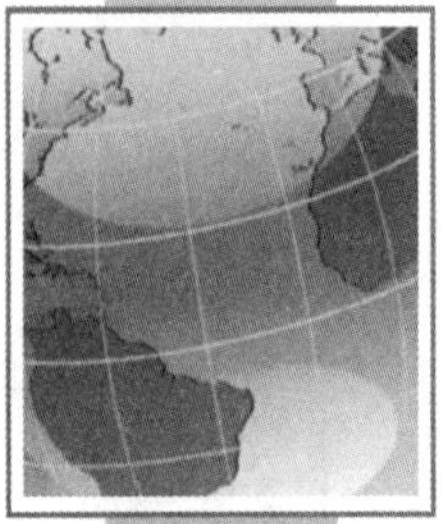

第二十章
“资管新规”下理财子公司业务核算

学习目标

1. 了解“资管新规”的相关内容
2. 了解理财子公司的主要业务以及其特点

本章预习

2018 年 4 月，监管机构发布资管新规，不符合要求的机构需要进行整改，整改的过渡期是到 2020 年 12 月 30 日。但由于受到疫情等外部环境影响，很多机构无法在限定时间内完成整改。2022 年 1 月 1 日，过渡期结束，资管新规正式实施。本章主要介绍了“资管新规”的内容、“资管新规”对理财产品会计处理的影响、理财子公司的财务核算和理财产品的会计核算。

第一节　“资管新规”和银行理财子公司概述

一、资管新规

自 2018 年 4 月《关于规范金融机构资产管理业务的指导意见》(银发〔2018〕106 号，以下简称“资管新规”)发布以来，资管行业的监督制度体系在党中央、国务院及相关金融监管部门的不断完善下，持续推动着资管业务平稳转型、规范整改，资管的乱象和流动性风险得到了有效的遏制。而在此之上，一些金融机构的理财发展模式也受到了相应的挑战和冲击。具体而言，“资管新规”的主要内容可以从以下几个方面进行概括：

(一)确立资管产品的分类标准

资管产品实行分类管理，区分公募产品和私募产品。公募理财产品面向不特定的社会公众公开发行，私募理财产品面向不超过 200 名合格投资者非公开发行。不同的类别适用不同的投资范围、信息披露和杠杆约束等监管要求，强化“合适的产品卖给合适的投资者”的理念。

(二)去刚兑

资管业务是一项委托代理的金融业务，金融机构不得向投资者承诺资产收益率。资管业务须打破刚性兑付，规范产品运作，实行净值化管理，推动预期收益型产品向净值型产品转型。“资管新规”要求，金融机构的理财产品要坚持公允价值计量原则，允许符合条件的封闭式理财产品采用摊余成本计量，通过净值波动及时反映基础财产的相关收益和风险，以达到让投资者明晰风险、自担风险的目的。

(三)减少影子银行的风险

为了避免资管业务沦为变相的信贷业务，减少影子银行风险，缩短实体经济的融资传导链，降低实体经济的融资成本，提高金融服务的效率和水平，“资管新规”以规范资金池运作为基础，对限额管理、风险准备金等做出了限制。

1. 期限匹配要求：“资管新规”要求理财产品投资于非标准化债权类资产的，需要期限匹配。商业银行理财产品直接或间接投资于未上市企业股权及其受(收)益权的，应当为封闭式理财产品，并明确股权及其受(收)益权的退出安排。未上市企业股权及其受(收)益权的退出日不得晚于封闭式理财产品的到期日。

2. 非标准化债权资产投资要求：“资管新规”要求银行理财产品投资非标准化债权类资产的余额，不得超过理财产品净资产的 35%，或银行上一年度总资产的 4%；还要求银行理财产品投资单一机构及其关联企业的非标准化债权类资产的余额，不得超过理财产品发行银行资本净额的 10%，明确资管产品可以再投资一层资管产品，但所投资的产品不得再次投资其他的资管产品；最后要求金融机构不得为其他的金融机构的资管产品提供规避投资范围、杠杆约束等监管要求的通道服务。

“资管新规”对于资管产品的杠杆比例也有统一规定：

1. 在负债杠杆方面，负债比例(总资产/净资产)上限与“资管新规”保持一致。商业银行每只开放式公募理财产品的杠杆水平不得超过 140%，每只封闭式公募理财产品、每只私募理财产品的杠杆水平不得超过 200%。为了真实地反映负债水平，在计算单只产品的总资产时，按照穿透原则，合并计算所有投资资管产品的总资产。

2. 在分级杠杆方面，延续现有不允许银行发行分级理财产品的规定。对于可分级的私募产品，固定类收益产品的分级比例不得超过 3∶1，权益类产品的分级比例不得超过 1∶1，商品及金融类、混合类产品的分级比例不得超过 2∶1。发行分级资产管理产品的金融机构应当对该资产管理产品进行自主管理，不得转委托给劣后级投资者。

(四)去杠杆

“资管新规”要求消除多层嵌套和通道业务，统一资管资产杠杆比例，以有效管控风险。首先，各金融监督管理部门应该对各类金融机构开展资管业务公平准入，给予公平待遇，要从根本上抑制多层嵌套和通道业务的动机。其次，从严规范产品嵌套和通道业务，明确杠杆收购和利益输送的工具，要求发行分级产品的金融机构对该产品进行自主管理，不得转让和委托。

(五)防范操作风险

为了防范操作风险，“资管新规”提出了统一资管产品的资本和风险准备金计提的要求。资管业务属于金融机构的表外业务，投资者应该自担风险。但是出于对操作风险额和其他非预期风险的考虑，仍应建立一定的风险补偿机制，计提相应的风险准备金。规定指出，金融机构应当按照资管产品管理费收入的 10%计提风险准备金，或者按照规定计提。分险准备金余额达到产品余额的 1%时可以不再提取。其主要用于弥补因金融机构违法违规、违反资管产品协议、操作错误或者技术故障等给资管产品财产或者投资者造成的损失。

(六)防范流动性风险

禁止资金池业务，加强对期限错配的流动性风险管理。“资管新规”明确禁止金融机构开展或参与具有滚动发行、集合运作、分离定价特征的资金池业务，提出了资金单独管理、单独建账和单独核算的“三单”要求。在管理基础上，“资管新规”要求金融机构加强产品久期管理，规定封闭式资管产品最短期限不得低于 90 天，根据产品期限设定相关的管理费率，产品的管理费率与产品期限成反比，以此来纠正资管产品的短期化趋势，达到削弱和消除资金的来源端和资产端的期限错配和流动化风险。

二、银行理财子公司

(一)银行理财子公司

随着“资管新规”政策的实施,商业银行理财业务纷纷从银行业务中剥离出来,形成了专门从事理财业务的独立的理财子公司。银行理财子公司是指商业银行经国务院银行业监督管理机构批准,在中华人民共和国境内设立的主要从事理财业务的非银行金融机构。商业银行的理财子公司不同于现在商业银行内设的理财部门,理财子公司相当于把银行负责理财业务的内设部门拿出来,单独作为一个子公司,原银行是母公司。理财子公司在经济上受银行母公司的支配与控制,但在法律上,银行母公司、理财子公司各为独立的法人。理财业务是指银行理财子公司接受投资者委托,按照与投资者事先约定的投资策略、风险承担和收益分配方式,对受托的投资者财产进行投资和管理的金融服务。

(二)理财子公司发展模式

1. 银行理财市场整体发展

随着净值型产品逐步替代传统预期收益型产品,且投资者教育同时逐步加强,客户逐步真正根据自身风险偏好做出选择,主动了解产品投资运作情况,市场需求差异化逐步显现。为满足不同客户的不同需求,银保监会于 2018 年出台的《关于规范金融机构资产管理业务的指导意见》《商业银行理财业务监督管理办法》(以下简称“理财新规”)等一系列文件指明了银行理财转型之路,各银行均积极致力于理财产品的净值化转型,推动净值型理财产品的多样化发展。理财体系全面化转型提升可以分为 3 个方面:产品净值化、投研专业化与风控全面化。截至 2020 年 10 月,有 21 家银行及 1 家合资公司在我国获准设立理财子公司,并且已经有 20 家银行的理财子公司开业。根据中国理财网的最新数据,目前银行理财子公司发行的理财产品有 2 169 只。

表 20—1　　银行理财子公司设立情况

母公司性质	公司名称	注册资本(亿元)	获批筹建时间	开业时间
中外合资	汇华理财有限责任公司	10	20/12/2019	24/09/2020
国有大型商业银行控股	建信理财有限责任公司	150	26/12/2018	03/06/2019
	中银理财有限责任公司	100	26/12/2018	04/07/2019
	农银理财有限责任公司	120	04/01/2019	08/08/2019
	交银理财有限责任公司	80	04/01/2019	13/06/2019
	工银理财有限责任公司	160	15/02/2019	06/06/2019
	中邮理财有限责任公司	80	28/05/2019	05/12/2019
全国性股份制银行控股	光大理财有限责任公司	50	16/04/2019	26/09/2019
	招银理财有限责任公司	50	06/06/2019	19/12/2019
	信银理财有限责任公司	50	04/12/2019	10/07/2020
	平安理财有限责任公司	50	27/12/2019	19/08/2020
	华夏理财有限责任公司	50	27/04/2020	15/09/2020
	广银理财有限责任公司	50	16/07/2020	筹办中
	浦银理财有限责任公司	50	12/08/2020	筹办中

续表

母公司性质	公司名称	注册资本(亿元)	获批筹建时间	开业时间
城市商业银行控股	杭银理财有限责任公司	10	24/06/2019	06/01/2020
	宁银理财有限责任公司	15	26/06/2019	25/12/2019
	徽银理财有限责任公司	20	21/08/2019	28/04/2020
	南银理财有限责任公司	20	09/12/2019	27/08/2020
	苏银理财有限责任公司	20	19/12/2019	28/08/2020
	青银理财有限责任公司	10	11/02/2019	11/09/2020
农村商业银行控股	渝农理财有限责任公司	20	19/02/2020	28/06/2020

2. 银行理财产品发展

(1)存续情况

截至 2019 年末,全国共有 377 家银行业金融机构有存续的非保本理财产品,共存续 4.73 万只产品,存续余额 23.40 万亿元,较年初增长 6.15%。其中大中型机构的非保本理财产品占主导地位,并且开放式产品占比逐渐上升。其次,根据“资管新规”和“理财新规”的规定,应根据募集形式的不同,将理财产品分为公募理财产品和私募理财产品,其中公募理财产品的存续余额为 22.33 万亿元,占全部理财产品存续余额的 95.43%。自两项理财政策发布后,银行理财净值化转型力度明显,净值型产品存续余额及占比持续快速增长,预期收益型产品明显减少。

(2)募集情况

2019 年,非保本理财产品累计募集资金 111.58 万亿元。其中,公募理财产品募集资金占绝大多数,占全部理财产品募集资金的 98.34%。开放式产品募集资金占比较高,占公募理财产品募集资金总金额的 87.51%。但封闭式产品平均期限增加,同比增加约 25 天。此外,由于“资管新规”要求资管产品实行净值化管理,进而推动银行理财打破刚兑、回归资管本源。所以自 2019 年以来,净值型产品募集量持续上升。

(3)投资情况

根据“资管新规”和“理财新规”要求,理财产品按照投资性质的不同,分为固定收益类、权益类、商品及衍生品类和混合类理财产品。截至 2019 年末,固定收益类理财产品存续余额为 18.27 万亿元,占全部理财产品存续余额的 78.06%;混合类理财产品存续余额为 5.05 万亿元,占比为 21.59%;权益类理财产品占比为 0.34%;商品及金融衍生品类理财产品占比较少。

(4)风险情况

2019 年,新发行或新增募集资金的非保本理财产品以低风险产品为主,反映了非保本理财产品客户以风险承受能力相对较低的投资者为主。其次同业理财存续余额为 0.84 万亿元,同比减少 0.38 万亿元,降幅为 31.00%,风险明显降低。这年的理财产品累计兑付客户收益 9 255.8 亿元,有效满足了投资者对资产保值增值的需求,给投资者带来了稳健回报。

第二节 “资管新规”对理财产品会计处理的影响分析

2018 年 4 月 27 日,《关于规范金融机构资产管理业务的指导意见》颁发,提出金融业资产管理业务不得向理财产品投资者承诺保本保收益的意见,彻底解决了长期以来理财业务中所存在的刚性兑付的问题。至此,银行资管业务将回归“代客理财”的业务实质,统一在表外核算。按照《关于规范金融机构资产管理业务的指导意见》《商业银行理财业务监督管理办法》相关要求,银保监会进一步制定了《商业银行理财子公司管理办法》,其中在商业银行理财子公司的设立、变更与终止,业务规则,风险管理,监督管理等方面进行了细化规定。在“新资管”时代下,商业银行理财业务由其下设的专门从事理财业务的非银行金融机构——理财子公司进行经营,在合并报表下,其财务状况、经营成果及现金流量通过财务报表合并反映在母公司银行的合并报表中,而作为代理业务性质的理财业务,其规模、期限、结构、风险和收益都无法进表进行披露。

一、统一理财产品采用净值化管理

具体来说,在“资管新规”发布之前,商业银行理财产品主要分为3类,即保本型理财产品、结构性存款和非保本理财产品。其中,保本理财产品和结构性存款作为商业银行的金融资产和金融负债,在其表内进行确认计量和列报,而非保本理财产品则在表外进行披露即可,只有其收取的佣金手续费收入计入商业银行的利润表中列示。在非保本理财核算时,大多数银行选取了出于自身核算目的的会计科目和计量方法进行核算,披露位置各异,披露内容不一。“资管新规”发布后,要求未来商业银行所有理财产品都应作为银行的表外业务进行核算,并且对理财产品应当使用净值化管理方式,净值生成符合公允价值计量标准,仅在满足一定条件时,才能使用摊余成本计量。这便对理财产品的会计处理提出了新的要求,即对理财产品从会计确认、计量到列报披露都提出了更加确切的要求。

二、统一理财产品会计处理规范

目前,我国银行资管总规模巨大,但我国对于理财产品的会计处理尚未形成统一的规范,导致了各大商业银行在进行相关资金会计处理时会出现会计科目核算使用不一、披露内容随意性强、形式多样等情况。于商业银行自身而言,出现这种情况降低了会计操作的规范性,进而使得治理水平降低;于投资者而言,出现这种情况难以根据各商业银行所披露的理财业务信息进行对比,从而导致决策效率低下;此外,于监管机构而言,出现这种情况将导致监管乏力,无法从根本上消除金融风险的蔓延。

因此,在“资管新规”下,亟须对上市银行理财业务的会计处理方法进行规范,即对其会计确认科目予以统一,对计量方法予以规范,同时对其会计信息披露实行强制性信息披露,对其披露内容进行规范,对其披露形式予以统一。进而保证我国上市银行在对理财业务进行信息披露时,向投资者、监管机构传递高质量、高透明的会计信息,从而实现提供对各方利益相关者决策有用的财务报告的目标。

第三节 理财子公司财务核算

一、理财子公司的财务核算挑战

(一)超额管理费的确认

除基本管理费收入外,理财子公司还可以基于产品业绩表现收取超额管理费,不同的理财产品超额管理费因合同条款规定的不同，而导致理财子公司从中获取的收益比例及形式、收益计算标准、收益提取频率等可能均存在差异。理财子公司须根据《企业会计准则第 14 号——收入》的规定评估超额管理费的确认方法，其中须重点关注超额报酬的最佳估计金额，以及重大转回发生的可能性，该评估对理财子公司业绩以及理财产品净值存在一定的影响。

(二)结构化主体合并的探讨

理财子公司应根据新金融工具准则《企业会计准则第 33 号——合并财务报表》以及《企业会计准则解释第 8 号》的相关规定，评估理财子公司是否对理财产品具有控制、是否需要合并理财产品。理财子公司作为管理人对其管理的理财产品具有权力，基于其从事的主要管理活动可从理财产品中获取可变回报，如从某单支理财产品中获取的可变回报较为可观，则理财子公司须将该理财产品合并至理财子公司报表中，进而对理财子公司净资本造成影响。此外，理财子公司的母行若投资理财子公司产品或推介标的资产进入投资组合等，可能会触发母行对理财产品的合并，进而对母行资产规模、资本充足率等指标产生影响。

(三)风险准备金计提及运用

“理财新规”还规定理财子公司应当按照理财产品管理费收入的 10%计提风险准备金，风险准备金余额达到理财产品余额的 1%时可以不再提取，但对于理财子公司风险准备金的运用规则未予以明确。参照公募基金风险准备金运用规则，风险准备金主要用于弥补因管理人或托管人违法违规、违反合同、操作错误或技术故障等原因给投资人造成的损失。理财子公司动用风险准备金，关键在于给投资人造成的损失事项性质的认定，即须判断造成损失的是否属于上述违法违规、违反合同、操作错误和技术故障。

二、理财产品的财务核算难点

根据《关于规范金融机构资产管理业务的指导意见》《商业银行理财业务监督管理办法》的相关要求，银保监会制定了《商业银行理财子公司管理办法》。2018 年 12 月 2 日，银保监会发布了《商业银行理财子公司管理办法》(以下简称“管理办法”)。作为“理财新规”的配套制度，“管理办法”在业务运营层面给予了理财子公司更大的自主性，同时也参照了同类机构的监管制度设置，在风险防控层面提出了更高的要求，避免出现新的风险点。

“管理办法”亦对理财子公司发行与管理的理财产品做出了规定：

在管理制度层面，“管理办法”要求理财子公司进一步完善理财产品准入管理、产品托管与产品估值等制度体系；在财务核算层面，“管理办法”要求理财子公司本着审慎尽职和保护投资者权益的原则管理理财产品投资的信用风险、市场风险、操作风险和流动性风险，客观、准确地反映产品所投资资产的价值，对理财产品进行准确的核算，并及时披露，以揭示理财产品的风险。

为进一步落实“管理办法”，中国银行业协会于 2019 年 8 月 5 日就《商业银行理财产品核算估值指引》公开征求意见(以下简称“估值指引”)，在新金融工具准则的基础上对标准化投资品估值、非标准化债权类资产估值、非上市公司股权估值以及金融资产减值等方面做出了统一的行业估值指引，但理财产品估值短板补齐之路仍旧挑战重重。

1. 非标准化债权类资产和非上市公司股权的公允价值估值

管理办法要求理财子公司对理财产品实施净值管理，净值管理涉及的方法主要为摊余成本法和公允价值计量两种。前者通过本金与未偿利息计算每期的净值，不受市场波动影响，净值相对稳定、客观。“估值指引”指出：“金融资产和负债坚持公允价值计量原则，商业银行可以在会计准则和监管规定的范围内选择摊余成本对资产或负债进行估值。”换言之，“估值指引”更鼓励理财子公司采取公允价值核算净值。

然而，公允价值计量挑战主要体现在如何对市场活跃度相对较差的资产进行估值，以匹配理财产品净值管理的要求。以非标债权类投资为例，理财子公司通常采用未来现金流折现方式进行估值，但是未来现金流的预测以及折现率的确认都涉及较多的主观判断。“估值指引”指出：“采用未来现金流折现方式应对债务人财务状况进行考察和评估，估算能从债务人处以现金方式直接收回的本金和利息”；“若担保方式为保证，须对保证人的财务状况及其还款意愿进行考察和评估，估算能从保证人处收回的净现金额”；“银行理财产品管理人应当谨慎评估运用现金流折现法的估值风险，综合评价债务人的还款意愿和还款能力，合理确定折现率等输入值”。显而易见，采用未来现金流折现估值方式，无论是获取未来现金流还是确定折现率，都会因主体自身的主观判断改变而改变，因此统一估值模型和输入参数等流程至关重要。同时，“估值指引”中关于非上市公司股权也明确了市场法、收益法和成本法下常规适用的估值方法；对于交易不活跃、未来的现金流也难以确认的资产支持证券和私募债的估值则给予了例外，规定其可按成本估值。

在资管新规发布以前，多数商业银行并未建立理财产品估值管理架构，亦缺乏用公允价值对非标准化债权类资产和非上市公司股权估值的经验。正因如此，理财子公司成立伊始就须完善底层资产估值方法，确定估值岗位及复核岗位的安排，明确不同底层资产首选和次选的估值方法，规范估值流程管理，以确保净值的合理、准确。

2. 运用预期损失模型计提金融资产减值

理财子公司及其产品从成立日或不晚于 2021 年 1 月 1 日起开始执行新金融工具准则。新金融工具准则已将减值模型从“已发生损失模型”变更为“预期信用损失模型”，“估值指引”亦明确未来理财产品减值以预期信用损失为基础进行逐笔、差异化的减值计提原则，明确无第三方减值计算数据时，采用预期信用损失模式计算减值金额。然而，预期信用损失模型的应用本身就是一种重大挑战：一方面，理财子公司不具有运用此模型评估减值的相关经验；另一方面，预期信用损失模型需要充足的历史违约率、违约损失率作为支撑，但现实极有可能并未存有理财产品底层资产相关历史损失数据，而这也成为一项需要解决的难点。

对于无法合理评估预期风险进行减值计提的金融资产，估值指引推荐“侧袋估值法”，将产品中上述金融资产与其他金融资产进行隔离，放入“侧袋账户”中，并锁定与其对应的客户和持有份额。其他资产仍在“主袋账户”正常估值，并开放申赎，待侧袋账户资产变现或结清时，将相关资金返还对应的客户。该方法从一定程度上解决了流动性缺失的资产估值问题，例如逾期资产。

为应对上述挑战，理财子公司需要尽快启动预期信用损失模型的开发与验证，以应对会计准则及估值指引的要求，建立金融资产减值管理制度，规范减值计量的流程。理财子公司亦可评估预期信用损失模型外包以及借鉴母行预期信用损失模型及参数的可行性。

三、“资管新规”前理财产品会计科目设置

“资管新规”发布之前，我国 70%以上的上市银行未对表外理财资金的会计确认科目进行完整披露，其余已披露的会计确认科目则存在不统一的现象。其中资产端主要通过“应收款项类投资”“可供出售金融资产”“委托投资”“以公允价值计量且其变动计入当期损益的金融资产”“理财产品”5 类科目进行核算，而负债端则包括“以公允价值计量且其变动计入当期损益

的金融负债”“其他负债”和“委托理财资金”3类核算科目。

四、“资管新规”后理财产品会计科目设置

“资管新规”发布之后，当募集资金进行运作时，其投出的资产端计入“代客理财业务资产”科目，二级科目设置“代客理财业务资产——以公允价值计量”和“代客理财业务资产——以摊余成本计量”科目。同时，对于资产管理产品的管理费收入，仍在资产负债表表内进行核算，因此仍采用现行会计准则下所执行的会计科目，即将其计入“手续费及佣金收入——代客理财业务”科目。

第四节 理财产品会计核算

一、初始确认和计量

当商业银行募集到投资者投入的理财资金时，确认为“代客理财业务负债”。初始确认的时点应当为实际收到投资者投入的资金时点，以实际收到的资金金额作为初始计量金额入账。

【例20—1】 2022年1月1日，商业银行发行净值化理财产品A，发行规模为100万元，理财产品期限为6个月。全部发售完毕，收到投资者投入的理财资金100万元。则商业银行应当做如下会计分录：

借：代客理财业务存款　　1 000 000

　　贷：代客理财业务负债　　1 000 000

当商业银行将募集资金投入相关理财产品时，确认为“代客理财业务资产”。确认时应当按照“资管新规”的要求以该笔资产净值入账，净值生成符合公允价值准则要求。除非满足一定要求时，才允许使用摊余成本入账。

商业银行将收到的A理财产品资金投入到其目标金融产品时，形成代客理财资产。商业银行应当做如下会计分录：

借：代客理财业务资产——以公允价值计量　　1 000 000

　　贷：代理财业务存款　　1 000 000

二、后续计量

后续计量主要包括商业银行理财产品运营后获取收益，将收益向投资者分配以及分期计提手续费佣金收入。

【例20—2】 接【例20—1】，2021年1月31日，A理财产品公允价值上升6 000元。则商业银行应当做如下会计分录：

当理财产品实现收益但未向投资者分配时，会计分录如下：

借：代客理财业务资产（已实现未结算损益）　　6 000

　　贷：代客理财业务收益　　6 000

分期计提手续费及佣金收入100元时，会计分录如下：

借：其他应收款——理财业务手续费　　100

　　贷：手续费及佣金收入——理财业务　　100

2021年2月28日A理财产品公允价值上升5 000元，手续费及佣金收入为100元，当日

结算客户收益并分配时，会计分录如下：

借：代客理财业务收益	11 000	
贷：代客理财资产（已实现并结算损益）		10 800
其他应收款——理财业务手续费		100
手续费及佣金收入——理财业务		100

（三）终止确认

当商业银行所发售的理财产品发行期限届满，投资者购买商业银行理财产品到期，此时，应当对该理财产品进行终止确认。

【例 20—3】 接【例 20—2】，商业银行所发售的 A 理财产品 60 天期限届满时，会计分录如下：

借：代客理财业务存款	1 000 000	
贷：代客理财业务资产		1 000 000
借：代客理财业务负债	1 000 000	
贷：代客理财业务存款		1 000 000

本章小结

本章全面论述了“资管新规”对理财产品会计处理的影响以及“资管新规”后的理财子公司的会计科目的设置变化。在学习和理解本章内容时，应当关注 3 点：(1)资管新规所包含的主要内容及重要性；(2)理财产品会计科目及其设定上所发生的变化；(3)理财子公司随之而来的一系列财务核算问题。

本章关键术语

“资管新规”；理财子公司；银行理财产品

本章思考题

1. “资管新规”对银行理财业务产生什么影响？
2. 理财子公司的主要业务有哪些？
2. 与传统银行理财部门相比，理财子公司有哪些不同？
3. 理财子公司的理财产品业务如何核算？

参考文献

1. 孟艳琼主编. 金融企业会计[M]. 武汉：武汉理工大学出版社，2007.

2. 关新红主编. 新会计准则下金融企业会计实务(第 3 版)[M]. 北京：电子工业出版社，2015.

3. 金融企业会计编审委员会. 金融企业会计核算与纳税实务：业务精讲＋实务应用＋经典案例[M]. 北京：人民邮电出版社，2019.

4. 中华人民共和国财政部. 企业会计准则(合订本)2020 版[M]. 北京：经济科学出版社，2020.

5. 中华人民共和国财政部. 企业会计准则应用指南[M]. 上海：立信会计出版社，2020.

6. 企业会计准则编审委员会. 企业会计准详解与实务(2020 版)[M]. 北京：人民邮电出版社，2020.

7. 企业会计准则编审委员会. 企业会计准则及应用指南实务详解(2020 版)[M]. 北京：人民邮电出版社，2020.

8. 企业会计准则编审委员会. 企业会计准则实务应用精解(2020 版)[M]. 北京：人民邮电出版社，2020.

9. 企业会计准则编审委员会. 企业会计准则条文讲解与实务运用[M]. 上海：立信会计出版社，2020.

10. 程小可主编. 企业会计准则注释(第 1 辑)：金融工具[M]. 北京：经济科学出版社，2020.

11. 吴冬才. 企业涉互联网金融业务的会计处理[J]. 财会月刊，2015(07)：36－38.

12. 毛金芬. 互联网金融环境下支付宝业务模式的会计处理——基于第三方支付平台的视角[J]. 财会月刊，2016，764(16)：29－33.

13. 宋薇. 互联网金融环境下第三方支付平台会计处理研究[J]. 财会通讯，2018.

14. 陈世忠. 电子钱包的会计处理问题探讨[J]. 商业会计，2018，000(005)：44－45.

15. 胡昌格. 试论企业使用微信收款后出纳会计业务的处理方法[J]. 现代职业教育，2018，000(036)：255－255.

16. 朱海燕. 互联网信用支付的财会处理——以京东白条为例[J]. 财经界，2016，000(015)：265.

17. 翟辉，陈霞. 互联网金融企业小额贷款业务会计处理探讨——以阿里小微金融为例[J]. 财会通讯，2016，19(No. 711)：64－66.

18. 屈盛磊，马广奇. 浅析互联网金融企业 P2P 网贷的会计处理及应用[J]. 对外经贸实务，2014，05(018)：66－68.

19. 裴倩如. 区块链技术对会计方法影响研究——基于区块链技术与金融业务融合案例[D]. 2017.

20. 赵继云. 资管新规下商业银行理财产品会计处理相关问题研究[D]. 2019.

21. 黄颖利,徐鹿主编. 金融企业会计[M]. 南京:东南大学出版社,2005.

22. 中国注册会计师协会组织编写. 2021 年注册会计师全国统一考试辅导教材(会计)[M]. 北京:中国财政经济出版社,2021.

23. 王保平,金鑫,柳元首. 商业银行会计实务[M]. 北京:中国财政经济出版社,2020.